Staats- und Verwaltungsrecht
Baden-Württemberg

D1721545

Textbuch
Deutsches Recht

Staats- und Verwaltungsrecht Baden-Württemberg

Mit Stichwortverzeichnis
und alphabetischem Schnellregister

12., neubearbeitete Auflage
Stand: 30. November 1989

Zusammengestellt von

Dr. Paul Kirchhof
Professor an der Universität Heidelberg

Dr. Eberhard Schmidt-Aßmann
Professor an der Universität Heidelberg

Decker & Müller
Heidelberg

© 1990 Hüthig Verlagsgemeinschaft Decker & Müller GmbH, Heidelberg

Satz: Fotosatz Schmidt + Co, 7056 Weinstadt
Druck + Verarbeitung: Präzis-Druck GmbH, 7500 Karlsruhe

ISBN 3-8226-0390-2

Inhaltsverzeichnis

Verfassung des Landes Baden-Württemberg

vom 11. November 1953 (GBl. S. 173), zuletzt geändert durch Gesetz vom
14. Mai 1984 (GBl. S. 301)

INHALTSÜBERSICHT*

* *Inhaltsübersicht und Artikelüber-schriften nicht amtlich*

Vorspruch

Im Bewußtsein der Verantwortung vor Gott und den Menschen, von dem Willen beseelt, die Freiheit und Würde des Menschen zu sichern, dem Frieden zu dienen, das Gemeinschaftsleben nach dem Grundsatz der sozialen Gerechtigkeit zu ordnen, den wirtschaftlichen Fortschritt aller zu fördern, und entschlossen, ein neues demokratisches Bundesland als lebendiges Glied der Bundesrepublik Deutschland zu gestalten, hat sich das Volk von Baden-Württemberg in feierlichem Bekenntnis zu den unverletzlichen und unveräußerlichen Menschenrechten und den Grundrechten der Deutschen kraft seiner verfassunggebenden Gewalt durch die Verfassunggebende Landesversammlung diese Verfassung gegeben.

ERSTER HAUPTTEIL

Vom Menschen und seinen Ordnungen

I. Mensch und Staat

Art. 1 [Menschenbild; Aufgaben des Staates]. (1) Der Mensch ist berufen, in der ihn umgebenden Gemeinschaft seine Gaben in Freiheit und in der Erfüllung des christlichen Sittengesetzes zu seinem und der anderen Wohl zu entfalten.

(2) [1]Der Staat hat die Aufgabe, den Menschen hierbei zu dienen. [2]Er faßt die in seinem Gebiet lebenden Menschen zu einem geordneten Gemeinwesen zusammen, gewährt ihnen Schutz und Förderung und bewirkt durch Gesetz und Gebot einen Ausgleich der wechselseitigen Rechte und Pflichten.

Art. 2 [Grundrechte; Recht auf Heimat]. (1) Die im Grundgesetz für die Bundesrepublik Deutschland vom 23. Mai 1949 festgelegten Grundrechte und staatsbürgerlichen Rechte sind Bestandteil dieser Verfassung und unmittelbar geltendes Recht.

(2) Das Volk von Baden-Württemberg bekennt sich darüber hinaus zu dem unveräußerlichen Menschenrecht auf die Heimat.

Art. 3 [Sonn- und Feiertage]. (1) [1]Die Sonntage und die staatlich anerkannten Feiertage stehen als Tage der Arbeitsruhe und der Erhebung unter Rechtsschutz. [2]Die staatlich anerkannten Feiertage werden durch Gesetz bestimmt. [3]Hierbei ist die christliche Überlieferung zu wahren.

(2) [1]Der 1. Mai ist gesetzlicher Feiertag. [2]Er gilt dem Bekenntnis zu sozialer Gerechtigkeit, Frieden, Freiheit und Völkerverständigung.

II. Religion und Religionsgemeinschaften

Art. 4 [Kirchen, Religions- und Weltanschauungsgemeinschaften]. (1) Die Kirchen und die anerkannten Religions- und Weltanschauungsgemeinschaften entfalten sich in der Erfüllung ihrer religiösen Aufgaben frei von staatlichen Eingriffen.

(2) Ihre Bedeutung für die Bewahrung und Festigung der religiösen und sittlichen Grundlagen des menschlichen Lebens wird anerkannt.

Art. 5 [Staat und Kirche]. [1]Für das Verhältnis des Staates zu den Kirchen und den anerkannten Religions- und Weltanschauungsgemeinschaften gilt Artikel 140 des Grundgesetzes für die Bundesrepublik Deutschland. [2]Er ist Bestandteil dieser Verfassung.

Art. 6 [Wohlfahrtspflege der Kirchen]. Die Wohlfahrtspflege der Kirchen und der anerkannten Religions- und Weltanschauungsgemeinschaften wird gewährleistet.

Art. 7 [Staatsleistungen an die Kirchen]. (1) Die dauernden Verpflichtungen des Staates zu wiederkehrenden Leistungen an die Kirchen bleiben dem Grunde nach gewährleistet.

(2) Art und Höhe dieser Leistungen werden durch Gesetz oder Vertrag geregelt.

(3) Eine endgültige allgemeine Regelung soll durch Gesetz oder Vertrag getroffen werden.

Art. 8 [Kirchenverträge]. Rechte und Pflichten, die sich aus Verträgen mit der evangelischen und katholischen Kirche ergeben, bleiben von dieser Verfassung unberührt.

Art. 9 [Ausbildung der Geistlichen]. Die Kirchen sind berechtigt, für die Ausbildung der Geistlichen Konvikte und Seminare zu errichten und zu führen.

Art. 10 [Theologische Fakultäten]. Die Besetzung der Lehrstühle der theologischen Fakultäten geschieht unbeschadet der in Artikel 8 genannten Verträge und unbeschadet abweichender Übung im Benehmen mit der Kirche.

III. Erziehung und Unterricht

Art. 11 [Recht auf Erziehung und Ausbildung]. (1) Jeder junge Mensch hat ohne Rücksicht auf Herkunft oder wirtschaftliche Lage das Recht auf eine seiner Begabung entsprechende Erziehung und Ausbildung.

(2) Das öffentliche Schulwesen ist nach diesem Grundsatz zu gestalten.

(3) Staat, Gemeinden und Gemeindeverbände haben die erforderlichen Mittel, insbesondere auch Erziehungsbeihilfen, bereitzustellen.

(4) Das Nähere regelt ein Gesetz.

Art. 12 [Erziehungsziele; Träger der Erziehung]. (1) Die Jugend ist in der Ehrfurcht vor Gott, im Geiste der christlichen Nächstenliebe, zur Brüderlichkeit aller Menschen und zur Friedensliebe, in der Liebe zu Volk und Heimat, zu sittlicher und politischer Verantwortlichkeit, zu beruflicher und sozialer Bewährung und zu freiheitlicher demokratischer Gesinnung zu erziehen.

(2) Verantwortlicher Träger der Erziehung sind in ihren Bereichen die Eltern, der Staat, die Religionsgemeinschaften, die Gemeinden und die in ihren Bünden gegliederte Jugend.

Art. 13 [Schutz der Jugend]. [1]Die Jugend ist gegen Ausbeutung und gegen sittliche, geistige und körperliche Gefährdung zu schützen. [2]Staat und Gemeinden schaffen die erforderlichen Einrichtungen. [3]Ihre Aufgaben können auch durch die freie Wohlfahrtspflege wahrgenommen werden.

Art. 14 [Schulpflicht; Schulgeld- und Lernmittelfreiheit]. (1) Es besteht allgemeine Schulpflicht.

(2) [1]Unterricht und Lernmittel an den öffentlichen Schulen sind unentgeltlich. [2]Die Unentgeltlichkeit wird stufenweise verwirklicht. [3]Auf gemeinnütziger Grundlage arbeitende private mittlere und höhere Schulen, die einem öffentlichen Bedürfnis entsprechen, als pädagogisch wertvoll anerkannt sind und eine gleichartige Befreiung gewähren, haben Anspruch auf Ausgleich der hierdurch entstehenden finanziellen Belastungen. [4]Den gleichen Anspruch haben auf gemeinnütziger Grundlage arbeitende private Volksschulen nach Art. 15 Abs. 2. [5]Näheres regelt ein Gesetz.

(3) [1]Das Land hat den Gemeinden und Gemeindeverbänden den durch die Schulgeld- und Lernmittelfreiheit entstehenden Ausfall und Mehraufwand zu ersetzen. [2]Die Schulträger können an dem Ausfall und Mehraufwand beteiligt werden. [3]Näheres regelt ein Gesetz.

Art. 15 [Volksschulen; Elternrecht]. (1) Die öffentlichen Volksschulen (Grund- und Hauptschulen) haben die Schulform der christlichen Gemeinschaftsschule nach den Grundsätzen und Bestimmungen, die am 9. Dezember 1951 in Baden für die Simultanschule mit christlichem Charakter gegolten haben.

(2) [1]Öffentliche Volksschulen (Grund- und Hauptschulen) in Südwürttemberg-Hohenzollern, die am 31. März 1966 als Bekenntnisschulen eingerichtet waren, können auf Antrag der Erziehungsberechtigten in staatlich geförderte private Volksschulen desselben Bekenntnisses umgewandelt

werden. [2]Das Nähere regelt ein Gesetz, das einer Zweidrittelmehrheit bedarf.

(3) Das natürliche Recht der Eltern, die Erziehung und Bildung ihrer Kinder mitzubestimmen, muß bei der Gestaltung des Erziehungs- und Schulwesens berücksichtigt werden.

Art. 16 [Christliche Gemeinschaftsschule]. (1) [1]In christlichen Gemeinschaftsschulen werden die Kinder auf der Grundlage christlicher und abendländischer Bildungs- und Kulturwerte erzogen. [2]Der Unterricht wird mit Ausnahme des Religionsunterrichts gemeinsam erteilt.

(2) [1]Bei der Bestellung der Lehrer an den Volksschulen ist auf das religiöse und weltanschauliche Bekenntnis der Schüler nach Möglichkeit Rücksicht zu nehmen. [2]Bekenntnismäßig nicht gebundene Lehrer dürfen jedoch nicht benachteiligt werden.

(3) Ergeben sich bei der Auslegung des christlichen Charakters der Volksschule Zweifelsfragen, so sind sie in gemeinsamer Beratung zwischen dem Staat, den Religionsgemeinschaften, den Lehrern und den Eltern zu beheben.

Art. 17 [Grundsätze des Schulrechts]. (1) In allen Schulen waltet der Geist der Duldsamkeit und der sozialen Ethik.

(2) Die Schulaufsicht wird durch fachmännisch vorgebildete, hauptamtlich tätige Beamte ausgeübt.

(3) Prüfungen, durch die eine öffentlich anerkannte Berechtigung erworben werden soll, müssen vor staatlichen oder staatlich ermächtigten Stellen abgelegt werden.

(4) [1]Die Erziehungsberechtigten wirken durch gewählte Vertreter an der Gestaltung des Lebens und der Arbeit der Schule mit. [2]Näheres regelt ein Gesetz.

Art. 18 [Religionsunterricht]. [1]Der Religionsunterricht ist an den öffentlichen Schulen ordentliches Lehrfach. [2]Er wird nach den Grundsätzen der Religionsgemeinschaften und unbeschadet des allgemeinen Aufsichtsrechts des Staates von deren Beauftragten erteilt und beaufsichtigt. [3]Die Teilnahme am Religionsunterricht und an religiösen Schulfeiern bleibt der Willenserklärung der Erziehungsberechtigten, die Erteilung des Religionsunterrichts der des Lehrers überlassen.

Art. 19 [Lehrerausbildung]. (1) [1]Die Ausbildung der Lehrer für die öffentlichen Grund- und Hauptschulen muß gewährleisten, daß die Lehrer zur Erziehung und zum Unterricht gemäß den in Artikel 15 genannten Grundsätzen befähigt sind. [2]An staatlichen Einrichtungen erfolgt sie mit Ausnahme der in Absatz 2 genannten Fächer gemeinsam.

(2) Die Dozenten für Theologie und Religionspädagogik werden im Einvernehmen mit der zuständigen Kirchenleitung berufen.

Art. 20 [Hochschulautonomie]. (1) Die Hochschule ist frei in Forschung und Lehre.

(2) Die Hochschule hat unbeschadet der staatlichen Aufsicht das Recht auf eine ihrem besonderen Charakter entsprechende Selbstverwaltung im Rahmen der Gesetze und ihrer staatlich anerkannten Satzungen.

(3) Bei der Ergänzung des Lehrkörpers wirkt sie durch Ausübung ihres Vorschlagsrechts mit.

Art. 21 [Staatsbürgerliche Erziehung]. (1) Die Jugend ist in den Schulen zu freien und verantwortungsfreudigen Bürgern zu erziehen und an der Gestaltung des Schullebens zu beteiligen.

(2) In allen Schulen ist Gemeinschaftskunde ordentliches Lehrfach.

Art. 22 [Erwachsenenbildung]. Die Erwachsenenbildung ist vom Staat, den Gemeinden und den Landkreisen zu fördern.

ZWEITER HAUPTTEIL

Vom Staat und seinen Ordnungen

I. Die Grundlagen des Staates

Art. 23 [Grundstruktur]. (1) Das Land Baden-Württemberg ist ein republikanischer, demokratischer und sozialer Rechtsstaat.

(2) Das Land ist ein Glied der Bundesrepublik Deutschland.

Art. 24 [Landesfarben; Landeswappen]. (1) Die Landesfarben sind Schwarz-Gold.

(2) Das Landeswappen wird durch Gesetz bestimmt.

Art. 25 [Staatsgewalt; Gewaltenteilung]. (1) [1]Die Staatsgewalt geht vom Volke aus. [2]Sie wird vom Volke in Wahlen und Abstimmungen und durch besondere Organe der Gesetzgebung, der vollziehenden Gewalt und der Rechtsprechung ausgeübt.

(2) Die Gesetzgebung ist an die verfassungsmäßige Ordnung in Bund und Land, die vollziehende Gewalt und die Rechtsprechung sind an Gesetz und Recht gebunden.

(3) [1]Die Gesetzgebung steht den gesetzgebenden Organen zu. [2]Die Rechtsprechung wird durch unabhängige Richter ausgeübt. [3]Die Verwaltung liegt in der Hand von Regierung und Selbstverwaltung.

Art. 26 [Wahl- und Stimmrecht]. (1) Wahl- und stimmberechtigt ist jeder Deutsche, der im Lande wohnt oder sich sonst gewöhnlich aufhält und am Tage der Wahl oder der Abstimmung das 18. Lebensjahr vollendet hat.

(2) Ausgeschlossen vom Wahl- und Stimmrecht ist,
1. wer infolge Richterspruchs das Wahl- und Stimmrecht nicht besitzt,
2. wer entmündigt ist oder wegen geistigen Gebrechens unter Pflegschaft steht, wenn er nicht durch eine Bescheinigung des Vormundschaftsgerichts nachweist, daß die Pflegschaft mit seiner Einwilligung angeordnet ist.

(3) Die Ausübung des Wahl- und Stimmrechts ist Bürgerpflicht.

(4) Alle nach der Verfassung durch das Volk vorzunehmenden Wahlen und Abstimmungen sind allgemein, frei, gleich, unmittelbar und geheim.

(5) Bei Volksabstimmungen wird mit Ja oder Nein gestimmt.

(6) Der Wahl- oder Abstimmungstag muß ein Sonntag sein.

(7) [1]Das Nähere bestimmt ein Gesetz. [2]Es kann das Wahl- und Stimmrecht von einer bestimmten Dauer des Aufenthalts im Lande und, wenn der Wahl- und Stimmberechtigte mehrere Wohnungen innehat, auch davon abhängig machen, daß seine Hauptwohnung im Lande liegt.

II. Der Landtag

Art. 27 [Funktionen des Landtags; Freies Mandat]. (1) Der Landtag ist die gewählte Vertretung des Volkes.

(2) Der Landtag übt die gesetzgebende Gewalt aus und überwacht die Ausübung der vollziehenden Gewalt nach Maßgabe dieser Verfassung.

(3) [1]Die Abgeordneten sind Vertreter des ganzen Volkes. [2]Sie sind nicht an Aufträge und Weisungen gebunden und nur ihrem Gewissen unterworfen.

Art. 28 [Wahlsystem; Wählbarkeit]. (1) Die Abgeordneten werden nach einem Verfahren gewählt, das die Persönlichkeitswahl mit den Grundsätzen der Verhältniswahl verbindet.

(2) [1]Wählbar ist jeder Wahlberechtigte. [2]Die Wählbarkeit kann von einer bestimmten Dauer der Staatsangehörigkeit und des Aufenthalts im Lande abhängig gemacht werden.

(3) [1]Das Nähere bestimmt ein Gesetz. [2]Es kann die Zuteilung von Sitzen davon abhängig machen, daß ein Mindestanteil der im Lande abgegebenen gültigen Stimmen erreicht wird. [3]Der geforderte Anteil darf fünf vom Hundert nicht überschreiten.

Art. 29 [Wahlvorbereitungsurlaub; Behinderungsverbot]. (1) Wer sich um einen Sitz im Landtag bewirbt, hat Anspruch auf den zur Vorbereitung seiner Wahl erforderlichen Urlaub.

(2) [1]Niemand darf gehindert werden, das Amt eines Abgeordneten zu übernehmen und auszuüben. [2]Eine Kündigung oder Entlassung aus einem Dienst- oder Arbeitsverhältnis aus diesem Grunde ist unzulässig.

Art. 30 [Wahlperiode; Zusammentritt]. (1) [1]Die Wahlperiode des Landtags dauert vier Jahre. [2]Sie beginnt mit dem Ablauf der Wahlperiode des alten Landtags, nach einer Auflösung des Landtags mit dem Tage der Neuwahl.

(2) Die Neuwahl muß vor Ablauf der Wahlperiode, im Falle der Auflösung des Landtags binnen sechzig Tagen stattfinden.

(3) [1]Der Landtag tritt spätestens am sechzehnten Tage nach Beginn der Wahlperiode zusammen. [2]Die erste Sitzung wird vom Alterspräsidenten einberufen und geleitet.

(4) [1]Der Landtag bestimmt den Schluß und den Wiederbeginn seiner Sitzungen. [2]Der Präsident kann den Landtag früher einberufen. [3]Er ist dazu verpflichtet, wenn ein Viertel der Mitglieder des Landtags oder die Regierung es verlangt.

Art. 31 [Wahlprüfung]. (1) [1]Die Wahlprüfung ist Sache des Landtags. [2]Er entscheidet auch, ob ein Abgeordneter seinen Sitz im Landtag verloren hat.

(2) Die Entscheidungen können beim Staatsgerichtshof angefochten werden.

(3) Das Nähere bestimmt ein Gesetz.

Art. 32 [Präsidium; Geschäftsordnung]. (1) [1]Der Landtag wählt seinen Präsidenten und dessen Stellvertreter, die zusammen mit weiteren Mitgliedern das Präsidium bilden, sowie die Schriftführer. [2]Der Landtag gibt sich eine Geschäftsordnung, die nur mit einer Mehrheit von zwei Dritteln der anwesenden Abgeordneten geändert werden kann.

(2) [1]Der Präsident übt das Hausrecht und die Polizeigewalt im Sitzungsgebäude aus. [2]Ohne seine Zustimmung darf im Sitzungsgebäude keine Durchsuchung oder Beschlagnahme stattfinden.

(3) [1]Der Präsident verwaltet die wirtschaftlichen Angelegenheiten des Landtags nach Maßgabe des Haushaltsgesetzes. [2]Er vertritt das Land im Rahmen der Verwaltung des Landtags. [3]Ihm steht die Einstellung und Entlassung der Angestellten und Arbeiter sowie im Einvernehmen mit dem Präsidium die Ernennung und Entlassung der Beamten des Landtags zu. [4]Der Präsident ist oberste Dienstbehörde für die Beamten, Angestellten und Arbeiter des Landtags.

(4) Bis zum Zusammentritt eines neugewählten Landtags führt der bisherige Präsident die Geschäfte fort.

Art. 33 [Öffentlichkeit; Mehrheitsprinzip; wahrheitsgetreue Berichte]. (1) [1]Der Landtag verhandelt öffentlich. [2]Die Öffentlichkeit wird ausgeschlossen, wenn der Landtag es auf Antrag von zehn Abgeordneten oder eines Mitglieds der Regierung mit einer Mehrheit von zwei Dritteln der anwesenden Abgeordneten beschließt. [3]Über den Antrag wird in nichtöffentlicher Sitzung entschieden.

(2) [1]Der Landtag beschließt mit der Mehrheit der abgegebenen Stimmen, sofern die Verfassung nichts anderes bestimmt. [2]Für die vom Landtag vorzunehmenden Wahlen kann die Geschäftsordnung Ausnahmen zulassen. [3]Der Landtag gilt als beschlußfähig, solange nicht auf Antrag eines seiner Mitglieder vom Präsidenten festgestellt wird, daß weniger als die Hälfte der Abgeordneten anwesend sind.

(3) Für wahrheitsgetreue Berichte über die öffentlichen Sitzungen des Landtags und seiner Ausschüsse darf niemand zur Verantwortung gezogen werden.

Art. 34 [Anwesenheit der Regierung]. (1) Der Landtag und seine Ausschüsse können die Anwesenheit eines jeden Mitglieds der Regierung verlangen.

(2) [1]Die Mitglieder der Regierung und ihre Beauftragten haben zu den Sitzungen des Landtags und seiner Ausschüsse Zutritt und müssen jederzeit gehört werden. [2]Sie unterstehen der Ordnungsgewalt des Präsidenten und der Vorsitzenden der Ausschüsse. [3]Der Zutritt der Mitglieder der Regierung und ihrer Beauftragten zu den Sitzungen der Untersuchungsausschüsse und ihr Rederecht in diesen Sitzungen wird durch Gesetz geregelt.

Art. 35 [Untersuchungsausschüsse]. (1) [1]Der Landtag hat das Recht und auf Antrag von einem Viertel seiner Mitglieder die Pflicht, Untersuchungsausschüsse einzusetzen. [2]Der Gegenstand der Untersuchung ist im Beschluß genau festzulegen.

(2) [1]Die Ausschüsse erheben in öffentlicher Verhandlung die Beweise, welche sie oder die Antragsteller für erforderlich erachten. [2]Beweise sind zu erheben, wenn sie von einem Viertel der Mitglieder des Ausschusses beantragt werden. [3]Die Öffentlichkeit kann ausgeschlossen werden.

(3) Gerichte und Verwaltungsbehörden sind zur Rechts- und Amtshilfe verpflichtet.

(4) [1]Das Nähere über die Einsetzung, die Befugnisse und das Verfahren der Untersuchungsausschüsse wird durch Gesetz geregelt. [2]Das Briefgeheimnis sowie das Post- und Fernmeldegeheimnis bleiben unberührt.

(5) Die Gerichte sind frei in der Würdigung und Beurteilung des Sachverhalts, welcher der Untersuchung zugrundeliegt.

Art. 35 a [Petitionsausschuß]. (1) [1]Der Landtag bestellt einen Petitionsausschuß, dem die Behandlung der nach Artikel 2 Abs. 1 dieser Verfassung und

Artikel 17 des Grundgesetzes an den Landtag gerichteten Bitten und Beschwerden obliegt. [2]Nach Maßgabe der Geschäftsordnung des Landtags können Bitten und Beschwerden auch einem anderen Ausschuß überwiesen werden.

(2) Die Befugnisse des Petitionsausschusses zur Überprüfung von Bitten und Beschwerden werden durch Gesetz geregelt.

Art. 36 [Ständiger Ausschuß]. (1) [1]Der Landtag bestellt einen Ständigen Ausschuß, der die Rechte des Landtags gegenüber der Regierung vom Ablauf der Wahlperiode oder von der Auflösung des Landtags an bis zum Zusammentritt eines neugewählten Landtags wahrt. [2]Der Ausschuß hat in dieser Zeit auch die Rechte eines Untersuchungsausschusses.

(2) Weiter gehende Befugnisse, insbesondere das Recht der Gesetzgebung, der Wahl des Ministerpräsidenten sowie der Anklage von Abgeordneten und von Mitgliedern der Regierung, stehen dem Ausschuß nicht zu.

Art. 37 [Indemnität]. Ein Abgeordneter darf zu keiner Zeit wegen seiner Abstimmung oder wegen einer Äußerung, die er im Landtag, in einem Ausschuß, in einer Fraktion oder sonst in Ausübung seines Mandats getan hat, gerichtlich oder dienstlich verfolgt oder anderweitig außerhalb des Landtags zur Verantwortung gezogen werden.

Art. 38 [Immunität]. (1) Ein Abgeordneter kann nur mit Einwilligung des Landtags wegen einer mit Strafe bedrohten Handlung oder aus sonstigen Gründen zur Untersuchung gezogen, festgenommen, festgehalten oder verhaftet werden, es sei denn, daß er bei Verübung einer strafbaren Handlung oder spätestens im Laufe des folgenden Tages festgenommen wird.

(2) Jedes Strafverfahren gegen einen Abgeordneten und jede Haft oder sonstige Beschränkung seiner persönlichen Freiheit ist auf Verlangen des Landtags für die Dauer der Wahlperiode aufzuheben.

Art. 39 [Zeugnisverweigerungsrecht; Beschlagnahmeverbot]. [1]Die Abgeordneten können über Personen, die ihnen in ihrer Eigenschaft als Abgeordnete oder denen sie als Abgeordnete Tatsachen anvertraut haben, sowie über diese Tatsachen selbst das Zeugnis verweigern. [2]Personen, deren Mitarbeit ein Abgeordneter in Ausübung seines Mandats in Anspruch nimmt, können das Zeugnis über die Wahrnehmungen verweigern, die sie anläßlich dieser Mitarbeit gemacht haben. [3]Soweit Abgeordnete und ihre Mitarbeiter dieses Recht haben, ist die Beschlagnahme von Schriftstücken unzulässig.

Art. 40 [Entschädigung]. [1]Die Abgeordneten haben Anspruch auf eine angemessene Entschädigung, die ihre Unabhängigkeit sichert. [2]Sie haben innerhalb des Landes das Recht der freien Benutzung aller staatlichen Verkehrsmittel. [3]Näheres bestimmt ein Gesetz.

Art. 41 [Erwerb und Erlöschen des Mandats]. (1) [1]Wer zum Abgeordneten gewählt ist, erwirbt die rechtliche Stellung eines Abgeordneten mit der Annahme der Wahl. [2]Der Gewählte kann die Wahl ablehnen.

(2) [1]Ein Abgeordneter kann jederzeit auf sein Mandat verzichten. [2]Der Verzicht ist von ihm selbst dem Präsidenten des Landtags schriftlich zu erklären. [3]Die Erklärung ist unwiderruflich.

(3) Verliert ein Abgeordneter die Wählbarkeit, so erlischt sein Mandat.

Art. 42 [Abgeordnetenanklage]. (1) Erhebt sich der dringende Verdacht, daß ein Abgeordneter seine Stellung als solcher in gewinnsüchtiger Absicht mißbraucht habe, so kann der Landtag beim Staatsgerichtshof ein Verfahren mit dem Ziel beantragen, ihm sein Mandat abzuerkennen.

(2) [1]Der Antrag auf Erhebung der Anklage muß von mindestens einem Drittel der Mitglieder des Landtags gestellt werden. [2]Der Beschluß auf Erhebung der Anklage erfordert bei Anwesenheit von mindestens zwei Dritteln der Mitglieder des Landtags eine Zweidrittelmehrheit, die jedoch mehr als die Hälfte der Mitglieder des Landtags betragen muß.

Art. 43 [Landtagsauflösung durch Volksabstimmung]. (1) Der Landtag ist vor Ablauf der Wahlperiode durch die Regierung aufzulösen, wenn es von einem Sechstel der Wahlberechtigten verlangt wird und bei einer binnen sechs Wochen vorzunehmenden Volksabstimmung die Mehrheit der Stimmberechtigten diesem Verlangen beitritt.

(2) Die Neuwahl findet binnen sechzig Tagen nach der Volksabstimmung statt.

Art. 44 [Präsidium und Ständiger Ausschuß zwischen zwei Landtagen]. Die Vorschriften der Artikel 29 Abs. 2, 37, 38, 39 und 40 gelten für die Mitglieder des Präsidiums und des Ständigen Ausschusses sowie deren erste Stellvertreter auch für die Zeit nach Ablauf der Wahlperiode oder nach Auflösung des Landtags bis zum Zusammentritt eines neugewählten Landtags.

III. Die Regierung

Art. 45 [Funktion der Regierung; Zusammensetzung]. (1) Die Regierung übt die vollziehende Gewalt aus.

(2) [1]Die Regierung besteht aus dem Ministerpräsidenten und den Ministern. [2]Als weitere Mitglieder der Regierung können Staatssekretäre und ehrenamtliche Staatsräte ernannt werden. [3]Die Zahl der Staatssekretäre darf ein Drittel der Zahl der Minister nicht übersteigen. [4]Staatssekretären und Staatsräten kann durch Beschluß des Landtags Stimmrecht verliehen werden.

(3) [1]Die Regierung beschließt unbeschadet des Gesetzgebungsrechts des Landtags über die Geschäftsbereiche ihrer Mitglieder. [2]Der Beschluß bedarf der Zustimmung des Landtags.

(4) Der Ministerpräsident kann einen Geschäftsbereich selbst übernehmen.

Art. 46 [Wahl des Ministerpräsidenten; Regierungsbildung]. (1) [1]Der Ministerpräsident wird vom Landtag mit der Mehrheit seiner Mitglieder ohne Aussprache in geheimer Abstimmung gewählt. [2]Wählbar ist, wer zum Abgeordneten gewählt werden kann und das 35. Lebensjahr vollendet hat.

(2) [1]Der Ministerpräsident beruft und entläßt die Minister, Staatssekretäre und Staatsräte. [2]Er bestellt seinen Stellvertreter.

(3) [1]Die Regierung bedarf zur Amtsübernahme der Bestätigung durch den Landtag. [2]Der Beschluß muß mit mehr als der Hälfte der abgegebenen Stimmen gefaßt werden.

(4) Die Berufung eines Mitglieds der Regierung durch den Ministerpräsidenten nach der Bestätigung bedarf der Zustimmung des Landtags.

Art. 47 [Landtagsauflösung bei fehlgeschlagener Regierungsbildung]. Wird die Regierung nicht innerhalb von drei Monaten nach dem Zusammentritt des neugewählten Landtags oder nach der sonstigen Erledigung des Amtes des Ministerpräsidenten gebildet und bestätigt, so ist der Landtag aufgelöst.

Art. 48 [Amtseid]. [1]Die Mitglieder der Regierung leisten beim Amtsantritt den Amtseid vor dem Landtag. Er lautet:

„Ich schwöre, daß ich meine Kraft dem Wohle des Volkes widmen, seinen Nutzen mehren, Schaden von ihm wenden, Verfassung und Recht wahren und verteidigen, meine Pflichten gewissenhaft erfüllen und Gerechtigkeit gegen jedermann üben werde. So wahr mir Gott helfe."

[2]Der Eid kann auch ohne religiöse Beteuerung geleistet werden.

Art. 49 [Richtlinien-, Ressort-, Kollegialprinzip]. (1) [1]Der Ministerpräsident bestimmt die Richtlinien der Politik und trägt dafür die Verantwortung. [2]Er führt den Vorsitz in der Regierung und leitet ihre Geschäfte nach einer von der Regierung zu beschließenden Geschäftsordnung. [3]Die Geschäftsordnung ist zu veröffentlichen. [4]Innerhalb der Richtlinien der Politik leitet jeder Minister seinen Geschäftsbereich selbständig unter eigener Verantwortung.

(2) Die Regierung beschließt insbesondere über Gesetzesvorlagen, über die Stimmabgabe des Landes im Bundesrat, über Angelegenheiten, in denen ein Gesetz dies vorschreibt, über Meinungsverschiedenheiten, die

den Geschäftskreis mehrerer Ministerien berühren, und über Fragen von grundsätzlicher oder weittragender Bedeutung.

(3) [1]Die Regierung beschließt mit Mehrheit der anwesenden stimmberechtigten Mitglieder. [2]Jedes Mitglied hat nur eine Stimme, auch wenn es mehrere Geschäftsbereiche leitet.

Art. 50 [Vertretung des Landes nach außen]. [1]Der Ministerpräsident vertritt das Land nach außen. [2]Der Abschluß von Staatsverträgen bedarf der Zustimmung der Regierung und des Landtags.

Art. 51 [Richter- und Beamtenernennung]. [1]Der Ministerpräsident ernennt die Richter und Beamten des Landes. [2]Dieses Recht kann durch Gesetz auf andere Behörden übertragen werden.

Art. 52 [Gnadenrecht; Straferlaß]. (1) [1]Der Ministerpräsident übt das Gnadenrecht aus. [2]Er kann dieses Recht, soweit es sich nicht um schwere Fälle handelt, mit Zustimmung der Regierung auf andere Behörden übertragen.

(2) Ein allgemeiner Straferlaß und eine allgemeine Niederschlagung anhängiger Strafverfahren können nur durch Gesetz ausgesprochen werden.

Art. 53 [Amtsverhältnis; Inkompatibilität]. (1) Das Amtsverhältnis der Mitglieder der Regierung, insbesondere die Besoldung und Versorgung der Minister und Staatssekretäre, regelt ein Gesetz.

(2) [1]Die hauptamtlichen Mitglieder der Regierung dürfen kein anderes besoldetes Amt, kein Gewerbe und keinen Beruf ausüben. [2]Kein Mitglied der Regierung darf der Leitung oder dem Aufsichtsorgan eines auf wirtschaftliche Betätigung gerichteten Unternehmens angehören. [3]Ausnahmen kann der Landtag zulassen.

Art. 54 [Konstruktives Mißtrauensvotum]. (1) Der Landtag kann dem Ministerpräsidenten das Vertrauen nur dadurch entziehen, daß er mit der Mehrheit seiner Mitglieder einen Nachfolger wählt und die von diesem gebildete Regierung gemäß Artikel 46 Abs. 3 bestätigt.

(2) Zwischen dem Antrag auf Abberufung und der Wahl müssen mindestens drei Tage liegen.

Art. 55 [Amtsbeendigung]. (1) Die Regierung und jedes ihrer Mitglieder können jederzeit ihren Rücktritt erklären.

(2) Das Amt des Ministerpräsidenten und der übrigen Mitglieder der Regierung endet mit dem Zusammentritt eines neuen Landtags, das Amt eines Ministers, eines Staatssekretärs und eines Staatsrats auch mit jeder anderen Erledigung des Amtes des Ministerpräsidenten.

(3) Im Falle des Rücktritts oder einer sonstigen Beendigung des Amtes haben die Mitglieder der Regierung bis zur Amtsübernahme der Nachfolger ihr Amt weiterzuführen.

Art. 56 [Entlassungspflicht]. Auf Beschluß von zwei Dritteln der Mitglieder des Landtags muß der Ministerpräsident ein Mitglied der Regierung entlassen.

Art. 57 [Ministeranklage; Vorwurfskontrolle]. (1) Die Mitglieder der Regierung können wegen vorsätzlicher oder grobfahrlässiger Verletzung der Verfassung oder eines anderen Gesetzes auf Beschluß des Landtags vor dem Staatsgerichtshof angeklagt werden.

(2) [1]Der Antrag auf Erhebung der Anklage muß von mindestens einem Drittel der Mitglieder des Landtags unterzeichnet werden. [2]Der Beschluß erfordert bei Anwesenheit von mindestens zwei Dritteln der Mitglieder des Landtags eine Zweidrittelmehrheit, die jedoch mehr als die Hälfte der Mitglieder des Landtags betragen muß. [3]Der Staatsgerichtshof kann einstweilen anordnen, daß das angeklagte Mitglied der Regierung sein Amt nicht ausüben darf. [4]Die Anklage wird durch den vor oder nach ihrer Erhebung erfolgten Rücktritt des Mitglieds der Regierung oder durch dessen Abberufung oder Entlassung nicht berührt.

(3) Befindet der Staatsgerichtshof im Sinne der Anklage, so kann er dem Mitglied der Regierung sein Amt aberkennen; Versorgungsansprüche können ganz oder teilweise entzogen werden.

(4) Wird gegen ein Mitglied der Regierung in der Öffentlichkeit ein Vorwurf im Sinne des Abs. 1 erhoben, so kann es mit Zustimmung der Regierung die Entscheidung des Staatsgerichtshofs beantragen.

VI. Die Gesetzgebung

Art. 58 [Vorbehalt des Gesetzes]. Niemand kann zu einer Handlung, Unterlassung oder Duldung gezwungen werden, wenn nicht ein Gesetz oder eine auf Gesetz beruhende Bestimmung es verlangt oder zuläßt.

Art. 59 [Gesetzesinitiative; Gesetzesbeschluß]. (1) Gesetzesvorlagen werden von der Regierung, von Abgeordneten oder vom Volk durch Volksbegehren eingebracht.

(2) [1]Dem Volksbegehren muß ein ausgearbeiteter und mit Gründen versehener Gesetzentwurf zugrunde liegen. [2]Das Volksbegehren ist zustande gekommen, wenn es von mindestens einem Sechstel der Wahlberechtigten gestellt wird. [3]Das Volksbegehren ist von der Regierung mit ihrer Stellungnahme unverzüglich dem Landtag zu unterbreiten.

(3) Die Gesetze werden vom Landtag oder durch Volksabstimmung beschlossen.

Art. 60 [Volksabstimmung über Gesetze]. (1) [1]Eine durch Volksbegehren eingebrachte Gesetzesvorlage ist zur Volksabstimmung zu bringen, wenn der Landtag der Gesetzesvorlage nicht unverändert zustimmt. [2]In diesem Fall kann der Landtag dem Volk einen eigenen Gesetzentwurf zur Entscheidung mitvorlegen.

(2) [1]Die Regierung kann ein vom Landtag beschlossenes Gesetz vor seiner Verkündung zur Volksabstimmung bringen, wenn ein Drittel der Mitglieder des Landtags es beantragt. [2]Die angeordnete Volksabstimmung unterbleibt, wenn der Landtag mit Zweidrittelmehrheit das Gesetz erneut beschließt.

(3) Wenn ein Drittel der Mitglieder des Landtags es beantragt, kann die Regierung eine von ihr eingebrachte, aber vom Landtag abgelehnte Gesetzesvorlage zur Volksabstimmung bringen.

(4) [1]Der Antrag nach Absatz 2 und Absatz 3 ist innerhalb von zwei Wochen nach der Schlußabstimmung zu stellen. [2]Die Regierung hat sich innerhalb von zehn Tagen nach Eingang des Antrags zu entscheiden, ob sie die Volksabstimmung anordnen will.

(5) [1]Bei der Volksabstimmung entscheidet die Mehrheit der abgegebenen gültigen Stimmen. [2]Das Gesetz ist beschlossen, wenn mindestens ein Drittel der Stimmberechtigten zustimmt.

(6) Über Abgabengesetze, Besoldungsgesetze und das Staatshaushaltsgesetz findet keine Volksabstimmung statt.

Art. 61 [Rechtsverordnungen; Verwaltungsvorschriften]. (1) [1]Die Ermächtigung zum Erlaß von Rechtsverordnungen kann nur durch Gesetz erteilt werden. [2]Dabei müssen Inhalt, Zweck und Ausmaß der erteilten Ermächtigung bestimmt werden. [3]Die Rechtsgrundlage ist in der Verordnung anzugeben.

(2) Die zur Ausführung der Gesetze erforderlichen Rechtsverordnungen und Verwaltungsvorschriften erläßt, soweit die Gesetze nichts anderes bestimmen, die Regierung.

Art. 62 [Staatsnotstand; Notparlament]. (1) [1]Ist bei drohender Gefahr für den Bestand oder die freiheitliche demokratische Grundordnung des Landes oder für die lebensnotwendige Versorgung der Bevölkerung sowie bei einem Notstand infolge einer Naturkatastrophe oder eines besonders schweren Unglücksfalls der Landtag verhindert, sich alsbald zu versammeln, so nimmt ein Ausschuß des Landtags als Notparlament die Rechte des Landtags wahr. [2]Die Verfassung darf durch ein von diesem Ausschuß beschlossenes Gesetz nicht geändert werden. [3]Die Befugnis, dem Ministerpräsidenten das Vertrauen zu entziehen, steht dem Ausschuß nicht zu.

(2) [1]Solange eine Gefahr für den Bestand oder die freiheitliche demokratische Grundordnung des Landes droht, finden durch das Volk vorzuneh-

mende Wahlen und Abstimmungen nicht statt. [2]Die Feststellung, daß Wahlen und Abstimmungen nicht stattfinden, trifft der Landtag mit einer Mehrheit von zwei Dritteln seiner Mitglieder. [3]Ist der Landtag verhindert, sich alsbald zu versammeln, so trifft der in Absatz 1 Satz 1 genannte Ausschuß die Feststellung mit einer Mehrheit von zwei Dritteln seiner Mitglieder. [4]Die verschobenen Wahlen und Abstimmungen sind innerhalb von sechs Monaten, nachdem der Landtag festgestellt hat, daß die Gefahr beendet ist, durchzuführen. [5]Die Amtsdauer der in Betracht kommenden Personen und Körperschaften verlängert sich bis zum Ablauf des Tages der Neuwahl.

(3) Die Feststellung, daß der Landtag verhindert ist, sich alsbald zu versammeln, trifft der Präsident des Landtags.

Art. 63 [Ausfertigung; Verkündung]. (1) [1]Die verfassungsmäßig zustandegekommenen Gesetze werden durch den Ministerpräsidenten ausgefertigt und binnen Monatsfrist im Gesetzblatt des Landes verkündet. [2]Sie werden vom Ministerpräsidenten und mindestens der Hälfte der Minister unterzeichnet. [3]Wenn der Landtag die Dringlichkeit beschließt, müssen sie sofort ausgefertigt und verkündet werden.

(2) Rechtsverordnungen werden von der Stelle, die sie erläßt, ausgefertigt und, soweit das Gesetz nichts anderes bestimmt, im Gesetzblatt verkündet.

(3) [1]Gesetze nach Artikel 62 werden, falls eine rechtzeitige Verkündung im Gesetzblatt nicht möglich ist, auf andere Weise öffentlich bekanntgemacht. [2]Die Verkündung im Gesetzblatt ist nachzuholen, sobald die Umstände es zulassen.

(4) [1] Gesetze und Rechtsverordnungen sollen den Tag bestimmen, an dem sie in Kraft treten. [2]Fehlt eine solche Bestimmung, so treten sie mit dem vierzehnten Tage nach Ablauf des Tages in Kraft, an dem das Gesetzblatt ausgegeben worden ist.

Art. 64 [Verfassungsänderung]. (1) [1]Die Verfassung kann durch Gesetz geändert werden. [2]Ein Änderungsantrag darf den Grundsätzen des republikanischen, demokratischen und sozialen Rechtsstaats nicht widersprechen. [3]Die Entscheidung, ob ein Änderungsantrag zulässig ist, trifft auf Antrag der Regierung oder eines Viertels der Mitglieder des Landtags der Staatsgerichtshof.

(2) Die Verfassung kann vom Landtag geändert werden, wenn bei Anwesenheit von mindestens zwei Dritteln seiner Mitglieder eine Zweidrittelmehrheit, die jedoch mehr als die Hälfte seiner Mitglieder betragen muß, es beschließt.

(3) [1]Die Verfassung kann durch Volksabstimmung geändert werden, wenn mehr als die Hälfte der Mitglieder des Landtags dies beantragt hat. [2]Sie kann ferner durch eine Volksabstimmung nach Artikel 60 Abs. 1

geändert werden. [3]Das verfassungsändernde Gesetz ist beschlossen, wenn die Mehrheit der Stimmberechtigten zustimmt.

(4) Ohne vorherige Änderung der Verfassung können Gesetze, welche Bestimmungen der Verfassung durchbrechen, nicht beschlossen werden.

V. Die Rechtspflege

Art. 65 [Rechtsprechende Gewalt; Unabhängigkeit der Richter]. (1) Die rechtsprechende Gewalt wird im Namen des Volkes durch die Gerichte ausgeübt, die gemäß den Gesetzen des Bundes und des Landes errichtet sind.

(2) Die Richter sind unabhängig und nur dem Gesetz unterworfen.

Art. 66 [Persönliche Unabhängigkeit; Richteranklage]. (1) [1]Die hauptamtlich und planmäßig endgültig angestellten Richter können wider ihren Willen nur kraft richterlicher Entscheidung und nur aus Gründen und unter den Formen, welche die Gesetze bestimmen, vor Ablauf ihrer Amtszeit entlassen oder dauernd oder zeitweise ihres Amtes enthoben oder an eine andere Stelle oder in den Ruhestand versetzt werden. [2]Die Gesetzgebung kann Altersgrenzen festsetzen, bei deren Erreichung auf Lebenszeit angestellte Richter in den Ruhestand treten. [3]Bei Veränderung der Einrichtung der Gerichte oder ihrer Bezirke können Richter an ein anderes Gericht versetzt oder aus dem Amte entfernt werden, jedoch nur unter Belassung des vollen Gehaltes.

(2) [1]Verstößt ein Richter im Amt oder außerhalb des Amtes gegen die verfassungsmäßige Ordnung, so kann auf Antrag der Mehrheit der Mitglieder des Landtags das Bundesverfassungsgericht mit Zweidrittelmehrheit anordnen, daß der Richter in ein anderes Amt oder in den Ruhestand zu versetzen ist. [2]Im Falle eines vorsätzlichen Verstoßes kann auf Entlassung erkannt werden.

(3) [1]Im übrigen wird die Rechtsstellung der Richter durch ein besonderes Gesetz geregelt. [2]Das Gesetz bestimmt auch den Amtseid der Richter.

Art. 67 [Rechtsweg; Verwaltungsgerichte]. (1) Wird jemand durch die öffentliche Gewalt in seinen Rechten verletzt, so steht ihm der Rechtsweg offen.

(2) Über Streitigkeiten im Sinne des Abs. 1 sowie über sonstige öffentlich-rechtliche Streitigkeiten entscheiden Verwaltungsgerichte, soweit nicht die Zuständigkeit eines anderen Gerichtes gesetzlich begründet ist.

(3) Gegen Entscheidungen der Verwaltungsgerichte im ersten Rechtszug ist ein Rechtsmittel zulässig.

(4) Das Nähere bestimmt ein Gesetz.

Art. 68 [Staatsgerichtshof]. (1) [1]Es wird ein Staatsgerichtshof gebildet. [2]Er entscheidet

1. über die Auslegung dieser Verfassung aus Anlaß von Streitigkeiten über den Umfang der Rechte und Pflichten eines obersten Landesorgans oder anderer Beteiligter, die durch die Verfassung oder in der Geschäftsordnung des Landtags oder der Regierung mit eigener Zuständigkeit ausgestattet sind,
2. bei Zweifeln oder Meinungsverschiedenheiten über die Vereinbarkeit von Landesrecht mit dieser Verfassung,
3. über die Vereinbarkeit eines Landesgesetzes mit dieser Verfassung, nachdem ein Gericht das Verfahren gemäß Artikel 100 Abs. 1 des Grundgesetzes für die Bundesrepublik Deutschland ausgesetzt hat,
4. in den übrigen durch diese Verfassung oder durch Gesetz ihm zugewiesenen Angelegenheiten.

(2) Antragsberechtigt sind in den Fällen

1. des Abs. 1 Nr. 1 die obersten Landesorgane oder die Beteiligten im Sinne des Abs. 1 Nr. 1,
2. des Abs. 1 Nr. 2 ein Viertel der Mitglieder des Landtags oder die Regierung.

(3) [1]Der Staatsgerichtshof besteht aus neun Mitgliedern, und zwar
drei Berufsrichtern,
drei Mitgliedern mit der Befähigung zum Richteramt und
drei Mitgliedern, bei denen diese Voraussetzung nicht vorliegt.
[2]Die Mitglieder des Staatsgerichtshofs werden vom Landtag auf die Dauer von neun Jahren gewählt. [3]Aus jeder Gruppe ist ein Mitglied alle drei Jahre neu zu bestellen. [4]Scheidet ein Richter vorzeitig aus, so wird für den Rest seiner Amtszeit ein Nachfolger gewählt. [5]Zum Vorsitzenden ist einer der Berufsrichter zu bestellen. [6]Die Mitglieder dürfen weder dem Bundestag, dem Bundesrat, der Bundesregierung noch entsprechenden Organen eines Landes angehören.

(4) [1]Ein Gesetz regelt das Nähere, insbesondere Verfassung und Verfahren des Staatsgerichtshofs. [2]Es bestimmt, in welchen Fällen seine Entscheidungen Gesetzeskraft haben.

VI. Die Verwaltung

Art. 69 [Träger öffentlicher Verwaltung]. Die Verwaltung wird durch die Regierung, die ihr unterstellten Behörden und durch die Träger der Selbstverwaltung ausgeübt.

Art. 70 [Organisation der Verwaltung]. (1) [1]Aufbau, räumliche Gliederung und Zuständigkeiten der Landesverwaltung werden durch Gesetz geregelt. [2]Aufgaben, die von nachgeordneten Verwaltungsbehörden zuverlässig und zweckmäßig erfüllt werden können, sind diesen zuzuweisen.

(2) Die Einrichtung der staatlichen Behörden im einzelnen obliegt der Regierung, auf Grund der von ihr erteilten Ermächtigung den Ministern.

Art. 71 [Selbstverwaltung; übertragene Aufgaben]. (1) [1]Das Land gewährleistet den Gemeinden und Gemeindeverbänden sowie den Zweckverbänden das Recht der Selbstverwaltung. [2]Sie verwalten ihre Angelegenheiten im Rahmen der Gesetze unter eigener Verantwortung. [3]Das Gleiche gilt für sonstige öffentlich-rechtliche Körperschaften und Anstalten in den durch Gesetz gezogenen Grenzen.

(2) [1]Die Gemeinden sind in ihrem Gebiet die Träger der öffentlichen Aufgaben, soweit nicht bestimmte Aufgaben im öffentlichen Interesse durch Gesetz anderen Stellen übertragen sind. [2]Die Gemeindeverbände haben innerhalb ihrer Zuständigkeit die gleiche Stellung.

(3) [1]Den Gemeinden und Gemeindeverbänden kann durch Gesetz die Erledigung bestimmter öffentlicher Aufgaben übertragen werden. [2]Dabei sind Bestimmungen über die Deckung der Kosten zu treffen. [3]Führen diese Aufgaben zu einer Mehrbelastung der Gemeinden oder Gemeindeverbände, so ist ein entsprechender finanzieller Ausgleich zu schaffen.

(4) Bevor durch Gesetz oder Verordnung allgemeine Fragen geregelt werden, welche die Gemeinden und Gemeindeverbände berühren, sind diese oder ihre Zusammenschlüsse rechtzeitig zu hören.

Art. 72 [Gemeinde- und Kreisvertretung]. (1) [1]In den Gemeinden und Kreisen muß das Volk eine Vertretung haben, die aus allgemeinen, unmittelbaren, freien, gleichen und geheimen Wahlen hervorgegangen ist. [2]Wird in einer Gemeinde mehr als eine gültige Wahlvorschlagsliste eingereicht, so muß die Wahl unter Berücksichtigung der Grundsätze der Verhältniswahl erfolgen. [3]Durch Gemeindesatzung kann Teilorten eine Vertretung im Gemeinderat gesichert werden. [4]In kleinen Gemeinden kann an die Stelle einer gewählten Vertretung die Gemeindeversammlung treten.

(2) Das Nähere regelt ein Gesetz.

Art. 73 [Kommunale Finanzausstattung]. (1) Das Land sorgt dafür, daß die Gemeinden und Gemeindeverbände ihre Aufgaben erfüllen können.

(2) Die Gemeinden und Kreise haben das Recht, eigene Steuern und andere Abgaben nach Maßgabe der Gesetze zu erheben.

(3) [1]Die Gemeinden und Gemeindeverbände werden unter Berücksichtigung der Aufgaben des Landes an dessen Steuereinnahmen beteiligt. [2]Näheres regelt ein Gesetz.

Art. 74 [Kommunale Gebietsänderungen]. (1) Das Gebiet von Gemeinden und Gemeindeverbänden kann aus Gründen des öffentlichen Wohls geändert werden.

(2) [1]Das Gemeindegebiet kann durch Vereinbarung der beteiligten Gemeinden mit staatlicher Genehmigung, durch Gesetz oder auf Grund eines Gesetzes geändert werden. [2]Die Auflösung von Gemeinden gegen deren Willen bedarf eines Gesetzes. [3]Vor einer Änderung des Gemeindegebiets muß die Bevölkerung der unmittelbar betroffenen Gebiete gehört werden.

(3) [1]Das Gebiet von Gemeindeverbänden kann durch Gesetz oder auf Grund eines Gesetzes geändert werden. [2]Die Auflösung von Landkreisen bedarf eines Gesetzes.

(4) Das Nähere wird durch Gesetz geregelt.

Art. 75 [Kommunalaufsicht]. (1) [1]Das Land überwacht die Gesetzmäßigkeit der Verwaltung der Gemeinden und Gemeindeverbände. [2]Durch Gesetz kann bestimmt werden, daß die Übernahme von Schuldverpflichtungen und Gewährschaften sowie die Veräußerung von Vermögen von der Zustimmung der mit der Überwachung betrauten Staatsbehörde abhängig gemacht werden, und daß diese Zustimmung unter dem Gesichtspunkt einer geordneten Wirtschaftsführung erteilt oder versagt werden kann.

(2) Bei der Übertragung staatlicher Aufgaben kann sich das Land ein Weisungsrecht nach näherer gesetzlicher Vorschrift vorbehalten.

Art. 76 [Kommunalrechtliche Normenkontrolle]. Gemeinden und Gemeindeverbände können den Staatsgerichtshof mit der Behauptung anrufen, daß ein Gesetz die Vorschriften der Artikel 71 bis 75 verletze.

Art. 77 [Öffentlicher Dienst]. (1) Die Ausübung hoheitsrechtlicher Befugnisse ist als ständige Aufgabe in der Regel Angehörigen des öffentlichen Dienstes zu übertragen, die in einem öffentlich-rechtlichen Dienst- und Treueverhältnis stehen.

(2) Alle Angehörigen des öffentlichen Dienstes sind Sachwalter und Diener des ganzen Volkes.

Art. 78 [Amtseid]. [1]Jeder Beamte leistet folgenden Amtseid:
„Ich schwöre, daß ich mein Amt nach bestem Wissen und Können führen, Verfassung und Recht achten und verteidigen und Gerechtigkeit gegen jedermann üben werde. So wahr mir Gott helfe."
[2]Der Eid kann auch ohne religiöse Beteuerung geleistet werden.

VII. Das Finanzwesen

Art. 79 [Haushaltsplan]. (1) [1]Alle Einnahmen und Ausgaben des Landes sind in den Haushaltsplan einzustellen; bei Landesbetrieben und bei Sondervermögen brauchen nur die Zuführungen oder die Ablieferungen eingestellt zu werden. [2]Der Haushaltsplan soll in Einnahme und Ausgabe ausgeglichen sein.

(2) [1]Der Haushaltsplan wird für ein Rechnungsjahr oder mehrere Rechnungsjahre, nach Jahren getrennt, durch das Haushaltsgesetz festgestellt. [2]Die Feststellung soll vor Beginn des Rechnungsjahres, bei mehreren Rechnungsjahren vor Beginn des ersten Rechnungsjahres, erfolgen.

(3) [1]In das Haushaltsgesetz dürfen nur Vorschriften aufgenommen werden, die sich auf die Einnahmen und die Ausgaben des Landes und auf den Zeitraum beziehen, für den das Haushaltsgesetz beschlossen wird. [2]Das Haushaltsgesetz kann vorschreiben, daß die Vorschriften erst mit der Verkündung des nächsten Haushaltsgesetzes oder bei Ermächtigungen nach Artikel 84 zu einem späteren Zeitpunkt außer Kraft treten.

(4) Das Vermögen und die Schulden sind in einer Anlage des Haushaltsplans nachzuweisen.

Art. 80 [Ausgaben und Kreditaufnahme vor Etatbewilligung]. (1) Ist bis zum Schluß eines Rechnungsjahres weder der Haushaltsplan für das folgende Rechnungsjahr festgestellt worden, noch ein Nothaushaltsgesetz ergangen, so kann bis zur gesetzlichen Regelung die Regierung diejenigen Ausgaben leisten, die nötig sind, um

1. gesetzlich bestehende Einrichtungen zu erhalten und gesetzlich beschlossene Maßnahmen durchzuführen,
2. die rechtlich begründeten Verpflichtungen des Landes zu erfüllen,
3. Bauten, Beschaffungen und sonstige Leistungen fortzusetzen oder Beihilfen für diese Zwecke weiter zu gewähren, sofern durch den Haushaltsplan eines Vorjahres bereits Beträge bewilligt worden sind.

(2) [1]Soweit die auf besonderem Gesetz beruhenden Einnahmen aus Steuern, Abgaben und sonstigen Quellen oder die Betriebsmittelrücklage die in Abs. 1 genannten Ausgaben nicht decken, kann die Regierung den für eine geordnete Haushaltsführung erforderlichen Kredit beschaffen. [2]Dieser darf ein Viertel der Endsumme des letzten Haushaltsplans nicht übersteigen.

Art. 81 [Über- und außerplanmäßige Ausgaben]. [1]Über- und außerplanmäßige Ausgaben bedürfen der Zustimmung des Finanzministers. [2]Sie darf nur im Falle eines unvorhergesehenen und unabweisbaren Bedürfnisses erteilt werden. [3]Die Genehmigung des Landtags ist nachträglich einzuholen.

Art. 82 [Ausgabeerhöhung; Einnahmeminderung]. (1) [1]Beschlüsse des Landtags, welche die im Haushaltsplan festgesetzten Ausgaben erhöhen oder neue Ausgaben mit sich bringen, bedürfen der Zustimmung der Regierung. [2]Das gleiche gilt für Beschlüsse des Landtags, die Einnahmeminderungen mit sich bringen. [3]Die Deckung muß gesichert sein.

(2) [1]Die Regierung kann verlangen, daß der Landtag die Beschlußfassung

nach Absatz 1 aussetzt. [2]In diesem Fall hat die Regierung innerhalb von sechs Wochen dem Landtag eine Stellungnahme zuzuleiten.

Art. 83 [Rechnungslegung; Entlastung; Rechnungshof]. (1) Der Finanzminister hat dem Landtag über alle Einnahmen und Ausgaben sowie über das Vermögen und die Schulden des Landes zur Entlastung der Regierung jährlich Rechnung zu legen.

(2) [1]Die Rechnung sowie die gesamte Haushalts- und Wirtschaftsführung des Landes werden durch den Rechnungshof geprüft. [2]Seine Mitglieder besitzen die gleiche Unabhängigkeit wie die Richter. [3]Die Ernennung des Präsidenten und des Vizepräsidenten des Rechnungshofs bedarf der Zustimmung des Landtags. [4]Der Rechnungshof berichtet jährlich unmittelbar dem Landtag und unterrichtet gleichzeitig die Regierung. [5]Im übrigen werden Stellung und Aufgaben des Rechnungshofs durch Gesetz geregelt.

Art. 84 [Kreditaufnahme; Gewährleistungen]. [1]Die Aufnahme von Krediten sowie jede Übernahme von Bürgschaften, Garantien oder sonstigen Gewährleistungen bedürfen einer Ermächtigung durch Gesetz. [2]Die Einnahmen aus Krediten dürfen die Summe der im Haushaltsplan veranschlagten Ausgaben für Investitionen nicht überschreiten; Ausnahmen sind nur zulässig zur Abwehr einer Störung des gesamtwirtschaftlichen Gleichgewichts. [3]Das Nähere wird durch Gesetz geregelt.

Schlußbestimmungen

Art. 85 [Bestandsgarantie für Hochschulen]. Die Universitäten und Hochschulen mit Promotionsrecht bleiben in ihrem Bestand erhalten.

Art. 86 [Umwelt-, Landschafts- und Denkmalschutz]. Die natürlichen Lebensgrundlagen, die Landschaft sowie die Denkmale der Kunst, der Geschichte und der Natur genießen öffentlichen Schutz und die Pflege des Staates und der Gemeinden.

Art. 87 [Freie Wohlfahrtsverbände]. Die Wohlfahrtspflege der freien Wohlfahrtsverbände wird gewährleistet.

Art. 88 [Normenkontrolle über vorkonstitutionelles Recht]. Landesrecht im Sinne der Artikel 68 Abs. 1 Nr. 2 und 3 und 76 ist auch das vor Inkrafttreten dieser Verfassung geltende Recht.

Art. 89 [Erste Mitgliederwahl zum Staatsgerichtshof]. Bei der ersten Wahl der gemäß Artikel 68 Abs. 3 zu bestellenden Mitglieder des Staatsgerichtshofs wird je ein Mitglied der genannten drei Gruppen auf die Dauer von sechs Jahren, je ein weiteres Mitglied auf die Dauer von drei Jahren gewählt.

Art. 90 [Polizeiorganisation]. Die Organisation der Polizei bleibt im Grundsatz bis zu einer gesetzlichen Neuregelung bestehen.

Art. 91 [Heimatprinzip für oberste Landesbehörden]. Bei den Ministerien und sonstigen obersten Landesbehörden sollen Beamte aus den bisherigen Ländern in angemessenem Verhältnis verwendet werden.

Art. 92 [Mehrheit oder Minderheit der „Mitglieder des Landtags"]. Mehrheiten oder Minderheiten der „Mitglieder des Landtags" im Sinne dieser Verfassung werden nach der gesetzlichen Zahl der Mitglieder des Landtags berechnet.

Art. 93 [Erster Landtag]. (1) Die Abgeordneten der nach § 13 des Zweiten Gesetzes über die Neugliederung in den Ländern Baden, Württemberg-Baden und Württemberg-Hohenzollern vom 4. Mai 1951 (BGBl. I S. 283 ff.) gewählten Verfassunggebenden Landesversammlung bilden nach Inkrafttreten dieser Verfassung den ersten Landtag.

(2) Die Wahlperiode dieses Landtags endet am 31. März 1956.

Art. 93 a [Wahlperiode 1956 - 1960]. [1]Die wegen Ablaufs der am 1. April 1956 begonnenen Wahlperiode notwendige Neuwahl des Landtags kann abweichend von Art. 30 Abs. 2 spätestens am sechzigsten Tag nach Ablauf dieser Wahlperiode stattfinden. [2]Wird von dieser Möglichkeit Gebrauch gemacht, so beginnt die neue Wahlperiode am 1. Juni 1960.

Art. 94 [Inkrafttreten; Recht der bisherigen Länder]. (1) Die von der Verfassunggebenden Landesversammlung beschlossene Verfassung ist von ihrem Präsidenten auszufertigen und von der vorläufigen Regierung im Gesetzblatt des Landes zu verkünden.

(2) [1]Die Verfassung tritt am Tage ihrer Verkündung* in Kraft. [2]Zum gleichen Zeitpunkt treten die Verfassungen der bisherigen Länder Baden, Württemberg-Baden und Württemberg-Hohenzollern außer Kraft.

(3) [1]Sonstiges Recht der bisherigen Länder bleibt, soweit es dieser Verfassung nicht widerspricht, in seinem Geltungsbereich bestehen. [2]Soweit in Gesetzen oder Verordnungen Organe der bisherigen Länder genannt sind, treten an ihre Stelle die entsprechenden Organe des Landes Baden-Württemberg.

---

* *Verkündet am 19. November 1953*

Gesetz über den Staatsgerichtshof

vom 13. Dezember 1954 (GBl. S. 171), zuletzt geändert durch Gesetz vom
9. März 1976 (GBl. S. 310)

INHALTSÜBERSICHT*

* *Inhaltsübersicht und Paragraphenüberschriften nicht amtlich*

1. Teil. Sitz und Organisation

§ 1 [Sitz]. Der Staatsgerichtshof für das Land Baden-Württemberg hat seinen Sitz am Sitz der Regierung.

§ 2 [Wahlverfahren]. (1)[1]Bei der ersten Wahl (Art. 89 der Verfassung) werden die Mitglieder des Staatsgerichtshofs aus jeder der drei in Art. 68 Abs. 3 der Verfassung bezeichneten Gruppen im Wege der Verhältniswahl nach dem Höchstzahlverfahren (d'Hondt) gesondert gewählt. [2]Ob ein Bewerber auf die Dauer von neun, sechs oder drei Jahren gewählt ist, entscheidet das Los.

(2) [1]Bei den Ergänzungswahlen nach Art. 68 Abs. 3 Satz 3 der Verfassung wird für jede Gruppe gesondert gewählt. [2]Gewählt ist, wer die meisten Stimmen erhält. [3]Bei Stimmengleichheit findet eine Stichwahl statt, wenn mehr als zwei Bewerber zur Wahl standen, andernfalls entscheidet das Los. [4]Das gleiche gilt bei einer Nachwahl nach Art. 68 Abs. 3 Satz 4 der Verfassung.

(3) [1]Der Vorsitzende und sein ständiger Stellvertreter werden vom Landtag aus der Gruppe der Berufsrichter für die Dauer ihrer Mitgliedschaft gewählt. [2]Gewählt ist, wer die meisten Stimmen erhält. [3]Abs. 2 Satz 3 gilt entsprechend. [4]Der Vorsitzende führt die Amtsbezeichnung „Präsident des Staatsgerichtshofs."

(4) [1]Für jedes Mitglied des Staatsgerichtshofs wählt der Landtag einen Stellvertreter. [2]Für die Wahl gelten die Abs. 1 und 2 entsprechend. [3]Die Stellvertreter vertreten sich in jeder Gruppe gegenseitig.

(5) Der Landtag kann die obersten Gerichte des Landes ersuchen, ihm über das Justizministerium Listen mit Namen geeigneter Berufsrichter ihrer Gerichtsbarkeit vorzulegen.

§ 2a [Unvereinbarkeiten]. (1) Ein politischer Staatssekretär und ein politischer Beamter können nicht Mitglied des Staatsgerichtshofs oder Stellvertreter sein.

(2) Ein Mitglied des Staatsgerichtshofs oder ein Stellvertreter scheidet mit der Ernennung zum politischen Staatssekretär oder zum politischen Beamten aus seinem Amt aus.

§ 3 [Zeitpunkt der Wahl]. (1) [1]Die Mitglieder des Staatsgerichtshofs und ihre Stellvertreter sollen frühestens drei Monate und spätestens einen Monat vor Ablauf der Amtszeit ihrer Vorgänger gewählt werden. [2]Ist der Landtag in dieser Zeit aufgelöst, so findet die Wahl innerhalb eines Monats nach dem ersten Zusammentritt des neu gewählten Landtags statt. [3]Wiederwahl ist zulässig.

(2) Scheidet ein Mitglied des Staatsgerichtshofs oder ein Stellvertreter vorzeitig aus (Art. 68 Abs.3 Satz 4 der Verfassung), so muß der Nachfolger innerhalb von drei Monaten gewählt werden.

§ 4 [Amtseid]. [1]Die Mitglieder des Staatsgerichtshofs und ihre Stellvertreter leisten vor Antritt ihres Amtes vor dem Landtag folgenden Eid:

„Ich schwöre, daß ich als gerechter Richter alle Zeit die Verfassung des Landes Baden-Württemberg getreulich wahren und meine richterlichen Pflichten gegenüber jedermann gewissenhaft erfüllen werde. So wahr mir Gott helfe."

[2]Der Eid kann auch ohne religiöse Beteuerung geleistet werden.

§ 5 [Freiwilliges Ausscheiden]. [1]Die Mitglieder des Staatsgerichtshofs und ihre Stellvertreter können zu Protokoll des Präsidenten des Landtags erklären, daß sie aus ihrem Amt ausscheiden. [2]Die Erklärung wird mit Ablauf des darauffolgenden Monats wirksam.

§ 6 [Amtsenthebung]. Die Mitglieder des Staatsgerichtshofs und ihre Stellvertreter können nur nach den für Richter geltenden Vorschriften ihres Amtes enthoben werden.

§ 7 [Ehrenamtliche Tätigkeit]. (1) Die Mitglieder des Staatsgerichtshofs sind ehrenamtlich tätig.

(2) Für jeden Tag, an dem eine Sitzung des Staatsgerichtshofs oder eine Entscheidungsberatung stattfindet, erhalten die dabei anwesenden Richter eine Entschädigung in Höhe von einem Fünfzehntel des monatlichen Grundgehalts der Besoldungsgruppe B 9.

(3) Außerdem erhalten der Präsident des Staatsgerichtshofs und sein ständiger Stellvertreter eine monatliche Aufwandsentschädigung nach Maßgabe des Staatshaushaltsplans.

(4) Der Berichterstatter erhält eine zusätzliche Entschädigung, die im Einzelfall vom Vorsitzenden unter Berücksichtigung des Arbeitsaufwandes festgesetzt wird; sie darf das Zehnfache der Entschädigung nach Absatz 2 nicht übersteigen.

(5) Die Mitglieder des Staatsgerichtshofs erhalten Reisekostenvergütung entsprechend den für einen Landesbeamten der Besoldungsgruppe B 9 geltenden Sätzen.

2. Teil. Zuständigkeit

§ 8 [Zuständigkeitskatalog]. (1) Der Staatsgerichtshof entscheidet in den Angelegenheiten, die ihm durch die Verfassung zugewiesen sind, und zwar

1. über die Auslegung der Verfassung aus Anlaß einer Streitigkeit über den Umfang der Rechte und Pflichten eines obersten Landesorgans

oder anderer Beteiligter, die durch die Verfassung oder in der Geschäftsordnung des Landtags oder der Regierung mit eigener Zuständigkeit ausgestattet sind (Art. 68 Abs. 1 Nr. 1 der Verfassung),

2. bei Zweifeln oder Meinungsverschiedenheiten über die Vereinbarkeit von Landesrecht mit der Verfassung (Art. 68 Abs. 1 Nr. 2 der Verfassung),

3. über die Vereinbarkeit eines Landesgesetzes mit der Verfassung, nachdem ein Gericht das Verfahren gemäß Art. 100 Abs. 1 des Grundgesetzes für die Bundesrepublik Deutschland ausgesetzt hat (Art. 68 Abs. 1 Nr. 3 der Verfassung),

4. über die Anfechtung einer Entscheidung des Landtags nach Art. 31 Abs. 1 der Verfassung (Art. 31 Abs. 2 der Verfassung),

5. über den Antrag, einem Abgeordneten das Mandat abzuerkennen (Art. 42 der Verfassung),

6. über die Anklage gegen ein Mitglied der Regierung und über den Antrag eines Mitglieds der Regierung auf Entscheidung über den öffentlichen Vorwurf der Gesetzesverletzung (Art. 57 Abs. 1 und 4 der Verfassung),

7. über die Zulässigkeit eines Antrags auf Verfassungsänderung (Art. 64 Abs. 1 Satz 3 der Verfassung),

8. über den Antrag einer Gemeinde oder eines Gemeindeverbands auf Festellung, daß ein Gesetz die Vorschriften der Art. 71 bis 75 der Verfassung verletzt (Art. 76 der Verfassung).

(2) Der Staatsgerichtshof entscheidet ferner in den Angelegenheiten, die ihm durch Gesetz zugewiesen werden.

§ 9 [Prozeßbeteiligte; Antragsberechtigung]. (1) Prozeßbeteiligter ist, wer auf Grund der Verfassung oder dieses Gesetzes Antragsteller oder Antragsgegner oder wer einem Verfahren beigetreten ist.

(2) Die Antragsberechtigung erlischt einen Monat nach Wegfall der gesetzlichen Voraussetzungen.

(3) [1]Die Eigenschaft als Prozeßbeteiligter und die Berechtigung, einem Verfahren beizutreten, bleiben bis zum Abschluß des Verfahrens bestehen. [2]Eine Personengesamtheit kann durch Mehrheitsbeschluß aus dem Verfahren ausscheiden. [3]Die unterliegende Minderheit behält die Eigenschaft als Prozeßbeteiligter, wenn sie die im Gesetz für die Antragstellung vorgeschriebenen Personenzahl noch umfaßt. [4]Die Paragraphen 24, 32 Abs. 1 und 43 Abs. 2 bleiben unberührt.

3. Teil. Allgemeine Verfahrensvorschriften

§ 10 [Anwendung des Gerichtsverfassungsgesetzes]. Im Verfahren des

Staatsgerichtshofs finden die Vorschriften des Gerichtsverfassungsgesetzes über die Öffentlichkeit, die Sitzungspolizei, die Gerichtssprache, die Beratung und die Abstimmung entsprechende Anwendung.

§ 11 [Ausschluß vom Richteramt]. (1) Ein Richter des Staatsgerichtshofs ist von der Ausübung des Richteramts ausgeschlossen, wenn er

1. an der Sache beteiligt oder mit einem Beteiligten verheiratet ist oder war, in gerader Linie verwandt oder verschwägert oder in der Seitenlinie bis zum dritten Grade verwandt oder bis zum zweiten Grade verschwägert ist, oder

2. in derselben Sache bereits von Amts oder Berufs wegen tätig gewesen ist.

(2) Beteiligt ist nicht, wer nur wegen eines Familienstandes oder Berufs, seiner Religionszugehörigkeit, Abstammung oder Zugehörigkeit zu einer politischen Partei oder aus einem ähnlich allgemeinen Grunde am Ausgang des Verfahrens interessiert ist.

(3) Als Tätigkeit im Sinne des Abs. 1 Nr. 2 gilt nicht die Mitwirkung im Gesetzgebungsverfahren.

§ 12 [Ablehnung eines Richters; Selbstablehnung]. (1) [1]Ein Prozeßbeteiligter kann einen Richter wegen Besorgnis der Befangenheit, oder weil er von der Ausübung des Richteramtes kraft Gesetzes ausgeschlossen ist, ablehnen. [2]Die Ablehnung ist zu begründen. [3]Der Abgelehnte hat sich dazu zu äußern. [4]Ein Prozeßbeteiligter kann einen Richter nicht mehr ablehnen, wenn er sich in eine Verhandlung eingelassen hat, ohne den ihm bekannten Ablehnungsgrund geltend zu machen.

(2) [1]Wird ein Richter des Staatsgerichtshofs abgelehnt, so entscheidet das Gericht unter Ausschluß dieses Richters. [2]Bei Stimmengleichheit gibt die Stimme des Vorsitzenden den Ausschlag.

(3) Erklärt sich ein Richter, der nicht abgelehnt ist, für befangen, so gilt Abs. 2 entsprechend.

§ 13 [Akteneinsicht]. Die Prozeßbeteiligten haben das Recht der Akteneinsicht.

§ 14 [Prozeßvertretung]. (1) [1]Die Prozeßbeteiligten können sich in jeder Lage des Verfahrens durch einen bei einem deutschen Gericht zugelassenen Rechtsanwalt oder einen Lehrer des Rechts an einer deutschen Hochschule vertreten lassen. [2]In der mündlichen Verhandlung vor dem Staatsgerichtshof müssen sie sich in dieser Weise vertreten lassen. [3]Es können sich, auch in der mündlichen Verhandlung, vertreten lassen

1. der Landtag, sowie solche Organe des Landtags und Gruppen von Abgeordneten, die in der Verfassung oder in der Geschäftsordnung des Landtags mit eigenen Rechten ausgestattet sind, durch einen Abgeordneten,

2. das Land, die Landesregierung und die Organe des Landes durch ein Mitglied der Landesregierung oder durch einen Richter oder einen zum Richteramt befähigten Beamten,

3. die Gemeinden und Gemeindeverbände durch einen Richter oder einen zum Richteramt befähigten Beamten oder durch eine zu ihrer gesetzlichen Vertretung berufene Person. Mitglieder und ehemalige Mitglieder der Regierung bedürfen in eigener Sache keines Vertreters.

(2) Die Vollmacht ist schriftlich zu erteilen und muß sich ausdrücklich auf das Verfahren beziehen.

(3) Ist ein Bevollmächtigter bestellt, so sind alle Mitteilungen des Gerichts mit Ausnahme der Ladung eines Prozeßbeteiligten zum persönlichen Erscheinen nur an den Bevollmächtigten zu richten.

§ 15 [Einleitung des Verfahrens]. (1) [1]Der Antrag, der das Verfahren einleitet, ist beim Staatsgerichtshof schriftlich einzureichen. [2]Er ist zu begründen. [3]Die Beweismittel sind anzugeben.

(2) [1]Der Vorsitzende stellt den Antrag den Prozeßbeteiligten unverzüglich zu mit der Aufforderung, sich binnen bestimmter Frist zu äußern. [2]Er kann jedem Prozeßbeteiligten aufgeben, die erforderliche Zahl von Abschriften seiner Schriftsätze binnen bestimmter Frist nachzureichen.

(3) Der Vorsitzende bestellt ein Mitglied zum Berichterstatter.

§ 16 [Mündliche Verhandlung]. (1) [1]Soweit nichts anderes bestimmt ist, entscheidet der Staatsgerichtshof auf Grund mündlicher Verhandlung. [2]Mit Zustimmung aller Prozeßbeteiligten kann er einstimmig beschließen, daß ohne mündliche Verhandlung entschieden wird.

(2) Die mündliche Verhandlung findet auch dann statt, wenn Prozeßbeteiligte, insbesondere Antragsteller und Antragsgegner, trotz ordnungsgemäßer Ladung nicht erschienen oder nicht vertreten sind.

§ 17 [Entscheidungen im schriftlichen Verfahren]. [1]Entscheidungen, die außerhalb der mündlichen Verhandlung nötig werden, trifft der Vorsitzende mit Zustimmung von mindestens zwei Richtern. [2]Ein Antrag auf Eröffnung des Verfahrens, der formwidrig, unzulässig, verspätet oder offensichtlich unbegründet oder von einem Nichtberechtigten gestellt ist, kann im schriftlichen Verfahren verworfen werden, sofern sämtliche Richter zustimmen. [3]Die Entscheidung erfolgt durch Beschluß, der keiner Begründung bedarf.

§ 18 [Beauftragte und ersuchte Richter; Beweisaufnahme]. (1) Der Staatsgerichtshof kann eines seiner Mitglieder mit der Beweisaufnahme beauftragen oder ein anderes Gericht darum ersuchen.

(2) Mit einer Mehrheit von sechs Stimmen kann der Staatsgerichtshof beschließen, daß eine beschlossene Beweisaufnahme unterbleibt.

§ 19 [Rechts- und Amtshilfe; Aktenvorlage]. [1]Alle Gerichte und Verwaltungsbehörden leisten dem Staatsgerichtshof Rechts- und Amtshilfe. [2]Sie legen ihm Akten und Urkunden über das zuständige Ministerium und das Staatsministerium vor. [3]Hält die Regierung die Verwendung einer Urkunde für unvereinbar mit der Staatssicherheit, so teilt sie dies dem Staatsgerichtshof mit. [4]Will der Staatsgerichtshof auf der Vorlegung der Urkunde beharren, so hat er vor der Beschlußfassung den Ministerpräsidenten und den beteiligten Minister anzuhören. [5]Der Staatsgerichtshof beschließt, ob in diese Urkunde Einsicht gewährt werden kann.

§ 20 [Zeugen und Sachverständige]. (1) Für die Vernehmung von Zeugen und Sachverständigen gelten in den Fällen der Art. 31 Abs. 2, 42 und 57 der Verfassung die Vorschriften der Strafprozeßordnung, in den übrigen Fällen die Vorschriften der Zivilprozeßordnung entsprechend.

(2) [1]Soweit ein Zeuge oder Sachverständiger nur mit Genehmigung einer vorgesetzten Stelle vernommen werden darf, kann diese Genehmigung nur verweigert werden, wenn es das Wohl des Bundes oder des Landes erfordert. [2]Der Zeuge oder Sachverständige kann sich nicht auf seine Schweigepflicht berufen, wenn der Staatsgerichtshof mit einer Mehrheit von sechs Stimmen die Verweigerung der Aussagegenehmigung für unbegründet erklärt.

§ 21 [Beteiligtenrechte bei der Beweisaufnahme]. (1) [1]Die Prozeßbeteiligten werden von allen Beweisterminen benachrichtigt. [2]Sie können der Beweisaufnahme beiwohnen und an Zeugen und Sachverständige Fragen richten. [3]Wird eine Frage beanstandet, so entscheidet das Gericht. [4]Bei Beweisaufnahmen durch einen beauftragten oder ersuchten Richter entscheidet dieser.

(2) Findet in der mündlichen Verhandlung eine unmittelbare Beweisaufnahme nicht statt, haben aber zur Vorbereitung der Verhandlungen Ermittlungen oder eine Beweisaufnahme stattgefunden, so trägt der Berichterstatter das Ergebnis in der mündlichen Verhandlung vor.

§ 22 [Entscheidung]. (1) [1]Der Staatsgerichtshof entscheidet in geheimer Beratung nach seiner freien, aus dem Inhalt der Verhandlung und dem Ergebnis der Beweisaufnahme geschöpften Überzeugung. [2]Seiner Entscheidung dürfen nur Tatbestände und Beweismittel zugrunde gelegt werden, zu denen sich zu äußern alle Prozeßbeteiligten Gelegenheit hatten. [3]Dies gilt auch, wenn der Staatsgerichtshof nach § 19 letzter Satz beschlossen hat, daß in eine Urkunde keine Einsicht zu gewähren ist.

(2) [1]Die Richter stimmen nach dem Lebensalter; der jüngere stimmt vor dem älteren. [2]Der Berichterstatter stimmt zuerst. [3]Zuletzt stimmt der Vorsitzende.

(3) Die Endentscheidung ergeht durch Urteil.

(4) [1]Die Entscheidung ergeht im Namen des Volkes. [2]Sie ist schriftlich abzufassen, zu begründen und von den Richtern, die mitgewirkt haben, zu unterzeichnen. [3]Ergeht die Entscheidung auf Grund mündlicher Verhandlung, so ist sie im Anschluß an die Beratung durch den Vorsitzenden bei versammeltem Gericht durch Verlesung des entscheidenden Teiles öffentlich zu verkünden. [4]Sie kann auch in einem besonderen Termin, der nicht später als 14 Tage nach der Beratung liegen soll, vom Vorsitzenden in Anwesenheit von mindestens zwei Richtern in gleicher Weise verkündet werden. [5]Die Entscheidungsgründe können bei der Verkündung verlesen oder ihrem wesentlichen Inhalt nach mitgeteilt werden. [6]Eine Ausfertigung der mit Gründen versehenen Entscheidung ist den Prozeßbeteiligten zuzustellen.

(5) Nicht verkündete Entscheidungen werden den Prozeßbeteiligten zugestellt.

§ 23 [Gesetzeskraft; Rechtskraft]. (1) [1]Gesetzeskraft haben die Urteile des Staatsgerichtshofs, die

a) eine Rechtsvorschrift für gültig oder als mit der Verfassung unvereinbar für nichtig erklären (Art. 68 Abs. 1 Nr. 2 und 3 und Art. 76 der Verfassung), oder

b) feststellen, wie eine Verfassungsbestimmung auszulegen ist (Art. 68 Abs. 1 Nr. 1 der Verfassung in Verbindung mit § 47 Abs. 2).
[2]In diesen Fällen wird die Entscheidungsformel durch den Präsidenten des Staatsgerichtshofs im Gesetzblatt veröffentlicht.

(2) Die Rechtskraft erstreckt sich auf alle Prozeßbeteiligten.

§ 24 [Erledigung]. [1]Verfahren nach Art. 31 Abs. 2 und Art. 64 Abs. 1 der Verfassung, die im Zeitpunkt des Zusammentritts eines neugewählten Landtags anhängig sind, werden vom Staatsgerichtshof durch Beschluß für erledigt erklärt. [2]Verfahren nach Art. 68 Abs. 1 Nr. 1 der Verfassung können beim Zusammentritt eines neugewählten Landtags vom Staatsgerichtshof für erledigt erklärt werden, wenn ein schutzwürdiges Interesse an ihrer Weiterverfolgung nicht besteht.

§ 25 [Einstweilige Anordnung]. (1) Der Staatsgerichtshof kann, wenn es zur Abwehr schwerer Nachteile, zur Verhinderung drohender Gewalt oder aus einem anderen wichtigen Grunde zum gemeinen Wohl dringend geboten ist, in einem anhängigen Verfahren einen Zustand durch einstweilige Anordnung vorläufig regeln.

(2) [1]Die einstweilige Anordnung kann ohne mündliche Verhandlung ergehen. [2]Der Antragsgegner ist vor Erlaß der einstweiligen Anordnung, soweit deren Zweck dadurch nicht gefährdet wird, zu hören. [3]Wird Widerspruch erhoben, so ergeht die Entscheidung nach mündlicher Verhandlung durch Urteil.

§ 26 [Aussetzung des Verfahrens]. Bis zur Erledigung eines bei einem anderen Gericht anhängigen Verfahrens kann der Staatsgerichtshof sein Verfahren aussetzen, wenn die Feststellungen oder die Entscheidung in diesem Verfahren für seine Entscheidung von Bedeutung sein oder sie gegenstandslos machen können.

§ 27 [Verbindung und Trennung]. Der Staatsgerichtshof kann anhängige Verfahren verbinden und verbundene Verfahren trennen.

§ 28 [Vollstreckung]. [1]Der Staatsgerichtshof kann bestimmen, wer seine Entscheidung vollstreckt. [2]Im Einzelfall kann er die Art und Weise der Vollstreckung regeln.

§ 29 [Geschäftsordnung]. [1]Soweit dieses Gesetz nichts anderes bestimmt, regelt der Staatsgerichtshof das Verfahren und den Geschäftsgang durch eine Geschäftsordnung. [2]Sie wird im Gesetzblatt veröffentlicht.

4. Teil. Besondere Verfahrensvorschriften

1. Ministeranklage

a) Entscheidung nach Art. 57 Abs. 1 bis 3 der Verfassung

§ 30 [Anklageschrift]. (1) [1]Auf Grund eines Beschlusses des Landtags, Ministeranklage zu erheben (Art. 57 Abs. 2 der Verfassung), übersendet der Landtagspräsident dem Staatsgerichtshof binnen eines Monats eine Anklageschrift. [2]Mit dem Eingang der Anklageschrift beim Staatsgerichtshof ist die Anklage erhoben.

(2) [1]Die Anklageschrift muß die Handlung oder Unterlassung, wegen der Anklage erhoben wird, bezeichnen, ebenso die Beweismittel und die Bestimmung der Verfassung oder des Gesetzes, die verletzt sein soll. [2]Der Anklageschrift ist eine Niederschrift über die Sitzung des Landtags beizulegen, in welcher der Beschluß, Anklage zu erheben, gefaßt worden ist.

§ 31 [Fristen]. [1]Das Recht zur Ministeranklage erlischt fünf Jahre nach Begehung der verletzenden Handlung. [2]Die Anklage muß jedoch von einem Landtag innerhalb eines Jahres, nachdem ihm die verletzende Handlung mitgeteilt wurde, erhoben werden.

§ 32 [Rücknahme der Anklage; Widerspruch]. (1) [1]Die Anklage kann bis zum Beginn der mündlichen Verhandlung zurückgenommen werden, wenn der Landtag es beschließt. [2]Ein solcher Antrag muß von mindestens einem Drittel der Mitglieder des Landtags unterzeichnet sein. [3]Der Beschluß erfordert bei Anwesenheit von mindestens zwei Dritteln der Mitglieder des Landtags eine Zweidrittelmehrheit, die jedoch mehr als die Hälfte der Mitglieder des Landtags betragen muß.

(2) [1]Die Anklage wird vom Landtagspräsidenten durch Übersendung einer Ausfertigung des Beschlusses an den Staatsgerichtshof zurückgenommen. [2]Die Bestimmung des § 30 Abs. 2 Satz 2 gilt sinngemäß. [3]Der Präsident des Staatsgerichtshofs teilt dem Angeklagten den Zeitpunkt des Eingangs der Zurücknahmeerklärung mit.

(3) [1]Erhebt der Angeklagte innerhalb eines Monats, nachdem ihm die Mitteilung nach Abs. 2 Satz 3 zugegangen ist, Widerspruch, so ist die Zurücknahme der Anklage unwirksam. [2]Der Widerspruch ist beim Präsidenten des Staatsgerichtshofs schriftlich zu erheben.

§ 33 [Anklagevertreter]. Der Landtag bestimmt, wer die Anklage vor dem Staatsgerichtshof vertritt.

§ 34 [Vorermittlungen]. (1) [1]Der Vorsitzende des Staatsgerichtshofs kann nach Anhörung von zwei seiner Mitglieder zur Vorbereitung der mündlichen Verhandlung Vorermittlungen anordnen. [2]Sie sind einem seiner Mitglieder zu übertragen. [3]Dem Angeklagten ist Gelegenheit zur Äußerung zu geben.

(2) Nach Abschluß der Vorermittlungen gibt der Vorsitzende dem Landtag Gelegenheit, darüber zu entscheiden, ob die Anklage aufrechterhalten wird.

§ 35 [Verhandlung; Ladung des Angeklagten]. (1) Der Staatsgerichtshof entscheidet auf Grund mündlicher Verhandlung.

(2) [1]Zur Verhandlung ist der Angeklagte zu laden. [2]In der Ladung ist darauf hinzuweisen, daß ohne ihn verhandelt werden kann, wenn er unentschuldigt ausbleibt oder sich ohne ausreichenden Grund vorzeitig entfernt.

(3) [1]In der Verhandlung trägt der Vertreter der Anklage zuerst die Anklage vor. [2]Dann erhält der Angeklagte Gelegenheit, sich zur Anklage zu erklären. [3]Hierauf findet die Beweiserhebung statt. [4]Zum Schluß wird der Vertreter der Anklage mit seinem Antrag und der Angeklagte mit seiner Verteidigung gehört. [5]Der Angeklagte hat das letzte Wort.

§ 36 [Urteil]. (1) Gegenstand der Urteilsfindung ist die in der Anklage bezeichnete Tat, wie sie sich nach dem Ergebnis der Verhandlung darstellt.

(2) [1]Das Urteil lautet auf
Einstellung des Verfahrens, oder
Freisprechung, oder
Feststellung, daß der Angeklagte sich einer vorsätzlichen oder grobfahrlässigen Verletzung der Verfassung oder eines anderen Gesetzes schuldig gemacht hat. [2]Mit dieser Feststellung kann die Aberkennung des Amtes oder die ganze oder teilweise Entziehung der Versorgungsansprüche verbunden werden.

(3) Zu jeder dem Angeklagten nachteiligen Entscheidung, welche die Schuldfrage, die Aberkennung des Amts oder die Entziehung von Versorgungsansprüchen betrifft, sind mindestens sechs Stimmen erforderlich.

(4) Die Einstellung des Verfahrens ist auszusprechen, wenn ein Verfahrenshindernis besteht, insbesondere wenn der Fall des § 31 vorliegt.

(5) Wird der Angeklagte freigesprochen, so müssen die Urteilsgründe ergeben, ob er nicht überführt oder ob seine Unschuld erwiesen ist.

(6) Wird der Angeklagte verurteilt, so müssen die Urteilsgründe die erwiesenen Tatsachen angeben, in denen die gesetzlichen Merkmale seiner schuldhaften Handlung oder Unterlassung gefunden werden.

§ 37 [Ausfertigung für die Regierung].   Eine Ausfertigung des Urteils mit Gründen ist der Regierung zu übersenden.

§ 38 [Wiederaufnahme des Verfahrens]. (1) [1]Die Wiederaufnahme des Verfahrens findet nur zugunsten des Verurteilten und nur auf Antrag unter den Voraussetzungen der §§ 359 und 364 der Strafprozeßordnung statt. [2]Antragsberechtigt ist der Verurteilte, nach seinem Tode sein Ehegatte, einer seiner Abkömmlinge oder eine Fraktion des Landtags. [3]In dem Antrag müssen der gesetzliche Grund der Wiederaufnahme sowie die Beweismittel angegeben werden. [4]Durch den Antrag auf Wiederaufnahme wird die Wirksamkeit des Urteils nicht berührt.

(2) [1]Über die Zulassung des Antrages entscheidet der Staatsgerichtshof ohne mündliche Verhandlung. [2]Die Vorschriften der §§ 368, 369 Abs. 1, 2 und 4, 370 und 371 Abs. 1 bis 3 der Strafprozeßordnung gelten entsprechend.

(3) Das auf Grund der neuen Verhandlung ergehende Urteil hält entweder das frühere Urteil aufrecht oder ändert es zugunsten des Angeklagten ab.

b) Entscheidung nach Art. 57 Abs. 4 der Verfassung

§ 39 [Antrag auf Vorwurfskontrolle].   Beantragt ein Mitglied der Regierung mit deren Zustimmung nach Art. 57 Abs. 4 der Verfassung die Entscheidung des Staatsgerichtshofs, so hat es anzugeben, welche Handlung oder Unterlassung ihm vorgeworfen worden ist, gegen welche Bestimmung der Verfassung oder eines anderen Gesetzes es dadurch vorsätzlich oder grobfahrlässig verstoßen haben soll, sowie von wem und wo der Vorwurf in der Öffentlichkeit erhoben worden ist.

§ 40 [Bekanntgabe; Beitritt; Vorermittlungen]. (1) Der Präsident des Staatsgerichtshofs gibt den Antrag des Mitglieds der Regierung im Staatsanzeiger bekannt.

(2) Eine Gruppe des Landtags, die mindestens ein Viertel seiner Mitglieder umfaßt, kann dem Verfahren beitreten.

(3) Vorermittlungen können in entsprechender Anwendung des § 34 Abs. 1 angeordnet werden.

§ 41 [Einstellung bei Ministeranklage]. Wird gegen ein Mitglied der Regierung Ministeranklage wegen einer Tat erhoben, die Gegenstand eines Verfahrens nach Art. 57 Abs. 4 der Verfassung ist, so wird dieses Verfahren eingestellt.

§ 42 [Verbrauch der Ministeranklage]. Ergibt ein Verfahren nach Art. 57 Abs. 4 der Verfassung, daß der Vorwurf unbegründet ist, so kann gegen das Mitglied der Regierung wegen derselben Tat Ministeranklage nur erhoben werden, wenn nach der Strafprozeßordnung die Wiederaufnahme des Verfahrens zuungunsten des Angeklagten zulässig wäre.

2. Mandatsaberkennung

(Entscheidung nach Art. 42 der Verfassung)

§ 43 (1) Hat der Abgeordnete seine Stellung in gewinnsüchtiger Absicht mißbraucht, so stellt der Staatsgerichtshof dies fest und erkennt ihm das Mandat ab.

(2) Für das Verfahren gelten die Bestimmungen der §§ 30 bis 38 entsprechend.

3. Auslegung der Verfassung bei Verfassungsstreitigkeiten

(Entscheidung nach Art. 68 Abs. 1 Nr. 1 der Verfassung)

§ 44 [Beteiligte des Organstreitverfahrens]. Antragsteller und Antragsgegner können nur der Landtag und im Falle des Art. 36 der Verfassung der Ständige Ausschuß des Landtags, die Regierung und die in der Verfassung oder in der Geschäftsordnung des Landtags oder der Regierung mit eigener Zuständigkeit ausgestatteten Teile dieser Organe sein.

§ 45 [Zulässigkeit des Antrags]. (1) Der Antrag ist nur zulässig, wenn der Antragsteller geltend macht, daß er oder das Organ, dem er angehört, durch eine Handlung oder Unterlassung des Antragsgegners in der Wahrnehmung seiner ihm durch die Verfassung übertragenen Rechte und Pflichten verletzt oder unmittelbar gefährdet sei.

(2) Der Antrag muß die Bestimmung der Verfassung bezeichnen, gegen welche die beanstandete Handlung oder Unterlassung des Antragsgegners verstößt.

(3) Der Antrag muß binnen sechs Monaten gestellt werden, nachdem die beanstandete Handlung oder Unterlassung dem Antragsteller bekanntgeworden ist, spätestens jedoch fünf Jahre nach ihrer Durchführung oder Unterlassung.

§ 46 [Beitritt zum Verfahren]. (1) Dem Antragsteller und dem Antragsgegner können in jeder Lage des Verfahrens andere Antragsberechtigte beitreten, wenn die Entscheidung für die Abgrenzung ihrer Zuständigkeiten von Bedeutung ist.

(2) Das Gericht gibt dem Landtag und der Regierung von der Einleitung des Verfahrens Kenntnis.

§ 47 [Entscheidungsinhalt]. (1) Das Gericht stellt in seiner Entscheidung fest, ob sich der Antragsgegner wie behauptet verhalten hat oder ob ein solches Verhalten von ihm zu gewärtigen ist, inwiefern er dadurch den Antragsteller in der Wahrnehmung seiner Rechte und Pflichten verletzt oder unmittelbar gefährdet hat und gegen welche Bestimmung der Verfassung sein Verhalten verstößt.

(2) Soweit die Entscheidung von der Auslegung einer Verfassungsbestimmung abhängt, kann das Gericht in der Entscheidungsformel feststellen, wie die Verfassungsbestimmung auszulegen ist.

4. Normenkontrolle auf Antrag des Landtags oder der Regierung

(Entscheidung nach Art. 68 Abs. 1 Nr. 2 der Verfassung)

§ 48 [Äußerung von Landtag und Regierung; Beteiligte]. (1) Ist bei Zweifeln oder Meinungsverschiedenheiten über die Vereinbarkeit von Landesrecht mit der Verfassung eine Entscheidung des Staatsgerichtshofs beantragt worden, so hat dieser dem Landtag und der Regierung Gelegenheit zur Äußerung innerhalb bestimmter Frist zu geben.

(2) Am Verfahren können sich Verfassungsorgane im Sinne des § 44 und Selbstverwaltungskörperschaften, wenn sie ein berechtigtes Interesse dartun, beteiligen.

§ 49 [Normenkontrolle durch den VGH]. (1) [1]Ist wegen einer Verordnung oder einer sonstigen im Range unter dem Gesetz stehenden Rechtsvorschrift ein Normenkontrollverfahren nach Art. 68 Abs. 1 Nr. 2 der Verfassung und ein Verfahren vor dem Verwaltungsgerichtshof anhängig, so muß der Verwaltungsgerichtshof auf Verlangen des Staatsgerichtshofs sein Verfahren bis zur Erledigung des Verfahrens vor dem Staatsgerichtshof aussetzen. [2]Stellt der Staatsgerichtshof ein solches Verlangen nicht, so kann der Verwaltungsgerichtshof sein Verfahren mit Zustimmung des Staatsgerichtshofs aussetzen. [3]Der Verwaltungsgerichtshof unterrichtet den Staatsgerichtshof, wenn bei ihm ein solches Normenkontrollverfahren anhängig wird.

(2) Die Aussetzungsbefugnis des Staatsgerichtshofs richtet sich nach § 26.

§ 50 [Entscheidungsinhalt]. [1]Hält der Staatsgerichtshof die beanstandete Bestimmung für unvereinbar mit der Verfassung, so stellt er in seiner Entscheidung ihre Nichtigkeit fest. [2]Sind weitere Bestimmungen desselben Gesetzes aus denselben Gründen mit der Verfassung unvereinbar, so kann der Staatsgerichtshof sie gleichfalls für nichtig erklären.

5. Normenkontrolle auf Antrag eines Gerichts

(Entscheidung nach Art. 68 Abs. 1 Nr. 3 der Verfassung)

§ 51 (1) Sind die Voraussetzungen des Art. 68 Abs. 1 Nr. 3 der Verfassung gegeben, so holen die obersten Gerichte des Landes unmittelbar, die übrigen Gerichte über das zuständige oberste Gericht des Landes, die Entscheidung des Staatsgerichtshofs ein.

(2) [1]Die Begründung des Aussetzungsbeschlusses muß angeben, inwiefern von der Gültigkeit des Gesetzes die Entscheidung des Gerichts abhängig und mit welcher Bestimmung der Verfassung das Gesetz unvereinbar sein soll. [2]Die Akten sind beizufügen.

(3) Die Vorschriften des § 48 Abs. 1 und des § 50 gelten entsprechend.

6. Wahlprüfung

(Entscheidung nach Art. 31 Abs. 2 der Verfassung)

§ 52 (1) [1]Ein Beschluß des Landtags in Wahlprüfungssachen nach Art. 31 der Verfassung kann innerhalb eines Monats seit der Beschlußfassung des Landtags beim Staatsgerichtshof angefochten werden. [2]Anfechtungsberechtigt sind:

a) der Abgeordnete, dessen Mitgliedschaft bestritten ist,

b) ein Wahlberechtigter oder eine Gruppe von Wahlberechtigten, deren Einspruch vom Landtag verworfen worden ist, wenn ihnen mindestens hundert Wahlberechtigte beitreten,

c) eine Fraktion,

d) eine Minderheit des Landtags, die wenigstens ein Zehntel der gesetzlichen Mitgliederzahl umfaßt.

(2) Eine Gruppe von Wahlberechtigten, für die bei der Wahl ein Wahlvorschlag zugelassen wurde, hat nicht nachzuweisen, daß ihr hundert Wahlberechtigte beitreten.

7. Kontrolle eines Antrags auf Verfassungsänderung

(Entscheidung nach Art. 64 Abs. 1 Satz 3 der Verfassung)

§ 53 Der Präsident des Staatsgerichtshofs gibt den beim Gericht nach Art.

64 Abs. 1 Satz 3 der Verfassung gestellten Antrag im Staatsanzeiger bekannt.

8. Normenkontrolle auf Antrag von Gemeinden oder Gemeindeverbänden

(Entscheidung nach Art. 76 der Verfassung)

§ 54 Auf das Verfahren nach Art. 76 der Verfassung finden die Vorschriften der §§ 48 und 50 entsprechend Anwendung.

5. Teil. Kosten

§ 55 (1) ¹Das Verfahren vor dem Staatsgerichtshof ist kostenfrei. ²Im Falle mutwilliger Rechtsverfolgung können dem Antragsteller die Kosten auferlegt werden.

(2) ¹Erweist sich eine Ministeranklage oder ein Antrag auf Aberkennung eines Landtagsmandats als unbegründet, so sind dem Angeklagten die notwendigen Auslagen einschließlich der Kosten der Verteidigung aus der Staatskasse zu ersetzen. ²Dasselbe gilt für den Antragsteller im Verfahren nach Art. 57 Abs. 4 der Verfassung, wenn sich der Vorwurf als unbegründet erweist.

(3) In den übrigen Fällen kann der Staatsgerichtshof die volle oder teilweise Erstattung der Auslagen anordnen.

6. Teil.

Überleitungs- und Schlußvorschriften

§ 56 [Erste Wahl der Mitglieder]. *(überholt)*

§ 57 [Übergangsfrist]. *(überholt)*

§ 58 [Inkrafttreten]. Dieses Gesetz tritt am Tage nach seiner Verkündung* in Kraft.

---

* *Verkündet am 24.12.1954*

Landesverwaltungsgesetz (LVG)

in der Fassung vom 2. Januar 1984 (GBl. S. 101), zuletzt geändert
durch Gesetz vom 15. Juni 1987 (GBl. S. 178)

INHALTSÜBERSICHT

ERSTER TEIL

Geltungsbereich

§ 1 (1) [1]Das Landesverwaltungsgesetz gilt für alle staatlichen Behörden, die Verwaltungsaufgaben zu erfüllen haben. [2]Es gilt nicht für die Organe der Rechtspflege.

(2) Für die Gemeinden und die Verwaltungsgemeinschaften gelten die Bestimmungen über die unteren Verwaltungsbehörden, soweit sie deren Aufgaben nach diesem Gesetz zu erfüllen haben.

ZWEITER TEIL

Die Verwaltungsbehörden

1. Abschnitt

Allgemeines

§ 2 Die Verwaltungsbehörden gliedern sich in die obersten Landesbehörden (§§ 3 bis 5a), die allgemeinen Verwaltungsbehörden (§§ 6 bis 16) und die besonderen Verwaltungsbehörden (§§ 17 bis 19).

2. Abschnitt

Die obersten Landesbehörden

§ 3 Einteilung. Oberste Landesbehörden sind die Landesregierung, der Ministerpräsident, die Ministerien und der Rechnungshof.

§ 4 Aufgaben der obersten Landesbehörden. (1) [1]Die obersten Landesbehörden nehmen die Aufgaben wahr, die ihnen oder den Landeszentralbehörden durch Verfassung oder Gesetz zugewiesen sind. [2]Die Befugnisse, die durch bundesrechtliche Bestimmungen auf die obersten Landesbehörden, die Landesminister oder die Landeszentralbehörden übertragen sind, dürfen von den obersten Landesbehörden nicht ausgeübt werden, wenn in gesetzlichen Bestimmungen eine Übertragung dieser Befugnisse auf nachgeordnete Behörden für zulässig erklärt ist; die obersten Landesbehörden können sich jedoch einzelne Befugnisse vorbehalten.

(2) [1]Zu den Aufgaben der obersten Landesbehörden gehören im Rahmen ihrer Zuständigkeit:

1. der Verkehr mit dem Landtag,

2. die Ausarbeitung und Vorlage von Gesetzentwürfen und der Erlaß von Rechts- und Verwaltungsvorschriften,

3. der Verkehr mit dem Bundesrat sowie mit den obersten Behörden des Bundes und der Länder,

4. der Verkehr mit der Vertretung des Landes beim Bund,

5. der Verkehr mit den ausländischen Behörden und den zwischenstaatlichen Einrichtungen.

[2]Für bestimmte Angelegenheiten der Nummern 3 bis 5 kann eine besondere Regelung getroffen werden.

§ 5 Aufgaben der Ministerien. (1) [1]Den Ministerien obliegen im Rahmen ihres Geschäftsbereichs:

1. die Leitung und Beaufsichtigung der Landesverwaltung,

2. die Aufgaben der obersten Dienstbehörden auf dem Gebiet des Beamten-, Besoldungs-, Versorgungs- und Tarifrechts, soweit nicht für bestimmte Angelegenheiten eine besondere Regelung getroffen worden ist,

3. die Aufsicht über die öffentlich-rechtlichen Körperschaften und Anstalten, die sich über mehrere Regierungsbezirke erstrecken.

[2]Dem Innenministerium obliegen für die Bediensteten der Regierungspräsidien die den Ministerien zugewiesenen Aufgaben auf dem Gebiet der Personalverwaltung und des Disziplinarrechts. [3]Die Anstellung und Ernennung von Fachbediensteten erfolgt auf Vorschlag des jeweiligen Fachministeriums.

(2) Die Ministerien sind ferner zuständig, soweit Aufgaben des Landes nicht einer anderen Behörde zugewiesen sind.

(3) Soweit nicht besondere gesetzliche Bestimmungen entgegenstehen, sind die Ministerien ermächtigt, bestimmte Aufgaben, für die sie selbst zuständig sind, nachgeordneten Behörden zu übertragen.

(4) Soweit nicht besondere gesetzliche Bestimmungen entgegenstehen, sind die Ministerien ermächtigt, bestimmte Aufgaben, für die nachgeordnete Verwaltungsbehörden zuständig sind, zur Vereinfachung des Verwaltungsverfahrens oder zur Verbesserung der Verwaltungsleistung auf andere nachgeordnete Behörden zu übertragen.

(5) Die Ministerien sind ermächtigt, bestimmte Aufgaben, für die nachgeordnete besondere Verwaltungsbehörden zuständig sind, zur Vereinfachung des Verwaltungsverfahrens und zur Verbesserung der Verwaltungsleistung einer besonderen Verwaltungsbehörde auch in Bezirken anderer besonderer Verwaltungsbehörden mit demselben Aufgabenbereich zu übertragen.

§ 5a Änderung der Geschäftsbereiche der Ministerien. (1) [1]Werden Geschäftsbereiche von Ministerien neu abgegrenzt, so gehen die in Gesetzen und Rechtsverordnungen bestimmten Zuständigkeiten auf das nach der Neuabgrenzung zuständige Ministerium über. [2]Die Landesregierung weist hierauf sowie auf den Zeitpunkt des Übergangs im Gesetzblatt hin.

(2) Die einem Ministerium in Gesetzen und Rechtsverordnungen zugewiesene Zuständigkeit wird durch eine Änderung der Bezeichnung des Ministeriums nicht berührt.

(3) Das Innenministerium wird ermächtigt, bei Änderungen der Zuständigkeit oder der Bezeichnung von Ministerien durch Rechtsverordnung im Einvernehmen mit den beteiligten Ministerien die Bezeichnung des bisher zuständigen Ministeriums durch die Bezeichnung des neu zuständigen Ministeriums oder die bisherige Bezeichnung des Ministeriums durch die neue Bezeichnung zu ersetzen.

3. Abschnitt
Die allgemeinen Verwaltungsbehörden

1. Unterabschnitt
Einteilung

§ 6 Allgemeine Verwaltungsbehörden sind die Regierungspräsidien und die unteren Verwaltungsbehörden.

2. Unterabschnitt
Die Regierungspräsidien

§ 7 Regierungsbezirke und Regierungspräsidien. (1) Das Landesgebiet ist in die Regierungsbezirke Stuttgart, Karlsruhe, Freiburg und Tübingen eingeteilt.

(2) Für jeden Regierungsbezirk besteht ein Regierungspräsidium.

§ 8 Regierungsbezirk Stuttgart. (1) Der Regierungsbezirk Stuttgart umfaßt die Stadtkreise Stuttgart und Heilbronn sowie die Landkreise Böblingen, Esslingen, Göppingen, Heidenheim, Heilbronn, Hohenlohekreis, Ludwigsburg, Main-Tauber-Kreis, Ostalbkreis, Rems-Murr-Kreis und Schwäbisch Hall.

(2) Das Regierungspräsidium hat seinen Sitz in Stuttgart.

§ 9 Regierungsbezirk Karlsruhe. (1) Der Regierungsbezirk Karlsruhe umfaßt die Stadtkreise Baden-Baden, Heidelberg, Karlsruhe, Mannheim und Pforzheim sowie die Landkreise Calw, Enzkreis, Freudenstadt, Karlsruhe, Neckar-Odenwald-Kreis, Rastatt und Rhein-Neckar-Kreis.

(2) Das Regierungspräsidium hat seinen Sitz in Karlsruhe.

§ 10 Regierungsbezirk Freiburg. (1) Der Regierungsbezirk Freiburg umfaßt den Stadtkreis Freiburg sowie die Landkreise Breisgau-Hochschwarzwald, Emmendingen, Konstanz, Lörrach, Ortenaukreis, Rottweil, Schwarzwald-Baar-Kreis, Tuttlingen und Waldshut.

(2) Das Regierungspräsidium hat seinen Sitz in Freiburg.

§ 11 Regierungsbezirk Tübingen. (1) Der Regierungsbezirk Tübingen umfaßt den Stadtkreis Ulm sowie die Landkreise Alb-Donau-Kreis, Biberach, Bodenseekreis, Ravensburg, Reutlingen, Sigmaringen, Tübingen und Zollernalbkreis.

(2) Das Regierungspräsidium hat seinen Sitz in Tübingen.

§ 12 Aufgaben. (1) [1]Die Regierungspräsidien sind zuständig für die ihnen, den höheren Verwaltungsbehörden oder entsprechenden Behörden durch Gesetz, Rechtsverordnung oder eine Anordnung nach § 5 Abs. 3 und 4 zugewiesenen Aufgaben. [2]Einem Regierungspräsidium können Aufgaben auch in anderen Regierungsbezirken zugewiesen werden.

(2) Dies gilt nicht für Aufgaben, die zur Zuständigkeit einer höheren Sonderbehörde gehören oder auf Grund gesetzlicher Ermächtigung den unteren Verwaltungsbehörden oder besonderen Verwaltungsbehörden übertragen sind.

3. Unterabschnitt

Die Unteren Verwaltungsbehörden

§ 13 Allgemeines. (1) Untere Verwaltungsbehörden sind

1. in den Landkreisen die Landratsämter sowie nach Maßgabe des § 16 die Großen Kreisstädte und die Verwaltungsgemeinschaften nach § 14,

2. in den Stadtkreisen die Gemeinden.

(2) Die Aufgaben der unteren Verwaltungsbehörden werden in den Stadtkreisen und Großen Kreisstädten vom Bürgermeister, in den Verwaltungsgemeinschaften vom Verbandsvorsitzenden oder vom Bürgermeister der Gemeinde, die die Aufgaben des Gemeindeverwaltungsverbands erfüllt, als Pflichtaufgaben nach Weisung erledigt.

(3) Für die Verpflichtung zur Leistung von Gebühren sowie Umfang und Höhe der Gebühren gelten die für die Landratsämter maßgebenden Vorschriften auch dann, wenn die Aufgaben der unteren Verwaltungsbehörde von einer Gemeinde oder Verwaltungsgemeinschaft wahrgenommen werden.

§ 14 Verwaltungsgemeinschaften. (1) [1]Verwaltungsgemeinschaften mit mehr als 20 000 Einwohnern, denen mindestens eine Gemeinde mit mehr als 8 000 Einwohnern angehört, können auf ihren Antrag von der Landesregierung zu unteren Verwaltungsbehörden erklärt werden; die Antragstellung eines Gemeindeverwaltungsverbands bedarf des Beschlusses einer Mehrheit von zwei Dritteln der satzungsmäßigen Stimmenzahl der Verbandsversammlung; die Antragstellung der erfüllenden Gemeinde einer vereinbarten Verwaltungsgemeinschaft bedarf des Beschlusses einer Mehrheit von zwei Dritteln aller Stimmen des gemeinsamen Ausschusses. [2]Die Erklärung von Verwaltungsgemeinschaften zu unteren Verwaltungsbehörden ist im Gesetzblatt bekanntzumachen. [3]Bei späterem Beitritt und beim Ausscheiden von Gemeinden gilt Satz 2 entsprechend.

(2) [1]Die Landesregierung kann die Erklärung widerrufen, wenn die in Absatz 1 Satz 1 Halbsatz 1 genannten Voraussetzungen nicht mehr erfüllt sind. [2]Der Widerruf ist im Gesetzblatt bekanntzumachen.

§ 15 Aufgaben. (1) [1]Die unteren Verwaltungsbehörden sind zuständig für alle Aufgaben, die ihnen oder dem Landratsamt durch Gesetz, Rechtsverordnung oder eine Anordnung nach § 5 Abs. 3 und 4 zugewiesen sind. [2]Die Verwaltungsgemeinschaften sind auch für alle Aufgaben der ihnen angehörenden Gemeinden zuständig, die den Großen Kreisstädten als unteren Verwaltungsbehörden zugewiesen sind.

(2) Dies gilt nicht für Aufgaben, die auf Grund gesetzlicher Ermächtigung unteren Sonderbehörden übertragen sind.

§ 16 Zuständigkeit der Großen Kreisstädte und der Verwaltungsgemeinschaften. Von der Zuständigkeit der Großen Kreisstädte und Verwaltungsgemeinschaften als untere Verwaltungsbehörden sind folgende Angelegenheiten ausgeschlossen:

1. das Staatsangehörigkeitswesen,

2. die Aufsicht im Personenstandswesen,

3. das Abfallbeseitigungsrecht und das Tierkörperbeseitigungsrecht,

4. der Immissionsschutz,

5. der Katastrophenschutz und die zivile Verteidigung,

6. die Aufgaben nach dem Heimgesetz,

7. das Vertriebenen- und Flüchtlingswesen sowie die Aufgaben nach dem Heimkehrer- und Kriegsgefangenenentschädigungsgesetz,

8. die Aufgaben der Gewerbeordnung nach §§ 34c, 35, § 60b Abs. 2, nach §§ 69, 69a, 69b und 70a hinsichtlich der Spezial- und Jahrmärkte sowie die Aufgaben nach den auf Grund von § 34c Abs. 3 der Gewerbeordnung erlassenen Rechtsverordnungen,

9. das Schornsteinfegerwesen,

10. das Preisangaberecht und das Eichrecht,

11. das Wasserrecht und die Wasser- und Bodenverbände,
12. der landwirtschaftliche Grundstücksverkehr,
13. die Tierzucht und die Bekämpfung von Tierseuchen,
14. das Naturschutzrecht,
15. die Vogeljagd auf dem Untersee und dem Rhein,
16. die Aufgaben des Versicherungsamts,
17. die Zulassung zum Straßenverkehr,
18. die Beförderung von Personen zu Lande und der Güterkraftverkehr einschließlich der Beförderung gefährlicher Güter auf der Straße,
19. die Aufgaben nach dem Straßengesetz.

4. Abschnitt

Die besonderen Verwaltungsbehörden

§ 17 Einteilung. (1) Die besonderen Verwaltungsbehörden gliedern sich in Landesoberbehörden, höhere Sonderbehörden und untere Sonderbehörden.

(2) Landesoberbehörden sind die Behörden, deren Zuständigkeit sich auf das ganze Landesgebiet erstreckt.

(3) Höhere Sonderbehörden sind die Oberschulämter, die Forstdirektionen, die Körperschaftsforstdirektionen und die Oberfinanzdirektionen.

(4) Untere Sonderbehörden sind alle übrigen Behörden, denen ein fachlich begrenzter Aufgabenbereich für einen Teil des Landes zugewiesen ist.

§ 18 Aufgaben. [1]Die besonderen Verwaltungsbehörden sind zuständig für alle Aufgaben, die ihnen durch Gesetz, Rechtsverordnung oder eine Anordnung nach § 5 Abs. 3 bis 5 zugewiesen sind. [2]Einer besonderen Verwaltungsbehörde können Aufgaben auch in Bezirken anderer Verwaltungsbehörden mit demselben Aufgabenbereich zugewiesen werden.

§ 19 Errichtung, Aufhebung, Sitz und Bezirk. (1) Landesoberbehörden können nur durch Gesetz errichtet und aufgehoben werden.

(2) [1]Höhere und untere Sonderbehörden können, soweit gesetzlich nichts anderes bestimmt ist, von der Landesregierung errichtet und aufgehoben werden. [2]Die Errichtung einer solchen Behörde bedarf jedoch eines Gesetzes, wenn sie Aufgaben dient, die bisher noch nicht von einer besonderen Verwaltungsbehörde wahrgenommen werden. [3]Sitz und Bezirk der höheren und unteren Sonderbehörden bestimmt die Landesregierung.

(3) [1]Die Bezirke der unteren Sonderbehörden sind so einzurichten, daß sie sich entweder auf einen Kreis oder mehrere Gemeinden eines Landkreises beschränken oder mehrere Kreise desselben Regierungsbezirks umfassen. [2]Die Landesregierung kann in besonderen Fällen eine andere Regelung treffen.

DRITTER TEIL

Aufsicht

1. Abschnitt

Aufsicht über die staatlichen Verwaltungsbehörden

§ 20 Dienst- und Fachaufsicht. Die staatlichen Verwaltungsbehörden unterliegen der Dienstaufsicht und der Fachaufsicht.

§ 21 Dienstaufsichtsbehörden. Es führen die Dienstaufsicht:

1. das Innenministerium über die Regierungspräsidien,
2. das Regierungspräsidium über die Landratsämter und die den Regierungspräsidien nachgeordneten unteren Sonderbehörden,
3. die Ministerien im Rahmen ihres Geschäftsbereichs über die besonderen Verwaltungsbehörden,
4. die Landesoberbehörden und die höheren Sonderbehörden über die ihnen nachgeordneten unteren Sonderbehörden.

§ 22 Fachaufsichtsbehörden. Es führen die Fachaufsicht:

1. die Ministerien im Rahmen ihres Geschäftsbereichs über die staatlichen Verwaltungsbehörden,
2. die Regierungspräsidien über die Landratsämter und die den Regierungspräsidien nachgeordneten unteren Sonderbehörden,
3. die Landesoberbehörden und die höheren Sonderbehörden über die ihnen nachgeordneten unteren Sonderbehörden.

§ 23 Dienst- und Fachaufsicht über die unteren Sonderbehörden. Die unteren Sonderbehörden, die nicht dem Regierungspräsidium, sondern unmittelbar einem Ministerium, einer Landesoberbehörde oder höheren Sonderbehörde nachgeordnet sind, werden von der Landesregierung bestimmt, soweit nicht für einzelne Arten von Behörden besondere gesetzliche Bestimmungen bestehen.

§ 24 Nähere Bestimmungen über die Dienst- und Fachaufsicht. Nähere Bestimmungen über die Handhabung der Dienstaufsicht und der Fachaufsicht können von der Landesregierung erlassen werden.

2. Abschnitt

Aufsicht über die Stadtkreise, Großen Kreisstädte und Verwaltungsgemeinschaften

§ 25 (1) Als untere Verwaltungsbehörden unterliegen die Stadtkreise, Großen Kreisstädte und Verwaltungsgemeinschaften der Fachaufsicht.

(2) Die Fachaufsicht obliegt im Rahmen ihrer Zuständigkeit den Ministerien und den Regierungspräsidien.

(3) Die Fachaufsichtsbehörden haben ein unbeschränktes Weisungsrecht.

VIERTER TEIL

Zusammenarbeit der Verwaltungsbehörden

§ 26 Zusammenarbeit der unteren Verwaltungsbehörden und der unteren Sonderbehörden. (1) Die unteren Verwaltungsbehörden und die unteren Sonderbehörden im Landkreis und im Stadtkreis haben im Interesse des allgemeinen Wohls zusammenzuarbeiten.

(2) Der Landrat hat im Landkreis, der Oberbürgermeister im Stadtkreis für die Zusammenarbeit der in Absatz 1 genannten Behörden Sorge zu tragen.

(3) Bei Vorhaben, Planungen und sonstigen Maßnahmen der unteren Sonderbehörden, die für den Landkreis oder seine Gemeinden oder für den Stadtkreis oder für die Bevölkerung, die Wirtschaft oder die Verwaltung des Landkreises oder des Stadtkreises von allgemeiner Bedeutung sind, ist frühzeitig das Benehmen mit dem Landratsamt oder mit dem Stadtkreis herzustellen.

(4) [1]Das Landratsamt und der Stadtkreis können bei den unteren Sonderbehörden Stellungnahmen zu Angelegenheiten einholen, die für den Landkreis oder den Stadtkreis oder für die Belange des Landes in ihrem Gebiet von allgemeiner Bedeutung sind. [2]Die Stellungnahmen sind innerhalb einer vom Landrat oder vom Oberbürgermeister des Stadtkreises festzulegenden angemessenen Frist abzugeben.

(5) Die Landesregierung kann weitere Grundsätze festlegen, die von den zur Zusammenarbeit verpflichteten Behörden zu beachten sind.

§ 27 Fristsetzung bei Stellungnahmen. (1) [1]Hat eine Verwaltungsbehörde vor einer Entscheidung einer anderen Verwaltungsbehörde Gelegenheit zur Stellungnahme zu geben, so soll sie ihr hierfür eine angemessene Frist setzen. [2]Geht innerhalb der Frist keine Stellungnahme ein, so kann die für die Entscheidung zuständige Verwaltungsbehörde davon ausgehen, daß keine Einwendungen erhoben werden, sofern Bundesrecht nicht entgegensteht.

(2) Absatz 1 gilt auch für die der Aufsicht des Landes unterstehenden juristischen Personen des öffentlichen Rechts.

(3) Die Absätze 1 und 2 sind auch anzuwenden, wenn Behörden der anderen Länder oder des Bundes Gelegenheit zur Stellungnahme zu geben ist.

FÜNFTER TEIL
Übergangs- und Schlußbestimmungen

§ 28 Gebiet der Kreise. Bei der Zuteilung von Kreisen zu einem Regierungsbezirk ist ihr jeweiliger Gebietsbestand maßgebend.

§ 29 Verhältnis zum Polizeigesetz. Die Bestimmungen des Polizeigesetzes werden durch dieses Gesetz nicht berührt.

§ 30 Gleichstellung von Rechtsverordnungen und Verwaltungsanordnungen. (1) Gesetzen im Sinne des § 4 Abs. 1 Satz 1 stehen Rechtsverordnungen gleich, die vor Inkrafttreten dieses Gesetzes erlassen sind.

(2) Gesetzlichen Regelungen im Sinne der §§ 12, 15 und 18 stehen Verwaltungsanordnungen gleich, die vor Inkrafttreten dieses Gesetzes erlassen sind.

§ 31 (aufgehoben)

§ 32 Verwaltungsvorschriften. Die zur Durchführung dieses Gesetzes notwendigen Verwaltungsvorschriften werden erlassen
1. von der Landesregierung für die obersten Landesbehörden und die Regierungspräsidien,
2. im übrigen von jedem Ministerium für die zu seinem Geschäftsbereich gehörenden Verwaltungsbehörden.

§ 33* Inkrafttreten. (1) Dieses Gesetz tritt am 1.April 1956 in Kraft.

(2) (nicht abgedruckt)

---

* *Amtliche Anmerkung:* Diese Vorschrift betrifft das Inkrafttreten des Gesetzes in der ursprünglichen Fassung vom 7. November 1955 (GBl. S. 225).

Verwaltungsverfahrensgesetz
für Baden-Württemberg
(Landesverwaltungsverfahrensgesetz - LVwVfG)

vom 21. Juni 1977 (GBl. S. 227),
geändert durch Gesetz vom 18. Juli 1983 (GBl. S. 369)

INHALTSÜBERSICHT

1

TEIL I

Anwendungsbereich,
örtliche Zuständigkeit, Amtshilfe

§ 1 Anwendungsbereich. (1) Dieses Gesetz gilt für die öffentlich-rechtliche Verwaltungstätigkeit der Behörden des Landes, der Gemeinden und Gemeindeverbände sowie der sonstigen der Aufsicht des Landes unterstehenden juristischen Personen des öffentlichen Rechts, soweit nicht landesrechtliche Vorschriften inhaltsgleiche oder entgegenstehende Bestimmungen enthalten.

(2) Behörde im Sinne dieses Gesetzes ist jede Stelle, die Aufgaben der öffentlichen Verwaltung wahrnimmt.

§ 2 Ausnahmen vom Anwendungsbereich. (1) Dieses Gesetz gilt nicht für die Tätigkeit der Kirchen, der Religionsgesellschaften und Weltanschauungsgemeinschaften sowie ihrer Verbände und Einrichtungen und nicht für die Tätigkeit des Süddeutschen Rundfunks und des Südwestfunks.

(2) Dieses Gesetz gilt ferner nicht für

1. Verfahren, die ganz oder überwiegend nach den Vorschriften der Abgabenordnung durchzuführen sind,

2. die Strafverfolgung, die Verfolgung und Ahndung von Ordnungswidrigkeiten, die Rechtshilfe für das Ausland in Straf- und Zivilsa-
chen und, unbeschadet des § 80 Abs. 4, für Maßnahmen des
Richterdienstrechts,

3. die in § 51 des Sozialgerichtsgesetzes bezeichneten Angelegenheiten sowie das Recht der Ausbildungsförderung, das Schwerbeschä-
digtenrecht, das Wohngeldrecht und das Recht der Sozialhilfe, der
Jugendhilfe und der Kriegsopferfürsorge,

4. das Recht des Lastenausgleichs,

5. das Recht der Wiedergutmachung.

(3) Für die Tätigkeit

1. der Gerichtsverwaltungen und der Behörden der Justizverwaltung
einschließlich der ihrer Aufsicht unterliegenden Körperschaften des
öffentlichen Rechts gilt dieses Gesetz nur, soweit die Tätigkeit der
Nachprüfung im Verfahren vor den Gerichten der Verwaltungsgerichtsbarkeit unterliegt;

2. der Behörden bei Leistungs-, Eignungs- und ähnlichen Prüfungen
von Personen sowie der Schulen bei Versetzungs- und anderen
Entscheidungen, die auf einer Leistungsbeurteilung beruhen, gelten nur die §§ 4 bis 13, 20 bis 27, 29 bis 38, 40 bis 52, 79, 80 und 98.

(4) [1]Die oberste Schulbehörde kann durch Rechtsverordnung Ausnahmen
von § 20 zulassen, wenn dies für die Aufrechterhaltung eines ordnungsgemäßen Schulbetriebs oder bei Abwägung der Interessen der Betroffenen
geboten ist. [2]Für Berufungsverfahren im Hochschulbereich sind die §§ 28,
29 und 39 nicht anzuwenden.

§ 3 Örtliche Zuständigkeit. (1) Örtlich zuständig ist

1. in Angelegenheiten, die sich auf unbewegliches Vermögen oder ein
ortsgebundenes Recht oder Rechtsverhältnis beziehen, die Behörde, in deren Bezirk das Vermögen oder der Ort liegt;

2. in Angelegenheiten, die sich auf den Betrieb eines Unternehmens
oder einer seiner Betriebsstätten, auf die Ausübung eines Berufes
oder auf eine andere dauernde Tätigkeit beziehen, die Behörde, in
deren Bezirk das Unternehmen oder die Betriebsstätte betrieben
oder der Beruf oder die Tätigkeit ausgeübt wird oder werden soll;

3. in anderen Angelegenheiten, die

    a) eine natürliche Person betreffen, die Behörde, in deren Bezirk
    die natürliche Person ihren gewöhnlichen Aufenthalt hat oder
    zuletzt hatte,

    b) eine juristische Person oder eine Vereinigung betreffen, die
    Behörde, in deren Bezirk die juristische Person oder die Vereini-
    gung ihren Sitz hat oder zuletzt hatte;

4. in Angelegenheiten, bei denen sich die Zuständigkeit nicht aus den

Nummern 1 bis 3 ergibt, die Behörde, in deren Bezirk der Anlaß für die Amtshandlung hervortritt.

(2) [1]Sind nach Absatz 1 mehrere Behörden zuständig, so entscheidet die Behörde, die zuerst mit der Sache befaßt worden ist, es sei denn, die gemeinsame fachlich zuständige Aufsichtsbehörde bestimmt, daß eine andere örtlich zuständige Behörde zu entscheiden hat. [2]Sie kann in den Fällen, in denen eine gleiche Angelegenheit sich auf mehrere Betriebsstätten eines Betriebes oder Unternehmens bezieht, eine der nach Absatz 1 Nr. 2 zuständigen Behörden als gemeinsame zuständige Behörde bestimmen, wenn dies unter Wahrung der Interessen der Beteiligten zur einheitlichen Entscheidung geboten ist. [3]Diese Aufsichtsbehörde entscheidet ferner über die örtliche Zuständigkeit, wenn sich mehrere Behörden für zuständig oder für unzuständig halten oder wenn die Zuständigkeit aus anderen Gründen zweifelhaft ist. [4]Fehlt eine gemeinsame Aufsichtsbehörde, so treffen die fachlich zuständigen Aufsichtsbehörden die Entscheidung gemeinsam.

(3) Ändern sich im Laufe des Verwaltungsverfahrens die die Zuständigkeit begründenden Umstände, so kann die bisher zuständige Behörde das Verwaltungsverfahren fortführen, wenn dies unter Wahrung der Interessen der Beteiligten der einfachen und zweckmäßigen Durchführung des Verfahrens dient und die nunmehr zuständige Behörde zustimmt.

(4) [1]Bei Gefahr im Verzug ist für unaufschiebbare Maßnahmen jede Behörde örtlich zuständig, in deren Bezirk der Anlaß für die Amtshandlung hervortritt. [2]Die nach Absatz 1 Nr. 1 bis 3 örtlich zuständige Behörde ist unverzüglich zu unterrichten.

§ 4 Amtshilfepflicht. (1) Jede Behörde leistet anderen Behörden auf Ersuchen ergänzende Hilfe (Amtshilfe).

(2) Amtshilfe liegt nicht vor, wenn

1. Behörden einander innerhalb eines bestehenden Weisungsverhältnisses Hilfe leisten;

2. die Hilfeleistung in Handlungen besteht, die der ersuchten Behörde als eigene Aufgabe obliegen.

§ 5 Voraussetzungen und Grenzen der Amtshilfe. (1) Eine Behörde kann um Amtshilfe insbesondere dann ersuchen, wenn sie

1. aus rechtlichen Gründen die Amtshandlung nicht selbst vornehmen kann;

2. aus tatsächlichen Gründen, besonders weil die zur Vornahme der Amtshandlung erforderlichen Dienstkräfte oder Einrichtungen fehlen, die Amtshandlung nicht selbst vornehmen kann;

3. zur Durchführung ihrer Aufgaben auf die Kenntnis von Tatsachen angewiesen ist, die ihr unbekannt sind und die sie selbst nicht ermitteln kann;

4. zur Durchführung ihrer Aufgaben Urkunden oder sonstige Beweismittel benötigt, die sich im Besitz der ersuchten Behörde befinden;

5. die Amtshandlung nur mit wesentlich größerem Aufwand vornehmen könnte als die ersuchte Behörde.

(2) [1]Die ersuchte Behörde darf Hilfe nicht leisten, wenn

1. sie hierzu aus rechtlichen Gründen nicht in der Lage ist;

2. durch die Hilfeleistung dem Wohl des Bundes oder eines Landes erhebliche Nachteile bereitet würden.

[2]Die ersuchte Behörde ist insbesondere zur Vorlage von Urkunden oder Akten sowie zur Erteilung von Auskünften nicht verpflichtet, wenn die Vorgänge nach einem Gesetz oder ihrem Wesen nach geheimgehalten werden müssen.

(3) Die ersuchte Behörde braucht Hilfe nicht zu leisten, wenn

1. eine andere Behörde die Hilfe wesentlich einfacher oder mit wesentlich geringerem Aufwand leisten kann;

2. sie die Hilfe nur mit unverhältnismäßig großem Aufwand leisten könnte;

3. sie unter Berücksichtigung der Aufgaben der ersuchenden Behörde durch die Hilfeleistung die Erfüllung ihrer eigenen Aufgaben ernstlich gefährden würde.

(4) Die ersuchte Behörde darf die Hilfe nicht deshalb verweigern, weil sie das Ersuchen aus anderen als den in Absatz 3 genannten Gründen oder weil sie die mit der Amtshilfe zu verwirklichende Maßnahme für unzweckmäßig hält.

(5) [1]Hält die ersuchte Behörde sich zur Hilfe nicht für verpflichtet, so teilt sie der ersuchenden Behörde ihre Auffassung mit. [2]Besteht diese auf der Amtshilfe, so entscheidet über die Verpflichtung zur Amtshilfe die gemeinsame fachlich zuständige Aufsichtsbehörde oder, sofern eine solche nicht besteht, die für die ersuchte Behörde fachlich zuständige Aufsichtsbehörde.

§ 6 Auswahl der Behörde. Kommen für die Amtshilfe mehrere Behörden in Betracht, so soll nach Möglichkeit eine Behörde der untersten Verwaltungsstufe des Verwaltungszweiges ersucht werden, dem die ersuchende Behörde angehört.

§ 7 Durchführung der Amtshilfe. (1) Die Zulässigkeit der Maßnahme, die durch die Amtshilfe verwirklicht werden soll, richtet sich nach dem für die ersuchende Behörde, die Durchführung der Amtshilfe nach dem für die ersuchte Behörde geltenden Recht.

(2) [1]Die ersuchende Behörde trägt gegenüber der ersuchten Behörde die Verantwortung für die Rechtmäßigkeit der zu treffenden Maßnahme. [2]Die ersuchte Behörde ist für die Durchführung der Amtshilfe verantwortlich.

§ 8 Kosten der Amtshilfe. (1) [1]Die ersuchende Behörde hat der ersuchten Behörde für die Amtshilfe keine Verwaltungsgebühr zu entrichten. [2]Auslagen hat sie der ersuchten Behörde auf Anforderung zu erstatten, wenn sie im Einzelfall fünfzig Deutsche Mark übersteigen. [3]Leisten Behörden desselben Rechtsträgers einander Amtshilfe, so werden die Auslagen nicht erstattet.

(2) Nimmt die ersuchte Behörde zur Durchführung der Amtshilfe eine kostenpflichtige Amtshandlung vor, so stehen ihr die von einem Dritten hierfür geschuldeten Kosten (Verwaltungsgebühren, Benutzungsgebühren und Auslagen) zu.

TEIL II

Allgemeine Vorschriften über das Verwaltungsverfahren

Abschnitt 1

Verfahrensgrundsätze

§ 9 Begriff des Verwaltungsverfahrens. Das Verwaltungsverfahren im Sinne dieses Gesetzes ist die nach außen wirkende Tätigkeit der Behörden, die auf die Prüfung der Voraussetzungen, die Vorbereitung und den Erlaß eines Verwaltungsaktes oder auf den Abschluß eines öffentlich-rechtlichen Vertrages gerichtet ist; es schließt den Erlaß des Verwaltungsaktes oder den Abschluß des öffentlich-rechtlichen Vertrages ein.

§ 10 Nichtförmlichkeit des Verwaltungsverfahrens. [1]Das Verwaltungsverfahren ist an bestimmte Formen nicht gebunden, soweit keine besonderen Rechtsvorschriften für die Form des Verfahrens bestehen. [2]Es ist einfach und zweckmäßig durchzuführen.

§ 11 Beteiligungsfähigkeit. Fähig, am Verfahren beteiligt zu sein, sind

1. natürliche und juristische Personen,
2. Vereinigungen, soweit ihnen ein Recht zustehen kann,
3. Behörden.

§ 12 Handlungsfähigkeit. (1) Fähig zur Vornahme von Verfahrenshandlungen sind

1. natürliche Personen, die nach bürgerlichem Recht geschäftsfähig sind,
2. natürliche Personen, die nach bürgerlichem Recht in der Geschäftsfähigkeit beschränkt sind, soweit sie für den Gegenstand des Verfahrens durch Vorschriften des bürgerlichen Rechts als geschäftsfähig

oder durch Vorschriften des öffentlichen Rechts als handlungsfähig anerkannt sind,

3. juristische Personen und Vereinigungen (§ 11 Nr. 2) durch ihre gesetzlichen Vertreter oder durch besonders Beauftragte,

4. Behörden durch ihre Leiter, deren Vertreter oder Beauftragte.

(2) Die §§ 53 und 55 der Zivilprozeßordnung gelten entsprechend.

§ 13 Beteiligte. (1) Beteiligte sind

1. Antragsteller und Antragsgegner,

2. diejenigen, an die die Behörde den Verwaltungsakt richten will oder gerichtet hat,

3. diejenigen, mit denen die Behörde einen öffentlich-rechtlichen Vertrag schließen will oder geschlossen hat,

4. diejenigen, die nach Absatz 2 von der Behörde zu dem Verfahren hinzugezogen worden sind.

(2) [1]Die Behörde kann von Amts wegen oder auf Antrag diejenigen, deren rechtliche Interessen durch den Ausgang des Verfahrens berührt werden können, als Beteiligte hinzuziehen. [2]Hat der Ausgang des Verfahrens rechtsgestaltende Wirkung für einen Dritten, so ist dieser auf Antrag als Beteiligter zu dem Verfahren hinzuzuziehen; soweit er der Behörde bekannt ist, hat diese ihn von der Einleitung des Verfahrens zu benachrichtigen.

(3) Wer anzuhören ist, ohne daß die Voraussetzungen des Absatzes 1 vorliegen, wird dadurch nicht Beteiligter.

§ 14 Bevollmächtigte und Beistände. (1) [1]Ein Beteiligter kann sich durch einen Bevollmächtigten vertreten lassen. [2]Die Vollmacht ermächtigt zu allen das Verwaltungsverfahren betreffenden Verfahrenshandlungen, sofern sich aus ihrem Inhalt nicht etwas anderes ergibt. [3]Der Bevollmächtigte hat auf Verlangen seine Vollmacht schriftlich nachzuweisen. [4]Ein Widerruf der Vollmacht wird der Behörde gegenüber erst wirksam, wenn er ihr zugeht.

(2) Die Vollmacht wird weder durch den Tod des Vollmachtgebers noch durch eine Veränderung in seiner Handlungsfähigkeit oder seiner gesetzlichen Vertretung aufgehoben; der Bevollmächtigte hat jedoch, wenn er für den Rechtsnachfolger im Verwaltungsverfahren auftritt, dessen Vollmacht auf Verlangen schriftlich beizubringen.

(3) [1]Ist für das Verfahren ein Bevollmächtigter bestellt, so soll sich die Behörde an ihn wenden. [2]Sie kann sich an den Beteiligten selbst wenden, soweit er zur Mitwirkung verpflichtet ist. [3]Wendet sich die Behörde an den Beteiligten, so soll der Bevollmächtigte verständigt werden. [4]Vorschriften über die Zustellung an Bevollmächtigte bleiben unberührt.

(4) [1]Ein Beteiligter kann zu Verhandlungen und Besprechungen mit einem

Beistand erscheinen. [2]Das von dem Beistand Vorgetragene gilt als von dem Beteiligten vorgebracht, soweit dieser nicht unverzüglich widerspricht.

(5) Bevollmächtigte und Beistände sind zurückzuweisen, wenn sie geschäftsmäßig fremde Rechtsangelegenheiten besorgen, ohne dazu befugt zu sein.

(6) [1]Bevollmächtigte und Beistände können vom schriftlichen Vortrag zurückgewiesen werden, wenn sie hierzu ungeeignet sind; vom mündlichen Vortrag können sie zurückgewiesen werden, wenn sie zum sachgemäßen Vortrag nicht fähig sind. [2]Nicht zurückgewiesen werden können Personen, die zur geschäftsmäßigen Besorgung fremder Rechtsangelegenheiten befugt sind.

(7) [1]Die Zurückweisung nach den Absätzen 5 und 6 ist auch dem Beteiligten, dessen Bevollmächtigter oder Beistand zurückgewiesen wird, mitzuteilen. [2]Verfahrenshandlungen des zurückgewiesenen Bevollmächtigten oder Beistandes, die dieser nach der Zurückweisung vornimmt, sind unwirksam.

§ 15 Bestellung eines Empfangsbevollmächtigten. [1]Ein Beteiligter ohne Wohnsitz oder gewöhnlichen Aufenthalt, Sitz oder Geschäftsleitung im Geltungsbereich des Grundgesetzes hat der Behörde auf Verlangen innerhalb einer angemessenen Frist einen Empfangsbevollmächtigten im Geltungsbereich des Grundgesetzes zu benennen. [2]Unterläßt er dies, so gilt ein an ihn gerichtetes Schriftstück am siebenten Tage nach der Aufgabe zur Post als zugegangen, es sei denn, daß feststeht, daß das Schriftstück den Empfänger nicht oder zu einem späteren Zeitpunkt erreicht hat. [3]Auf die Rechtsfolgen der Unterlassung ist der Beteiligte hinzuweisen.

§ 16 Bestellung eines Vertreters von Amts wegen. (1) Ist ein Vertreter nicht vorhanden, so hat das Vormundschaftsgericht auf Ersuchen der Behörde einen geeigneten Vertreter zu bestellen

1. für einen Beteiligten, dessen Person unbekannt ist;

2. für einen abwesenden Beteiligten, dessen Aufenthalt unbekannt ist oder der an der Besorgung seiner Angelegenheiten verhindert ist;

3. für einen Beteiligten ohne Aufenthalt im Geltungsbereich des Grundgesetzes, wenn er der Aufforderung der Behörde, einen Vertreter zu bestellen, innerhalb der ihm gesetzten Frist nicht nachgekommen ist;

4. für einen Beteiligten, der infolge körperlicher oder geistiger Gebrechen nicht in der Lage ist, in dem Verwaltungsverfahren selbst tätig zu werden;

5. bei herrenlosen Sachen, auf die sich das Verfahren bezieht, zur Wahrung der sich in bezug auf die Sachen ergebenden Rechte und Pflichten.

(2) Für die Bestellung des Vertreters ist in den Fällen des Absatzes 1 Nr. 4

das Vormundschaftsgericht zuständig, in dessen Bezirk der Beteiligte seinen Wohnsitz oder bei Fehlen eines solchen seinen gewöhnlichen Aufenthalt hat; im übrigen ist das Vormundschaftsgericht zuständig, in dessen Bezirk die ersuchende Behörde ihren Sitz hat.

(3) [1]Der Vertreter hat gegen den Rechtsträger der Behörde, die um seine Bestellung ersucht hat, Anspruch auf eine angemessene Vergütung und auf die Erstattung seiner baren Auslagen. [2]Die Behörde kann von dem Vertretenen Ersatz ihrer Aufwendungen verlangen. [3]Sie bestimmt die Vergütung und stellt die Auslagen und Aufwendungen fest.

(4) Im übrigen gelten für die Bestellung und für das Amt des Vertreters die Vorschriften über die Pflegschaft entsprechend.

§ 17 Vertreter bei gleichförmigen Eingaben. (1) [1]Bei Anträgen und Eingaben, die in einem Verwaltungsverfahren von mehr als 50 Personen auf Unterschriftslisten unterzeichnet oder in Form vervielfältigter gleichlautender Texte eingereicht worden sind (gleichförmige Eingaben), gilt für das Verfahren derjenige Unterzeichner als Vertreter der übrigen Unterzeichner, der darin mit seinem Namen, seinem Beruf und seiner Anschrift als Vertreter bezeichnet ist, soweit er nicht von ihnen als Bevollmächtigter bestellt worden ist. [2]Vertreter kann nur eine natürliche Person sein.

(2) [1]Die Behörde kann gleichförmige Eingaben, die die Angaben nach Absatz 1 Satz 1 nicht deutlich sichtbar auf jeder mit einer Unterschrift versehenen Seite enthalten oder dem Erfordernis des Absatzes 1 Satz 2 nicht entsprechen, unberücksichtigt lassen. [2]Will die Behörde so verfahren, so hat sie dies durch ortsübliche Bekanntmachung mitzuteilen. [3]Die Behörde kann ferner gleichförmige Eingaben insoweit unberücksichtigt lassen, als Unterzeichner ihren Namen oder ihre Anschrift nicht oder unleserlich angegeben haben.

(3) [1]Die Vertretungsmacht erlischt, sobald der Vertreter oder der Vertretene dies der Behörde schriftlich erklärt; der Vertreter kann eine solche Erklärung nur hinsichtlich aller Vertretenen abgeben. [2]Gibt der Vertretene eine solche Erklärung ab, so soll er der Behörde zugleich mitteilen, ob er seine Eingabe aufrechterhält und ob er einen Bevollmächtigten bestellt hat.

(4) [1]Endet die Vertretungsmacht des Vertreters, so kann die Behörde die nicht mehr Vertretenen auffordern, innerhalb einer angemessenen Frist einen gemeinsamen Vertreter zu bestellen. [2]Sind mehr als 300 Personen aufzufordern, so kann die Behörde die Aufforderung ortsüblich bekanntmachen. [3]Wird der Aufforderung nicht fristgemäß entsprochen, so kann die Behörde von Amts wegen einen gemeinsamen Vertreter bestellen.

§ 18 Vertreter für Beteiligte bei gleichem Interesse. (1) [1]Sind an einem Verwaltungsverfahren mehr als 50 Personen im gleichen Interesse beteiligt, ohne vertreten zu sein, so kann die Behörde sie auffordern, innerhalb einer angemessenen Frist einen gemeinsamen Vertreter zu bestellen, wenn sonst die ordnungsmäßige Durchführung des Verwaltungsverfahrens beeinträchtigt wäre. [2]Kommen sie der Aufforderung nicht fristgemäß nach, so kann die Behörde von Amts wegen einen gemeinsamen Vertreter bestellen. [3]Vertreter kann nur eine natürliche Person sein.

(2) [1]Die Vertretungsmacht erlischt, sobald der Vertreter oder der Vertretene dies der Behörde schriftlich erklärt; der Vertreter kann eine solche Erklärung nur hinsichtlich aller Vertretenen abgeben. [2]Gibt der Vertretene eine solche Erklärung ab, so soll er der Behörde zugleich mitteilen, ob er seine Eingabe aufrechterhält und ob er einen Bevollmächtigten bestellt hat.

§ 19 Gemeinsame Vorschriften für Vertreter bei gleichförmigen Eingaben und bei gleichem Interesse. (1) [1]Der Vertreter hat die Interessen der Vertretenen sorgfältig wahrzunehmen. [2]Er kann alle das Verwaltungsverfahren betreffenden Verfahrenshandlungen vornehmen. [3]An Weisungen ist er nicht gebunden.

(2) § 14 Abs. 5 bis 7 gilt entsprechend.

(3) [1]Der von der Behörde bestellte Vertreter hat gegen deren Rechtsträger Anspruch auf angemessene Vergütung und auf Erstattung seiner baren Auslagen. [2]Die Behörde kann von den Vertretenen zu gleichen Anteilen Ersatz ihrer Aufwendungen verlangen. [3]Sie bestimmt die Vergütung und stellt die Auslagen und Aufwendungen fest.

§ 20 Ausgeschlossene Personen. (1) [1]In einem Verwaltungsverfahren darf für eine Behörde nicht tätig werden,

1. wer selbst Beteiligter ist;
2. wer Angehöriger eines Beteiligten ist;
3. wer einen Beteiligten kraft Gesetzes oder Vollmacht allgemein oder in diesem Verwaltungsverfahren vertritt;
4. wer Angehöriger einer Person ist, die einen Beteiligten in diesem Verfahren vertritt;
5. wer bei einem Beteiligten gegen Entgelt beschäftigt ist oder bei ihm als Mitglied des Vorstandes, des Aufsichtsrates oder eines gleichartigen Organs tätig ist; dies gilt nicht für den, dessen Anstellungskörperschaft Beteiligte ist;
6. wer außerhalb seiner amtlichen Eigenschaften in der Angelegenheit ein Gutachten abgegeben hat oder sonst tätig geworden ist.

[2]Dem Beteiligten steht gleich, wer durch die Tätigkeit oder durch die Entscheidung einen unmittelbaren Vorteil oder Nachteil erlangen kann. [3]Dies gilt nicht, wenn der Vor- oder Nachteil nur darauf beruht, daß jemand einer Berufs- oder Bevölkerungsgruppe angehört, deren gemeinsame Interessen durch die Angelegenheit berührt werden.

(2) Absatz 1 gilt nicht für Wahlen zu einer ehrenamtlichen Tätigkeit und für die Abberufung von ehrenamtlich Tätigen.

(3) Wer nach Absatz 1 ausgeschlossen ist, darf bei Gefahr im Verzug unaufschiebbare Maßnahmen treffen.

(4) [1]Hält sich ein Mitglied eines Ausschusses (§ 88) für ausgeschlossen oder bestehen Zweifel, ob die Voraussetzungen des Absatzes 1 gegeben sind, ist dies dem Vorsitzenden des Ausschusses mitzuteilen. [2]Der Ausschuß entscheidet über den Ausschluß. [3]Der Betroffene darf an dieser Entscheidung nicht mitwirken. [4]Das ausgeschlossene Mitglied darf bei der weiteren Beratung und Beschlußfassung nicht zugegen sein.

(5) [1]Angehörige im Sinne des Absatzes 1 Nr. 2 und 4 sind

1. der Verlobte,
2. der Ehegatte,
3. Verwandte und Verschwägerte gerader Linie,
4. Geschwister,
5. Kinder der Geschwister,
6. Ehegatten der Geschwister und Geschwister der Ehegatten,
7. Geschwister der Eltern,
8. Personen, die durch ein auf längere Dauer angelegtes Pflegeverhältnis mit häuslicher Gemeinschaft wie Eltern und Kind miteinander verbunden sind (Pflegeeltern und Pflegekinder).

[2]Angehörige sind die in Satz 1 aufgeführten Personen auch dann, wenn

1. in den Fällen der Nummern 2, 3 und 6 die die Beziehung begründende Ehe nicht mehr besteht;
2. in den Fällen der Nummern 3 bis 7 die Verwandtschaft oder Schwägerschaft durch Annahme als Kind erloschen ist;
3. im Falle der Nummer 8 die häusliche Gemeinschaft nicht mehr besteht, sofern die Personen weiterhin wie Eltern und Kind miteinander verbunden sind.

§ 21 Besorgnis der Befangenheit. (1) [1]Liegt ein Grund vor, der geeignet ist, Mißtrauen gegen eine unparteiische Amtsausübung zu rechtfertigen, oder wird von einem Beteiligten das Vorliegen eines solchen Grundes behauptet, so hat, wer in einem Verwaltungsverfahren für eine Behörde tätig werden soll, den Leiter der Behörde oder den von diesem Beauftragten zu unterrichten und sich auf dessen Anordnung der Mitwirkung zu enthalten. [2]Betrifft die Besorgnis der Befangenheit den Leiter der Behörde, so trifft diese Anordnung die Aufsichtsbehörde, sofern sich der Behördenleiter nicht selbst einer Mitwirkung enthält.

(2) Für Mitglieder eines Ausschusses (§ 88) gilt § 20 Abs. 4 entsprechend.

§ 22 Beginn des Verfahrens. [1]Die Behörde entscheidet nach pflichtgemäßem Ermessen, ob und wann sie ein Verwaltungsverfahren durchführt. [2]Dies gilt nicht, wenn die Behörde auf Grund von Rechtsvorschriften

1. von Amts wegen oder auf Antrag tätig werden muß;
2. nur auf Antrag tätig werden darf und ein Antrag nicht vorliegt.

§ 23 Amtssprache. (1) Die Amtssprache ist deutsch.

(2) [1]Werden bei einer Behörde in einer fremden Sprache Anträge gestellt oder Eingaben, Belege, Urkunden oder sonstige Schriftstücke vorgelegt, soll die Behörde unverzüglich die Vorlage einer Übersetzung verlangen. [2]In begründeten Fällen kann die Vorlage einer von einem öffentlich bestellten und beeidigten Urkundenübersetzer angefertigten oder beglaubigten Übersetzung verlangt werden. [3]Wird die verlangte Übersetzung nicht unverzüglich vorgelegt, so kann die Behörde auf Kosten des Beteiligten selbst eine Übersetzung beschaffen. [4]Hat die Behörde Dolmetscher oder Übersetzer herangezogen, werden diese in entsprechender Anwendung des Gesetzes über die Entschädigung von Zeugen und Sachverständigen entschädigt.

(3) Soll durch eine Anzeige, einen Antrag oder die Abgabe einer Willenserklärung eine Frist in Lauf gesetzt werden, innerhalb deren die Behörde in einer bestimmten Weise tätig werden muß, und gehen diese in einer fremden Sprache ein, so beginnt der Lauf der Frist erst mit dem Zeitpunkt, in dem der Behörde eine Übersetzung vorliegt.

(4) [1]Soll durch eine Anzeige, einen Antrag oder eine Willenserklärung, die in fremder Sprache eingehen, zugunsten eines Beteiligten eine Frist gegenüber der Behörde gewahrt, ein öffentlich-rechtlicher Anspruch geltend gemacht oder eine Leistung begehrt werden, so gelten die Anzeige, der Antrag oder die Willenserklärung als zum Zeitpunkt des Eingangs bei der Behörde abgegeben, wenn auf Verlangen der Behörde innerhalb einer von dieser zu setzenden angemessenen Frist eine Übersetzung vorgelegt wird. [2]Andernfalls ist der Zeitpunkt des Eingangs der Übersetzung maßgebend, soweit sich nicht aus zwischenstaatlichen Vereinbarungen etwas anderes ergibt. [3]Auf diese Rechtsfolge ist bei der Fristsetzung hinzuweisen.

§ 24 Untersuchungsgrundsatz. (1) [1]Die Behörde ermittelt den Sachverhalt von Amts wegen. [2]Sie bestimmt Art und Umfang der Ermittlungen; an das Vorbringen und an die Beweisanträge der Beteiligten ist sie nicht gebunden.

(2) Die Behörde hat alle für den Einzelfall bedeutsamen, auch die für die Beteiligten günstigen Umstände zu berücksichtigen.

(3) Die Behörde darf die Entgegennahme von Erklärungen oder Anträgen, die in ihren Zuständigkeitsbereich fallen, nicht deshalb verweigern, weil sie die Erklärung oder den Antrag in der Sache für unzulässig oder unbegründet hält.

§ 25 Beratung, Auskunft. [1]Die Behörde soll die Abgabe von Erklärungen, die Stellung von Anträgen oder die Berichtigung von Erklärungen oder Anträgen anregen, wenn diese offensichtlich nur versehentlich oder aus Unkenntnis unterblieben oder unrichtig abgegeben oder gestellt worden sind. [2]Sie erteilt, soweit erforderlich, Auskunft über die den Beteiligten im Verwaltungsverfahren zustehenden Rechte und die ihnen obliegenden Pflichten.

§ 26 Beweismittel. (1) [1]Die Behörde bedient sich der Beweismittel, die sie nach pflichtgemäßem Ermessen zur Ermittlung des Sachverhalts für erforderlich hält. [2]Sie kann insbesondere

1. Auskünfte jeder Art einholen,

2. Beteiligte anhören, Zeugen und Sachverständige vernehmen oder die schriftliche Äußerung von Beteiligten, Sachverständigen und Zeugen einholen,

3. Urkunden und Akten beiziehen,

4. den Augenschein einnehmen.

(2) [1]Die Beteiligten sollen bei der Ermittlung des Sachverhalts mitwirken. [2]Sie sollen insbesondere ihnen bekannte Tatsachen und Beweismittel angeben. [3]Eine weitergehende Pflicht, bei der Ermittlung des Sachverhalts mitzuwirken, insbesondere eine Pflicht zum persönlichen Erscheinen oder zur Aussage, besteht nur, soweit sie durch Rechtsvorschrift besonders vorgesehen ist.

(3) [1]Für Zeugen und Sachverständige besteht eine Pflicht zur Aussage oder zur Erstattung von Gutachten, wenn sie durch Rechtsvorschrift vorgesehen ist. [2]Falls die Behörde Zeugen und Sachverständige herangezogen hat, werden sie auf Antrag in entsprechender Anwendung des Gesetzes über die Entschädigung von Zeugen und Sachverständigen entschädigt.

§ 27 Versicherung an Eides Statt. (1) [1]Die Behörde darf bei der Ermittlung des Sachverhalts eine Versicherung an Eides Statt nur verlangen und abnehmen, wenn die Abnahme der Versicherung über den betreffenden Gegenstand und in dem betreffenden Verfahren durch Gesetz oder Rechtsverordnung vorgesehen und die Behörde durch Rechtsvorschrift für zuständig erklärt worden ist. [2]Eine Versicherung an Eides Statt soll nur gefordert werden, wenn andere Mittel zur Erforschung der Wahrheit nicht vorhanden sind, zu keinem Ergebnis geführt haben oder einen unverhältnismäßigen Aufwand erfordern. [3]Von eidesunfähigen Personen im Sinne des § 393 der Zivilprozeßordnung darf eine eidesstattliche Versicherung nicht verlangt werden.

(2) [1]Wird die Versicherung an Eides Statt von einer Behörde zur Niederschrift aufgenommen, so sind zur Aufnahme nur der Behördenleiter, sein allgemeiner Vertreter sowie Angehörige des öffentlichen Dienstes befugt, welche die Befähigung zum Richteramt haben oder die Voraussetzungen

des § 110 Satz 1 des Deutschen Richtergesetzes erfüllen. [2]Andere Angehörige des öffentlichen Dienstes kann der Behördenleiter oder sein allgemeiner Vertreter hierzu allgemein oder im Einzelfall schriftlich ermächtigen.

(3) [1]Die Versicherung besteht darin, daß der Versichernde die Richtigkeit seiner Erklärung über den betreffenden Gegenstand bestätigt und erklärt: „Ich versichere an Eides Statt, daß ich nach bestem Wissen die reine Wahrheit gesagt und nichts verschwiegen habe." [2]Bevollmächtigte und Beistände sind berechtigt, an der Aufnahme der Versicherung an Eides Statt teilzunehmen.

(4) [1]Vor der Aufnahme der Versicherung an Eides Statt ist der Versichernde über die Bedeutung der eidesstattlichen Versicherung und die strafrechtlichen Folgen einer unrichtigen oder unvollständigen eidesstattlichen Versicherung zu belehren. [2]Die Belehrung ist in der Niederschrift zu vermerken.

(5) [1]Die Niederschrift hat ferner die Namen der anwesenden Personen sowie den Ort und den Tag der Niederschrift zu enthalten. [2]Die Niederschrift ist demjenigen, der die eidesstattliche Versicherung abgibt, zur Genehmigung vorzulesen oder auf Verlangen zur Durchsicht vorzulegen. [3]Die erteilte Genehmigung ist zu vermerken und von dem Versichernden zu unterschreiben. [4]Die Niederschrift ist sodann von demjenigen, der die Versicherung an Eides Statt aufgenommen hat, sowie von dem Schriftführer zu unterschreiben.

§ 28 Anhörung Beteiligter. (1)Bevor ein Verwaltungsakt erlassen wird, der in Rechte eines Beteiligten eingreift, ist diesem Gelegenheit zu geben, sich zu den für die Entscheidung erheblichen Tatsachen zu äußern.

(2) Von der Anhörung kann abgesehen werden, wenn sie nach den Umständen des Einzelfalles nicht geboten ist, insbesondere wenn

1. eine sofortige Entscheidung wegen Gefahr im Verzug oder im öffentlichen Interesse notwendig erscheint;

2. durch die Anhörung die Einhaltung einer für die Entscheidung maßgeblichen Frist in Frage gestellt würde;

3. von den tatsächlichen Angaben eines Beteiligten, die dieser in einem Antrag oder einer Erklärung gemacht hat, nicht zu seinen Ungunsten abgewichen werden soll;

4. die Behörde eine Allgemeinverfügung oder gleichartige Verwaltungsakte in größerer Zahl oder Verwaltungsakte mit Hilfe automatischer Einrichtungen erlassen will;

5. Maßnahmen in der Verwaltungsvollstreckung getroffen werden sollen.

(3) Eine Anhörung unterbleibt, wenn ihr ein zwingendes öffentliches Interesse entgegensteht.

§ 29 Akteneinsicht durch Beteiligte. (1) [1]Die Behörde hat den Beteiligten Einsicht in die das Verfahren betreffenden Akten zu gestatten, soweit deren Kenntnis zur Geltendmachung oder Verteidigung ihrer rechtlichen Interessen erforderlich ist. [2]Satz 1 gilt bis zum Abschluß des Verwaltungsverfahrens nicht für Entwürfe zu Entscheidungen sowie die Arbeiten zu ihrer unmittelbaren Vorbereitung. [3]Soweit nach den §§ 17 und 18 eine Vertretung stattfindet, haben nur die Vertreter Anspruch auf Akteneinsicht.

(2) Die Behörde ist zur Gestattung der Akteneinsicht nicht verpflichtet, soweit durch sie die ordnungsgemäße Erfüllung der Aufgaben der Behörde beeinträchtigt, das Bekanntwerden des Inhalts der Akten dem Wohle des Bundes oder eines Landes Nachteile bereiten würde oder soweit die Vorgänge nach einem Gesetz oder ihrem Wesen nach, namentlich wegen der berechtigten Interessen der Beteiligten oder dritter Personen, geheimgehalten werden müssen

(3) [1]Die Akteneinsicht erfolgt bei der Behörde, die die Akten führt. [2]Im Einzelfall kann die Einsicht auch bei einer anderen Behörde oder bei einer diplomatischen oder berufskonsularischen Vertretung der Bundesrepublik Deutschland im Ausland erfolgen; weitere Ausnahmen kann die Behörde, die die Akten führt, gestatten.

§ 30 Geheimhaltung. Die Beteiligten haben Anspruch darauf, daß ihre Geheimnisse, insbesondere die zum persönlichen Lebensbereich gehörenden Geheimnisse sowie die Betriebs- und Geschäftsgeheimnisse, von der Behörde nicht unbefugt offenbart werden.

Abschnitt 2

Fristen, Termine, Wiedereinsetzung

§ 31 Fristen und Termine. (1) Für die Berechnung von Fristen und für die Bestimmung von Terminen gelten die §§ 187 bis 193 des Bürgerlichen Gesetzbuches entsprechend, soweit nicht durch die Absätze 2 bis 5 etwas anderes bestimmt ist.

(2) Der Lauf einer Frist, die von einer Behörde gesetzt wird, beginnt mit dem Tag, der auf die Bekanntgabe der Frist folgt, außer wenn dem Betroffenen etwas anderes mitgeteilt wird.

(3) [1]Fällt das Ende einer Frist auf einen Sonntag, einen gesetzlichen Feiertag oder einen Sonnabend, so endet die Frist mit dem Ablauf des nächstfolgenden Werktages. [2]Dies gilt nicht, wenn dem Betroffenen unter Hinweis auf diese Vorschrift ein bestimmter Tag als Ende der Frist mitgeteilt worden ist.

(4) Hat eine Behörde Leistungen nur für einen bestimmten Zeitraum zu erbringen, so endet dieser Zeitraum auch dann mit dem Ablauf seines letzten Tages, wenn dieser auf einen Sonntag, einen gesetzlichen Feiertag oder einen Sonnabend fällt.

(5) Der von einer Behörde gesetzte Termin ist auch dann einzuhalten, wenn er auf einen Sonntag, gesetzlichen Feiertag oder Sonnabend fällt.

(6) Ist eine Frist nach Stunden bestimmt, so werden Sonntage, gesetzliche Feiertage oder Sonnabende mitgerechnet.

(7) [1]Fristen, die von einer Behörde gesetzt sind, können verlängert werden. [2]Sind solche Fristen bereits abgelaufen, so können sie rückwirkend verlängert werden, insbesondere wenn es unbillig wäre, die durch den Fristablauf eingetretenen Rechtsfolgen bestehen zu lassen. [3]Die Behörde kann die Verlängerung der Frist nach § 36 mit einer Nebenbestimmung verbinden.

§ 32 Wiedereinsetzung in den vorigen Stand. (1) [1]War jemand ohne Verschulden verhindert, eine gesetzliche Frist einzuhalten, so ist ihm auf Antrag Wiedereinsetzung in den vorigen Stand zu gewähren. [2]Das Verschulden eines Vertreters ist dem Vertretenen zuzurechnen.

(2) [1]Der Antrag ist innerhalb von zwei Wochen nach Wegfall des Hindernisses zu stellen. [2]Die Tatsachen zur Begründung des Antrages sind bei der Antragstellung oder im Verfahren über den Antrag glaubhaft zu machen. [3]Innerhalb der Antragsfrist ist die versäumte Handlung nachzuholen. [4]Ist dies geschehen, so kann Wiedereinsetzung auch ohne Antrag gewährt werden.

(3) Nach einem Jahr seit dem Ende der versäumten Frist kann die Wiedereinsetzung nicht mehr beantragt oder die versäumte Handlung nicht mehr nachgeholt werden, außer wenn dies vor Ablauf der Jahresfrist infolge höherer Gewalt unmöglich war.

(4) Über den Antrag auf Wiedereinsetzung entscheidet die Behörde, die über die versäumte Handlung zu befinden hat.

(5) Die Wiedereinsetzung ist unzulässig, wenn sich aus einer Rechtsvorschrift ergibt, daß sie ausgeschlossen ist.

Abschnitt 3

Amtliche Beglaubigung

§ 33 Beglaubigung von Abschriften, Ablichtungen, Vervielfältigungen und Negativen. (1) [1]Jede Behörde ist befugt, Abschriften von Urkunden, die sie selbst ausgestellt hat, zu beglaubigen. [2]Darüber hinaus sind die von den Ministerien in ihrem Geschäftsbereich durch Rechtsverordnung bestimmten Behörden befugt, Abschriften zu beglaubigen, wenn die Urschrift von einer Behörde ausgestellt ist oder die Abschrift zur Vorlage bei einer Behörde benötigt wird, sofern nicht durch Rechtsvorschrift die Erteilung beglaubigter Abschriften aus amtlichen Registern und Archiven anderen Behörden ausschließlich vorbehalten ist.

(2) Abschriften dürfen nicht beglaubigt werden, wenn Umstände zu der Annahme berechtigen, daß der ursprüngliche Inhalt des Schriftstückes,

dessen Abschrift beglaubigt werden soll, geändert worden ist, insbesondere wenn dieses Schriftstück Lücken, Durchstreichungen, Einschaltungen, Änderungen, unleserliche Wörter, Zahlen oder Zeichen, Spuren der Beseitigung von Wörtern, Zahlen und Zeichen enthält oder wenn der Zusammenhang eines aus mehreren Blättern bestehenden Schriftstückes aufgehoben ist.

(3) [1]Eine Abschrift wird beglaubigt durch einen Beglaubigungsvermerk, der unter die Abschrift zu setzen ist. [2]Der Vermerk muß enthalten

1. die genaue Bezeichnung des Schriftstückes, dessen Abschrift beglaubigt wird,

2. die Feststellung, daß die beglaubigte Abschrift mit dem vorgelegten Schriftstück übereinstimmt,

3. den Hinweis, daß die beglaubigte Abschrift nur zur Vorlage bei der angegebenen Behörde erteilt wird, wenn die Urschrift nicht von einer Behörde ausgestellt worden ist,

4. den Ort und den Tag der Beglaubigung, die Unterschrift des für die Beglaubigung zuständigen Bediensteten und das Dienstsiegel.

(4) [1]Die Absätze 1 bis 3 gelten entsprechend für die Beglaubigung von

1. Ablichtungen, Lichtdrucken und ähnlichen in technischen Verfahren hergestellten Vervielfältigungen,

2. auf fototechnischem Wege von Schriftstücken hergestellten Negativen, die bei einer Behörde aufbewahrt werden.

[1]Vervielfältigungen und Negative stehen, sofern sie beglaubigt sind, beglaubigten Abschriften gleich.

§ 34 Beglaubigung von Unterschriften. (1) [1]Die von den Ministerien in ihrem Geschäftsbereich durch Rechtsverordnung bestimmten Behörden sind befugt, Unterschriften zu beglaubigen, wenn das unterzeichnete Schriftstück zur Vorlage bei einer Behörde oder bei einer sonstigen Stelle, der auf Grund einer Rechtsvorschrift das unterzeichnete Schriftstück vorzulegen ist, benötigt wird. [2]Dies gilt nicht für

1. Unterschriften ohne zugehörigen Text,

2. Unterschriften, die der öffentlichen Beglaubigung (§ 129 des Bürgerlichen Gesetzbuches) bedürfen.

(2) Eine Unterschrift soll nur beglaubigt werden, wenn sie in Gegenwart des beglaubigenden Bediensteten vollzogen oder anerkannt wird.

(3) [1]Der Beglaubigungsvermerk ist unmittelbar bei der Unterschrift, die beglaubigt werden soll, anzubringen. [2]Er muß enthalten

1. die Bestätigung, daß die Unterschrift echt ist,

2. die genaue Bezeichnung desjenigen, dessen Unterschrift beglaubigt wird, sowie die Angabe, ob sich der für die Beglaubigung zuständige Bedienstete Gewißheit über diese Person verschafft hat und ob die

Unterschrift in seiner Gegenwart vollzogen oder anerkannt worden ist,

3. den Hinweis, daß die Beglaubigung nur zur Vorlage bei der angegebenen Behörde oder Stelle bestimmt ist,

4. den Ort und den Tag der Beglaubigung, die Unterschrift des für die Beglaubigung zuständigen Bediensteten und das Dienstsiegel.

(4) Die Absätze 1 bis 3 gelten für die Beglaubigung von Handzeichen ntsprechend.

TEIL III

Verwaltungsakt

Abschnitt 1

Zustandekommen des Verwaltungsaktes

§ 35 Begriff des Verwaltungsaktes. [1]Verwaltungsakt ist jede Verfügung, Entscheidung oder andere hoheitliche Maßnahme, die eine Behörde zur Regelung eines Einzelfalles auf dem Gebiet des öffentlichen Rechts trifft und die auf unmittelbare Rechtswirkung nach außen gerichtet ist. [2]Allgemeinverfügung ist ein Verwaltungsakt, der sich an einen nach allgemeinen Merkmalen bestimmten oder bestimmbaren Personenkreis richtet oder die öffentlich-rechtliche Eigenschaft einer Sache oder ihre Benutzung durch die Allgemeinheit betrifft.

§ 36 Nebenbestimmungen zum Verwaltungsakt. (1) Ein Verwaltungsakt, auf den ein Anspruch besteht, darf mit einer Nebenbestimmung nur versehen werden, wenn sie durch Rechtsvorschrift zugelassen ist oder wenn sie sicherstellen soll, daß die gesetzlichen Voraussetzungen des Verwaltungsaktes erfüllt werden.

(2) Unbeschadet des Absatzes 1 darf ein Verwaltungsakt nach pflichtgemäßem Ermessen erlassen werden mit

1. einer Bestimmung, nach der eine Vergünstigung oder Belastung zu einem bestimmten Zeitpunkt beginnt, endet oder für einen bestimmten Zeitraum gilt (Befristung);

2. einer Bestimmung, nach der der Eintritt oder der Wegfall einer Vergünstigung oder einer Belastung von dem ungewissen Eintritt eines zukünftigen Ereignisses abhängt (Bedingung);

3. einem Vorbehalt des Widerrufs
   oder verbunden werden mit

4. einer Bestimmung, durch die dem Begünstigten ein Tun, Dulden oder Unterlassen vorgeschrieben wird (Auflage);

5. einem Vorbehalt der nachträglichen Aufnahme, Änderung oder Ergänzung einer Auflage.

(3) Eine Nebenbestimmung darf dem Zweck des Verwaltungsaktes nicht zuwiderlaufen.

§ 37 Bestimmtheit und Form des Verwaltungsaktes. (1) Ein Verwaltungsakt muß inhaltlich hinreichend bestimmt sein.

(2) [1]Ein Verwaltungsakt kann schriftlich, mündlich oder in anderer Weise erlassen werden. [2]Ein mündlicher Verwaltungsakt ist schriftlich zu bestätigen, wenn hieran ein berechtigtes Interesse besteht und der Betroffene dies unverzüglich verlangt.

(3) Ein schriftlicher Verwaltungsakt muß die erlassende Behörde erkennen lassen und die Unterschrift oder die Namenswiedergabe des Behördenleiters, seines Vertreters oder seines Beauftragten enthalten.

(4) [1]Bei einem schriftlichen Verwaltungsakt, der mit Hilfe automatischer Einrichtungen erlassen wird, können abweichend von Absatz 3 Unterschrift und Namenswiedergabe fehlen. [2]Zur Inhaltsangabe können Schlüsselzeichen verwendet werden, wenn derjenige, für den der Verwaltungsakt bestimmt ist oder der von ihm betroffen wird, auf Grund der dazu gegebenen Erläuterungen den Inhalt des Verwaltungsaktes eindeutig erkennen kann.

§ 38 Zusicherung. (1) [1]Eine von der zuständigen Behörde erteilte Zusage, einen bestimmten Verwaltungsakt später zu erlassen oder zu unterlassen (Zusicherung), bedarf zu ihrer Wirksamkeit der schriftlichen Form. [2]Ist vor dem Erlaß des zugesicherten Verwaltungsaktes die Anhörung Beteiligter oder die Mitwirkung einer anderen Behörde oder eines Ausschusses auf Grund einer Rechtsvorschrift erforderlich, so darf die Zusicherung erst nach Anhörung der Beteiligten oder nach Mitwirkung dieser Behörde oder des Ausschusses gegeben werden.

(2) Auf die Unwirksamkeit der Zusicherung finden, unbeschadet des Absatzes 1 Satz 1, § 44, auf die Heilung von Mängeln bei der Anhörung Beteiligter und der Mitwirkung anderer Behörden oder Ausschüsse § 45 Abs. 1 Nr. 3 bis 5 sowie Abs. 2, auf die Rücknahme § 48, auf den Widerruf, unbeschadet des Absatzes 3, § 49 entsprechende Anwendung.

(3) Ändert sich nach Abgabe der Zusicherung die Sach- oder Rechtslage derart, daß die Behörde bei Kenntnis der nachträglich eingetretenen Änderung die Zusicherung nicht gegeben hätte oder aus rechtlichen Gründen nicht hätte geben dürfen, ist die Behörde an die Zusicherung nicht mehr gebunden.

§ 39 Begründung des Verwaltungsaktes. (1) [1]Ein schriftlicher oder schriftlich bestätigter Verwaltungsakt ist schriftlich zu begründen. [2]In der Begründung sind die wesentlichen tatsächlichen und rechtlichen Gründe mitzuteilen, die die Behörde zu ihrer Entscheidung bewogen haben. [3]Die Begründung von Ermessensentscheidungen soll auch die Gesichtspunkte erkennen lassen, von denen die Behörde bei der Ausübung ihres Ermessens ausgegangen ist.

(2) Einer Begründung bedarf es nicht,

1. soweit die Behörde einem Antrag entspricht oder einer Erklärung folgt und der Verwaltungsakt nicht in Rechte eines anderen eingreift;

2. soweit demjenigen, für den der Verwaltungsakt bestimmt ist oder der von ihm betroffen wird, die Auffassung der Behörde über die Sach- und Rechtslage bereits bekannt oder auch ohne schriftliche Begründung für ihn ohne weiteres erkennbar ist;

3. wenn die Behörde gleichartige Verwaltungsakte in größerer Zahl oder Verwaltungsakte mit Hilfe automatischer Einrichtungen erläßt und die Begründung nach den Umständen des Einzelfalles nicht geboten ist;

4. wenn sich dies aus einer Rechtsvorschrift ergibt,

5. wenn eine Allgemeinverfügung öffentlich bekanntgegeben wird.

§ 40 Ermessen. Ist die Behörde ermächtigt, nach ihrem Ermessen zu handeln, hat sie ihr Ermessen entsprechend dem Zweck der Ermächtigung auszuüben und die gesetzlichen Grenzen des Ermessens einzuhalten.

§ 41 Bekanntgabe des Verwaltungsaktes. (1) [1]Ein Verwaltungsakt ist demjenigen Beteiligten bekanntzugeben, für den er bestimmt ist oder der von ihm betroffen wird. [2]Ist ein Bevollmächtigter bestellt, so kann die Bekanntgabe ihm gegenüber vorgenommen werden.

(2) Ein schriftlicher Verwaltungsakt, der durch die Post im Geltungsbereich des Grundgesetzes übermittelt wird, gilt mit dem dritten Tage nach der Aufgabe zur Post als bekanntgegeben, außer wenn er nicht oder zu einem späteren Zeitpunkt zugegangen ist; im Zweifel hat die Behörde den Zugang des Verwaltungsaktes und den Zeitpunkt des Zugangs nachzuweisen.

(3) [1]Ein Verwaltungsakt darf öffentlich bekanntgegeben werden, wenn dies durch Rechtsvorschrift zugelassen ist. [2]Eine Allgemeinverfügung darf auch dann öffentlich bekanntgegeben werden, wenn eine Bekanntgabe an die Beteiligten untunlich ist.

(4) [1]Die öffentliche Bekanntgabe eines schriftlichen Verwaltungsaktes wird dadurch bewirkt, daß sein verfügender Teil ortsüblich bekanntgemacht wird. [2]In der ortsüblichen Bekanntmachung ist anzugeben, wo der Verwaltungsakt und seine Begründung eingesehen werden können. [3]Der Verwaltungsakt gilt zwei Wochen nach der ortsüblichen Bekanntmachung als bekanntgegeben. [4]In einer Allgemeinverfügung kann ein hiervon abweichender Tag, jedoch frühestens der auf die Bekanntmachung folgende Tag bestimmt werden.

(5) Vorschriften über die Bekanntgabe eines Verwaltungsaktes mittels Zustellung bleiben unberührt.

§ 42 Offenbare Unrichtigkeiten im Verwaltungsakt. [1]Die Behörde kann Schreibfehler, Rechenfehler und ähnliche offenbare Unrichtigkeiten in einem Verwaltungsakt jederzeit berichtigen. [2]Bei berechtigtem Interesse des Beteiligten ist zu berichtigen. [3]Die Behörde ist berechtigt, die Vorlage des Schriftstückes zu verlangen, das berichtigt werden soll.

Abschnitt 2

Bestandskraft des Verwaltungsaktes

§ 43 Wirksamkeit des Verwaltungsaktes. (1) [1]Ein Verwaltungsakt wird gegenüber demjenigen, für den er bestimmt ist oder der von ihm betroffen wird, in dem Zeitpunkt wirksam, in dem er ihm bekanntgegeben wird. [2]Der Verwaltungsakt wird mit dem Inhalt wirksam, mit dem er bekanntgegeben wird.

(2) Ein Verwaltungsakt bleibt wirksam, solange und soweit er nicht zurückgenommen, widerrufen, anderweitig aufgehoben oder durch Zeitablauf oder auf andere Weise erledigt ist.

(3) Ein nichtiger Verwaltungsakt ist unwirksam.

§ 44 Nichtigkeit des Verwaltungsaktes. (1) Ein Verwaltungsakt ist nichtig, soweit er an einem besonders schwerwiegenden Fehler leidet und dies bei verständiger Würdigung aller in Betracht kommenden Umstände offenkundig ist.

(2) Ohne Rücksicht auf das Vorliegen der Voraussetzungen des Absatzes 1 ist ein Verwaltungsakt nichtig,

1. der schriftlich erlassen worden ist, die erlassende Behörde aber nicht erkennen läßt;

2. der nach einer Rechtsvorschrift nur durch die Aushändigung einer Urkunde erlassen werden kann, aber dieser Form nicht genügt;

3. den eine Behörde außerhalb ihrer durch § 3 Abs. 1 Nr. 1 begründeten Zuständigkeit erlassen hat, ohne dazu ermächtigt zu sein;

4. den aus tatsächlichen Gründen niemand ausführen kann;

5. der die Begehung einer rechtswidrigen Tat verlangt, die einen Straf- oder Bußgeldtatbestand verwirklicht;

6. der gegen die guten Sitten verstößt.

(3) Ein Verwaltungsakt ist nicht schon deshalb nichtig, weil

1. Vorschriften über die örtliche Zuständigkeit nicht eingehalten worden sind, außer wenn ein Fall des Absatzes 2 Nr. 3 vorliegt;

2. eine nach § 20 Abs. 1 Satz 1 Nr. 2 bis 6 ausgeschlossene Person mitgewirkt hat;

3. ein durch Rechtsvorschrift zur Mitwirkung berufener Ausschuß den

für den Erlaß des Verwaltungsaktes vorgeschriebenen Beschluß nicht gefaßt hat oder nicht beschlußfähig war;

4. die nach einer Rechtsvorschrift erforderliche Mitwirkung einer anderen Behörde unterblieben ist.

(4) Betrifft die Nichtigkeit nur einen Teil des Verwaltungsaktes, so ist er im ganzen nichtig, wenn der nichtige Teil so wesentlich ist, daß die Behörde den Verwaltungsakt ohne den nichtigen Teil nicht erlassen hätte.

(5) Die Behörde kann die Nichtigkeit jederzeit von Amts wegen feststellen; auf Antrag ist sie festzustellen, wenn der Antragsteller hieran ein berechtigtes Interesse hat.

§ 45 Heilung von Verfahrens- und Formfehlern. (1) Eine Verletzung von Verfahrens- oder Formvorschriften, die nicht den Verwaltungsakt nach § 44 nichtig macht, ist unbeachtlich, wenn

1. der für den Erlaß des Verwaltungsaktes erforderliche Antrag nachträglich gestellt wird;

2. die erforderliche Begründung nachträglich gegeben wird;

3. die erforderliche Anhörung eines Beteiligten nachgeholt wird;

4. der Beschluß eines Ausschusses, dessen Mitwirkung für den Erlaß des Verwaltungsaktes erforderlich ist, nachträglich gefaßt wird,

5. die erforderliche Mitwirkung einer anderen Behörde nachgeholt wird

(2) Handlungen des Absatzes 1 Nr. 2 bis 5 dürfen nur bis zum Abschluß eines Vorverfahrens oder, falls ein Vorverfahren nicht stattfindet, bis zur Erhebung der verwaltungsgerichtlichen Klage nachgeholt werden.

(3) [1]Fehlt einem Verwaltungsakt die erforderliche Begründung oder ist die erforderliche Anhörung eines Beteiligten vor Erlaß des Verwaltungsaktes unterblieben und ist dadurch die rechtzeitige Anfechtung des Verwaltungsaktes versäumt worden, so gilt die Versäumung der Rechtsbehelfsfrist als nicht verschuldet. [2]Das für die Wiedereinsetzungsfrist nach § 32 Abs. 2 maßgebende Ereignis tritt im Zeitpunkt der Nachholung der unterlassenen Verfahrenshandlung ein.

§ 46 Folgen von Verfahrens- und Formfehlern. Die Aufhebung eines Verwaltungsaktes, der nicht nach § 44 nichtig ist, kann nicht allein deshalb beansprucht werden, weil er unter Verletzung von Vorschriften über das Verfahren, die Form oder die örtliche Zuständigkeit zustande gekommen ist, wenn keine andere Entscheidung in der Sache hätte getroffen werden können.

§ 47 Umdeutung eines fehlerhaften Verwaltungsaktes. (1) Ein fehlerhafter Verwaltungsakt kann in einen anderen Verwaltungsakt umgedeutet werden, wenn er auf das gleiche Ziel gerichtet ist, von der erlassenden Behörde in der geschehenen Verfahrensweise und Form rechtmäßig hätte erlassen werden können und wenn die Voraussetzungen für dessen Erlaß erfüllt sind.

(2) [1]Absatz 1 gilt nicht, wenn der Verwaltungsakt, in den der fehlerhafte Verwaltungsakt umzudeuten wäre, der erkennbaren Absicht der erlassenden Behörde widerspräche oder seine Rechtsfolgen für den Betroffenen ungünstiger wären als die des fehlerhaften Verwaltungsaktes. [2]Eine Umdeutung ist ferner unzulässig, wenn der fehlerhafte Verwaltungsakt nicht zurückgenommen werden dürfte.

(3) Eine Entscheidung, die nur als gesetzlich gebundene Entscheidung ergehen kann, kann nicht in eine Ermessensentscheidung umgedeutet werden.

(4) § 28 ist entsprechend anzuwenden.

§ 48 Rücknahme eines rechtswidrigen Verwaltungsaktes. (1) [1]Ein rechtswidriger Verwaltungsakt kann, auch nachdem er unanfechtbar geworden ist, ganz oder teilweise mit Wirkung für die Zukunft oder für die Vergangenheit zurückgenommen werden. [2]Ein Verwaltungsakt, der ein Recht oder einen rechtlich erheblichen Vorteil begründet oder bestätigt hat (begünstigender Verwaltungsakt), darf nur unter den Einschränkungen der Absätze 2 bis 4 zurückgenommen werden.

(2) [1]Ein rechtswidriger Verwaltungsakt, der eine einmalige oder laufende Geldleistung oder teilbare Sachleistung gewährt oder hierfür Voraussetzung ist, darf nicht zurückgenommen werden, soweit der Begünstigte auf den Bestand des Verwaltungsaktes vertraut hat und sein Vertrauen unter Abwägung mit dem öffentlichen Interesse an einer Rücknahme schutzwürdig ist. [2]Das Vertrauen ist in der Regel schutzwürdig, wenn der Begünstigte gewährte Leistungen verbraucht oder eine Vermögensdisposition getroffen hat, die er nicht mehr oder nur unter unzumutbaren Nachteilen rückgängig machen kann. [3]Auf Vertrauen kann sich der Begünstigte nicht berufen, wenn er

1. den Verwaltungsakt durch arglistige Täuschung, Drohung oder Bestechung erwirkt hat;

2. den Verwaltungsakt durch Angaben erwirkt hat, die in wesentlicher Beziehung unrichtig oder unvollständig waren;

3. die Rechtswidrigkeit des Verwaltungsaktes kannte oder infolge grober Fahrlässigkeit nicht kannte.

[4]In den Fällen des Satzes 3 wird der Verwaltungsakt in der Regel mit Wirkung für die Vergangenheit zurückgenommen. [5]Soweit der Verwaltungsakt zurückgenommen worden ist, sind bereits gewährte Leistungen zu erstatten. [6]Für den Umfang der Erstattung gelten die Vorschriften des Bürgerlichen Gesetzbuches über die Herausgabe einer ungerechtfertigten Bereicherung entsprechend. [7]Auf den Wegfall der Bereicherung kann sich der Erstattungspflichtige bei Vorliegen der Voraussetzungen des Satzes 3

nicht berufen, soweit er die Umstände kannte oder infolge grober Fahrlässigkeit nicht kannte, die die Rechtswidrigkeit des Verwaltungsaktes begründet haben. [8]Die zu erstattende Leistung soll durch die Behörde zugleich mit der Rücknahme des Verwaltungsaktes festgesetzt werden.

(3) [1]Wird ein rechtswidriger Verwaltungsakt, der nicht unter Absatz 2 fällt, zurückgenommen, so hat die Behörde dem Betroffenen auf Antrag den Vermögensnachteil auszugleichen, den dieser dadurch erleidet, daß er auf den Bestand des Verwaltungsaktes vertraut hat, soweit sein Vertrauen unter Abwägung mit dem öffentlichen Interesse schutzwürdig ist. [2]Absatz 2 Satz 3 ist anzuwenden. [3]Der Vermögensnachteil ist jedoch nicht über den Betrag des Interesses hinaus zu ersetzen, das der Betroffene an dem Bestand des Verwaltungsaktes hat. [4]Der auszugleichende Vermögensnachteil wird durch die Behörde festgesetzt. [5]Der Anspruch kann nur innerhalb eines Jahres geltend gemacht werden; die Frist beginnt, sobald die Behörde den Betroffenen auf sie hingewiesen hat.

(4) [1]Erhält die Behörde von Tatsachen Kenntnis, welche die Rücknahme eines rechtswidrigen Verwaltungsaktes rechtfertigen, so ist die Rücknahme nur innerhalb eines Jahres seit dem Zeitpunkt der Kenntnisnahme zulässig. [2]Dies gilt nicht im Falle des Absatzes 2 Satz 3 Nr. 1.

(5) Über die Rücknahme entscheidet nach Unanfechtbarkeit des Verwaltungsaktes die nach § 3 zuständige Behörde; dies gilt auch dann, wenn der zurückzunehmende Verwaltungsakt von einer anderen Behörde erlassen worden ist.

(6) Für Streitigkeiten über die nach Absatz 2 zu erstattende Leistung und den nach Absatz 3 auszugleichenden Vermögensnachteil ist der Verwaltungsrechtsweg gegeben, sofern nicht eine Entschädigung wegen enteignungsgleichen Eingriffs in Betracht kommt.

§ 49 Widerruf eines rechtmäßigen Verwaltungsaktes. (1) Ein rechtmäßiger nicht begünstigender Verwaltungsakt kann, auch nachdem er unanfechtbar geworden ist, ganz oder teilweise mit Wirkung für die Zukunft widerrufen werden, außer wenn ein Verwaltungsakt gleichen Inhalts erneut erlassen werden müßte oder aus anderen Gründen ein Widerruf unzulässig ist.

(2) [1]Ein rechtmäßiger begünstigender Verwaltungsakt darf, auch nachdem er unanfechtbar geworden ist, ganz oder teilweise mit Wirkung für die Zukunft nur widerrufen werden,

1. wenn der Widerruf durch Rechtsvorschrift zugelassen oder im Verwaltungsakt vorbehalten ist;

2. wenn mit dem Verwaltungsakt eine Auflage verbunden ist und der Begünstigte diese nicht oder nicht innerhalb einer ihm gesetzten Frist erfüllt hat;

3. wenn die Behörde auf Grund nachträglich eingetretener Tatsachen berechtigt wäre, den Verwaltungsakt nicht zu erlassen, und wenn ohne den Widerruf das öffentliche Interesse gefährdet würde;

4. wenn die Behörde auf Grund einer geänderten Rechtsvorschrift berechtigt wäre, den Verwaltungsakt nicht zu erlassen, soweit der Begünstigte von der Vergünstigung noch keinen Gebrauch gemacht oder auf Grund des Verwaltungsaktes noch keine Leistungen empfangen hat, und wenn ohne den Widerruf das öffentliche Interesse gefährdet würde;

5. um schwere Nachteile für das Gemeinwohl zu verhüten oder zu beseitigen.

[2]§ 48 Abs. 4 gilt entsprechend.

(3) Der widerrufene Verwaltungsakt wird mit dem Wirksamwerden des Widerrufs unwirksam, wenn die Behörde keinen späteren Zeitpunkt bestimmt.

(4) Über den Widerruf entscheidet nach Unanfechtbarkeit des Verwaltungsaktes die nach § 3 zuständige Behörde; dies gilt auch dann, wenn der zu widerrufende Verwaltungsakt von einer anderen Behörde erlassen worden ist.

(5) [1]Wird ein begünstigender Verwaltungsakt in den Fällen des Absatzes 2 Nr. 3 bis 5 widerrufen, so hat die Behörde den Betroffenen auf Antrag für den Vermögensnachteil zu entschädigen, den dieser dadurch erleidet, daß er auf den Bestand des Verwaltungsaktes vertraut hat, soweit sein Vertrauen schutzwürdig ist. [2]§ 48 Abs. 3 Satz 3 bis 5 gilt entsprechend. [3]Für Streitigkeiten über die Entschädigung ist der ordentliche Rechtsweg gegeben.

§ 50 Rücknahme und Widerruf im Rechtsbehelfsverfahren. § 48 Abs. 1 Satz 2, Abs. 2 bis 4 und Abs. 6 sowie § 49 Abs. 2, 3 und 5 gelten nicht, wenn ein begünstigender Verwaltungsakt, der von einem Dritten angefochten worden ist, während des Vorverfahrens oder während des verwaltungsgerichtlichen Verfahrens aufgehoben wird, soweit dadurch dem Widerspruch oder der Klage abgeholfen wird.

§ 51 Wiederaufgreifen des Verfahrens. (1) Die Behörde hat auf Antrag des Betroffenen über die Aufhebung oder Änderung eines unanfechtbaren Verwaltungsaktes zu entscheiden, wenn

1. sich die dem Verwaltungsakt zugrunde liegende Sach- oder Rechtslage nachträglich zugunsten des Betroffenen geändert hat;

2. neue Beweismittel vorliegen, die eine dem Betroffenen günstigere Entscheidung herbeigeführt haben würden;

3. Wiederaufnahmegründe entsprechend § 580 der Zivilprozeßordnung gegeben sind.

(2) Der Antrag ist nur zulässig, wenn der Betroffene ohne grobes Verschulden außerstande war, den Grund für das Wiederaufgreifen in dem früheren Verfahren, insbesondere durch Rechtsbehelf, geltend zu machen.

(3) [1]Der Antrag muß binnen drei Monaten gestellt werden. [2]Die Frist beginnt mit dem Tage, an dem der Betroffene von dem Grund für das Wiederaufgreifen Kenntnis erhalten hat.

(4) Über den Antrag entscheidet die nach § 3 zuständige Behörde; dies gilt auch dann, wenn der Verwaltungsakt, dessen Aufhebung oder Änderung begehrt wird, von einer anderen Behörde erlassen worden ist.

(5) Die Vorschriften des § 48 Abs. 1 Satz 1 und des § 49 Abs. 1 bleiben unberührt.

§ 52 Rückgabe von Urkunden und Sachen. [1]Ist ein Verwaltungsakt unanfechtbar widerrufen oder zurückgenommen oder ist seine Wirksamkeit aus einem anderen Grund nicht oder nicht mehr gegeben, so kann die Behörde die auf Grund dieses Verwaltungsaktes erteilten Urkunden oder Sachen, die zum Nachweis der Rechte aus dem Verwaltungsakt oder zu deren Ausübung bestimmt sind, zurückfordern. [2]Der Inhaber und, sofern er nicht der Besitzer ist, auch der Besitzer dieser Urkunden oder Sachen sind zu ihrer Herausgabe verpflichtet. [3]Der Inhaber oder der Besitzer kann jedoch verlangen, daß ihm die Urkunden oder Sachen wieder ausgehändigt werden, nachdem sie von der Behörde als ungültig gekennzeichnet sind; dies gilt nicht bei Sachen, bei denen eine solche Kennzeichnung nicht oder nicht mit der erforderlichen Offensichtlichkeit oder Dauerhaftigkeit möglich ist.

Abschnitt 3

Verjährungsrechtliche Wirkungen des Verwaltungsaktes

§ 53 Unterbrechung der Verjährung durch Verwaltungsakt. (1) [1]Ein Verwaltungsakt, der zur Durchsetzung des Anspruchs eines öffentlich-rechtlichen Rechtsträgers erlassen wird, unterbricht die Verjährung dieses Anspruchs. [2]Die Unterbrechung dauert fort, bis der Verwaltungsakt unanfechtbar geworden ist oder das Verwaltungsverfahren, das zu seinem Erlaß geführt hat, anderweitig erledigt ist. [3]Die §§ 212 und 217 des Bürgerlichen Gesetzbuches sind entsprechend anzuwenden.

(2) Ist ein Verwaltungsakt im Sinne des Absatzes 1 unanfechtbar geworden, so ist § 218 des Bürgerlichen Gesetzbuches entsprechend anzuwenden.

TEIL IV

Öffentlich-rechtlicher Vertrag

§ 54 Zulässigkeit des öffentlich-rechtlichen Vertrages. [1]Ein Rechtsverhältnis auf dem Gebiet des öffentlichen Rechts kann durch Vertrag begründet, geändert oder aufgehoben werden (öffentlich-rechtlicher Vertrag), soweit Rechtsvorschriften nicht entgegenstehen. [2]Insbesondere kann die Behörde, anstatt einen Verwaltungsakt zu erlassen, einen öffentlich-rechtlichen Vertrag mit demjenigen schließen, an den sie sonst den Verwaltungsakt richten würde.

§ 55 Vergleichsvertrag. Ein öffentlich-rechtlicher Vertrag im Sinne des § 54 Satz 2, durch den eine bei verständiger Würdigung des Sachverhalts oder der Rechtslage bestehende Ungewißheit durch gegenseitiges Nachgeben beseitigt wird (Vergleich), kann geschlossen werden, wenn die Behörde den Abschluß des Vergleichs zur Beseitigung der Ungewißheit nach pflichtgemäßem Ermessen für zweckmäßig hält.

§ 56 Austauschvertrag. (1) [1]Ein öffentlich-rechtlicher Vertrag im Sinne des § 54 Satz 2, in dem sich der Vertragspartner der Behörde zu einer Gegenleistung verpflichtet, kann geschlossen werden, wenn die Gegenleistung für einen bestimmten Zweck im Vertrag vereinbart wird und der Behörde zur Erfüllung ihrer öffentlichen Aufgaben dient. [2]Die Gegenleistung muß den gesamten Umständen nach angemessen sein und im sachlichen Zusammenhang mit der vertraglichen Leistung der Behörde stehen.

(2) Besteht auf die Leistung der Behörde ein Anspruch, so kann nur eine solche Gegenleistung vereinbart werden, die bei Erlaß eines Verwaltungsaktes Inhalt einer Nebenbestimmung nach § 36 sein könnte.

§ 57 Schriftform. (1) Ein öffentlich-rechtlicher Vertrag ist schriftlich zu schließen, soweit nicht durch Rechtsvorschrift eine andere Form vorgeschrieben ist.

§ 58 Zustimmung von Dritten und Behörden. (1) Ein öffentlich-rechtlicher Vertrag, der in Rechte eines Dritten eingreift, wird erst wirksam, wenn der Dritte schriftlich zustimmt.

(2) Wird anstatt eines Verwaltungsaktes, bei dessen Erlaß nach einer Rechtsvorschrift die Genehmigung, die Zustimmung oder das Einvernehmen einer anderen Behörde erforderlich ist, ein Vertrag geschlossen, so wird dieser erst wirksam, nachdem die andere Behörde in der vorgeschriebenen Form mitgewirkt hat.

§ 59 Nichtigkeit des öffentlich-rechtlichen Vertrages. (1) Ein öffentlich-rechtlicher Vertrag ist nichtig, wenn sich die Nichtigkeit aus der entsprechenden Anwendung von Vorschriften des Bürgerlichen Gesetzbuches ergibt.

(2) Ein Vertrag im Sinne des § 54 Satz 2 ist ferner nichtig, wenn

   1. ein Verwaltungsakt mit entsprechendem Inhalt nichtig wäre;

   2. ein Verwaltungsakt mit entsprechendem Inhalt nicht nur wegen eines Verfahrens- oder Formfehlers im Sinne des § 46 rechtswidrig wäre und dies den Vertragschließenden bekannt war;

   3. die Voraussetzungen zum Abschluß eines Vergleichsvertrages nicht

vorlagen und ein Verwaltungsakt mit entsprechendem Inhalt nicht nur wegen eines Verfahrens- oder Formfehlers im Sinne des § 46 rechtswidrig wäre;

4. sich die Behörde eine nach § 56 unzulässige Gegenleistung versprechen läßt.

(3) Betrifft die Nichtigkeit nur einen Teil des Vertrages, so ist er im ganzen nichtig, wenn nicht anzunehmen ist, daß er auch ohne den nichtigen Teil geschlossen worden wäre.

§ 60 Anpassung und Kündigung in besonderen Fällen. (1) [1]Haben die Verhältnisse, die für die Festsetzung des Vertragsinhalts maßgebend gewesen sind, sich seit Abschluß des Vertrages so wesentlich geändert, daß einer Vertragspartei das Festhalten an der ursprünglichen vertraglichen Regelung nicht zuzumuten ist, so kann diese Vertragspartei eine Anpassung des Vertragsinhalts an die geänderten Verhältnisse verlangen oder, sofern eine Anpassung nicht möglich oder einer Vertragspartei nicht zuzumuten ist, den Vertrag kündigen. [2]Die Behörde kann den Vertrag auch kündigen, um schwere Nachteile für das Gemeinwohl zu verhüten oder zu beseitigen.

(2) [1]Die Kündigung bedarf der Schriftform, soweit nicht durch Rechtsvorschrift eine andere Form vorgeschrieben ist. [2]Sie soll begründet werden.

§ 61 Unterwerfung unter die sofortige Vollstreckung. (1) [1]Jeder Vertragschließende kann sich der sofortigen Vollstreckung aus einem öffentlichrechtlichen Vertrag im Sinne des § 54 Satz 2 unterwerfen. [2]Die Behörde muß hierbei von dem Behördenleiter, seinem allgemeinen Vertreter oder einem Angehörigen des öffentlichen Dienstes, der die Befähigung zum Richteramt hat oder die Voraussetzungen des § 110 Satz 1 des Deutschen Richtergesetzes erfüllt, vertreten werden. [3]Die Unterwerfung unter die sofortige Vollstreckung ist nur wirksam, wenn sie von der fachlich zuständigen Aufsichtsbehörde der vertragschließenden Behörde genehmigt worden ist. [4]Die Genehmigung ist nicht erforderlich, wenn die Unterwerfung von oder gegenüber einer nicht der Fachaufsicht unterliegenden Behörde oder einer obersten Landesbehörde erklärt wird.

(2) [1]Auf öffentlich-rechtliche Verträge im Sinne des Absatzes 1 Satz 1 ist das Landesverwaltungsvollstreckungsgesetz entsprechend anzuwenden. [2]Will eine natürliche oder juristische Person des Privatrechts oder eine nichtrechtsfähige Vereinigung die Vollstreckung wegen einer Geldforderung betreiben, so ist § 170 Abs. 1 bis 3 der Verwaltungsgerichtsordnung entsprechend anzuwenden. [3]Richtet sich die Vollstreckung wegen der Erzwingung einer Handlung, Duldung oder Unterlassung gegen eine Behörde, so ist § 172 der Verwaltungsgerichtsordnung entsprechend anzuwenden.

§ 62 Ergänzende Anwendung von Vorschriften. [1]Soweit sich aus den §§ 54 bis 61 nichts Abweichendes ergibt, gelten die übrigen Vorschriften dieses

Gesetzes. [2]Ergänzend gelten die Vorschriften des Bürgerlichen Gesetzbuches entsprechend.

TEIL V
Besondere Verfahrensarten

Abschnitt 1
Förmliches Verwaltungsverfahren

§ 63 Anwendung der Vorschriften über das förmliche Verwaltungsverfahren. (1) Das förmliche Verwaltungsverfahren nach diesem Gesetz findet statt, wenn es durch Rechtsvorschrift angeordnet ist.

(2) Für das förmliche Verwaltungsverfahren gelten die §§ 64 bis 71 und, soweit sich aus ihnen nichts Abweichendes ergibt, die übrigen Vorschriften dieses Gesetzes.

(3) [1]Die Mitteilung nach § 17 Abs. 2 Satz 2 und die Aufforderung nach § 17 Abs. 4 Satz 2 sind im förmlichen Verwaltungsverfahren öffentlich bekanntzumachen. [2]Die öffentliche Bekanntmachung wird dadurch bewirkt, daß die Behörde die Mitteilung oder die Aufforderung in ihrem amtlichen Veröffentlichungsblatt und außerdem in örtlichen Tageszeitungen, die in dem Bereich verbreitet sind, in dem sich die Entscheidung voraussichtlich auswirken wird, bekanntmacht.

§ 64 Form des Antrages. Setzt das förmliche Verwaltungsverfahren einen Antrag voraus, so ist er schriftlich oder zur Niederschrift bei der Behörde zu stellen.

§ 65 Mitwirkung von Zeugen und Sachverständigen. (1) [1]Im förmlichen Verwaltungsverfahren sind Zeugen zur Aussage und Sachverständige zur Erstattung von Gutachten verpflichtet. [2]Die Vorschriften der Zivilprozeßordnung über die Pflicht, als Zeuge auszusagen oder als Sachverständiger ein Gutachten zu erstatten, über die Ablehnung von Sachverständigen sowie über die Vernehmung von Angehörigen des öffentlichen Dienstes als Zeugen oder Sachverständige gelten entsprechend.

(2) [1]Verweigern Zeugen oder Sachverständige ohne Vorliegen eines der in den §§ 376, 383 bis 385 und 408 der Zivilprozeßordnung bezeichneten Gründe die Aussage oder die Erstattung des Gutachtens, so kann die Behörde das für den Wohnsitz oder den Aufenthaltsort des Zeugen oder des Sachverständigen zuständige Verwaltungsgericht um die Vernehmung ersuchen. [2]Befindet sich der Wohnsitz oder der Aufenthaltsort des Zeugen oder des Sachverständigen nicht am Sitz eines Verwaltungsgerichts oder einer besonders errichteten Kammer, so kann auch das zuständige Amtsge-

richt um die Vernehmung ersucht werden. [3]In dem Ersuchen hat die Behörde den Gegenstand der Vernehmung darzulegen sowie die Namen und Anschriften der Beteiligten anzugeben. [4]Das Gericht hat die Beteiligten von den Beweisterminen zu benachrichtigen.

(3) Hält die Behörde mit Rücksicht auf die Bedeutung der Aussage eines Zeugen oder des Gutachtens eines Sachverständigen oder zur Herbeiführung einer wahrheitsgemäßen Aussage die Beeidigung für geboten, so kann sie das nach Absatz 2 zuständige Gericht um die eidliche Vernehmung ersuchen.

(4) Das Gericht entscheidet über die Rechtmäßigkeit einer Verweigerung des Zeugnisses, des Gutachtens oder der Eidesleistung.

(5) Ein Ersuchen nach Absatz 2 oder 3 an das Gericht darf nur von dem Behördenleiter, seinem allgemeinen Vertreter oder einem Angehörigen des öffentlichen Dienstes gestellt werden, der die Befähigung zum Richteramt hat oder die Voraussetzungen des § 110 Satz 1 des Deutschen Richtergesetzes erfüllt.

(6) § 180 der Verwaltungsgerichtsordnung ist entsprechend anzuwenden.

§ 66 Verpflichtung zur Anhörung von Beteiligten. (1) Im förmlichen Verwaltungsverfahren ist den Beteiligten Gelegenheit zu geben, sich vor der Entscheidung zu äußern.

(2) Den Beteiligten ist Gelegenheit zu geben, der Vernehmung von Zeugen und Sachverständigen und der Einnahme des Augenscheins beizuwohnen und hierbei sachdienliche Fragen zu stellen; ein schriftliches Gutachten soll ihnen zugänglich gemacht werden.

§ 67 Erfordernis der mündlichen Verhandlung. (1) [1]Die Behörde entscheidet nach mündlicher Verhandlung. [2]Hierzu sind die Beteiligten mit angemessener Frist schriftlich zu laden. [3]Bei der Ladung ist darauf hinzuweisen, daß bei Ausbleiben eines Beteiligten auch ohne ihn verhandelt und entschieden werden kann. [4]Sind mehr als 300 Ladungen vorzunehmen, so können sie durch öffentliche Bekanntmachung ersetzt werden. [5]Die öffentliche Bekanntmachung wird dadurch bewirkt, daß der Verhandlungstermin mindestens zwei Wochen vorher im amtlichen Veröffentlichungsblatt der Behörde und außerdem in örtlichen Tageszeitungen, die in dem Bereich verbreitet sind, in dem sich die Entscheidung voraussichtlich auswirken wird, mit dem Hinweis nach Satz 3 bekanntgemacht wird. [6]Maßgebend für die Frist nach Satz 5 ist die Bekanntgabe im amtlichen Veröffentlichungsblatt.

(2) Die Behörde kann ohne mündliche Verhandlung entscheiden, wenn

1. einem Antrag im Einvernehmen mit allen Beteiligten in vollem Umfang entsprochen wird;

2. kein Beteiligter innerhalb einer hierfür gesetzten Frist Einwendungen gegen die vorgesehene Maßnahme erhoben hat;

3. die Behörde den Beteiligten mitgeteilt hat, daß sie beabsichtige, ohne mündliche Verhandlung zu entscheiden, und kein Beteiligter innerhalb einer hierfür gesetzten Frist Einwendungen dagegen erhoben hat;

4. alle Beteiligten auf sie verzichtet haben;

5. wegen Gefahr im Verzug eine sofortige Entscheidung notwendig ist.

(3) Die Behörde soll das Verfahren so fördern, daß es möglichst in einem Verhandlungstermin erledigt werden kann.

§ 68 Verlauf der mündlichen Verhandlung. (1) [1]Die mündliche Verhandlung ist nicht öffentlich. [2]An ihr können Vertreter der Aufsichtsbehörden und Personen, die bei der Behörde zur Ausbildung beschäftigt sind, teilnehmen, [3]Anderen Personen kann der Verhandlungsleiter die Anwesenheit gestatten, wenn kein Beteiligter widerspricht.

(2) [1]Der Verhandlungsleiter hat die Sache mit den Beteiligten zu erörtern. [2]Er hat darauf hinzuwirken, daß unklare Anträge erläutert, sachdienliche Anträge gestellt, ungenügende Angaben ergänzt sowie alle für die Feststellung des Sachverhalts wesentlichen Erklärungen abgegeben werden.

(3) [1]Der Verhandlungsleiter ist für die Ordnung verantwortlich. [2]Er kann Personen, die seine Anordnungen nicht befolgen, entfernen lassen. [3]Die Verhandlung kann ohne diese Personen fortgesetzt werden.

(4) [1]Über die mündliche Verhandlung ist eine Niederschrift zu fertigen. [2]Die Niederschrift muß Angaben enthalten über

1. den Ort und den Tag der Verhandlung,

2. die Namen des Verhandlungsleiters, der erschienenen Beteiligten, Zeugen und Sachverständigen,

3. den behandelten Verfahrensgegenstand und die gestellten Anträge,

4. den wesentlichen Inhalt der Aussagen der Zeugen und Sachverständigen,

5. das Ergebnis eines Augenscheines.

[3]Die Niederschrift ist von dem Verhandlungsleiter und, soweit ein Schriftführer hinzugezogen worden ist, auch von diesem zu unterzeichnen. [4]Der Aufnahme in die Verhandlungsniederschrift steht die Aufnahme in eine Schrift gleich, die ihr als Anlage beigefügt und als solche bezeichnet ist; auf die Anlage ist in der Verhandlungsniederschrift hinzuweisen.

§ 69 Entscheidung. (1) Die Behörde entscheidet unter Würdigung des Gesamtergebnisses des Verfahrens.

(2) [1]Verwaltungsakte, die das förmliche Verfahren abschließen, sind schriftlich zu erlassen, schriftlich zu begründen und den Beteiligten zuzustellen; in den Fällen des § 39 Abs. 2 Nr. 1 und 3 bedarf es einer Begründung

nicht. [2]Sind mehr als 300 Zustellungen vorzunehmen, so können sie durch öffentliche Bekanntmachung ersetzt werden. [3]Die öffentliche Bekanntmachung wird dadurch bewirkt, daß der verfügende Teil des Verwaltungsaktes und die Rechtsbehelfsbelehrung im amtlichen Veröffentlichungsblatt der Behörde und außerdem in örtlichen Tageszeitungen bekanntgemacht werden, die in dem Bereich verbreitet sind, in dem sich die Entscheidung voraussichtlich auswirken wird. [4]Der Verwaltungsakt gilt mit dem Tage als zugestellt, an dem seit dem Tage der Bekanntmachung in dem amtlichen Veröffentlichungsblatt zwei Wochen verstrichen sind; hierauf ist in der Bekanntmachung hinzuweisen. [5]Nach der öffentlichen Bekanntmachung kann der Verwaltungsakt bis zum Ablauf der Rechtsbehelfsfrist von den Beteiligten schriftlich angefordert werden; hierauf ist in der Bekanntmachung gleichfalls hinzuweisen.

(3) [1]Wird das förmliche Verwaltungsverfahren auf andere Weise abgeschlossen, so sind die Beteiligten hiervon zu benachrichtigen. [2]Sind mehr als 300 Benachrichtigungen vorzunehmen, so können sie durch öffentliche Bekanntmachung ersetzt werden; Absatz 2 Satz 3 gilt entsprechend.

§ 70 Anfechtung der Entscheidung. Vor Erhebung einer verwaltungsgerichtlichen Klage, die einen im förmlichen Verwaltungsverfahren erlassenen Verwaltungsakt zum Gegenstand hat, bedarf es keiner Nachprüfung in einem Vorverfahren.

§ 71 Besondere Vorschriften für das förmliche Verfahren vor Ausschüssen. (1) [1]Findet das förmliche Verwaltungsverfahren vor einem Ausschuß (§ 88) statt, so hat jedes Mitglied das Recht, sachdienliche Fragen zu stellen. [2]Wird eine Frage von einem Beteiligten beanstandet, so entscheidet der Ausschuß über ihre Zulässigkeit.

(2) [1]Bei der Beratung und Abstimmung dürfen nur Ausschußmitglieder zugegen sein, die an der mündlichen Verhandlung teilgenommen haben. [2]Ferner dürfen Personen zugegen sein, die bei der Behörde, bei der der Ausschuß gebildet ist, zur Ausbildung beschäftigt sind, soweit der Vorsitzende ihre Anwesenheit gestattet. [3]Die Abstimmungsergebnisse sind festzuhalten.

(3) [1]Jeder Beteiligte kann ein Mitglied des Ausschusses ablehnen, das in diesem Verwaltungsverfahren nicht tätig werden darf (§ 20) oder bei dem die Besorgnis der Befangenheit besteht (§ 21). [2]Eine Ablehnung vor der mündlichen Verhandlung ist schriftlich oder zur Niederschrift zu erklären. [3]Die Erklärung ist unzulässig, wenn sich der Beteiligte, ohne den ihm bekannten Ablehnungsgrund geltend zu machen, in die mündliche Verhandlung eingelassen hat. [4]Für die Entscheidung über die Ablehnung gilt § 20 Abs. 4 Satz 2 bis 4.

Abschnitt 2

Planfeststellungsverfahren

§ 72 Anwendung der Vorschriften über das Planfeststellungsverfahren. (1) Ist ein Planfeststellungsverfahren durch Rechtsvorschrift angeordnet, so gelten hierfür die §§ 73 bis 78 und, soweit sich aus ihnen nichts Abweichendes ergibt, die übrigen Vorschriften dieses Gesetzes; § 51 ist nicht anzuwenden, § 29 ist mit der Maßgabe anzuwenden, daß Akteneinsicht nach pflichtgemäßem Ermessen zu gewähren ist.

(2) [1]Die Mitteilung nach § 17 Abs. 2 Satz 2 und die Aufforderung nach § 17 Abs. 4 Satz 2 sind im Planfeststellungsverfahren öffentlich bekanntzumachen. [2]Die öffentliche Bekanntmachung wird dadurch bewirkt, daß die Behörde die Mitteilung oder die Aufforderung in ihrem amtlichen Veröffentlichungsblatt und außerdem in örtlichen Tageszeitungen, die in dem Bereich verbreitet sind, in dem sich das Vorhaben voraussichtlich auswirken wird, bekanntmacht.

§ 73 Anhörungsverfahren. (1) [1]Der Träger des Vorhabens hat den Plan der Anhörungsbehörde zur Durchführung des Anhörungsverfahrens einzureichen. [2]Der Plan besteht aus den Zeichnungen und Erläuterungen, die das Vorhaben, seinen Anlaß und die von dem Vorhaben betroffenen Grundstücke und Anlagen erkennen lassen.

(2) Die Anhörungsbehörde holt die Stellungnahmen der Behörden ein, deren Aufgabenbereich durch das Vorhaben berührt wird.

(3) [1]Der Plan ist auf Veranlassung der Anhörungsbehörde in den Gemeinden, in denen sich das Vorhaben voraussichtlich auswirkt, einen Monat zur Einsicht auszulegen. [2]Auf eine Auslegung kann verzichtet werden, wenn der Kreis der Betroffenen bekannt ist und ihnen innerhalb angemessener Frist Gelegenheit gegeben wird, den Plan einzusehen.

(4) [1]Jeder, dessen Belange durch das Vorhaben berührt werden, kann bis zwei Wochen nach Ablauf der Auslegungsfrist schriftlich oder zur Niederschrift bei der Anhörungsbehörde oder bei der Gemeinde Einwendungen gegen den Plan erheben. [2]Im Falle des Absatzes 3 Satz 2 bestimmt die Anhörungsbehörde die Einwendungsfrist.

(5) [1]Die Gemeinden, in denen der Plan auszulegen ist, haben die Auslegung mindestens eine Woche vorher ortsüblich bekanntzumachen. [2]In der Bekanntmachung ist darauf hinzuweisen,

1. wo und in welchem Zeitraum der Plan zur Einsicht ausgelegt ist;

2. daß etwaige Einwendungen bei den in der Bekanntmachung zu bezeichnenden Stellen innerhalb der Einwendungsfrist vorzubringen sind;

3. daß bei Ausbleiben eines Beteiligten in dem Erörterungstermin auch ohne ihn verhandelt werden kann und verspätete Einwendungen bei der Erörterung und Entscheidung unberücksichtigt bleiben können;

4. daß

   a) die Personen, die Einwendungen erhoben haben, von dem Erörterungstermin durch öffentliche Bekanntmachung benachrichtigt werden können,

   b) die Zustellung der Entscheidung über die Einwendungen durch öffentliche Bekanntmachung ersetzt werden kann,

   wenn mehr als 300 Benachrichtigungen oder Zustellungen vorzunehmen sind.

[3]Nicht ortsansässige Betroffene, deren Person und Aufenthalt bekannt sind oder sich innerhalb angemessener Frist ermitteln lassen, sollen auf Veranlassung der Anhörungsbehörde von der Auslegung mit dem Hinweis nach Satz 2 benachrichtigt werden.

(6) [1]Nach Ablauf der Einwendungsfrist hat die Anhörungsbehörde die rechtzeitig erhobenen Einwendungen gegen den Plan und die Stellungnahmen der Behörden zu dem Plan mit dem Träger des Vorhabens, den Behörden, den Betroffenen sowie den Personen, die Einwendungen erhoben haben, zu erörtern; die Anhörungsbehörde kann auch verspätet erhobene Einwendungen erörtern. [2]Der Erörterungstermin ist mindestens eine Woche vorher ortsüblich bekanntzumachen. [3]Die Behörden, der Träger des Vorhabens und diejenigen, die Einwendungen erhoben haben, sind von dem Erörterungstermin zu benachrichtigen. [4]Sind außer der Benachrichtigung der Behörden und des Trägers des Vorhabens mehr als 300 Benachrichtigungen vorzunehmen, so können diese Benachrichtigungen durch öffentliche Bekanntmachung ersetzt werden. [5]Die öffentliche Bekanntmachung wird dadurch bewirkt, daß abweichend von Satz 2 der Erörterungstermin im amtlichen Veröffentlichungsblatt der Anhörungsbehörde und außerdem in örtlichen Tageszeitungen bekanntgemacht wird, die in dem Bereich verbreitet sind, in dem sich das Vorhaben voraussichtlich auswirken wird; maßgebend für die Frist nach Satz 2 ist die Bekanntgabe im amtlichen Veröffentlichungsblatt. [6]Im übrigen gelten für die Erörterung die Vorschriften über die mündliche Verhandlung im förmlichen Verwaltungsverfahren (§ 67 Abs. 1 Satz 3, Abs. 2 Nr. 1 und 4 und Abs. 3, § 68) entsprechend.

(7) Abweichend von den Vorschriften des Absatzes 6 Satz 2 bis 5 kann der Erörterungstermin bereits in der Bekanntmachung nach Absatz 5 Satz 2 bestimmt werden.

(8) [1]Soll ein ausgelegter Plan geändert werden und werden dadurch der Aufgabenbereich einer Behörde oder Belange Dritter erstmalig oder stärker als bisher berührt, so ist diesen die Änderung mitzuteilen und ihnen

Gelegenheit zu Stellungnahmen und Einwendungen innerhalb von zwei Wochen zu geben. [2]Wirkt sich die Änderung auf das Gebiet einer anderen Gemeinde aus, so ist der geänderte Plan in dieser Gemeinde auszulegen; die Absätze 3 bis 6 gelten entsprechend.

(9) Die Anhörungsbehörde gibt zum Ergebnis des Anhörungsverfahrens eine Stellungnahme ab und leitet diese möglichst innerhalb eines Monats nach Abschluß der Erörterung mit dem Plan, den Stellungnahmen der Behörden und den nicht erledigten Einwendungen der Planfeststellungsbehörde zu.

(10) Der Träger des Vorhabens hat der Gemeinde die Auslagen zu erstatten, die ihr durch Bekanntmachungen und Benachrichtigungen im Anhörungsverfahren entstehen, wenn sie fünfzig Deutsche Mark übersteigen.

§ 74 Planfeststellungsbeschluß. (1) [1]Die Planfeststellungsbehörde stellt den Plan fest (Planfeststellungsbeschluß). [2]Die Vorschriften über die Entscheidung und die Anfechtung der Entscheidung im förmlichen Verwaltungsverfahren (§§ 69 und 70) sind anzuwenden.

(2) [1]Im Planfeststellungsbeschluß entscheidet die Planfeststellungsbehörde über die Einwendungen, über die bei der Erörterung vor der Anhörungsbehörde keine Einigung erzielt worden ist. [2]Sie hat dem Träger des Vorhabens Vorkehrungen oder die Errichtung und Unterhaltung von Anlagen aufzuerlegen, die zum Wohl der Allgemeinheit oder zur Vermeidung nachteiliger Wirkungen auf Rechte anderer erforderlich sind. [3]Sind solche Vorkehrungen oder Anlagen untunlich oder mit dem Vorhaben unvereinbar, so hat der Betroffene Anspruch auf angemessene Entschädigung in Geld.

(3) Soweit eine abschließende Entscheidung noch nicht möglich ist, ist diese im Planfeststellungsbeschluß vorzubehalten; dem Träger des Vorhabens ist dabei aufzugeben, noch fehlende oder von der Planfeststellungsbehörde bestimmte Unterlagen rechtzeitig vorzulegen.

(4) [1]Der Planfeststellungsbeschluß ist dem Träger des Vorhabens, den bekannten Betroffenen und denjenigen, über deren Einwendungen entschieden worden ist, zuzustellen. [2]Eine Ausfertigung des Beschlusses ist mit einer Rechtsbehelfsbelehrung und einer Ausfertigung des festgestellten Planes in den Gemeinden zwei Wochen zur Einsicht auszulegen; der Ort und die Zeit der Auslegung sind ortsüblich bekanntzumachen.[3]Mit dem Ende der Auslegungsfrist gilt der Beschluß gegenüber den übrigen Betroffenen als zugestellt; darauf ist in der Bekanntmachung hinzuweisen. [4]§ 73 Abs. 10 gilt entsprechend.

(5) [1]Sind außer an den Träger des Vorhabens mehr als 300 Zustellungen nach Absatz 4 vorzunehmen, so können diese Zustellungen durch öffentliche Bekanntmachung ersetzt werden. [2]Die öffentliche Bekanntmachung wird dadurch bewirkt, daß der verfügende Teil des Planfeststellungsbe-

schlusses, die Rechtsbehelfsbelehrung und ein Hinweis auf die Auslegung nach Absatz 4 Satz 2 im amtlichen Veröffentlichungsblatt der zuständigen Behörde und außerdem in örtlichen Tageszeitungen bekanntgemacht werden, die in dem Bereich verbreitet sind, in dem sich das Vorhaben voraussichtlich auswirken wird; auf Auflagen ist hinzuweisen. [3]Mit dem Ende der Auslegungsfrist gilt der Beschluß den Betroffenen und denjenigen gegenüber, die Einwendungen erhoben haben, als zugestellt; hierauf ist in der Bekanntmachung hinzuweisen. [4]Nach der öffentlichen Bekanntmachung kann der Planfeststellungsbeschluß bis zum Ablauf der Rechtsbehelfsfrist von den Betroffenen und von denjenigen, die Einwendungen erhoben haben, schriftlich angefordert werden; hierauf ist in der Bekanntmachung gleichfalls hinzuweisen.

§ 75 Rechtswirkungen der Planfeststellung. (1) [1]Durch die Planfeststellung wird die Zulässigkeit des Vorhabens einschließlich der notwendigen Folgemaßnahmen an anderen Anlagen im Hinblick auf alle von ihm berührten öffentlichen Belange festgestellt; neben der Planfeststellung sind andere behördliche Entscheidungen nach Bundes- oder Landesrecht, insbesondere öffentlich-rechtliche Genehmigungen, Verleihungen, Erlaubnisse, Bewilligungen, Zustimmungen und Planfeststellungen nicht erforderlich. [2]Durch die Planfeststellung werden alle öffentlich-rechtlichen Beziehungen zwischen dem Träger des Vorhabens und den durch den Plan Betroffenen rechtsgestaltend geregelt.

(2) [1]Ist der Planfeststellungsbeschluß unanfechtbar geworden, so sind Ansprüche auf Unterlassung des Vorhabens, auf Beseitigung oder Änderung der Anlagen oder auf Unterlassung ihrer Benutzung ausgeschlossen. [2]Treten nicht voraussehbare Wirkungen des Vorhabens oder der dem festgestellten Plan entsprechenden Anlagen auf das Recht eines anderen erst nach Unanfechtbarkeit des Planes auf, so kann der Betroffene Vorkehrungen oder die Errichtung und Unterhaltung von Anlagen verlangen, welche die nachteiligen Wirkungen ausschließen. [3]Sie sind dem Träger des Vorhabens durch Beschluß der Planfeststellungsbehörde aufzuerlegen. [4]Sind solche Vorkehrungen oder Anlagen untunlich oder mit dem Vorhaben unvereinbar, so richtet sich der Anspruch auf angemessene Entschädigung in Geld. [5]Werden Vorkehrungen oder Anlagen im Sinne des Satzes 2 notwendig, weil nach Abschluß des Planfeststellungsverfahrens auf einem benachbarten Grundstück Veränderungen eingetreten sind, so hat die hierdurch entstehenden Kosten der Eigentümer des benachbarten Grundstücks zu tragen, es sei denn, daß die Veränderungen durch natürliche Ereignisse oder höhere Gewalt verursacht worden sind; Satz 4 ist nicht anzuwenden.

(3) [1]Anträge, mit denen Ansprüche auf Herstellung von Einrichtungen oder auf angemessene Entschädigung nach Absatz 2 Satz 2 und 4 geltend gemacht werden, sind schriftlich an die Planfeststellungsbehörde zu richten. [2]Sie sind nur innerhalb von drei Jahren nach dem Zeitpunkt zulässig,

zu dem der Betroffene von den nachteiligen Wirkungen des dem unanfechtbar festgestellten Plan entsprechenden Vorhabens oder der Anlage Kenntnis erhalten hat; sie sind ausgeschlossen, wenn nach Herstellung des dem Plan entsprechenden Zustandes dreißig Jahre verstrichen sind.

(4) Wird mit der Durchführung des Planes nicht innerhalb von fünf Jahren nach Eintritt der Unanfechtbarkeit begonnen, so tritt er außer Kraft.

§ 76 Planänderungen vor Fertigstellung des Vorhabens. (1) Soll vor Fertigstellung des Vorhabens der festgestellte Plan geändert werden, bedarf es eines neuen Planfeststellungsverfahrens.

(2) Bei Planänderungen von unwesentlicher Bedeutung kann die Planfeststellungsbehörde von einem neuen Planfeststellungsverfahren absehen, wenn die Belange anderer nicht berührt werden oder wenn die Betroffenen der Änderung zugestimmt haben.

(3) Führt die Planfeststellungsbehörde in den Fällen des Absatzes 2 oder in anderen Fällen einer Planänderung von unwesentlicher Bedeutung ein Planfeststellungsverfahren durch, so bedarf es keines Anhörungsverfahrens und keiner öffentlichen Bekanntgabe des Planfeststellungsbeschlusses.

§ 77 Aufhebung des Planfeststellungsbeschlusses. [1]Wird ein Vorhaben, mit dessen Durchführung begonnen worden ist, endgültig aufgegeben, so hat die Planfeststellungsbehörde den Planfeststellungsbeschluß aufzuheben. [2]In dem Aufhebungsbeschluß sind dem Träger des Vorhabens die Wiederherstellung des früheren Zustandes oder geeignete andere Maßnahmen aufzuerlegen, soweit dies zum Wohl der Allgemeinheit oder zur Vermeidung nachteiliger Wirkungen auf Rechte anderer erforderlich ist. [3]Werden solche Maßnahmen notwendig, weil nach Abschluß des Planfeststellungsverfahrens auf einem benachbarten Grundstück Veränderungen eingetreten sind, so kann der Träger des Vorhabens durch Beschluß der Planfeststellungsbehörde zu geeigneten Vorkehrungen verpflichtet werden; die hierdurch entstehenden Kosten hat jedoch der Eigentümer des benachbarten Grundstückes zu tragen, es sei denn, daß die Veränderungen durch natürliche Ereignisse oder höhere Gewalt verursacht worden sind.

§ 78 Zusammentreffen mehrerer Vorhaben. (1) Treffen mehrere selbständige Vorhaben, für deren Durchführung Planfeststellungsverfahren vorgeschrieben sind, derart zusammen, daß für diese Vorhaben oder für Teile von ihnen nur eine einheitliche Entscheidung möglich ist, so findet für diese Vorhaben oder für deren Teile nur ein Planfeststellungsverfahren statt.

(2) [1]Zuständigkeiten und Verfahren richten sich nach den Rechtsvorschriften über das Planfeststellungsverfahren, das für diejenige Anlage vorgeschrieben ist, die einen größeren Kreis öffentlich-rechtlicher Beziehungen berührt. [2]Bestehen Zweifel, welche Rechtsvorschrift anzuwenden

ist, und sind nach den in Betracht kommenden Rechtsvorschriften Behörden verschiedener Länder zuständig, so führen, falls sich die obersten Behörden der Länder nicht einigen, die Landesregierungen das Einvernehmen darüber herbei, welche Rechtsvorschrift anzuwenden ist; sind nach den in Betracht kommenden Rechtsvorschriften eine Bundesbehörde und eine Landesbehörde zuständig, so führen, falls sich die obersten Bundes- und Landesbehörden nicht einigen, die Bundesregierung und die Landesregierung das Einvernehmen darüber herbei, welche Rechtsvorschrift anzuwenden ist.

TEIL VI

Rechtsbehelfsverfahren

§ 79 Rechtsbehelfe gegen Verwaltungsakte. Für förmliche Rechtsbehelfe gegen Verwaltungsakte gelten die Verwaltungsgerichtsordnung und die zu ihrer Ausführung ergangenen Rechtsvorschriften, soweit nicht durch Gesetz etwas anderes bestimmt ist; im übrigen gelten die Vorschriften dieses Gesetzes.

§ 80 Erstattung von Kosten im Vorverfahren. (1) [1]Soweit der Widerspruch erfolgreich ist, hat der Rechtsträger, dessen Behörde den angefochtenen Verwaltungsakt erlassen hat, demjenigen, der Widerspruch erhoben hat, die zur zweckentsprechenden Rechtsverfolgung oder Rechtsverteidigung notwendigen Aufwendungen zu erstatten. [2]Dies gilt auch, wenn der Widerspruch nur deshalb keinen Erfolg hat, weil die Verletzung einer Verfahrens- oder Formvorschrift nach § 45 unbeachtlich ist. [3]Soweit der Widerspruch erfolglos geblieben ist, hat derjenige, der den Widerspruch eingelegt hat, die zur zweckentsprechenden Rechtsverfolgung oder Rechtsverteidigung notwendigen Aufwendungen der Behörde, die den angefochtenen Verwaltungsakt erlassen hat, zu erstatten; dies gilt nicht, wenn der Widerspruch gegen einen Verwaltungsakt eingelegt wird, der im Rahmen

1. eines bestehenden oder früheren öffentlich-rechtlichen Dienst-, Amts- oder Schulverhältnisses oder

2. einer bestehenden oder früheren gesetzlichen Dienstpflicht oder einer Tätigkeit, die an Stelle der gesetzlichen Dienstpflicht geleistet werden kann,

erlassen wurde. [4]Aufwendungen, die durch das Verschulden eines Erstattungsberechtigten entstanden sind, hat dieser selbst zu tragen; das Verschulden eines Vertreters ist dem Vertretenen zuzurechnen.

(2) Die Gebühren und Auslagen eines Rechtsanwalts oder eines sonstigen Bevollmächtigten im Vorverfahren sind erstattungsfähig, wenn die Zuziehung eines Bevollmächtigten notwendig war.

(3) [1]Die Behörde, die die Kostenentscheidung getroffen hat, setzt auf Antrag den Betrag der zu erstattenden Aufwendungen fest; hat ein Aus-

schuß oder Beirat (§ 73 Abs. 2 der Verwaltungsgerichtsordnung) die Kostenentscheidung getroffen, so obliegt die Kostenfestsetzung der Behörde, bei der der Ausschuß oder Beirat gebildet ist.[2]Die Kostenentscheidung bestimmt auch, ob die Zuziehung eines Rechtsanwalts oder eines sonstigen Bevollmächtigten notwendig war.

(4) Die Absätze 1 bis 3 gelten auch für Vorverfahren bei Maßnahmen des Richterdienstrechts.

TEIL VII

Ehrenamtliche Tätigkeit, Ausschüsse

Abschnitt 1

Ehrenamtliche Tätigkeit

§ 81 Anwendung der Vorschriften über die ehrenamtliche Tätigkeit. Für die ehrenamtliche Tätigkeit im Verwaltungsverfahren gelten die §§ 82 bis 87.

§ 82 Pflicht zu ehrenamtlicher Tätigkeit. Eine Pflicht zur Übernahme ehrenamtlicher Tätigkeit besteht nur, wenn sie durch Rechtsvorschrift vorgesehen ist.

§ 83 Ausübung ehrenamtlicher Tätigkeit. (1) Der ehrenamtlich Tätige hat seine Tätigkeit gewissenhaft und unparteiisch auszuüben.

(2) [1]Bei Übernahme seiner Aufgaben ist er zur gewissenhaften und unparteiischen Tätigkeit und zur Verschwiegenheit besonders zu verpflichten. [2]Die Verpflichtung ist aktenkundig zu machen.

§ 84 Verschwiegenheitspflicht. (1) [1]Der ehrenamtlich Tätige hat, auch nach Beendigung seiner ehrenamtlichen Tätigkeit, über die ihm dabei bekanntgewordenen Angelegenheiten Verschwiegenheit zu wahren. [2]Dies gilt nicht für Mitteilungen im dienstlichen Verkehr oder über Tatsachen, die offenkundig sind oder ihrer Bedeutung nach keiner Geheimhaltung bedürfen.

(2) Der ehrenamtlich Tätige darf ohne Genehmigung über Angelegenheiten, über die er Verschwiegenheit zu wahren hat, weder vor Gericht noch außergerichtlich aussagen oder Erklärungen abgeben.

(3) Die Genehmigung, als Zeuge auszusagen, darf nur versagt werden, wenn die Aussage dem Wohle des Bundes oder eines Landes Nachteile bereiten oder die Erfüllung öffentlicher Aufgaben ernstlich gefährden oder erheblich erschweren würde.

(4) [1]Ist der ehrenamtlich Tätige Beteiligter in einem gerichtlichen Verfahren oder soll sein Vorbringen der Wahrnehmung seiner berechtigten Interessen dienen, so darf die Genehmigung auch dann, wenn die Voraussetzungen des Absatzes 3 erfüllt sind, nur versagt werden, wenn ein zwin-

gendes öffentliches Interesse dies erfordert. [2]Wird sie versagt, so ist dem ehrenamtlich Tätigen der Schutz zu gewähren, den die öffentlichen Interessen zulassen.

(5) Die Genehmigung nach den Absätzen 2 bis 4 erteilt die fachlich zuständige Aufsichtsbehörde der Stelle, die den ehrenamtlich Tätigen berufen hat.

§ 85 Entschädigung. Der ehrenamtlich Tätige hat Anspruch auf Ersatz seiner notwendigen Auslagen und seines Verdienstausfalles.

§ 86 Abberufung. [1]Personen, die zu ehrenamtlicher Tätigkeit herangezogen worden sind, können von der Stelle, die sie berufen hat, abberufen werden, wenn ein wichtiger Grund vorliegt. [2]Ein wichtiger Grund liegt insbesondere vor, wenn der ehrenamtlich Tätige

1. seine Pflicht gröblich verletzt oder sich als unwürdig erwiesen hat,

2. seine Tätigkeit nicht mehr ordnungsgemäß ausüben kann.

§ 87 Ordnungswidrigkeiten. (1) Ordnungswidrig handelt, wer

1. eine ehrenamtliche Tätigkeit nicht übernimmt, obwohl er zur Übernahme verpflichtet ist,

2. eine ehrenamtliche Tätigkeit, zu deren Übernahme er verpflichtet war, ohne anerkennenswerten Grund niederlegt.

(2) Die Ordnungswidrigkeit kann mit einer Geldbuße geahndet werden.

(3) Verwaltungsbehörden im Sinne des § 36 Abs. 1 Nr. 1 des Gesetzes über Ordnungswidrigkeiten sind die obersten Landesbehörden und die Regierungspräsidien für die ehrenamtlich Tätigen, die von ihnen berufen werden, im übrigen die fachlich zuständigen Aufsichtsbehörden, wenn keine Fachaufsicht besteht, die Rechtsaufsichtsbehörden der Stellen, die die ehrenamtlich Tätigen berufen.

Abschnitt 2

Ausschüsse

§ 88 Anwendung der Vorschriften über Ausschüsse. Für Ausschüsse, Beiräte und andere kollegiale Einrichtungen (Ausschüsse) gelten, wenn sie in einem Verwaltungsverfahren tätig werden, die §§ 89 bis 93.

§ 89 Ordnung in den Sitzungen. Der Vorsitzende eröffnet, leitet und schließt die Sitzungen; er ist für die Ordnung verantwortlich.

§ 90 Beschlußfähigkeit. (1) [1]Ausschüsse sind beschlußfähig, wenn alle Mitglieder geladen und mehr als die Hälfte, mindestens aber drei der stimmberechtigten Mitglieder anwesend sind.[2]Beschlüsse können auch im schriftlichen Verfahren gefaßt werden, wenn kein Mitglied widerspricht.

(2) Ist eine Angelegenheit wegen Beschlußunfähigkeit zurückgestellt worden und wird der Ausschuß zur Behandlung desselben Gegenstandes erneut geladen, so ist er ohne Rücksicht auf die Zahl der Erschienenen beschlußfähig, wenn darauf in dieser Ladung hingewiesen worden ist.

§ 91 Beschlußfassung. [1]Beschlüsse werden mit Stimmenmehrheit gefaßt. [2]Bei Stimmengleichheit entscheidet bei offenen Abstimmungen die Stimme des Vorsitzenden, wenn er stimmberechtigt ist; sonst gilt Stimmengleichheit als Ablehnung.

§ 92 Wahlen durch Ausschüsse. (1) [1]Gewählt wird, wenn kein Mitglied des Ausschusses widerspricht, durch Zuruf oder Zeichen, sonst durch Stimmzettel. [2]Auf Verlangen eines Mitgliedes ist geheim zu wählen.

(2) [1]Gewählt ist, wer von den abgegebenen Stimmen die meisten erhalten hat. [2]Bei Stimmengleichheit entscheidet das vom Leiter der Wahl zu ziehende Los.

(3) [1]Sind mehrere gleichartige Wahlstellen zu besetzen und liegen mehrere Wahlvorschläge vor, so ist nach dem Höchstzahlverfahren d'Hondt zu wählen, außer wenn einstimmig etwas anderes beschlossen worden ist. [2]Über die Zuteilung der letzten Wahlstelle entscheidet bei gleicher Höchstzahl das vom Leiter der Wahl zu ziehende Los.

§ 93 Niederschrift. [1]Über die Sitzung ist eine Niederschrift zu fertigen. [2]Die Niederschrift muß Angaben enthalten über

1. den Ort und den Tag der Sitzung,
2. die Namen des Vorsitzenden und der anwesenden Ausschußmitglieder,
3. den behandelten Gegenstand und die gestellten Anträge,
4. die gefaßten Beschlüsse,
5. das Ergebnis von Wahlen.

[3]Die Niederschrift ist von dem Vorsitzenden und, soweit ein Schriftführer hinzugezogen worden ist, auch von diesem zu unterzeichnen.

TEIL VIII

Besondere Bestimmungen für Gemeinden und Gemeindeverbände

§ 94 Pflichten der Gemeinden gegenüber den Bürgern. (1) [1]Die Gemeinden sind im Rahmen ihrer Verwaltungskraft ihren Einwohnern bei der Einleitung von Verwaltungsverfahren behilflich, auch wenn für deren Durchführung eine andere Behörde zuständig ist. [2]Zur Rechtsberatung sind die Gemeinden nicht verpflichtet.

(2) Die Gemeinden haben Vordrucke aller Art, die ihnen von anderen Behörden überlassen werden, bereitzuhalten.

(3) [1]Die Gemeinden haben Anzeigen, Anträge und Erklärungen, die beim Landratsamt oder beim Regierungspräsidium einzureichen sind, entgegenzunehmen und unverzüglich an diese Behörden weiterzuleiten. [2]Die Einreichung bei der Gemeinde gilt als bei der zuständigen Behörde vorgenommen, soweit Bundesrecht nicht entgegensteht.

§ 95 Erfüllung von Aufgaben der Gemeinden durch Verwaltungsgemeinschaften. (1) Das fachlich zuständige Ministerium kann durch Rechtsverordnung im Einvernehmen mit dem Innenministerium bestimmen, daß Aufgaben, die durch §§ 73 und 74 dieses Gesetzes oder durch Bundesrecht den Gemeinden übertragen sind, durch Verwaltungsgemeinschaften erfüllt werden.

(2) Die durch Bundesrecht oder auf Grund von Bundesrecht zur Übertragung von Aufgaben auf die Gemeinden ermächtigte Landesbehörde kann durch Rechtsverordnung im Einvernehmen mit dem Innenministerium bestimmen, daß diese Aufgaben durch Verwaltungsgemeinschaften erfüllt werden.

TEIL IX

Schlußvorschriften

§ 96 Länderübergreifende Verfahren. [1]Ist nach § 3 Abs. 2 Satz 4 eine gemeinsame zuständige Behörde bestimmt und erstreckt sich das Verwaltungsverfahren auf das Gebiet eines anderen Bundeslandes, so ist insoweit das Verfahrensrecht dieses Landes anzuwenden. [2]Die fachlich zuständigen Aufsichtsbehörden können durch Vereinbarung eine abweichende Regelung treffen.

§ 97 Sonderregelung für Verteidigungs- und Notstandsangelegenheiten. [1]Nach Feststellung des Verteidigungsfalles oder des Spannungsfalles, bei drohender Gefahr für den Bestand oder die freiheitliche demokratische Grundordnung des Landes oder für die lebensnotwendige Versorgung der Bevölkerung sowie bei einem Notstand infolge einer Naturkatastrophe oder eines besonders schweren Unglücksfalles kann in Verteidigungs- oder Notstandsangelegenheiten von der Anhörung Beteiligter (§ 28 Abs. 1), von der schriftlichen Bestätigung (§ 37 Abs. 2 Satz 2) und von der schriftlichen Begründung eines Verwaltungsaktes (§ 39 Abs. 1) abgesehen werden; in diesen Fällen gilt ein Verwaltungsakt abweichend von § 41 Abs. 4 Satz 3 mit dem auf die Bekanntmachung folgenden Tag als bekanntgegeben. [2]Dasselbe gilt für die sonstigen gemäß Artikel 80a des Grundgesetzes anzuwendenden Rechtsvorschriften.

§ 98 Überleitung von Verfahren. (1) Bereits begonnene Verfahren sind nach den Vorschriften dieses Gesetzes zu Ende zu führen.

(2) Die Zulässigkeit eines Rechtsbehelfs gegen die vor Inkrafttreten dieses Gesetzes ergangenen Entscheidungen richtet sich nach den bisher geltenden Vorschriften.

(3) Fristen, deren Lauf vor Inkrafttreten dieses Gesetzes begonnen hat, werden nach den bisher geltenden Rechtsvorschriften berechnet.

(4) Für die Erstattung von Kosten im Vorverfahren gelten die Vorschriften dieses Gesetzes, wenn das Vorverfahren vor Inkrafttreten dieses Gesetzes noch nicht abgeschlossen worden ist.

(5) § 75 Abs. 4 gilt nicht, wenn der Plan bereits bei Inkrafttreten dieses Gesetzes festgestellt ist.

§ 99 Verwaltungsvorschriften. Die zur Durchführung dieses Gesetzes notwendigen Verwaltungsvorschriften werden vom Innenministerium im Einvernehmen mit den anderen Ministerien erlassen.

§ 100 Änderung des Gesetzes über die Verkündung von Rechtsverordnungen.
(hier nicht abgedruckt)

§ 101 Änderung des Ersten Gesetzes zur Funktionalreform und anderer Gesetze.
(hier nicht abgedruckt)

§ 102 Änderung des Straßengesetzes.
(hier nicht abgedruckt)

§ 103 Inkrafttreten. (1) Dieses Gesetz tritt am Tage nach seiner Verkündung* in Kraft.

(2) Gleichzeitig treten außer Kraft:
(hier nicht weiter abgedruckt)

---

* *Verkündet am 14. Juli 1977*

Verwaltungszustellungsgesetz für Baden-Württemberg

vom 30. Juni 1958 (GBl. S. 165), zuletzt geändert durch Verordnung vom 19. März 1985 (GBl. S. 71)

INHALTSÜBERSICHT*

* *Nicht amtlich*

I. Geltungsbereich und Erfordernis der Zustellung

§ 1 (1) Die Vorschriften dieses Gesetzes gelten für das Zustellungsverfahren in Verwaltungsangelegenheiten der Behörden des Landes und der unter der Aufsicht des Landes stehenden Körperschaften, Anstalten und

Stiftungen des öffentlichen Rechts, soweit in § 18 nichts anderes bestimmt ist oder soweit nicht die Vorschriften des Verwaltungszustellungsgesetzes des Bundes vom 3. Juli 1952 (BGBl. I S. 379) anzuwenden sind.

(2) Zugestellt wird, soweit dies durch Rechtsvorschrift oder behördliche Anordnung bestimmt ist.

II. Arten der Zustellung

§ 2 Allgemeines. (1) [1]Die Zustellung besteht in der Übergabe eines Schriftstücks in Urschrift, Ausfertigung oder beglaubigter Abschrift oder in dem Vorlegen der Urschrift. [2]Zugestellt wird durch die Post (§§ 3, 4) oder durch die Behörde (§§ 5, 6). [3]Daneben gelten die in den §§ 14 bis 17 geregelten Sonderarten der Zustellung.

(2) Die Behörde hat die Wahl zwischen den einzelnen Zustellungsarten, auch soweit in bestehenden Rechtsvorschriften eine bestimmte Zustellungsart vorgesehen ist.

§ 3 Zustellung durch die Post mit Zustellungsurkunde. (1) [1]Soll durch die Post mit Zustellungsurkunde zugestellt werden, so übergibt die Behörde, die die Zustellung veranlaßt, das Schriftstück verschlossen der Post mit dem Ersuchen, die Zustellung einem Postbediensteten des Bestimmungsortes aufzutragen. [2]Die Sendung ist mit der Anschrift des Empfängers und mit der Bezeichnung der absendenden Dienststelle, einer Geschäftsnummer und einem Vordruck für die Zustellungsurkunde zu versehen.

(2) [1]Der Postbedienstete beurkundet die Zustellung. [2]Die Zustellungsurkunde wird an die Behörde zurückgeleitet.

(3) Für das Zustellen durch den Postbediensteten gelten die Vorschriften der §§ 180 bis 186 und 195 Abs. 2 der Zivilprozeßordnung.

§ 4 Zustellung durch die Post mittels eingeschriebenen Briefes. (1) Bei der Zustellung durch die Post mittels eingeschriebenen Briefes gilt dieser mit dem dritten Tag nach der Aufgabe zur Post als zugestellt, es sei denn, daß das zuzustellende Schriftstück nicht oder zu einem späteren Zeitpunkt zugegangen ist; im Zweifel hat die Behörde den Zugang des Schriftstücks und den Zeitpunkt des Zugangs nachzuweisen.

(2) Der Tag der Aufgabe zur Post ist in den Akten zu vermerken; des Namenszeichens des damit beauftragten Bediensteten bedarf es nicht.

§ 5 Zustellung durch die Behörde gegen Empfangsbekenntnis. (1) [1]Bei der Zustellung durch die Behörde händigt der zustellende Bedienstete das Schriftstück dem Empfänger aus. [2]Der Empfänger hat ein mit dem Datum der Aushändigung versehenes Empfangsbekenntnis zu unterschreiben. [3]Der Bedienstete vermerkt das Datum der Zustellung auf dem auszuhändigenden Schriftstück.

(2) An Behörden, Körperschaften und Anstalten des öffentlichen Rechts, Rechtsanwälte, Patentanwälte, Notare, Steuerberater, Steuerbevollmächtigte, Wirtschaftsprüfer, vereidigte Buchprüfer, Steuerberatungsgesellschaften, Wirtschaftsprüfungsgesellschaften und Buchprüfungsgesellschaften kann das Schriftstück auch auf andere Weise übermittelt werden; als Nachweis der Zustellung genügt dann das mit dem Datum und Unterschrift versehene Empfangsbekenntnis, das an die Behörde zurückzusenden ist.

(3) Im Fall des Abs. 1 gelten die besonderen Vorschriften der §§ 10 bis 13.

§ 6 Zustellung durch die Behörde mittels Vorlegens der Urschrift. [1]An Behörden, Körperschaften und Anstalten des öffentlichen Rechts kann durch Vorlegung der Urschrift zugestellt werden. [2]Hierbei ist zu vermerken, daß das Schriftstück zum Zwecke der Zustellung vorgelegt wird. [3]Der Empfänger hat auf der Urschrift den Tag des Eingangs zu vermerken.

III. Gemeinsame Vorschriften für alle Zustellungsarten

§ 7 Zustellung an gesetzliche Vertreter. (1)Bei Geschäftsunfähigen oder beschränkt Geschäftsfähigen ist an ihre gesetzlichen Vertreter zuzustellen.

(2)Bei Behörden, juristischen Personen, nicht rechtsfähigen Personenvereinigungen und Zweckvermögen wird an ihre Vorsteher zugestellt.

(3)Bei mehreren gesetzlichen Vertretern oder Vorstehern genügt die Zustellung an einen von ihnen.

(4) Der zustellende Bedienstete braucht nicht zu prüfen, ob die Anschrift den Vorschriften der Abs. 1 bis 3 entspricht.

§ 8 Zustellung an Bevollmächtigte. (1) [1]Zustellungen können an den allgemein oder für bestimmte Angelegenheiten bestellten Vertreter gerichtet werden. [2]Sie sind an ihn zu richten, wenn er schriftliche Vollmacht vorgelegt hat. [3]Ist ein Vertreter für mehrere Beteiligte bestellt, so genügt die Zustellung eines Schriftstücks an ihn für alle Beteiligten.

(2) Einem Zustellungsbevollmächtigten mehrerer Beteiligter sind so viele Ausfertigungen oder Abschriften zuzustellen, als Beteiligte vorhanden sind.

§ 9 Heilung von Zustellungsmängeln. (1) Läßt sich die formgerechte Zustellung eines Schriftstücks nicht nachweisen oder ist das Schriftstück unter Verletzung zwingender Zustellungsvorschriften zugegangen, so gilt es als in dem Zeitpunkt zugestellt, in dem es der Empfangsberechtigte nachweislich erhalten hat.

(2) Abs. 1 ist nicht anzuwenden, wenn mit der Zustellung eine Frist für die Erhebung der Klage, eine Berufungs-, Revisions- oder Rechtsmittelbegründungsfrist beginnt.

IV. Besondere Vorschriften für die Zustellung durch die Behörde gegen Empfangsbekenntnis

§ 10 Ort der Zustellung. Die Zustellung kann an jedem Ort bewirkt werden, an dem der Empfänger angetroffen wird.

§ 11 Ersatzzustellung. (1) [1]Wird der Empfänger in seiner Wohnung nicht angetroffen, so kann das Schriftstück in der Wohnung einem zur Familie gehörenden erwachsenen Hausgenossen oder einem in der Familie beschäftigten Erwachsenen übergeben werden. [2]Wird kein solcher Erwachsener angetroffen, so kann das Schriftstück auch dem in demselben Haus wohnenden Hauswirt oder Vermieter übergeben werden, wenn sie zur Annahme bereit sind.

(2) [1]Ist die Zustellung nach Abs. 1 nicht durchführbar, so kann dadurch zugestellt werden, daß das Schriftstück bei der Gemeinde oder einer Polizeidienststelle des Zustellungsorts niedergelegt wird. [2]Über die Niederlegung ist eine schriftliche Mitteilung unter der Anschrift des Empfängers in der bei gewöhnlichen Briefen üblichen Weise abzugeben oder, wenn dies nicht tunlich ist, an der Tür der Wohnung mit Anschrift des Empfängers zu befestigen; außerdem ist möglichst auch ein Nachbar mündlich zu verständigen.

(3) Wird ein Gewerbetreibender oder freiberuflich Tätiger, der einen besonderen Geschäftsraum hat, in dem Geschäftsraum nicht angetroffen, so kann das Schriftstück einem dort anwesenden Gehilfen übergeben werden.

(4) [1]Soll dem Vorsteher einer Behörde, Körperschaft oder Anstalt des öffentlichen Rechts oder eines Vereins zugestellt werden und wird er in dem Geschäftsraum während der gewöhnlichen Geschäftsstunden nicht angetroffen oder ist er an der Annahme verhindert, so kann das Schriftstück einem anderen Bediensteten übergeben werden, der in dem Geschäftsraum anwesend ist. [2]Wird der Vorsteher in seiner Wohnung nicht angetroffen, so gelten die Abs. 1 und 2 nur, wenn kein besonderer Geschäftsraum vorhanden ist.

(5) [1]Das Empfangsbekenntnis ist in den Fällen der Abs. 1, 3 und 4 von demjenigen zu unterschreiben, dem das Schriftstück übergeben worden ist. [2]Der zustellende Bedienstete vermerkt in den Akten den Grund der Ersatzzustellung. [3]Im Falle des Abs. 2 vermerkt er, wann und wo das Schriftstück niedergelegt und in welcher Weise die Niederlegung schriftlich mitgeteilt ist.

§ 12 Zustellung zur Nachtzeit sowie an Sonn- und Feiertagen. (1) Zur Nachtzeit, an Sonntagen und gesetzlichen Feiertagen darf im Inland nur mit schriftlicher Erlaubnis des Behördenvorstandes oder des Vorsitzenden des Gerichts zugestellt werden.

(2) Die Nachtzeit umfaßt in dem Zeitraum vom 1. April bis 30. September die Stunden von einundzwanzig Uhr bis vier Uhr und in dem Zeitraum vom 1. Oktober bis 31. März die Stunden von einundzwanzig Uhr bis sechs Uhr.

(3) Die Erlaubnis ist bei der Zustellung schriftlich mitzuteilen.

(4) Eine Zustellung, bei der diese Vorschriften nicht beachtet sind, ist gültig, wenn die Annahme nicht verweigert ist.

§ 13 Verweigerung der Annahme. (1) [1]Wird die Annahme der Zustellung ohne gesetzlichen Grund verweigert, so ist das Schriftstück am Ort der Zustellung zurückzulassen. [2]Die Zustellung gilt damit als bewirkt.

(2) Der zustellende Bedienstete vermerkt in den Akten, zu welcher Zeit, an welchem Ort und aus welchem Grunde das Schriftstück zurückgelassen ist.

V. Sonderarten der Zustellung

§ 14 Zustellung im Ausland. (1) Im Ausland wird mittels Ersuchens der zuständigen Behörde des fremden Staates oder der in diesem Staate befindlichen konsularischen oder diplomatischen Vertretung des Bundes zugestellt.

(2) [1]An Deutsche, die das Recht der Exterritorialität genießen, wird mittels Ersuchens des Auswärtigen Amtes zugestellt, wenn sie zur Mission des Bundes gehören. [2]Dasselbe gilt für Zustellungen an die Vorsteher der Bundeskonsulate.

(3) Die Zustellung wird durch die Bescheinigung der ersuchten Behörde oder des ersuchten Beamten, daß zugestellt ist, nachgewiesen.

§ 15 Öffentliche Zustellung. (1) Durch öffentliche Bekanntmachung kann zugestellt werden:

    a) wenn der Aufenthaltsort des Empfängers unbekannt ist,

    b) wenn der Inhaber der Wohnung, in der zugestellt werden müßte, der inländischen Gerichtsbarkeit nicht unterworfen und die Zustellung in der Wohnung deshalb unausführbar ist,

    c) wenn die Zustellung außerhalb des Geltungsbereichs des Grundgesetzes erfolgen müßte, aber unausführbar ist oder keinen Erfolg verspricht.

(2) [1]Bei der öffentlichen Zustellung ist das zuzustellende Schriftstück an der Stelle auszuhängen, die von der Behörde hierfür allgemein bestimmt ist. [2]Statt des Schriftstücks kann eine Benachrichtigung ausgehängt werden, in der allgemein anzugeben ist, daß und wo das Schriftstück eingesehen werden kann.

(3) [1]Das Schriftstück, das eine Ladung enthält, gilt als an dem Tage zugestellt, an dem seit dem Tage des Aushängens ein Monat verstrichen ist.

[2]Enthält das Schriftstück keine Ladung, so ist es an dem Tage als zugestellt anzusehen, an dem seit dem Tage des Aushängens zwei Wochen verstrichen sind. [3]Der Tag des Aushängens und der Tag der Abnahme sind von dem zuständigen Bediensteten auf dem Schriftstück zu vermerken.

(4) [1]Ein Auszug des zuzustellenden Schriftstücks kann in örtlichen oder überörtlichen Zeitungen oder Zeitschriften einmalig oder mehrere Male veröffentlicht werden. [2]Der Verwaltungsaufwand muß im Verhältnis zur Bedeutung der Sache und zu den Erfolgsaussichten stehen.

(5) [1]In den Fällen des Absatzes 1 Buchst. a sollen ein Suchvermerk im Bundeszentralregister niedergelegt und andere geeignete Nachforschungen angestellt werden, soweit der Verwaltungsaufwand im Verhältnis zur Bedeutung der Sache und zu den Erfolgsaussichten steht. [2]In den Fällen des Absatzes 1 Buchst. b und c ist die öffentliche Zustellung und der Inhalt des Schriftstücks dem Empfänger formlos mitzuteilen, soweit seine Anschrift bekannt ist und Postverbindung besteht. [3]Die Wirksamkeit der öffentlichen Zustellung ist allein von der Beachtung der Absätze 2 und 3 abhängig.

(6) Die öffentliche Zustellung wird von einem zeichnungsberechtigten Beamten angeordnet.

§ 16 Zustellung an Beamte, Ruhestandsbeamte, Richter, Richter im Ruhestand und sonstige Versorgungsberechtigte. (1) [1]Verfügungen und Entscheidungen, die einem Beamten, Ruhestandsbeamten oder sonstigen Versorgungsberechtigten nach den Vorschriften des Beamtenrechts zuzustellen sind, können dem Beamten oder Versorgungsberechtigten auch in der Weise zugestellt werden, daß sie ihm mündlich oder durch Gewährung von Einsicht bekanntgegeben werden; hierüber ist eine Niederschrift anzufertigen. [2]Der Beamte oder Versorgungsberechtigte erhält von ihr auf Antrag eine Abschrift.

(2) [1]Eine Entscheidung über die Beendigung des Beamtenverhältnisses eines Beamten, der sich außerhalb des Geltungsbereichs des Grundgesetzes aufhält, kann auch dadurch zugestellt werden, daß ihr wesentlicher Inhalt dem Beamten durch Telegramm oder in anderer Form dienstlich mitgeteilt wird. [2]Die Zustellung soll in der sonst vorgeschriebenen Form nachgeholt werden, sobald die Umstände es gestatten.

(3) Das gleiche gilt für Zustellungen an Richter, Richter im Ruhestand und sonstige Versorgungsberechtigte.

§ 17 Zustellungen im Besteuerungsverfahren und bei der Heranziehung zu anderen öffentlich-rechtlichen Abgaben und Umlagen. (1) Die Zustellung von schriftlichen Bescheiden und von Rechtsmittelentscheidungen, die im Besteuerungsverfahren sowie bei der Heranziehung zu anderen öffentlich-rechtlichen Abgaben und Umlagen ergehen, kann dadurch ersetzt werden, daß der Bescheid oder die Rechtsmittelentscheidung dem Empfänger durch die Post mittels einfachen Briefs oder durch Bedienstete der Behörde verschlossen zugesandt wird.

(2) [1]Bei Zusendung durch die Post gilt die Bekanntgabe mit dem dritten Tag nach der Aufgabe zur Post als bewirkt, es sei denn, daß das zuzusendende Schriftstück nicht oder zu einem späteren Zeitpunkt zugegangen ist. [2]Bei Zusendung durch Bedienstete der Behörde gilt das Schriftstück mit dem Tag des Einwurfs in den Hausbriefkasten des Empfängers oder der Übergabe an den Empfänger als zugestellt. [3]Im Zweifel hat die Behörde den Zugang des Schriftstücks und den Zeitpunkt des Zugangs nachzuweisen.

(3) [1]Die Aufgabe zur Post erfolgt durch Einwerfen in einen Postbriefkasten oder Einlieferung bei der Postanstalt. [2]Bei Einwurf in einen Straßenbriefkasten gilt der Tag der auf den Einwurf folgenden Leerung als Tag der Aufgabe zur Post.

(4) [1]Der Tag der Aufgabe zur Post, des Einwurfs in den Hausbriefkasten des Empfängers oder der Übergabe an den Empfänger ist in den Akten zu vermerken; des Namenszeichens des damit beauftragten Bediensteten bedarf es nicht. [2]Bei der Aufgabe, dem Einwurf oder der Übergabe maschinell erstellter Bescheide können anstelle des Vermerks die Bescheide numeriert und die Aufgabe, der Einwurf oder die Übergabe in einer Sammelliste eingetragen werden.

VI. Schlußvorschriften

§ 18 Zustellungsverfahren der Gerichte, der Staatsanwaltschaften und der Notariate sowie der übrigen Behörden der Justizverwaltung. (1) [1]Für das Zustellungsverfahren der ordentlichen Gerichte, der Staatsanwaltschaften, der Notariate und der Gerichte für Arbeitssachen gelten auch bei der Erfüllung von Verwaltungsaufgaben die Vorschriften der Zivilprozeßordnung über die Zustellung von Amts wegen. [2]Dasselbe gilt auch für das Zustellungsverfahren der übrigen Behörden der Justizverwaltung in Verwaltungsangelegenheiten.

(2) Für das Zustellungsverfahren der Gerichte der allgemeinen Verwaltungsgerichtsbarkeit, der Sozialgerichtsbarkeit und der Finanzgerichtsbarkeit gelten auch bei der Erfüllung von Verwaltungsaufgaben die Vorschriften des Verwaltungszustellungsgesetzes des Bundes.

(3) In richter- und beamtenrechtlichen Angelegenheiten kann auch nach den Vorschriften dieses Gesetzes zugestellt werden.

§ 19 Verwaltungsvorschriften. (1) Die zur Durchführung dieses Gesetzes erforderlichen Verwaltungsvorschriften erläßt das Innenministerium.

(2) Die zur Durchführung des § 18 erforderlichen Verwaltungsvorschriften erlassen das Justizministerium und das Ministerium für Arbeit, Gesundheit, Familie und Sozialordnung jeweils für ihren Geschäftsbereich.

§ 20 Aufhebung und Änderung von landesrechtlichen Vorschriften. (1) [1]Die bisherigen landesrechtlichen Vorschriften über das Zustellungsverfahren treten außer Kraft. [2]Insbesondere werden aufgehoben: *(hier nicht weiter abgedruckt)*

§ 21 Weitergeltende Bestimmungen. Unberührt bleiben:

1. die Zustellungsvorschriften der Justizbeitreibungsordnung vom 11. März 1937 (RGBl. I S. 298),

2. die Zustellungsvorschriften der Hinterlegungsordnung vom 10. März 1937 (RGBl. I S. 285).

§ 22 Inkrafttreten. Dieses Gesetz tritt am 1. August 1958 in Kraft.

Verwaltungsvollstreckungsgesetz für Baden-Württemberg (Landesverwaltungsvollstreckungsgesetz – LVwVG –)

vom 12.März 1974 (GBl. S. 93), zuletzt geändert durch Gesetz vom 18. Juli 1983 (GBl. S. 369, 372)

INHALTSÜBERSICHT*

Nicht amtlich

ERSTER TEIL

Gemeinsame Vorschriften

§ 1 Geltungsbereich. (1) Dieses Gesetz gilt für die Vollstreckung von Verwaltungsakten der Behörden des Landes und der unter der Aufsicht des Landes stehenden Körperschaften, Anstalten und Stiftungen des öffentlichen Rechts, die zu einer Geldleistung, einer sonstigen Handlung, einer Duldung oder einer Unterlassung verpflichten.

(2) (aufgehoben)

(3) Dieses Gesetz gilt nicht, soweit die Vollstreckung durch Bundesrecht geregelt oder für die Vollstreckung Bundesrecht durch Landesrecht für anwendbar erklärt ist.

§ 2 Allgemeine Voraussetzungen der Vollstreckung. Verwaltungsakte können vollstreckt werden,

1. wenn sie unanfechtbar geworden sind oder
2. wenn die aufschiebende Wirkung eines Rechtsbehelfs entfällt

§ 3 Vollstreckung gegen den Rechtsnachfolger. [1]Gegen den Rechtsnachfolger kann die Vollstreckung eingeleitet oder fortgesetzt werden, soweit der Rechtsnachfolger durch den Verwaltungsakt verpflichtet wird und wenn die Voraussetzungen der Vollstreckung für seine Person vorliegen. [2]Die Vollstreckung, die beim Tode des Pflichtigen eingeleitet war, kann in den Nachlaß fortgesetzt werden, auch wenn die Voraussetzungen der Vollstreckung für den Rechtsnachfolger nicht vorliegen.

§ 4 Vollstreckungsbehörde. (1) Vollstreckungsbehörde ist die Behörde, die den Verwaltungsakt erlassen hat.

(2) Das Innenministerium kann im Einvernehmen mit dem fachlich zuständigen Ministerium durch Rechtsverordnung eine andere Behörde als Vollstreckungsbehörde bestimmen.

§ 5 Vollstreckungsauftrag. [1]Der mit der Vollstreckung beauftragte Bedienstete (Vollstreckungsbeamter) wird dem Pflichtigen und Dritten gegenüber durch schriftlichen Auftrag der Vollstreckungsbehörde zur Vollstreckung ermächtigt. [2]Der Vollstreckungsauftrag ist auf Verlangen vorzuzeigen.

§ 6 Betreten und Durchsuchen. (1) [1]Der Vollstreckungsbeamte ist befugt, das Besitztum des Pflichtigen zu betreten und zu durchsuchen, soweit der Zweck der Vollstreckung dies erfordert. [2]Er kann dabei verschlossene Räume und Behältnisse öffnen oder öffnen lassen.

(2) [1]Wohnungen, Betriebsräume und sonstiges befriedetes Besitztum kann er gegen den Willen des Pflichtigen nur auf Anordnung des Verwaltungsgerichts durchsuchen. [2]Eine Anordnung des Verwaltungsgerichts ist nicht erforderlich, wenn die dadurch eintretende Verzögerung den Zweck der Vollstreckung gefährden würde.

§ 7 Widerstand gegen Vollstreckungshandlungen. [1]Der Vollstreckungsbeamte ist bei Widerstand gegen eine Vollstreckungshandlung befugt, Gewalt anzuwenden. [2]Er kann zu diesem Zweck um die Unterstützung des Polizeivollzugsdienstes nachsuchen.

§ 8 Zuziehung von Zeugen. Wird bei einer Vollstreckungshandlung Widerstand geleistet oder ist bei einer Vollstreckungshandlung in den Räumen des Pflichtigen weder dieser noch eine zu seinem Haushalt oder Geschäftsbetrieb gehörende erwachsene Person anwesend, so hat der Vollstreckungsbeamte, der nicht Polizeibeamter im Sinne des Polizeigesetzes ist, eine erwachsene Person als Zeugen zuzuziehen.

§ 9 Vollstreckung zur Nachtzeit und an Sonntagen und gesetzlichen Feiertagen. (1) [1]Zur Nachtzeit sowie an Sonntagen und gesetzlichen Feiertagen darf der Vollstreckungsbeamte nur mit schriftlicher Erlaubnis der Vollstreckungsbehörde vollstrecken. [2]Die Erlaubnis darf nur erteilt werden, soweit dies der Zweck der Vollstreckung erfordert. [3]Sie ist auf Verlangen vorzuzeigen.

(2) Die Nachtzeit umfaßt in dem Zeitraum vom 1. April bis 30. September die Stunden von 21 Uhr bis 4 Uhr und in dem Zeitraum vom 1. Oktober bis 31. März die Stunden von 21 bis 6 Uhr.

§ 10 Niederschrift. (1) Der Vollstreckungsbeamte hat über jede Vollstreckungshandlung, die nicht schriftlich vorgenommen wird, eine Niederschrift aufzunehmen.

(2) Die Niederschrift soll enthalten

1. Ort und Zeit der Aufnahme,
2. die Vollstreckungshandlung,
3. die Namen der Personen, mit denen verhandelt wurde,
4. die Namen der als Zeugen zugezogenen Personen,
5. eine kurze Darstellung der wesentlichen Vorgänge,
6. die Unterschrift des Vollstreckungsbeamten.

(3) War der Pflichtige bei der Vollstreckungshandlung nicht anwesend, so soll ihm die Vollstreckungsbehörde eine Abschrift der Niederschrift zusenden.

§ 11 Einstellung der Vollstreckung. Wenn der Zweck der Vollstreckung erreicht ist oder wenn sich zeigt, daß er durch die Anwendung von Vollstreckungsmitteln nicht erreicht werden kann, ist die Vollstreckung einzustellen.

§ 12 Wegfall der aufschiebenden Wirkung von Widerspruch und Anfechtungsklage. [1]Widerspruch und Anfechtungsklage haben keine aufschiebende Wirkung, soweit sie sich gegen Maßnahmen richten, die in der Verwaltungsvollstreckung getroffen werden. [2]§ 80 Abs. 4 bis 7 der Verwaltungsgerichtsordnung gelten entsprechend.

ZWEITER TEIL

Vollstreckung von Verwaltungsakten, die zu einer Geldleistung verpflichten

§ 13 Art und Weise der Vollstreckung. (1) Verwaltungsakte, die zu einer Geldleistung verpflichten, werden durch Beitreibung vollstreckt.

(2) Kosten der Vollstreckung können mit der Hauptforderung beigetrieben werden, Nebenforderungen (Zinsen und Säumniszuschläge) dann, wenn der Pflichtige zuvor schriftlich auf die Verpflichtung zur Leistung der Nebenforderungen hingewiesen worden ist.

§ 14 Mahnung. (1) [1]Vor der Beitreibung ist der Pflichtige zu mahnen. [2]Schriftliche Mahnungen sind verschlossen auszuhändigen oder zuzusenden.

(2) An die Zahlung regelmäßig wiederkehrender Geldleistungen kann durch ortsübliche Bekanntmachung gemahnt werden.

(3) Mit der Mahnung ist für die Zahlung eine Frist von mindestens einer Woche zu bestimmen.

(4) Einer Mahnung bedarf es nicht, wenn dadurch der Zweck der Vollstreckung gefährdet würde oder wenn Zwangsgeld, Kosten der Vollstreckung sowie Nebenforderungen beigetrieben werden sollen.

§ 15 Beitreibung. (1) Auf die Beitreibung sind die §§ 258, 260, 262 bis 264, 266, 267, 281 bis 283, § 285 Abs. 1, §§ 286, 292 bis 314, § 315 Abs. 1 und Abs. 2 Satz 1, § 316 Abs. 1, Abs. 2 Satz 1 und 2 und Abs. 3 und §§ 317 bis 327 der Abgabenordnung sinngemäß mit der Maßgabe anzuwenden, daß an die Stelle des Vollziehungsbeamten der Vollstreckungsbeamte tritt.

(2) [1]Um die Beitreibung können auch die Gerichtsvollzieher ersucht werden. [2]Wird die Beitreibung durch Gerichtsvollzieher durchgeführt, finden die Vorschriften des Achten Buches der Zivilprozeßordnung Anwendung. [3]An die Stelle der vollstreckbaren Ausfertigung des Schuldtitels tritt das schriftliche Vollstreckungsersuchen der Vollstreckungsbehörde.

(3) [1]Das Vollstreckungsersuchen nach Absatz 2 muß mindestens enthalten

1. die Bezeichnung und das Dienstsiegel der Vollstreckungsbehörde sowie die Unterschrift des Behördenleiters oder seines Beauftragten,

2. die Bezeichnung des zu vollstreckenden Verwaltungsaktes unter Angabe der erlassenden Behörde, des Datums und des Aktenzeichens,

3. die Angabe des Grundes und der Höhe der Geldforderung,

4. die Angabe, daß der Verwaltungsakt unanfechtbar geworden ist, oder die aufschiebende Wirkung eines Rechtsbehelfs entfällt,

5. die Bezeichnung der Person, gegen die sich die Vollstreckung richten soll,

6. die Angabe, wann der Pflichtige gemahnt worden ist oder aus welchem Grund die Mahnung unterblieben ist.

[2]Bei einem Vollstreckungsersuchen, das mit Hilfe automatischer Einrichtungen erstellt wird, können Dienstsiegel und Unterschrift fehlen.

§ 16 Eidesstattliche Versicherung. (1) [1]Hat die Zwangsvollstreckung in das bewegliche Vermögen des Pflichtigen nicht zu einer vollständigen Befriedigung geführt oder ist anzunehmen, daß eine vollständige Befriedigung nicht zu erlangen sein wird, so hat der Pflichtige der Vollstreckungsbehörde auf Verlangen ein Verzeichnis seines Vermögens vorzulegen und für seine Forderungen den Grund und die Beweismittel zu bezeichnen. [2]Aus dem Vermögensverzeichnis müssen auch ersichtlich sein

1. die im letzten Jahr vor dem ersten zur Abgabe der eidesstattlichen Versicherung anberaumten Termin vorgenommenen entgeltlichen Veräußerungen des Pflichtigen an seinen Ehegatten, vor oder während der Ehe, an seine oder seines Ehegatten Verwandte in auf- oder absteigender Linie, an seine oder seines Ehegatten voll- oder halbbürtige Geschwister oder an den Ehegatten einer dieser Personen;

2. die im letzten Jahre vor dem ersten zur Abgabe der eidesstattlichen Versicherung anberaumten Termin von dem Pflichtigen vorgenommenen unentgeltlichen Verfügungen, wenn sie nicht gebräuchliche Gelegenheitsgeschenke zum Gegenstand hatten;

3. die in den letzten zwei Jahren vor dem ersten zur Abgabe der eidesstattlichen Versicherung anberaumten Termin von dem Pflichtigen vorgenommenen unentgeltlichen Verfügungen zugunsten seines Ehegatten.

(2) Auf Verlangen der Vollstreckungsbehörde hat der Pflichtige zu Protokoll an Eides Statt zu versichern, daß er die von ihm verlangten Angaben nach bestem Wissen und Gewissen richtig und vollständig gemacht habe.

(3) [1]Die eidesstattliche Versicherung wird auf Antrag der Vollstreckungsbehörde vom Amtsgericht abgenommen. [2]Für das Verfahren sind die §§ 899 bis 910, 913 bis 915 der Zivilprozeßordnung sinngemäß anzuwenden.

(4) Lehnt das Amtsgericht den Antrag der Vollstreckungsbehörde ab, die eidesstattliche Versicherung abzunehmen oder die Haft anzuordnen, so ist die sofortige Beschwerde nach der Zivilprozeßordnung gegeben.

§ 17 Vollstreckung gegen juristische Personen des öffentlichen Rechts. (1) [1]Gegen unter der Aufsicht des Landes stehende Körperschaften, Anstalten und Stiftungen des öffentlichen Rechts kann nur vollstreckt werden, soweit diese durch die Beitreibung nicht in der Erfüllung ihrer Aufgaben wesentlich beeinträchtigt werden. [2]Mit der Beitreibung darf erst begonnen werden, wenn sie die Rechtsaufsichtsbehörde zugelassen hat. [3]In der Zulassungsverfügung sind der Zeitpunkt der Beitreibung und die Vermögensgegenstände, in die vollstreckt werden darf, zu bestimmen.

(2) Für öffentlich-rechtliche Kreditinstitute gelten die Beschränkungen des Absatzes 1 nicht.

DRITTER TEIL

Vollstreckung von Verwaltungsakten, die zu einer sonstigen Handlung, einer Duldung oder einer Unterlassung verpflichten

1. Abschnitt

Allgemeine Vorschriften

§ 18 Art und Weise der Vollstreckung. Verwaltungsakte, die zu einer Handlung, ausgenommen einer Geldleistung, einer Duldung oder einer Unterlassung verpflichten, werden mit Zwangsmitteln vollstreckt.

§ 19 Zwangsmittel. (1) Zwangsmittel sind

1. Zwangsgeld und Zwangshaft,
2. Ersatzvornahme,
3. unmittelbarer Zwang.

(2) Kommen mehrere Zwangsmittel in Betracht, so hat die Vollstreckungsbehörde dasjenige Zwangsmittel anzuwenden, das den Pflichtigen und die Allgemeinheit voraussichtlich am wenigsten beeinträchtigt.

(3) Durch die Anwendung eines Zwangsmittels darf kein Nachteil herbeigeführt werden, der erkennbar außer Verhältnis zum Zweck der Vollstreckung steht.

(4) Zwangsmittel dürfen wiederholt und solange angewandt werden, bis der Verwaltungsakt vollzogen oder auf andere Weise erledigt ist.

§ 20 Androhung. (1) [1]Zwangsmittel sind vor ihrer Anwendung von der Vollstreckungsbehörde schriftlich anzudrohen. [2]Dem Pflichtigen ist in der Androhung zur Erfüllung der Verpflichtung eine angemessene Frist zu bestimmen; eine Frist braucht nicht bestimmt zu werden, wenn eine Duldung oder Unterlassung erzwungen werden soll.

(2) Die Androhung kann mit dem Verwaltungsakt, der vollstreckt werden soll, verbunden werden.

(3) [1]Die Androhung muß sich auf bestimmte Zwangsmittel beziehen. [2]Werden mehrere Zwangsmittel angedroht, ist anzugeben, in welcher Reihenfolge sie angewandt werden sollen.

(4) Das Zwangsgeld ist in bestimmter Höhe anzudrohen.

(5) Wird Ersatzvornahme angedroht, so sollen in der Androhung die voraussichtlichen Kosten angegeben werden.

§ 21 Vollstreckung bei Gefahr im Verzug. Von § 2 Nr. 1, §§ 3, 5, 8, 9 und § 20 Abs. 1 kann abgewichen werden, soweit die Abwehr einer Gefahr, durch die die öffentliche Sicherheit oder Ordnung bedroht oder gestört wird, dies erfordert.

§ 22 Vollstreckung gegen Behörden und juristische Personen des öffentlichen Rechts. Gegen Behörden und juristische Personen des öffentlichen Rechts kann nur vollstreckt werden, soweit dies durch Rechtsvorschriften ausdrücklich gestattet ist.

2. Abschnitt

Die einzelnen Zwangsmittel

§ 23 Zwangsgeld. Das Zwangsgeld wird auf mindestens zehn und höchstens fünfzigtausend Deutsche Mark schriftlich festgesetzt.

§ 24 Zwangshaft. (1) Ist das Zwangsgeld uneinbringlich, so kann das Verwaltungsgericht auf Antrag der Vollstreckungsbehörde nach Anhörung des Pflichtigen die Zwangshaft anordnen, wenn bei der Androhung des Zwangsgeldes auf die Zulässigkeit der Zwangshaft hingewiesen worden ist.

(2) Die Zwangshaft beträgt mindestens einen Tag und höchstens zwei Wochen.

(3) [1]Die Zwangshaft ist auf Antrag der Vollstreckungsbehörde von der Justizverwaltung zu vollstrecken. [2]Die §§ 904 bis 910 der Zivilprozeßordnung sind sinngemäß anzuwenden.

§ 25 Ersatzvornahme. Ersatzvornahme ist die Ausführung einer vertretbaren Handlung, zu welcher der Verwaltungsakt verpflichtet, durch die Vollstreckungsbehörde oder einen von ihr beauftragten Dritten auf Kosten des Pflichtigen.

§ 26 Unmittelbarer Zwang. (1) [1]Unmittelbarer Zwang ist jede Einwirkung auf Personen oder Sachen durch einfache körperliche Gewalt, Hilfsmittel der körperlichen Gewalt oder Waffengebrauch. [2]Waffengebrauch ist nur zulässig, soweit dies durch Gesetz ausdrücklich gestattet ist.

(2) Unmittelbarer Zwang darf nur angewandt werden, wenn Zwangsgeld und Ersatzvornahme nicht zum Erfolg geführt haben oder deren Anwendung untunlich ist.

(3) [1]Gegenüber Personen darf unmittelbarer Zwang nur angewandt werden, wenn der Zweck der Vollstreckung durch unmittelbaren Zwang gegen Sachen nicht erreichbar erscheint. [2]Das angewandte Mittel muß nach Art und Maß dem Alter und dem Zustand des Betroffenen angemessen sein.

3. Abschnitt

Besondere Fälle der Anwendung des unmittelbaren Zwangs

§ 27 Zwangsräumung. (1) [1]Hat der Pflichtige eine unbewegliche Sache, einen Raum oder ein eingetragenes Schiff zu räumen, zu überlassen oder herauszugeben, so können er und die Personen, die zu seinem Haushalt oder Geschäftsbetrieb gehören, aus dem Besitz gesetzt werden. [2]Der Zeitpunkt der Zwangsräumung soll dem Pflichtigen angemessene Zeit vorher mitgeteilt werden.

(2) Bewegliche Sachen, die nicht Gegenstand der Vollstreckung sind, werden dem Pflichtigen oder, wenn dieser nicht anwesend ist, seinem Vertreter oder einer zu seinem Haushalt oder Geschäftsbetrieb gehörenden erwachsenen Person übergeben.

(3) [1]Weigert sich der Empfangsberechtigte nach Absatz 2, die Sachen in Empfang zu nehmen, sind sie zu verwahren. [2]Der Pflichtige ist aufzufordern, die Sachen binnen einer bestimmten Frist abzuholen. [3]Kommt der Pflichtige der Aufforderung nicht nach, so kann die Vollstreckungsbehörde die Sachen nach den Vorschriften dieses Gesetzes über die Verwertung gepfändeter Sachen verkaufen und den Erlös verwahren.

§ 28 Wegnahme. (1) Hat der Pflichtige eine bewegliche Sache herauszugeben oder vorzulegen, so kann der Vollstreckungsbeamte sie ihm wegnehmen.

(2) [1]Wird die Sache beim Pflichtigen nicht vorgefunden, so hat er auf Antrag der Vollstreckungsbehörde vor dem Amtsgericht zu Protokoll an Eides Statt zu versichern, daß er nicht wisse, wo die Sache sich befinde. [2]Das Gericht kann eine der Sachlage entsprechende Änderung der eidesstattlichen Versicherung beschließen.

(3) [1]Dem Antrag der Vollstreckungsbehörde ist eine beglaubigte Abschrift des Verwaltungsakts beizufügen. [2]Für das Verfahren vor dem Amtsgericht gelten § 899, § 900 Abs. 3 und 5, §§ 901, 902, 904 bis 910 und 913 der Zivilprozeßordnung sinngemäß.

VIERTER TEIL

Schlußvorschriften

§ 29 Einschränkung von Grundrechten. Durch Maßnahmen auf Grund dieses Gesetzes können eingeschränkt werden das Recht auf körperliche Unversehrtheit (Art. 2 Abs. 2 Satz 1 des Grundgesetzes), die Freiheit der Person (Art. 2 Abs. 2 Satz 2 des Grundgesetzes) und die Unverletzlichkeit der Wohnung (Art. 13 des Grundgesetzes).

§ 30 Weiterführung eingeleiteter Verfahren. Vor Inkrafttreten dieses Gesetzes eingeleitete Vollstreckungsverfahren sind nach den bisherigen Vorschriften weiterzuführen.

§ 31 Kosten. (1) Für Amtshandlungen nach diesem Gesetz werden Kosten (Gebühren und Auslagen) erhoben.

(2) Kostenschuldner ist der Pflichtige.

(3) [1]Das Innenministerium wird ermächtigt, im Einvernehmen mit dem Finanzministerium durch Rechtsverordnung die gebührenpflichtigen Tatbestände und den Umfang der zu erstattenden Auslagen näher zu bestimmen. [2]Dabei sind für die Gebühren feste Sätze oder Rahmensätze vorzusehen. [3]Die Gebührensätze sind nach dem Verwaltungsaufwand und der Bedeutung der Amtshandlung für den Pflichtigen zu bemessen. [4]Für die Erstattung von Auslagen können Pauschbeträge bestimmt werden.

(4) Bei der Ersatzvornahme kann die Vollstreckungsbehörde vom Pflichtigen Vorauszahlung der Kosten in der voraussichtlich entstehenden Höhe verlangen.

(5) Auf die Kosten sind im übrigen § 4 Abs. 2, §§ 6, 8 bis 10, 12 bis 15, 20 und 21 des Landesgebührengesetzes sinngemäß anzuwenden, soweit für die Vollstreckungsbehörde keine anderen Kostenvorschriften gelten.

(6) [1]Soweit nach diesem Gesetz ordentliche Gerichte tätig werden, gelten die Bestimmungen des Gerichtskostengesetzes. [2]Für die Tätigkeit des Gerichtsvollziehers werden Kosten nach dem Gesetz über die Kosten der Gerichtsvollzieher erhoben.

§ 32 Verwaltungsvorschriften. Das Innenministerium erläßt die zur Durchführung dieses Gesetzes erforderlichen Verwaltungsvorschriften.

§ 33 Änderung von Rechtsvorschriften. (hier nicht abgedruckt).

§ 34 Aufhebung von Rechtsvorschriften. (hier nicht abgedruckt)

§ 35 Inkrafttreten. Dieses Gesetz tritt am 1. Juli 1974 in Kraft.

Gesetz zur Ausführung der Verwaltungsgerichtsordnung

vom 22. März 1960 (GBl. S. 93), zuletzt geändert durch
Gesetz vom 13. Dezember 1982 (GBl. S. 525)

INHALTSÜBERSICHT*

Nicht amtlich

1. Abschnitt

Gerichtsverfassung

§ 1 Aufbau der allgemeinen Verwaltungsgerichtsbarkeit. (1) [1]Das Oberver-
waltungsgericht führt die Bezeichnung „Verwaltungsgerichtshof Baden-
Württemberg". [2]Es hat seinen Sitz in Mannheim.

(2) Gerichtsbezirke der Verwaltungsgerichte sind
der Regierungsbezirk Stuttgart für das »Verwaltungsgericht Stuttgart« mit
dem Sitz in Stuttgart,
der Regierungsbezirk Karlsruhe für das »Verwaltungsgericht Karlsruhe«
mit dem Sitz in Karlsruhe,
der Regierungsbezirk Freiburg für das »Verwaltungsgericht Freiburg« mit
dem Sitz in Freiburg,

der Regierungsbezirk Tübingen für das »Verwaltungsgericht Sigmaringen« mit dem Sitz in Sigmaringen.

(3) Die Zahl der Senate des Verwaltungsgerichtshofs und der Kammern der Verwaltungsgerichte bestimmt das zuständige Ministerium.

§ 2 Dienstaufsicht. Die Aufgaben der übergeordneten Dienstaufsichtsbehörde für den Verwaltungsgerichtshof nimmt der Ministerpräsident wahr.

§ 3 (aufgehoben)

§ 4 Vertrauensleute. Für die Vertrauensleute im Sinne des § 26 Abs. 2 VwGO und deren Stellvertreter gelten die §§ 20 Satz 2, 24 und 25 VwGO entsprechend.

§ 5 Normenkontrollverfahren. Der Verwaltungsgerichtshof entscheidet in der Besetzung von fünf Richtern im Rahmen seiner Gerichtsbarkeit über die Gültigkeit von Satzungen und Rechtsverordnungen der in § 47 Abs. 1 Nr. 1 VwGO genannten Art sowie von anderen im Range unter dem Landesgesetz stehenden Rechtsvorschriften.

2. Abschnitt

Widerspruchsbehörden

§ 6 Widerspruchsbehörde bei Verwaltungsakten einer Polizeidienststelle. Nächsthöhere Behörde im Sinne von § 73 Abs. 1 Satz 2 Nr. 1 VwGO ist bei Verwaltungsakten einer Polizeidienststelle die unterste nach §§ 59 und 60 des Polizeigesetzes zur Fachaufsicht zuständige allgemeine Polizeibehörde.

§ 7 Widerspruchsbehörde bei Verwaltungsakten einer Gemeinde und eines Zweck- oder Schulverbands. (1) [1]Den Bescheid über den Widerspruch gegen den Verwaltungsakt einer Gemeinde, die der Rechtsaufsicht des Landratsamts untersteht, erläßt in Selbstverwaltungsangelegenheiten (weisungsfreie Angelegenheiten) das Landratsamt als Rechtsaufsichtsbehörde. [2]Die Nachprüfung des Verwaltungsakts unter dem Gesichtspunkt der Zweckmäßigkeit bleibt der Gemeinde vorbehalten.

(2) Für den Widerspruch gegen den Verwaltungsakt eines Zweck- oder Schulverbands, der der Rechtsaufsicht des Landratsamts untersteht, gilt Abs. 1 entsprechend.

§ 8 Widerspruchsbehörde bei Verwaltungsakten in sonstigen Selbstverwaltungsangelegenheiten. Über den Widerspruch gegen Verwaltungsakte von Wasser- und Bodenverbänden entscheidet die Aufsichtsbehörde.

3. Abschnitt

Örtliche Zuständigkeit

§ 9 Örtliche Zuständigkeit in Asylsachen. Streitigkeiten nach dem Asylverfahrensgesetz und wegen Verwaltungsakten der Ausländerbehörde gegen Asylbewerber werden für die Bezirke der Verwaltungsgerichte Freiburg und Karlsruhe dem Verwaltungsgericht Karlsruhe und für die Bezirke der Verwaltungsgerichte Sigmaringen und Stuttgart dem Verwaltungsgericht Stuttgart zugewiesen.

4. Abschnitt

Übergangs- und Schlußbestimmungen

§ 10 Besetzung der Verwaltungsgerichte.
(durch Zeitablauf überholt)

§ 11 Amtszeit der ehrenamtlichen Verwaltungsrichter.
(durch Zeitablauf überholt)

§ 12 (aufgehoben)

§ 13 (aufgehoben)

§ 14 Weitergeltung und Änderung von Bestimmungen des Gesetzes zur Ausführung des Flurbereinigungsgesetzes.
(hier nicht abgedruckt)

§ 15 Rechtsweg. (1) Bestimmungen in Landesgesetzen, welche öffentlich-rechtliche Streitigkeiten auf dem Gebiet des Landesrechts anderen Gerichten als den Gerichten der allgemeinen Verwaltungsgerichtsbarkeit zugewiesen haben, bleiben in Kraft.

(2) Aufgehoben werden:
(hier nicht weiter abgedruckt)

§ 16 Aufhebung von Rechtsbehelfen. (1) Alle landesrechtlichen Vorschriften über Rechtsbehelfe gegen Akte der öffentlichen Gewalt, gegen die der Verwaltungsrechtsweg gegeben ist, insbesondere Einspruch, Rekurs, Beschwerde und Verwaltungsbeschwerde werden aufgehoben.

(2) Unberührt bleiben die Bestimmungen über Rechtsbehelfe in zwischenstaatlichen Vereinbarungen.

§ 17 Änderung des Landtagswahlgesetzes und der Landeswahlordnung.
(hier nicht abgedruckt)

§ 18 Änderung der Gemeindeordnung.
(hier nicht abgedruckt)

§ 19 Änderung des Kommunalwahlgesetzes.
(hier nicht abgedruckt)

§ 20 Inkrafttreten. [1]§ 3 tritt mit der Verkündung, im übrigen tritt das Gesetz am 1. April 1960 in Kraft. [2]Gleichzeitig treten außer Kraft *(hier nicht weiter abgedruckt)*

Gesetz zum Schutz vor Mißbrauch personenbezogener Daten bei der Datenverarbeitung (Landesdatenschutzgesetz - LDSG)

vom 4. Dezember 1979 (GBl. S. 534),
geändert durch Gesetz vom 30. Juni 1982 (GBl. S. 265)

INHALTSÜBERSICHT

1. Abschnitt

Allgemeine Vorschriften

§ 1 Aufgabe und Gegenstand des Datenschutzes. (1) Aufgabe des Datenschutzes ist es, durch den Schutz personenbezogener Daten vor Mißbrauch bei ihrer Speicherung, Übermittlung, Veränderung und Löschung (Datenverarbeitung) der Beeinträchtigung schutzwürdiger Belange der Betroffenen entgegenzuwirken.

(2) [1]Dieses Gesetz schützt personenbezogene Daten, die in Dateien gespeichert, verändert, gelöscht oder aus Dateien übermittelt werden. [2]Für personenbezogene Daten, die nicht zur Übermittlung an Dritte bestimmt sind und in nicht automatisierten Verfahren verarbeitet werden, gilt von den Vorschriften dieses Gesetzes nur § 8 Abs. 1.

(3) Dieses Gesetz schützt personenbezogene Daten nicht, die durch den Süddeutschen Rundfunk und den Südwestfunk ausschließlich zu eigenen publizistischen Zwecken verarbeitet werden; § 8 Abs. 1 bleibt unberührt.

§ 2 Anwendungsbereich. (1) Die Vorschriften dieses Gesetzes gelten für Behörden und sonstige öffentliche Stellen des Landes, der Gemeinden und Gemeindeverbände und der sonstigen der Aufsicht des Landes unterstehenden juristischen Personen des öffentlichen Rechts und für deren Vereinigungen.

(2) [1]Für öffentlich-rechtliche Unternehmen mit eigener Rechtspersönlichkeit, die am Wettbewerb teilnehmen, sind die Vorschriften des Bundesdatenschutzgesetzes mit Ausnahme des Zweiten Abschnitts sowie die auf Grund des Bundesdatenschutzgesetzes erlassenen Rechtsvorschriften entsprechend anzuwenden. [2]Satz 1 gilt nicht für Zweckverbände.

(3) Soweit die Datenverarbeitung frühere, bestehende oder zukünftige dienst- oder arbeitsrechtliche Rechtsverhältnisse betrifft, gelten anstelle der §§ 9 bis 13 sowie der §§ 20 und 21 dieses Gesetzes die §§ 23 bis 27 sowie § 42 Abs. 1 Nr. 1 und Abs. 2 und § 43 Abs. 3 des Bundesdatenschutzgesetzes entsprechend.

§ 3 Datenverarbeitung im Auftrag. (1) [1]Die Vorschriften dieses Gesetzes gelten für die in § 2 Abs. 1 genannten Stellen auch insoweit, als personenbezogene Daten in deren Auftrag durch andere Personen oder Stellen verarbeitet werden. [2]In diesen Fällen ist der Auftragnehmer unter besonderer Berücksichtigung der Eignung der von ihm getroffenen technischen und organisatorischen Maßnahmen (§ 8 Abs. 1) sorgfältig auszuwählen.

(2) [1]Von den Vorschriften dieses Gesetzes gelten die §§ 9 bis 13 sowie §§ 20 und 21 nicht für die in § 2 Abs. 1 genannten Stellen, soweit sie personenbezogene Daten im Auftrag verarbeiten. [2]In diesen Fällen ist die Verarbeitung personenbezogener Daten in jeder ihrer in § 1 Abs. 1 genannten Phasen nur im Rahmen der Weisungen des Auftraggebers zulässig.

(3) [1]Für juristische Personen, Gesellschaften und andere Personenvereinigungen des privaten Rechts, bei denen dem Land oder einer der Aufsicht des Landes unterstehenden juristischen Person des öffentlichen Rechts die Mehrheit der Anteile gehört oder die Mehrheit der Stimmen zusteht, gilt der 3. Abschnitt dieses Gesetzes entsprechend, soweit diese Personen oder Personenvereinigungen personenbezogene Daten im Auftrag einer der in § 2 Abs. 1 genannten Stellen verarbeiten. [2]Soweit diese Personen oder Personenvereinigungen personenbezogene Daten im Auftrag eines der in § 2 Abs. 2 genannten Unternehmen verarbeiten, gelten die §§ 38 bis 40 des Bundesdatenschutzgesetzes entsprechend.

§ 4 Begriffsbestimmungen. (1) Im Sinne dieses Gesetzes sind personenbezogene Daten Einzelangaben über persönliche oder sachliche Verhältnisse einer bestimmten oder bestimmbaren natürlichen Person (Betroffener).

(2) Im Sinne dieses Gesetzes ist

1. Speichern (Speicherung) das Erfassen, Aufnehmen oder Aufbewahren von Daten auf einem Datenträger zum Zwecke ihrer weiteren Verwendung,

2. Übermitteln (Übermittlung) das Bekanntgeben gespeicherter oder durch Datenverarbeitung unmittelbar gewonnener Daten an Dritte in der Weise, daß die Daten durch die speichernde Stelle weitergegeben oder zur Einsichtnahme, namentlich zum Abruf, bereitgehalten werden,

3. Verändern (Veränderung) das inhaltliche Umgestalten gespeicherter Daten,

4. Löschen (Löschung) das Unkenntlichmachen gespeicherter Daten

ungeachtet der dabei angewendeten Verfahren.

(3) Im Sinne dieses Gesetzes ist

1. speichernde Stelle jede der in § 2 Abs. 1 genannten Stellen, die Daten für sich selbst speichert oder durch andere speichern läßt,

2. Dritter jede Person oder Stelle außerhalb der speichernden Stelle, ausgenommen der Betroffene oder diejenigen Personen und Stellen, die in den Fällen der Nummer 1 im Geltungsbereich des Grundgesetzes im Auftrag tätig werden,

3. eine Datei eine gleichartig aufgebaute Sammlung von Daten, die nach bestimmten Merkmalen erfaßt und geordnet, nach anderen bestimmten Merkmalen umgeordnet und ausgewertet werden kann, ungeachtet der dabei angewendeten Verfahren; nicht hierzu gehören Akten und Aktensammlungen, es sei denn, daß sie durch automatisierte Verfahren umgeordnet und ausgewertet werden können.

§ 5 Zulässigkeit der Datenverarbeitung. (1) Die Verarbeitung personenbezogener Daten, die von diesem Gesetz geschützt werden, ist in jeder ihrer in § 1 Abs. 1 genannten Phasen nur zulässig, wenn

1. dieses Gesetz oder eine andere Rechtsvorschrift sie erlaubt oder
2. der Betroffene eingewilligt hat.

(2) [1]Die Einwilligung bedarf der Schriftform, soweit nicht wegen besonderer Umstände eine andere Form angemessen ist; wird die Einwilligung zusammen mit anderen Erklärungen schriftlich erteilt, ist der Betroffene hierauf schriftlich besonders hinzuweisen. [2]Der Betroffene ist über die Bedeutung der Einwilligung aufzuklären. [3]Aus einer Verweigerung der Einwilligung dürfen ihm keine Rechtsnachteile entstehen.

§ 6 Rechte des Betroffenen. Jeder hat nach Maßgabe der §§ 12 und 13 ein Recht auf

1. Auskunft über die zu seiner Person gespeicherten Daten,
2. Berichtigung der zu seiner Person gespeicherten Daten, wenn sie unrichtig sind,
3. Sperrung der zu seiner Person gespeicherten Daten, wenn sich weder deren Richtigkeit noch deren Unrichtigkeit feststellen läßt oder nach Wegfall der ursprünglich erfüllten Voraussetzungen für die Speicherung,
4. Löschung der zu seiner Person gespeicherten Daten, wenn ihre Speicherung unzulässig war oder, wahlweise neben dem Recht auf Sperrung, nach Wegfall der ursprünglich erfüllten Voraussetzungen für die Speicherung.

2. Abschnitt

Datenverarbeitung der Behörden und sonstigen öffentlichen Stellen

§ 7 Datengeheimnis. (1) Den im Rahmen von § 1 Abs. 2 und § 2 Abs. 1 oder im Auftrag der dort genannten Personen oder Stellen bei der Datenverarbeitung beschäftigten Personen ist untersagt, geschützte personenbezogene Daten unbefugt zu einem anderen als dem zur jeweiligen rechtmäßigen Aufgabenerfüllung gehörenden Zweck zu verarbeiten, bekanntzugeben, zugänglich zu machen oder sonst zu nutzen.

(2) [1]Diese Personen sind bei der Aufnahme ihrer Tätigkeit nach Maßgabe von Absatz 1 zu verpflichten. [2]Ihre Pflichten bestehen auch nach Beendigung ihrer Tätigkeit fort.

§ 8 Technische und organisatorische Maßnahmen. (1) [1]Wer im Rahmen von § 1 Abs. 2 und § 2 Abs. 1 oder im Auftrag der dort genannten Personen oder Stellen personenbezogene Daten verarbeitet, hat die technischen und organisatorischen Maßnahmen zu treffen, die erforderlich sind, um die Ausführung der Vorschriften dieses Gesetzes, insbesondere die in der Anlage zu diesem Gesetz genannten Anforderungen zu gewährleisten. [2]Erforderlich sind Maßnahmen nur, wenn ihr Aufwand in einem angemessenen Verhältnis zu dem angestrebten Schutzzweck steht.

(2) [1]Die Landesregierung wird ermächtigt, durch Rechtsverordnung die in der Anlage genannten Anforderungen nach dem jeweiligen Stand der Technik und Organisation fortzuschreiben. [2]Stand der Technik und Organisation im Sinne dieses Gesetzes ist der Entwicklungsstand fortschrittlicher Verfahren, Einrichtungen oder Betriebsweisen, der die praktische Eignung einer Maßnahme zur Gewährleistung der Durchführung dieses Gesetzes gesichert erscheinen läßt. [3]Bei der Bestimmung des Standes der Technik und Organisation sind insbesondere vergleichbare Verfahren, Einrichtungen oder Betriebsweisen heranzuziehen, die mit Erfolg im Betrieb erprobt worden sind.

§ 9 Datenspeicherung und -veränderung. (1) Das Speichern und das Verändern personenbezogener Daten ist zulässig, wenn es zur rechtmäßigen Erfüllung der in der Zuständigkeit der speichernden Stelle liegenden Aufgaben erforderlich ist.

(2) Werden Daten zum Zweck der Speicherung auf Grund einer Rechtsvorschrift erhoben, dann ist der Betroffene auf diese, sonst auf die Freiwilligkeit seiner Angaben hinzuweisen.

§ 10 Datenübermittlung innerhalb des öffentlichen Bereichs. (1) [1]Die Übermittlung personenbezogener Daten an Behörden und sonstige öffentliche Stellen ist zulässig, wenn sie zur rechtmäßigen Erfüllung der in der Zuständigkeit der übermittelnden Stelle oder des Empfängers liegenden Aufgaben erforderlich ist. [2]Der Empfänger trägt die Verantwortung dafür, daß die Übermittlung personenbezogener Daten zur rechtmäßigen Erfüllung der in seiner Zuständigkeit liegenden Aufgaben erforderlich ist.

(2) Unterliegen die personenbezogenen Daten einem Berufs- oder besonderen Amtsgeheimnis und sind sie der übermittelnden Stelle von der zur Verschwiegenheit verpflichteten Person in Ausübung ihrer Berufs- oder Amtspflicht übermittelt worden, ist für die Zulässigkeit der Übermittlung ferner erforderlich, daß der Empfänger die Daten zur Erfüllung des gleichen Zweckes benötigt, zu dem sie die übermittelnde Stelle erhalten hat.

§ 11 Datenübermittlung an Stellen außerhalb des öffentlichen Bereichs. (1) Die Übermittlung personenbezogener Daten an Personen und an andere Stellen als die in § 10 bezeichneten ist zulässig, wenn sie zur rechtmäßigen Erfüllung der in der Zuständigkeit der übermittelnden Stelle liegenden Aufgaben erforderlich ist oder soweit der Empfänger ein berechtigtes Interesse an der Kenntnis der zu übermittelnden Daten glaubhaft macht und dadurch schutzwürdige Belange des Betroffenen nicht beeinträchtigt werden.

(2) Unterliegen die personenbezogenen Daten einem Berufs- oder besonderen Amtsgeheimnis und sind sie der übermittelnden Stelle von der zur Verschwiegenheit verpflichteten Person in Ausübung ihrer Berufs- oder Amtspflicht übermittelt worden, ist für die Zulässigkeit der Übermittlung ferner erforderlich, daß die gleichen Voraussetzungen gegeben sind, unter denen sie die zur Verschwiegenheit verpflichtete Person übermitteln dürfte.

(3) Für die Übermittlung an Behörden und sonstige Stellen außerhalb des Geltungsbereichs des Grundgesetzes sowie an über- und zwischenstaatliche Stellen finden die Absätze 1 und 2 nach Maßgabe der für diese Übermittlung geltenden Gesetze und völkerrechtlichen Vereinbarungen Anwendung.

(4) Der Empfänger darf die übermittelten personenbezogenen Daten nur für den Zweck verwenden, zu dessen Erfüllung sie ihm übermittelt wurden.

(5) Die übermittelnde Stelle kann die Datenübermittlung mit Auflagen versehen, die den Datenschutz beim Empfänger sicherstellen.

§ 12 Auskunft an den Betroffenen. (1) [1]Dem Betroffenen ist auf Antrag Auskunft über die zu seiner Person gespeicherten Daten sowie über die Empfänger der nicht regelmäßigen Übermittlungen der letzten zwei Jahre zu erteilen. [2]In dem Antrag soll die Art der personenbezogenen Daten, über die Auskunft erteilt werden soll, näher bezeichnet werden. [3]Die speichernde Stelle bestimmt das Verfahren, insbesondere die Form der Auskunftserteilung nach pflichtgemäßem Ermessen. [4]Das zuständige Ministerium kann eine andere als die speichernde Stelle zur Auskunftserteilung ermächtigen.

(2) Absatz 1 gilt nicht für das Landesamt für Verfassungsschutz, die Polizeidienststellen, die Behörden der Staatsanwaltschaft, den Landesrechnungshof, soweit er personenbezogene Daten für seine Prüfungstätigkeit speichert, sowie für Behörden, soweit sie personenbezogene Daten in Erfüllung ihrer gesetzlichen Aufgaben im Anwendungsbereich der Abgabenordnung zur Überwachung und Prüfung in Dateien speichern.

(3) Die Auskunftserteilung unterbleibt, soweit

1. die Auskunft die rechtmäßige Erfüllung der in der Zuständigkeit der speichernden Stelle liegenden Aufgaben gefährden würde,

2. die Auskunft die öffentliche Sicherheit oder Ordnung gefährden oder sonst dem Wohle des Bundes oder eines Landes Nachteile bereiten würde,

3. die personenbezogenen Daten oder die Tatsache ihrer Speicherung nach einer Rechtsvorschrift oder wegen der überwiegenden berechtigten Interessen einer dritten Person, geheimgehalten werden müssen,

4. die Auskunft sich auf die Übermittlung personenbezogener Daten an die in Abs. 2 genannten Behörden bezieht.

(4) Die Auskunftserteilung ist gebührenfrei.

§ 13 Berichtigung, Sperrung und Löschung von Daten. (1) Personenbezogene Daten sind zu berichtigen, wenn sie unrichtig sind.

(2) [1]Personenbezogene Daten sind zu sperren, wenn ihre Richtigkeit vom Betroffenen bestritten wird und sich weder die Richtigkeit noch die Unrichtigkeit feststellen läßt. [2]Sie sind ferner zu sperren, wenn ihre Kenntnis für die speichernde Stelle zur rechtmäßigen Erfüllung der in ihrer Zuständigkeit liegenden Aufgaben nicht mehr erforderlich ist. [3]Gesperrte Daten sind mit einem entsprechenden Vermerk zu versehen; sie dürfen nicht mehr verarbeitet, insbesondere übermittelt, oder sonst genutzt werden, es sei denn, daß die Nutzung zu wissenschaftlichen Zwecken, zur Behebung einer bestehenden Beweisnot oder aus sonstigen im überwiegenden Interesse der speichernden Stelle oder eines Dritten liegenden Gründen unerläßlich ist oder der Betroffene in die Nutzung eingewilligt hat.

(3) [1]Personenbezogene Daten können gelöscht werden, wenn ihre Kenntnis für die speichernde Stelle zur rechtmäßigen Erfüllung der in ihrer Zuständigkeit liegenden Aufgaben nicht mehr erforderlich ist, kein Grund zu der Annahme besteht, daß durch die Löschung schutzwürdige Belange des Betroffenen beeinträchtigt werden, und gesetzliche Aufbewahrungsvorschriften nicht entgegenstehen. [2]Sie sind zu löschen, wenn ihre Speicherung unzulässig war oder wenn es in den Fällen des Absatzes 2 Satz 2 der Betroffene verlangt, es sei denn, daß gesetzliche Aufbewahrungsvorschriften entgegenstehen.

(4) Von der Berichtigung, Sperrung und Löschung von Daten sind die Stellen zu verständigen, denen die Daten regelmäßig übermittelt wurden.

3. Abschnitt

Überwachung des Datenschutzes bei Behörden und sonstigen öffentlichen Stellen

§ 14 Verwaltungsvorschriften. [1]Das Innenministerium erläßt im Einvernehmen mit den anderen Ministerien und im Benehmen mit dem Landesbeauftragten für den Datenschutz die zur Ausführung dieses Gesetzes erforderlichen Verwaltungsvorschriften. [2]Die obersten Landesbehörden erlassen im Benehmen mit dem Innenministerium jeweils für ihren Geschäftsbereich Verwaltungsvorschriften, die die Ausführung dieses Gesetzes, bezogen auf die besonderen Verhältnisse in dem jeweiligen Geschäftsbereich und die sich daraus ergebenden besonderen Erfordernisse für den Datenschutz, regeln.

§ 15 Bestellung und Rechtsstellung eines Landesbeauftragten für den Datenschutz. (1) [1]Es ist ein Landesbeauftragter für den Datenschutz mit Zustimmung des Landtags zu bestellen. [2]Dieser muß die Befähigung zum Richteramt oder zum höheren Verwaltungsdienst haben.

(2) Der Landesbeauftragte für den Datenschutz ist Beamter auf Zeit und wird für die Dauer von acht Jahren berufen.

(3) Der Landesbeauftragte für den Datenschutz ist in Ausübung seines Amtes unabhängig und nur dem Gesetz unterworfen.

(4) [1]Der Landesbeauftragte für den Datenschutz wird beim Innenministerium eingerichtet. [2]Er untersteht der Dienstaufsicht des Innenministeriums. [3]Dem Landesbeauftragten für den Datenschutz ist die für die Erfüllung seiner Aufgaben notwendige Personal- und Sachausstattung zur Verfügung zu stellen; sie ist im Einzelplan des Innenministeriums in einem eigenen Kapitel auszuweisen. [4]Die Besetzung der Personalstellen erfolgt im Benehmen mit dem Landesbeauftragten für den Datenschutz.

(5) [1]Ist der Landesbeauftragte für den Datenschutz länger als sechs Wochen an der Ausübung seines Amtes verhindert, kann das Innenministerium einen Vertreter für die Dauer der Verhinderung mit der Wahrnehmung der Geschäfte beauftragen; der Landesbeauftragte für den Datenschutz soll dazu gehört werden. [2]Bei einer kürzeren Verhinderung oder bis eine Regelung nach Satz 1 getroffen ist, führt der leitende Beamte der Dienststelle des Landesbeauftragten für den Datenschutz dessen Geschäfte.

§ 16 Aufgaben des Landesbeauftragten für den Datenschutz. (1) [1]Der Landesbeauftragte für den Datenschutz überwacht die Einhaltung der Vorschriften dieses Gesetzes sowie anderer Vorschriften über den Datenschutz, soweit sie auf in Dateien gespeicherte personenbezogene Daten anzuwenden sind, bei den in § 2 Abs. 1 genannten Behörden und sonstigen öffentlichen Stellen; bei den Gerichten und dem Landesrechnungshof aber nur, soweit sie in Verwaltungsangelegenheiten tätig werden. [2]Zu diesem Zweck kann er Empfehlungen zur Verbesserung des Datenschutzes geben, insbesondere kann er die Landesregierung und einzelne Ministerien sowie die übrigen in § 2 Abs. 1 genannten Behörden und sonstigen öffentlichen Stellen in Fragen des Datenschutzes beraten.

(2) [1]Auf Anforderung des Landtags oder der Landesregierung hat der Landesbeauftragte für den Datenschutz Gutachten zu erstellen und Berichte zu erstatten. [2]Darüber hinaus erstattet er dem Landtag jedes Jahr, erstmals zum 31. Dezember 1980 einen Tätigkeitsbericht. [3]Der Landesbeauftragte für den Datenschutz kann sich jederzeit an den Landtag wenden.

(3) [1]Die in Absatz 1 Satz 1 genannten Behörden und sonstigen öffentlichen Stellen sind verpflichtet, den Landesbeauftragten für den Datenschutz und seine Beauftragten bei der Erfüllung ihrer Aufgaben zu unterstützen. [2]Ihnen ist dabei insbesondere

1. Auskunft zu ihren Fragen sowie Einsicht in alle Unterlagen und Akten zu gewähren, die im Zusammenhang mit der Verarbeitung personenbezogener Daten stehen, namentlich in die gespeicherten Daten und in die Datenverarbeitungsprogramme,

2. jederzeit Zutritt in alle Diensträume zu gewähren.

[3]Die Sätze 1 und 2 gelten für die in § 12 Abs. 2 genannten Behörden mit der Maßgabe, daß die Unterstützung nur dem Landesbeauftragten für den Datenschutz selbst und den von ihm schriftlich besonders damit betrauten Beauftragten zu gewähren ist. [4]Satz 2 gilt für die in § 12 Abs. 2 genannten Behörden nicht, soweit die jeweils zuständige oberste Landesbehörde im Einzelfall feststellt, daß die Sicherheit des Bundes oder eines Landes gefährdet ist.

§ 17 Datenschutzregister. (1) Der Landesbeauftragte für den Datenschutz führt ein Register aller Dateien, in denen personenbezogene Daten gespeichert werden (Datenschutzregister).

(2) Die in § 16 Abs. 1 Satz 1 genannten Behörden und sonstigen öffentlichen Stellen haben dem Landesbeauftragten für den Datenschutz spätestens gleichzeitig mit der ersten Einspeicherung insbesondere folgende Angaben einschließlich der Änderungen zu dem Datenschutzregister mitzuteilen:

1. die Bezeichnung der Behörde und sonstigen öffentlichen Stelle,

2. die Bezeichnung der Datei,

3. die Art der gespeicherten personenbezogenen Daten,

4. die Aufgaben, zu deren Erfüllung die Kenntnis dieser Daten erforderlich ist,

5. den betroffenen Personenkreis,

6. die Stellen, an die sie personenbezogene Daten regelmäßig übermitteln,

7. die Art der zu übermittelnden Daten.

(3) [1]Das Landesamt für Verfassungsschutz und für die nicht automatisch betriebenen Dateien die Polizeidienststellen sind von der Mitteilungspflicht nach Absatz 2 ausgenommen. [2]Zu den Dateien der übrigen in § 12 Abs. 2 genannten Behörden führt der Landesbeauftragte für den Datenschutz ein besonderes Register. [3]Es beschränkt sich auf eine Übersicht über Art und Verwendungszweck der gespeicherten Daten. [4]Absatz 4 findet auf dieses Register keine Anwendung.

(4) [1]Das Datenschutzregister kann von jedermann eingesehen werden. [2]Aus dem Register ist auf Antrag Auskunft zu erteilen; die Auskunft ist gebührenfrei. [3]Wer ein berechtigtes Interesse glaubhaft macht, kann sich Auszüge aus dem Datenschutzregister anfertigen lassen.

(5) Das Innenministerium wird ermächtigt, die Ausführung der Absätze 2 und 3 durch Rechtsverordnung zu regeln.

§ 18 Beanstandungen durch den Landesbeauftragten für den Datenschutz. (1) [1]Stellt der Landesbeauftragte für den Datenschutz Verstöße gegen die Vorschriften dieses Gesetzes oder gegen andere Datenschutzbestimmungen oder sonstige Mängel bei der Verarbeitung personenbezogener Daten fest, so beanstandet er dies

1. bei den Behörden und sonstigen öffentlichen Stellen des Landes gegenüber der zuständigen obersten Landesbehörde,

2. bei den Gemeinden, Gemeindeverbänden und den sonstigen der Aufsicht des Landes unterstehenden juristischen Personen des öffentlichen Rechts sowie bei deren Vereinigungen gegenüber dem Organ, das sie vertritt,

und fordert zur Stellungnahme innerhalb einer von ihm zu bestimmenden Frist auf. [2]In den Fällen von Satz 1 Nr. 2 unterrichtet der Landesbeauftragte für den Datenschutz gleichzeitig die zuständige Aufsichtsbehörde.

(2) Der Landesbeauftragte für den Datenschutz kann von einer Beanstandung absehen oder auf eine Stellungnahme der betroffenen Stelle verzichten, wenn es sich um unerhebliche Mängel handelt.

(3) Mit der Beanstandung kann der Landesbeauftragte für den Datenschutz Vorschläge zur Beseitigung der Mängel und zur sonstigen Verbesserung des Datenschutzes verbinden.

(4) [1]Die nach Absatz 1 Satz 1 abzugebende Stellungnahme soll auch eine Darstellung der Maßnahmen enthalten, die auf Grund der Beanstandung des Landesbeauftragten für den Datenschutz getroffen worden oder beabsichtigt sind. [2]Die in Absatz 1 Satz 1 Nr. 2 genannten Stellen leiten der zuständigen Aufsichtsbehörde eine Abschrift ihrer Stellungnahme an den Landesbeauftragten für den Datenschutz zu.

§ 19 Anrufung des Landesbeauftragten für den Datenschutz. Jedermann kann sich an den Landesbeauftragten für den Datenschutz wenden, wenn er der Ansicht ist, bei der Verarbeitung seiner personenbezogenen Daten durch eine der in § 16 Abs. 1 Satz 1 genannten Behörden oder sonstigen öffentlichen Stellen in seinen Rechten verletzt worden zu sein.

4. Abschnitt

Sonderbestimmungen

§ 20 Datenverarbeitung für wissenschaftliche Zwecke. (1) [1]Hochschulen und andere öffentliche Einrichtungen mit der Aufgabe unabhängiger wissenschaftlicher Forschung können für bestimmte Forschungsvorhaben perso-

nenbezogene Daten speichern oder verändern, wenn der Betroffene eingewilligt hat oder wenn seine schutzwürdigen Belange wegen der Art der
Daten, wegen ihrer Offenkundigkeit oder wegen der Art ihrer Verwendung
nicht beeinträchtigt werden. [2]Unter den Voraussetzungen von Satz 1 können ihnen die in § 2 Abs. 1 und 2 genannten Behörden und sonstigen
öffentlichen Stellen personenbezogene Daten übermitteln.

(2) Die nach Absatz 1 verarbeiteten personenbezogenen Daten dürfen
von den in Absatz 1 Satz 1 genannten Einrichtungen nur übermittelt
werden, wenn der Betroffene eingewilligt hat.

(3) Die Veröffentlichung von Forschungsergebnissen, soweit sie personenbezogene Daten enthalten, ist nur zulässig, wenn der Betroffene eingewilligt hat.

(4) § 5 Abs. 2 und § 9 Abs. 2 sind entsprechend anzuwenden.

(5) Bei der Mitteilung nach § 17 Abs. 2 darf die Beschreibung der
Aufgaben, zu deren Erfüllung die Kenntnis der personenbezogenen Daten
erforderlich ist, auf die Angabe »Forschungsvorhaben« beschränkt werden.

§ 21 Öffentlich-rechtliche Religionsgesellschaften. Die Übermittlung personenbezogener Daten an Stellen der öffentlich-rechtlichen Religionsgesellschaften ist in entsprechender Anwendung des § 10 und des § 29 Abs. 2
zulässig, sofern sichergestellt ist, daß bei dem Empfänger ausreichende
Datenschutzmaßnahmen getroffen werden.

§ 22 Süddeutscher Rundfunk und Südwestfunk. (1) Die Vorschriften des 3.
Abschnitts gelten nicht für den Süddeutschen Rundfunk und den
Südwestfunk.

(2) [1]Der Süddeutsche Rundfunk und der Südwestfunk bestellen jeweils
einen Rundfunkbeauftragten für den Datenschutz. [2]Die Bestellung erfolgt
durch den Intendanten mit Zustimmung des Verwaltungsrats.

(3) [1]Der Rundfunkbeauftragte für den Datenschutz überwacht die Einhaltung der Vorschriften dieses Gesetzes sowie anderer Vorschriften über
den Datenschutz. [2]Er ist insoweit an Weisungen nicht gebunden und nur
dem Gesetz unterworfen; er untersteht der Dienstaufsicht des Intendanten. [3]Die Tätigkeit des Rundfunkbeauftragten für den Datenschutz kann
neben einer anderen Tätigkeit für die Rundfunkanstalt übernommen
werden.

(4) [1]Für Beanstandungen gilt § 18 entsprechend mit der Maßgabe, daß
Beanstandungen an den Intendanten unter gleichzeitiger Unterrichtung
des Verwaltungsrats zu richten sind. [2]Dem Verwaltungsrat ist auch die zu
der Beanstandung abgegebene Stellungnahme des Intendanten zuzuleiten.
[3]Der Rundfunkbeauftragte für den Datenschutz erstattet dem Verwaltungsrat und dem Intendanten jährlich einen Bericht über seine Tätigkeit.

(5) [1]Der Rundfunkbeauftragte für den Datenschutz ist, auch nach Beendigung seiner Tätigkeit, verpflichtet, über die ihm bei seiner dienstlichen

Tätigkeit bekannt gewordenen Angelegenheiten Verschwiegenheit zu bewahren. [2]Dies gilt nicht für Mitteilungen im dienstlichen Verkehr oder über Tatsachen, die offenkundig sind oder ihrer Bedeutung nach keiner Geheimhaltung bedürfen. [3]Er darf ohne Genehmigung über Angelegenheiten im Sinne von Satz 1 weder vor Gericht noch außergerichtlich aussagen oder Erklärungen abgeben. [4]Die Genehmigung erteilt der Intendant.

(6) Für die Anrufung des Rundfunkbeauftragten für den Datenschutz gilt § 19 entsprechend.

§ 23 Änderung des Meldegesetzes. *(hier nicht abgedruckt)*

§ 24 Änderung des Landesbesoldungsgesetzes. *(hier nicht abgedruckt)*

5. Abschnitt

Straf- und Bußgeldvorschriften

§ 25 Straftaten. (1) Wer unbefugt von diesem Gesetz geschützte personenbezogene Daten, die nicht offenkundig sind,

1. übermittelt oder verändert oder

2. abruft oder sich aus in Behältnissen verschlossenen Dateien verschafft,

wird mit Freiheitsstrafe bis zu einem Jahr oder mit Geldstrafe bestraft.

(2) Handelt der Täter gegen Entgelt oder in der Absicht, sich oder einen anderen zu bereichern oder einen anderen zu schädigen, so ist die Strafe Freiheitsstrafe bis zu zwei Jahren oder Geldstrafe.

(3) [1]Die Tat wird nur auf Antrag verfolgt. [2]Den Antrag kann auch der Landesbeauftragte für den Datenschutz stellen.

§ 26 Ordnungswidrigkeiten. (1) Ordnungswidrig handelt, wer gegenüber einer Behörde oder sonstigen öffentlichen Stelle unrichtige oder unvollständige Angaben macht, die für die Datenübermittlung (§ 11) erheblich sind, und sich dadurch von diesem Gesetz geschützte personenbezogene Daten, die nicht offenkundig sind, verschafft.

(2) Ordnungswidrig handelt, wer vorsätzlich oder fahrlässig eine vollziehbare Auflage nach § 11 Abs. 5 nicht, nicht rechtzeitig oder nicht vollständig erfüllt.

(3) Die Ordnungswidrigkeit nach Absatz 1 kann mit einer Geldbuße bis zu fünfzigtausend Deutsche Mark, die Ordnungswidrigkeit nach Absatz 2 kann mit einer Geldbuße bis zu fünftausend Deutsche Mark, in besonders schweren Fällen bis zu zwanzigtausend Deutsche Mark, geahndet werden.

6. Abschnitt

Informationssystem und Zugang

§ 27 Informationssystem des Landes. (1) Das Informationssystem des Landes hat die Aufgabe, Daten und Auswertungsmethoden für Zwecke der Planung, Entscheidung und Entscheidungskontrolle im öffentlichen Bereich bereitzustellen.

(2) [1]Das Informationssystem des Landes wird beim Statistischen Landesamt auf der Grundlage der Struktur- und Regionaldatenbank errichtet. [2]Inhalt des Informationssystems des Landes sind Abzüge von Datenbeständen staatlicher Stellen. [3]Die Aufnahme von Daten anderer Stellen in das Informationssystem des Landes ist zulässig, wenn diese Stellen einwilligen oder wenn sie auf Grund einer Rechtsvorschrift erhoben werden oder wenn sie allgemein zugänglich sind. [4]Personenbezogene Daten darf das Informationssystem nicht enthalten.

(3) [1]Bei der Auswahl der Daten und Auswertungsmethoden des Informationssystems des Landes wird die Landesregierung vom Landesausschuß für Information beraten. [2]Dem Landesausschuß für Information gehören an:

fünf Vertreter des Landtags,
fünf Vertreter der Landesregierung.

[3]Den Vorsitz führt der Finanzminister.

(4) [1]Die Regierung unterrichtet den Landtag über Art und Umfang der gespeicherten Daten. [2]Der Landtag kann beschließen, daß bestimmte Daten zusätzlich gespeichert werden. [3]Die Landesregierung hat dem Beschluß zu entsprechen, es sei denn, daß sie feststellt, daß die Sicherheit des Bundes oder eines Landes gefährdet ist.

(5) [1]Zugang zum Informationssystem des Landes haben der Landtag, die Behörden und Gerichte des Landes, die Regionalverbände, die Gemeinden und Gemeindeverbände sowie die kommunalen Landesverbände. [2]Anderen Stellen und Personen kann Auskunft aus dem Informationssystem des Landes erteilt werden. [3]Die Landesregierung wird ermächtigt, durch Rechtsverordnung das Nähere über die Benutzung zu regeln.

§ 28 Zugriffs- und Auskunftsrecht des Landtags. (1) [1]Der Landtag hat das Recht des unmittelbaren Zugriffs auf Daten, die im Informationssystem des Landes gespeichert sind. [2]Das Zugriffsrecht kann auch vom Präsidenten, von den Fraktionen, den Ausschüssen und einzelnen Mitgliedern des Landtags in Anspruch genommen werden.

(2) [1]Der Landtag, der Landtagspräsident und die Fraktionen des Landtags können im Rahmen ihrer Zuständigkeiten von der Landesregierung Auskünfte auf Grund von Dateien verlangen, die von den staatlichen Behörden in automatisierter Form geführt werden, soweit Programme zur Auswer-

tung vorhanden sind. [2]Der Landtag kann durch seinen Präsidenten von der Landesregierung Auskünfte über die bestehenden Dateien verlangen, auf die sich das Auskunftsrecht erstreckt.

7. Abschnitt

Übergangs- und Schlußvorschriften

§ 29 Übergangsvorschriften. (1) Soweit Meldebehörden im Zeitpunkt des Inkrafttretens dieses Gesetzes an Behörden und sonstige öffentliche Stellen personenbezogene Daten durch Weitergabe der Meldescheine übermitteln, ist § 10 erst ab 1. Januar 1983 anzuwenden.

(2) Die Mitteilung nach § 17 Abs. 2 über personenbezogene Daten, die beim Inkrafttreten dieses Gesetzes schon gespeichert waren, ist bis fünfzehn Monate nach Inkrafttreten vorzunehmen.

§ 30 Weitergeltende Vorschriften. Soweit besondere Rechtsvorschriften des Bundes oder des Landes auf in Dateien gespeicherte personenbezogene Daten anzuwenden sind, gehen sie den Vorschriften dieses Gesetzes vor.

§ 31 Inkrafttreten. [1]Dieses Gesetz tritt drei Monate nach seiner Verkündung* in Kraft. [2]Abweichend davon treten in Kraft:

1. § 15, § 17 Abs. 5 und § 23 Nr. 2, ausgenommen Buchstabe b Satz 1 und 4, am Tage nach der Verkündung,
2. § 17 Abs. 2 und § 19 neun Monate nach der Verkündung,
3. § 8 und § 2 Abs. 2 Satz 1, soweit technische und organisatorische Maßnahmen gemäß § 6 Bundesdatenschutzgesetz zu treffen sind, fünfzehn Monate nach Verkündung.

Anlage
(Zu § 8 Abs. 1 Satz 1)

Werden personenbezogene Daten automatisch verarbeitet, sind zur Ausführung der Vorschriften dieses Gesetzes Maßnahmen zu treffen, die je nach der Art der zu schützenden personenbezogenen Daten geeignet sind,

1. Unbefugten den Zugang zu Datenverarbeitungsanlagen, mit denen personenbezogene Daten verarbeitet werden, zu verwehren (Zugangskontrolle),
2. Personen, die bei der Verarbeitung personenbezogener Daten tätig sind, daran zu hindern, Datenträger unbefugt zu entfernen (Abgangskontrolle),
3. die unbefugte Eingabe in den Speicher sowie die unbefugte Kenntnisnahme, Veränderung oder Löschung gespeicherter personenbezogener Daten zu verhindern (Speicherkontrolle),

---

* Verkündet am 28. Dezember 1979

4. die Benutzung von Datenverarbeitungssystemen, aus denen oder in die personenbezogene Daten durch selbsttätige Einrichtungen übermittelt werden, durch Unbefugte zu verhindern (Benutzerkontrolle),

5. zu gewährleisten, daß die zur Benutzung eines Datenverarbeitungssystems Berechtigten durch selbsttätige Einrichtungen ausschließlich auf die ihrer Zugriffsberechtigung unterliegenden personenbezogenen Daten zugreifen können (Zugriffskontrolle),

6. zu gewährleisten, daß überprüft und festgestellt werden kann, an welche Stellen personenbezogene Daten durch selbsttätige Einrichtungen übermittelt werden können (Übermittlungskontrolle),

7. zu gewährleisten, daß nachträglich überprüft und festgestellt werden kann, welche personenbezogenen Daten zu welcher Zeit von wem in Datenverarbeitungssysteme eingegeben worden sind (Eingabekontrolle),

8. zu gewährleisten, daß personenbezogene Daten, die im Auftrag verarbeitet werden, nur entsprechend den Weisungen des Auftraggebers verarbeitet werden können (Auftragskontrolle),

9. zu gewährleisten, daß bei der Übermittlung personenbezogener Daten sowie beim Transport entsprechender Datenträger diese nicht unbefugt gelesen, verändert oder gelöscht werden können (Transportkontrolle),

10. die innerbehördliche oder innerbetriebliche Organisation so zu gestalten, daß sie den besonderen Anforderungen des Datenschutzes gerecht wird (Organisationskontrolle).

Landesbeamtengesetz (LBG)

in der Fassung vom 8. August 1979 (GBl. S. 398), zuletzt geändert
durch 3. Anpassungsverordnung vom 13. Februar 1989 (GBl. S. 101)

INHALTSVERZEICHNIS

3

ERSTER TEIL

Einleitende Vorschriften

§ 1 Geltungsbereich. Dieses Gesetz gilt für die Beamten des Landes, der Gemeinden, der Landkreise und der sonstigen der Aufsicht des Landes unterstehenden Körperschaften, Anstalten und Stiftungen des öffentlichen Rechts.

§ 2 Rechtsnatur des Beamtenverhältnisses. Der Beamte steht zu seinem Dienstherrn in einem öffentlich-rechtlichen Dienst- und Treueverhältnis (Beamtenverhältnis).

§ 3 Verleihung der Dienstherrnfähigkeit. Eine Satzung, durch die einer Körperschaft, Anstalt oder Stiftung des öffentlichen Rechts das Recht, Beamte zu haben, verliehen wird, bedarf der Genehmigung der Landesregierung*.

§ 4 Oberste Dienstbehörde, Dienstvorgesetzter, Vorgesetzter. (1) [1]Oberste Dienstbehörde des Beamten ist die oberste Behörde seines Dienstherrn, in deren Dienstbereich er ein Amt bekleidet. [2]Als oberste Dienstbehörde gilt bei Versorgungsberechtigten des Landes die oberste Dienstbehörde, der der Beamte bei Beendigung des Beamtenverhältnisses unterstanden hat. [3]§ 118 Abs. 2 gilt entsprechend.

(2) [1]Dienstvorgesetzter ist, wer für beamtenrechtliche Entscheidungen über die persönlichen Angelegenheiten der ihm nachgeordneten Beamten zuständig ist. [2]Vorgesetzter ist, wer einem Beamten für seine dienstliche Tätigkeit Anordnungen erteilen kann.

(3) Wer Dienstvorgesetzter ist, kann das zuständige Ministerium durch Rechtsverordnung regeln, soweit nicht eine gesetzliche Regelung getroffen ist.

(4) Wer Vorgesetzter ist, bestimmt sich nach dem Aufbau der öffentlichen Verwaltung.

ZWEITER TEIL

Beamtenverhältnis

1. Abschnitt

Allgemeines

§ 5 Sachliche Voraussetzungen. (1) Die Berufung in das Beamtenverhältnis ist nur zulässig zur Wahrnehmung

1. hoheitsrechtlicher Aufgaben oder
2. solcher Aufgaben, die aus Gründen der Sicherung des Staates oder des öffentlichen Lebens nicht ausschließlich Personen übertragen werden dürfen, die in einem privat-rechtlichen Arbeitsverhältnis stehen.

---

*   *§ 121 des Beamtenrechtsrahmengesetzes:*
     „Das Recht, Beamte zu haben, besitzen außer dem Bund
     1.   die Länder, die Gemeinden und die Gemeindeverbände,
     2.   sonstige Körperschaften, Anstalten und Stiftungen des öffentlichen Rechts, die dieses Recht im Zeitpunkt des Inkrafttretens dieses Gesetzes ** besitzen oder denen es nach diesem Zeitpunkt durch Gesetz, Rechtsverordnung oder Satzung verliehen wird; derartige Satzungen bedürfen der Genehmigung durch eine gesetzlich hierzu ermächtigte Stelle."
**   *Am 1. September 1957*

(2) Die Ausübung hoheitsrechtlicher Befugnisse ist als ständige Aufgabe in der Regel Beamten zu übertragen.

§ 6 Persönliche Voraussetzungen. (1) In das Beamtenverhältnis darf nur berufen werden, wer

1. Deutscher im Sinne des Artikels 116 des Grundgesetzes ist,
2. die Gewähr dafür bietet, daß er jederzeit für die freiheitliche demokratische Grundordnung im Sinne des Grundgesetzes eintritt,
3. die für seine Laufbahn vorgeschriebene oder, mangels solcher Vorschriften, übliche Vorbildung besitzt (Laufbahnbewerber).

(2) [1]In das Beamtenverhältnis kann abweichend von Absatz 1 Nr. 3 auch berufen werden, wer die erforderliche Befähigung durch Lebens- und Berufserfahrung innerhalb oder außerhalb des öffentlichen Dienstes erworben hat (anderer Bewerber). [2]Dies gilt nicht für Laufbahnen, für die eine bestimmte Vorbildung besonders vorgeschrieben ist oder die ihrer Eigenart nach eine bestimmte Vorbildung erfordern.

(3) Das Innenministerium kann Ausnahmen von Absatz 1 Nr. 1 zulassen, wenn für die Gewinnung des Beamten ein dringendes dienstliches Bedürfnis besteht, für die Berufung in ein Beamtenverhältnis als Professor oder Hochschuldozent auch aus anderen Gründen.

§ 7 Arten des Beamtenverhältnisses. (1) Das Beamtenverhältnis kann begründet werden

1. auf Lebenszeit, wenn der Beamte dauernd für Aufgaben im Sinne des § 5 Abs. 1 verwendet werden soll,
2. auf Zeit, wenn der Beamte auf bestimmte Dauer für derartige Aufgaben verwendet werden soll,
3. auf Probe, wenn der Beamte zur späteren Verwendung als Beamter auf Lebenszeit eine Probezeit zurückzulegen hat,
4. auf Widerruf, wenn der Beamte
   a) einen Vorbereitungsdienst abzuleisten hat oder
   b) nur nebenbei (durch das Amt nicht voll in Anspruch genommen) oder vorübergehend für Aufgaben im Sinne des § 5 Abs. 1 verwendet werden soll.

(2) Das Beamtenverhältnis auf Lebenszeit bildet die Regel.

(3) Beamte auf Zeit dürfen nur ernannt werden, soweit dies gesetzlich besonders bestimmt ist.

(4) [1]Durch Rechtsverordnung des Innenministeriums kann zugelassen werden, daß für einzelne Verwaltungszweige und Aufgabengebiete der Gemeinden, der Landkreise und der sonstigen der Aufsicht des Landes unterstehenden Körperschaften, Anstalten und Stiftungen des öffentlichen Rechts anstelle von Beamten auf Lebenszeit Beamte auf Zeit berufen

werden. [2]Die Berufung dieser Beamten auf Zeit ist beim gleichen Dienstherrn nur einmal und nur für eine Zeitdauer von höchstens drei Jahren
zulässig.

(5) Als Ehrenbeamter kann berufen werden, wer Aufgaben im Sinne des
§ 5 Abs. 1 ehrenamtlich wahrnehmen soll.

§ 8 Beamter auf Lebenszeit. (1) Zum Beamten auf Lebenszeit darf nur
ernannt werden, wer

1. die in § 6 bezeichneten Voraussetzungen erfüllt,

2. das siebenundzwanzigste Lebensjahr vollendet hat,

3. sich

   a) als Laufbahnbewerber nach Ablegung der vorgeschriebenen
   oder üblichen Prüfungen oder

   b) als anderer Bewerber

in einer Probezeit bewährt hat.

(2) [1]Ein Beamtenverhältnis auf Probe ist spätestens nach fünf Jahren in
ein solches auf Lebenszeit umzuwandeln, wenn der Beamte die beamtenrechtlichen Voraussetzungen hierfür erfüllt. [2]Die Frist verlängert sich um
die Zeit einer Beurlaubung ohne Dienstbezüge.

2. Abschnitt

Ernennung

§ 9 Arten der Ernennung. Einer Ernennung bedarf es

1. zur Begründung des Beamtenverhältnisses (Einstellung),

2. zur Umwandlung des Beamtenverhältnisses in ein solches anderer
   Art,

3. zur ersten Verleihung eines Amts (Anstellung),

4. zur Verleihung eines anderen Amts mit anderem Endgrundgehalt
   und anderer Amtsbezeichnung,

5. zur Verleihung eines anderen Amts mit anderer Amtsbezeichnung
   beim Wechsel der Laufbahngruppe.

§ 10 Zuständigkeit für die Ernennung. (1) Die Beamten des Landes werden,
soweit gesetzlich nichts anderes bestimmt ist, vom Ministerpräsidenten
ernannt.

(2) Die Beamten des Landtags werden vom Präsidenten des Landtags im
Einvernehmen mit dem Präsidium ernannt.

(3) Die Beamten der Gemeinden, der Landkreise und der sonstigen der
Aufsicht des Landes unterstehenden Körperschaften, Anstalten und Stiftungen des öffentlichen Rechts werden von den nach Gesetz, Rechtsverordnung oder Satzung hierfür zuständigen Stellen ernannt.

§ 11 Auslese der Bewerber. (1) Ernennungen sind nach Eignung, Befähigung und fachlicher Leistung ohne Rücksicht auf Geschlecht, Abstammung, Rasse, Glauben, religiöse oder politische Anschauungen, Herkunft oder Beziehungen vorzunehmen.

(2) Für Einstellungen sind die Bewerber durch öffentliche Ausschreibung der freien Stellen zu ermitteln.

(3) [1]Freie Beförderungsdienstposten sollen, sofern sie nicht öffentlich ausgeschrieben werden, innerhalb des Behördenbereichs ausgeschrieben werden. [2]Die obersten Dienstbehörden können Art und Umfang der Ausschreibungen und ihrer Bekanntmachung regeln. [3]Von einer Ausschreibung kann allgemein oder im Einzelfall abgesehen werden, wenn vorrangige Gründe der Personalplanung oder des Personaleinsatzes entgegenstehen.

(4) Die Pflicht zur Ausschreibung gilt nicht

1. für die Einstellung in das Beamtenverhältnis auf Probe beim Land,

2. für die Laufbahngruppen des einfachen und mittleren Dienstes, ausgenommen Besoldungsgruppen A 9 und A 9 + Zulage,

3. für die Dienstposten der leitenden Beamten der obersten Landesbehörden und der diesen unmittelbar nachgeordneten Behörden,

4. für die Dienstposten der leitenden Beamten der Gemeinden, der Landkreise und der sonstigen der Aufsicht des Landes unterstehenden Körperschaften, Anstalten und Stiftungen des öffentlichen Rechts, soweit gesetzlich nichts anderes bestimmt ist.

(5) Der Landespersonalausschuß kann weitere Ausnahmen von der Pflicht zur Ausschreibung zulassen.

§ 12 Form und Wirksamkeit der Ernennung. (1) [1]Die Ernennung erfolgt durch Aushändigung einer Ernennungsurkunde. [2]In der Urkunde müssen enthalten sein

1. bei der Begründung des Beamtenverhältnisses die Worte »unter Berufung in das Beamtenverhältnis« mit dem die Art des Beamtenverhältnisses bestimmenden Zusatz »auf Lebenszeit«, »auf Zeit« mit der Angabe der Zeitdauer der Berufung, »auf Probe«, »auf Widerruf« oder »als Ehrenbeamter«,

2. bei der Umwandlung des Beamtenverhältnisses (§ 9 Nr. 2) der die Art des Beamtenverhältnisses bestimmende Zusatz nach Nummer 1,

3. bei der Verleihung eines Amts die Amtsbezeichnung.

(2) [1]Entspricht die Ernennungsurkunde nicht der in Absatz 1 vorgeschriebenen Form, so liegt eine Ernennung nicht vor. [2]Fehlt in der Urkunde lediglich der Zusatz »auf Lebenszeit«, »auf Zeit« mit der Angabe der Zeitdauer der Berufung, »auf Probe« oder »auf Widerruf«, so hat der Beamte die Rechtsstellung eines Beamten auf Widerruf; bei Umwandlung

eines Beamtenverhältnisses in ein anderes behält der Beamte seinen bisherigen allgemeinen Rechtsstand. [3]Ist in der Ernennungsurkunde der Zusatz »auf Zeit« ohne Angabe der Zeitdauer der Berufung enthalten, so gilt der Mangel als geheilt, wenn die Zeitdauer durch Rechtsvorschrift bestimmt ist.   .

(3) [1]Die Ernennung wird mit dem Tage der Aushändigung der Ernennungsurkunde wirksam, wenn nicht in der Urkunde ausdrücklich ein späterer Tag bestimmt ist. [2]Eine Ernennung auf einen zurückliegenden Zeitpunkt ist unzulässig und insoweit unwirksam.

(4) Mit der Berufung in das Beamtenverhältnis erlischt ein privatrechtliches Arbeitsverhältnis zum Dienstherrn.

§ 13 Nichtigkeit der Ernennung. (1) [1]Eine Ernennung ist nichtig, wenn sie von einer sachlich unzuständigen Behörde ausgesprochen wurde. [2]Die Ernennung ist als von Anfang an wirksam anzusehen, wenn sie von der sachlich zuständigen Behörde schriftlich bestätigt wird.

(2) Die Ernennung eines durch Wahl zu berufenden Beamten ist nichtig, wenn die der Ernennung zugrunde liegende Wahl unwirksam ist.

(3) Eine Ernennung ist ferner nichtig, wenn der Ernannte im Zeitpunkt der Ernennung

1. nach § 6 Abs. 1 Nr. 1 nicht ernannt werden durfte und eine Ausnahme nach § 6 Abs. 3 nicht zugelassen war oder

2. entmündigt war oder

3. nicht die Fähigkeit zur Bekleidung öffentlicher Ämter hatte.

(4) [1]Die Nichtigkeit ist von der obersten Dienstbehörde festzustellen. [2]Bei Beamten des Landes ist die Nichtigkeit von der Stelle festzustellen, die für die Ernennung zuständig wäre; wäre der Ministerpräsident für die Ernennung zuständig, ist die Nichtigkeit von der obersten Dienstbehörde festzustellen. [3]Die Verfügung ist dem Beamten, im Falle seines Todes den versorgungsberechtigten Hinterbliebenen, zuzustellen.

§ 14 Rücknahme der Ernennung. (1) Eine Ernennung ist zurückzunehmen,

1. wenn sie durch Zwang, arglistige Täuschung oder Bestechung herbeigeführt wurde oder

2. wenn nicht bekannt war, daß der Ernannte ein Verbrechen oder Vergehen begangen hatte, das ihn der Berufung in das Beamtenverhältnis unwürdig erscheinen läßt und er deswegen rechtskräftig zu einer Strafe verurteilt war oder wird.

(2) Die Ernennung ist auch zurückzunehmen, wenn sie ohne die gesetzlich vorgeschriebene Entscheidung des Landespersonalausschusses oder einer Aufsichtsbehörde ausgesprochen wurde und ihr der Landespersonalausschuß oder die Aufsichtsbehörde nicht nachträglich zustimmt.

(3) Eine Ernennung kann zurückgenommen werden,

1. wenn bei einem nach seiner Ernennung Entmündigten die Voraussetzungen für die Entmündigung im Zeitpunkt der Ernennung vorlagen oder

2. wenn nicht bekannt war, daß der Ernannte in einem Disziplinarverfahren aus dem Dienst entfernt oder zum Verlust der Versorgungsbezüge verurteilt war.

(4) Die Ernennung kann auch nach Beendigung des Beamtenverhältnisses zurückgenommen werden.

§ 15 Verbot der Weiterführung der Dienstgeschäfte, Fristen für die Rücknahme der Ernennung. (1) [1]In den Fällen des § 13 hat der Dienstvorgesetzte, sobald er vom Grund der Nichtigkeit Kenntnis erlangt, dem Ernannten jede weitere Führung der Dienstgeschäfte zu verbieten. [2]Bei Nichtigkeit nach § 13 Abs. 1 ist das Verbot erst dann auszusprechen, wenn die sachlich zuständige Behörde es abgelehnt hat, die Ernennung zu bestätigen.

(2) [1]In den Fällen des § 14 kann die Ernennung nur innerhalb einer Frist von sechs Monaten zurückgenommen werden, nachdem die oberste Dienstbehörde, bei Beamten des Landes die Stelle, die für die Ernennung zuständig wäre, von der Ernennung und dem Grund der Rücknahme Kenntnis erlangt hat. [2]Vor der Rücknahme ist dem Beamten Gelegenheit zur Äußerung zu geben. [3]Die Rücknahme wird von der obersten Dienstbehörde, bei Beamten des Landes von der Stelle, die für die Ernennung zuständig wäre, erklärt. [4]Wäre bei Beamten des Landes der Ministerpräsident für die Ernennung zuständig, so tritt an seine Stelle in den Fällen der Sätze 1 und 3 die oberste Dienstbehörde. [5]Die Erklärung der Rücknahme ist dem Beamten und im Falle seines Todes den versorgungsberechtigten Hinterbliebenen zuzustellen.

§ 16 Wirkung der Rücknahme. (1) Die Rücknahme nach § 14 hat die Wirkung, daß die Ernennung von Anfang an nicht zustande gekommen ist.

(2) [1]Ist eine Ernennung nichtig oder ist sie zurückgenommen worden, so sind die bis zu dem Verbot der Weiterführung der Dienstgeschäfte (§ 15 Abs. 1) oder bis zur Zustellung der Erklärung der Rücknahme (§ 15 Abs. 2) vorgenommenen Amtshandlungen in gleicher Weise wirksam, wie wenn sie ein Beamter ausgeführt hätte. [2]Die dem Ernannten gewährten Leistungen können belassen werden; die Entscheidung trifft die Stelle, die die Nichtigkeit feststellt oder über die Rücknahme entscheidet.

§ 17 Entsprechende Anwendung. Die §§ 13 bis 16 gelten entsprechend für die Übertragung eines anderen Amts mit anderem Endgrundgehalt und gleicher Amtsbezeichnung.

3. Abschnitt

Laufbahnen

1. Unterabschnitt

Allgemeines

§ 18 Laufbahnvorschriften, Ausbildungs- und Prüfungsordnungen. (1) Die Landesregierung erläßt unter Berücksichtigung der Erfordernisse der einzelnen Verwaltungen durch Rechtsverordnung die allgemeinen Vorschriften über die Laufbahnen der Beamten nach den folgenden Grundsätzen.

(2) [1]Die Ausbildungs- und Prüfungsordnungen werden, soweit gesetzlich nichts anderes bestimmt ist, von den Ministerien im Rahmen ihres Geschäftsbereichs durch Rechtsverordnung im Benehmen mit dem Innenministerium erlassen. [2]Für Regelungen im Sinne von § 20 Abs. 3 ist das Einvernehmen mit dem Innenministerium und dem Finanzministerium erforderlich. [3]§ 51 Abs. 5 Satz 2 des Universitätsgesetzes, § 38 Abs. 4 Satz 2 des Fachhochschulgesetzes, § 38 Abs. 6 Satz 2 des Gesetzes über die Pädagogischen Hochschulen im Lande Baden-Württemberg und § 31 Abs. 5 Satz 2 des Kunsthochschulgesetzes bleiben unberührt.

(3) Die Ausbildungs- und Prüfungsordnungen können insbesondere regeln

1. das Ziel der Ausbildung und der Prüfung,

2. die Voraussetzungen der Zulassung zur Ausbildung und Prüfung,

3. die Regelausbildungszeit und die Voraussetzungen ihrer Verlängerung,

4. die Gliederung des Vorbereitungsdienstes,

5. die wichtigen Gründe für die Entlassung aus dem Vorbereitungsdienst,

6. die Anrechnung von Ausbildungszeiten, Beschäftigungszeiten sowie von Prüfungsleistungen in anderen Ausbildungsgängen,

7. die Prüfungsorgane, ihre Zusammensetzung und ihre Zuständigkeit,

8. die Anforderungen in der Prüfung sowie Art und Umfang der Prüfungsleistungen,

9. die Fristen für die Meldung zur Prüfung,

10. das Prüfungsverfahren sowie die Folgen von Verstößen gegen Prüfungsvorschriften,

11. die Bewertung der einzelnen Prüfungsleistungen und die Ermittlung des Prüfungsgesamtergebnisses,

12. den Rücktritt von der Prüfung und die Wiederholbarkeit einer nicht bestandenen Prüfung.

§ 19 Begriff und Gliederung der Laufbahnen. (1) Eine Laufbahn umfaßt alle Ämter derselben Fachrichtung, die eine gleiche Vorbildung und Ausbildung voraussetzen; zur Laufbahn gehören auch Vorbereitungsdienst und Probezeit.

(2) [1]Die Laufbahnen gehören zu den Laufbahngruppen des einfachen, des mittleren, des gehobenen oder des höheren Dienstes; die Zugehörigkeit bestimmt sich nach dem Eingangsamt. [2]Laufbahnen gelten als einander gleichwertig, wenn sie zu derselben Laufbahngruppe gehören und wenn die Befähigung für diese Laufbahnen eine im wesentlichen gleiche Vorbildung und Ausbildung voraussetzt.

2. Unterabschnitt

Laufbahnbewerber

§ 20 Voraussetzungen für die Zulassung. (1) [1]Für die Zulassung zu den Laufbahnen werden die Bildungsgänge und ihre Abschlüsse den Laufbahnen in Übereinstimmung mit dem beamtenrechtlichen Grundsatz der funktionsbezogenen Bewertung zugeordnet. [2]Die Anwendung dieses Grundsatzes im Besoldungsrecht ist dabei zu beachten.

(2) [1]Für die Zulassung ist zu fordern

1. für die Laufbahnen des einfachen Dienstes mindestens der erfolgreiche Besuch einer Hauptschule oder ein als gleichwertig anerkannter Bildungsstand,

2. für die Laufbahnen des mittleren Dienstes mindestens der Abschluß einer Realschule oder der erfolgreiche Besuch einer Hauptschule und eine förderliche abgeschlossene Berufsausbildung oder eine Ausbildung in einem öffentlich-rechtlichen Ausbildungsverhältnis (§ 21) oder ein als gleichwertig anerkannter Bildungsstand,

3. für die Laufbahnen des gehobenen Dienstes eine zu einem Hochschulstudium berechtigende Schulbildung oder ein als gleichwertig anerkannter Bildungsstand,

4. für die Laufbahnen des höheren Dienstes ein nach Absatz 3 Satz 3 geeignetes, mit einer Prüfung abgeschlossenes Studium an einer Universität, einer Technischen Hochschule oder an einer anderen Hochschule in gleichgestellten Studiengängen, dessen Abschlußprüfung ein Regelstudium von mindestens drei Jahren und sechs Monaten voraussetzt.

[2]Über die Anerkennung als gleichwertiger Bildungsstand entscheidet das Ministerium für Kultus und Sport im Einvernehmen mit dem Innenministerium und dem Finanzministerium.

(3) [1]Die Laufbahnvorschriften oder die Ausbildungs- und Prüfungsordnungen bestimmen in Übereinstimmung mit Absatz 1 unter Berücksichtigung der besoldungsrechtlichen Regelungen, welche Bildungsgänge und

Prüfungen nach Absatz 2 Satz 1 Nr. 1 bis 4 die Voraussetzungen für die Laufbahn erfüllen. [2]Absatz 2 Satz 2 bleibt unberührt. [3]Die Bildungsvoraussetzungen müssen geeignet sein, in Verbindung mit der für die Laufbahn vorgeschriebenen berufspraktischen Ausbildung oder Tätigkeit die Anforderungen der Befähigung für die Laufbahn zu erfüllen. [4]Mit dieser Maßgabe müssen sie für gleichzubewertende Befähigungen einander gleichwertig sein. [5]Nach diesen Bestimmungen ist zur Wahrung der Einheitlichkeit, insbesondere zur Sicherung der Ziele des § 122 Abs. 2 des Beamtenrechtsrahmengesetzes, bei der Vorbereitung der Regelungen nach Satz 1 mit den zuständigen Stellen des Bundes und der Länder zusammenzuwirken.

(4) In den Laufbahnvorschriften oder in den Ausbildungs- und Prüfungsordnungen wird bestimmt, ob neben der Vorbildung nach Absatz 2 eine technische oder sonstige Fachbildung nachzuweisen ist.

(5) Die Laufbahnvorschriften können für die Zulassung zu den Laufbahnen Mindest- und Höchstaltersgrenzen bestimmen.

§ 21 Dienstanfänger. (1) [1]Bewerber für die Laufbahnen des mittleren und des gehobenen Dienstes können vor dem Vorbereitungsdienst in einem öffentlich-rechtlichen Ausbildungsverhältnis beschäftigt werden. [2]Das Ausbildungsverhältnis wird durch die Einberufung als Dienstanfänger begründet und endet außer durch Tod

    1. mit der Berufung in das Beamtenverhältnis auf Widerruf,

    2. durch Entlassung.

(2) Im übrigen sind die für Beamte auf Widerruf im Vorbereitungsdienst geltenden Vorschriften mit Ausnahme des § 44 Satz 2 und der §§ 71, 95 und 103 entsprechend anzuwenden.

(3) [1]Dienstanfänger erhalten Unterhaltsbeihilfen. [2]Das Nähere regelt das Finanzministerium in Einvernehmen mit dem Innenministerium durch Rechtsverordnung.

§ 22 Vorbereitungsdienst. (1) [1]Laufbahnbewerber leisten einen Vorbereitungsdienst. [2]Inhalt und Dauer des Vorbereitungsdienstes sind den Erfordernissen der einzelnen Laufbahnen anzupassen.

(2) Der Vorbereitungsdienst in den Laufbahnen des einfachen Dienstes dauert in der Regel sechs Monate.

(3) Der Vorbereitungsdienst in den Laufbahnen des mittleren Dienstes dauert mindestens ein Jahr.

(4) [1]Der Vorbereitungsdienst in den Laufbahnen des gehobenen Dienstes dauert drei Jahre; soweit am 1. September 1976 eine längere Dauer vorgeschrieben war, kann sie weiterhin bis zu dieser Dauer festgesetzt werden. [2]Er vermittelt in einem Studiengang an einer Fachhochschule oder in einem gleichstehenden Studiengang den Beamten die wissenschaftlichen Erkenntnisse und Methoden sowie die berufspraktischen Fähigkeiten und Kenntnisse, die zur Erfüllung der Aufgaben in ihrer Laufbahn erforderlich

sind. [3]Der Vorbereitungsdienst besteht aus Fachstudien von mindestens achtzehnmonatiger Dauer und berufspraktischen Studienzeiten. [4]Die berufspraktischen Studienzeiten umfassen die Ausbildung in fachbezogenen Schwerpunktbereichen der Laufbahnaufgaben; der Anteil der praktischen Ausbildung darf eine Dauer von einem Jahr nicht unterschreiten. [5]Für die Ausbildung der Bezirksnotare kann in den Laufbahnvorschriften eine längere Dauer des Vorbereitungsdienstes vorgeschrieben werden.

(5) [1]In den Laufbahnen des gehobenen Dienstes kann der Vorbereitungsdienst auf eine Ausbildung in fachbezogenen Schwerpunktbereichen der Laufbahnaufgaben beschränkt werden, wenn der Erwerb der wissenschaftlichen Erkenntnisse und Methoden, die zur Erfüllung der Aufgaben der Laufbahn erforderlich sind, durch eine insoweit als geeignet anerkannte Prüfung als Abschluß eines Studiengangs an einer Hochschule oder einer dreijährigen Ausbildung an einer Berufsakademie nachgewiesen worden ist. [2]Die Laufbahnvorschriften oder die Ausbildungs- und Prüfungsordnungen bestimmen, welche Prüfungen geeignet sind. [3]Anrechenbar sind Studienzeiten oder Ausbildungszeiten von der Zeitdauer, um die nach Satz 1 der Vorbereitungsdienst gekürzt ist.

(6) Der Vorbereitungsdienst in den Laufbahnen des höheren Dienstes dauert mindestens zwei Jahre.

(7) Die Laufbahnvorschriften können bestimmen, inwieweit eine für die Ausbildung des Beamten förderliche berufliche Tätigkeit auf den Vorbereitungsdienst angerechnet wird.

§ 23 Beschränkung der Zulassung zum Vorbereitungsdienst. (1) Die Zulassung zum Vorbereitungsdienst kann in den Fällen, in denen der Vorbereitungsdienst Ausbildungsstätte im Sinne des Artikels 12 Abs. 1 des Grundgesetzes ist, nach Maßgabe der folgenden Vorschriften eingeschränkt werden.

(2) [1]Für einen Vorbereitungsdienst kann die Zahl der höchstens aufzunehmenden Bewerber (Zulassungszahl) festgesetzt werden, soweit dies unter Berücksichtigung

1. der voraussichtlich vorhandenen Ausbildungskräfte und der Zahl der Referendare oder Anwärter, die im Durchschnitt von den Ausbildungskräften betreut werden können,

2. der räumlichen Kapazitäten der Ausbildungsstellen,

3. der fachspezifischen Gegebenheiten der Ausbildungseinrichtungen,

4. der zur Verfügung stehenden sächlichen Mittel,

5. der im Haushaltsplan zur Verfügung stehenden Stellen für Referendare und Anwärter

unbedingt erforderlich ist. [2]Zulassungszahlen werden nur für einen bestimmten Zeitraum, längstens für die im Zeitraum des folgenden Jahres bevorstehenden Zulassungstermine, festgesetzt.

(3) Sind Zulassungszahlen festgesetzt, werden die zur Verfügung stehenden Ausbildungsplätze wie folgt verteilt:

1. [1]Vorab werden die Bewerber zugelassen, die eine Dienstpflicht nach Artikel 12a Abs. 1 oder 2 des Grundgesetzes erfüllt oder eine mindestens zweijährige Tätigkeit als Entwicklungshelfer im Sinne des Entwicklungshelfergesetzes vom 18. Juni 1969 (BGBl. I S. 549) geleistet oder das freiwillige soziale Jahr im Sinne des Gesetzes zur Förderung des freiwilligen sozialen Jahres vom 17. August 1964 (BGBl. I S. 640) abgeleistet haben und ohne diese Dienstleistung bereits zum Vorbereitungsdienst zugelassen worden wären oder die zugelassen waren, wegen der Dienstleistung jedoch den Vorbereitungsdienst nicht ableisten konnten. [2]Die Zahl der danach zuzulassenden Bewerber darf jedoch 60 vom Hundert der vorhandenen Ausbildungsplätze nicht übersteigen.

2. Von den danach verbleibenden Plätzen werden vergeben

   a) mindestens 65 vom Hundert nach Eignung und Leistung der Bewerber,

   b) mindestens 10 vom Hundert nach der Dauer der Zeit seit der ersten Antragstellung auf Zulassung zum Vorbereitungsdienst in Baden-Württemberg (Wartezeit),

   c) höchstens 10 vom Hundert für besondere persönliche oder soziale Härtefälle.

(4) [1]Können nicht alle Bewerber, die die Voraussetzungen des Absatzes 3 Nr. 1 erfüllen, zugelassen werden, so gilt Absatz 3 Nr. 2 entsprechend. [2]Sind im Rahmen der Auswahl nach Absatz 3 Nr. 2 Bewerber ranggleich, haben die Bewerber den Vorrang, die eine Dienstleistung im Sinne des Absatzes 3 Nr. 1 abgeleistet haben. [3]Im übrigen entscheidet das Los. [4]Bleiben im Rahmen der Auswahl nach Absatz 3 Nr. 2 Buchst. b und c Plätze frei, werden diese nach Absatz 3 Nr. 2 Buchst. a vergeben.

(5) [1]Im Rahmen der Auswahl nach Absatz 3 Nr. 2 Buchst. b wird nur die Wartezeit berücksichtigt, in welcher der Bewerber zu jedem Zulassungstermin um Zulassung zum Vorbereitungsdienst gebeten hat (ununterbrochene Bewerbung); wurde die Bewerbung unterbrochen, bleibt die bis zur Unterbrechung der Bewerbung verstrichene Wartezeit unberücksichtigt. [2]Besondere Fristen für die Bewerbung um Zulassung zum Vorbereitungsdienst in Ausbildungs- und Prüfungsordnungen bleiben unberührt; die Fristen sind jedoch so lange gehemmt, wie der Vorbereitungsdienst infolge der Beschränkung der Zulassung nicht begonnen werden kann.

§ 24 Rechtsverordnungen. (1) Die Landesregierung bestimmt zur Ausführung des § 23 durch Rechtsverordnung, die der Zustimmung des Landtags bedarf,

1. die Laufbahnen, Fachrichtungen, Fachgebiete oder Fächer, für die die Zulassung zum Vorbereitungsdienst wegen begrenzter Ausbildungskapazitäten beschränkt wird,

2. die Zulassungszahlen,

3. den Zeitraum gemäß § 23 Abs. 2 Satz 2,

4. die Quoten nach § 23 Abs. 3 Nr. 2,

5. die Auswahlkriterien, wobei bei Bewerbern, die die Erste Staatsprüfung oder Hochschulprüfung nicht in Baden-Württemberg abgelegt haben, unterschiedliche Prüfungsanforderungen und Unterschiede in der Bewertung der Prüfungsleistungen berücksichtigt werden können,

6. weitere Einzelheiten der Zulassung, insbesondere das Bewerbungs- und Zulassungsverfahren einschließlich der Festsetzung von Ausschlußfristen.

(2) [1]Die Quoten und die Auswahlkriterien sind im Rahmen der Zulassungszahlen nach § 23 Abs. 2 so zu bestimmen, daß für sämtliche Bewerber unter Berücksichtigung der besonderen Verhältnisse in den einzelnen Ausbildungsbereichen eine Aussicht besteht, nach Möglichkeit innerhalb einer zumutbaren Wartezeit in den Vorbereitungsdienst aufgenommen zu werden. [2]Zu diesem Zweck kann geregelt werden, daß bei der Auswahl nach der Wartezeit

1. die Noten der Ersten Staatsprüfung oder Hochschulprüfung entsprechend der Dauer der Wartezeit angemessen verbessert werden und die Ausbildungsplätze gemäß § 23 Abs. 3 Nr. 2 Buchst. b nach dem sich hieraus ergebenden Rang der Bewerber verteilt werden oder

2. sämtliche Bewerber mit einer längeren Wartezeit den Vorrang vor Bewerbern mit einer kürzeren Wartezeit haben; bei Bewerbern mit gleicher Wartezeit werden die Ausbildungsplätze nach Eignung und Leistung vergeben.

(3) An Stelle des Losverfahrens nach § 23 Abs. 4 Satz 3 kann für Laufbahnen mit verschiedenen Fächern eine andere Regelung getroffen werden, wenn dadurch die vorhandenen Kapazitäten besser genutzt werden können; in diesem Rahmen können auch im Rang unmittelbar nachstehende Bewerber vorgezogen werden.

§ 25 Laufbahnen ohne Vorbereitungsdienst. Die §§ 23 und 24 gelten entsprechend für Laufbahnen, in denen kein Vorbereitungsdienst abzuleisten ist, die aber allgemeine Ausbildungsstätte im Sinne des Artikels 12 Abs. 1 des Grundgesetzes sind.

§ 26 Anrechnung von Ausbildungszeiten. (1) In der Laufbahn des höheren allgemeinen Verwaltungsdienstes kann eine erfolgreich abgeschlossene Ausbildung für die Laufbahn des gehobenen nichttechnischen Verwaltungsdienstes, des Bezirksnotars oder des Rechtspflegers auf Antrag bis zu zwei Semestern auf das Universitätsstudium und bis zu sechs Monaten auf den Vorbereitungsdienst angerechnet werden.

(2) Im übrigen bestimmen die Laufbahnvorschriften, ob und inwieweit ein erfolgreich abgeschlossener Ausbildungsgang für eine Laufbahn auf die Ausbildung für die nächsthöhere Laufbahn derselben Fachrichtung und ein nicht erfolgreich abgeschlossener Ausbildungsgang auf die Ausbildung für die nächstniedere Laufbahn derselben Fachrichtung angerechnet werden können.

§ 27 Laufbahnprüfung. (1) [1]Der Vorbereitungsdienst schließt in den Laufbahnen des mittleren, des gehobenen und des höheren Dienstes mit einer Prüfung ab. [2]Gegenstand der Laufbahnprüfung sind im Falle des § 22 Abs. 5 Ausbildungsinhalte des berufspraktischen Vorbereitungsdienstes.

(2) Die Prüfungen werden vor Prüfungsausschüssen abgelegt, deren Mitglieder bei ihrer Tätigkeit als Prüfer unabhängig und nicht an Weisungen gebunden sind.

(3) Die Laufbahnvorschriften regeln die Zeugnisstufen nach Möglichkeit einheitlich.

§ 28 Besondere Fachrichtungen. Für Beamte besonderer Fachrichtungen können in den Laufbahnvorschriften an Stelle des Vorbereitungsdienstes und der Laufbahnprüfung (§ 22 Abs. 1 bis 6, § 27) andere nach § 20 Abs. 3 gleichwertige Befähigungsvoraussetzungen vorgeschrieben werden, wenn es die besonderen Verhältnisse der Laufbahn erfordern.

§ 29 Probezeit. (1) [1]Die Probezeit ist nach den Erfordernissen der einzelnen Laufbahnen festzusetzen. [2]Sie dauert in den Laufbahnen

1. des einfachen Dienstes mindestens ein Jahr,
2. des mittleren Dienstes mindestens zwei Jahre,
3. des gehobenen Dienstes mindestens zwei Jahre und sechs Monate,
4. des höheren Dienstes mindestens drei Jahre.

[3]Sie soll fünf Jahre nicht übersteigen.

(2) [1]Die Laufbahnvorschriften bestimmen, inwieweit Dienstzeiten im öffentlichen Dienst oder Zeiten, die der Beamte nach Bestehen der Prüfung (§ 27) in einem seiner Vorbildung entsprechenden Beruf zurückgelegt hat, auf die Probezeit angerechnet werden und inwieweit im Einzelfall die Probezeit unter Berücksichtigung des Ergebnisses der Laufbahnprüfung abgekürzt werden kann. [2]Sie bestimmen ferner, inwieweit die Probezeit in Ausnahmefällen durch den Landespersonalausschuß abgekürzt werden kann.

3. Unterabschnitt

Andere Bewerber

§ 30 Voraussetzungen für die Zulassung. (1) Andere Bewerber (§ 6 Abs. 2) sollen nur berücksichtigt werden, wenn keine geeigneten Laufbahnbewerber zur Verfügung stehen oder wenn die Berücksichtigung eines solchen Bewerbers von besonderem Vorteil für die dienstlichen Belange ist.

(2) Ein anderer Bewerber soll nur berücksichtigt werden, wenn er das zweiunddreißigste Lebensjahr vollendet hat und nicht älter als fünfundvierzig Jahre ist.

§ 31 Feststellung der Befähigung. Die Befähigung der anderen Bewerber für die Laufbahn, in der sie verwendet werden sollen, wird durch den Landespersonalausschuß festgestellt.

§ 32 Probezeit. (1) Die Probezeit der anderen Bewerber (§ 8 Abs. 1 Nr. 3 Buchst. b) dauert in den Laufbahnen

1. des einfachen und des mittleren Dienstes mindestens drei Jahre,

2. des gehobenen Dienstes drei bis vier Jahre,

3. des höheren Dienstes drei bis fünf Jahre.

(2) [1]Die Laufbahnvorschriften bestimmen, inwieweit Dienstzeiten im öffentlichen Dienst auf die Probezeit angerechnet werden, wenn die Tätigkeit nach ihrer Art und Bedeutung mindestens einem Amt der betreffenden Laufbahn entsprochen hat. [2]Sie bestimmen ferner, inwieweit die Probezeit in Ausnahmefällen durch den Landespersonalausschuß abgekürzt werden kann.

4. Unterabschnitt

Anstellung, Beförderung und Aufstieg

§ 33 Anstellung. [1]Die Anstellung des Beamten ist nur im Eingangsamt seiner Laufbahn zulässig. [2]Der Landespersonalausschuß kann Ausnahmen zulassen, wenn die Anstellung im Eingangsamt im Hinblick auf das Lebensalter und die bisherige berufliche Tätigkeit eine unbillige Härte bedeuten würde.

§ 34 Beförderung. (1) [1]Beförderung ist eine Ernennung, durch die einem Beamten ein anderes Amt mit höherem Endgrundgehalt und anderer Amtsbezeichnung verliehen wird. [2]Einer Beförderung steht es laufbahnrechtlich gleich, wenn einem Beamten ein anderes Amt mit höherem Endgrundgehalt übertragen wird, ohne daß sich die Amtsbezeichnung ändert.

(2) [1]Eine Beförderung (Absatz 1) ist nicht zulässig

1. während der Probezeit,

2. vor Ablauf eines Jahres nach der Anstellung oder der letzten Beförderung, es sei denn, daß der Beamte sein bisheriges Amt nicht hätte zu durchlaufen brauchen.

[2]Eine Beförderung soll nicht innerhalb von drei Jahren vor Erreichen der Altersgrenze ausgesprochen werden.

(3) Ämter, die regelmäßig zu durchlaufen sind, dürfen nicht übersprungen werden.

(4) Der Landespersonalausschuß kann Ausnahmen von Absatz 2 Satz 1 und Absatz 3 zulassen.

(5) Die Laufbahnvorschriften können für die Beförderung in den Laufbahnen des mittleren, des gehobenen und des höheren Dienstes Mindestdienstzeiten und Mindestaltersgrenzen vorsehen.

§ 35 Aufstieg. [1]Der Aufstieg in die nächsthöhere Laufbahn derselben Fachrichtung ist auch ohne Erfüllung der Eingangsvoraussetzungen für die Laufbahn möglich. [2]Für den Aufstieg soll die Ablegung einer Prüfung verlangt werden; die Laufbahnvorschriften können Abweichendes bestimmen. [3]Ein Studium an einer Fachhochschule im Sinne des § 88 des Fachhochschulgesetzes kann auch ohne die Voraussetzungen des § 20 Abs. 2 Nr. 3 durchgeführt werden.

4. Abschnitt

Versetzung und Abordnung

§ 36 Versetzung. (1) [1]Der Beamte kann in ein anderes Amt einer Laufbahn, für die er die Befähigung besitzt, versetzt werden, wenn er es beantragt oder ein dienstliches Bedürfnis besteht. [2]Ohne seine Zustimmung ist eine Versetzung nur zulässig, wenn das neue Amt zum Bereich desselben Dienstherrn gehört und derselben oder einer gleichwertigen Laufbahn angehört wie das bisherige Amt und mit mindestens demselben Endgrundgehalt verbunden ist. [3]Vor der Versetzung ist der Beamte zu hören.

(2) [1]Mit Zustimmung des Beamten ist seine Versetzung auch in ein Amt eines anderen Dienstherrn zulässig. [2]In diesem Fall wird das Beamtenverhältnis mit dem neuen Dienstherrn fortgesetzt; auf die beamten-und besoldungsrechtliche Stellung des Beamten finden die im Bereich des neuen Dienstherrn geltenden Vorschriften Anwendung. [3]Die Versetzung wird von dem abgebenden im Einverständnis mit dem aufnehmenden Dienstherrn verfügt. [4]Das Einverständnis ist schriftlich zu erklären. [5]In der Verfügung ist zum Ausdruck zu bringen, daß das Einverständnis vorliegt.

§ 37 Abordnung. (1) [1]Der Beamte kann vorübergehend zu einer seinem Amt entsprechenden Tätigkeit an eine andere Dienststelle abgeordnet werden, wenn ein dienstliches Bedürfnis besteht. [2]Die Abordnung zu einem anderen Dienstherrn bedarf der Zustimmung des Beamten, wenn sie die Dauer eines Jahres, bei Beamten auf Widerruf oder auf Probe die Dauer von zwei Jahren, überschreitet; § 36 Abs. 2 Sätze 3 bis 5 gelten entsprechend.

(2) [1]Wird ein Beamter zu einem anderen Dienstherrn abgeordnet, so finden auf ihn die für den Bereich des Dienstherrn geltenden Vorschriften über die Pflichten und Rechte der Beamten mit Ausnahme der Regelungen

über Diensteid, Amtsbezeichnung, Besoldung und Versorgung entsprechende Anwendung. [2]Zur Zahlung der ihm zustehenden Leistungen ist auch der Dienstherr verpflichtet, zu dem er abgeordnet ist.

5. Abschnitt
Rechtsstellung der Beamten bei Auflösung oder Umbildung von Behörden

§ 38 (1) [1]Wird eine Behörde aufgelöst oder auf Grund eines Gesetzes oder einer Rechtsverordnung der Landesregierung mit einer anderen verschmolzen oder in ihrem Aufbau wesentlich verändert, so kann ein Beamter einer beteiligten Behörde, dessen Aufgabengebiet von der Auflösung oder Umbildung berührt wird, auch ohne seine Zustimmung in ein anderes Amt derselben oder einer gleichwertigen Laufbahn mit geringerem Endgrundgehalt versetzt werden, wenn eine seinem bisherigen Amt entsprechende Verwendung nicht möglich ist. [2]Die Versetzung kann nur innerhalb einer Frist von sechs Monaten nach Auflösung der Behörde oder nach Inkrafttreten des Gesetzes oder der Rechtsverordnung ausgesprochen werden. [3]In dem Gesetz oder der Rechtsverordnung kann ein anderer Zeitpunkt für den Beginn der Frist bestimmt werden.

(2) [1]Ein Beamter auf Lebenszeit kann unter den Voraussetzungen des Absatzes 1 in den einstweiligen Ruhestand versetzt werden, wenn seine Versetzung in ein anderes Amt nicht möglich ist. [2]Eine Versetzung in den einstweiligen Ruhestand ist jedoch nur zulässig, soweit aus Anlaß der Auflösung oder Umbildung der Behörde Planstellen eingespart werden. [3]Absatz 1 Sätze 2 und 3 gelten entsprechend.

6. Abschnitt
Beendigung des Beamtenverhältnisses

1. Unterabschnitt
Beendigungsgründe

§ 39 (1) Das Beamtenverhältnis endet außer durch Tod durch

1. Entlassung (§§ 40 bis 48),

2. Verlust der Beamtenrechte (§§ 66 bis 69),

3. Entfernung aus dem Dienst nach den disziplinarrechtlichen Vorschriften.

(2) Das Beamtenverhältnis endet ferner durch Eintritt in den Ruhestand (§§ 49 bis 65) unter Berücksichtigung der die beamtenrechtliche Stellung der Ruhestandsbeamten regelnden Vorschriften.

(3) In den Laufbahnvorschriften oder in Ausbildungs- und Prüfungsordnungen kann bestimmt werden, daß das Beamtenverhältnis eines Beamten auf Widerruf mit der Ablegung der Laufbahnprüfung oder dem wiederholten Nichtbestehen einer Zwischenprüfung, die Voraussetzung für die Ablegung der Laufbahnprüfung ist, endet.

2. Unterabschnitt

Entlassung

§ 40 Entlassung kraft Gesetzes. (1) Der Beamte ist entlassen,

1. wenn er die Eigenschaft als Deutscher im Sinne des Artikels 116 des Grundgesetzes verliert oder

2. wenn er ohne die Zustimmung der obersten Dienstbehörde seinen Wohnsitz oder dauernden Aufenthalt im Ausland nimmt oder

3. wenn er als Beamter auf Probe oder auf Widerruf den Zeitpunkt erreicht, in dem ein Beamter auf Lebenszeit wegen Erreichens der Altersgrenze in den Ruhestand tritt, oder

4. wenn er in ein öffentlich-rechtliches Dienst- oder Amtsverhältnis zu einem anderen Dienstherrn tritt, sofern gesetzlich nichts anderes bestimmt ist oder nach Absatz 4 Satz 2 angeordnet wird. [2]Dies gilt nicht für den Eintritt in ein Beamtenverhältnis auf Widerruf oder als Ehrenbeamter.

(2) Ein Beamter ist, sofern gesetzlich nichts anderes bestimmt ist, mit der Berufung in ein Richterverhältnis zum gleichen Dienstherrn entlassen.

(3) Ein Beamter ist auch mit der Ernennung zum Beamten auf Zeit aus einem anderen Beamtenverhältnis zum gleichen Dienstherrn entlassen.

(4) [1]Die Stelle, die für die Ernennung zuständig wäre, wenn der Ministerpräsident für die Ernennung zuständig wäre, die oberste Dienstbehörde, entscheidet darüber, ob die Voraussetzungen des Absatzes 1 Nr. 1, 2 oder 4 vorliegen, und stellt den Tag der Beendigung des Beamtenverhältnisses fest. [2]In den Fällen des Absatzes 1 Nr. 4 kann im Einvernehmen mit dem neuen Dienstherrn und bei Landesbeamten außerdem im Einvernehmen mit dem Innenministerium und dem Finanzministerium die Fortdauer des Beamtenverhältnisses neben dem neuen Dienst- oder Amtsverhältnis angeordnet werden.

§ 41 Entlassung ohne Antrag. Der Beamte ist zu entlassen,

1. wenn er sich weigert, den gesetzlich vorgeschriebenen Diensteid zu leisten oder ein an dessen Stelle vorgeschriebenes Gelöbnis abzulegen, oder

2. wenn er dienstunfähig (§ 53) ist und das Beamtenverhältnis nicht durch Versetzung in den Ruhestand endet oder

3. wenn er nach Erreichen der Altersgrenze berufen worden ist.

§ 42 Entlassung auf Antrag. (1) [1]Der Beamte kann jederzeit seine Entlassung verlangen. [2]Das Verlangen muß dem Dienstvorgesetzten schriftlich erklärt werden. [3]Die Erklärung kann, solange die Entlassungsverfügung dem Beamten noch nicht zugegangen ist, innerhalb von zwei Wochen nach Zugang bei dem Dienstvorgesetzten, mit Zustimmung der Entlassungsbehörde auch nach Ablauf dieser Frist, zurückgenommen werden.

(2) [1]Die Entlassung ist nach Möglichkeit auf den beantragten Zeitpunkt auszusprechen. [2]Muß sie hinausgeschoben werden, so darf eine Frist von drei Monaten nicht überschritten werden.

§ 43 Entlassung des Beamten auf Probe. (1) Der Beamte auf Probe kann ferner entlassen werden,

1. wenn er eine Handlung begeht, die bei einem Beamten auf Lebenszeit eine Disziplinarmaßnahme zur Folge hätte, die nur im förmlichen Disziplinarverfahren verhängt werden kann, oder

2. wenn er sich in der Probezeit wegen mangelnder Eignung, Befähigung oder fachlicher Leistung nicht bewährt oder

3. wenn die Voraussetzungen des § 38 Abs. 1 Satz 1 vorliegen und eine andere Verwendung nicht möglich ist. [2]Die Entlassung ist nur innerhalb einer Frist von sechs Monaten zulässig.

(2) Ein Beamter auf Probe der in § 60 Abs. 1 bezeichneten Art kann jederzeit entlassen werden.

§ 44 Entlassung des Beamten auf Widerruf. [1]Der Beamte auf Widerruf kann jederzeit durch Widerruf entlassen werden. [2]Dem Beamten auf Widerruf im Vorbereitungsdienst soll Gelegenheit gegeben werden, den Vorbereitungsdienst abzuleisten und die Prüfung abzulegen.

§ 45 Zuständigkeit. Soweit durch Gesetz, Verordnung oder Satzung nichts anderes bestimmt ist, wird die Entlassung von der Stelle verfügt, die für die Ernennung des Beamten zuständig wäre.

§ 46 Fristen. (1) Bei der Entlassung nach § 41 Nr. 2 sowie bei der Entlassung des Beamten auf Probe (§ 43) und des Beamten auf Widerruf (§ 44) sind folgende Fristen einzuhalten:
bei einer Beschäftigungszeit

1. bis zu drei Monaten zwei Wochen zum Monatsschluß,

2. von mehr als drei Monaten ein Monat zum Monatsschluß,

3. von mindestens einem Jahr sechs Wochen zum Schluß des Kalendervierteljahres.

(2) Als Beschäftigungszeit gilt die Zeit ununterbrochener entgeltlicher Tätigkeit im Dienst desselben Dienstherrn oder der Verwaltung, deren Aufgaben der Dienstherr übernommen hat.

(3) Im Falle des § 43 Abs. 1 Nr. 1 können der Beamte auf Probe und der Beamte auf Widerruf ohne Einhaltung einer Frist entlassen werden.

§ 47 Eintritt der Entlassung. (1) Soweit gesetzlich oder in der Entlassungsverfügung nichts anderes bestimmt ist, tritt die Entlassung mit dem Ende des Monats ein, der auf den Monat folgt, in dem die Entlassungsverfügung dem Beamten zugestellt wird.

(2) Im Falle des § 41 Nr. 1 tritt die Entlassung mit der Zustellung der Entlassungsverfügung ein.

§ 48 Folgen der Entlassung. [1]Nach der Entlassung hat der frühere Beamte keinen Anspruch auf Leistungen des Dienstherrn, soweit gesetzlich nichts anderes bestimmt ist. [2]Er darf die Amtsbezeichnung und die im Zusammenhang mit dem Amt verliehenen Titel nur führen, wenn ihm die Erlaubnis nach § 105 Abs. 3 erteilt ist.

3. Unterabschnitt

Ruhestand

§ 49 Voraussetzung für den Eintritt in den Ruhestand. [1]Der Eintritt in den Ruhestand (§§ 49 bis 65) setzt eine Wartezeit von fünf Jahren nach Maßgabe des § 4 Abs. 1 des Beamtenversorgungsgesetzes voraus. [2]Sind die Voraussetzungen des § 4 Abs. 1 des Beamtenversorgungsgesetzes nicht erfüllt, so endet das Beamtenverhältnis statt durch Eintritt in den Ruhestand durch Entlassung.

§ 50 Eintritt in den Ruhestand kraft Gesetzes. (1) Der Beamte auf Lebenszeit tritt mit dem Ablauf des Monats in den Ruhestand, in dem er das fünfundsechzigste Lebensjahr vollendet.

(2) Lehrer an öffentlichen Schulen außer an Hochschulen treten abweichend von Absatz 1 zum Ende des Schuljahres in den Ruhestand, in dem sie das vierundsechzigste Lebensjahr vollenden.

§ 51 Hinausschiebung des Eintritts in den Ruhestand. [1]Wenn dringende dienstliche Rücksichten der Verwaltung im Einzelfall die Fortführung der Dienstgeschäfte durch einen bestimmten Beamten erfordern, kann die Stelle, die für die Ernennung zuständig wäre, den Eintritt in den Ruhestand über das fünfundsechzigste Lebensjahr hinaus mit Zustimmung des Beamten für eine bestimmte Frist, die jeweils ein Jahr nicht übersteigen darf, hinausschieben, jedoch nicht über die Vollendung des achtundsechzigsten Lebensjahres hinaus. [2]Bei Beamten, für deren Ernennung der Ministerpräsident zuständig wäre, trifft die Entscheidung über die Hinausschiebung des Eintritts in den Ruhestand die oberste Dienstbehörde.

§ 52 Versetzung in den Ruhestand ohne Nachweis der Dienstunfähigkeit. [1]Ohne Nachweis der Dienstunfähigkeit kann ein Beamter auf Lebenszeit auf seinen Antrag in den Ruhestand versetzt werden, wenn er

1. das zweiundsechzigste Lebensjahr vollendet hat oder

2. schwerbehindert im Sinne des § 1 des Schwerbehindertengesetzes ist und das sechzigste Lebensjahr vollendet hat. [2]Dem Antrag nach Satz 1 Nr. 2 darf nur entsprochen werden, wenn sich der Beamte unwiderruflich dazu verpflichtet, bis zur Vollendung des zweiundsechzigsten Lebensjahres nicht mehr als durchschnittlich im Monat 425 Deutsche Mark aus Beschäftigungen und Erwerbstätigkeiten hinzuzuverdienen.

§ 53 Versetzung in den Ruhestand wegen Dienstunfähigkeit. (1) [1]Der Beamte auf Lebenszeit ist in den Ruhestand zu versetzen, wenn er infolge eines körperlichen Gebrechens oder wegen Schwäche seiner körperlichen oder geistigen Kräfte zur Erfüllung seiner Dienstpflichten dauernd unfähig (dienstunfähig) ist. [2]Als dienstunfähig kann der Beamte auch dann angesehen werden, wenn er infolge Erkrankung innerhalb eines Zeitraums von sechs Monaten mehr als drei Monate keinen Dienst getan hat und keine Aussicht besteht, daß er innerhalb weiterer sechs Monate wieder voll dienstfähig wird. [3]Bestehen Zweifel über die Dienstunfähigkeit des Beamten, so ist er verpflichtet, sich nach Weisung der Behörde ärztlich untersuchen und, falls ein Amtsarzt dies für erforderlich hält, auch beobachten zu lassen.

(2) Gesetzliche Vorschriften, die für einzelne Beamtengruppen andere Voraussetzungen für die Beurteilung der Dienstunfähigkeit bestimmen, bleiben unberührt.

§ 54 Versetzung in den Ruhestand auf Antrag. (1) Beantragt der Beamte, ihn nach § 53 Abs. 1 in den Ruhestand zu versetzen, so wird seine Dienstunfähigkeit dadurch festgestellt, daß sein unmittelbarer Dienstvorgesetzter, soweit erforderlich nach Einholung eines amtsärztlichen Gutachtens über den Gesundheitszustand, erklärt, er halte ihn nach pflichtgemäßem Ermessen für dauernd unfähig, seine Dienstpflichten zu erfüllen.

(2) Die über die Versetzung in den Ruhestand entscheidende Behörde ist an die Erklärung des unmittelbaren Dienstvorgesetzten nicht gebunden; sie kann auch andere Beweise erheben.

§ 55 Versetzung in den Ruhestand ohne Antrag. (1) [1]Hält der Dienstvorgesetzte den Beamten für dienstunfähig und beantragt dieser die Versetzung in den Ruhestand nicht, so teilt der Dienstvorgesetzte dem Beamten oder seinem Pfleger mit, daß seine Versetzung in den Ruhestand beabsichtigt sei; dabei sind die Gründe für die Versetzung in den Ruhestand anzugeben. [2]Ist der Beamte zur Wahrnehmung seiner Rechte in dem Verfahren nicht in der Lage, so bestellt das Amtsgericht auf Antrag des Dienstvorgesetzten einen Pfleger als gesetzlichen Vertreter in dem Verfahren. [3]Die Vorschriften des Gesetzes über die Angelegenheiten der freiwilligen Gerichtsbarkeit für das Verfahren bei Anordnung einer Pflegschaft nach § 1910 des Bürgerlichen Gesetzbuches gelten entsprechend.

(2) Erhebt der Beamte oder sein Pfleger innerhalb eines Monats keine Einwendungen, so entscheidet die nach § 58 zuständige Behörde über die Versetzung in den Ruhestand.

(3) [1]Werden Einwendungen erhoben, so entscheidet die nach § 58 zuständige Behörde, ob das Verfahren einzustellen oder fortzuführen ist. [2]Die Entscheidung ist dem Beamten oder seinem Pfleger zuzustellen.

(4) [1]Wird das Verfahren fortgeführt, so sind mit dem Ablauf der drei Monate, die auf den Monat der Mitteilung der Entscheidung folgen, bis zum Beginn des Ruhestands die das Ruhegehalt übersteigenden Besoldungsbezüge einzubehalten. [2]Zur Fortführung des Verfahrens wird ein Beamter mit der Ermittlung des Sachverhalts beauftragt; er hat die Rechte und Pflichten des Untersuchungsführers im förmlichen Disziplinarverfahren. [3]Der Beamte oder sein Pfleger ist zu den Vernehmungen zu laden. [4]Nach Abschluß der Ermittlungen ist der Beamte oder sein Pfleger zu dem Ergebnis der Ermittlungen zu hören.

(5) [1]Wird die Dienstfähigkeit des Beamten festgestellt, so ist das Verfahren einzustellen. [2]Die Entscheidung ist dem Beamten oder seinem Pfleger zuzustellen; die nach Absatz 4 Satz 1 einbehaltenen Beträge sind nachzuzahlen. [3]Wird die Dienstunfähigkeit festgestellt, so wird der Beamte mit dem Ablauf des Monats, in dem ihm die Verfügung mitgeteilt worden ist, in den Ruhestand versetzt; die einbehaltenen Beträge werden nicht nachgezahlt.

§ 56 Erneute Berufung nach Wiederherstellung der Dienstfähigkeit. (1) [1]Ist ein wegen Dienstunfähigkeit in den Ruhestand versetzter Beamter wieder dienstfähig geworden, so kann er, solange er das zweiundsechzigste Lebensjahr noch nicht vollendet hat, erneut in das Beamten- oder Richterverhältnis berufen werden, wenn er mindestens seinen früheren allgemeinen Rechtsstand wieder erhält und ihm im Dienstbereich seines früheren Dienstherrn ein Amt seiner früheren oder einer gleichwertigen Laufbahn mit mindestens demselben Endgrundgehalt übertragen werden soll. [2]Nach Ablauf von fünf Jahren seit Beginn des Ruhestands ist eine erneute Berufung in das Beamten- oder Richterverhältnis nur mit Zustimmung des Beamten zulässig.

(2) Beantragt der Beamte nach Wiederherstellung seiner Dienstfähigkeit und vor Ablauf von fünf Jahren seit Beginn des Ruhestands, ihn erneut in das Beamten- oder Richterverhältnis zu berufen, so ist diesem Antrag zu entsprechen, falls nicht zwingende dienstliche Gründe entgegenstehen.

(3) [1]Der Beamte ist verpflichtet, sich nach Weisung der Behörde zur Prüfung der Dienstfähigkeit amtsärztlich untersuchen zu lassen. [2]Er kann eine solche Untersuchung verlangen, wenn er einen Antrag nach Absatz 2 zu stellen beabsichtigt.

(4) Der Ruhestand endet, wenn der Beamte in ein seiner früheren Rechtsstellung voll entsprechendes Beamten- oder Richterverhältnis berufen wird.

§ 57 Versetzung eines Beamten auf Probe in den Ruhestand. (1) [1]Der Beamte auf Probe ist in den Ruhestand zu versetzen, wenn er infolge Krankheit, Verwundung oder sonstiger Beschädigung, die er sich ohne grobes Verschulden bei Ausübung oder aus Veranlassung des Dienstes zugezogen hat, dienstunfähig (§ 53) geworden ist. [2]Als Dienst im Sinne dieser Vorschrift gilt auch eine Lehrtätigkeit im Ausland, für die der Beamte mit Genehmigung der zuständigen obersten Dienstbehörde und mit Zustimmung des Auswärtigen Amts beurlaubt worden ist.

(2) [1]Er kann in den Ruhestand versetzt werden, wenn er aus anderen Gründen dienstunfähig geworden ist. [2]Die Verfügung bedarf bei Landesbeamten, soweit nicht der Ministerpräsident zuständig ist, der Zustimmung des Finanzministeriums.

(3) Die §§ 54 bis 56 gelten entsprechend.

§ 58 Zuständigkeit. [1]Die Versetzung in den Ruhestand wird von der Stelle verfügt, die für die Ernennung des Beamten zuständig wäre. [2]Die Verfügung ist dem Beamten schriftlich zuzustellen; sie kann bis zum Beginn des Ruhestands zurückgenommen werden.

§ 59 Beginn des Ruhestands, Anspruch auf Ruhegehalt. (1) [1]Der Ruhestand beginnt, abgesehen von den Fällen der §§ 50, 51 und des § 55 Abs. 5 Satz 3, mit dem Ablauf der drei Monate, die auf den Monat folgen, in dem die Versetzung in den Ruhestand dem Beamten mitgeteilt worden ist. [2]Bei der Mitteilung der Versetzung in den Ruhestand kann auf Antrag oder mit ausdrücklicher Zustimmung des Beamten ein früherer Zeitpunkt festgesetzt werden. [3]§ 12 Abs. 3 Satz 2 gilt entsprechend.

(2) Der Ruhestandsbeamte erhält auf Lebenszeit Ruhegehalt nach den Vorschriften des Beamtenversorgungsgesetzes.

4. Unterabschnitt

Einstweiliger Ruhestand

§ 60 Politische Beamte. (1) In den einstweiligen Ruhestand können jederzeit versetzt werden

1. Ministerialdirektoren,

2. Regierungspräsidenten,

soweit sie Beamte auf Lebenszeit sind.

(2) Für die in Absatz 1 bezeichneten Beamten entscheidet an Stelle des Landespersonalausschusses die Landesregierung über die Feststellung der Befähigung als anderer Bewerber, über die Abkürzung der Probezeit und über Ausnahmen von laufbahnrechtlichen Vorschriften.

§ 61 Anwendung der Vorschriften über den Ruhestand. Für den einstweiligen Ruhestand gelten die Vorschriften über den Ruhestand, soweit in diesem Gesetz nicht etwas anderes bestimmt ist.

§ 62 Beginn des einstweiligen Ruhestands. Der einstweilige Ruhestand beginnt, wenn nicht im Einzelfall ausdrücklich ein späterer Zeitpunkt festgesetzt wird, mit dem Zeitpunkt, in dem die Versetzung in den einstweiligen Ruhestand dem Beamten mitgeteilt wird, spätestens jedoch mit dem Ablauf der drei Monate, die auf den Monat der Mitteilung folgen.

§ 63 Stellenvorbehalt. Freie Planstellen im Bereich desselben Dienstherrn sollen den in den einstweiligen Ruhestand versetzten Beamten vorbehalten werden, die für diese Stellen geeignet sind.

§ 64 Erneute Berufung in das Beamtenverhältnis. Der in den einstweiligen Ruhestand versetzte Beamte ist verpflichtet, einer Berufung in das Beamten- oder Richterverhältnis Folge zu leisten; § 56 Abs. 1 Satz 1 und Abs. 4 gilt entsprechend.

§ 65 Endgültiger Eintritt in den Ruhestand. Erreicht der in den einstweiligen Ruhestand versetzte Beamte die Altersgrenze, so gilt er in dem Zeitpunkt als dauernd in den Ruhestand getreten, in dem der Beamte auf Lebenszeit wegen Erreichens der Altersgrenze in den Ruhestand tritt.

5. Unterabschnitt

Verlust der Beamtenrechte

§ 66 Verlustgründe. [1]Das Beamtenverhältnis eines Beamten, der im ordentlichen Strafverfahren durch das Urteil eines deutschen Gerichts im Bundesgebiet oder im Lande Berlin

1. wegen einer vorsätzlichen Tat zu Freiheitsstrafe von mindestens einem Jahr oder

2. wegen einer vorsätzlichen Tat, die nach den Vorschriften über Friedensverrat, Hochverrat, Gefährdung des demokratischen Rechtsstaates oder Landesverrat und Gefährdung der äußeren Sicherheit strafbar ist, zu Freiheitsstrafe von mindestens sechs Monaten

verurteilt wird, endet mit der Rechtskraft des Urteils. [2]Entsprechendes gilt, wenn dem Beamten die Fähigkeit zur Bekleidung öffentlicher Ämter aberkannt wird oder wenn der Beamte auf Grund einer Entscheidung des Bundesverfassungsgerichts gemäß Artikel 18 des Grundgesetzes ein Grundrecht verwirkt hat.

§ 67 Folgen des Verlusts. [1]Endet das Beamtenverhältnis nach § 66, so hat der frühere Beamte keinen Anspruch auf Leistungen des Dienstherrn, soweit gesetzlich nichts anderes bestimmt ist. [2]Er darf die Amtsbezeichnung und die im Zusammenhang mit dem Amt verliehenen Titel nicht führen.

§ 68 Gnadenerweis. (1) Dem Ministerpräsidenten steht hinsichtlich des Verlusts der Beamtenrechte (§§ 66 und 67) das Gnadenrecht zu.

(2) Wird im Gnadenweg der Verlust der Beamtenrechte in vollem Umfang beseitigt, so gilt von diesem Zeitpunkt ab § 69 entsprechend.

§ 69 Wiederaufnahmeverfahren. (1) [1]Wird eine Entscheidung, durch die der Verlust der Beamtenrechte bewirkt worden ist, im Wiederaufnahmeverfahren durch eine Entscheidung ersetzt, die diese Wirkung nicht hat, so gilt das Beamtenverhältnis als nicht unterbrochen. [2]Der Beamte hat, sofern er die Altersgrenze noch nicht erreicht hat und noch dienstfähig ist, Anspruch auf Übertragung eines Amts derselben oder einer mindestens gleichwertigen Laufbahn wie sein bisheriges Amt und mit mindestens demselben Endgrundgehalt; bis zur Übertragung des neuen Amts erhält er die Besoldungsbezüge, die ihm aus seinem bisherigen Amt zugestanden hätten.

(2) Ist auf Grund des im Wiederaufnahmeverfahren festgestellten Sachverhalts oder auf Grund eines rechtskräftigen Strafurteils, das nach der früheren Entscheidung ergangen ist, ein Disziplinarverfahren mit dem Ziel der Entfernung des Beamten aus dem Dienst eingeleitet worden, so verliert der Beamte die ihm nach Absatz 1 zustehenden Ansprüche, wenn auf Entfernung aus dem Dienst erkannt wird; bis zur rechtskräftigen Entscheidung können die Ansprüche nicht geltend gemacht werden.

(3) Absatz 2 gilt entsprechend in Fällen der Entlassung eines Beamten auf Probe oder auf Widerruf wegen eines Verhaltens der in § 43 Abs. 1 Nr. 1 bezeichneten Art.

(4) Der Beamte muß sich auf die ihm nach Absatz 1 zustehenden Besoldungsbezüge ein anderes Arbeitseinkommen oder einen Unterhaltsbeitrag anrechnen lassen; er ist zur Auskunft hierüber verpflichtet.

DRITTER TEIL

Rechtliche Stellung des Beamten

1. Abschnitt

Pflichten

1. Unterabschnitt

Allgemeines

§ 70 Amtsführung. (1) [1]Der Beamte dient dem ganzen Volk. [2]Er hat seine Aufgaben unparteiisch und gerecht zu erfüllen und bei seiner Amtsführung auf das Wohl der Allgemeinheit Bedacht zu nehmen.

(2) Der Beamte muß sich durch sein gesamtes Verhalten zu der freiheitlichen demokratischen Grundordnung im Sinne des Grundgesetzes bekennen und für deren Erhaltung eintreten.

§ 71 Diensteid. (1) Der Beamte hat folgenden Diensteid zu leisten:
»Ich schwöre, daß ich mein Amt nach bestem Wissen und Können führen, das Grundgesetz für die Bundesrepublik Deutschland, die Landesverfassung und das Recht achten und verteidigen und Gerechtigkeit gegen jedermann üben werde. So wahr mir Gott helfe.«

(2) Der Eid kann auch ohne die Worte »So wahr mir Gott helfe« geleistet werden.

(3) Gestattet das geltende Recht den Mitgliedern einer Religionsgesellschaft, anstelle der Worte »Ich schwöre« andere Beteuerungsformeln zu gebrauchen, so kann der Beamte, der Mitglied einer solchen Religionsgesellschaft ist, diese Beteuerungsformeln sprechen.

(4) In den Fällen, in denen eine Ausnahme nach § 6 Abs. 3 zugelassen worden ist, kann von einer Eidesleistung abgesehen werden; der Beamte hat, sofern gesetzlich nichts anderes bestimmt ist, zu geloben, daß er seine Amtspflichten gewissenhaft erfüllen wird.

§ 72 Politische Betätigung. Der Beamte hat bei politischer Betätigung diejenige Mäßigung und Zurückhaltung zu wahren, die sich aus seiner Stellung gegenüber der Gesamtheit und aus der Rücksicht auf die Pflichten seines Amts ergeben.

§ 73 Besondere Beamtenpflichten. [1]Der Beamte hat sich mit voller Hingabe seinem Beruf zu widmen. [2]Er hat sein Amt uneigennützig nach bestem Gewissen zu verwalten. [3]Sein Verhalten innerhalb und außerhalb des Dienstes muß der Achtung und dem Vertrauen gerecht werden, die sein Beruf erfordert.

§ 74 Pflichten gegenüber Vorgesetzten. [1]Der Beamte hat seine Vorgesetzten zu beraten und zu unterstützen. [2]Er ist verpflichtet, die von ihnen erlassenen Anordnungen auszuführen und ihre allgemeinen Richtlinien zu befolgen, sofern es sich nicht um Fälle handelt, in denen er nach besonderer gesetzlicher Vorschrift an Weisungen nicht gebunden und nur dem Gesetz unterworfen ist.

§ 75 Verantwortung für Rechtmäßigkeit der Amtshandlungen. (1) Der Beamte trägt für die Rechtmäßigkeit seiner dienstlichen Handlungen die volle persönliche Verantwortung.

(2) [1]Bedenken gegen die Rechtmäßigkeit dienstlicher Anordnungen hat der Beamte unverzüglich bei seinem unmittelbaren Vorgesetzten geltend zu machen. [2]Wird die Anordnung aufrechterhalten, so hat sich der Beamte, wenn seine Bedenken gegen ihre Rechtmäßigkeit fortbestehen, an den nächsthöheren Vorgesetzten zu wenden. [3]Bestätigt dieser die Anordnung,

so muß der Beamte sie ausführen und ist von der eigenen Verantwortung befreit; dies gilt nicht, wenn das ihm aufgetragene Verhalten strafbar oder ordnungswidrig und die Strafbarkeit oder Ordnungswidrigkeit für den Beamten ohne weiteres erkennbar ist oder wenn das ihm aufgetragene Verhalten die Würde des Menschen verletzt. [4]Die Bestätigung ist auf Verlangen schriftlich zu erteilen.

(3) Wird von dem Beamten die sofortige Ausführung einer Anordnung verlangt, weil Gefahr im Verzuge besteht und die Entscheidung des nächsthöheren Vorgesetzten nicht rechtzeitig herbeigeführt werden kann, so gilt Absatz 2 Satz 3 entsprechend.

(4) [1]Vollzugsbeamte sind verpflichtet, unmittelbaren Zwang anzuwenden, der im Vollzugsdienst von ihren Vorgesetzten angeordnet wird, sofern die Anordnung nicht die Menschenwürde verletzt.[2]Die Anordnung darf nicht befolgt werden, wenn dadurch ein Verbrechen oder Vergehen begangen würde. [3]Befolgt der Vollzugsbeamte die Anordnung trotzdem, so trägt er die Verantwortung für sein Handeln nur, wenn er erkennt oder wenn es für ihn ohne weiteres erkennbar ist, daß dadurch ein Verbrechen oder Vergehen begangen wird. [4]Bedenken gegen die Rechtmäßigkeit der Anordnung hat der Vollzugsbeamte unverzüglich seinem Vorgesetzten gegenüber vorzubringen, soweit das nach den Umständen möglich ist. [5]Die Absätze 2 und 3 sind nicht anzuwenden. [6]Vollzugsbeamte im Sinne dieses Absatzes sind Beamte, die unmittelbaren Zwang anzuwenden haben.

§ 76 Beamtenrechtliche Folgen bei Ausübung eines Mandats oder einer ehrenamtlichen Tätigkeit. Die beamtenrechtlichen Folgen, die sich aus der Übernahme oder Ausübung eines Mandats im Bundestag oder im Landtag oder einer ehrenamtlichen Tätigkeit in der Vertretungskörperschaft einer Gemeinde, eines Landkreises oder einer sonstigen der Aufsicht des Landes unterstehenden Körperschaft, Anstalt oder Stiftung des öffentlichen Rechts ergeben, richten sich, unbeschadet des § 112 Abs. 3, nach den hierfür geltenden besonderen Gesetzen.

2. Unterabschnitt

Beschränkung bei der Vornahme von Amtshandlungen

§ 77 Unparteilichkeit bei Amtshandlungen. (1) Der Beamte ist von Amtshandlungen zu befreien, die sich gegen ihn selbst oder einen Angehörigen richten würden.

(2) Angehörige im Sinne des Absatzes 1 sind Personen, zu deren Gunsten dem Beamten im Strafverfahren das Zeugnisverweigerungsrecht wegen familienrechtlicher Beziehungen zusteht.

(3) Gesetzliche Vorschriften, nach denen der Beamte von einzelnen Amtshandlungen ausgeschlossen ist, bleiben unberührt.

§ 78 Verbot der Führung der Dienstgeschäfte. (1) [1]Die oberste Dienstbehörde oder die von ihr bestimmte Behörde kann dem Beamten aus zwingenden dienstlichen Gründen die Führung seiner Dienstgeschäfte verbieten. [2]Das Verbot erlischt mit dem Ablauf von drei Monaten, wenn nicht gegen den Beamten das förmliche Disziplinarverfahren oder ein sonstiges auf Rücknahme der Ernennung oder auf Beendigung des Beamtenverhältnisses gerichtetes Verfahren eingeleitet worden ist.

(2) Der Beamte ist, wenn möglich, vor Erlaß des Verbots zu hören.

3. Unterabschnitt

Amtsverschwiegenheit

§ 79 Umfang. (1) [1]Der Beamte hat, auch nach Beendigung des Beamtenverhältnisses, über die ihm bei seiner amtlichen Tätigkeit bekanntgewordenen Angelegenheiten Verschwiegenheit zu bewahren. [2]Dies gilt nicht für Mitteilungen im dienstlichen Verkehr oder über Tatsachen, die offenkundig sind oder ihrer Bedeutung nach keiner Geheimhaltung bedürfen.

(2) [1]Der Beamte darf ohne Genehmigung über Angelegenheiten im Sinne des Absatzes 1 Satz 1 weder vor Gericht noch außergerichtlich aussagen oder Erklärungen abgeben. [2]Die Genehmigung erteilt der Dienstvorgesetzte oder, wenn das Beamtenverhältnis beendet ist, der letzte Dienstvorgesetzte; ist der letzte Dienstvorgesetzte weggefallen, so wird die Genehmigung vom Innenministerium erteilt. [3]Hat sich der Vorgang, der den Gegenstand der Äußerung bildet, bei einem früheren Dienstherrn ereignet, so darf die Genehmigung nur mit dessen Zustimmung erteilt werden.

(3) [1]Der Beamte hat, auch nach Beendigung des Beamtenverhältnisses, auf Verlangen des Dienstvorgesetzten oder des letzten Dienstvorgesetzten amtliche Schriftstücke, Zeichnungen, bildliche Darstellungen sowie Aufzeichnungen über dienstliche Vorgänge, auch soweit es sich um Wiedergaben handelt, herauszugeben. [2]Die gleiche Verpflichtung trifft seine Hinterbliebenen und seine Erben.

(4) Unberührt bleibt die gesetzlich begründete Pflicht des Beamten, Straftaten anzuzeigen und bei Gefährdung der freiheitlichen demokratischen Grundordnung für deren Erhaltung einzutreten.

§ 80 Aussagegenehmigung. (1) Die Genehmigung, als Zeuge auszusagen, darf nur versagt werden, wenn die Aussage dem Wohle des Bundes oder eines deutschen Landes Nachteile bereiten oder die Erfüllung öffentlicher Aufgaben ernstlich gefährden oder erheblich erschweren würde.

(2) Die Genehmigung, ein Gutachten zu erstatten, kann versagt werden, wenn die Erstattung den dienstlichen Interessen Nachteile bereiten würde.

(3) [1]Ist der Beamte Partei oder Beschuldigter in einem gerichtlichen

Verfahren oder soll sein Vorbringen der Wahrnehmung seiner berechtigten Interessen dienen, so darf die Genehmigung auch dann, wenn die Voraussetzungen des Absatzes 1 erfüllt sind, nur versagt werden, wenn die dienstlichen Rücksichten dies unabweisbar erfordern. [2]Wird sie versagt, so ist dem Beamten der Schutz zu gewähren, den die dienstlichen Rücksichten zulassen.

§ 81 Auskünfte an die Presse. Auskünfte an die Presse erteilt der Vorstand der Behörde oder der von ihm bestimmte Beamte.

4. Unterabschnitt

Nebentätigkeit und Tätigkeit nach Beendigung des Beamtenverhältnisses

§ 82 Pflicht zur Übernahme einer Nebentätigkeit. [1]Der Beamte ist verpflichtet, auf Verlangen seiner obersten Dienstbehörde eine Nebentätigkeit (Nebenamt, Nebenbeschäftigung) im öffentlichen Dienst zu übernehmen und fortzuführen, sofern diese Tätigkeit seiner Vorbildung oder Berufsausbildung entspricht und ihn nicht über Gebühr in Anspruch nimmt. [2]Die oberste Dienstbehörde kann die Befugnis auf nachgeordnete Behörden übertragen.

§ 83 Genehmigungspflichtige Nebentätigkeiten. (1) [1]Der Beamte bedarf der vorherigen Genehmigung zur Übernahme jeder Nebentätigkeit mit Ausnahme der in § 84 genannten, soweit er nicht nach § 82 zur Übernahme verpflichtet ist. [2]Als Nebentätigkeit gilt nicht die Wahrnehmung öffentlicher Ehrenämter; ihre Übernahme ist vor Aufnahme dem Dienstvorgesetzten schriftlich anzuzeigen.

(2) [1]Die Genehmigung ist zu versagen, wenn zu besorgen ist, daß durch die Nebentätigkeit dienstliche Interessen beeinträchtigt werden. [2]Ein solcher Versagungsgrund liegt insbesondere vor, wenn die Nebentätigkeit

1. nach Art und Umfang die Arbeitskraft des Beamten so stark in Anspruch nimmt, daß die ordnungsgemäße Erfüllung seiner dienstlichen Pflichten behindert werden kann,

2. den Beamten in einen Widerstreit mit seinen dienstlichen Pflichten bringen kann,

3. in einer Angelegenheit ausgeübt wird, in der die Behörde, der der Beamte angehört, tätig wird oder tätig werden kann,

4. die Unparteilichkeit oder Unbefangenheit des Beamten beeinflussen kann,

5. zu einer wesentlichen Einschränkung der künftigen dienstlichen Verwendbarkeit des Beamten führen kann,

6. dem Ansehen der öffentlichen Verwaltung abträglich sein kann.

[3]Die Voraussetzung des Satzes 2 Nr. 1 gilt in der Regel als erfüllt, wenn die zeitliche Beanspruchung durch eine oder mehrere Nebentätigkeiten in der

Woche ein Fünftel der regelmäßigen wöchentlichen Arbeitszeit überschreitet. [4]Die Genehmigung kann bedingt oder befristet oder mit Auflagen erteilt werden. [5]Ergibt sich bei der Ausübung der Nebentätigkeit eine Beeinträchtigung dienstlicher Interessen nach Erteilung der Genehmigung, so ist die Genehmigung zu widerrufen.

(3) [1]Nebentätigkeiten, die der Beamte nicht auf Verlangen, Vorschlag oder Veranlassung seines Dienstvorgesetzten übernommen hat, oder bei denen der Dienstvorgesetzte ein dienstliches Interesse an der Übernahme der Nebentätigkeit durch den Beamten nicht anerkannt hat, darf er nur außerhalb der Arbeitszeit ausüben. [2]Ausnahmen dürfen nur in besonders begründeten Fällen, insbesondere im öffentlichen Interesse, zugelassen werden, wenn dienstliche Gründe nicht entgegenstehen und die versäumte Arbeitszeit nachgeleistet wird.

§ 84 Nicht genehmigungspflichtige Nebentätigkeiten. (1) Nicht genehmigungspflichtig ist

1. eine unentgeltliche Nebentätigkeit mit Ausnahme

    a) der Übernahme eines Nebenamtes, einer Vormundschaft, Pflegschaft oder Testamentsvollstreckung,

    b) der Übernahme einer gewerblichen Tätigkeit, der Ausübung eines freien Berufes oder der Mitarbeit bei einer dieser Tätigkeiten,

    c) des Eintritts in ein Organ eines Unternehmens mit Ausnahme einer Genossenschaft sowie der Übernahme einer Treuhänderschaft,

2. die Verwaltung eigenen oder der Nutznießung des Beamten unterliegenden Vermögens,

3. eine schriftstellerische, wissenschaftliche, künstlerische oder Vortragstätigkeit des Beamten,

4. die mit Lehr- oder Forschungsaufgaben zusammenhängende selbständige Gutachtertätigkeit von Lehrern an öffentlichen Hochschulen und Beamten an wissenschaftlichen Instituten und Anstalten,

5. die Tätigkeit zur Wahrung von Berufsinteressen in Gewerkschaften oder Berufsverbänden oder in Selbsthilfeeinrichtungen der Beamten.

(2) [1]Eine nicht genehmigungspflichtige Nebentätigkeit ist ganz oder teilweise zu untersagen, wenn der Beamte bei ihrer Ausübung dienstliche Pflichten verletzt. [2]Der Beamte ist insoweit auf Verlangen der Dienstbehörde verpflichtet, über Art und Umfang der Nebentätigkeit Auskunft zu geben.

§ 85 Regreßanspruch für Haftung aus angeordneter Nebentätigkeit. [1]Der Beamte, der aus einer auf Verlangen, Vorschlag oder Veranlassung seines Dienstvorgesetzten übernommenen Tätigkeit im Vorstand, Aufsichtsrat,

Verwaltungsrat oder in einem sonstigen Organ einer Gesellschaft, Genossenschaft oder eines in einer anderen Rechtsform betriebenen Unternehmens haftbar gemacht wird, hat gegen den Dienstherrn Anspruch auf Ersatz des ihm entstandenen Schadens. [2]Ist der Schaden vorsätzlich oder grob fahrlässig herbeigeführt, so ist der Dienstherr nur dann ersatzpflichtig, wenn der Beamte auf Verlangen eines Vorgesetzten gehandelt hat.

§ 86 Erlöschen der Nebentätigkeiten. Endet das Beamtenverhältnis, so enden, wenn im Einzelfall nichts anderes bestimmt wird, auch die Nebenämter und Nebenbeschäftigungen, die dem Beamten im Zusammenhang mit seinem Hauptamt übertragen sind oder die er auf Verlangen, Vorschlag oder Veranlassung seines Dienstvorgesetzten übernommen hat.

§ 87 Inanspruchnahme von Einrichtungen des Dienstherrn bei Nebentätigkeiten. [1]Der Beamte darf bei der Ausübung von Nebentätigkeiten Einrichtungen, Personal oder Material des Dienstherrn nur bei Vorliegen eines öffentlichen oder wissenschaftlichen Interesses mit dessen Genehmigung und gegen Entrichtung eines angemessenen Entgelts in Anspruch nehmen. [2]Das Entgelt hat sich nach den dem Dienstherrn entstehenden Kosten zu richten und muß den besonderen Vorteil berücksichtigen, der dem Beamten durch die Inanspruchnahme entsteht. [3]Es kann auch nach einem Hundertsatz der für die Nebentätigkeit bezogenen Vergütung bemessen werden.

§ 87a Verfahren, Zuständigkeit. (1) [1]Anträge auf Erteilung einer Genehmigung (§ 83 Abs. 1, § 87 Satz 1) oder auf Zulassung einer Ausnahme (§ 83 Abs. 3 Satz 2) und Entscheidungen über diese Anträge, das Verlangen auf Übernahme einer Nebentätigkeit sowie die Auskunftserteilung nach § 84 Abs. 2 Satz 2 bedürfen der Schriftform. [2]Der Beamte hat die für die Entscheidung erforderlichen Nachweise über Art und Umfang der Nebentätigkeit zu führen. [3]Das dienstliche Interesse (§ 83 Abs. 3 Satz 1) ist aktenkundig zu machen.

(2) [1]Die Entscheidungen über Genehmigungen, über die Zulassung von Ausnahmen und über die Erhebung des Nutzungsentgelts trifft die oberste Dienstbehörde. [2]Sie kann die Befugnisse auf nachgeordnete Behörden übertragen. [3]§ 152 Abs. 4 und § 153 Abs. 5 bleiben unberührt.

§ 88 Ausführungsverordnung. [1]Die zur Ausführung der §§ 82 bis 87a notwendigen Vorschriften über die Nebentätigkeit der Beamten erläßt die Landesregierung durch Rechtsverordnung. [2]In ihr kann insbesondere bestimmt werden,

1. welche Tätigkeiten als öffentlicher Dienst im Sinne dieser Vorschriften anzusehen sind oder ihm gleichstehen,

2. in welchen Fällen Nebentätigkeiten allgemein als genehmigt gelten,

3. ob und inwieweit der Beamte für eine im öffentlichen Dienst ausgeübte oder auf Verlangen, Vorschlag oder Veranlassung seines
Dienstvorgesetzten übernommene oder ihm mit Rücksicht auf
seine dienstliche Stellung übertragene Nebentätigkeit eine Vergütung erhält oder eine erhaltene Vergütung abzuführen hat,

4. unter welchen Voraussetzungen der Beamte bei der Ausübung von
Nebentätigkeiten Einrichtungen, Personal und Material des Dienstherrn in Anspruch nehmen darf, unter welchen Voraussetzungen
eine Inanspruchnahme als geringfügig angesehen werden kann oder
aus besonderen Gründen auf die Entrichtung des Entgelts verzichtet werden kann sowie in welchen Fällen und in welchem Rahmen
als Entgelt Hundertsätze der Nebentätigkeitsvergütung festgesetzt
werden können,

5. ob und inwieweit der Beamte über Nebentätigkeiten und die Höhe
der Nebentätigkeitsvergütungen Auskunft zu geben hat.

§ 88a Tätigkeit nach Beendigung des Beamtenverhältnisses. (1) Ein Ruhe-
standsbeamter oder früherer Beamter mit Versorgungsbezügen, der nach
Beendigung des Beamtenverhältnisses innerhalb eines Zeitraums von fünf
Jahren oder, wenn der Beamte mit dem Ende des Monats in den Ruhestand
tritt, in dem er das 65. Lebensjahr vollendet, innerhalb eines Zeitraums von
drei Jahren außerhalb des öffentlichen Dienstes eine Beschäftigung oder
Erwerbstätigkeit aufnimmt, die mit seiner dienstlichen Tätigkeit in den
letzten fünf Jahren vor Beendigung des Beamtenverhältnisses im Zusammenhang steht und durch die dienstliche Interessen beeinträchtigt werden
können, hat die Beschäftigung oder Erwerbstätigkeit der letzten obersten
Dienstbehörde anzuzeigen.

(2) Die Beschäftigung oder Erwerbstätigkeit ist zu untersagen, wenn
zu besorgen ist, daß durch sie dienstliche Interessen beeinträchtigt
werden.

(3) [1]Das Verbot wird durch die letzte oberste Dienstbehörde ausgesprochen; es endet spätestens mit Ablauf von fünf Jahren nach Beendigung des
Beamtenverhältnisses. [2]Die oberste Dienstbehörde kann ihre Befugnisse
auf nachgeordnete Behörden übertragen.

5. Unterabschnitt

Annahme von Belohnungen

§ 89 [1]Der Beamte darf, auch nach Beendigung des Beamtenverhältnisses,
Belohnungen oder Geschenke in bezug auf sein Amt nur mit Zustimmung
der obersten oder der letzten obersten Dienstbehörde annehmen. [2]Die
Befugnis zur Zustimmung kann auf nachgeordnete Behörden übertragen
werden.

6. Unterabschnitt

Arbeitszeit

§ 90 (1) [1]Die regelmäßige Arbeitszeit der Landesbeamten wird von der Landesregierung durch Rechtsverordnung festgesetzt. [2]Die Gemeinden, die Landkreise und die sonstigen der Aufsicht des Landes unterstehenden Körperschaften, Anstalten und Stiftungen des öffentlichen Rechts dürfen keine andere durchschnittliche Wochenarbeitszeit festsetzen, als sie für Landesbeamte besteht; Regelungen in der in Satz 1 genannten Rechtsverordnung über Arbeitszeitverkürzung durch freie Tage gelten auch für die Beamten dieser Körperschaften, Anstalten und Stiftungen.

(2) [1]Der Beamte ist verpflichtet, ohne Vergütung über die regelmäßige Arbeitszeit hinaus Dienst zu tun, wenn zwingende dienstliche Verhältnisse dies erfordern. [2]Wird er durch eine dienstlich angeordnete oder genehmigte Mehrarbeit mehr als fünf Stunden im Monat über die regelmäßige Arbeitszeit hinaus beansprucht, ist ihm innerhalb von drei Monaten für die über die regelmäßige Arbeitszeit hinaus geleistete Mehrarbeit entsprechende Dienstbefreiung zu gewähren. [3]Ist die Dienstbefreiung aus zwingenden dienstlichen Gründen nicht möglich, so können an ihrer Stelle Beamte in Besoldungsgruppen mit aufsteigenden Gehältern für einen Zeitraum bis zu 40 Stunden im Monat eine Vergütung erhalten. [4]In einer durch andere Maßnahmen nicht zu beseitigenden Ausnahmesituation kann in den Bereichen der Inneren Sicherheit und im ärztlichen Dienst an Krankenhäusern mit Zustimmung der obersten Dienstbehörde, bei Landesbeamten außerdem mit Zustimmung des Finanzministeriums, in den Fällen des Satzes 3 darüber hinaus Mehrarbeitsvergütung wie folgt gezahlt werden: bis 31. Dezember 1986 bis höchstens 60 Stunden im Monat, vom 1. Januar 1987 bis 31. Dezember 1987 bis höchstens 50 Stunden im Monat.

(3) Soweit der Dienst in Bereitschaft besteht, kann die Arbeitszeit entsprechend dem dienstlichen Bedürfnis verlängert werden; im wöchentlichen Zeitraum darf ein Viertel der regelmäßigen Arbeitszeit nicht überschritten werden.

7. Unterabschnitt

Fernbleiben vom Dienst

§ 91 [1]Der Beamte darf dem Dienst nicht ohne Genehmigung seines Dienstvorgesetzten fernbleiben. [2]Dienstunfähigkeit infolge Krankheit ist auf Verlangen nachzuweisen. [3]Ordnet der Dienstvorgesetzte die Untersuchung durch einen beamteten Arzt an, so hat der Dienstherr die Kosten der Untersuchung zu tragen.

8. Unterabschnitt

Wohnung

§ 92 Wohnort. (1) Der Beamte hat seine Wohnung so zu nehmen, daß er in der ordnungsmäßigen Wahrnehmung seiner Dienstgeschäfte nicht beeinträchtigt wird.

(2) Wenn die dienstlichen Verhältnisse es erfordern, kann der Dienstvorgesetzte den Beamten anweisen, seine Wohnung innerhalb bestimmter Entfernung von seiner Dienststelle zu nehmen oder eine Dienstwohnung zu beziehen.

§ 93 Aufenthalt in der Nähe des Dienstorts. Wenn besondere dienstliche Verhältnisse es erfordern, kann der Dienstvorgesetzte den Beamten anweisen, sich während der dienstfreien Zeit in erreichbarer Nähe seines Dienstorts aufzuhalten.

9. Unterabschnitt

Dienstkleidung

§ 94 (1) Der Beamte ist verpflichtet, nach näherer Bestimmung der obersten Dienstbehörde Dienstkleidung zu tragen, wenn es sein Amt erfordert.

(2) [1]Für Landesbeamte erläßt die Landesregierung die näheren Bestimmungen. [2]Sie kann diese Befugnis auf andere Stellen übertragen.

10. Unterabschnitt

Folgen der Nichterfüllung von Pflichten

§ 95 Begriff des Dienstvergehens, Verfahren. (1) [1]Der Beamte begeht ein Dienstvergehen, wenn er schuldhaft die ihm obliegenden Pflichten verletzt. [2]Ein Verhalten des Beamten außerhalb des Dienstes ist ein Dienstvergehen, wenn es nach den Umständen des Einzelfalles in besonderem Maße geeignet ist, Achtung und Vertrauen in einer für sein Amt oder das Ansehen des Beamtentums bedeutsamen Weise zu beeinträchtigen.

(2) Bei einem Ruhestandsbeamten oder früheren Beamten mit Versorgungsbezügen gilt es als Dienstvergehen, wenn er schuldhaft

1. sich gegen die freiheitliche demokratische Grundordnung im Sinne des Grundgesetzes betätigt oder

2. an Bestrebungen teilnimmt, die darauf abzielen, den Bestand oder die Sicherheit der Bundesrepublik zu beeinträchtigen, oder

3. gegen § 79, gegen § 88a oder gegen § 89 verstößt oder

4. entgegen § 56 Abs. 1 oder § 64 einer erneuten Berufung in das Beamten- oder Richterverhältnis nicht nachkommt oder

5. seine Verpflichtung nach § 52 Satz 2 verletzt.

(3) Das Nähere über die Verfolgung von Dienstvergehen regeln die disziplinarrechtlichen Vorschriften.

§ 96 Verpflichtung zum Schadenersatz, Rückgriff. (1) [1]Verletzt ein Beamter schuldhaft die ihm obliegenden Pflichten, so hat er dem Dienstherrn, dessen Aufgaben er wahrgenommen hat, den daraus entstandenen Schaden zu ersetzen. [2]Hat der Beamte seine Amtspflicht in Ausübung eines ihm anvertrauten öffentlichen Amts verletzt, so hat er dem Dienstherrn den Schaden nur insoweit zu ersetzen, als ihm Vorsatz oder grobe Fahrlässigkeit zur Last fällt. [3]Haben mehrere Beamte den Schaden gemeinsam verursacht, so haften sie als Gesamtschuldner.

(2) Hat der Dienstherr einem Dritten auf Grund der Vorschrift des Artikels 34 Satz 1 des Grundgesetzes Schadenersatz geleistet, so ist der Rückgriff gegen den Beamten nur insoweit zulässig, als ihm Vorsatz oder grobe Fahrlässigkeit zur Last fällt.

(3) [1]Die Ansprüche nach Absatz 1 verjähren in drei Jahren von dem Zeitpunkt an, in dem der Dienstherr von dem Schaden und der Person des Ersatzpflichtigen Kenntnis erlangt hat, ohne Rücksicht auf diese Kenntnis in zehn Jahren von der Begehung der Handlung an. [2]Die Ansprüche nach Absatz 2 verjähren in drei Jahren vom Zeitpunkt an, in dem der Ersatzanspruch des Dritten diesem gegenüber vom Dienstherrn anerkannt oder dem Dienstherrn gegenüber rechtskräftig festgestellt ist und der Dienstherr von der Person des Ersatzpflichtigen Kenntnis erlangt hat.

(4) Leistet der Beamte dem Dienstherrn Ersatz und hat dieser einen Ersatzanspruch gegen einen Dritten, so geht der Ersatzanspruch auf den Beamten über.

§ 97 Folgen des Fernbleibens vom Dienst. [1]Verliert der Beamte wegen ungenehmigten schuldhaften Fernbleibens vom Dienst nach dem Bundesbesoldungsgesetz seine Bezüge, so verliert er auch sonstige Leistungen des Dienstherrn für die Zeit seines Fernbleibens. [2]Eine disziplinarrechtliche Verfolgung ist in diesen Fällen nicht ausgeschlossen. [3]Die Feststellung und Mitteilung des Verlusts der Bezüge und der sonstigen Leistungen erfolgt durch den Dienstvorgesetzten.

2. Abschnitt

Rechte

1. Unterabschnitt

Fürsorge und Schutz

§ 98 Allgemeines. [1]Der Dienstherr hat im Rahmen des Dienst- und Treueverhältnisses für das Wohl des Beamten und seiner Familie, auch für die

Zeit nach Beendigung des Beamtenverhältnisses, zu sorgen. [2]Er schützt ihn bei seiner amtlichen Tätigkeit und in seiner Stellung als Beamter. [3]Er gewährt ihm insbesondere auch Schutz vor jeder politischen Einflußnahme von außen, die geeignet oder bestimmt ist, ihn in der pflichtgemäßen Verwaltung seines Amts zu beeinträchtigen.

§ 99 Mutterschutz, Erziehungsurlaub. Die Landesregierung regelt durch Rechtsverordnung die der Eigenart des öffentlichen Dienstes entsprechende Anwendung

1. der Vorschriften des Mutterschutzgesetzes auf Beamtinnen,

2. der Vorschriften des Bundeserziehungsgeldgesetzes über den Erziehungsurlaub auf Beamte; dabei kann die Gewährung von beihilfegleichen Leistungen, von heilfürsorgegleichen Leistungen und die Erstattung von Beiträgen zur Krankenversicherung festgelegt werden.

§ 100 Jugendarbeitsschutz. Die Landesregierung erläßt durch Rechtsverordnung Vorschriften zum Jugendarbeitsschutz für Beamte unter achtzehn Jahren (jugendliche Beamte) nach Maßgabe des § 55a Abs. 2 bis 6 des Beamtenrechtsrahmengesetzes.

§ 101 Beihilfe. (1) [1]Den Beamten, Ruhestandsbeamten, früheren Beamten, Witwern und Waisen wird zu Aufwendungen in Krankheits-, Geburts- und Todesfällen sowie zur Gesundheitsvorsorge Beihilfe gewährt, solange ihnen laufende Besoldungs- oder Versorgungsbezüge zustehen. [2]Das Nähere regelt das Finanzministerium im Einvernehmen mit dem Innenministerium durch Rechtsverordnung. [3]Dabei ist insbesondere zu bestimmen:

1. welche Personen beihilfeberechtigt und welche Personen berücksichtigungsfähig sind;

2. welche Aufwendungen beihilfefähig sind; kleinere gesetzliche Kostenanteile sowie Kosten des Besuchs vorschulischer oder schulischer Einrichtungen und von berufsfördernden Maßnahmen dürfen nicht einbezogen werden;

3. unter welchen Voraussetzungen eine Beihilfe zu gewähren ist oder gewährt werden kann;

4. wie die Beihilfe zu bemessen ist. Die Beihilfe soll grundsätzlich zusammen mit Leistungen Dritter und anderen Ansprüchen die tatsächlich entstandenen Aufwendungen nicht übersteigen; sie soll die notwendigen und angemessenen Aufwendungen unter Berücksichtigung der Eigenvorsorge und zumutbarer Selbstbehalte decken. In der Regel umfaßt die zumutbare Eigenvorsorge beim Beihilfeberechtigten 50 vom Hundert, beim nach der Höhe seiner Einkünfte wirtschaftlich nicht unabhängigen Ehegatten sowie bei Versorgungsempfängern 30 vom Hundert und bei den Kindern 20

vom Hundert dieser Aufwendungen, im Falle der freiwilligen Versicherung in der gesetzlichen Krankenversicherung die Leistungen im Umfang nach der Reichsversicherungsordnung;

5. wie übergangsweise die Gemeinden, Landkreise und die sonstigen der Aufsicht des Landes unterstehenden Körperschaften, Anstalten und Stiftungen des öffentlichen Rechts die zu leistende Beihilfe über eine Versicherung gewähren können.

(2) ¹Die Beihilfeakte ist getrennt von den übrigen Personalakten zu führen. ²Die Verwendung und Weitergabe der bei der Bearbeitung der Beihilfe bekanntgewordenen Daten über persönliche und sachliche Verhältnisse von natürlichen Personen sind für andere als für Beihilfezwecke nur zulässig, wenn und soweit

1. eine Rechtsvorschrift dies zuläßt

2. der Beihilfeberechtigte im Einzelfall einverstanden ist,

3. die Durchführung eines im Zusammenhang mit einem Beihilfeverfahren stehenden gerichtlichen Verfahrens einschließlich eines Straf- oder Disziplinarverfahrens dies erfordert oder

4. die Abwehr einer erheblichen Beeinträchtigung des Gemeinwohls oder der Schutz berechtigter, höherrangiger Interessen eines Dritten dies erfordert.

³Soweit die Daten auch für die Festsetzung der Bezüge maßgeblich sind, dürfen sie dafür verwendet und weitergegeben werden.

§ 102 Ersatz von Sachschaden. (1) ¹Sind durch plötzliche äußere Einwirkung in Ausübung oder infolge des Dienstes Kleidungsstücke oder sonstige Gegenstände, die der Beamte mit sich geführt hat, beschädigt oder zerstört worden oder abhanden gekommen, ohne daß ein Körperschaden entstanden ist, so kann dem Beamten dafür Ersatz geleistet werden. ²§ 31 Abs. 1 Satz 2 und Abs. 2 Satz 1 des Beamtenversorgungsgesetzes gilt entsprechend.

(2) ¹Ersatz kann auch geleistet werden, wenn ein während einer Dienstreise oder eines Dienstganges abgestelltes, aus triftigem Grund im Sinne des § 6 Abs. 1 Satz 1 oder Abs. 2 Satz 1 des Landesreisekostengesetzes benutztes privateigenes Kraftfahrzeug durch plötzliche äußere Einwirkung beschädigt oder zerstört worden oder abhanden gekommen ist und sich der Grund zum Verlassen des Kraftfahrzeuges aus der Ausübung des Dienstes ergeben hat. ²Satz 1 gilt entsprechend, wenn ein privateigenes Kraftfahrzeug für den Weg nach und von der Dienststelle benutzt wurde und dessen Benutzung wegen der Durchführung einer Dienstreise oder eines Dienstganges mit diesem Kraftfahrzeug am selben Tag erforderlich gewesen ist.

(3) ¹Ersatz wird nur geleistet, soweit Ersatzansprüche gegen Dritte nicht bestehen oder nicht verwirklicht werden können. ²Ersatz wird nicht geleistet, wenn der Beamte

1. den Schaden vorsätzlich herbeigeführt hat,
2. das Schadensereignis nicht innerhalb einer Ausschlußfrist von zwei Jahren, im Fall des Absatzes 2 von einem Monat nach seinem Eintritt beim Dienstvorgesetzten oder bei der für die Festsetzung der Ersatzleistung zuständigen Stelle gemeldet hat.

(4) [1]Über die Ersatzleistung entscheidet die oberste Dienstbehörde. [2]Die Ministerien werden ermächtigt, durch Rechtsverordnung die Befugnisse auf andere Stellen zu übertragen. [3]Die zur Durchführung erforderliche Verwaltungsvorschrift erläßt das Finanzministerium.

§ 103 Jubiläumsgabe. (1) Den Beamten ist anläßlich des 25-, 40- und 50jährigen Dienstjubiläums eine Jubiläumsgabe zu zahlen.

(2) Das Nähere regelt die Landesregierung durch Rechtsverordnung.

2. Unterabschnitt

Amtsbezeichnung

§ 104 Festsetzung der Amtsbezeichnung. (1) Eine Amtsbezeichnung, die herkömmlich für ein Amt verwendet wird, das eine bestimmte Befähigung voraussetzt und einen bestimmten Aufgabenkreis umfaßt, darf nur einem Beamten verliehen werden, der ein solches Amt bekleidet.

(2) [1]Die Amtsbezeichnungen der Landesbeamten werden durch den Ministerpräsidenten festgesetzt, soweit sie nicht gesetzlich bestimmt sind. [2]Der Ministerpräsident kann die Ausübung dieser Befugnis auf andere Stellen übertragen. [3]Er kann einem Beamten eine andere als die für sein Amt vorgesehene Amtsbezeichnung verleihen.

§ 105 Führen der Amtsbezeichnung. (1) [1]Der Beamte hat das Recht, innerhalb und außerhalb des Dienstes die mit seinem Amt verbundene Amtsbezeichnung zu führen. [2]Ein Anspruch auf Anrede mit der Amtsbezeichnung besteht nicht. [3]Nach dem Übertritt in ein anderes Amt darf der Beamte die bisherige Amtsbezeichnung nicht mehr führen; in den Fällen der Versetzung in ein Amt mit geringerem Endgrundgehalt gilt Absatz 2 Satz 2 und 3 entsprechend.

(2) [1]Der Ruhestandsbeamte hat das Recht, die ihm bei der Versetzung in den Ruhestand zustehende Amtsbezeichnung mit dem Zusatz »außer Dienst (a.D.)« und die im Zusammenhang mit dem Amt verliehenen Titel weiterzuführen. [2]Wird ihm ein neues Amt übertragen, so erhält er die Amtsbezeichnung des neuen Amts; gehört dieses Amt nicht einer Besoldungsgruppe mit mindestens demselben Endgrundgehalt an wie das bisherige Amt, so darf er neben der neuen Amtsbezeichnung die des früheren Amts mit dem Zusatz »außer Dienst (a.D.)« führen. [3]Ändert sich die Bezeichnung des früheren Amts, so darf die geänderte Amtsbezeichnung geführt werden.

(3) [1]Einem entlassenen Beamten kann die für die Entlassung zuständige Behörde die Erlaubnis erteilen, die Amtsbezeichnung mit dem Zusatz »außer Dienst (a.D.)« sowie die im Zusammenhang mit dem Amt verliehenen Titel zu führen. [2]Die Erlaubnis kann zurückgenommen werden, wenn der entlassene Beamte sich ihrer als nicht würdig erweist.

3. Unterabschnitt
Besoldung, Versorgung und sonstige Leistungen

§ 106 Allgemeines. (1) Die Besoldung der Beamten wird durch das Bundesbesoldungsgesetz und das Landesbesoldungsgesetz geregelt.

(2) [1]Hat der Beamte mit Genehmigung der obersten Dienstbehörde gleichzeitig mehrere besoldete Hauptämter bei demselben oder bei verschiedenen Dienstherren inne, so erhält er, wenn nicht einheitliche Besoldung vorgesehen ist, Besoldung nur aus einem Amt. [2]Die oberste Dienstbehörde, bei Landesbeamten das Finanzministerium, bestimmt das Amt, aus dem die Besoldung zu zahlen ist; gehört eines der Ämter dem Dienst eines andere Dienstherrn an, so ist das Einvernehmen mit diesem herbeizuführen.

(3) [1]Wird durch ein verwaltungsgerichtliches Urteil festgestellt, daß ein Beamtenverhältnis oder ein Anspruch auf Versorgung noch besteht, so muß sich der Beamte oder Versorgungsempfänger auf die ihm für die Zeit, die er außerhalb des Dienstes verbracht hat, oder für die Zeit des Verlusts der Versorgungsbezüge nachzuzahlenden Besoldungs- oder Versorgungsbezüge ein anderes aus der Verwendung seiner Arbeitskraft erzieltes Einkommen oder einen Unterhaltsbeitrag anrechnen lassen. [2]Er ist zur Auskunft hierüber verpflichtet.

(4) Die Versorgung richtet sich nach den Vorschriften des Beamtenversorgungsgesetzes.

§ 107 Übertragung von Zuständigkeiten. (1) [1]Die Ministerien werden ermächtigt, durch Rechtsverordnung die ihnen nach dem Beamtenversorgungsgesetz als oberster Dienstbehörde gegenüber Landesbeamten und Versorgungsempfängern (Landesbeamten) bei Körperschaften, Anstalten und Stiftungen des öffentlichen Rechts, die ihrer Aufsicht unterstehen, zustehenden Befugnisse auf diese zu übertragen. [2]Rechtsverordnungen nach Satz 1, durch welche Zuständigkeiten nach § 49 des Beamtenversorgungsgesetzes übertragen werden, bedürfen des Einvernehmens mit dem Finanzministerium.

(2) [1]Die Ministerien werden ermächtigt, durch Rechtsverordnung die ihnen nach dem Bundesbesoldungsgesetz als oberster Dienstbehörde gegenüber Landesbeamten bei Körperschaften, Anstalten und Stiftungen des öffentlichen Rechts, die ihrer Aufsicht unterstehen, zustehenden Befugnisse auf diese zu übertragen, soweit dies nach dem Bundesbesoldungsge-

setz zulässig ist. [2]Rechtsverordnungen nach Satz 1, durch welche Befugnisse übertragen werden, die nach dem Bundesbesoldungsgesetz das Einvernehmen mit dem für das Besoldungsrecht zuständigen Minister erfordern, bedürfen des Einvernehmens mit dem Finanzministerium. [3]Das Finanzministerium kann durch Rechtsverordnung seine Befugnisse entsprechend Satz 1 übertragen.

§ 108 Verzinsung, Abtretung, Verpfändung, Aufrechnung und Zurückbehaltung. § 3 Abs. 6 und § 11 des Bundesbesoldungsgesetzes gelten entsprechend für die Verzinsung, die Abtretung, die Verpfändung, das Aufrechnungs- und Zurückbehaltungsrecht bei anderen Leistungen, die nicht Besoldung oder Versorgung sind.

§ 109 Rückforderung von Leistungen. Für die Rückforderung von Leistungen des Dienstherrn, die nicht Besoldung oder Versorgung sind, ist § 12 Abs. 2 des Bundesbesoldungsgesetzes entsprechend anzuwenden.

§ 110 Übergang des Schadenersatzanspruchs. [1]Wird ein Beamter oder Versorgungsberechtigter oder einer ihrer Angehörigen körperlich verletzt oder getötet, so geht ein gesetzlicher Schadenersatzanspruch, der diesen Personen infolge der Körperverletzung oder der Tötung gegen einen Dritten zusteht, insoweit auf den Dienstherrn über, als dieser während einer auf der Körperverletzung beruhenden Aufhebung der Dienstfähigkeit oder infolge der Körperverletzung oder der Tötung zur Gewährung von Leistungen verpflichtet ist. [2]Satz 1 gilt sinngemäß auch für gesetzliche Schadenersatzansprüche wegen der Beschädigung, Zerstörung oder Wegnahme von Heil-, Hilfsmitteln oder Körperersatzstücken sowie für Erstattungsansprüche. [3]Ist eine Versorgungskasse zur Gewährung der Versorgung oder einer anderen Leistung verpflichtet, so geht der Anspruch auf sie über. [4]Der Übergang des Anspruchs kann nicht zum Nachteil des Verletzten oder der Hinterbliebenen geltend gemacht werden.

4. Unterabschnitt

Reise- und Umzugskosten

§ 111 Reise- und Umzugskostenvergütungen der Beamten werden durch Gesetz geregelt.

5. Unterabschnitt

Urlaub

§ 112 (1) [1]Dem Beamten steht alljährlich ein Erholungsurlaub unter Fortgewährung der Bezüge zu. [2]Die näheren Vorschriften über Dauer und Erteilung des Erholungsurlaubs werden von der Landesregierung durch Rechtsverordnung erlassen.

(2) Die Landesregierung regelt durch Rechtsverordnung ferner die Bewilligung von Urlaub aus anderen Anlässen und bestimmt dabei, ob und inwieweit die Bezüge während eines solchen Urlaubs zu belassen sind.

(3) Zur Ausübung einer ehrenamtlichen Tätigkeit in der Vertretungskörperschaft einer Gemeinde, eines Landkreises oder einer sonstigen der Aufsicht des Landes unterstehenden Körperschaft, Anstalt oder Stiftung des öffentlichen Rechts oder im Bezirksbeirat oder im Ortschaftsrat ist dem Beamten der erforderliche Urlaub unter Belassung der Bezüge zu gewähren.

6. Unterabschnitt

Personalakten

§ 113 (1) Über jeden Beamten sind Personalakten zu führen.

(2) [1]In die Personalakten gehören alle den Beamten betreffenden Vorgänge, die in einem inneren Zusammenhang mit dem Beamtenverhältnis stehen. [2]Sie dürfen ohne Zustimmung des Beamten keine Angaben über seine politische, weltanschauliche oder religiöse Überzeugung enthalten; der Zustimmung des Beamten bedarf es nicht, wenn an den Angaben ein rechtliches Interesse besteht.

(3) [1]Der Beamte muß über Beschwerden und Behauptungen tatsächlicher Art, die für ihn ungünstig sind oder ihm nachteilig werden können, vor Aufnahme in die Personalakten gehört werden. [2]Die Äußerung des Beamten ist zu den Personalakten zu nehmen.

(4) [1]Über den Beamten dürfen bei einer Behörde oder Dienststelle außer den Personalakten keine weiteren Akten geführt werden. [2]Die oberste Dienstbehörde bestimmt, bei welcher Behörde oder Dienststelle die Hauptpersonalakten über den Beamten zu führen sind. [3]Dienstliche Beurteilungen und Vorgänge, die Grundlage für eine dienstliche Beurteilung des Beamten sein können, müssen in die Hauptpersonalakten aufgenommen werden.

(5) [1]Der Beamte hat, auch nach Beendigung des Beamtenverhältnisses, ein Recht auf Einsicht in seine vollständigen Personalakten. [2]Auf Antrag des Beamten ist auch einem von ihm bevollmächtigten Beamten, Rechtsanwalt oder Vertreter einer Gewerkschaft oder eines Berufsverbands Einsicht in die Personalakten zu gewähren. [3]Anderen Bevollmächtigten kann Einsicht gewährt werden.

7. Unterabschnitt

Vereinigungsfreiheit

§ 114 (1) [1]Die Beamten haben das Recht, sich in Gewerkschaften oder Berufsverbänden zusammenzuschließen. [2]Sie können ihre Gewerkschaft oder ihren Berufsverband mit ihrer Vertretung beauftragen, soweit gesetzlich nichts anderes bestimmt ist.

(2) Kein Beamter darf wegen seiner Zugehörigkeit oder Nichtzugehörigkeit zu einer Gewerkschaft oder einem Berufsverband oder wegen seiner Betätigung für eine Gewerkschaft oder einen Berufsverband dienstlich bevorzugt, gemaßregelt oder benachteiligt werden.

8. Unterabschnitt
Dienstliche Beurteilung, Dienstzeugnis

§ 115 Dienstliche Beurteilung. (1) [1]Eignung, Befähigung und fachliche Leistung der Beamten sind in regelmäßigen Zeitabständen zu beurteilen. [2]Durch Rechtsverordnung der Landesregierung kann bestimmt werden, daß die Beamten außerdem anläßlich bestimmter Personalmaßnahmen beurteilt werden; in der Rechtsverordnung können für Landesbeamte auch Grundsätze der Beurteilung und des Verfahrens, insbesondere die Zeitabstände der regelmäßigen Beurteilung, festgelegt sowie Ausnahmen für bestimmte Gruppen von Beamten zugelassen werden. [3]Im übrigen bestimmen die obersten Dienstbehörden die Einzelheiten der Beurteilung für ihren Dienstbereich.

(2) [1]Beurteilungen sind dem Beamten bekanntzugeben und auf Verlangen mit ihm zu besprechen. [2]Für schriftliche Äußerungen des Beamten zu den Beurteilungen gilt § 113 Abs. 4 Satz 3 entsprechend.

§ 116 Dienstzeugnis. (1) [1]Dem Beamten wird nach Beendigung des Beamtenverhältnisses oder beim Wechsel des Dienstherrn auf Antrag von seinem letzten Dienstvorgesetzten ein Dienstzeugnis über Art und Dauer der von ihm bekleideten Ämter erteilt. [2]Außerdem ist auf Antrag zum Zweck der Bewerbung um eine Stelle bei einem anderen Dienstherrn oder außerhalb des öffentlichen Dienstes ein Dienstzeugnis zu erteilen.

(2) Das Dienstzeugnis muß auf Verlangen des Beamten auch über die von ihm ausgeübte Tätigkeit und seine Leistungen Auskunft geben.

3. Abschnitt
Verfahren bei Beschwerden und bei Klagen aus dem Beamtenverhältnis

§ 117 Beschwerde. (1) [1]Der Beamte hat das Recht, Anträge und Beschwerden vorzubringen; hierbei ist der Dienstweg einzuhalten. [2]Der Beschwerdeweg bis zur obersten Dienstbehörde steht ihm offen.

(2) Richtet sich die Beschwerde gegen den unmittelbaren Vorgesetzten, so kann sie bei dem nächsthöheren Vorgesetzten unmittelbar eingereicht werden.

§ 118 Vertretung des Dienstherrn. (1) Bei Klagen aus dem Beamtenverhältnis (§§ 126 und 127 des Beamtenrechtsrahmengesetzes*) wird der Dienstherr durch die oberste Dienstbehörde vertreten, der der Beamte untersteht oder bei der Beendigung des Beamtenverhältnisses unterstanden hat.

(2) Besteht die oberste Dienstbehörde nicht mehr und ist eine andere Dienstbehörde nicht bestimmt, so tritt an ihre Stelle das Finanzministerium.

(3) Die nach Absatz 1 oder 2 zur Vertretung des Dienstherrn zuständige Behörde kann die Vertretung durch allgemeine Anordnung anderen Behörden übertragen; die Anordnung ist im Gesetzblatt für Baden-Württemberg zu veröffentlichen.

§ 119 Zustellung. Verfügungen und Entscheidungen, die dem Beamten, Ruhestandsbeamten oder sonstigen Versorgungsberechtigten nach den Vorschriften dieses Gesetzes oder des Beamtenversorgungsgesetzes mitzuteilen sind, sind nach den Vorschriften des Verwaltungszustellungsgesetzes für Baden-Württemberg zuzustellen, wenn durch sie eine Frist in Lauf gesetzt wird oder Rechte des Empfängers berührt werden.

---

* *§§ 126, 127 des Beamtenrechtsrahmengesetzes:*

§ 126

(1) Für alle Klagen der Beamten, Ruhestandsbeamten, früheren Beamten und der Hinterbliebenen aus dem Beamtenverhältnis ist der Verwaltungsrechtsweg gegeben.

(2) Für Klagen des Dienstherrn gilt das gleiche.

(3) Für Klagen nach Absatz 1, einschließlich der Leistungs- und Feststellungsklagen, gelten die Vorschriften des 8. Abschnitts der Verwaltungsgerichtsordnung mit folgenden Maßgaben:

1. Eines Vorverfahrens bedarf es auch dann, wenn der Verwaltungsakt von der obersten Dienstbehörde erlassen worden ist.

2. Den Widerspruchsbescheid erläßt die oberste Dienstbehörde. Sie kann die Entscheidung für Fälle, in denen sie den Verwaltungsakt nicht selbst erlassen hat, durch allgemeine Anordnung auf andere Behörden übertragen; die Anordnung ist zu veröffentlichen.

§ 127

Für die Revision gegen das Urteil eines Oberverwaltungsgerichts über eine Klage aus dem Beamtenverhältnis gilt folgendes:

1. Die Revision ist außer in den Fällen des § 132 Abs. 2 der Verwaltungsgerichtsordnung zuzulassen, wenn das Urteil von der Entscheidung eines anderen Oberverwaltungsgerichts abweicht und auf dieser Abweichung beruht, solange eine Entscheidung des Bundesverwaltungsgerichts in der Rechtsfrage nicht ergangen ist.

2. Die Revision kann außer auf die Verletzung von Bundesrecht darauf gestützt werden, daß das angefochtene Urteil auf der Verletzung von Landesrecht beruhe.

4. Abschnitt

Beteiligung der Gewerkschaften, Berufsverbände und kommunalen Landesverbände

§ 120 [1]Bei der Vorbereitung allgemeiner Regelungen der beamtenrechtlichen Verhältnisse durch die obersten Landesbehörden sind die Spitzenorganisationen der beteiligten Gewerkschaften und Berufsverbände im Lande zu beteiligen, wenn es sich um Fragen von grundsätzlicher Bedeutung handelt. [2]Die kommunalen Landesverbände sind in diesen Fällen zu beteiligen, wenn Fragen geregelt werden, welche die Gemeinden und Gemeindeverbände berühren.

VIERTER TEIL

Landespersonalausschuß

§ 121 Unabhängigkeit. Der Landespersonalausschuß übt seine Tätigkeit innerhalb der Schranken der Gesetze unabhängig und in eigener Verantwortung aus.

§ 122 (1) Der Landespersonalausschuß besteht aus sieben ordentlichen und sieben stellvertretenden Mitgliedern.

(2) [1]Vorsitzender ist der Präsident des Rechnungshofs, im Falle seiner Verhinderung sein ständiger Vertreter im Hauptamt. [2]Sind diese verhindert, nimmt das weitere Mitglied die Aufgaben des Vorsitzenden wahr, das dem Landespersonalausschuß am längsten ununterbrochen als ordentliches Mitglied angehört, bei gleichlanger Mitgliedschaft das lebensältere.

(3) [1]Weitere Mitglieder sind:

1. die Leiter der Personalrechtsabteilungen des Innenministeriums und des Finanzministeriums,

2. zwei von den kommunalen Landesverbänden zu benennende Vertreter,

3. zwei von den Spitzenorganisationen der beteiligten Gewerkschaften zu benennende Vertreter.

[2]Die Leiter der Personalrechtsabteilungen sind ständige ordentliche Mitglieder für die Dauer der Bekleidung des Hauptamts. [3]Die übrigen vier weiteren Mitglieder und die stellvertretenden Mitglieder werden vom Ministerpräsidenten auf Antrag des Innenministeriums auf die Dauer von vier Jahre berufen.

(4) [1]Sämtliche Mitglieder müssen Beamte nach den Vorschriften dieses Gesetzes sein. [2]Die Vertreter der ständigen ordentlichen Mitglieder müssen der gleichen Behörde wie diese angehören.

§ 123 Rechtsstellung. (1) [1]Die Mitglieder des Landespersonalausschusses sind als solche unabhängig und nur dem Gesetz unterworfen. [2]Sie üben ihre Tätigkeit innerhalb dieser Schranken in eigener Verantwortung aus. [3]Wegen ihrer Tätigkeit dürfen sie dienstlich nicht bevorzugt, gemaßregelt oder benachteiligt werden.

(2) Ein Mitglied scheidet aus dem Landespersonalausschuß außer durch Zeitablauf (§ 122 Abs. 3) nur aus,

1. wenn sein Beamtenverhältnis oder die Zugehörigkeit zur Behörde (§ 122 Abs. 4 Satz 2) oder zur vertretenen Organisation beendet ist,

2. wenn es zu einem Dienstherrn versetzt worden ist, für den dieses Gesetz nicht gilt,

3. wenn es im Strafverfahren zu einer Freiheitsstrafe oder an Stelle einer Freiheitsstrafe zu einer Geldstrafe oder im förmlichen Disziplinarverfahren zu einer Geldbuße oder einer schwereren Strafe rechtskräftig verurteilt worden ist.

(3) § 78 findet für das Amt als Mitglied des Landespersonalausschusses keine Anwendung.

§ 124 Dienstaufsicht. [1]Die Dienstaufsicht über die Mitglieder des Landespersonalausschusses führt der Ministerpräsident. [2]Sie unterliegt den sich aus § 123 ergebenden Beschränkungen.

§ 125 Aufgaben. (1) Der Landespersonalausschuß hat außer den in den vorstehenden Bestimmungen oder in den Laufbahnvorschriften vorgesehenen Befugnissen folgende Aufgaben:

1. bei der Vorbereitung allgemeiner Regelungen der beamtenrechtlichen Verhältnisse mitzuwirken, wenn es sich um Fragen von grundsätzlicher Bedeutung handelt,

2. bei der Vorbereitung der Vorschriften über die Auswahl, Ausbildung, Prüfung und Fortbildung der Beamten mitzuwirken,

3. bei der allgemeinen Anerkennung von Prüfungen mitzuwirken,

4. zu Ausnahmen von den Vorschriften über die Laufbahnen sich gutachtlich zu äußern, sofern die Laufbahnvorschriften dies vorsehen,

5. zu Beschwerden von Beamten und abgewiesenen Bewerbern in Angelegenheiten von grundsätzlicher Bedeutung Stellung zu nehmen,

6. Vorschläge zur Beseitigung von Mängeln in der Handhabung der beamtenrechtlichen Vorschriften zu machen.

(2) Der Landespersonalausschuß ist berechtigt, den Ministerien Vorschläge für Vorschriften der in Absatz 1 Nr. 1 und 2 bezeichneten Art zu unterbreiten.

(3) Die Landesregierung kann dem Landespersonalausschuß weitere Aufgaben übertragen.

§ 126 Geschäftsordnung. Der Landespersonalausschuß gibt sich eine Geschäftsordnung.

§ 127 Verfahren. (1) [1]Die Sitzungen des Landespersonalausschusses sind nicht öffentlich. [2]Beauftragten beteiligter Verwaltungen, Gewerkschaften und Berufsverbänden muß, Beschwerdeführern und anderen Personen kann der Landespersonalausschuß die Anwesenheit bei der Verhandlung gestatten.

(2) Die Beauftragten der beteiligten Verwaltungen sind auf Verlangen zu hören, ebenso der Beschwerdeführer in den Fällen des § 125 Abs. 1 Nr. 5.

(3) Der Landespersonalausschuß kann zur Durchführung seiner Aufgaben in entsprechender Anwendung der für die Verwaltungsgerichte des Landes geltenden Vorschriften Beweise erheben.

(4) [1]Die Beschlüsse werden mit Stimmenmehrheit gefaßt; zur Beschlußfähigkeit müssen mindestens fünf Mitglieder anwesend sein. [2]Bei Stimmengleichheit entscheidet die Stimme des Vorsitzenden.

§ 128 Geschäftsstelle. Zur Vorbereitung der Verhandlungen und zur Durchführung der Beschlüsse bedient sich der Landespersonalausschuß einer Geschäftsstelle, die beim Staatsministerium eingerichtet wird.

§ 129 Amtshilfe. Alle Behörden haben dem Landespersonalausschuß Amtshilfe zu leisten, ihm auf Verlangen Auskunft zu erteilen und Akten zu übermitteln, soweit dies zur Durchführung seiner Aufgaben erforderlich ist.

FÜNFTER TEIL

Besondere Beamtengruppen

1. Abschnitt

Beamte auf Zeit

1. Unterabschnitt

Allgemeines

§ 130 Entsprechende Anwendung von Vorschriften. (1) Für Beamte auf Zeit gelten die Vorschriften für Beamte auf Lebenszeit entsprechend, soweit gesetzlich nichts anderes bestimmt ist.

(2) Die Vorschriften über die Laufbahnen und die Probezeit finden keine Anwendung.

§ 131 Eintritt in den Ruhestand nach Ablauf der Amtszeit. (1) Der Beamte auf Zeit tritt nach Ablauf seiner Amtszeit in den Ruhestand, wenn er

1. eine ruhegehaltfähige Dienstzeit im Sinne des § 6 des Beamtenversorgungsgesetzes von achtzehn Jahren erreicht und das fünfundvierzigste Lebensjahr vollendet hat oder

2. als Beamter auf Zeit eine Gesamtdienstzeit von zwölf Jahren erreicht hat oder

3. das zweiundsechzigste Lebensjahr überschritten und als Beamter auf Zeit eine Gesamtdienstzeit von sechs Jahren erreicht hat.

(2) [1]Der Beamte auf Zeit tritt nicht nach Absatz 1 in den Ruhestand, wenn er der Aufforderung seiner obersten Dienstbehörde, nach Ablauf der Amtszeit das Amt unter nicht ungünstigeren Bedingungen weiterzuversehen, nicht nachkommt. [2]Dies gilt nicht für Beamte auf Zeit, die am Tag der Beendigung der Amtszeit das zweiundsechzigste Lebensjahr vollendet haben.

§ 132 Beendigung des Beamtenverhältnisses. [1]Tritt der Beamte auf Zeit mit Ablauf der Amtszeit nicht in den Ruhestand, so ist er mit diesem Zeitpunkt entlassen, wenn er nicht im Anschluß an seine Amtszeit erneut in dasselbe Amt für eine weitere Amtszeit berufen wird. [2]Wird er erneut berufen, so gilt das Beamtenverhältnis als nicht unterbrochen.

§ 133 Beendigung des einstweiligen Ruhestands. [1]Der einstweilige Ruhestand eines Beamten auf Zeit endet mit dem Ablauf seiner Amtszeit. [2]Der Beamte gilt in diesem Zeitpunkt als dauernd in den Ruhestand versetzt, wenn er bei Verbleiben im Amt mit Ablauf der Amtszeit in den Ruhestand getreten wäre.

2. Unterabschnitt

Bürgermeister, Beigeordnete, Landräte, Amtsverweser

§ 134 Bürgermeister. Auf den hauptamtlichen Bürgermeister finden die für die Beamten auf Zeit, auf den ehrenamtlichen Bürgermeister die für Ehrenbeamte geltenden Vorschriften Anwendung mit folgender Maßgabe:

1. Das Beamtenverhältnis des Bürgermeisters wird durch die rechtsgültige Wahl begründet und beginnt mit dem Amtsantritt.

2. [1]Der hauptamtliche Bürgermeister tritt mit Ablauf des Monats in den Ruhestand, in dem er das achtundsechzigste Lebensjahr vollendet*. [2]Ohne Nachweis der Dienstunfähigkeit ist ein hauptamtlicher Bürgermeister auf seinen Antrag in den Ruhestand zu versetzen, wenn er das fünfundsechzigste Lebensjahr vollendet hat. [3]§ 52 Satz 2 findet mit der Maßgabe Anwendung, daß an die Stelle des zweiundsechzigsten Lebensjahres das fünfundsechzigste Lebensjahr tritt.

---

* „Die am 28. November 1970 im Amt befindlichen Bürgermeister können ohne Rücksicht auf die Altersgrenze bis zum Ablauf ihrer Amtszeit in ihrem Amt verbleiben." *(§ 2 des Gesetzes zur Änderung des Landesbeamtengesetzes vom 17. November 1970, GBl. S. 491).*

3. [1]Der ehrenamtliche Bürgermeister kann seine Entlassung nach § 42 nur verlangen, wenn ein wichtiger Grund im Sinne von § 16 Abs. 1 Satz 2 der Gemeindeordnung vorliegt. [2]Der ehrenamtliche Bürgermeister ist mit Ablauf des Monats zu verabschieden, in dem er das achtundsechzigste Lebensjahr vollendet.*

4. [1]Die Aufgaben der für die Ernennung zuständigen Stelle und der obersten Dienstbehörde nimmt die Rechtsaufsichtsbehörde wahr, soweit gesetzlich nichts anderes bestimmt ist. [2]In den Fällen des § 54 Abs. 1, § 55 Abs. 1 und § 79 Abs. 2 dieses Gesetzes sowie des § 45 Abs. 3 des Beamtenversorgungsgesetzes nimmt die Rechtsaufsichtsbehörde die Aufgaben des Dienstvorgesetzten wahr.

5. Im Falle des § 131 Abs. 1 Nr. 3 tritt für den hauptamtlichen Bürgermeister das sechzigste Lebensjahr an Stelle des zweiundsechzigsten Lebensjahrs.

6. [1]Hauptamtliche Bürgermeister sind von der Rechtsaufsichtsbehörde zu der Erklärung aufzufordern, ob sie bereit sind, ihr Amt im Falle ihrer Wiederwahl unter nicht ungünstigeren Bedingungen weiterzuversehen. [2]Geben sie diese Erklärung nicht innerhalb der von der Rechtsaufsichtsbehörde zu bestimmenden angemessenen Frist ab, so treten sie nicht nach § 131 Abs. 1 in den Ruhestand. [3]Die Sätze 1 und 2 gelten nicht für Bürgermeister, die am Tage der Beendigung der Amtszeit

   a) das siebenundfünfzigste Lebensjahr vollendet oder

   b) eine Gesamtdienstzeit als Bürgermeister, Beigeordneter, Landrat oder als Amtsverweser nach § 48 Abs. 3 der Gemeindeordnung oder § 39 Abs. 6 der Landkreisordnung von sechzehn Jahren erreicht haben.

§ 135 Übernahme von Bürgermeistern bei der Umbildung von Gemeinden. (1) Hauptamtliche Bürgermeister, die nach der Umbildung von Gemeinden nicht weiter verwendet werden oder deren Amt wegen dieser Maßnahme nicht mehr besetzt wird, können auf ihren Antrag von einer der beteiligten Gemeinden für eine Tätigkeit in leitender Stellung in ein Beamtenverhältnis auf Zeit berufen werden.

(2) [1]Die Amtszeit beträgt zwölf Jahre. [2]Wiederberufung ist zulässig.

§ 136 Beigeordnete. [1]Auf den Beigeordneten finden die für die Beamten auf Zeit geltenden Vorschriften Anwendung. [2]§ 134 Nr. 5 und 6 sowie § 135 gelten entsprechend, § 134 Nr. 6 mit der Maßgabe, daß die Erklärung auf Aufforderung des Bürgermeisters abzugeben ist. [3]Über die Hinausschiebung des Eintritts in den Ruhestand wegen Erreichens der Altersgrenze entscheidet der Gemeinderat.

§ 137 Landräte. Auf den Landrat finden die für die Beamten auf Zeit geltenden Vorschriften Anwendung mit folgender Maßgabe:

1. [1]Die Ernennungsurkunde für den Landrat wird vom stellvertretenden Vorsitzenden des Kreistags ausgestellt und dem Landrat beim Amtsantritt ausgehändigt. [2]Im übrigen nimmt die Rechtsaufsichtsbehörde die Aufgaben der für die Ernennung zuständigen Stelle und der obersten Dienstbehörde wahr, soweit gesetzlich nichts anderes bestimmt ist. [3]In den Fällen des § 54 Abs. 1, § 55 Abs. 1 und § 79 Abs. 2 dieses Gesetzes sowie des § 45 Abs. 3 des Beamtenversorgungsgesetzes nimmt die Rechtsaufsichtsbehörde die Aufgaben des Dienstvorgesetzten wahr.

2. § 134 Nr. 5 und 6 gelten entsprechend.

3. [1]Über die Hinausschiebung des Eintritts in den Ruhestand wegen Erreichens der Altersgrenze entscheidet der Kreistag im Einvernehmen mit dem Innenministerium. [2]Die Frist nach § 51 darf ein Jahr übersteigen.

§ 137a Amtsverweser. (1) [1]Die Ernennungsurkunde für den Amtsverweser nach § 48 Abs. 2 und 3 der Gemeindeordnung wird vom Stellvertreter des Bürgermeisters ausgestellt und dem Amtsverweser bei Amtsantritt ausgehändigt. [2]Im übrigen findet auf den Amtsverweser nach § 48 Abs. 2 der Gemeindeordnung § 134 Nr. 4 entsprechende Anwendung. [3]Auf den hauptamtlichen Amtsverweser nach § 48 Abs. 3 der Gemeindeordnung finden die für die Beamten auf Zeit, auf den ehrenamtlichen Amtsverweser nach § 48 Abs. 3 der Gemeindeordnung die für Ehrenbeamte geltenden Vorschriften Anwendung; § 134 Nr. 2 bis 4 und Nr. 6 Sätze 1 und 2 gelten entsprechend.

(2) Auf den Amtsverweser nach § 39 Abs. 6 der Landkreisordnung finden die für die Beamten auf Zeit geltenden Vorschriften Anwendung; § 137 Nr. 1 und § 134 Nr. 6 Sätze 1 und 2 gelten entsprechend.

(3) [1]Der hauptamtliche Amtsverweser nach § 48 Abs. 3 der Gemeindeordnung und der Amtsverweser nach § 39 Abs. 6 der Landkreisordnung tritt nur dann mit Ablauf seiner Amtszeit in den Ruhestand, wenn

1. die Amtszeit endet, weil eine rechtskräftige Entscheidung vorliegt, nach der die Wahl zum Bürgermeister oder Landrat ungültig ist, oder

2. der Beamte nicht erneut zum Amtsverweser bestellt wird, obwohl er dazu bereit ist, das Amt weiterzuversehen.

[2]Satz 1 Nr. 1 gilt nicht, wenn die Wahl für ungültig erklärt worden ist, weil der Bewerber bei der Wahl eine strafbare Handlung oder eine andere gegen ein Gesetz verstoßende Wahlbeeinflussung im Sinne des § 32 Abs. 1 Nr. 1 des Kommunalwahlgesetzes begangen hat oder ein Fall des § 32 Abs. 2 des Kommunalwahlgesetzes vorliegt; dies gilt für Amtsverweser nach § 39 Abs. 6 der Landkreisordnung entsprechend.

2. Abschnitt

Polizeibeamte

§ 138 Allgemeines. Das Innenministerium bestimmt durch Rechtsverordnung, welche Beamtengruppen als Polizeibeamte im Sinne dieses Gesetzes gelten.

§ 139 Laufbahn. (1) Das Innenministerium erläßt im Einvernehmen mit dem Finanzministerium durch Rechtsverordnung die besonderen Vorschriften über die Laufbahn der Polizeibeamten.

(2) Die Laufbahn der Polizeibeamten kann abweichend von den §§ 19 bis 29, § 33 und § 34 Abs. 2 und 3 geregelt werden.

§ 140 Gemeinschaftsunterkunft. (1) [1]Der Polizeibeamte ist auf Anordnung seiner obersten Dienstbehörde verpflichtet, in einer Gemeinschaftsunterkunft zu wohnen und an einer Gemeinschaftsverpflegung teilzunehmen. [2]Diese Verpflichtung kann einem Polizeibeamten, der Beamter auf Lebenszeit oder verheiratet ist, nur für besondere Einsätze und Übungen, für Lehrgänge oder für seine Aus- und Weiterbildung in der Bereitschaftspolizei auferlegt werden. [3]Die Unterkunft wird unentgeltlich gewährt.

(2) Die oberste Dienstbehörde kann die Befugnis auf nachgeordnete Behörden oder Dienststellen übertragen.

§ 141 Heilfürsorge. (1) Die Polizeibeamten erhalten Heilfürsorge, solange ihnen Besoldungsbezüge zustehen.

(2) Das Innenministerium erläßt im Einvernehmen mit dem Finanzministerium durch Rechtsverordnung die näheren Vorschriften über Art, Umfang und Trägerschaft der Heilfürsorge.

§ 142 Dienstkleidung. (1) [1]Die uniformierten Polizeibeamten erhalten freie Dienstkleidung. [2]Die Beamten der Kriminalpolizei erhalten Kleidergeld; dasselbe gilt für uniformierte Polizeibeamte, die nach Anordnung des Innenministeriums den Dienst allgemein in bürgerlicher Kleidung zu versehen haben.

(2) Das Innenministerium wird ermächtigt, im Einvernehmen mit dem Finanzministerium

1. durch Rechtsverordnung zu bestimmen,
   a) in welcher Weise der Anspruch auf Dienstkleidung erfüllt oder wann und in welcher Höhe Kleidergeld gewährt wird,
   b) in welchen Fällen, in denen längere Zeit keine Dienstgeschäfte geführt werden, der Anspruch auf Dienstkleidung oder Kleidergeld ausgeschlossen ist,
2. Art, Umfang und Ausführung der Dienstkleidung zu bestimmen.

§ 143 Polizeibeamte auf Probe. [1]Der Polizeibeamte steht bis zur Ernennung zum Beamten auf Probe in einem Beamtenverhältnis auf Widerruf. [2]Er wird, sofern er seine Laufbahn bei der Bereitschaftspolizei begonnen hat, in der Regel nach einem Jahr, sonst nach Ablegung der Laufbahnprüfung zum Beamten auf Probe ernannt.

§ 144 Verbot der Führung der Dienstgeschäfte. (1) [1]Die oberste Dienstbehörde oder die von ihr bestimmte Behörde, bei Gefahr im Verzug auch jeder Dienstvorgesetzte, kann dem Polizeibeamten aus zwingenden dienstlichen Gründen die Führung der Dienstgeschäfte, das Tragen der Dienstkleidung und Ausrüstung, den Aufenthalt in Dienst- oder Unterkunftsräumen der Polizei und die Führung dienstlicher Ausweise und Abzeichen verbieten. [2]§ 78 Abs. 1 Satz 2 ist anzuwenden.

(2) Der Polizeibeamte ist, wenn möglich, vor Erlaß des Verbots zu hören.

§ 145 Polizeidienstunfähigkeit. (1) Der Polizeibeamte ist dienstunfähig, wenn er den besonderen gesundheitlichen Anforderungen für den Polizeivollzugsdienst nicht mehr genügt und nicht zu erwarten ist, daß er seine volle Verwendungsfähigkeit innerhalb zweier Jahre wiedererlangt (Polizeidienstunfähigkeit).

(2) Die Polizeidienstunfähigkeit wird auf Grund des Gutachtens eines Amtsarztes oder eines beamteten Arztes festgestellt.

(3) Der Polizeibeamte soll anstelle der Versetzung in den Ruhestand wegen Polizeidienstunfähigkeit unter den Voraussetzungen des § 36 in ein Amt einer anderen Laufbahn versetzt werden, wenn nicht zwingende dienstliche Gründe entgegenstehen.

§ 146 Eintritt in den Ruhestand. Der Polizeibeamte auf Lebenszeit tritt mit dem Ablauf des Monats in den Ruhestand, in dem er das sechzigste Lebensjahr vollendet.

3. Abschnitt

Beamte des Landesamts für Verfassungsschutz

§ 147 Für Beamte, die aus dem Polizeivollzugsdienst in Planstellen des Landesamts für Verfassungsschutz eingewiesen sind, gelten die §§ 139 bis 141 und die §§ 145 und 146 entsprechend.

4. Abschnitt

Forstbeamte

§ 148 (1) Die nach § 94 zum Tragen von Dienstkleidung verpflichteten Forstbeamten erhalten einen Dienstkleidungszuschuß.

(2) Das Ministerium Ländlicher Raum erläßt im Einvernehmen mit dem Innenministerium und dem Finanzministerium durch Rechtsverordnung die näheren Bestimmungen über Art, Umfang und Ausführung der Dienstkleidung und über die Gewährung eines Dienstkleidungszuschusses.

5. Abschnitt

Beamte des Strafvollzugsdienstes

§ 149 (1) Für Beamte auf Lebenszeit des allgemeinen Vollzugsdienstes und des Werkdienstes bei den Vollzugsanstalten gilt § 146 entsprechend.

(2) [1]Die Beamten des allgemeinen Vollzugsdienstes und des Werkdienstes bei den Vollzugsanstalten erhalten freie Dienstkleidung oder Kleidergeld, sofern sie nach Anordnung des Ministeriums für Justiz, Bundes- und Europaangelegenheiten den Dienst in bürgerlicher Kleidung zu versehen haben. [2]Das Ministerium für Justiz, Bundes- und Europaangelegenheiten wird ermächtigt, im Einvernehmen mit dem Finanzministerium

1. durch Rechtsverordnung zu bestimmen,

   a) in welcher Weise der Anspruch auf Dienstkleidung erfüllt oder wann und in welcher Höhe Kleidergeld gewährt wird,

   b) in welchen Fällen, in denen längere Zeit keine Dienstgeschäfte geführt werden, der Anspruch auf Dienstkleidung oder Kleidergeld ausgeschlossen ist,

2. Art, Umfang und Ausführung der Dienstkleidung zu bestimmen.

6. Abschnitt

Feuerwehrtechnische Beamte

§ 150 (1) Für die Beamten des Einsatzdienstes der Feuerwehr gelten § 141 mit der Maßgabe, daß die für die Gewährung der medizinischen Versorgung erforderlichen Verträge mit Dritten von den jeweiligen Dienstherrn abgeschlossen werden, § 142 Abs. 1 und die §§ 145 und 146 entsprechend.*

(2) Für die technischen Beamten der Landesfeuerwehrschule gelten § 141 und § 142 Abs. 1 entsprechend.

(3) Für die sonstigen Beamten des feuerwehrtechnischen Dienstes sowie für die feuerwehrtechnischen Beamten im Sinne des § 23 des Feuerwehrgesetzes gilt § 142 Abs. 1 entsprechend.

---

* „Am 26. April 1979 bestehende Regelungen der Gemeinden über die Gewährung von Heilfürsorge nach §§ 141, 150 an Beamte des Einsatzdienstes der Feuerwehr werden durch die Neufassung des § 150 Abs. 1 nicht berührt." *(Artikel VI § 7 Satz 2 des Landesbesoldungsanpassungsgesetzes vom 3. April 1979 - GBl. S. 134).*

7. Abschnitt

Ehrenbeamte

§ **151** (1) Für Ehrenbeamte (§ 7 Abs. 5) gelten die Vorschriften dieses Gesetzes mit folgenden Maßgaben:

1. [1]Der Ehrenbeamte kann nach Ablauf des Monats verabschiedet werden, in dem er das fünfundsechzigste Lebensjahr, als Schwerbehinderter im Sinne des § 1 des Schwerbehindertengesetzes das sechzigste Lebensjahr vollendet hat. [2]Er ist zu verabschieden, wenn die sonstigen Voraussetzungen dieses Gesetzes oder des Kapitels II Abschnitt III des Beamtenrechtsrahmengesetzes für die Versetzung eines Beamten in den einstweiligen Ruhestand oder in den Ruhestand gegeben sind.

2. [1]Keine Anwendung finden § 11 Abs. 2, § 12 Abs. 4, §§ 36, 37, § 41 Nr. 2 und 3, §§ 50 bis 65, 83, 90, 92, 101, 106 und 131. [2]§ 134 Nr. 3 Satz 1 gilt für ehrenamtliche Ortsvorsteher entsprechend.

3. Ein Ehrenbeamtenverhältnis kann nicht in ein Beamtenverhältnis anderer Art, ein solches Beamtenverhältnis nicht in ein Ehrenbeamtenverhältnis umgewandelt werden.

(2) Im übrigen regeln sich die Rechtsverhältnisse der Ehrenbeamten nach den besonderen für die einzelnen Gruppen der Ehrenbeamten geltenden Vorschriften.

(3) Ein Beamter hat die Berufung in das Beamtenverhältnis als Ehrenbeamter seinem Dienstherrn anzuzeigen.

8. Abschnitt

Beamte mit Teilzeitbeschäftigung und mit Urlaub von längerer Dauer

§ **152 Teilzeitbeschäftigung und Beurlaubung aus familiären Gründen.** (1) Einem Beamten mit Dienstbezügen kann auf Antrag

1. die Arbeitszeit bis auf die Hälfte der regelmäßigen Arbeitszeit ermäßigt werden,

2. ein Urlaub ohne Bezüge bis zur Dauer von drei Jahren mit der Möglichkeit der Verlängerung gewährt werden, wenn er mit

   a) mindestens einem Kind unter achtzehn Jahren oder

   b) einem nach ärztlichem Gutachten pflegebedürftigen sonstigen Angehörigen

in häuslicher Gemeinschaft lebt und diese Person tatsächlich betreut oder pflegt.

(2) [1]Ermäßigte Arbeitszeit und Urlaub dürfen zusammen eine Dauer von fünfzehn Jahren, Urlaub allein darf eine Dauer von neun Jahren nicht

überschreiten. [2]Bei Beamten im Schul- und Hochschuldienst kann der Bewilligungszeitraum bis zum Ende des laufenden Schulhalbjahres oder Semesters ausgedehnt werden. [3]Der Antrag auf Verlängerung eines Urlaubs ist spätestens sechs Monate vor Ablauf des Bewilligungszeitraums zu stellen. [4]Während des Zeitraums, für den die Arbeitszeit ermäßigt oder Urlaub gewährt worden ist, ist eine Änderung des Umfangs der Freistellung oder eine Rückkehr zur Vollzeitbeschäftigung nur mit Zustimmung der Bewilligungsbehörde zulässig.

(3) Während einer Freistellung vom Dienst nach Absatz 1 dürfen nur solche Nebentätigkeiten genehmigt werden, die dem Zweck der Freistellung nicht zuwiderlaufen.

(4) [1]Entscheidungen nach den Absätzen 1 bis 3 trifft die Stelle, die für die Ernennung des Beamten zuständig wäre, wenn der Ministerpräsident für die Ernennung zuständig wäre, die oberste Dienstbehörde. [2]Die oberste Dienstbehörde kann die Befugnis, soweit sie selbst für die Ernennung des Beamten zuständig wäre, auf nachgeordnete Behörden übertragen.

§ 153 Teilzeitbeschäftigung und Beurlaubung aus arbeitsmarktpolitischen Gründen. (1) Einem Beamten mit Dienstbezügen kann in Bereichen, in denen in einer Ausnahmesituation ein dringendes öffentliches Interesse daran besteht, Bewerber im öffentlichen Dienst zu beschäftigen, bis zum 31. Dezember 1990

1. auf Antrag Teilzeitbeschäftigung bis zur Hälfte der regelmäßigen Arbeitszeit bis zur Dauer von insgesamt zehn Jahren,

2. nach einer Vollzeitbeschäftigung im öffentlichen Dienst von mindestens zwanzig Jahren und nach Vollendung des fünfundfünfzigsten Lebensjahres auf Antrag, der sich auf die Zeit bis zum Beginn des Ruhestandes erstrecken muß, Urlaub ohne Dienstbezüge

bewilligt werden, wenn dienstliche Belange nicht entgegenstehen.

(2) Einem Beamten mit Dienstbezügen kann in Bereichen, in denen in einer Ausnahmesituation ein dringendes öffentliches Interesse daran besteht, Bewerber im öffentlichen Dienst zu beschäftigen, die für eine ausschließlich oder in der Regel im öffentlichen Dienst auszuübende Berufstätigkeit ausgebildet worden sind, bis zum 31. Dezember 1990 auf Antrag Urlaub ohne Dienstbezüge bis zur Dauer von insgesamt sechs Jahren bewilligt werden, wenn dienstliche Belange nicht entgegenstehen.

(3) [1]Dem Antrag nach Absatz 1 oder Absatz 2 darf nur entsprochen werden, wenn der Beamte erklärt, während der Dauer des Bewilligungszeitraumes auf die Ausübung entgeltlicher Nebentätigkeiten zu verzichten und entgeltliche Nebentätigkeiten nach § 84 Abs. 1 nur in dem Umfang auszuüben, wie er sie bei Vollzeitbeschäftigung ohne Verletzung dienstlicher Pflichten ausüben könnte. [2]Wird diese Verpflichtung schuldhaft verletzt, so ist die Bewilligung zu widerrufen. Ausnahmen von Satz 1 dürfen nur zugelassen werden, soweit sie dem Zweck der Bewilligung der Teilzeitbeschäftigung oder des Urlaubs nicht zuwiderlaufen.

(4) [1]Teilzeitbeschäftigung und Urlaub nach den Absätzen 1 und 2 dürfen zusammen eine Dauer von fünfzehn Jahren, Urlaub allein darf eine Dauer von neun Jahren nicht überschreiten. [2]Teilzeitbeschäftigung und Urlaub nach den Absätzen 1 und 2 sowie ermäßigte Arbeitszeit und Urlaub nach § 152 oder Teilzeitbeschäftigung nach Absatz 1 Nr. 1 sowie ermäßigte Arbeitszeit nach § 152 sollen jeweils zusammen eine Dauer von achtzehn Jahren nicht überschreiten; auch in Ausnahmefällen darf eine Gesamtdauer von dreiundzwanzig Jahren nicht überschritten werden. [3]Urlaub nach den Absätzen 1 und 2 sowie Urlaub nach § 152 dürfen zusammen eine Dauer von neun Jahren nicht überschreiten. [4]§ 152 Abs. 2 Sätze 2 bis 4 gelten entsprechend. [5]In den Fällen des Absatzes 1 Nr. 2 kann die zuständige Dienstbehörde in besonderen Härtefällen eine Rückkehr aus dem Urlaub zulassen, wenn dem Beamten die Fortsetzung des Urlaubs nicht zugemutet werden kann.

(5) Für Entscheidungen nach den Absätzen 1 bis 3 gilt § 152 Abs. 4 entsprechend.

SECHSTER TEIL
Übergangs- und Schlußvorschriften

§ 154 Überleitung.
(nicht abgedruckt)

§ 155 Lehrer an Pädagogischen Hochschulen.
(nicht abgedruckt)

§ 156 Eintritt in den Ruhestand.
(nicht abgedruckt)

§ 157 Polizeibeamte, Beamte der Berufsfeuerwehr und Beamte des Landesamts für Verfassungsschutz.
(nicht abgedruckt)

§ 158 Beamte des Aufsichts- und Werkdienstes bei den Justizvollzugsanstalten.
(nicht abgedruckt)

§ 159 Versorgungsrechtliche Übergangsregelungen.
[1]Bei einem Beamten, der bei Inkrafttreten dieses Gesetzes ununterbrochen bis zum Eintritt des Versorgungsfalls Beamter oder Richter im Geltungsbereich dieses Gesetzes war, ist das Ruhegehalt oder Unfallruhegehalt mindestens mit dem Hundertsatz der ruhegehaltsfähigen Dienstbezüge zu berechnen, der sich bis zum Eintritt des Versorgungsfalls nach den bisherigen Vorschriften über die ruhegehaltfähige Dienstzeit und den Ruhegehaltsatz ergeben hätte. [2]Der Höchstsatz von fünfundsiebzig vom Hundert darf jedoch nicht überschritten werden.

§ 160 Reichsgebiet. Als Reichsgebiet im Sinne dieses Gesetzes gilt das Gebiet des Deutschen Reichs bis zum 31. Dezember 1937 in seinen jeweiligen Grenzen, nach diesem Zeitpunkt in den Grenzen vom 31. Dezember 1937.

§ 161 Beihilfebestimmungen.
(nicht abgedruckt)

§ 162 Änderungen der Gemeindeordnung.
(nicht abgedruckt)

§ 163 Änderungen der Landkreisordnung.
(nicht abgedruckt)

§ 164 Änderung des Gesetzes über die Ernennung und Entlassung der Richter und Beamten des Landes.
(nicht abgedruckt)

§ 165 Änderung des Landesbesoldungsgesetzes.
(nicht abgedruckt)

§ 166 Aufhebung und Weitergeltung von Rechtsvorschriften.
(hier nicht abgedruckt)

§ 167 Verwaltungsvorschriften. Die zur Durchführung dieses Gesetzes erforderlichen Verwaltungsvorschriften erlassen im Rahmen ihres Geschäftsbereichs das Innenministerium oder das Finanzministerium, soweit dieses Gesetz nicht anderes bestimmt.

§ 168* Inkrafttreten. Dieses Gesetz tritt am 1. September 1962 in Kraft.
(Satz 2 nicht abgedruckt)

---

* *Amtliche Anmerkung:* Diese Vorschrift betrifft das Inkrafttreten des Gesetzes in der ursprünglichen Fassung vom 1. August 1962.

Gemeindeordnung für Baden-Württemberg (Gemeindeordnung - GemO)

in der Fassung vom 3. Oktober 1983 (GBl. S. 578, berichtigt S. 720)
zuletzt geändert durch Gesetz vom 18. Mai 1987 (GBl. S. 161)

INHALTSÜBERSICHT

ERSTER TEIL

Wesen und Aufgaben der Gemeinde

1. Abschnitt

Rechtsstellung

§ 1 Begriff der Gemeinde. (1) Die Gemeinde ist Grundlage und Glied des demokratischen Staates.

(2) Die Gemeinde fördert in bürgerschaftlicher Selbstverwaltung das gemeinsame Wohl ihrer Einwohner und erfüllt die ihr von Land und Bund zugewiesenen Aufgaben.

(3) Die verantwortliche Teilnahme an der bürgerschaftlichen Verwaltung der Gemeinde ist Recht und Pflicht des Bürgers.

(4) Die Gemeinde ist Gebietskörperschaft.

§ 2 Wirkungskreis. (1) Die Gemeinden verwalten in ihrem Gebiet alle öffentlichen Aufgaben allein und unter eigener Verantwortung, soweit die Gesetze nichts anderes bestimmen.

(2) [1]Die Gemeinden können durch Gesetz zur Erfüllung bestimmter öffentlicher Aufgaben verpflichtet werden (Pflichtaufgaben). [2]Werden neue Pflichtaufgaben auferlegt, sind dabei Bestimmungen über die Dekkung der Kosten zu treffen. [3]Führen diese Aufgaben zu einer Mehrbelastung der Gemeinden, ist ein entsprechender finanzieller Ausgleich zu schaffen.

(3) Pflichtaufgaben können den Gemeinden zur Erfüllung nach Weisung auferlegt werden (Weisungsaufgaben); das Gesetz bestimmt den Umfang des Weisungsrechts.

(4) [1]In die Rechte der Gemeinden kann nur durch Gesetz eingegriffen werden. [2]Verordnungen zur Durchführung solcher Gesetze bedürfen, sofern sie nicht von der Landesregierung oder dem Innenministerium erlassen werden, der Zustimmung des Innenministeriums.

§ 3 Stadtkreise, Große Kreisstädte. (1) Durch Gesetz können Gemeinden auf ihren Antrag zu Stadtkreisen erklärt werden.

(2) [1]Gemeinden mit mehr als 20 000 Einwohnern können auf ihren Antrag von der Landesregierung zu Großen Kreisstädten erklärt werden. [2]Die Erklärung zur Großen Kreisstadt ist im Gesetzblatt bekanntzumachen.

§ 4 Satzungen. (1) [1]Die Gemeinden können die weisungsfreien Angelegenheiten durch Satzung regeln, soweit die Gesetze keine Vorschriften enthalten. [2]Bei Weisungsaufgaben können Satzungen nur erlassen werden, wenn dies im Gesetz vorgesehen ist.

(2) Wenn nach den Vorschriften dieses Gesetzes eine Hauptsatzung zu erlassen ist, muß sie mit der Mehrheit der Stimmen aller Mitglieder des Gemeinderats beschlossen werden.

(3) [1]Satzungen sind öffentlich bekanntzumachen. [2]Sie treten am Tage nach der Bekanntmachung in Kraft, wenn kein anderer Zeitpunkt bestimmt ist. [3]Satzungen sind der Rechtsaufsichtsbehörde anzuzeigen.

(4) [1]Satzungen, die unter Verletzung von Verfahrens- oder Formvorschriften dieses Gesetzes oder auf Grund dieses Gesetzes zustande gekommen sind, gelten ein Jahr nach der Bekanntmachung als von Anfang an gültig zustande gekommen. [2]Dies gilt nicht, wenn

1. die Vorschriften über die Öffentlichkeit der Sitzung, die Genehmigung oder die Bekanntmachung der Satzung verletzt worden sind,

2. der Bürgermeister dem Beschluß nach § 43 wegen Gesetzwidrigkeit widersprochen hat oder wenn vor Ablauf der in Satz 1 genannten Frist die Rechtsaufsichtsbehörde den Beschluß beanstandet hat oder die Verletzung der Verfahrens- oder Formvorschrift gegenüber der Gemeinde unter Bezeichnung des Sachverhalts, der die Verletzung begründen soll, schriftlich geltend gemacht worden ist.

[3]Ist eine Verletzung nach Satz 2 Nr. 2 geltend gemacht worden, so kann auch nach Ablauf der in Satz 1 genannten Frist jedermann diese Verletzung geltend machen. [4]Bei der Bekanntmachung der Satzung ist auf die Voraussetzungen für die Geltendmachung der Verletzung von Verfahrens- oder Formvorschriften und die Rechtsfolgen hinzuweisen.

(5) Absatz 4 gilt für anderes Ortsrecht und Flächennutzungspläne entsprechend.

§ 5 Name und Bezeichnung. (1) [1]Die Gemeinden führen ihre bisherigen Namen. [2]Die Bestimmung, Feststellung oder Änderung des Namens einer Gemeinde bedarf der Zustimmung des Regierungspräsidiums.

(2) [1]Die Bezeichnung »Stadt« führen die Gemeinden, denen diese Bezeichnung nach bisherigem Recht zusteht. [2]Die Landesregierung kann auf Antrag die Bezeichnung »Stadt« an Gemeinden verleihen, die nach Einwohnerzahl, Siedlungsform und ihren kulturellen und wirtschaftlichen Verhältnissen städtisches Gepräge tragen. [3]Wird eine Gemeinde mit der Bezeichnung »Stadt« in eine andere Gemeinde eingegliedert oder mit anderen Gemeinden zu einer neuen Gemeinde vereinigt, kann die aufnehmende oder neugebildete Gemeinde diese Bezeichnung als eigene Bezeichnung weiterführen.

(3) [1]Die Gemeinden können auch sonstige überkommene Bezeichnungen weiterführen. [2]Die Landesregierung kann auf Antrag an Gemeinden für diese selbst oder für einzelne Ortsteile (Absatz 4) sonstige Bezeichnungen verleihen, die auf der geschichtlichen Vergangenheit, der Eigenart oder der heutigen Bedeutung der Gemeinden oder der Ortsteile beruhen. [3]Wird eine Gemeinde mit einer sonstigen Bezeichnung in eine andere Gemeinde

eingegliedert oder mit anderen Gemeinden zu einer neuen Gemeinde vereinigt, kann diese Bezeichnung für den entsprechenden Ortsteil der aufnehmenden oder neugebildeten Gemeinde weitergeführt werden.

(4) [1]Die Benennung von bewohnten Gemeindeteilen (Ortsteile) sowie der innerhalb dieser dem öffentlichen Verkehr dienenden Straßen, Wege, Plätze und Brücken ist Angelegenheit der Gemeinden. [2]Gleichlautende Benennungen innerhalb derselben Gemeinde sind unzulässig.

§ 6 Wappen, Flaggen, Dienstsiegel. (1) [1]Die Gemeinden haben ein Recht auf ihre bisherigen Wappen und Flaggen. [2]Die Rechtsaufsichtsbehörde kann einer Gemeinde auf ihren Antrag das Recht verleihen, ein neues Wappen und eine neue Flagge zu führen.

(2) [1]Die Gemeinden führen Dienstsiegel. [2]Gemeinden mit eigenem Wappen führen dieses, die übrigen Gemeinden das kleine Landeswappen mit der Bezeichnung und dem Namen der Gemeinde als Umschrift in ihrem Dienstsiegel.

2. Abschnitt

Gemeindegebiet

§ 7 Gebietsbestand. (1) [1]Das Gebiet der Gemeinde bilden die Grundstücke, die nach geltendem Recht zu ihr gehören. [2]Grenzstreitigkeiten entscheidet die Rechtsaufsichtsbehörde.

(2) Das Gebiet der Gemeinde soll so bemessen ein, daß die örtliche Verbundenheit der Einwohner und die Leistungsfähigkeit der Gemeinde zur Erfüllung ihrer Aufgaben gesichert ist.

(3) [1]Jedes Grundstück soll zu einer Gemeinde gehören. [2]Aus besonderen Gründen können Grundstücke außerhalb einer Gemeinde verbleiben (gemeindefreie Grundstücke).

§ 8 Gebietsänderungen. (1) Gemeindegrenzen können aus Gründen des öffentlichen Wohls geändert werden.

(2) [1]Gemeindegrenzen können freiwillig durch Vereinbarung der beteiligten Gemeinden mit Genehmigung der zuständigen Rechtsaufsichtsbehörde geändert werden. [2]Die Vereinbarung muß von den Gemeinderäten der beteiligten Gemeinden mit der Mehrheit der Stimmen aller Mitglieder beschlossen werden. [3]Vor der Beschlußfassung sind die Bürger zu hören, die in dem unmittelbar betroffenen Gebiet wohnen; dies gilt nicht, wenn über die Eingliederung einer Gemeinde in eine andere Gemeinde oder die Neubildung einer Gemeinde durch Vereinigung von Gemeinden ein Bürgerentscheid (§ 21) durchgeführt wird.

(3) [1]Gegen den Willen der beteiligten Gemeinden können Gemeindegrenzen nur durch Gesetz geändert werden. [2]Das gleiche gilt für die Neubildung einer Gemeinde aus Teilen einer oder mehrerer Gemeinden. [3]Vor

Erlaß des Gesetzes müssen die beteiligten Gemeinden und die Bürger gehört werden, die in dem unmittelbar betroffenen Gebiet wohnen. [4]Die Durchführung der Anhörung der Bürger obliegt den Gemeinden als Pflichtaufgabe.

(4) Wird durch die Änderung von Gemeindegrenzen das Gebiet von Landkreisen betroffen, sind diese zu hören.

(5) Das Nähere über die Anhörung der Bürger, die in dem unmittelbar betroffenen Gebiet wohnen, wird durch das Kommunalwahlgesetz geregelt.

(6) [1]Grenzänderungen nach Absatz 3 Satz 1, die nur Gebietsteile betreffen, durch deren Umgliederung der Bestand der beteiligten Gemeinden nicht gefährdet wird, können durch Rechtsverordnung des Innenministeriums erfolgen. [2]Absatz 3 Sätze 3 und 4 sowie Absatz 4 gelten entsprechend.

§ 9 Rechtsfolgen, Auseinandersetzung. (1) [1]In der Vereinbarung nach § 8 Abs. 2 ist der Umfang der Grenzänderung zu regeln und sind Bestimmungen über den Tag der Rechtswirksamkeit und, soweit erforderlich, über das neue Ortsrecht, die neue Verwaltung sowie die Rechtsnachfolge und Auseinandersetzung zu treffen. [2]Wird eine neue Gemeinde gebildet, muß die Vereinbarung auch Bestimmungen über den Namen und die vorläufige Wahrnehmung der Aufgaben der Verwaltungsorgane der neuen Gemeinde enthalten. [3]Wird eine Gemeinde in eine andere Gemeinde eingegliedert, muß die Vereinbarung auch Bestimmungen über die vorläufige Vertretung der Bevölkerung der eingegliederten Gemeinde durch Gemeinderäte der eingegliederten Gemeinde im Gemeinderat der aufnehmenden Gemeinde bis zur nächsten regelmäßigen Wahl oder einer Neuwahl nach § 34 Abs. 2 des Kommunalwahlgesetzes treffen; dem Gemeinderat der aufnehmenden Gemeinde muß mindestens ein Gemeinderat der eingegliederten Gemeinde angehören, im übrigen sind bei der Bestimmung der Zahl der Gemeinderäte der eingegliederten Gemeinde im Gemeinderat der aufnehmenden Gemeinde die örtlichen Verhältnisse und der Bevölkerungsanteil zu berücksichtigen. [4]Im Falle des Satzes 3 muß die Vereinbarung ferner Bestimmungen über eine befristete Vertretung der eingegliederten Gemeinde bei Streitigkeiten über die Vereinbarung treffen.

(2) [1]Sollen nicht alle Gemeinderäte der einzugliedernden Gemeinde dem Gemeinderat der aufnehmenden Gemeinde angehören, werden die Mitglieder vor Eintritt der Rechtswirksamkeit der Vereinbarung vom Gemeinderat der einzugliedernden Gemeinde bestimmt. [2]Sind mehrere Gemeinderäte zu bestimmen, gelten hierfür die Vorschriften über die Wahl der Mitglieder der beschließenden Ausschüsse des Gemeinderats mit der Maßgabe entsprechend, daß die nicht gewählten Bewerber in der Reihenfolge der Benennung als Ersatzleute festzustellen sind. [3]Scheidet ein Gemeinderat der eingegliederten Gemeinde vorzeitig aus dem Gemeinderat der aufnehmenden Gemeinde aus, gilt § 31 Abs. 2 entsprechend; gehören nicht alle Gemeinderäte der eingegliederten Gemeinde dem Gemeinderat

der aufnehmenden Gemeinde an, sind außer den im Wahlergebnis festgestellten Ersatzleuten auch die anderen Gemeinderäte Ersatzleute im Sinne von § 31 Abs. 2. [4]Für die Bestimmung der Vertreter nach Absatz 1 Satz 4 gilt Satz 1 entsprechend.

(3) [1]Enthält die Vereinbarung keine erschöpfende Regelung oder kann wegen einzelner Bestimmungen die Genehmigung nicht erteilt werden, ersucht die zuständige Rechtsaufsichtsbehörde die Gemeinden, die Mängel binnen angemessener Frist zu beseitigen. [2]Kommen die Gemeinden einem solchen Ersuchen nicht nach, trifft die zuständige Rechtsaufsichtsbehörde die im Interesse des öffentlichen Wohls erforderlichen Bestimmungen.

(4) [1]Bei einer Änderung der Gemeindegrenzen durch Gesetz werden die Rechtsfolgen und die Auseinandersetzung im Gesetz oder durch Rechtsverordnung geregelt. [2]Das Gesetz kann dies auch der Regelung durch Vereinbarung überlassen, die der Genehmigung der zuständigen Rechtsaufsichtsbehörde bedarf. [3]Kommt diese Vereinbarung nicht zustande, gilt Absatz 3 entsprechend. [4]Wird die Grenzänderung durch Rechtsverordnung ausgesprochen, sind gleichzeitig die Rechtsfolgen und die Auseinandersetzung zu regeln; Sätze 2 und 3 gelten entsprechend.

(5) [1]Die Regelung nach den Absätzen 1, 3 und 4 begründet Rechte und Pflichten der Beteiligten und bewirkt den Übergang, die Beschränkung oder die Aufhebung von dinglichen Rechten. [2]Die Rechtsaufsichtsbehörde ersucht die zuständigen Behörden um die Berichtigung der öffentlichen Bücher. [3]Sie kann Unschädlichkeitszeugnisse ausstellen.

(6) Für Rechtshandlungen, die aus Anlaß der Änderung des Gemeindegebiets erforderlich sind, werden öffentliche Abgaben, die auf Landesrecht beruhen, nicht erhoben; Auslagen werden nicht ersetzt.

3. Abschnitt

Einwohner und Bürger

§ 10 Rechtsstellung des Einwohners. (1) Einwohner der Gemeinde ist, wer in der Gemeinde wohnt.

(2) [1]Die Gemeinde schafft in den Grenzen ihrer Leistungsfähigkeit die für das wirtschaftliche, soziale und kulturelle Wohl ihrer Einwohner erforderlichen öffentlichen Einrichtungen. [2]Die Einwohner sind im Rahmen des geltenden Rechts berechtigt, die öffentlichen Einrichtungen der Gemeinde nach gleichen Grundsätzen zu benützen. [3]Sie sind verpflichtet, die Gemeindelasten zu tragen.

(3) Personen, die in der Gemeinde ein Grundstück besitzen oder ein Gewerbe betreiben und nicht in der Gemeinde wohnen, sind in derselben Weise berechtigt, die öffentlichen Einrichtungen zu benützen, die in der Gemeinde für Grundbesitzer oder Gewerbetreibende bestehen, und ver-

pflichtet, für ihren Grundbesitz oder Gewerbebetrieb zu den Gemeindelasten beizutragen.

(4) Für juristische Personen und nicht rechtsfähige Personenvereinigungen gelten Absätze 2 und 3 entsprechend.

(5) [1]Durch Satzung können die Gemeinden ihre Einwohner und die ihnen gleichgestellten Personen und Personenvereinigungen (Absätze 3 und 4) für eine bestimmte Zeit zur Mitwirkung bei der Erfüllung vordringlicher Pflichtaufgaben und für Notfälle zu Gemeindediensten (Hand- und Spanndienste) verpflichten. [2]Der Kreis der Verpflichteten, die Art, der Umfang und die Dauer der Dienstleistungen sowie die etwa zu gewährende Vergütung oder die Zahlung einer Ablösung sind durch die Satzung zu bestimmen.

§ 11 Anschluß- und Benutzungszwang. (1) [1]Die Gemeinde kann bei öffentlichem Bedürfnis durch Satzung für die Grundstücke ihres Gebiets den Anschluß an Wasserleitung, Abwasserbeseitigung, Straßenreinigung und ähnliche der Volksgesundheit dienende Einrichtungen (Anschlußzwang) und die Benutzung dieser Einrichtungen sowie der Schlachthöfe (Benutzungszwang) vorschreiben. [2]In gleicher Weise kann die Benutzung der Bestattungseinrichtungen vorgeschrieben werden.

(2) Die Gemeinde kann durch Satzung für die Grundstücke ihres Gebiets den Anschluß an eine Fernwärmeversorgung und deren Benutzung vorschreiben, wenn ein öffentliches Bedürfnis besteht.

(3) [1]Die Satzung kann bestimmte Ausnahmen vom Anschluß- und Benutzungszwang zulassen. [2]Sie kann den Zwang auf bestimmte Teile des Gemeindegebiets oder auf bestimmte Gruppen von Grundstücken, Gewerbebetrieben oder Personen beschränken.

§ 12 Bürgerrecht. (1) [1]Bürger der Gemeinde sind Deutsche im Sinne von Artikel 116 des Grundgesetzes, die das 18. Lebensjahr vollendet haben und seit mindestens sechs Monaten in der Gemeinde wohnen. [2]Bürgermeister und Beigeordnete erwerben das Bürgerrecht mit dem Amtsantritt in der Gemeinde.

(2) [1]Wer in mehreren Gemeinden wohnt, ist Bürger nur in der Gemeinde des Landes, in der er seit mindestens sechs Monaten seine Hauptwohnung hat. [2]War in der Gemeinde, in der sich die Hauptwohnung befindet, die bisherige einzige Wohnung, wird die bisherige Wohndauer in dieser Gemeinde angerechnet.

(3) Bei einer Grenzänderung werden Bürger, die in dem betroffenen Gebiet wohnen, Bürger der aufnehmenden Gemeinde; im übrigen gilt für Einwohner, die in dem betroffenen Gebiet wohnen, das Wohnen in der Gemeinde als Wohnen in der aufnehmenden Gemeinde.

§ 13 Verlust des Bürgerrechts. (1) Das Bürgerrecht verliert, wer aus der Gemeinde wegzieht, seine Hauptwohnung in eine andere Gemeinde verlegt oder nicht mehr Deutscher im Sinne von Artikel 116 des Grundgesetzes ist.

(2) Das Bürgerrecht wird verwirkt durch Aberkennung nach den Vorschriften dieses Gesetzes.

§ 14 Wahlrecht. (1) Die Bürger sind im Rahmen der Gesetze zu den Gemeindewahlen wahlberechtigt und haben das Stimmrecht in sonstigen Gemeindeangelegenheiten.

(2) Ausgeschlossen vom Wahlrecht und vom Stimmrecht sind Bürger,

1. die infolge Richterspruchs das Wahlrecht oder Stimmrecht nicht besitzen,

2. die entmündigt sind oder wegen geistigen Gebrechens unter Pflegschaft stehen, wenn sie nicht durch eine Bescheinigung des Vormundschaftsgerichts nachweisen, daß die Pflegschaft mit ihrer Einwilligung angeordnet ist.

§ 15 Bestellung zu ehrenamtlicher Tätigkeit. (1) Die Bürger haben die Pflicht, eine ehrenamtliche Tätigkeit in der Gemeinde (eine Wahl in den Gemeinderat oder Ortschaftsrat, ein gemeindliches Ehrenamt und eine Bestellung zu ehrenamtlicher Mitwirkung) anzunehmen und diese Tätigkeit während der bestimmten Dauer auszuüben.

(2) [1]Der Gemeinderat bestellt die Bürger zu ehrenamtlicher Tätigkeit; die Bestellung kann jederzeit zurückgenommen werden. [2]Mit dem Verlust des Bürgerrechts endet jede ehrenamtliche Tätigkeit.

§ 16 Ablehnung ehrenamtlicher Tätigkeit. (1) [1]Der Bürger kann eine ehrenamtliche Tätigkeit aus wichtigen Gründen ablehnen oder sein Ausscheiden verlangen. [2]Als wichtiger Grund gilt insbesondere, wenn der Bürger

1. ein geistliches Amt verwaltet,

2. ein öffentliches Amt verwaltet und die oberste Dienstbehörde feststellt, daß die ehrenamtliche Tätigkeit mit seinen Dienstpflichten nicht vereinbar ist,

3. zehn Jahre lang dem Gemeinderat oder Ortschaftsrat angehört oder ein öffentliches Ehrenamt verwaltet hat,

4. häufig oder langdauernd von der Gemeinde beruflich abwesend ist,

5. anhaltend krank ist,

6. mehr als 62 Jahre alt ist oder

7. durch die Ausübung der ehrenamtlichen Tätigkeit in der Fürsorge für die Familie erheblich behindert wird.

[3]Ferner kann ein Bürger sein Ausscheiden aus dem Gemeinderat oder Ortschaftsrat verlangen, wenn er aus der Partei oder Wählervereinigung ausscheidet, auf deren Wahlvorschlag er in den Gemeinderat oder Ortschaftsrat gewählt wurde.

(2) Ob ein wichtiger Grund vorliegt, entscheidet bei Gemeinderäten der Gemeinderat, bei Ortschaftsräten der Ortschaftsrat.

(3) [1]Der Gemeinderat kann einem Bürger, der ohne wichtigen Grund eine ehrenamtliche Tätigkeit ablehnt oder aufgibt, ein Ordnungsgeld bis zu 1 000 Deutsche Mark auferlegen oder das Bürgerrecht bis zur Dauer von vier Jahren aberkennen. [2]Das Ordnungsgeld wird nach den Vorschriften des Landesverwaltungsvollstreckungsgesetzes beigetrieben. [3]Die Aberkennung des Bürgerrechts kann von der Gemeinde unter Anführung der Gründe ortsüblich bekanntgegeben werden. [4]Diese Bestimmung findet keine Anwendung auf ehrenamtliche Bürgermeister und ehrenamtliche Ortsvorsteher.

§ 17 Pflichten ehrenamtlich tätiger Bürger. (1) Wer zu ehrenamtlicher Tätigkeit bestellt wird, muß die ihm übertragenen Geschäfte uneigennützig und verantwortungsbewußt führen.

(2) [1]Der ehrenamtlich tätige Bürger ist zur Verschwiegenheit verpflichtet über alle Angelegenheiten, deren Geheimhaltung gesetzlich vorgeschrieben, besonders angeordnet oder ihrer Natur nach erforderlich ist. [2]Er darf die Kenntnis von geheimzuhaltenden Angelegenheiten nicht unbefugt verwerten. [3]Diese Verpflichtungen bestehen auch nach Beendigung der ehrenamtlichen Tätigkeit fort. [4]Die Geheimhaltung kann nur aus Gründen des öffentlichen Wohls oder zum Schutze berechtigter Interessen einzelner besonders angeordnet werden. [5]Die Anordnung ist aufzuheben, sobald sie nicht mehr gerechtfertigt ist.

(3) [1]Der ehrenamtlich tätige Bürger darf Ansprüche und Interessen eines Andern gegen die Gemeinde nicht geltend machen, soweit er nicht als gesetzlicher Vertreter handelt. [2]Dies gilt für einen ehrenamtlich mitwirkenden Bürger nur, wenn die vertretenen Ansprüche oder Interessen mit der ehrenamtlichen Tätigkeit in Zusammenhang stehen. [3]Ob die Voraussetzungen dieses Verbots vorliegen, entscheidet bei Gemeinderäten und Ortschaftsräten der Gemeinderat, im übrigen der Bürgermeister.

(4) Übt ein zu ehrenamtlicher Tätigkeit bestellter Bürger diese Tätigkeit nicht aus oder verletzt er seine Pflichten nach Absatz 1 gröblich oder handelt er seiner Verpflichtung nach Absatz 2 zuwider oder übt er entgegen der Entscheidung des Gemeinderats oder Bürgermeisters eine Vertretung nach Absatz 3 aus, gilt § 16 Abs. 3.

§ 18 Ausschluß wegen Befangenheit. (1) Der ehrenamtlich tätige Bürger darf weder beratend noch entscheidend mitwirken, wenn die Entscheidung einer Angelegenheit ihm selbst oder folgenden Personen einen unmittelbaren Vorteil oder Nachteil bringen kann:

1. dem Ehegatten, früheren Ehegatten oder dem Verlobten

2. einem in gerader Linie oder in der Seitenlinie bis zum dritten Grade Verwandten,

3. einem in gerader Linie oder in der Seitenlinie bis zum zweiten Grade Verschwägerten oder

4. einer von ihm kraft Gesetzes oder Vollmacht vertretenen Person.

(2) Dies gilt auch, wenn der Bürger, im Falle der Nummer 2 auch die in Absatz 1 Nr. 1 genannten Personen oder Verwandte ersten Grades,

1. gegen Entgelt bei jemand beschäftigt ist, dem die Entscheidung der Angelegenheit einen unmittelbaren Vorteil oder Nachteil bringen kann, es sei denn, daß nach den tatsächlichen Umständen der Beschäftigung anzunehmen ist, daß sich der Bürger deswegen nicht in einem Interessenwiderstreit befindet,

2. Gesellschafter einer Handelsgesellschaft oder Mitglied des Vorstandes, des Aufsichtsrats oder eines gleichartigen Organs eines rechtlich selbständigen Unternehmens ist, denen die Entscheidung der Angelegenheit einen unmittelbaren Vorteil oder Nachteil bringen kann, sofern er diesem Organ nicht als Vertreter oder auf Vorschlag der Gemeinde angehört,

3. Mitglied eines Organs einer juristischen Person des öffentlichen Rechts ist, der die Entscheidung der Angelegenheit einen unmittelbaren Vorteil oder Nachteil bringen kann und die nicht Gebietskörperschaft ist, sofern er diesem Organ nicht als Vertreter oder auf Vorschlag der Gemeinde angehört, oder

4. in der Angelegenheit in anderer als öffentlicher Eigenschaft ein Gutachten abgegeben hat oder sonst tätig geworden ist.

(3) [1]Diese Vorschriften gelten nicht, wenn die Entscheidung nur die gemeinsamen Interessen einer Berufs- oder Bevölkerungsgruppe berührt. [2]Sie gelten ferner nicht für Wahlen zu einer ehrenamtlichen Tätigkeit.

(4) [1]Der ehrenamtlich tätige Bürger, bei dem ein Tatbestand vorliegt, der Befangenheit zur Folge haben kann, hat dies vor Beginn der Beratung über diesen Gegenstand dem Vorsitzenden, sonst dem Bürgermeister mitzuteilen. [2]Ob ein Ausschließungsgrund vorliegt, entscheidet in Zweifelsfällen in Abwesenheit des Betroffenen bei Gemeinderäten und bei Ehrenbeamten der Gemeinderat, bei Ortschaftsräten der Ortschaftsrat, bei Mitgliedern von Ausschüssen der Ausschuß, sonst der Bürgermeister.

(5) Wer an der Beratung und Entscheidung nicht mitwirken darf, muß die Sitzung verlassen.

(6) [1]Ein Beschluß ist rechtswidrig, wenn bei der Beratung oder Beschlußfassung die Bestimmungen der Absätze 1, 2 oder 5 verletzt worden sind oder ein ehrenamtlich tätiger Bürger ohne einen der Gründe der Absätze 1 und 2 ausgeschlossen war. [2]Der Beschluß gilt jedoch ein Jahr nach der Beschlußfassung oder, wenn eine öffentliche Bekanntmachung erforderlich ist, ein Jahr nach dieser als von Anfang an gültig zustande gekommen, es sei denn, daß der Bürgermeister dem Beschluß nach § 43 wegen Gesetzwidrigkeit widersprochen oder die Rechtsaufsichtsbehörde den Beschluß

vor Ablauf der Frist beanstandet hat. [3]Die Rechtsfolge nach Satz 2 tritt nicht gegenüber demjenigen ein, der vor Ablauf der Jahresfrist einen förmlichen Rechtsbehelf eingelegt hat, wenn in dem Verfahren die Rechtsverletzung festgestellt wird. [4]Für Beschlüsse über Satzungen, anderes Ortsrecht und Flächennutzungspläne bleibt § 4 Abs. 4 und 5 unberührt.

§ 19 Entschädigung für ehrenamtliche Tätigkeit. (1) [1]Ehrenamtlich Tätige haben Anspruch auf Ersatz ihrer Auslagen und ihres Verdienstausfalls; durch Satzung können Höchstbeträge festgesetzt werden. [2]Bei Personen, die keinen Verdienst haben und den Haushalt führen, gilt als Verdienstausfall das entstandene Zeitversäumnis; durch Satzung ist hierfür ein bestimmter Stundensatz festzusetzen.

(2) Durch Satzung können Durchschnittssätze festgesetzt werden.

(3) Durch Satzung kann bestimmt werden, daß Gemeinderäten, Ortschaftsräten, sonstigen Mitgliedern der Ausschüsse des Gemeinderats und Ortschaftsrats und Ehrenbeamten eine Aufwandsentschädigung gewährt wird.

(4) Durch Satzung kann bestimmt werden, daß neben einem Durchschnittssatz für Auslagen oder einer Aufwandsentschädigung Reisekostenvergütung nach den für Beamte geltenden Bestimmungen gewährt wird.

(5) Ehrenamtlich Tätigen kann Ersatz für Sachschäden nach den für Beamte geltenden Bestimmungen gewährt werden.

(6) Die Ansprüche nach den Absätzen 1 bis 5 sind nicht übertragbar.

§ 20 Unterrichtung der Einwohner. (1) Der Gemeinderat unterrichtet die Einwohner durch den Bürgermeister über die allgemein bedeutsamen Angelegenheiten der Gemeinde und sorgt für die Förderung des allgemeinen Interesses an der Verwaltung der Gemeinde.

(2) [1]Bei wichtigen Planungen und Vorhaben der Gemeinde, die unmittelbar raum- oder entwicklungsbedeutsam sind oder das wirtschaftliche, soziale und kulturelle Wohl ihrer Einwohner nachhaltig berühren, sollen die Einwohner möglichst frühzeitig über die Grundlagen sowie die Ziele, Zwecke und Auswirkungen unterrichtet werden. [2]Sofern dafür ein besonderes Bedürfnis besteht, soll den Bürgern allgemein Gelegenheit zur Äußerung gegeben werden. [3]Vorschriften über eine förmliche Beteiligung oder Anhörung bleiben unberührt.

§ 20a Bürgerversammlung. (1) [1]Wichtige Gemeindeangelegenheiten sollen mit den Einwohnern erörtert werden. [2]Zu diesem Zweck soll der Gemeinderat in der Regel einmal im Jahr, im übrigen nach Bedarf eine Bürgerversammlung anberaumen. [3]Bürgerversammlungen können in größeren Gemeinden und in Gemeinden mit Bezirksverfassung oder Ortschaftsverfassung auf Ortsteile, Gemeindebezirke und Ortschaften beschränkt werden. [4]Die Teilnahme an der Bürgerversammlung kann auf die Einwohner beschränkt werden. [5]Die Bürgerversammlung wird vom Bürgermeister unter rechtzeitiger ortsüblicher Bekanntgabe von Zeit, Ort und Tagesordnung einberufen. [6]Den Vorsitz führt der Bürgermeister oder ein von ihm bestimmter Vertreter. [7]In Ortschaften können Bürgerversammlungen auch vom Ortschaftsrat anberaumt werden, die entsprechend den Sätzen 5 und 6 vom Ortsvorsteher einberufen und geleitet werden; die Tagesordnung muß sich auf die Ortschaft beziehen; die Teilnahme kann auf die in der Ortschaft wohnenden Einwohner beschränkt werden; der Bürgermeister ist in jedem Fall teilnahmeberechtigt; bei Teilnahme ist dem Bürgermeister vom Vorsitzenden auf Verlangen jederzeit das Wort zu erteilen.

(2) [1]Der Gemeinderat hat eine Bürgerversammlung anzuberaumen, wenn dies von der Bürgerschaft beantragt wird. [2]Der Antrag muß schriftlich eingereicht werden und die zu erörternden Angelegenheiten angeben; der Antrag darf nur Angelegenheiten angeben, die innerhalb des letzten Jahres nicht bereits Gegenstand einer Bürgerversammlung waren. [3]Er muß von mindestens 10 vom Hundert der Bürger unterzeichnet sein, höchstens jedoch in Gemeinden

mit nicht mehr als 50 000 Einwohnern von	1 500 Bürgern,
mit mehr als 50 000 Einwohnern, aber nicht mehr als 100 000 Einwohnern von	3 000 Bürgern,
mit mehr als 100 000 Einwohnern, aber nicht mehr als 200 000 Einwohnern von	6 000 Bürgern,
mit mehr als 200 000 Einwohnern von	12 000 Bürgern;

das Nähere wird durch das Kommunalwahlgesetz geregelt. [4]Über die Zulässigkeit des Antrags entscheidet der Gemeinderat. [5]Ist der Antrag zulässig, muß die Bürgerversammlung innerhalb von drei Monaten nach Eingang des Antrags abgehalten werden. [6]Sätze 1 bis 5 gelten entsprechend für Ortsteile, Gemeindebezirke und Ortschaften; für die erforderliche Zahl der Unterschriften sind in diesem Fall die Zahlen der dort wohnenden Bürger und Einwohner maßgebend; die zu erörternden Angelegenheiten müssen sich auf den Ortsteil, Gemeindebezirk oder die Ortschaft beziehen.

(3) [1]In der Bürgerversammlung können nur Einwohner das Wort erhalten. [2]Der Vorsitzende kann auch anderen Personen das Wort erteilen.

(4) Die Vorschläge und Anregungen der Bürgerversammlung sollen innerhalb einer Frist von drei Monaten von dem für die Angelegenheit zuständigen Organ der Gemeinde behandelt werden.

§ 20b Bürgerantrag. (1) [1]Die Bürgerschaft kann beantragen, daß der Gemeinderat eine bestimmte Angelegenheit behandelt (Bürgerantrag). [2]Ein Bürgerantrag darf nur Angelegenheiten des Wirkungskreises der Gemeinde zum Gegenstand haben, für die der Gemeinderat zuständig ist und in denen innerhalb des letzten Jahres nicht bereits ein Bürgerantrag gestellt worden ist.[3]Ein Bürgerantrag ist in den in § 21 Abs. 2 genannten Angelegenheiten ausgeschlossen; das gleiche gilt bei Angelegenheiten, über die der Gemeinderat oder ein beschließender Ausschuß nach Durchführung eines gesetzlich bestimmten Beteiligungs- oder Anhörungsverfahrens beschlossen hat.

(2) [1]Der Bürgerantrag muß schriftlich eingereicht werden; richtet er sich gegen einen Beschluß des Gemeinderats oder eines beschließenden Ausschusses, muß er innerhalb von zwei Wochen nach der Bekanntgabe des Beschlusses eingereicht sein. [2]Der Bürgerantrag muß hinreichend bestimmt sein und eine Begründung enthalten. [3]Er muß mindestens von 30 vom Hundert der nach § 21 Abs. 3 Satz 5 erforderlichen Anzahl von Bürgern unterzeichnet sein; das Nähere wird durch das Kommunalwahlgesetz geregelt.

(3) [1]Über die Zulässigkeit des Bürgerantrags entscheidet der Gemeinderat. [2]Ist der Bürgerantrag zulässig, hat der Gemeinderat oder der zuständige beschließende Ausschuß innerhalb von drei Monaten nach seinem Eingang die Angelegenheit zu behandeln; er soll hierbei Vertreter des Bürgerantrags hören.

§ 21 Bürgerentscheid, Bürgerbegehren. (1) [1]Der Gemeinderat kann mit einer Mehrheit von zwei Dritteln der Stimmen aller Mitglieder beschließen, daß eine wichtige Gemeindeangelegenheit der Entscheidung der Bürger unterstellt wird (Bürgerentscheid). [2]Wichtige Angelegenheiten sind:

1. die Errichtung, wesentliche Erweiterung und Aufhebung einer öffentlichen Einrichtung, die der Gesamtheit der Einwohner zu dienen bestimmt ist,
2. die Änderung von Gemeindegrenzen und Landkreisgrenzen,
3. die Einführung und Aufhebung der unechten Teilortswahl,
4. die Einführung und Aufhebung der Bezirksverfassung und
5. die Einführung und, ausgenommen den Fall des § 73, die Aufhebung der Ortschaftsverfassung.

[3]Durch die Hauptsatzung kann bestimmt werden, was darüber hinaus als wichtige Gemeindeangelegenheit gilt.

(2) Ein Bürgerentscheid findet nicht statt über

1. Weisungsaufgaben und Angelegenheiten, die kraft Gesetzes dem Bürgermeister obliegen,
2. Fragen der inneren Organisation der Gemeindeverwaltung,
3. die Rechtsverhältnisse der Gemeinderäte, des Bürgermeisters und der Gemeindebediensteten,

4. die Haushaltssatzung (einschließlich der Wirtschaftspläne der Eigenbetriebe), die Gemeindeabgaben und die Tarife der Versorgungs- und Verkehrsbetriebe der Gemeinde,

5. die Feststellung der Jahresrechnung der Gemeinde und der Jahresabschlüsse der Eigenbetriebe,

6. Entscheidungen in Rechtsmittelverfahren sowie über

7. Anträge, die ein gesetzwidriges Ziel verfolgen.

(3) [1]Über eine wichtige Gemeindeangelegenheit kann die Bürgerschaft einen Bürgerentscheid beantragen (Bürgerbegehren). [2]Ein Bürgerbegehren darf nur Angelegenheiten zum Gegenstand haben, über die innerhalb der letzten drei Jahre nicht bereits ein Bürgerentscheid auf Grund eines Bürgerbegehrens durchgeführt worden ist.[3]Das Bürgerbegehren muß schriftlich eingereicht werden; richtet es sich gegen einen Beschluß des Gemeinderats,muß es innerhalb von vier Wochen nach der Bekanntgabe des Beschlusses eingereicht sein. [4]Das Bürgerbegehren muß die zur Entscheidung zu bringende Frage, eine Begründung und einen nach den gesetzlichen Bestimmungen durchführbaren Vorschlag für die Deckung der Kosten der verlangten Maßnahme enthalten. [5]Es muß von mindestens 15 vom Hundert der Bürger unterzeichnet sein, höchstens jedoch in Gemeinden

mit nicht mehr als 50 000 Einwohnern von	3 000 Bürgern,
mit mehr als 50 000 Einwohnern, aber nicht mehr als 100 000 Einwohnern von	6 000 Bürgern,
mit mehr als 100 000 Einwohnern, aber nicht mehr als 200 000 Einwohnern von	12 000 Bürgern,
mit mehr als 200 000 Einwohnern von	24 000 Bürgern.

(4) [1]Über die Zulässigkeit eines Bürgerbegehrens entscheidet der Gemeinderat. [2]Der Bürgerentscheid entfällt, wenn der Gemeinderat die Durchführung der mit dem Bürgerbegehren verlangten Maßnahme beschließt.

(5) Wird ein Bürgerentscheid durchgeführt, muß den Bürgern die innerhalb der Gemeindeorgane vertretene Auffassung dargelegt werden.

(6) [1]Bei einem Bürgerentscheid ist die gestellte Frage in dem Sinne entschieden, in dem sie von der Mehrheit der gültigen Stimmen beantwortet wurde, sofern diese Mehrheit mindestens 30 vom Hundert der Stimmberechtigten beträgt. [2]Bei Stimmengleichheit gilt die Frage als mit Nein beantwortet. [3]Ist die nach Satz 1 erforderliche Mehrheit nicht erreicht worden, hat der Gemeinderat die Angelegenheit zu entscheiden.

(7) [1]Der Bürgerentscheid hat die Wirkung eines endgültigen Beschlusses des Gemeinderats. [2]Er kann innerhalb von drei Jahren nur durch einen neuen Bürgerentscheid abgeändert werden.

(8) Das Nähere wird durch das Kommunalwahlgesetz geregelt.

§ 22 Ehrenbürgerrecht. (1) Die Gemeinde kann Personen, die sich besonders verdient gemacht haben, das Ehrenbürgerrecht verleihen.

(2) [1]Das Ehrenbürgerrecht kann wegen unwürdigen Verhaltens entzogen werden. [2]Mit der Verwirkung des Bürgerrechts wird auch das Ehrenbürgerrecht verwirkt.

ZWEITER TEIL

Verfassung und Verwaltung der Gemeinde

1. Abschnitt

Organe

§ 23 Verwaltungsorgane der Gemeinde sind der Gemeinderat und der Bürgermeister.

2. Abschnitt

Gemeinderat

§ 24 Rechtsstellung und Aufgaben. (1) [1]Der Gemeinderat ist die Vertretung der Bürger und das Hauptorgan der Gemeinde. [2]Er legt die Grundsätze für die Verwaltung der Gemeinde fest und entscheidet über alle Angelegenheiten der Gemeinde, soweit nicht der Bürgermeister kraft Gesetzes zuständig ist oder ihm der Gemeinderat bestimmte Angelegenheiten überträgt. [3]Der Gemeinderat überwacht die Ausführung seiner Beschlüsse und sorgt beim Auftreten von Mißständen in der Gemeindeverwaltung für deren Beseitigung durch den Bürgermeister.

(2) [1]Der Gemeinderat entscheidet im Einvernehmen mit dem Bürgermeister über die Ernennung, Einstellung und Entlassung der Gemeindebediensteten; das gleiche gilt für die nicht nur vorübergehende Übertragung einer anders bewerteten Tätigkeit bei einem Angestellten oder Arbeiter sowie für die Festsetzung der Vergütung oder des Lohnes, sofern kein Anspruch auf Grund eines Tarifvertrags besteht. [2]Kommt es zu keinem Einvernehmen, entscheidet der Gemeinderat mit einer Mehrheit von zwei Dritteln der Stimmen der Anwesenden allein. [3]Der Bürgermeister ist zuständig, soweit der Gemeinderat ihm die Entscheidung überträgt oder diese zur laufenden Verwaltung gehört. [4]Rechte des Staates bei der Ernennung und Entlassung von Beamten und Angestellten, die sich aus anderen Gesetzen ergeben, bleiben unberührt.

(3) [1]Ein Viertel der Gemeinderäte kann in allen Angelegenheiten der Gemeinde und ihrer Verwaltung verlangen, daß der Bürgermeister den Gemeinderat unterrichtet und daß diesem oder einem von ihm bestellten Ausschuß Akteneinsicht gewährt wird. [2]In dem Ausschuß müssen die Antragsteller vertreten sein.

(4) [1]Jeder Gemeinderat kann an den Bürgermeister schriftliche oder in einer Sitzung des Gemeinderats mündliche Anfragen über einzelne Angelegenheiten im Sinne von Absatz 3 Satz 1 richten, die binnen angemessener Frist zu beantworten sind. [2]Das Nähere ist in der Geschäftsordnung des Gemeinderats zu regeln.

(5) Absätze 3 und 4 gelten nicht bei den nach § 44 Abs. 3 Satz 3 geheimzuhaltenden Angelegenheiten.

§ 25 Zusammensetzung. (1) [1]Der Gemeinderat besteht aus dem Bürgermeister als Vorsitzendem und den ehrenamtlichen Mitgliedern (Gemeinderäte). [2]In Städten führen die Gemeinderäte die Bezeichnung Stadtrat.

(2) [1]Die Zahl der Gemeinderäte beträgt

in Gemeinden mit nicht mehr als	1 000 Einwohnern 8,
in Gemeinden mit mehr als	1 000 Einwohnern,
aber nicht mehr als	2 000 Einwohnern 10,
in Gemeinden mit mehr als	2 000 Einwohnern,
aber nicht mehr als	3 000 Einwohnern 12,
in Gemeinden mit mehr als	3 000 Einwohnern,
aber nicht mehr als	5 000 Einwohnern 14,
in Gemeinden mit mehr als	5 000 Einwohnern,
aber nicht mehr als	10 000 Einwohnern 18,
in Gemeinden mit mehr als	10 000 Einwohnern,
aber nicht mehr als	20 000 Einwohnern 22,
in Gemeinden mit mehr als	20 000 Einwohnern,
aber nicht mehr als	30 000 Einwohnern 26,
in Gemeinden mit mehr als	30 000 Einwohnern,
aber nicht mehr als	50 000 Einwohnern 32,
in Gemeinden mit mehr als	50 000 Einwohnern,
aber nicht mehr als	150 000 Einwohnern 40,
in Gemeinden mit mehr als	150 000 Einwohnern,
aber nicht mehr als	400 000 Einwohnern 48,
in Gemeinden mit mehr als	400 000 Einwohnern 60.

[2]In Gemeinden mit unechter Teilortswahl (§ 27 Abs. 2) kann durch die Hauptsatzung bestimmt werden, daß für die Zahl der Gemeinderäte die nächsthöhere Gemeindegrößengruppe maßgebend ist. [3]Ergibt sich aus der Verteilung der Sitze im Verhältnis der auf die Wahlvorschläge gefallenen Gesamtstimmenzahlen innerhalb des Wahlgebiets, daß einem Wahlvorschlag außer den in den Wohnbezirken bereits zugewiesenen Sitzen wei-

tere zustehen, erhöht sich die Zahl der Gemeinderäte für die auf die Wahl folgende Amtszeit entsprechend.

(3) Änderungen der für die Zusammensetzung des Gemeinderats maßgebenden Einwohnerzahl sind erst bei der nächsten regelmäßigen Wahl zu berücksichtigen.

§ 26 Wahlgrundsätze. (1) Die Gemeinderäte werden in allgemeiner, unmittelbarer, freier, gleicher und geheimer Wahl von den Bürgern gewählt.

(2) [1]Gewählt wird auf Grund von Wahlvorschlägen unter Berücksichtigung der Grundsätze der Verhältniswahl. [2]Die Wahlvorschläge dürfen höchstens soviel Bewerber enthalten, wie Gemeinderäte zu wählen sind. [3]Die Verbindung von Wahlvorschlägen ist unzulässig. [4]Jeder Wahlberechtigte hat soviel Stimmen, wie Gemeinderäte zu wählen sind. [5]Der Wahlberechtigte kann Bewerber aus anderen Wahlvorschlägen übernehmen und einem Bewerber bis zu drei Stimmen geben.

(3)[1]Wird nur ein gültiger oder kein Wahlvorschlag eingereicht, findet Mehrheitswahl ohne Bindung an die vorgeschlagenen Bewerber und ohne das Recht der Stimmenhäufung auf einen Bewerber statt. [2]Der Wahlberechtigte kann dabei nur so vielen Personen eine Stimme geben, wie Gemeinderäte zu wählen sind.

§ 27 Wahlgebiet, Unechte Teilortswahl. (1) Die Gemeinde bildet das Wahlgebiet.

(2) [1]In Gemeinden mit räumlich getrennten Ortsteilen können durch die Hauptsatzung aus jeweils einem oder mehreren benachbarten Ortsteilen bestehende Wohnbezirke mit der Bestimmung gebildet werden, daß die Sitze im Gemeinderat nach einem bestimmten Zahlenverhältnis mit Vertretern der verschiedenen Wohnbezirke zu besetzen sind (unechte Teilortswahl). [2]Die Bewerber müssen im Wohnbezirk wohnen. [3]Das Recht der Bürger zur gleichmäßigen Teilnahme an der Wahl sämtlicher Gemeinderäte wird hierdurch nicht berührt. [4]Bei der Bestimmung der auf die einzelnen Wohnbezirke entfallenden Anzahl der Sitze sind die örtlichen Verhältnisse und der Bevölkerungsanteil zu berücksichtigen.

(3) [1]Bei unechter Teilortswahl sind die Bewerber in den Wahlvorschlägen getrennt nach Wohnbezirken aufzuführen. [2]Die Wahlvorschläge dürfen für jeden Wohnbezirk, für den nicht mehr als drei Vertreter zu wählen sind, einen Bewerber mehr und für jeden Wohnbezirk, für den mehr als drei Vertreter zu wählen sind, höchstens so viele Bewerber enthalten, wie Vertreter zu wählen sind. [3]Findet Verhältniswahl statt, kann der Wahlberechtigte für den einzelnen Wohnbezirk Bewerber, die auf anderen Wahlvorschlägen als Vertreter für den gleichen Wohnbezirk vorgeschlagen sind, übernehmen und einem Bewerber bis zu drei Stimmen geben. [4]Der Wahlberechtigte kann dabei nur so vielen Bewerbern im Wohnbezirk Stimmen geben, wie für den Wohnbezirk Vertreter zu wählen sind.

(4) Findet bei unechter Teilortswahl Mehrheitswahl statt, muß der Stimmzettel erkennen lassen, welche Personen der Wahlberechtigte als Vertreter der einzelnen Wohnbezirke in den Gemeinderat wählen wollte; Absatz 3 Satz 4 gilt entsprechend.

(5) Ist die unechte Teilortswahl auf Grund einer Vereinbarung nach § 8 Abs. 2 und § 9 Abs. 4 auf unbestimmte Zeit eingeführt worden, kann sie durch Änderung der Hauptsatzung aufgehoben werden, frühestens jedoch zur übernächsten regelmäßigen Wahl der Gemeinderäte nach ihrer erstmaligen Anwendung.

§ 28 Wählbarkeit. (1) Wählbar in den Gemeinderat sind Bürger der Gemeinde.

(2) Nicht wählbar sind Bürger,

1. die vom Wahlrecht ausgeschlossen sind (§ 14 Abs. 2),

2. die infolge Richterspruchs die Wählbarkeit oder die Fähigkeit zur Bekleidung öffentlicher Ämter nicht besitzen.

§ 29 Hinderungsgründe. (1) Gemeinderäte können nicht sein

1. a) Beamte und Angestellte der Gemeinde,

   b) Beamte und Angestellte eines Gemeindeverwaltungsverbands, eines Nachbarschaftsverbands und eines Zweckverbands, dessen Mitglied die Gemeinde ist, sowie der erfüllenden Gemeinde einer vereinbarten Verwaltungsgemeinschaft, der die Gemeinde angehört,

   c) leitende Beamte und leitende Angestellte einer sonstigen Körperschaft des öffentlichen Rechts, wenn die Gemeinde in einem beschließenden Kollegialorgan der Körperschaft mehr als die Hälfte der Stimmen hat,

   d) Beamte und Angestellte einer Stiftung des öffentlichen Rechts, die von der Gemeinde verwaltet wird,

2. leitende Beamte und leitende Angestellte der Rechtsaufsichtsbehörde, der oberen und der obersten Rechtsaufsichtsbehörde sowie der Gemeindeprüfungsanstalt und

3. in kreisangehörigen Gemeinden leitende Beamte und leitende Angestellte des Landratsamts und des Landkreises.

(2) [1]Personen, die als persönlich haftende Gesellschafter an derselben Handelsgesellschaft beteiligt sind, und in Gemeinden mit nicht mehr als 20 000 Einwohnern auch Personen, die zueinander in einem die Befangenheit begründenden Verhältnis nach § 18 Abs. 1 Nr. 1 bis 3 stehen, können nicht gleichzeitig Gemeinderäte sein. [2]Werden solche Personen gleichzeitig gewählt, tritt der Bewerber mit der höheren Stimmenzahl in den Gemeinderat ein. [3]Bei gleicher Stimmenzahl entscheidet das Los.

(3) Wer mit einem Gemeinderat in einem ein Hindernis begründenden Verhältnis nach Absatz 2 steht, kann nicht nachträglich in den Gemeinderat eintreten.

(4) [1]Personen, die mit dem Bürgermeister oder einem Beigeordneten in einem die Befangenheit begründenden Verhältnis nach § 18 Abs. 1 Nr. 1 bis 3 stehen oder als persönlich haftende Gesellschafter an derselben Handelsgesellschaft beteiligt sind, können nicht in den Gemeinderat eintreten. [2]Gemeinderäte haben auszuscheiden, wenn ein solches Verhältnis zwischen ihnen und dem Bürgermeister oder einem Beigeordneten entsteht.

(5) Der Gemeinderat stellt fest, ob ein Hinderungsgrund nach den Absätzen 1 bis 4 gegeben ist; nach regelmäßigen Wahlen erfolgt die Feststellung vor der Einberufung der ersten Sitzung des neuen Gemeinderats.

§ 30 Amtszeit. (1) Die Amtszeit der Gemeinderäte beträgt fünf Jahre.

(2) [1]Die Amtszeit endet mit Ablauf des Monats, in dem die regelmäßigen Wahlen der Gemeinderäte stattfinden. [2]Wenn die Wahl von der Wahlprüfungsbehörde nicht beanstandet wurde, ist die erste Sitzung des Gemeinderats unverzüglich nach der Zustellung des Wahlprüfungsbescheids oder nach ungenutztem Ablauf der Wahlprüfungsfrist, sonst nach Eintritt der Rechtskraft der Wahl anzuberaumen; dies gilt auch, wenn eine Entscheidung nach § 29 Abs. 5 Halbsatz 2 noch nicht rechtskräftig ist. [3]Bis zum Zusammentreten des neugebildeten Gemeinderats führt der bisherige Gemeinderat die Geschäfte weiter.

(3) [1]Ist die Wahl von Gemeinderäten, die ihr Amt bereits angetreten haben, rechtskräftig für ungültig erklärt worden, so führen diese im Falle des § 32 Abs. 1 des Kommunalwahlgesetzes die Geschäfte bis zum Zusammentreten des auf Grund einer Wiederholungs- oder Neuwahl neugebildeten Gemeinderats, in den Fällen des § 32 Abs. 2 und 3 des Kommunalwahlgesetzes bis zum Ablauf des Tages weiter, an dem das berichtigte Wahlergebnis öffentlich bekanntgemacht wird. [2]Die Rechtswirksamkeit der Tätigkeit dieser Gemeinderäte wird durch die Ungültigkeit ihrer Wahl nicht berührt.

§ 31 Ausscheiden, Nachrücken, Ergänzungswahl. (1) [1]Aus dem Gemeinderat scheiden die Mitglieder aus, die die Wählbarkeit (§ 28) verlieren. [2]Das gleiche gilt für Mitglieder, bei denen ein Hinderungsgrund (§ 29) im Laufe der Amtszeit entsteht; § 29 Abs. 2 Sätze 2 und 3 gilt entsprechend. [3]Die Bestimmungen über das Ausscheiden aus einem wichtigen Grunde bleiben unberührt. [4]Der Gemeinderat stellt fest, ob eine dieser Voraussetzungen gegeben ist. [5]Für Beschlüsse, die unter Mitwirkung von Personen nach Satz 1 oder nach § 29 zustande gekommen sind, gilt § 18 Abs. 6 entsprechend. [6]Ergibt sich nachträglich, daß ein in den Gemeinderat Gewählter im Zeitpunkt der Wahl nicht wählbar war, ist dies vom Gemeinderat festzustellen.

(2) [1]Tritt ein Gewählter nicht in den Gemeinderat ein, scheidet er im Laufe der Amtszeit aus oder wird festgestellt, daß er nicht wählbar war, rückt der als nächster Ersatzmann festgestellte Bewerber nach. [2]Satz 1 gilt entsprechend, wenn ein Gewählter, dem ein Sitz nach § 26 Abs. 2 Satz 4 des Kommunalwahlgesetzes zugeteilt worden war, als Ersatzmann nach Satz 1 nachrückt.

(3) Ist die Zahl der Gemeinderäte dadurch, daß nichteintretende oder ausgeschiedene Gemeinderäte nicht durch Nachrücken ersetzt oder bei einer Wahl Sitze nicht besetzt werden konnten, auf weniger als zwei Drittel der gesetzlichen Mitgliederzahl herabgesunken, ist eine Ergänzungswahl für den Rest der Amtszeit nach den für die Hauptwahl geltenden Vorschriften durchzuführen.

§ 32 Rechtsstellung der Gemeinderäte. (1) [1]Die Gemeinderäte sind ehrenamtlich tätig. [2]Der Bürgermeister verpflichtet die Gemeinderäte in der ersten Sitzung öffentlich auf die gewissenhafte Erfüllung ihrer Amtspflichten.

(2) [1]Niemand darf gehindert werden, das Amt eines Gemeinderats zu übernehmen und auszuüben. [2]Eine Kündigung oder Entlassung aus einem Dienst- oder Arbeitsverhältnis, eine Versetzung an einen anderen Beschäftigungsort und jede sonstige berufliche Benachteiligung aus diesem Grunde sind unzulässig. [3]Steht der Gemeinderat in einem Dienst- oder Arbeitsverhältnis, ist ihm die für seine Tätigkeit erforderliche freie Zeit zu gewähren.

(3) [1]Die Gemeinderäte entscheiden im Rahmen der Gesetze nach ihrer freien, nur durch das öffentliche Wohl bestimmten Überzeugung. [2]An Verpflichtungen und Aufträge, durch die diese Freiheit beschränkt wird, sind sie nicht gebunden.

(4) Erleidet ein Gemeinderat einen Dienstunfall, hat er dieselben Rechte wie ein Ehrenbeamter.

(5) Auf Gemeinderäte, die als Vertreter der Gemeinde in Organen eines wirtschaftlichen Unternehmens (§ 105) Vergütungen erhalten, finden die für den Bürgermeister der Gemeinde geltenden Vorschriften über die Ablieferungspflicht entsprechende Anwendung.

§ 33 Mitwirkung im Gemeinderat. (1) Die Beigeordneten nehmen an den Sitzungen des Gemeinderats mit beratender Stimme teil.

(2) Der Vorsitzende kann den Vortrag in den Sitzungen des Gemeinderats einem Beamten oder Angestellten der Gemeinde übertragen; auf Verlangen des Gemeinderats muß er einen solchen Bediensteten zu sachverständigen Auskünften zuziehen.

(3) Der Gemeinderat kann sachkundige Einwohner und Sachverständige zu den Beratungen einzelner Angelegenheiten zuziehen.

(4) [1]Der Gemeinderat kann bei öffentlichen Sitzungen Einwohnern und den ihnen gleichgestellten Personen und Personenvereinigungen nach § 10

Abs. 3 und 4 die Möglichkeit einräumen, Fragen zu Gemeindeangelegenheiten zu stellen oder Anregungen und Vorschläge zu unterbreiten (Fragestunde); zu den Fragen nimmt der Vorsitzende Stellung. [2]Der Gemeinderat kann betroffenen Personen und Personengruppen Gelegenheit geben, ihre Auffassung im Gemeinderat vorzutragen (Anhörung); das gleiche gilt für die Ausschüsse. [3]Das Nähere regelt die Geschäftsordnung.

§ 33a Ältestenrat. (1) [1]Durch die Hauptsatzung kann bestimmt werden, daß der Gemeinderat einen Ältestenrat bildet, der den Bürgermeister in Fragen der Tagesordnung und des Gangs der Verhandlungen des Gemeinderats berät. [2]Vorsitzender des Ältestenrats ist der Bürgermeister.

(2) Das Nähere über die Zusammensetzung, den Geschäftsgang und die Aufgaben des Ältestenrats ist in der Geschäftsordnung des Gemeinderats zu regeln; zu der Regelung der Aufgaben ist das Einvernehmen des Bürgermeisters erforderlich.

§ 34 Einberufung der Sitzungen, Teilnahmepflicht. (1) [1]Der Bürgermeister beruft den Gemeinderat schriftlich mit angemessener Frist ein und teilt rechtzeitig die Verhandlungsgegenstände mit; dabei sind die für die Verhandlung erforderlichen Unterlagen beizufügen, soweit nicht das öffentliche Wohl oder berechtigte Interessen einzelner entgegenstehen. [2]Der Gemeinderat ist einzuberufen, wenn es die Geschäftslage erfordert; er soll jedoch mindestens einmal im Monat einberufen werden. [3]Der Gemeinderat ist unverzüglich einzuberufen, wenn es ein Viertel der Gemeinderäte unter Angabe des Verhandlungsgegenstands beantragt. [4]Auf Antrag eines Viertels der Gemeinderäte ist ein Verhandlungsgegenstand auf die Tagesordnung spätestens der übernächsten Sitzung des Gemeinderats zu setzen. [5]Die Verhandlungsgegenstände müssen zum Aufgabengebiet des Gemeinderats gehören. [6]Sätze 3 und 4 gelten nicht, wenn der Gemeinderat den gleichen Verhandlungsgegenstand innerhalb der letzten sechs Monate bereits behandelt hat. [7]Zeit, Ort und Tagesordnung der öffentlichen Sitzungen sind rechtzeitig ortsüblich bekanntzugeben.

(2) In Notfällen kann der Gemeinderat ohne Frist, formlos und nur unter Angabe der Verhandlungsgegenstände einberufen werden; Absatz 1 Satz 7 findet keine Anwendung.

(3) Die Gemeinderäte sind verpflichtet, an den Sitzungen teilzunehmen.

§ 35 Öffentlichkeit der Sitzungen. (1) [1]Die Sitzungen des Gemeinderats sind öffentlich. [2]Nichtöffentlich darf nur verhandelt werden, wenn es das öffentliche Wohl oder berechtigte Interessen einzelner erfordern; über Gegenstände, bei denen diese Voraussetzungen vorliegen, muß nichtöffentlich verhandelt werden. [3]Über Anträge aus der Mitte des Gemeinderats, einen Verhandlungsgegenstand entgegen der Tagesordnung in öffentlicher oder nichtöffentlicher Sitzung zu behandeln, wird in nichtöffentlicher Sitzung beraten und entschieden. [4]In nichtöffentlicher Sitzung nach Satz 2 gefaßte

Beschlüsse sind nach Wiederherstellung der Öffentlichkeit oder, wenn dies ungeeignet ist, in der nächsten öffentlichen Sitzung bekanntzugeben, sofern nicht das öffentliche Wohl oder berechtigte Interessen einzelner entgegenstehen.

(2) Die Gemeinderäte sind zur Verschwiegenheit über alle in nichtöffentlicher Sitzung behandelten Angelegenheiten so lange verpflichtet, bis sie der Bürgermeister von der Schweigepflicht entbindet; dies gilt nicht für Beschlüsse, soweit sie nach Absatz 1 Satz 4 bekanntgegeben worden sind.

§ 36 Verhandlungsleitung, Geschäftsgang. (1) [1]Der Vorsitzende eröffnet, leitet und schließt die Verhandlungen des Gemeinderats. [2]Er handhabt die Ordnung und übt das Hausrecht aus.

(2) Der Gemeinderat regelt seine inneren Angelegenheiten, insbesondere den Gang seiner Verhandlungen, im Rahmen der gesetzlichen Vorschriften durch eine Geschäftsordnung.

(3) [1]Bei grober Ungebühr oder wiederholten Verstößen gegen die Ordnung kann ein Gemeinderat vom Vorsitzenden aus dem Beratungsraum verwiesen werden; mit dieser Anordnung ist der Verlust des Anspruchs auf die auf den Sitzungstag entfallende Entschädigung verbunden. [2]Bei wiederholten Ordnungswidrigkeiten nach Satz 1 kann der Gemeinderat ein Mitglied für mehrere, höchstens jedoch für sechs Sitzungen ausschließen. [3]Entsprechendes gilt für sachkundige Einwohner, die zu den Beratungen zugezogen sind.

§ 37 Beschlußfassung. (1) [1]Der Gemeinderat kann nur in einer ordnungsmäßig einberufenen und geleiteten Sitzung beraten und beschließen. [2]Über Gegenstände einfacher Art kann im Wege der Offenlegung oder im schriftlichen Verfahren beschlossen werden; ein hierbei gestellter Antrag ist angenommen, wenn kein Mitglied widerspricht.

(2) [1]Der Gemeinderat ist beschlußfähig, wenn mindestens die Hälfte aller Mitglieder anwesend und stimmberechtigt ist. [2]Bei Befangenheit von mehr als der Hälfte aller Mitglieder ist der Gemeinderat beschlußfähig, wenn mindestens ein Viertel aller Mitglieder anwesend und stimmberechtigt ist.

(3) [1]Ist der Gemeinderat wegen Abwesenheit oder Befangenheit von Mitgliedern nicht beschlußfähig, muß eine zweite Sitzung stattfinden, in der er beschlußfähig ist, wenn mindestens drei Mitglieder anwesend und stimmberechtigt sind; bei der Einberufung der zweiten Sitzung ist hierauf hinzuweisen. [2]Die zweite Sitzung entfällt, wenn weniger als drei Mitglieder stimmberechtigt sind.

(4) [1]Ist keine Beschlußfähigkeit des Gemeinderats gegeben, entscheidet der Bürgermeister anstelle des Gemeinderats nach Anhörung der nicht befangenen Gemeinderäte. [2]Ist auch der Bürgermeister befangen, findet § 124 entsprechende Anwendung; dies gilt nicht, wenn der Gemeinderat

ein stimmberechtigtes Mitglied für die Entscheidung zum Stellvertreter des Bürgermeisters bestellt.

(5) Der Gemeinderat beschließt durch Abstimmungen und Wahlen.

(6) [1]Der Gemeinderat stimmt in der Regel offen ab. [2]Die Beschlüsse werden mit Stimmenmehrheit gefaßt. [3]Der Bürgermeister hat Stimmrecht; bei Stimmengleichheit ist der Antrag abgelehnt.

(7) [1]Wahlen werden geheim mit Stimmzetteln vorgenommen; es kann offen gewählt werden, wenn kein Mitglied widerspricht. [2]Der Bürgermeister hat Stimmrecht. [3]Gewählt ist, wer mehr als die Hälfte der Stimmen der anwesenden Stimmberechtigten erhalten hat. [4]Wird eine solche Mehrheit bei der Wahl nicht erreicht, findet zwischen den beiden Bewerbern mit den meisten Stimmen Stichwahl statt, bei der die einfache Stimmenmehrheit entscheidet. [5]Bei Stimmengleichheit entscheidet das Los. [6]Steht nur ein Bewerber zur Wahl, findet im Falle des Satzes 4 ein zweiter Wahlgang statt, für den Satz 3 gilt. [7]Der zweite Wahlgang soll frühestens eine Woche nach dem ersten Wahlgang durchgeführt werden. [8]Über die Ernennung und Einstellung von Gemeindebediensteten ist durch Wahl Beschluß zu fassen; das gleiche gilt für die nicht nur vorübergehende Übertragung einer höher bewerteten Tätigkeit bei einem Angestellten oder Arbeiter.

§ 38 Niederschrift. (1) [1]Über den wesentlichen Inhalt der Verhandlungen des Gemeinderats ist eine Niederschrift zu fertigen; sie muß insbesondere den Namen des Vorsitzenden, die Zahl der anwesenden und die Namen der abwesenden Gemeinderäte unter Angabe des Grundes der Abwesenheit, die Gegenstände der Verhandlung, die Anträge, die Abstimmungs- und Wahlergebnisse und den Wortlaut der Beschlüsse enthalten. [2]Der Vorsitzende und jedes Mitglied können verlangen, daß ihre Erklärung oder Abstimmung in der Niederschrift festgehalten wird.

(2) [1]Die Niederschrift ist vom Vorsitzenden, zwei Gemeinderäten, die an der Verhandlung teilgenommen haben, und dem Schriftführer zu unterzeichnen. [2]Sie ist innerhalb eines Monats zur Kenntnis des Gemeinderats zu bringen; Mehrfertigungen von Niederschriften über nichtöffentliche Sitzungen dürfen nicht ausgehändigt werden. [3]Über die gegen die Niederschrift vorgebrachten Einwendungen entscheidet der Gemeinderat. [4]Die Einsichtnahme in die Niederschriften über die öffentlichen Sitzungen ist den Bürgern gestattet.

§ 39 Beschließende Ausschüsse. (1) [1]Durch die Hauptsatzung kann der Gemeinderat beschließende Ausschüsse bilden und ihnen bestimmte Aufgabengebiete zur dauernden Erledigung übertragen. [2]Durch Beschluß kann der Gemeinderat einzelne Angelegenheiten auf bestehende beschließende Ausschüsse übertragen oder für ihre Erledigung beschließende Ausschüsse bilden.

(2) Auf beschließende Ausschüsse kann nicht übertragen werden die Beschlußfassung über

1. die Bestellung der Mitglieder von Ausschüssen des Gemeinderats, der Stellvertreter des Bürgermeisters, der Beigeordneten sowie Angelegenheiten nach § 24 Abs. 2 Satz 1 bei leitenden Beamten und Angestellten,

2. die Übernahme freiwilliger Aufgaben,

3. den Erlaß von Satzungen und Rechtsverordnungen,

4. die Änderung des Gemeindegebiets,

5. die Entscheidung über die Durchführung eines Bürgerentscheids oder die Zulässigkeit eines Bürgerbegehrens,

6. die Verleihung und den Entzug des Ehrenbürgerrechts,

7. die Regelung der allgemeinen Rechtsverhältnisse der Gemeindebediensteten,

8. die Übertragung von Aufgaben auf den Bürgermeister,

9. die Zustimmung zur Abgrenzung der Geschäftskreise der Beigeordneten,

10. die Verfügung über Gemeindevermögen, die für die Gemeinde von erheblicher wirtschaftlicher Bedeutung ist,

11. die Errichtung, wesentliche Erweiterung und Aufhebung von öffentlichen Einrichtungen und wirtschaftlichen Unternehmen sowie die Beteiligung an solchen,

12. die Umwandlung der Rechtsform von wirtschaftlichen Unternehmen der Gemeinde und von solchen, an denen die Gemeinde beteiligt ist,

13. die Bestellung von Sicherheiten, die Übernahme von Bürgschaften und von Verpflichtungen aus Gewährverträgen und den Abschluß der ihnen wirtschaftlich gleichkommenden Rechtsgeschäfte, soweit sie für die Gemeinde von erheblicher wirtschaftlicher Bedeutung sind,

14. den Erlaß der Haushaltssatzung und der Nachtragssatzungen, die Feststellung der Jahresrechnung, die Wirtschaftspläne und die Feststellung des Jahresabschlusses von Sondervermögen,

15. die allgemeine Festsetzung von Abgaben und Tarifen,

16. den Verzicht auf Ansprüche der Gemeinde und die Niederschlagung solcher Ansprüche, die Führung von Rechtsstreiten und den Abschluß von Vergleichen, soweit sie für die Gemeinde von erheblicher wirtschaftlicher Bedeutung sind,

17. den Beitritt zu Zweckverbänden und den Austritt aus diesen und

18. die Übertragung von Aufgaben auf das Rechnungsprüfungsamt.

(3) [1]Im Rahmen ihrer Zuständigkeit entscheiden die beschließenden Ausschüsse selbständig an Stelle des Gemeinderats. [2]Ergibt sich, daß eine Angelegenheit für die Gemeinde von besonderer Bedeutung ist, können die beschließenden Ausschüsse die Angelegenheit dem Gemeinderat zur

Beschlußfassung unterbreiten. [3]In der Hauptsatzung kann bestimmt werden, daß ein Viertel aller Mitglieder eines beschließenden Ausschusses eine Angelegenheit dem Gemeinderat zur Beschlußfassung unterbreiten kann, wenn sie für die Gemeinde von besonderer Bedeutung ist. [4]Lehnt der Gemeinderat eine Behandlung ab, weil er die Voraussetzungen für die Verweisung als nicht gegeben ansieht, entscheidet der zuständige beschließende Ausschuß. [5]In der Hauptsatzung kann weiter bestimmt werden, daß der Gemeinderat allgemein oder im Einzelfalle Weisungen erteilen, jede Angelegenheit an sich ziehen und Beschlüsse der beschließenden Ausschüsse, solange sie noch nicht vollzogen sind, ändern oder aufheben kann.

(4) [1]Angelegenheiten, deren Entscheidung dem Gemeinderat vorbehalten ist, sollen den beschließenden Ausschüssen innerhalb ihres Aufgabengebiets zur Vorberatung zugewiesen werden. [2]Durch die Hauptsatzung kann bestimmt werden, daß Anträge, die nicht vorberaten worden sind, auf Antrag des Vorsitzenden oder eines Fünftels aller Mitglieder des Gemeinderats den zuständigen beschließenden Ausschüssen zur Vorberatung überwiesen werden müssen.

(5) [1]Für den Geschäftsgang der beschließenden Ausschüsse gelten die §§ 33 und 34 bis 38 entsprechend. [2]Sitzungen, die der Vorberatung nach Absatz 4 dienen, sind in der Regel nichtöffentlich. [3]Ist ein beschließender Ausschuß wegen Befangenheit von Mitgliedern nicht beschlußfähig im Sinne von § 37 Abs. 2 Satz 1, entscheidet der Gemeinderat an seiner Stelle ohne Vorberatung.

§ 40 Zusammensetzung der beschließenden Ausschüsse. (1) [1]Die beschließenden Ausschüsse bestehen aus dem Vorsitzenden und mindestens vier Mitgliedern. [2]Der Gemeinderat bestellt die Mitglieder und Stellvertreter in gleicher Zahl widerruflich aus seiner Mitte. [3]Nach jeder Wahl der Gemeinderäte sind die beschließenden Ausschüsse neu zu bilden. [4]In die beschließenden Ausschüsse können durch den Gemeinderat sachkundige Einwohner widerruflich als beratende Mitglieder berufen werden; ihre Zahl darf die der Gemeinderäte in den einzelnen Ausschüssen nicht erreichen; sie sind ehrenamtlich tätig.

(2) [1]Kommt eine Einigung über die Zusammensetzung eines beschließenden Ausschusses nicht zustande, werden die Mitglieder von den Gemeinderäten auf Grund von Wahlvorschlägen nach den Grundsätzen der Verhältniswahl unter Bindung an die Wahlvorschläge gewählt. [2]Wird nur ein gültiger oder kein Wahlvorschlag eingereicht, findet Mehrheitswahl ohne Bindung an die vorgeschlagenen Bewerber statt.

(3) Vorsitzender der beschließenden Ausschüsse ist der Bürgermeister; er kann einen seiner Stellvertreter, einen Beigeordneten oder, wenn alle Stellvertreter oder Beigeordneten verhindert sind, ein Mitglied des Ausschusses, das Gemeinderat ist, mit seiner Vertretung beauftragen.

§ 41 Beratende Ausschüsse. (1) [1]Zur Vorberatung seiner Verhandlungen oder einzelner Verhandlungsgegenstände kann der Gemeinderat beratende Ausschüsse bestellen. [2]Sie werden aus der Mitte des Gemeinderats gebildet. [3]In die beratenden Ausschüsse können durch den Gemeinderat sachkundige Einwohner widerruflich als Mitglieder berufen werden; ihre Zahl darf die der Gemeinderäte in den einzelnen Ausschüssen nicht erreichen; sie sind ehrenamtlich tätig.

(2) [1]Den Vorsitz in den beratenden Ausschüssen führt der Bürgermeister. [2]Er kann einen seiner Stellvertreter, einen Beigeordneten oder ein Mitglied des Ausschusses, das Gemeinderat ist, mit seiner Vertretung beauftragen; ein Beigeordneter hat als Vorsitzender Stimmrecht.

(3) Für den Geschäftsgang der beratenden Ausschüsse gelten die Vorschriften der §§ 33, 34, 36 bis 38 und § 39 Abs. 5 Sätze 2 und 3 entsprechend.

3. Abschnitt

Bürgermeister

§ 42 Rechtsstellung des Bürgermeisters. (1) [1]Der Bürgermeister ist Vorsitzender des Gemeinderats und Leiter der Gemeindeverwaltung. [2]Er vertritt die Gemeinde.

(2) [1]In Gemeinden mit weniger als 2000 Einwohnern ist der Bürgermeister Ehrenbeamter auf Zeit; in Gemeinden mit mehr als 500 Einwohnern kann durch die Hauptsatzung bestimmt werden, daß er hauptamtlicher Beamter auf Zeit ist. [2]In den übrigen Gemeinden ist der Bürgermeister hauptamtlicher Beamter auf Zeit.

(3) [1]Die Amtszeit des Bürgermeisters beträgt acht Jahre. [2]Die Amtszeit beginnt mit dem Amtsantritt, im Falle der Wiederwahl schließt sich die neue Amtszeit an das Ende der vorangegangenen an.

(4) In Stadtkreisen und Großen Kreisstädten führt der Bürgermeister die Amtsbezeichnung Oberbürgermeister.

(5) [1]Der Bürgermeister führt nach Freiwerden seiner Stelle die Geschäfte bis zum Amtsantritt des neu gewählten Bürgermeisters weiter; sein Dienstverhältnis besteht so lange weiter. [2]Satz 1 gilt nicht, wenn der Bürgermeister

1. vor dem Freiwerden seiner Stelle der Gemeinde schriftlich mitgeteilt hat, daß er die Weiterführung der Geschäfte ablehne,

2. des Dienstes vorläufig enthoben ist oder wenn gegen ihn öffentliche Klage wegen eines Verbrechens erhoben ist oder

3. ohne Rücksicht auf Wahlprüfung und Wahlanfechtung nach Feststellung des Gemeindewahlausschusses nicht wiedergewählt ist; ist im ersten Wahlgang kein Bewerber gewählt worden, so ist das Ergebnis der Neuwahl (§ 45 Abs. 2) entscheidend.

(6) Ein vom Gemeinderat gewähltes Mitglied vereidigt und verpflichtet den Bürgermeister in öffentlicher Sitzung im Namen des Gemeinderats.

§ 43 Stellung im Gemeinderat. (1) Der Bürgermeister bereitet die Sitzungen des Gemeinderats und der Ausschüsse vor und vollzieht die Beschlüsse.

(2) [1]Der Bürgermeister muß Beschlüssen des Gemeinderats widersprechen, wenn er der Auffassung ist, daß sie gesetzwidrig sind; er kann widersprechen, wenn er der Auffassung ist, daß sie für die Gemeinde nachteilig sind. [2]Der Widerspruch muß unverzüglich, spätestens jedoch binnen einer Woche nach Beschlußfassung gegenüber den Gemeinderäten ausgesprochen werden. [3]Der Widerspruch hat aufschiebende Wirkung. [4]Gleichzeitig ist unter Angabe der Widerspruchsgründe eine Sitzung einzuberufen, in der erneut über die Angelegenheit zu beschließen ist; diese Sitzung hat spätestens drei Wochen nach der ersten Sitzung stattzufinden. [5]Ist nach Ansicht des Bürgermeisters auch der neue Beschluß gesetzwidrig, muß er ihm erneut widersprechen und unverzüglich die Entscheidung der Rechtsaufsichtsbehörde herbeiführen.

(3) [1]Absatz 2 gilt entsprechend für Beschlüsse, die durch beschließende Ausschüsse gefaßt werden. [2]In diesen Fällen hat der Gemeinderat auf den Widerspruch zu entscheiden.

(4) [1]In dringenden Angelegenheiten des Gemeinderats, deren Erledigung auch nicht bis zu einer ohne Frist und formlos einberufenen Gemeinderatssitzung (§ 34 Abs. 2) aufgeschoben werden kann, entscheidet der Bürgermeister anstelle des Gemeinderats. [2]Die Gründe für die Eilentscheidung und die Art der Erledigung sind den Gemeinderäten unverzüglich mitzuteilen. [3]Das gleiche gilt für Angelegenheiten, für deren Entscheidung ein beschließender Ausschuß zuständig ist.

(5) [1]Der Bürgermeister hat den Gemeinderat über alle wichtigen die Gemeinde und ihre Verwaltung betreffenden Angelegenheiten zu unterrichten; bei wichtigen Planungen ist der Gemeinderat möglichst frühzeitig über die Absichten und Vorstellungen der Gemeindeverwaltung und laufend über den Stand und den Inhalt der Planungsarbeiten zu unterrichten. [2]Über wichtige Angelegenheiten, die nach § 44 Abs. 3 Satz 3 geheimzuhalten sind, ist der nach § 55 gebildete Beirat zu unterrichten. [3]Die Unterrichtung des Gemeinderats über die in Satz 2 genannten Angelegenheiten ist ausgeschlossen.

§ 44 Leitung der Gemeindeverwaltung. (1) [1]Der Bürgermeister leitet die Gemeindeverwaltung. [2]Er ist für die sachgemäße Erledigung der Aufgaben und den ordnungsmäßigen Gang der Verwaltung verantwortlich, regelt die innere Organisation der Gemeindeverwaltung und grenzt im Einvernehmen mit dem Gemeinderat die Geschäftskreise der Beigeordneten ab.

(2) [1]Der Bürgermeister erledigt in eigener Zuständigkeit die Geschäfte der laufenden Verwaltung und die ihm sonst durch Gesetz oder vom Gemeinderat übertragenen Aufgaben. [2]Die dauernde Übertragung der Er-

ledigung bestimmter Aufgaben auf den Bürgermeister ist durch die Hauptsatzung zu regeln. [3]Der Gemeinderat kann die Erledigung von Angelegenheiten, die er nicht auf beschließende Ausschüsse übertragen kann (§ 39 Abs. 2), auch nicht dem Bürgermeister übertragen.

(3) [1]Weisungsaufgaben erledigt der Bürgermeister in eigener Zuständigkeit, soweit gesetzlich nichts anderes bestimmt ist; abweichend hiervon ist der Gemeinderat für den Erlaß von Satzungen und Rechtsverordnungen zuständig, soweit Vorschriften anderer Gesetze nicht entgegenstehen. [2]Dies gilt auch, wenn die Gemeinde in einer Angelegenheit angehört wird, die auf Grund einer Anordnung der zuständigen Behörde geheimzuhalten ist. [3]Bei der Erledigung von Weisungsaufgaben, die auf Grund einer Anordnung der zuständigen Behörde geheimzuhalten sind, sowie in den Fällen des Satzes 2 hat der Bürgermeister die für die Behörden des Landes geltenden Geheimhaltungsvorschriften zu beachten.

(4) Der Bürgermeister ist Vorgesetzter, Dienstvorgesetzter und oberste Dienstbehörde der Gemeindebediensteten.

§ 45 Wahlgrundsätze. (1) [1]Der Bürgermeister wird von den Bürgern in allgemeiner, unmittelbarer, freier, gleicher und geheimer Wahl gewählt. [2]Die Wahl ist nach den Grundsätzen der Mehrheitswahl durchzuführen. [3]Gewählt ist, wer mehr als die Hälfte der gültigen Stimmen erhalten hat.

(2) [1]Entfällt auf keinen Bewerber mehr als die Hälfte der gültigen Stimmen, findet frühestens am zweiten und spätestens am vierten Sonntag nach der Wahl Neuwahl statt. [2]Für die Neuwahl gelten die Grundsätze der ersten Wahl; es entscheidet die höchste Stimmenzahl und bei Stimmengleichheit das Los. [3]Eine nochmalige Stellenausschreibung ist nicht erforderlich.

§ 46 Wählbarkeit, Hinderungsgründe. (1) [1]Wählbar zum Bürgermeister sind Deutsche im Sinne von Artikel 116 des Grundgesetzes, die am Wahltag das 25., aber noch nicht das 65. Lebensjahr vollendet haben und die Gewähr dafür bieten, daß sie jederzeit für die freiheitliche demokratische Grundordnung im Sinne des Grundgesetzes eintreten. [2]§ 28 Abs. 2 gilt entsprechend.

(2) Bedienstete der Rechtsaufsichtsbehörde, der oberen und obersten Rechtsaufsichtsbehörde, des Landratsamts und des Landkreises können nicht gleichzeitig Bürgermeister sein.

(3) Der Bürgermeister kann nicht gleichzeitig eine andere Planstelle in der Gemeinde innehaben oder deren sonstiger Bediensteter sein.

§ 47 Zeitpunkt der Wahl, Stellenausschreibung. (1) [1]Wird die Wahl des Bürgermeisters wegen Ablaufs der Amtszeit oder wegen Eintritts in den Ruhestand oder Verabschiedung infolge Erreichens der Altersgrenze notwendig, ist sie frühestens drei Monate und spätestens einen Monat vor Freiwerden der Stelle, in anderen Fällen spätestens drei Monate nach Freiwerden der Stelle durchzuführen. [2]Die Wahl kann bis zu einem Jahr nach Freiwerden der Stelle aufgeschoben werden, wenn die Auflösung der Gemeinde bevorsteht.

(2) [1]Die Stelle des hauptamtlichen Bürgermeisters ist spätestens zwei Monate vor dem Wahltag öffentlich auszuschreiben. [2]Die Gemeinde kann den Bewerbern, deren Bewerbungen zugelassen worden sind, Gelegenheit geben, sich den Bürgern in einer öffentlichen Versammlung vorzustellen.

§ 48 Stellvertreter des Bürgermeisters. (1) [1]In Gemeinden ohne Beigeordnete (§ 49) bestellt der Gemeinderat aus seiner Mitte einen oder mehrere Stellvertreter des Bürgermeisters. [2]§ 46 Abs. 2 findet keine Anwendung. [3]Die Stellvertretung beschränkt sich auf die Fälle der Verhinderung. [4]Die Stellvertreter werden nach jeder Wahl der Gemeinderäte neu bestellt. [5]Sie werden in der Reihenfolge der Stellvertretung je in einem besonderen Wahlgang gewählt. [6]Sind alle bestellten Stellvertreter vorzeitig ausgeschieden oder sind im Fall der Verhinderung des Bürgermeisters auch alle Stellvertreter verhindert, hat der Gemeinderat unverzüglich einen oder mehrere Stellvertreter neu oder für die Dauer der Verhinderung zusätzlich zu bestellen; § 37 Abs. 4 Satz 2 bleibt unberührt. [7]Bis zu dieser Bestellung nimmt das an Lebensjahren älteste, nicht verhinderte Mitglied des Gemeinderats die Aufgaben des Stellvertreters des Bürgermeisters wahr.

(2) [1]Ist in Gemeinden ohne Beigeordnete die Stelle des Bürgermeisters voraussichtlich längere Zeit unbesetzt oder der Bürgermeister voraussichtlich längere Zeit an der Ausübung seines Amtes verhindert, kann der Gemeinderat mit der Mehrheit der Stimmen aller Mitglieder einen Amtsverweser bestellen. [2]Der Amtsverweser muß zum Bürgermeister wählbar sein; § 46 Abs. 2 findet keine Anwendung. [3]Der Amtsverweser muß zum Beamten der Gemeinde bestellt werden.

(3) [1]Ein zum Bürgermeister der Gemeinde gewählter Bewerber kann vom Gemeinderat mit der Mehrheit der Stimmen aller Mitglieder nach Feststellung der Gültigkeit der Wahl durch die Wahlprüfungsbehörde oder nach ungenutztem Ablauf der Wahlprüfungsfrist im Falle der Anfechtung der Wahl vor der rechtskräftigen Entscheidung über die Gültigkeit der Wahl zum Amtsverweser bestellt werden. [2]Der Amtsverweser ist in Gemeinden mit hauptamtlichem Bürgermeister als hauptamtlicher Beamter auf Zeit, in Gemeinden mit ehrenamtlichem Bürgermeister als Ehrenbeamter auf Zeit zu bestellen. [3]Seine Amtszeit beträgt zwei Jahre; Wiederbestellung ist zulässig. [4]Die Amtszeit endet vorzeitig mit der Rechtskraft der Entscheidung über die Gültigkeit der Wahl zum Bürgermeister. [5]Der Amtsverweser führt die Bezeichnung Bürgermeister (Oberbürgermeister). [6]Er erhält in einer Gemeinde mit ehrenamtlichem Bürgermeister dessen Aufwandsentschädigung. [7]Die Amtszeit als Bürgermeister verkürzt sich um die Amtszeit als Amtsverweser.

§ 49 Beigeordnete. (1) [1]In Gemeinden mit mehr als 10 000 Einwohnern können, in Stadtkreisen müssen als Stellvertreter des Bürgermeisters ein oder mehrere hauptamtliche Beigeordnete bestellt werden. [2]Ihre Zahl wird entsprechend den Erfordernissen der Gemeindeverwaltung durch die Hauptsatzung bestimmt. [3]Außerdem können Stellvertreter des Bürgermeisters nach § 48 Abs. 1 bestellt werden, die den Bürgermeister im Falle seiner Verhinderung vertreten, wenn auch alle Beigeordneten verhindert sind.

(2) Einer der Beigeordneten muß die Befähigung zum höheren oder gehobenen Verwaltungs- oder Justizdienst oder zum Richteramt, in Stadtkreisen zum höheren Verwaltungsdienst oder zum Richteramt haben, sofern nicht der Bürgermeister oder ein Bediensteter der Gemeinde diese Voraussetzung erfüllen.

(3) [1]Die Beigeordneten vertreten den Bürgermeister ständig in ihrem Geschäftskreis. [2]Der Bürgermeister kann ihnen allgemein oder im Einzelfall Weisungen erteilen.

(4) [1]Der Erste Beigeordnete ist der ständige allgemeine Stellvertreter des Bürgermeisters. [2]Er führt in Stadtkreisen und Großen Kreisstädten die Amtsbezeichnung Bürgermeister. [3]Die weiteren Beigeordneten sind nur allgemeine Stellvertreter des Bürgermeisters, wenn der Bürgermeister und der Erste Beigeordnete verhindert sind; die Reihenfolge der allgemeinen Stellvertretung bestimmt der Gemeinderat. [4]In Stadtkreisen und Großen Kreisstädten kann der Gemeinderat den weiteren Beigeordneten die Amtsbezeichnung Bürgermeister verleihen.

(5) Wird ein Beigeordneter mit der Verwaltung des Finanzwesens betraut, muß er die für den Fachbeamten für das Finanzwesen in § 116 vorgesehene Vorbildung haben.

§ 50 Rechtsstellung und Bestellung der Beigeordneten. (1) [1]Die Beigeordneten sind als hauptamtliche Beamte zu bestellen. [2]Ihre Amtszeit beträgt acht Jahre.

(2) [1]Die Beigeordneten werden vom Gemeinderat je in einem besonderen Wahlgang gewählt. [2]Der Gemeinderat kann beschließen, daß der Erste Beigeordnete gewählt wird, nachdem für jede zu besetzende Beigeordnetenstelle ein Bewerber gewählt ist. [3]Sieht die Hauptsatzung mehrere Beigeordnete vor, sollen die Parteien und Wählervereinigungen gemäß ihren Vorschlägen nach dem Verhältnis ihrer Sitze im Gemeinderat berücksichtigt werden.

(3) [1]Für den Zeitpunkt der Bestellung gilt § 47 Abs. 1 entsprechend. [2]Die Stellen der Beigeordneten sind spätestens zwei Monate vor der Besetzung öffentlich auszuschreiben.

(4) Wird bei der Eingliederung einer Gemeinde in eine andere Gemeinde oder bei der Neubildung einer Gemeinde durch Vereinigung von Gemeinden in der Vereinbarung nach § 9 bestimmt, daß der Bürgermeister oder ein Beigeordneter der eingegliederten oder einer vereinigten Gemeinde zum Beigeordneten der aufnehmenden oder neugebildeten Gemeinde bestellt wird, finden Absätze 2 und 3 keine Anwendung.

§ 51 Hinderungsgründe. (1) [1]Beigeordnete können nicht gleichzeitig andere Planstellen der Gemeinde innehaben oder deren Bedienstete sein. [2]Sie können auch nicht Bedienstete der Rechtsaufsichtsbehörde, der oberen und obersten Rechtsaufsichtsbehörde sowie des Landratsamts und des Landkreises sein.

(2) [1]Beigeordnete dürfen weder miteinander noch mit dem Bürgermeister in einem die Befangenheit begründenden Verhältnis nach § 18 Abs. 1 Nr. 1 bis 3 stehen oder als persönlich haftende Gesellschafter an derselben Handelsgesellschaft beteiligt sein. [2]Entsteht ein solches Verhältnis zwischen dem Bürgermeister und einem Beigeordneten, ist der Beigeordnete, im übrigen der an Dienstjahren Jüngere in den einstweiligen Ruhestand zu versetzen.

§ 52 Besondere Dienstpflichten. Für den Bürgermeister und die Beigeordneten gelten die Bestimmungen des § 17 Abs. 1 bis 3 und des § 18 entsprechend.

§ 53 Beauftragung, rechtsgeschäftliche Vollmacht. (1) [1]Der Bürgermeister kann Beamte und Angestellte mit seiner Vertretung auf bestimmten Aufgabengebieten oder in einzelnen Angelegenheiten der Gemeindeverwaltung beauftragen. [2]Er kann diese Befugnis auf Beigeordnete für deren Geschäftskreis übertragen.

(2) [1]Der Bürgermeister kann in einzelnen Angelegenheiten rechtsgeschäftliche Vollmacht erteilen. [2]Absatz 1 Satz 2 gilt entsprechend.

§ 54 Verpflichtungserklärungen. (1) [1]Erklärungen, durch welche die Gemeinde verpflichtet werden soll, bedürfen der Schriftform. [2]Sie sind vom Bürgermeister handschriftlich zu unterzeichnen.

(2) Im Falle der Vertretung des Bürgermeisters müssen Erklärungen durch dessen Stellvertreter, den vertretungsberechtigten Beigeordneten oder durch zwei vertretungsberechtigte Beamte oder Angestellte handschriftlich unterzeichnet werden.

(3) Den Unterschriften soll die Amtsbezeichnung und im Falle des Absatzes 2 ein das Vertretungsverhältnis kennzeichnender Zusatz beigefügt werden.

(4) Die Formvorschriften der Absätze 1 bis 3 gelten nicht für Erklärungen in Geschäften der laufenden Verwaltung oder auf Grund einer in der Form der Absätze 1 bis 3 ausgestellten Vollmacht.

§ 55 Beirat für geheimzuhaltende Angelegenheiten. (1) Der Gemeinderat kann einen Beirat bilden, der den Bürgermeister in allen Angelegenheiten des § 44 Abs. 3 Satz 2 berät.

(2) [1]Der Beirat besteht in Gemeinden mit nicht mehr als 1 000 Einwohnern aus den Stellvertretern des Bürgermeisters nach § 48 Abs. 1 Satz 1. [2]Er besteht

in Gemeinden mit mehr als   1 000,
aber nicht mehr als   10 000 Einwohnern
aus zwei,

in Gemeinden mit mehr als   10 000,
aber nicht mehr als   30 000 Einwohnern
aus zwei oder drei,

in Gemeinden mit mehr als   30 000 Einwohnern
aus mindestens drei und höchstens fünf Mitgliedern,

die vom Gemeinderat aus seiner Mitte bestellt werden. [3]Dem Beirat können nur Mitglieder des Gemeinderats angehören, die auf die für die Behörden des Landes geltenden Geheimhaltungsvorschriften verpflichtet sind.

(3) [1]Vorsitzender des Beirats ist der Bürgermeister. [2]Er beruft den Beirat ein, wenn es die Geschäftslage erfordert. [3]Fällt die Angelegenheit in den Geschäftskreis eines Beigeordneten, nimmt dieser an der Sitzung teil. [4]Die Sitzungen des Beirats sind nicht öffentlich. [5]Für die Beratungen des Beirats gelten § 34 Abs. 3, § 36 Abs. 1 und 3, § 37 Abs. 1 Satz 1 und Abs. 2 und § 38 entsprechend.

4. Abschnitt

Gemeindebedienstete

§ 56 Einstellung, Ausbildung. (1) Die Gemeinde ist verpflichtet, die zur Erfüllung ihrer Aufgaben erforderlichen geeigneten Beamten, Angestellten und Arbeiter einzustellen.

(2) [1]Bei der Ausbildung der im Vorbereitungsdienst befindlichen Beamten für den Dienst in der Verwaltung des Landes und der Träger der Selbstverwaltung wirken die Gemeinden mit den zuständigen Landesbehörden zusammen. [2]Für den persönlichen Aufwand, der den Gemeinden entsteht, ist unter ihnen ein entsprechender finanzieller Ausgleich zu schaffen.

(3) Die Gemeinde fördert die Fortbildung ihrer Bediensteten.

§ 57 Stellenplan. [1]Die Gemeinde bestimmt im Stellenplan die Stellen ihrer Beamten sowie ihrer nicht nur vorübergehend beschäftigten Angestellten und Arbeiter, die für die Erfüllung der Aufgaben im Haushaltsjahr erforderlich sind. [2]Für Sondervermögen, für die Sonderrechnungen geführt werden, sind besondere Stellenpläne aufzustellen. [3]Beamte in Einrichtungen solcher Sondervermögen sind auch im Stellenplan nach Satz 1 aufzuführen und dort besonders zu kennzeichnen.

§ 58 Gemeindefachbeamten. (1) [1]Zur fachgemäßen Erledigung der Verwaltungsgeschäfte müssen die Gemeinden mindestens einen Beamten mit der Befähigung zum gehobenen oder höheren Verwaltungsdienst (Gemeindefachbeamter) haben. [2]Satz 1 findet keine Anwendung auf Gemeinden, die einer Verwaltungsgemeinschaft angehören, wenn diese der Gemeinde einen Gemeindefachbeamten zur Erledigung der Verwaltungsgeschäfte zur Verfügung stellt.

(2) Wenn der Bürgermeister nichts anderes bestimmt, kommen die Aufgaben des Ratschreibers auf dem Gebiet der freiwilligen Gerichtsbarkeit in Gemeinden mit einem eigenen Fachbeamten diesem, sonst dem Bürgermeister zu.

(3) Soweit die Bearbeitung der technischen Aufgaben der Gemeinde ihrem Umfang oder ihrer Bedeutung nach es erfordert, soll sie dafür besonders vorgebildeten technischen Beamten übertragen werden.

5. Abschnitt

Besondere Verwaltungsformen

1. Verwaltungsgemeinschaft

§ 59 Rechtsformen der Verwaltungsgemeinschaft. [1]Benachbarte Gemeinden desselben Landkreises können eine Verwaltungsgemeinschaft als Gemeindeverwaltungsverband bilden oder vereinbaren, daß eine Gemeinde (erfüllende Gemeinde) die Aufgaben eines Gemeindeverwaltungsverbands erfüllt (vereinbarte Verwaltungsgemeinschaft). [2]Eine Gemeinde kann nur einer Verwaltungsgemeinschaft angehören. [3]Die Verwaltungsgemeinschaft soll nach der Zahl der Gemeinden und ihrer Einwohner sowie nach der räumlichen Ausdehnung unter Berücksichtigung der örtlichen Verhältnisse und landesplanerischer Gesichtspunkte so abgegrenzt werden, daß sie ihre Aufgaben zweckmäßig und wirtschaftlich erfüllen kann.

§ 60 Anwendung von Rechtsvorschriften und besondere Bestimmungen für die Verwaltungsgemeinschaft. (1) Für die Verwaltungsgemeinschaft gelten die Vorschriften des Gesetzes über kommunale Zusammenarbeit, soweit nichts anderes bestimmt ist.

(2) [1]Der Genehmigung bedürfen auch Änderungen der Verbandssatzung und der Vereinbarung wegen der Aufnahme einer Gemeinde. [2]Die Rechtsaufsichtsbehörde entscheidet über alle erforderlichen Genehmigungen nach pflichtgemäßem Ermessen.

(3) [1]Die Verbandsversammlung des Gemeindeverwaltungsverbands besteht nach näherer Bestimmung der Verbandssatzung aus dem Bürgermeister und mindestens einem weiteren Vertreter einer jeden Mitgliedsgemeinde. [2]Die weiteren Vertreter werden nach jeder regelmäßigen Wahl der Gemeinderäte vom Gemeinderat aus seiner Mitte gewählt; scheidet ein weiterer Vertreter vorzeitig aus dem Gemeinderat oder der Verbandsversammlung aus, wird für den Rest der Amtszeit ein neuer weiterer Vertreter gewählt. [3]Für jeden weiteren Vertreter ist mindestens ein Stellvertreter zu bestellen, der diesen im Verhinderungsfall vertritt.

(4) [1]Bei der vereinbarten Verwaltungsgemeinschaft ist ein gemeinsamer Ausschuß aus Vertretern der beteiligten Gemeinden zu bilden. [2]Der gemeinsame Ausschuß entscheidet anstelle des Gemeinderats der erfüllenden Gemeinde über die Erfüllungsaufgaben (§ 61), soweit nicht der Bürgermeister der erfüllenden Gemeinde kraft Gesetzes zuständig ist oder ihm der gemeinsame Ausschuß bestimmte Angelegenheiten überträgt; eine dauernde Übertragung ist abweichend von § 44 Abs. 2 Satz 2 durch Satzung zu regeln. [3]Für den gemeinsamen Ausschuß gelten die Vorschriften über die Verbandsversammlung des Gemeindeverwaltungsverbands entsprechend; keine Gemeinde darf mehr als 60 vom Hundert aller Stimmen haben; Vorsitzender ist der Bürgermeister der erfüllenden Gemeinde.

(5) [1]Gegen Beschlüsse des gemeinsamen Ausschusses kann eine beteiligte Gemeinde binnen zwei Wochen nach der Beschlußfassung Einspruch einlegen, wenn der Beschluß für sie von besonderer Wichtigkeit oder erheblicher wirtschaftlicher Bedeutung ist. [2]Der Einspruch hat aufschiebende Wirkung. [3]Auf einen Einspruch hat der gemeinsame Ausschuß erneut zu beschließen. [4]Der Einspruch ist zurückgewiesen, wenn der neue Beschluß mit einer Mehrheit von zwei Dritteln der Stimmen der vertretenen Gemeinden, mindestens jedoch mit der Mehrheit aller Stimmen, gefaßt wird.

§ 61 Aufgaben der Verwaltungsgemeinschaft. (1) [1]Der Gemeindeverwaltungsverband berät seine Mitgliedsgemeinden bei der Wahrnehmung ihrer Aufgaben. [2]Bei Angelegenheiten, die andere Mitgliedsgemeinden berühren und eine gemeinsame Abstimmung erfordern, haben sich die Mitgliedsgemeinden der Beratung durch den Gemeindeverwaltungsverband zu bedienen.

(2) [1]Der Gemeindeverwaltungsverband kann seinen Mitgliedsgemeinden Gemeindefachbeamte und sonstige Bedienstete zur Wahrnehmung ihrer Aufgaben zur Verfügung stellen. [2]Die Gemeindefachbeamten gelten als solche der Mitgliedsgemeinden im Sinne von § 58 Abs. 1 und 2. [3]Der Bürgermeister einer jeden Gemeinde kann die zur Verfügung gestellten Bediensteten nach § 53 Abs. 1 Satz 1 mit seiner Vertretung beauftragen.

(3) [1]Der Gemeindeverwaltungsverband erledigt für seine Mitgliedsgemeinden in deren Namen die folgenden Angelegenheiten und Geschäfte der Gemeindeverwaltung nach den Beschlüssen und Anordnungen der Gemeindeorgane (Erledigungsaufgaben):

1. die technischen Angelegenheiten bei der verbindlichen Bauleitplanung und der Durchführung von Bodenordnungsmaßnahmen sowie von Maßnahmen nach dem Städtebauförderungsgesetz,

2. die Planung, Bauleitung und örtliche Bauaufsicht bei den Vorhaben des Hoch- und Tiefbaus,

3. die Unterhaltung und den Ausbau der Gewässer zweiter Ordnung,

4. die Abgaben-, Kassen- und Rechnungsgeschäfte.

[2]Die Rechtsaufsichtsbehörde kann von Satz 1 Ausnahmen zulassen, soweit dies, insbesondere bei den Abgaben-, Kassen- und Rechnungsgeschäften, zweckmäßig ist.

(4) [1]Der Gemeindeverwaltungsverband erfüllt an Stelle seiner Mitgliedsgemeinden in eigener Zuständigkeit die folgenden Aufgaben (Erfüllungsaufgaben):

1. die vorbereitende Bauleitplanung und
2. die Aufgaben des Trägers der Straßenbaulast für die Gemeindeverbindungsstraßen.

[2]Die Rechtsaufsichtsbehörde kann in besonderen Fällen von Satz 1 Nr. 2 Ausnahmen zulassen.

(5) [1]Die Mitgliedsgemeinden können einzeln oder gemeinsam weitere Aufgaben als Erledigungs- und Erfüllungsaufgaben auf den Gemeindeverwaltungsverband übertragen; dazu bedarf es der Änderung der Verbandssatzung. [2]Erledigungs- und Erfüllungsaufgaben können auch alle Weisungsaufgaben sein, soweit Bundesrecht nicht entgegensteht.

(6) [1]Soweit für die Wahrnehmung von Erfüllungsaufgaben bereits Zweckverbände bestehen oder öffentlich-rechtliche Vereinbarungen gelten, tritt der Gemeindeverwaltungsverband in die Rechtsstellung seiner daran beteiligten Mitgliedsgemeinden ein. [2]§ 23 Abs. 2 des Gesetzes über kommunale Zusammenarbeit gilt entsprechend.

(7) Absätze 1 bis 6 gelten entsprechend für die vereinbarte Verwaltungsgemeinschaft.

§ 62 Auflösung der Verwaltungsgemeinschaft und Ausscheiden beteiligter Gemeinden. (1) [1]Verwaltungsgemeinschaften können aus Gründen des öffentlichen Wohls aufgelöst werden.[2]Die Auflösung bedarf einer Rechtsverordnung des Innenministeriums, wenn alle beteiligten Gemeinden, bei einem Gemeindeverwaltungsverband auch dieser, zustimmen. [3]Gegen den Willen eines der Beteiligten kann die Auflösung nur durch Gesetz nach Anhörung der Beteiligten erfolgen. [4]Das gleiche gilt für das Ausscheiden von Gemeinden aus einer Verwaltungsgemeinschaft. [5]§ 8 bleibt unberührt.

(2) [1]Im Falle der Auflösung einer Verwaltungsgemeinschaft oder des Ausscheidens einer beteiligten Gemeinde regeln die Beteiligten die dadurch erforderliche Auseinandersetzung durch Vereinbarung. [2]Diese bedarf der Genehmigung der Rechtsaufsichtsbehörde. [3]Kommt eine Vereinbarung nicht zustande, trifft die Rechtsaufsichtsbehörde auf Antrag eines Beteiligten nach Anhörung der Beteiligten die im Interesse des öffentlichen Wohls erforderlichen Bestimmungen. [4]§ 9 Abs. 5 gilt entsprechend.

2. Bürgermeister in mehreren Gemeinden

§ 63 [1]Benachbarte kreisangehörige Gemeinden können dieselbe Person zum Bürgermeister wählen. [2]Die Wahl des Bürgermeisters ist in jeder

Gemeinde getrennt durchzuführen. [3]Die Amtszeit bestimmt sich für jede Gemeinde nach den hierfür geltenden Vorschriften.

3. Bezirksverfassung

§ 64 Gemeindebezirk. (1) [1]Durch die Hauptsatzung können in Gemeinden mit mehr als 100 000 Einwohnern und in Gemeinden mit räumlich getrennten Ortsteilen Gemeindebezirke (Stadtbezirke) eingerichtet werden. [2]Mehrere benachbarte Ortsteile können zu einem Gemeindebezirk zusammengefaßt werden.

(2) In den Gemeindebezirken können Bezirksbeiräte gebildet werden.

(3) In den Gemeindebezirken kann eine örtliche Verwaltung eingerichtet werden.

§ 65 Bezirksbeirat. (1) [1]Die Mitglieder des Bezirksbeirats (Bezirksbeiräte) werden vom Gemeinderat aus dem Kreise der im Gemeindebezirk wohnenden wählbaren Bürger nach jeder regelmäßigen Wahl der Gemeinderäte bestellt. [2]Die Zahl der Bezirksbeiräte wird durch die Hauptsatzung bestimmt. [3]Bei der Bestellung der Bezirksbeiräte soll das von den im Gemeinderat vertretenen Parteien und Wählervereinigungen bei der letzten regelmäßigen Wahl der Gemeinderäte im Gemeindebezirk erzielte Wahlergebnis berücksichtigt werden; bei unechter Teilortswahl ist das Wahlergebnis für die Besetzung der Sitze aller Wohnbezirke zugrunde zu legen.

(2) [1]Der Bezirksbeirat ist zu wichtigen Angelegenheiten, die den Gemeindebezirk betreffen, zu hören. [2]Der Bezirksbeirat hat ferner die Aufgabe, die örtliche Verwaltung des Gemeindebezirks in allen wichtigen Angelegenheiten zu beraten. [3]Sofern in den Ausschüssen des Gemeinderats wichtige Angelegenheiten, die den Gemeindebezirk betreffen, auf der Tagesordnung stehen, kann der Bezirksbeirat eines seiner Mitglieder zu den Ausschußsitzungen entsenden. [4]Das entsandte Mitglied nimmt an den Ausschußsitzungen mit beratender Stimme teil. [5]Der Termin, an dem sich der Ausschuß des Gemeinderats mit der Angelegenheit befaßt, ist dem Bezirksbeirat über dessen Vorsitzenden rechtzeitig bekanntzugeben.

(3) [1]Vorsitzender des Bezirksbeirats ist der Bürgermeister oder ein von ihm Beauftragter. [2]Innerhalb eines Jahres sind mindestens drei Sitzungen des Bezirksbeirats durchzuführen. [3]Im übrigen finden auf den Geschäftsgang die für beratende Ausschüsse geltenden Vorschriften entsprechende Anwendung.

§ 66 Aufhebung der Bezirksverfassung. Ist die Bezirksverfassung auf Grund einer Vereinbarung nach § 8 Abs. 2 und § 9 Abs. 4 auf unbestimmte Zeit eingeführt worden, kann sie durch Änderung der Hauptsatzung aufgehoben werden, frühestens jedoch zur übernächsten regelmäßigen Wahl der Gemeinderäte nach ihrer Einführung.

4. Ortschaftsverfassung

§ 67 Einführung der Ortschaftsverfassung. [1]In Gemeinden mit räumlich getrennten Ortsteilen kann die Ortschaftsverfassung eingeführt werden. [2]Für die Ortschaftsverfassung gelten die §§ 68 bis 73.

§ 68 Ortschaften . (1) [1]Durch die Hauptsatzung werden Ortschaften eingerichtet. [2]Mehrere benachbarte Ortsteile können zu einer Ortschaft zusammengefaßt werden.

(2) In den Ortschaften werden Ortschaftsräte gebildet.

(3) Für die Ortschaften werden Ortsvorsteher bestellt.

(4) In den Ortschaften kann eine örtliche Verwaltung eingerichtet werden.

§ 69 Ortschaftsrat. (1) [1]Die Mitglieder des Ortschaftsrats (Ortschaftsräte) werden nach den für die Wahl der Gemeinderäte geltenden Vorschriften gewählt. [2]Wird eine Ortschaft während der laufenden Amtszeit der Gemeinderäte neu eingerichtet, werden die Ortschaftsräte erstmals nach der Einrichtung der Ortschaft für die Dauer der restlichen Amtszeit der Gemeinderäte, im übrigen gleichzeitig mit den Gemeinderäten gewählt. [3]Wahlgebiet ist die Ortschaft; wahlberechtigt und wählbar sind die in der Ortschaft wohnenden Bürger. [4]Im Falle einer Eingemeindung kann in der Hauptsatzung bestimmt werden, daß erstmals nach Einrichtung der Ortschaft die bisherigen Gemeinderäte der eingegliederten Gemeinde die Ortschaftsräte sind; scheidet ein Ortschaftsrat vorzeitig aus, gilt § 31 Abs. 2 entsprechend.

(2) [1]Die Zahl der Ortschaftsräte wird durch die Hauptsatzung bestimmt. [2]Ihre Amtszeit richtet sich nach der der Gemeinderäte. [3]§ 25 Abs. 2 Satz 3 gilt entsprechend.

(3) Vorsitzender des Ortschaftsrats ist der Ortsvorsteher.

(4) [1]Nimmt der Bürgermeister an der Sitzung des Ortschaftsrats teil, ist ihm vom Vorsitzenden auf Verlangen jederzeit das Wort zu erteilen. [2]Gemeinderäte, die in der Ortschaft wohnen und nicht Ortschaftsräte sind, können an den Verhandlungen des Ortschaftsrats mit beratender Stimme teilnehmen. [3]In Gemeinden mit unechter Teilortswahl können die als Vertreter eines Wohnbezirks gewählten Gemeinderäte an den Verhandlungen des Ortschaftsrats der Ortschaften im Wohnbezirk mit beratender Stimme teilnehmen.

§ 70 Aufgaben des Ortschaftsrats. (1) [1]Der Ortschaftsrat hat die örtliche Verwaltung zu beraten. [2]Er ist zu wichtigen Angelegenheiten, die die Ortschaft betreffen, zu hören. [3]Er hat ein Vorschlagsrecht in allen Angelegenheiten, die die Ortschaft betreffen.

(2) [1]Der Gemeinderat kann durch die Hauptsatzung dem Ortschaftsrat bestimmte Angelegenheiten, die die Ortschaft betreffen, zur Entscheidung

übertragen. [2]Dies gilt nicht für vorlage- und genehmigungspflichtige Beschlüsse und für die in § 39 Abs. 2 genannten Angelegenheiten.

§ 71 Ortsvorsteher. (1) [1]Der Ortsvorsteher und ein oder mehrere Stellvertreter werden nach der Wahl der Ortschaftsräte (§ 69 Abs. 1) vom Gemeinderat auf Vorschlag des Ortschaftsrats aus dem Kreis der zum Ortschaftsrat wählbaren Bürger, die Stellvertreter aus der Mitte des Ortschaftsrats gewählt. [2]Der Gemeinderat kann mit einer Mehrheit von zwei Dritteln der Stimmen aller Mitglieder beschließen, daß weitere Bewerber aus der Mitte des Ortschaftsrats in die Wahl einbezogen werden; in diesem Fall ist der Ortschaftsrat vor der Wahl anzuhören. [3]Der Ortsvorsteher ist zum Ehrenbeamten auf Zeit zu ernennen. [4]Seine Amtszeit endet mit der der Ortschaftsräte. [5]Er ist zu verabschieden, wenn er die Wählbarkeit verliert. [6]Bis zur Ernennung des gewählten Ortsvorstehers nimmt das an Lebensjahren älteste Mitglied des Ortschaftsrats die Aufgaben des Ortsvorstehers wahr, wenn nicht der Ortsvorsteher nach Freiwerden seiner Stelle die Geschäfte in entsprechender Anwendung des § 42 Abs.5 weiterführt.

(2) Für Ortschaften mit einer örtlichen Verwaltung kann die Hauptsatzung bestimmen, daß ein Gemeindebeamter vom Gemeinderat im Einvernehmen mit dem Ortschaftsrat für die Dauer der Amtszeit der Ortschaftsräte zum Ortsvorsteher bestellt wird.

(3) [1]Der Ortsvorsteher vertritt den Bürgermeister, in Gemeinden mit Beigeordneten auch die Beigeordneten ständig bei dem Vollzug der Beschlüsse des Ortschaftsrats und bei der Leitung der örtlichen Verwaltung. [2]Der Bürgermeister und die Beigeordneten können dem Ortsvorsteher allgemein oder im Einzelfall Weisungen erteilen, soweit er sie vertritt. [3]Der Bürgermeister kann dem Ortsvorsteher ferner in den Fällen des § 43 Abs. 2 und 4 Weisungen erteilen.

(4) Ortsvorsteher können an den Verhandlungen des Gemeinderats und seiner Ausschüsse mit beratender Stimme teilnehmen.

§ 72 Anwendung von Rechtsvorschriften. [1]Die Vorschriften des 2. und 3. Abschnittes des Zweiten Teils und § 126 finden auf den Ortschaftsrat und den Ortsvorsteher entsprechende Anwendung, soweit in den §§ 67 bis 71 nichts Abweichendes bestimmt ist; § 33 a findet keine Anwendung. [2]Abweichend von § 46 Abs. 3 können Beamte, Angestellte und Arbeiter der Gemeinde Ortsvorsteher nach § 71 Abs. 1 sein. [3]§ 37 findet mit der Maßgabe Anwendung, daß der Ortsvorsteher, der nicht Mitglied des Ortschaftsrats ist, im Ortschaftsrat kein Stimmrecht hat. [4]§ 46 Abs. 1 findet mit der Maßgabe Anwendung, daß Altersgrenzen nicht bestehen. [5]§ 46 Abs. 2 findet mit der Maßgabe Anwendung, daß die Hinderungsgründe nur für leitende Bedienstete gelten.

§ 73 Aufhebung der Ortschaftsverfassung. [1]Ist die Ortschaftsverfassung auf Grund einer Vereinbarung nach § 8 Abs. 2 und § 9 Abs. 4 auf unbestimmte

Zeit eingeführt worden, kann sie durch Änderung der Hauptsatzung mit Zustimmung des Ortschaftsrats aufgehoben werden, frühestens jedoch zur übernächsten regelmäßigen Wahl der Gemeinderäte nach Einführung der Ortschaftsverfassung. [2]Der Beschluß des Ortschaftsrats bedarf der Mehrheit der Stimmen aller Mitglieder.

§§ 74 - 76
entfallen

DRITTER TEIL

Gemeindewirtschaft

1. Abschnitt

Haushaltswirtschaft

§ 77 Allgemeine Haushaltsgrundsätze. (1) [1]Die Gemeinde hat ihre Haushaltswirtschaft so zu planen und zu führen, daß die stetige Erfüllung ihrer Aufgaben gesichert ist. [2]Dabei ist den Erfordernissen des gesamtwirtschaftlichen Gleichgewichts grundsätzlich Rechnung zu tragen.

(2) Die Haushaltswirtschaft ist sparsam und wirtschaftlich zu führen.

§ 78 Grundsätze der Einnahmebeschaffung. (1) Die Gemeinde erhebt Abgaben nach den gesetzlichen Vorschriften.

(2) [1]Die Gemeinde hat die zur Erfüllung ihrer Aufgaben erforderlichen Einnahmen

1. soweit vertretbar und geboten aus Entgelten für ihre Leistungen,

2. im übrigen aus Steuern

zu beschaffen, soweit die sonstigen Einnahmen nicht ausreichen. [2]Sie hat dabei auf die wirtschaftlichen Kräfte ihre Abgabepflichtigen Rücksicht zu nehmen.

(3) Die Gemeinde darf Kredite nur aufnehmen, wenn eine andere Finanzierung nicht möglich ist oder wirtschaftlich unzweckmäßig wäre.

§ 79 Haushaltssatzung. (1) [1]Die Gemeinde hat für jedes Haushaltsjahr eine Haushaltssatzung zu erlassen. [2]Die Haushaltssatzung kann für zwei Haushaltsjahre, nach Jahren getrennt, erlassen werden.

(2) [1]Die Haushaltssatzung enthält die Festsetzung

1. des Haushaltsplans unter Angabe des Gesamtbetrags

    a) der Einnahmen und der Ausgaben des Haushaltsjahres,

    b) der vorgesehenen Kreditaufnahmen für Investitionen und Investitionsförderungsmaßnahmen (Kreditermächtigung),

   c) der vorgesehenen Ermächtigungen zum Eingehen von Verpflichtungen, die künftige Haushaltsjahre mit Ausgaben für Investitionen und Investitionsförderungsmaßnahmen belasten (Verpflichtungsermächtigungen),

2. des Höchstbetrags der Kassenkredite,

3. der Steuersätze, die für jedes Haushaltsjahr neu festzusetzen sind.

[2]Sie kann weitere Vorschriften enthalten, die sich auf die Einnahmen und Ausgaben und den Stellenplan für das Haushaltsjahr beziehen.

(3) Die Haushaltssatzung tritt mit Beginn des Haushaltsjahres in Kraft und gilt für das Haushaltsjahr.

(4) Haushaltsjahr ist das Kalenderjahr, soweit durch Gesetz oder Rechtsverordnung nichts anderes bestimmt ist.

§ 80 Haushaltsplan. (1) [1]Der Haushaltsplan ist Teil der Haushaltssatzung. [2]Er enthält alle im Haushaltsjahr für die Erfüllung der Aufgaben der Gemeinde voraussichtlich

1. eingehenden Einnahmen,

2. zu leistenden Ausgaben,

3. notwendigen Verpflichtungsermächtigungen.

[3]Der Haushaltsplan enthält ferner den Stellenplan nach § 57 Satz 1. [4]Die Vorschriften über die Einnahmen, Ausgaben und Verpflichtungsermächtigungen der Sondervermögen der Gemeinde bleiben unberührt.

(2) [1]Der Haushaltsplan ist in einen Verwaltungshaushalt und einen Vermögenshaushalt zu gliedern. [2]Er ist unter Berücksichtigung von Fehlbeträgen aus Vorjahren in Einnahme und Ausgabe auszugleichen.

(3) [1]Der Haushaltsplan ist nach Maßgabe dieses Gesetzes und der auf Grund dieses Gesetzes erlassenen Vorschriften für die Führung der Haushaltswirtschaft verbindlich. [2]Ansprüche und Verbindlichkeiten werden durch ihn weder begründet noch aufgehoben.

§ 81 Erlaß der Haushaltssatzung. (1) [1]Der Entwurf der Haushaltssatzung ist nach ortsüblicher Bekanntgabe an sieben Tagen öffentlich auszulegen. [2]Einwohner und Abgabepflichtige können bis zum Ablauf des siebenten Tages nach dem letzten Tag der Auslegung Einwendungen gegen den Entwurf erheben; in der ortsüblichen Bekanntgabe der Auslegung ist auf diese Frist hinzuweisen. [3]Über fristgemäß erhobene Einwendungen beschließt der Gemeinderat in öffentlicher Sitzung.

(2) Die Haushaltssatzung ist vom Gemeinderat in öffentlicher Sitzung zu beraten und zu beschließen.

(3) Die vom Gemeinderat beschlossene Haushaltssatzung ist der Rechtsaufsichtsbehörde vorzulegen; sie soll ihr spätestens einen Monat vor Beginn des Haushaltsjahres vorliegen.

(4) [1]Mit der öffentlichen Bekanntmachung der Haushaltssatzung ist der Haushaltsplan an sieben Tagen öffentlich auszulegen; in der Bekanntmachung ist auf die Auslegung hinzuweisen. [2]Enthält die Haushaltssatzung genehmigungspflichtige Teile, kann sie erst nach der Genehmigung öffentlich bekanntgemacht werden.

§ 82 Nachtragssatzung. (1) [1]Die Haushaltssatzung kann nur bis zum Ablauf des Haushaltsjahres durch Nachtragssatzung geändert werden. [2]Für die Nachtragssatzung gelten die Vorschriften für die Haushaltssatzung entsprechend.

(2) Die Gemeinde hat unverzüglich eine Nachtragssatzung zu erlassen, wenn

1. sich zeigt, daß ein erheblicher Fehlbetrag entstehen würde und dieser sich nicht durch andere Maßnahmen vermeiden läßt,

2. bisher nicht veranschlagte oder zusätzliche Ausgaben bei einzelnen Haushaltsstellen in einem im Verhältnis zu den Gesamtausgaben des Haushaltsplans erheblichen Umfang geleistet werden müssen,

3. Ausgaben des Vermögenshaushalts für bisher nicht veranschlagte Investitionen oder Investitionsförderungsmaßnahmen geleistet werden sollen,

4. Beamte, Angestellte oder Arbeiter eingestellt, angestellt, befördert oder in eine höhere Vergütungs- oder Lohngruppe eingestuft werden sollen und der Stellenplan die entsprechenden Stellen nicht enthält.

(3) Absatz 2 Nr. 2 bis 4 findet keine Anwendung auf

1. unbedeutende Investitionen und Investitionsförderungsmaßnahmen sowie unabweisbare Ausgaben,

2. die Umschuldung von Krediten,

3. Abweichungen vom Stellenplan und die Leistung höherer Personalausgaben, die sich unmittelbar aus einer Änderung des Besoldungs- oder Tarifrechts ergeben,

4. eine Vermehrung oder Hebung von Stellen für Beamte im Rahmen der Besoldungsgruppen A 1 bis A 10, für Angestellte und für Arbeiter, wenn sie im Verhältnis zur Gesamtzahl der Stellen für diese Bediensteten unerheblich ist.

§ 83 Vorläufige Haushaltsführung. (1) Ist die Haushaltssatzung bei Beginn des Haushaltsjahres noch nicht erlassen, darf die Gemeinde

1. Ausgaben leisten, zu deren Leistung sie rechtlich verpflichtet ist oder die für die Weiterführung notwendiger Aufgaben unaufschiebbar sind; sie darf insbesondere Bauten, Beschaffungen und sonstige Leistungen des Vermögenshaushalts, für die im Haushaltsplan eines Vorjahres Beträge vorgesehen waren, fortsetzen,

2. Abgaben vorläufig nach den Sätzen des Vorjahres erheben,

3. Kredite umschulden.

(2) [1]Reichen die Deckungsmittel für die Fortsetzung von Bauten, Beschaffungen und sonstigen Leistungen des Vermögenshaushalts nach Absatz 1 Nr. 1 nicht aus, darf die Gemeinde mit Genehmigung der Rechtsaufsichtsbehörde Kredite für Investitionen und Investitionsförderungsmaßnahmen bis zu einem Viertel des durchschnittlichen Betrags der Kreditermächtigungen für die beiden Vorjahre aufnehmen. [2]§ 87 Abs. 2 Satz 2 gilt entsprechend.

(3) Der Stellenplan des Vorjahres gilt weiter, bis die Haushaltssatzung für das neue Jahr erlassen ist.

§ 84 Überplanmäßige und außerplanmäßige Ausgaben. (1) [1]Überplanmäßige und außerplanmäßige Ausgaben sind nur zulässig, wenn ein dringendes Bedürfnis besteht und die Deckung gewährleistet ist oder wenn die Ausgabe unabweisbar ist und kein erheblicher Fehlbetrag entsteht. [2]Sind die Ausgaben nach Umfang oder Bedeutung erheblich, bedürfen sie der Zustimmung des Gemeinderats. [3]§ 82 Abs. 2 bleibt unberührt.

(2) Für Investitionen, die im folgenden Jahr fortgesetzt werden, sind überplanmäßige Ausgaben auch dann zulässig, wenn ihre Deckung im folgenden Jahr gewährleistet ist; sie bedürfen der Zustimmung des Gemeinderats.

(3) Absätze 1 und 2 gelten entsprechend für Maßnahmen, durch die überplanmäßige oder außerplanmäßige Ausgaben entstehen können.

§ 85 Finanzplanung. (1) [1]Die Gemeinde hat ihrer Haushaltswirtschaft eine fünfjährige Finanzplanung zugrunde zu legen. [2]Das erste Planungsjahr der Finanzplanung ist das laufende Haushaltsjahr.

(2) In der Finanzplanung sind Umfang und Zusammensetzung der voraussichtlichen Ausgaben und die Deckungsmöglichkeiten darzustellen.

(3) Als Grundlage für die Finanzplanung ist ein Investitionsprogramm aufzustellen.

(4) Der Finanzplan ist mit dem Investitionsprogramm dem Gemeinderat spätestens mit dem Entwurf der Haushaltssatzung vorzulegen.

(5) Der Finanzplan und das Investitionsprogramm sind jährlich der Entwicklung anzupassen und fortzuführen.

§ 86 Verpflichtungsermächtigungen. (1) Verpflichtungen zur Leistung von Ausgaben für Investitionen und Investitionsförderungsmaßnahmen in künftigen Jahren dürfen unbeschadet des Absatzes 5 nur eingegangen werden, wenn der Haushaltsplan hierzu ermächtigt.

(2) Die Verpflichtungsermächtigungen dürfen zu Lasten der dem Haushaltsjahr folgenden drei Jahre veranschlagt werden, erforderlichenfalls bis zum Abschluß einer Maßnahme; sie sind nur zulässig, wenn durch sie der Ausgleich künftiger Haushalte nicht gefährdet wird.

(3) Die Verpflichtungsermächtigungen gelten weiter, bis die Haushaltssatzung für das folgende Jahr erlassen ist.

(4) Der Gesamtbetrag der Verpflichtungsermächtigungen bedarf im Rahmen der Haushaltssatzung insoweit der Genehmigung der Rechtsaufsichtsbehörde, als in den Jahren, in denen voraussichtlich Ausgaben aus den Verpflichtungen zu leisten sind, Kreditaufnahmen vorgesehen sind.

(5) Verpflichtungen im Sinne des Absatzes 1 dürfen überplanmäßig oder außerplanmäßig eingegangen werden, wenn ein dringendes Bedürfnis besteht und der in der Haushaltssatzung festgesetzte Gesamtbetrag der Verpflichtungsermächtigungen nicht überschritten wird.

§ 87 Kreditaufnahmen. (1) Kredite dürfen unter den Voraussetzungen des § 78 Abs. 3 nur im Vermögenshaushalt und nur für Investitionen, Investitionsförderungsmaßnahmen und zur Umschuldung aufgenommen werden.

(2) [1]Der Gesamtbetrag der vorgesehenen Kreditaufnahmen für Investitionen und Investitionsförderungsmaßnahmen bedarf im Rahmen der Haushaltssatzung der Genehmigung der Rechtsaufsichtsbehörde (Gesamtgenehmigung). [2]Die Genehmigung soll unter dem Gesichtspunkt einer geordneten Haushaltswirtschaft erteilt oder versagt werden; sie kann unter Bedingungen erteilt und mit Auflagen verbunden werden. [3]Sie ist in der Regel zu versagen, wenn die Kreditverpflichtungen mit der dauernden Leistungsfähigkeit der Gemeinde nicht im Einklang stehen.

(3) Die Kreditermächtigung gilt weiter, bis die Haushaltssatzung für das übernächste Jahr erlassen ist.

(4) [1]Die Aufnahme der einzelnen Kredite, deren Gesamtbetrag nach Absatz 2 genehmigt worden ist, bedarf der Genehmigung der Rechtsaufsichtsbehörde (Einzelgenehmigung), sobald nach § 19 des Gesetzes zur Förderung der Stabilität und des Wachstums der Wirtschaft die Kreditaufnahmen beschränkt worden sind. [2]Die Einzelgenehmigung kann nach Maßgabe der Kreditbeschränkungen versagt werden.

(5) [1]Die Begründung einer Zahlungsverpflichtung, die wirtschaftlich einer Kreditaufnahme gleichkommt, bedarf der Genehmigung der Rechtsaufsichtsbehörde. [2]Absatz 2 Sätze 2 und 3 gilt entsprechend. [3]Eine Genehmigung ist nicht erforderlich für die Begründung von Zahlungsverpflichtungen im Rahmen der laufenden Verwaltung. [4]Das Innenministerium kann die Genehmigung für Rechtsgeschäfte, die zur Erfüllung bestimmter Aufgaben dienen oder den Haushalt der Gemeinde nicht besonders belasten, allgemein erteilen.

(6) [1]Die Gemeinde darf zur Sicherung des Kredits keine Sicherheiten bestellen. [2]Die Rechtsaufsichtsbehörde kann Ausnahmen zulassen, wenn die Bestellung von Sicherheiten der Verkehrsübung entspricht.

§ 88 Sicherheiten und Gewährleistung für Dritte. (1) [1]Die Gemeinde darf keine Sicherheiten zugunsten Dritter bestellen. [2]Die Rechtsaufsichtsbehörde kann Ausnahmen zulassen.

(2) [1]Die Gemeinde darf Bürgschaften und Verpflichtungen aus Gewährverträgen nur zur Erfüllung ihrer Aufgaben übernehmen. [2]Die Rechtsgeschäfte bedürfen der Genehmigung der Rechtsaufsichtsbehörde, wenn sie nicht im Rahmen der laufenden Verwaltung abgeschlossen werden. [3]§ 87 Abs. 2 Sätze 2 und 3 gilt entsprechend.

(3) Absatz 2 gilt entsprechend für Rechtsgeschäfte, die den in Absatz 2 genannten Rechtsgeschäften wirtschaftlich gleichkommen, insbesondere für die Zustimmung zu Rechtsgeschäften Dritter, aus denen der Gemeinde in künftigen Haushaltsjahren Verpflichtungen zur Leistung von Ausgaben erwachsen können.

(4) Das Innenministerium kann die Genehmigung allgemein erteilen für Rechtsgeschäfte, die

1. von der Gemeinde zur Förderung des Städte- und Wohnungsbaus eingegangen werden,

2. den Haushalt der Gemeinde nicht besonders belasten.

§ 89 Kassenkredite. (1) [1]Zur rechtzeitigen Leistung ihrer Ausgaben kann die Gemeinde Kassenkredite bis zu dem in der Haushaltssatzung festgesetzten Höchstbetrag aufnehmen, soweit für die Kasse keine anderen Mittel zur Verfügung stehen. [2]Die Ermächtigung gilt weiter, bis die Haushaltssatzung für das folgende Jahr erlassen ist.

(2) Der Höchstbetrag der Kassenkredite bedarf im Rahmen der Haushaltssatzung der Genehmigung der Rechtsaufsichtsbehörde, wenn er ein Fünftel der im Verwaltungshaushalt veranschlagten Einnahmen übersteigt.

§ 90 Rücklagen. [1]Die Gemeinde hat zur Sicherung der Haushaltswirtschaft und für Zwecke des Vermögenshaushalts Rücklagen in angemessener Höhe zu bilden. [2]Rücklagen für andere Zwecke sind zulässig.

§ 91 Erwerb und Verwaltung von Vermögen. (1) Die Gemeinde soll Vermögensgegenstände nur erwerben, wenn dies zur Erfüllung ihrer Aufgaben erforderlich ist.

(2) [1]Die Vermögensgegenstände sind pfleglich und wirtschaftlich zu verwalten und ordnungsgemäß nachzuweisen. [2]Bei Geldanlagen ist auf eine ausreichende Sicherheit zu achten; sie sollen einen angemessenen Ertrag bringen.

(3) Besondere Rechtsvorschriften für die Bewirtschaftung des Gemeindewalds bleiben unberührt.

§ 92 Veräußerung von Vermögen. (1) [1]Die Gemeinde darf Vermögensgegenstände, die sie zur Erfüllung ihrer Aufgaben nicht braucht, veräußern. [2]Vermögensgegenstände dürfen in der Regel nur zu ihrem vollen Wert veräußert werden.

(2) Für die Überlassung der Nutzung eines Vermögensgegenstands gilt Absatz 1 entsprechend.

(3) [1]Will die Gemeinde ein Grundstück oder ein grundstücksgleiches Recht veräußern, hat sie den Beschluß der Rechtsaufsichtsbehörde vorzulegen. [2]Das gleiche gilt für andere Vermögensgegenstände, wenn diese unter ihrem vollen Wert veräußert werden sollen.

(4) [1]Die Veräußerung von

1. Waldgrundstücken,
2. Kulturdenkmalen (§ 2 Abs. 1 des Denkmalschutzgesetzes), die insbesondere wegen ihrer Ortsbezogenheit besondere Bedeutung für die Gemeinde haben,

bedarf der Genehmigung der Rechtsaufsichtsbehörde. [2]Die Genehmigung ist zu erteilen, wenn die Veräußerung mit einer geordneten Haushaltswirtschaft vereinbar ist. [3]Über sie soll unverzüglich, in den Fällen des Satzes 1 Nr. 1 spätestens innerhalb eines Monats, in den Fällen des Satzes 1 Nr. 2 spätestens innerhalb von zwei Monaten, entschieden werden.

(5) Das Innenministerium kann die Genehmigung allgemein erteilen und von der Vorlagepflicht nach Absatz 3 allgemein freistellen, wenn die Rechtsgeschäfte zur Erfüllung bestimmter Aufgaben dienen oder ihrer Natur nach regelmäßig wiederkehren oder wenn bestimmte Wertgrenzen oder Grundstücksgrößen nicht überschritten werden.

§ 93 Gemeindekasse. (1) [1]Die Gemeindekasse erledigt alle Kassengeschäfte der Gemeinde; § 98 bleibt unberührt. [2]Die Buchführung kann von den Kassengeschäften abgetrennt werden.

(2) [1]Die Gemeinde hat, wenn sie ihre Kassengeschäfte nicht durch eine Stelle außerhalb der Gemeindeverwaltung besorgen läßt, einen Kassenverwalter und einen Stellvertreter zu bestellen. [2]Der Leiter und die Prüfer des Rechnungsprüfungsamts sowie ein Rechnungsprüfer können nicht gleichzeitig Kassenverwalter oder dessen Stellvertreter sein.

(3) [1]Der Kassenverwalter, sein Stellvertreter und andere Bedienstete der Gemeindekasse dürfen untereinander, zum Bürgermeister, zu einem Beigeordneten, einem Stellvertreter des Bürgermeisters, zum Fachbeamten für das Finanzwesen, zum Leiter und zu den Prüfern des Rechnungsprüfungsamts sowie zu einem Rechnungsprüfer nicht in einem die Befangenheit begründenden Verhältnis nach § 18 Abs. 1 Nr. 1 bis 3 stehen. [2]In Gemeinden mit nicht mehr als 2 000 Einwohnern kann der Gemeinderat bei Vorliegen besonderer Umstände mit den Stimmen aller Mitglieder, die nicht befangen sind, Ausnahmen vom Verbot des Satzes 1 zulassen.

§ 94 Übertragung von Kassengeschäften, Automation. (1) [1]Die Gemeinde kann die Kassengeschäfte ganz oder zum Teil von einer Stelle außerhalb der Gemeindeverwaltung besorgen lassen, wenn die ordnungsmäßige Erledigung und die Prüfung nach den für die Gemeinde geltenden Vorschriften gewährleistet sind. [2]Der Beschluß hierüber ist der Rechtsaufsichtsbehörde anzuzeigen. [3]Die Vorschriften des Gesetzes über kommunale Zusammenarbeit bleiben unberührt.

(2) ¹Werden die Kassengeschäfte oder andere Arbeiten im Bereich des Finanzwesens ganz oder zum Teil automatisiert, sind die Programme und ihre wesentlichen Änderungen von der Gemeindeprüfungsanstalt zu prüfen; die Vorschriften über die überörtliche Prüfung finden Anwendung mit Ausnahme des § 114 Abs. 3 und Abs. 4 Satz 2. ²Bei Gemeinden mit einer örtlichen Prüfung durch ein Rechnungsprüfungsamt kann der Bürgermeister dieses mit einer örtlichen Prüfung vor der Prüfung nach Satz 1 beauftragen. ³Im übrigen wirkt das Rechnungsprüfungsamt an der Prüfung durch die Gemeindeprüfungsanstalt mit. ⁴Die Gemeindeprüfungsanstalt kann im Einvernehmen mit der Gemeinde die Prüfung auch durch das Rechnungsprüfungsamt vornehmen lassen. ⁵Der Gemeindeprüfungsanstalt ist Gelegenheit zu geben, die Programme und die Programmänderungen vor ihrer Anwendung zu prüfen. ⁶Bei Programmen, die für mehrere Gemeinden Anwendung finden sollen, genügt eine Prüfung ⁷Der Gemeindeprüfungsanstalt und dem beteiligten Rechnungsprüfungsamt ist zu ermöglichen, die Ordnungsmäßigkeit der Programmanwendung an Ort und Stelle zu überprüfen.

§ 95 Jahresrechnung. (1) ¹In der Jahresrechnung ist das Ergebnis der Haushaltswirtschaft einschließlich des Standes des Vermögens und der Schulden zu Beginn und am Ende des Haushaltsjahres nachzuweisen. ²Die Jahresrechnung ist durch einen Rechenschaftsbericht zu erläutern.

(2) Die Jahresrechnung ist innerhalb von sechs Monaten nach Ende des Haushaltsjahres aufzustellen und vom Gemeinderat innerhalb eines Jahres nach Ende des Haushaltsjahres festzustellen.

(3) ¹Der Beschluß über die Feststellung der Jahresrechnung ist der Rechtsaufsichtsbehörde unverzüglich mitzuteilen und ortsüblich bekanntzugeben. ²Gleichzeitig ist die Jahresrechnung mit Rechenschaftsbericht an sieben Tagen öffentlich auszulegen; in der Bekanntgabe ist auf die Auslegung hinzuweisen.

2. Abschnitt

Sondervermögen, Treuhandvermögen

§ 96 Sondervermögen. (1) Sondervermögen der Gemeinden sind

1. das Gemeindegliedervermögen,
2. das Vermögen der rechtlich unselbständigen örtlichen Stiftungen,
3. wirtschaftliche Unternehmen ohne eigene Rechtspersönlichkeit und öffentliche Einrichtungen, für die auf Grund gesetzlicher Vorschriften Sonderrechnungen geführt werden,
4. rechtlich unselbständige Versorgungs- und Versicherungseinrichtungen für Bedienstete der Gemeinde.

(2) ¹Sondervermögen nach Absatz 1 Nr. 1 und 2 unterliegen den Vorschriften über die Haushaltswirtschaft. ²Sie sind im Haushalt der Gemeinde gesondert nachzuweisen.

(3) Für Sondervermögen nach Absatz 1 Nr. 3 gelten die Vorschriften der §§ 77, 78, § 81 Abs. 3 sowie der §§ 85 bis 89, 91 und 92 entsprechend.

(4) [1]Für Sondervermögen nach Absatz 1 Nr. 4 sind besondere Haushaltspläne aufzustellen und Sonderrechnungen zu führen. [2]Die Vorschriften über die Haushaltswirtschaft gelten entsprechend mit der Maßgabe, daß an die Stelle der Haushaltssatzung der Beschluß über den Haushaltsplan tritt und von der ortsüblichen Bekanntgabe und Auslegung nach § 81 Abs. 1 und § 95 Abs. 3 abgesehen werden kann. [3]Anstelle eines Haushaltsplans können ein Wirtschaftsplan aufgestellt und die für die Wirtschaftsführung und das Rechnungswesen der Eigenbetriebe geltenden Vorschriften entsprechend angewendet werden; in diesem Fall gilt Absatz 3 entsprechend.

§ 97 Treuhandvermögen. (1) [1]Für rechtlich selbständige örtliche Stiftungen sowie für Vermögen, die die Gemeinde nach besonderem Recht treuhänderisch zu verwalten hat, sind besondere Haushaltspläne aufzustellen und Sonderrechnungen zu führen. [2]§ 96 Abs. 4 Sätze 2 und 3 gilt entsprechend.

(2) Unbedeutendes Treuhandvermögen kann im Haushalt der Gemeinde gesondert nachgewiesen werden; es unterliegt den Vorschriften über die Haushaltswirtschaft.

(3) Mündelvermögen sind abweichend von den Absätzen 1 und 2 nur in der Jahresrechnung gesondert nachzuweisen.

(4) Für rechtlich selbständige örtliche Stiftungen bleiben Bestimmungen des Stifters, für andere Treuhandvermögen besondere gesetzliche Vorschriften unberührt.

§ 98 Sonderkassen. [1]Für Sondervermögen und Treuhandvermögen, für die Sonderrechnungen geführt werden, sind Sonderkassen einzurichten. [2]Sie sollen mit der Gemeindekasse verbunden werden. [3]§ 94 gilt entsprechend.

§ 99 Freistellung von der Finanzplanung. Das Innenministerium kann durch Rechtsverordnung Sondervermögen und Treuhandvermögen von den Verpflichtungen des § 85 freistellen, soweit die Finanzplanung weder für die Haushalts- oder Wirtschaftsführung noch für die Finanzstatistik benötigt wird.

§ 100 Gemeindegliedervermögen. (1) [1]Gemeindegliedervermögen darf nicht in Privatvermögen der Nutzungsberechtigten, Gemeindevermögen nicht in Gemeindegliedervermögen umgewandelt werden. [2]Bei aufgeteilten Nutzungsrechten, die mit dem Eigentum an bestimmten Grundstücken verbunden sind, kann der Nutzungsberechtigte gegen angemessenes Entgelt die Übereignung der mit dem Nutzungsrecht belasteten landwirtschaftlichen Grundstücke verlangen, es sei denn, daß die Grundstücke unmittelbar oder mittelbar für öffentliche Aufgaben benötigt werden oder nach der Bauleitplanung der Gemeinde nicht zur landwirtschaftlichen Nutzung bestimmt sind.

(2) [1]Eine Aufnahme in das Nutzbürgerrecht und eine Zulassung zur Teilnahme an den Gemeindenutzungen finden nicht mehr statt. [2]Die Rechte der Nutzungsberechtigten bleiben erhalten; auf diese Rechte ist das bisherige Recht weiter anzuwenden. [3]Der Wert des einzelnen Nutzungsanteils darf nicht erhöht werden; ein Vorrücken in höhere Nutzungsklassen unterbleibt. [4]Freiwerdende Lose fallen der Gemeinde zu.

(3) [1]Die Nutzungsberechtigten sind zur ordnungsgemäßen Nutzung verpflichtet. [2]Verletzt ein Nutzungsberechtigter trotz schriftlicher Mahnung gröblich seine Pflicht zur ordnungsgemäßen Nutzung, so kann ihm sein Nutzungsrecht entschädigungslos entzogen werden.

(4) [1]Gemeindegliedervermögen kann gegen angemessene Entschädigung in Geld in freies Gemeindevermögen umgewandelt werden, wenn es zum Wohl der Allgemeinheit, insbesondere zur Erfüllung von Aufgaben der Gemeinde oder zur Verbesserung der Agrarstruktur erforderlich ist. [2]In ein Verfahren nach dem Flurbereinigungsgesetz einbezogenes Gemeindegliedervermögen ist unter den Voraussetzungen des Satzes 1 in freies Gemeindevermögen umzuwandeln.

(5) [1]Bisher landwirtschaftlich genutztes Gemeindegliedervermögen, das freies Gemeindevermögen wird, ist gegen angemessenes Entgelt der privaten landwirtschaftlichen Nutzung zu überlassen; Gemeinschaftsweiden sind als öffentliche Einrichtungen fortzuführen, solange hierfür ein Bedürfnis besteht. [2]Dies gilt nicht, soweit die Grundstücke unmittelbar oder mittelbar für öffentliche Aufgaben benötigt werden oder ihre landwirtschaftliche Nutzung die Durchführung der Bauleitplanung der Gemeinde behindert.

§ 101 Örtliche Stiftungen.. (1) [1]Die Gemeinde verwaltet die örtlichen Stiftungen nach den Vorschriften dieses Gesetzes, soweit durch Gesetz oder Stifter nichts anderes bestimmt ist. [2]§ 96 Abs. 1 Nr. 2 und Abs. 2 und § 97 Abs. 1, 2 und 4 bleiben unberührt.

(2) Bei nichtrechtsfähigen Stiftungen kann die Gemeinde unter den Voraussetzungen des § 87 Abs. 1 des Bürgerlichen Gesetzbuches den Stiftungszweck ändern, die Stiftung mit einer anderen nichtrechtsfähigen örtlichen Stiftung zusammenlegen oder sie aufheben, wenn der Stifter nichts anderes bestimmt hat.

(3) [1]Enthält das Stiftungsgeschäft keine Bestimmung über den Vermögensanfall, fällt das Vermögen nichtrechtsfähiger Stiftungen an die Gemeinde. [2]Die Gemeinde hat bei der Verwendung des Vermögens den Stiftungszweck tunlichst zu berücksichtigen.

(4) Gemeindevermögen darf nur im Rahmen der Aufgabenerfüllung der Gemeinde und nur dann in Stiftungsvermögen eingebracht werden, wenn der mit der Stiftung verfolgte Zweck auf andere Weise nicht erreicht werden kann.

3. Abschnitt

Wirtschaftliche Betätigung der Gemeinde

§ 102 Wirtschaftliche Unternehmen. (1) Die Gemeinde darf wirtschaftliche Unternehmen nur errichten, übernehmen oder wesentlich erweitern, wenn

1. der öffentliche Zweck das Unternehmen rechtfertigt und

2. das Unternehmen nach Art und Umfang in einem angemessenen Verhältnis zur Leistungsfähigkeit der Gemeinde und zum voraussichtlichen Bedarf steht.

(2) Wirtschaftliche Unternehmen der Gemeinde sind so zu führen, daß der öffentliche Zweck erfüllt wird; sie sollen einen Ertrag für den Haushalt der Gemeinde abwerfen.

(3) ¹Wirtschaftliche Unternehmen im Sinne dieses Abschnitts sind nicht

1. Unternehmen, zu deren Betrieb die Gemeinde gesetzlich verpflichtet ist,

2. Einrichtungen des Unterrichts-, Erziehungs- und Bildungswesens, der Kunstpflege, der körperlichen Ertüchtigung, der Gesundheits- und Wohlfahrtspflege sowie öffentliche Einrichtungen ähnlicher Art und

3. Hilfsbetriebe, die ausschließlich zur Deckung des Eigenbedarfs der Gemeinde dienen.

²Auch diese Unternehmen und Einrichtungen sind nach wirtschaftlichen Gesichtspunkten zu führen.

(4) ¹Bankunternehmen darf die Gemeinde nicht betreiben. ²Für das öffentliche Sparkassenwesen verbleibt es bei den besonderen Vorschriften.

(5) Bei Unternehmen, für die kein Wettbewerb gleichartiger Privatunternehmen besteht, dürfen der Anschluß und die Belieferung nicht davon abhängig gemacht werden, daß auch andere Leistungen oder Lieferungen abgenommen werden.

§ 103 Eigenbetriebe. Die Wirtschaftsführung und Verwaltung der wirtschaftlichen Unternehmen der Gemeinde ohne eigene Rechtspersönlichkeit (Eigenbetriebe) wird durch besonderes Gesetz geregelt.

§ 104 Beteiligung an wirtschaftlichen Unternehmen. (1) Die Gemeinde darf sich an einem rechtlich selbständigen wirtschaftlichen Unternehmen nur beteiligen, wenn

1. die Voraussetzungen des § 102 Abs. 1 vorliegen,

2. der öffentliche Zweck nicht ebensogut durch einen Eigenbetrieb erfüllt wird oder erfüllt werden kann und

3. für die Beteiligung eine Form gewählt wird, bei der die Haftung der Gemeinde auf einen ihrer Leistungsfähigkeit angemessenen Betrag begrenzt wird.

(2) Die Gemeinde darf der Beteiligung eines Unternehmens, an dem sie mit mehr als 50 vom Hundert beteiligt ist, an einem anderen Unternehmen nur zustimmen, wenn die Voraussetzung des § 102 Abs. 1 Nr. 1 vorliegt.

(3) Die Beteiligung der Gemeinde an einem Zweckverband bleibt hiervon unberührt.

§ 105 Vertretung der Gemeinde in wirtschaftlichen Unternehmen. (1) [1]Der Bürgermeister vertritt die Gemeinde in der Gesellschafterversammlung oder in dem entsprechenden Organ wirtschaftlicher Unternehmen, an denen die Gemeinde beteiligt ist; er kann einen Beamten oder Angestellten der Gemeinde mit seiner Vertretung beauftragen. [2]Die Gemeinde kann weitere Vertreter entsenden und deren Entsendung zurücknehmen. [3]Sie kann ihren Vertretern Weisungen erteilen.

(2) [1]Werden Vertreter der Gemeinde aus ihrer Tätigkeit in einem Organ eines wirtschaftlichen Unternehmens haftbar gemacht, hat ihnen die Gemeinde den Schaden zu ersetzen, es sei denn, daß sie ihn vorsätzlich oder grob fahrlässig herbeigeführt haben. [2]Auch in diesem Fall ist die Gemeinde schadenersatzpflichtig, wenn ihre Vertreter nach Weisung gehandelt haben.

§ 105a Jahresabschluß und Prüfung bei Beteiligungsunternehmen. (1) [1]Gehören der Gemeinde an einem rechtlich selbständigen wirtschaftlichen Unternehmen Anteile in dem in § 53 des Haushaltsgrundsätzegesetzes bezeichneten Umfang, hat sie dafür zu sorgen, daß

1. in der Satzung oder im Gesellschaftsvertrag die Aufstellung des Jahresabschlusses und des Lageberichts in entsprechender Anwendung der Vorschriften des Dritten Buchs des Handelsgesetzbuchs für große Kapitalgesellschaften und deren Prüfung in entsprechender Anwendung dieser Vorschriften oder der Vorschriften über die Jahresabschlußprüfung bei wirtschaftlichen Unternehmen der Gemeinde ohne eigene Rechtspersönlichkeit vorgeschrieben werden, sofern nicht die Vorschriften des Handelsgesetzbuchs bereits unmittelbar gelten oder weitergehende gesetzliche Vorschriften gelten oder andere gesetzliche Vorschriften entgegenstehen,

2. ihr der Prüfungsbericht des Abschlußprüfers übersandt wird, sofern dies nicht bereits gesetzlich vorgesehen ist.

[2]Bei einer geringeren Beteiligung soll die Gemeinde hierauf hinwirken.

(2) Wird der Jahresabschluß nach anderen Vorschriften als den über die Jahresabschlußprüfung bei wirtschaftlichen Unternehmen der Gemeinde ohne eigene Rechtspersönlichkeit geprüft, kann die Gemeinde im Falle des Absatzes 1 Satz 1 die Rechte nach § 53 Abs. 1 Nr. 1 und 2 des Haushaltsgrundsätzegesetzes ausüben und kann die Rechtsaufsichtsbehörde verlangen, daß die Gemeinde ihr den Prüfungsbericht mitteilt.

§ 106 Veräußerung von wirtschaftlichen Unternehmen und Beteiligungen. Die Veräußerung eines wirtschaftlichen Unternehmens, von Teilen eines solchen oder einer Beteiligung an einem wirtschaftlichen Unternehmen sowie andere Rechtsgeschäfte, durch welche die Gemeinde ihren Einfluß auf das wirtschaftliche Unternehmen verliert oder vermindert, sind nur zulässig, wenn die Erfüllung der Aufgaben der Gemeinde nicht beeinträchtigt wird.

§ 107 Energieverträge. (1) [1]Die Gemeinde darf Verträge über die Lieferung von Energie in das Gemeindegebiet sowie Konzessionsverträge, durch die sie einem Energieversorgungsunternehmen die Benützung von Gemeindeeigentum einschließlich der öffentlichen Straßen, Wege und Plätze für Leitungen zur Versorgung der Einwohner überläßt, nur abschließen, wenn die Erfüllung der Aufgaben der Gemeinde nicht gefährdet wird und die berechtigten wirtschaftlichen Interessen der Gemeinde und ihrer Einwohner gewahrt sind. [2]Hierüber soll dem Gemeinderat vor der Beschlußfassung das Gutachten eines unabhängigen Sachverständigen vorgelegt werden.

(2) Dasselbe gilt für eine Verlängerung oder ihre Ablehnung sowie eine wichtige Änderung derartiger Verträge.

§ 108 Vorlagepflicht. Beschlüsse der Gemeinde über Maßnahmen und Rechtsgeschäfte nach § 102 Abs. 1, §§ 104, 106 und 107 sind der Rechtsaufsichtsbehörde unter Nachweis der gesetzlichen Voraussetzungen vorzulegen.

4. Abschnitt

Prüfungswesen

1. Örtliche Prüfung

§ 109 Prüfungseinrichtungen. (1) [1]Stadtkreise und Große Kreisstädte müssen ein Rechnungsprüfungsamt als besonderes Amt einrichten, sofern sie sich nicht eines anderen kommunalen Rechnungsprüfungsamts bedienen. [2]Andere Gemeinden können ein Rechnungsprüfungsamt einrichten oder sich eines anderen kommunalen Rechnungsprüfungsamts bedienen. [3]Gemeinden ohne Rechnungsprüfungsamt können einen geeigneten Bediensteten als Rechnungsprüfer bestellen oder sich eines anderen kommunalen Rechnungsprüfers bedienen; §§ 110 bis 112 gelten entsprechend.

(2) [1]Das Rechnungsprüfungsamt ist bei der Erfüllung der ihm zugewiesenen Prüfungsaufgaben unabhängig und an Weisungen nicht gebunden. [2]Es untersteht im übrigen dem Bürgermeister unmittelbar.

(3) [1]Der Leiter des Rechnungsprüfungsamts muß hauptamtlicher Beamter sein. [2]Er muß die Befähigung zum Gemeindefachbeamten haben oder eine abgeschlossene wirtschaftswissenschaftliche Vorbildung nachweisen und die für sein Amt erforderliche Erfahrung und Eignung besitzen.

(4) [1]Die Leitung des Rechnungsprüfungsamts kann einem Beamten nur durch Beschluß des Gemeinderats und nur dann entzogen werden, wenn die ordnungsgemäße Erfüllung seiner Aufgaben nicht mehr gewährleistet ist. [2]Der Beschluß muß mit einer Mehrheit von zwei Dritteln der Stimmen aller Mitglieder des Gemeinderats gefaßt werden und ist der Rechtsaufsichtsbehörde vorzulegen.

(5) [1]Der Leiter und die Prüfer des Rechnungsprüfungsamts dürfen zum Bürgermeister, zu einem Beigeordneten, einem Stellvertreter des Bürgermeisters, zum Fachbeamten für das Finanzwesen sowie zum Kassenverwalter, zu dessen Stellvertreter und zu anderen Bediensteten der Gemeindekasse nicht in einem die Befangenheit begründenden Verhältnis nach § 18 Abs. 1 Nr. 1 bis 3 stehen. [2]Sie dürfen eine andere Stellung in der Gemeinde nur innehaben, wenn dies mit der Unabhängigkeit und den Aufgaben des Rechnungsprüfungsamts vereinbar ist. [3]Sie dürfen Zahlungen für die Gemeinde weder anordnen noch ausführen.

(6) Für den Rechnungsprüfer gelten die Absätze 2, 4 und 5 entsprechend.

§ 110 Örtliche Prüfung der Jahresrechnung. (1) Das Rechnungsprüfungsamt hat die Jahresrechnung vor der Feststellung durch den Gemeinderat daraufhin zu prüfen, ob

1. bei den Einnahmen und Ausgaben und bei der Vermögensverwaltung nach dem Gesetz und den bestehenden Vorschriften verfahren worden ist,

2. die einzelnen Rechnungsbeträge sachlich und rechnerisch in vorschriftsmäßiger Weise begründet und belegt sind,

3. der Haushaltsplan eingehalten worden ist und

4. das Vermögen und die Schulden richtig nachgewiesen worden sind.

(2) [1]Das Rechnungsprüfungsamt hat die Prüfung innerhalb von vier Monaten nach Aufstellung der Jahresrechnung durchzuführen. [2]Es legt dem Bürgermeister einen Bericht über das Prüfungsergebnis vor. [3]Dieser veranlaßt die Aufklärung von Beanstandungen. [4]Das Rechnungsprüfungsamt faßt seine Bemerkungen in einem Schlußbericht zusammen, der dem Gemeinderat vorzulegen und vom Leiter des Rechnungsprüfungsamts zu erläutern ist.

§ 111 Örtliche Prüfung der Jahresabschlüsse der wirtschaftlichen Unternehmen. [1]Zur Vorbereitung der Beschlußfassung des Gemeinderats über den Jahresabschluß der wirtschaftlichen Unternehmen der Gemeinde ohne eigene Rechtspersönlichkeit hat das Rechnungsprüfungsamt auf Grund der Unterlagen der Gemeinde und der wirtschaftlichen Unternehmen zu prüfen, ob

1. die für die Verwaltung der Gemeinde geltenden, auf die wirtschaftlichen Unternehmen anzuwendenden gesetzlichen Vorschriften und die Beschlüsse des Gemeinderats sowie die Anordnungen des Bürgermeisters eingehalten worden sind,

2. die Vergütung der Leistungen, Lieferungen und Leihgelder der Gemeinde für die wirtschaftlichen Unternehmen, der wirtschaftlichen Unternehmen für die Gemeinde und der wirtschaftlichen Unternehmen untereinander angemessen ist und

3. das von der Gemeinde zur Verfügung gestellte Eigenkapital angemessen verzinst wird.

²Bei der Prüfung ist ein vorhandenes Ergebnis der Jahresabschlußprüfung (§ 115) zu berücksichtigen.

§ 112 Weitere Aufgaben des Rechnungsprüfungsamts. (1) Außer der Prüfung der Jahresrechnung (§ 110) und der Jahresabschlüsse der wirtschaftlichen Unternehmen (§ 111) obliegt dem Rechnungsprüfungsamt

1. die laufende Prüfung der Kassenvorgänge bei der Gemeinde zur Vorbereitung der Prüfung der Jahresrechnung,

2. die Kassenüberwachung, insbesondere die Vornahme der Kassenprüfungen bei den Kassen der Gemeinde und Eigenbetriebe,

3. die Prüfung des Nachweises der Vorräte und Vermögensbestände der Gemeinde und ihrer Eigenbetriebe,

4. die Mitwirkung bei der Prüfung der Programme für die Automation im Finanzwesen nach § 94 Abs. 2,

5. die Prüfung der Finanzvorfälle nach § 56 Abs. 3 des Haushaltsgrundsätzegesetzes.

(2) Der Gemeinderat kann dem Rechnungsprüfungsamt weitere Aufgaben übertragen, insbesondere

1. die Prüfung der Organisation und Wirtschaftlichkeit der Verwaltung,

2. die Prüfung der Vergaben,

3. die Prüfung der Wirtschaftsführung der wirtschaftlichen Unternehmen,

4. die laufende Prüfung der Kassenvorgänge bei den Eigenbetrieben,

5. die Prüfung der Betätigung der Gemeinde als Gesellschafter oder Aktionär in Unternehmen mit eigener Rechtspersönlichkeit und

6. die Buch-, Betriebs- und Kassenprüfungen, die sich die Gemeinde bei einer Beteiligung, bei der Hergabe eines Darlehens oder sonst vorbehalten hat.

(3) Gehören der Gemeinde an einem Unternehmen mit eigener Rechtspersönlichkeit Anteile in dem in § 53 des Haushaltsgrundsätzegesetzes bezeichneten Umfang, kann sie darauf hinwirken, daß für die Prüfung nach Absatz 2 Nr. 5 die in § 54 des Haushaltsgrundsätzegesetzes vorgesehenen Befugnisse eingeräumt werden.

2. Überörtliche Prüfung

§ 113 Prüfungsbehörden. (1) [1]Prüfungsbehörde ist die Rechtsaufsichtsbehörde, bei Gemeinden mit mehr als 4 000 Einwohnern die Gemeindeprüfungsanstalt. [2]Die Gemeindeprüfungsanstalt handelt im Auftrag der Rechtsaufsichtsbehörde unter eigener Verantwortung.

(2) [1]Die Zuständigkeiten der Prüfungsbehörden nach Absatz 1 Satz 1 wechseln nur, wenn die Einwohnergrenze in drei aufeinanderfolgenden Jahren jeweils überschritten oder jeweils unterschritten wird. [2]Die Änderung tritt mit dem Beginn des dritten Jahres ein. [3]Ist mit der Prüfung bereits begonnen worden, bleibt die Zuständigkeit bis zu deren Abschluß nach § 114 Abs. 5 unverändert.

§ 114 Aufgaben und Gang der überörtlichen Prüfung. (1) [1]Die überörtliche Prüfung erstreckt sich darauf, ob

1. bei der Haushalts-, Kassen- und Rechnungsführung, der Wirtschaftsführung und dem Rechnungswesen sowie der Vermögensverwaltung der Gemeinde sowie ihrer Sonder- und Treuhandvermögen die gesetzlichen Vorschriften eingehalten und

2. die staatlichen Zuwendungen bestimmungsgemäß verwendet

worden sind. [2]Bei der Prüfung sind vorhandene Ergebnisse der örtlichen Prüfung (§§ 110 und 111) und der Jahresabschlußprüfung (§ 115) zu berücksichtigen.

(2) Auf Antrag der Gemeinde soll die Prüfungsbehörde diese in Fragen der Organisation und Wirtschaftlichkeit der Verwaltung beraten.

(3) Die überörtliche Prüfung soll innerhalb von vier Jahren nach Ende des Haushaltsjahres unter Einbeziehung sämtlicher vorliegender Jahresrechnungen und Jahresabschlüsse vorgenommen werden.

(4) [1]Die Prüfungsbehörde teilt das Ergebnis der überörtlichen Prüfung in Form eines Prüfungsberichts der Gemeinde und, wenn die Gemeindeprüfungsanstalt Prüfungsbehörde ist, der Rechtsaufsichtsbehörde mit. [2]Über den wesentlichen Inhalt des Prüfungsberichts ist der Gemeinderat zu unterrichten (§ 43 Abs. 5); jedem Gemeinderat ist auf Verlangen Einsicht in den Prüfungsbericht zu gewähren.

(5) [1]Die Gemeinde hat zu den Feststellungen des Prüfungsberichts über wesentliche Anstände gegenüber der Rechtsaufsichtsbehörde und, wenn die Gemeindeprüfungsanstalt Prüfungsbehörde ist, gegenüber dieser innerhalb einer dafür bestimmten Frist Stellung zu nehmen; dabei ist mitzuteilen, ob den Feststellungen Rechnung getragen ist. [2]Hat die überörtliche Prüfung keine wesentlichen Anstände ergeben oder sind diese erledigt, bestätigt die Rechtsaufsichtsbehörde dies der Gemeinde zum Abschluß der Prüfung. [3]Soweit wesentliche Anstände nicht erledigt sind, schränkt die Rechtsaufsichtsbehörde die Bestätigung entsprechend ein; ist eine Erledigung noch möglich, veranlaßt sie gleichzeitig die Gemeinde, die erforderlichen Maßnahmen durchzuführen.

3. Jahresabschlußprüfung

§ 115 (1) [1]Der Jahresabschluß und der Lagebericht der wirtschaftlichen Unternehmen der Gemeinde ohne eigene Rechtspersönlichkeit sind vor der Feststellung des Jahresabschlusses durch den Gemeinderat (§ 15 Abs. 3 des Eigenbetriebsgesetzes) zu prüfen. [2]Zuständig für die Jahresabschlußprüfung ist die Gemeindeprüfungsanstalt, die die Prüfung durch einen Wirtschaftsprüfer, eine Wirtschaftsprüfungsgesellschaft oder in Einzelfällen durch einen als Wirtschaftsprüfer befähigten eigenen Prüfer (Abschlußprüfer) vornehmen läßt; die Gemeinde kann den Abschlußprüfer bestimmen. [3]Gemeinderäte und Beschäftigte der Gemeinde dürfen nicht Abschlußprüfer sein; im übrigen findet § 319 Abs. 2 und 3 des Handelsgesetzbuchs sinngemäß Anwendung.

(2) [1]In die Prüfung des Jahresabschlusses ist die Buchführung einzubeziehen. [2]Die Prüfung des Jahresabschlusses erstreckt sich darauf, ob die gesetzlichen Vorschriften und sie ergänzende Bestimmungen der Betriebssatzung beachtet sind. [3]Der Lagebericht ist darauf zu prüfen, ob er mit dem Jahresabschluß in Einklang steht und ob die sonstigen Angaben im Lagebericht nicht falsche Vorstellungen von der Lage des Unternehmens erwecken. [4]Nach Maßgabe des Prüfungsauftrags, der insoweit des Einvernehmens der Gemeinde bedarf, erstreckt sich die Jahresabschlußprüfung ferner auf die Ordnungsmäßigkeit der Geschäftsführung. [5]Im Prüfungsbericht sind auch die wirtschaftlich bedeutsamen Sachverhalte im Sinne des § 53 Abs. 1 Nr. 2 des Haushaltsgrundsätzegesetzes darzustellen.

(3) Bei der Jahresabschlußprüfung ist ein vorhandenes Ergebnis der örtlichen Prüfung (§ 111) zu berücksichtigen.

5. Abschnitt

Besorgung des Finanzwesens

§ 116 (1) Die Aufstellung des Haushaltsplans, des Finanzplans und der Jahresrechnung, die Haushaltsüberwachung sowie die Verwaltung des Geldvermögens und der Schulden sollen bei einem Beamten zusammengefaßt werden (Fachbeamter für das Finanzwesen).

(2) Der Fachbeamte für das Finanzwesen muß die Befähigung zum Gemeindefachbeamten haben oder eine abgeschlossene wirtschaftswissenschaftliche Vorbildung nachweisen.

(3) Der Kassenverwalter untersteht dem für die Besorgung des Finanzwesens bestellten Beamten.

6. Abschnitt

Unwirksame und nichtige Rechtsgeschäfte

§ 117 (1) Geschäfte des bürgerlichen Rechtsverkehrs sind bis zur Erteilung der nach den Vorschriften des Dritten Teils erforderlichen Genehmigung der Rechtsaufsichtsbehörde unwirksam; wird die Genehmigung versagt, sind sie nichtig.

(2) Rechtsgeschäfte, die gegen das Verbot des § 87 Abs. 6, § 88 Abs. 1 und § 102 Abs. 5 verstoßen, sind nichtig.

VIERTER TEIL

Aufsicht

§ 118 Wesen und Inhalt der Aufsicht. (1) Die Aufsicht in weisungsfreien Angelegenheiten beschränkt sich darauf, die Gesetzmäßigkeit der Verwaltung sicherzustellen, soweit gesetzlich nichts anderes bestimmt ist (Rechtsaufsicht).

(2) Die Aufsicht über die Erfüllung von Weisungsaufgaben bestimmt sich nach den hierüber erlassenen Gesetzen (Fachaufsicht).

(3) Die Aufsicht ist so auszuüben, daß die Entschlußkraft und die Verantwortungsfreudigkeit der Gemeinde nicht beeinträchtigt werden.

§ 119 Rechtsaufsichtsbehörden. [1]Rechtsaufsichtsbehörde ist das Landratsamt als untere Verwaltungsbehörde, für Stadtkreise und Große Kreisstädte das Regierungspräsidium. [2]Obere Rechtsaufsichtsbehörde ist für alle Gemeinden das Regierungspräsidium. [3]Oberste Rechtsaufsichtsbehörde ist das Innenministerium.

§ 120 Informationsrecht. Soweit es zur Erfüllung ihrer Aufgaben erforderlich ist, kann sich die Rechtsaufsichtsbehörde über einzelne Angelegenheiten der Gemeinde in geeigneter Weise unterrichten.

§ 121 Beanstandungsrecht. (1) [1]Die Rechtsaufsichtsbehörde kann Beschlüsse und Anordnungen der Gemeinde, die das Gesetz verletzen, beanstanden und verlangen, daß sie von der Gemeinde binnen einer angemessenen Frist aufgehoben werden. [2]Sie kann ferner verlangen, daß Maßnahmen, die auf Grund derartiger Beschlüsse oder Anordnungen getroffen wurden, rückgängig gemacht werden. [3]Die Beanstandung hat aufschiebende Wirkung.

(2) Ein Beschluß der Gemeinde, der nach gesetzlicher Vorschrift der Rechtsaufsichtsbehörde vorzulegen ist, darf erst vollzogen werden, wenn die Rechtsaufsichtsbehörde die Gesetzmäßigkeit bestätigt oder den Beschluß nicht innerhalb eines Monats beanstandet hat.

§ 122 Anordnungsrecht. Erfüllt die Gemeinde die ihr gesetzlich obliegenden Pflichten nicht, kann die Rechtsaufsichtsbehörde anordnen, daß die Gemeinde innerhalb einer angemessenen Frist die notwendigen Maßnahmen durchführt.

§ 123 Ersatzvornahme. Kommt die Gemeinde einer Anordnung der Rechtsaufsichtsbehörde nach §§ 120 bis 122 nicht innerhalb der bestimmten Frist nach, kann die Rechtsaufsichtsbehörde die Anordnung an Stelle und auf Kosten der Gemeinde selbst durchführen oder die Durchführung einem Dritten übertragen.

§ 124 Bestellung eines Beauftragten. Wenn die Verwaltung der Gemeinde in erheblichem Umfange nicht den Erfordernissen einer gesetzmäßigen Verwaltung entspricht und die Befugnisse der Rechtsaufsichtsbehörde nach §§ 120 bis 123 nicht ausreichen, die Gesetzmäßigkeit der Verwaltung der Gemeinde zu sichern, kann die Rechtsaufsichtsbehörde einen Beauftragten bestellen, der alle oder einzelne Aufgaben der Gemeinde auf deren Kosten wahrnimmt.

§ 125 Rechtsschutz in Angelegenheiten der Rechtsaufsicht. Gegen Verfügungen auf dem Gebiet der Rechtsaufsicht kann die Gemeinde nach Maßgabe des 8. Abschnitts der Verwaltungsgerichtsordnung Anfechtungs- oder Verpflichtungsklage erheben.

§ 126 Geltendmachung von Ansprüchen, Verträgen mit der Gemeinde. (1) [1]Ansprüche der Gemeinde gegen Gemeinderäte und gegen den Bürgermeister werden von der Rechtsaufsichtsbehörde geltend gemacht. [2]Die Kosten der Rechtsverfolgung trägt die Gemeinde.

(2) [1]Beschlüsse über Verträge der Gemeinde mit einem Gemeinderat oder dem Bürgermeister sind der Rechtsaufsichtsbehörde vorzulegen. [2]Dies gilt nicht für Beschlüsse über Verträge, die nach feststehendem Tarif abgeschlossen werden oder die für die Gemeinde nicht von erheblicher wirtschaftlicher Bedeutung sind.

§ 127 Zwangsvollstreckung. [1]Zur Einleitung der Zwangsvollstreckung gegen die Gemeinde wegen einer Geldforderung bedarf der Gläubiger einer Zulassungsverfügung der Rechtsaufsichtsbehörde, es sei denn, daß es sich um die Verfolgung dinglicher Rechte handelt. [2]In der Verfügung hat die Rechtsaufsichtsbehörde die Vermögensgegenstände zu bestimmen, in welche die Zwangsvollstreckung zugelassen wird, und über den Zeitpunkt zu befinden, in dem sie stattfinden soll. [3]Die Zwangsvollstreckung regelt sich nach den Vorschriften der Zivilprozeßordnung.

§ 128 Vorzeitige Beendigung der Amtszeit des Bürgermeisters. (1) Wird der Bürgermeister den Anforderungen seines Amts nicht gerecht und treten dadurch so erhebliche Mißstände in der Verwaltung ein, daß eine Weiterführung des Amts im öffentlichen Interesse nicht vertretbar ist, kann, wenn andere Maßnahmen nicht ausreichen, die Amtszeit des Bürgermeisters für beendet erklärt werden.

(2) [1]Die Erklärung der vorzeitigen Beendigung der Amtszeit erfolgt in einem förmlichen Verfahren, das von der oberen Rechtsaufsichtsbehörde eingeleitet wird. [2]Auf dieses Verfahren finden die Vorschriften über das förmliche Disziplinarverfahren und die vorläufige Dienstenthebung entsprechende Anwendung. [3]Die dem Bürgermeister erwachsenen notwendigen Auslagen trägt die Gemeinde.

(3) [1]Bei vorzeitiger Beendigung seiner Amtszeit wird der Bürgermeister besoldungs- und versorgungsrechtlich so gestellt, wie wenn er im Amt verblieben wäre, jedoch erhält er keine Aufwandsentschädigung. [2]Auf die Dienstbezüge werden zwei Drittel dessen angerechnet, was er durch anderweitige Verwertung seiner Arbeitskraft erwirbt oder zu erwerben schuldhaft unterläßt.

§ 129 Fachaufsichtsbehörden, Befugnisse der Fachaufsicht. (1) Die Zuständigkeit zur Ausübung der Fachaufsicht bestimmt sich nach den hierfür geltenden besonderen Gesetzen.

(2) [1]Den Fachaufsichtsbehörden steht im Rahmen ihrer Zuständigkeit ein Informationsrecht nach den Vorschriften des § 120 zu. [2]Für Aufsichtsmaßnahmen nach den Vorschriften der §§ 121 bis 124, die erforderlich sind, um die ordnungsgemäße Durchführung der Weisungsaufgaben sicherzustellen, ist nur die Rechtsaufsichtsbehörde zuständig, soweit gesetzlich nichts anderes bestimmt ist.

(3) [1]Wird ein Bundesgesetz vom Land im Auftrag des Bundes ausgeführt (Artikel 85 des Grundgesetzes), können die Fachaufsichtsbehörden auch im Einzelfall Weisungen erteilen.[2]In den Fällen des Artikels 84 Abs. 5 des Grundgesetzes können die Fachaufsichtsbehörden insoweit Weisungen erteilen, als dies zum Vollzug von Einzelweisungen der Bundesregierung erforderlich ist; ein durch Landesgesetz begründetes weitergehendes Weisungsrecht bleibt unberührt.

(4) Werden den Gemeinden auf Grund eines Bundesgesetzes durch Rechtsverordnung staatliche Aufgaben als Pflichtaufgaben auferlegt, können durch diese Rechtsverordnung ein Weisungsrecht vorbehalten, die Zuständigkeit zur Ausübung der Fachaufsicht und der Umfang des Weisungsrechts geregelt sowie bestimmt werden, daß für die Verpflichtung zur Leistung von Gebühren sowie Umfang und Höhe der Gebühren die für die staatlichen Behörden maßgebenden Vorschriften gelten.

(5) Kosten, die den Gemeinden bei der Wahrnehmung von Weisungsaufgaben infolge fehlerhafter Weisungen des Landes entstehen, werden vom Land erstattet.

FÜNFTER TEIL

Übergangs- und Schlußbestimmungen

1. Abschnitt

Allgemeine Übergangsbestimmungen

§ 130 Weisungsaufgaben. Bis zum Erlaß neuer Vorschriften sind die den Gemeinden nach bisherigem Recht als Auftragsangelegenheiten übertragenen Aufgaben Weisungsaufgaben im Sinne von § 2 Abs. 3, bei denen ein Weisungsrecht der Fachaufsichtsbehörden in bisherigem Umfang besteht.

§ 131 Rechtsstellung der bisherigen Stadtkreise und unmittelbaren Kreisstädte. (1) Gemeinden, die nach bisherigem Recht nicht kreisangehörig waren (Baden-Baden, Freiburg im Breisgau, Heidelberg, Heilbronn, Karlsruhe, Mannheim, Pforzheim, Stuttgart und Ulm), sind Stadtkreise.

(2) Gemeinden, die nach bisherigem Recht unmittelbare Kreisstädte waren (Aalen, Esslingen am Neckar, Friedrichshafen, Geislingen an der Steige, Göppingen, Heidenheim, Ludwigsburg, Ravensburg, Reutlingen, Schwäbisch Gmünd, Schwenningen am Neckar, Tübingen und Tuttlingen) sowie die Städte Backnang, Bruchsal, Fellbach, Kirchheim unter Teck, Konstanz, Kornwestheim, Lahr, Lörrach, Offenburg, Rastatt, Singen (Hohentwiel), Villingen und Weinheim sind Große Kreisstädte.

§ 132. (aufgehoben)

§ 133 Frühere badische Stadtgemeinden. [1]Gemeinden im Bereich des früheren Landes Baden und des Landesbezirks Baden des früheren Landes Württemberg-Baden, die nach der Badischen Gemeindeordnung vom 5. Oktober 1921 (GVBl. 1922 S. 247) die Bezeichnung Stadtgemeinde geführt haben, dürfen wieder die Bezeichnung Stadt führen. [2]Soweit diese Gemeinden die Bezeichnung Stadt nicht wieder verliehen bekommen haben, muß der Beschluß über die Wiederaufnahme der Bezeichnung innerhalb eines Jahres vom Inkrafttreten dieses Gesetzes an gefaßt und der obersten Rechtsaufsichtsbehörde vorgelegt werden.

§§ 134 bis 137. (aufgehoben)

§ 138 Gemeinsame Fachbeamte in den württembergischen und hohenzollerischen Landesteilen. (nicht abgedruckt)

§ 139. (aufgehoben)

§ 140 Fortgeltung von Bestimmungen über die Aufsicht. Die Bestimmungen über die Aufsicht auf dem Gebiet des Schulwesens und des Forstwesens werden durch § 119 nicht berührt.

2. Abschnitt

Vorläufige Angleichung des Rechts der Gemeindebeamten

§ 141 Versorgung. Die am 1. April 1956 begründeten Ansprüche und vertraglichen Rechte der Gemeindebeamten bleiben gewahrt.

3. Abschnitt

Schlußbestimmungen

§ 142 Ordnungswidrigkeiten. (1) Ordnungswidrig handelt, wer vorsätzlich oder fahrlässig

1. einer auf Grund von § 4 Abs. 1 erlassenen Satzung über die Benutzung einer öffentlichen Einrichtung,
2. einer auf Grund von § 10 Abs. 5 erlassenen Satzung über die Leistung von Hand- und Spanndiensten,
3. einer auf Grund von § 11 Abs. 1 oder 2 erlassenen Satzung über den Anschluß- und Benutzungszwang

zuwiderhandelt, soweit die Satzung für einen bestimmten Tatbestand auf diese Bußgeldvorschrift verweist.

(2) Die Ordnungswidrigkeit kann mit einer Geldbuße geahndet werden.

(3) Die Gemeinden und die Verwaltungsgemeinschaften sind Verwaltungsbehörden im Sinne von § 36 Abs. 1 Nr. 1 des Gesetzes über Ordnungswidrigkeiten bei Zuwiderhandlungen gegen ihre Satzungen.

§ 143 Maßgebende Einwohnerzahl*. [1]Kommt nach einer gesetzlichen Vorschrift der Einwohnerzahl einer Gemeinde rechtliche Bedeutung zu, ist das auf den 30. Juni des vorangegangenen Jahres fortgeschriebene Ergebnis der jeweils letzten allgemeinen Zählung der Bevölkerung maßgebend, wenn nichts anderes bestimmt ist. [2]Die Eingliederung einer Gemeinde in eine andere Gemeinde und die Neubildung einer Gemeinde sind jederzeit zu berücksichtigen, sonstige Änderungen des Gemeindegebiets nur, wenn sie spätestens zu Beginn des Jahres rechtswirksam geworden sind.

§ 144 Durchführungsbestimmungen. [1]Das Innenministerium erläßt die Verwaltungsvorschriften zur Durchführung dieses Gesetzes, ferner die Rechtsverordnungen zur Regelung

1. der öffentlichen Bekanntmachung,

---

* „§ 143 der Gemeindeordnung findet für die Jahre 1988 und 1989 mit der Maßgabe Anwendung, daß anstelle des auf den 30. Juni 1987 und auf den 30. Juni 1988 fortgeschriebenen Ergebnisses der letzten allgemeinen Zählung der Bevölkerung das auf den 30. Juni 1987 und auf den 30. Juni 1988 fortgeschriebene Ergebnis der Zählung der Bevölkerung 1970 maßgebend ist." *(§ 1 Satz 1 des Gesetzes über die maßgebende Einwohnerzahl der Gemeinden in den Jahren 1988 und 1989 vom 11. Juli 1988, GBl. S. 181).*

2. der Voraussetzungen und des Verfahrens für die Verleihung von Bezeichnungen an Gemeinden für diese selbst oder für Ortsteile sowie für die Benennung von Ortsteilen und die Verleihung von Wappen und Flaggen und die Ausgestaltung und Führung des Dienstsiegels,

3. der zuständigen Aufsichtsbehörden bei Grenzstreitigkeiten und Gebietsänderungen,

4. der Verwaltung der gemeindefreien Grundstücke,

5. des Inhalts der Satzung über Hand- und Spanndienste und über Anschluß- und Benutzungszwang,

6. (gestrichen)

7. des Verfahrens bei der Auferlegung eines Ordnungsgeldes und der Höhe des Ordnungsgeldes bei Ablehnung ehrenamtlicher Tätigkeit und der Verletzung der Pflichten ehrenamtlich tätiger Bürger,

8. der Höchstgrenzen der Entschädigung für ehrenamtliche Tätigkeit,

9. des Verfahrens bei der Bildung von Ausschüssen,

10. der Anzeige des Amtsantritts des Bürgermeisters,

11. (gestrichen)

12. des finanziellen Ausgleichs für den persönlichen Aufwand der Gemeinden bei der Ausbildung von Beamten,

13. der Verteilung des persönlichen Aufwands für Bürgermeister in mehreren Gemeinden bei einheitlichen Ansprüchen,

14. des Inhalts und der Gestaltung des Haushaltsplans, des Finanzplans und des Investitionsprogramms sowie der Haushaltsführung und der Haushaltsüberwachung; dabei kann bestimmt werden, daß Einnahmen und Ausgaben, für die ein Dritter Kostenträger ist oder die von einer zentralen Stelle angenommen oder ausgezahlt werden, nicht in den Haushalt der Gemeinde aufzunehmen und daß für Sanierungs-, Entwicklungs- und Umlegungsmaßnahmen Sonderrechnungen zu führen sind,

15. der Veranschlagung von Einnahmen, Ausgaben und Verpflichtungsermächtigungen für einen vom Haushaltsjahr abweichenden Wirtschaftszeitraum,

16. der Bildung, vorübergehenden Inanspruchnahme und Verwendung von Rücklagen sowie deren Mindesthöhe,

17. des Verfahrens der Umwandlung von Gemeindegliedervermögen in freies Gemeindevermögen,

18. der Freistellung von Beschlüssen der Gemeinde von der Vorlagepflicht nach § 108, wenn die dort genannten Maßnahmen und Rechtsgeschäfte nur eine unwesentliche Auswirkung auf die Gemeindefinanzen haben,

19. der Erfassung, des Nachweises, der Bewertung und der Abschreibung der Vermögensgegenstände,

20. der Geldanlagen und ihrer Sicherung,

21. der Ausschreibung von Lieferungen und Leistungen sowie der Vergabe von Aufträgen einschließlich des Abschlusses von Verträgen,

22. des Prüfungswesens, der Zuständigkeiten bei der Prüfung nach § 94 Abs. 2, wenn mehrere Gemeinden beteiligt sind, sowie der Befreiung von der Pflicht nach § 105a Abs. 1 Satz 1 Nr. 1 hinsichtlich der Prüfung des Jahresabschlusses und des Lageberichts und von der Prüfungspflicht nach § 115 Abs. 1, wenn der geringe Umfang des Unternehmens oder des Versorgungsgebiets des Unternehmens dies rechtfertigt,

23. der Stundung, Niederschlagung und des Erlasses von Ansprüchen sowie der Behandlung von Kleinbeträgen,

24. der Aufgaben, Organisation und Beaufsichtigung der Gemeindekasse und der Sonderkassen, der Abwicklung des Zahlungsverkehrs sowie der Buchführung; dabei kann auch die Einrichtung von Gebühren- und Portokassen bei einzelnen Dienststellen sowie die Gewährung von Handvorschüssen geregelt werden,

25. des Inhalts und der Gestaltung der Jahresrechnung sowie der Abdeckung von Fehlbeträgen; dabei kann bestimmt werden, daß vom Nachweis des Sachvermögens in der Jahresrechnung abgesehen werden kann,

26. der Anwendung der Vorschriften zur Durchführung des Gemeindewirtschaftsrechts auf das Sondervermögen und das Treuhandvermögen.

[2]Die Verordnungen nach Nummer 14 ergehen im Benehmen mit dem Finanzministerium.

§ 145 Verbindlichkeit von Mustern. [1]Soweit es für die Vergleichbarkeit der Haushalte erforderlich ist, gibt das Innenministerium Muster insbesondere für

1. die Haushaltssatzung und ihre Bekanntmachung,

2. die Gliederung und Gruppierung des Haushaltsplans und des Finanzplans,

3. die Form des Haushaltsplans und seiner Anlagen, des Finanzplans und des Investitionsprogramms,

4. die Gliederung, Gruppierung und Form der Vermögensnachweise,

---

* *Amtliche Anmerkung:* Diese Vorschrift betrifft das Inkrafttreten des Gesetzes in der ursprünglichen Fassung vom 25. Juli 1955 (GBl. S. 129).

5. die Zahlungsanordnungen, Buchführung, Jahresrechnung und ihre Anlagen

im Gemeinsamen Amtsblatt bekannt. [2]Die Gemeinden sind verpflichtet, diese Muster zu verwenden. [3]Die Bekanntgabe zu Satz 1 Nr. 2 und 3 ergeht im Benehmen mit dem Finanzministerium.

§ 146. (aufgehoben)

§ 147* Inkrafttreten. (1) Dieses Gesetz tritt am 1. April 1956 in Kraft, mit Ausnahme des § 148, der mit der Verkündung dieses Gesetzes in Kraft tritt.

(2) [1]Gleichzeitig treten alle Vorschriften, die diesem Gesetz entsprechen oder widersprechen, außer Kraft, sofern sie nicht durch dieses Gesetz ausdrücklich aufrechterhalten werden. [2]Insbesondere treten folgende Vorschriften außer Kraft:

(hier nicht weiter abgedruckt).

Verordnung des Innenministeriums zur Durchführung der Gemeindeordnung für Baden-Württemberg (DVO GO)

vom 13. Februar 1976 (GBl. S. 177), zuletzt geändert durch Verordnung vom 19. März 1984 (GBl. S. 281)

INHALTSÜBERSICHT*

Auf Grund von § 144 Nr. 1 bis 3, 5 bis 7, 9, 10, 13, 17 und 18 der Gemeindeordnung für Baden-Württemberg in der Fassung vom 22. Dezember 1975 (Ges. Bl. 1976 S. 1) wird verordnet:

Zu § 4:

§ 1 Öffentliche Bekanntmachungen. (1) [1]Öffentliche Bekanntmachungen der Gemeinde können, soweit keine sondergesetzlichen Bestimmungen bestehen, in folgenden Formen durchgeführt werden:

1. durch Einrücken in das eigene Amtsblatt der Gemeinde,

2. durch Einrücken in eine bestimmte, regelmäßig, mindestens einmal wöchentlich erscheinende Zeitung oder,

3. sofern die Gemeinde weniger als 5 000 Einwohner hat, durch Anschlag an der Verkündungstafel des Rathauses und an den sonstigen hierfür bestimmten Stellen während der Dauer von mindestens einer Woche, wobei gleichzeitig durch das Amtsblatt, die Zeitung, durch Ausrufen oder auf andere geeignete Weise auf den Anschlag aufmerksam zu machen ist.

[2]Die Form der öffentlichen Bekanntmachung ist im einzelnen durch Satzung zu bestimmen.

(2) [1]Satzungen sind mit ihrem vollen Wortlaut bekanntzumachen. [2]Über den Vollzug der Bekanntmachung von Satzungen ist ein Nachweis zu den Akten der Gemeinde zu bringen.

---

* Nicht amtlich

1

(3) Sind Pläne oder zeichnerische Darstellungen, insbesondere Karten Bestandteile einer Satzung, können sie dadurch öffentlich bekanntgemacht werden (Ersatzbekanntmachung), daß

1. sie an einer bestimmten Verwaltungsstelle der Gemeinde zur kostenlosen Einsicht durch jedermann während der Dienststunden niedergelegt werden,

2. hierauf in der Satzung hingewiesen wird und

3. in der Satzung der wesentliche Inhalt der niedergelegten Teile umschrieben wird.

(4) [1]Erscheint eine rechtzeitige Bekanntmachung in der nach den Absätzen 1 bis 3 vorgeschriebenen Form nicht möglich, so kann die öffentliche Bekanntmachung in anderer geeigneter Weise durchgeführt werden (Notbekanntmachung). [2]Die Bekanntmachung ist in der nach den Absätzen 1 bis 3 vorgeschriebenen Form zu wiederholen, sobald die Umstände es zulassen.

Zu § 5:

§ 2 Name und Bezeichnung. (1) [1]Die Bestimmung des Namens einer neugebildeten Gemeinde, die Feststellung und die Änderung eines Gemeindenamens sowie die Verleihung der Bezeichnung «Stadt» und sonstiger Bezeichnungen werden in dem für die Veröffentlichungen des Innenministeriums bestimmten Amtsblatt bekanntgegeben. [2]Das gleiche gilt für die Weiterführung der Bezeichnung «Stadt» durch die aufnehmende oder neugebildete Gemeinde sowie für die Weiterführung einer sonstigen Bezeichnung für einen Ortsteil der aufnehmenden oder neugebildeten Gemeinde.

(2) Ortsteile können einen Namen erhalten, wenn sie aus einer oder mehreren früheren Gemeinden bestehen, oder wenn sie erkennbar vom übrigen bewohnten Gemeindegebiet getrennt sind und wenn wegen der Einwohnerzahl, der Art der Bebauung oder dem Gebietsumfang ein öffentliches Bedürfnis hierfür besteht.

(3) [1]Die Gemeinde hat vor der Benennung oder Umbenennung eines Ortsteils die Archivbehörde, die zuständige Stelle für Volkskunde, das Statistische Landesamt, die Oberpostdirektion, das Landesvermessungsamt und, sofern die Gemeinde oder der Ortsteil an einer Linie der Bundesbahn liegt, das Betriebsamt der Bundesbahn zu hören. [2]Dies gilt nicht bei der Weiterführung eines früheren Gemeindenamens.

(4) Die Benennung oder Umbenennung eines Ortsteils ist öffentlich bekanntzumachen, der Rechtsaufsichtsbehörde anzuzeigen und den im Vorverfahren gehörten Stellen sowie dem Amtsgericht und dem Finanzamt mitzuteilen.

Zu § 6:

§ 3 Wappen und Flaggen. (1) Die Gemeinde hat ihrem Antrag auf Verleihung des Rechts zur Führung eines Wappens drei farbige Zeichnungen des Wappenentwurfs und eine Stellungnahme der zuständigen staatlichen Archivbehörde beizufügen.

(2) [1]Das Recht zur Führung einer Flagge kann nur den Gemeinden verliehen werden, die ein Wappen führen. [2]Die Flagge kann nicht mehr als zwei Farben haben. [3]Die Farben der Flagge sollen den Wappenfarben entsprechen.

§ 4 Dienstsiegel. (1) Das Dienstsiegel der Gemeinde ist für den urkundlichen Verkehr in allen Angelegenheiten der Gemeinde einschließlich der Weisungsaufgaben bestimmt.

(2) [1]Das Dienstsiegel wird in kreisrunder Form mit einem Durchmesser von mindestens 2 cm als Prägesiegel oder Farbdruckstempel aus Metall oder Gummi hergestellt. [2]Beim Prägesiegel werden Wappen und Umschrift in erhabener Prägung und beim Farbdruckstempel in dunklem Flachdruck dargestellt. [3]Kreisangehörige Gemeinden können der aus ihrer Bezeichnung und ihrem Namen bestehenden Umschrift den Namen des Landkreises hinzufügen. [4]In der Beschriftung des Dienstsiegels kann die Bezeichnung der einzelnen siegelführenden Dienststelle beigefügt werden.

(3) [1]Die Zahl der zu beschaffenden Dienstsiegel ist auf das notwendige Maß zu beschränken. [2]Dienstsiegel sind zur Sicherung gegen mißbräuchliche Verwendung von den zur Verwendung des Siegels ermächtigten Bediensteten unter Verschluß zu halten; sie sind außerhalb der Dienststunden so aufzubewahren, daß Mißbrauch und Verlust durch Diebstahl soweit wie möglich ausgeschlossen sind.

Zu §§ 7 – 9:

§ 5 Zuständige Rechtsaufsichtsbehörde bei Grenzstreitigkeiten. [1]Sind für Gemeinden, die durch eine Grenzstreitigkeit berührt werden, verschiedene Rechtsaufsichtsbehörden zuständig, trifft die gemeinsame obere Rechtsaufsichtsbehörde die Entscheidung. [2]Gehören die beteiligten Gemeinden zum Bezirk verschiedener oberer Rechtsaufsichtsbehörden, bestimmt das Innenministerium die zuständige obere Rechtsaufsichtsbehörde.

§ 6 Zuständige Rechtsaufsichtsbehörde bei Gebietsänderungen. (1) Zuständige Rechtsaufsichtsbehörde im Sinne von § 8 Abs. 2 sowie § 9 Abs. 3 und 4 der Gemeindeordnung ist

1. bei einer Eingliederung oder Neubildung einer Gemeinde die obere Rechtsaufsichtsbehörde,

2. bei einer Umgliederung von Gebietsteilen einer Gemeinde, durch

die das Gebiet einer Großen Kreisstadt oder von Landkreisen betroffen wird, die obere Rechtsaufsichtsbehörde,

3. bei sonstigen Umgliederungen von Gebietsteilen von Gemeinden die Rechtsaufsichtsbehörde.

(2) Zuständige Kommunalaufsichtsbehörden im Sinne von § 58 Abs. 2 des Flurbereinigungsgesetzes in der Fassung vom 16. März 1965 (BGBl. I S. 65) sind die in Absatz 1 genannten Rechtsaufsichtsbehörden.

(3) Gehören die an der Gebietsänderung beteiligten Gemeinden zum Bezirk verschiedener oberer Rechtsaufsichtsbehörden, bestimmt das Innenministerium die zuständige obere Rechtsaufsichtsbehörde.

Zu § 10:

§ 7 Hand- und Spanndienste. (1) In der Satzung über Hand-und Spanndienste ist zu bestimmen, daß zur Erfüllung vordringlicher Pflichtaufgaben

1. keine Arbeiten verlangt werden können, die besondere Fachkenntnisse voraussetzen,

2. Fuhrleistungen nur von solchen Einwohnern gefordert werden können, die für ihren landwirtschaftlichen oder gewerblichen Betrieb Zugtiere oder für die Beförderung von Lasten geeignete Kraftfahrzeuge halten und

3. Fuhrleistungen in angemessener Weise auf Handdienste angerechnet werden und umgekehrt.

(2) [1]Werden in der Satzung Bestimmungen über die Gewährung einer Vergütung getroffen, ist sie nach einem für alle Betroffenen gleichmäßig festzusetzenden Satz zu bemessen, der den ortsüblichen Stundenlohn für ungelernte Arbeiter nicht übersteigen soll. [2]Die Maßstäbe für die Geldablösung sind in der Satzung so festzulegen, daß für die Ersatzleistung in Geld die zu leistenden Dienste durch bezahlte Arbeitskräfte besorgt werden können; wird eine Vergütung gewährt, ist sie auf die Geldablösung anzurechnen.

Zu § 11:

§ 8 Anschluß- und Benutzungszwang. (1) In der Satzung über den Anschluß- und Benutzungszwang sind insbesondere zu regeln und zu bestimmen:

1. die Bereitstellung der Einrichtung zur öffentlichen Benutzung,

2. die Art des Anschlusses und der Benutzung,

3. der Kreis der zum Anschluß oder zur Benutzung Verpflichteten und

4. im Falle des § 11 Abs. 3 Satz 1 der Gemeindeordnung die Tatbestände, für die Ausnahmen von dem Anschluß- oder Benutzungszwang zugelassen werden können, sowie im Falle des § 11 Abs. 3 Satz 2 der Gemeindeordnung die Art und der Umfang der Beschränkung des Zwangs.

(2) [1]Der Anschluß- und Benutzungszwang muß unter gleichen Voraussetzungen den von ihm betroffenen Personenkreis gleichmäßig belasten. [2]Ausnahmen nach § 11 Abs. 3 Satz 1 der Gemeindeordnung sind auf besonders gelagerte Tatbestände zu beschränken.

Zu § 12:

§ 9 (aufgehoben).

Zu §§ 16 und 17:

§ 10 Ordnungsgeld. (1) Das Ordnungsgeld nach § 16 Abs. 3 Satz 1 und § 17 Abs. 4 der Gemeindeordnung beträgt mindestens 50 DM.

(2) [1]Das Ordnungsgeld ist schriftlich in bestimmter Höhe aufzuerlegen. [2]Dabei ist eine Rechtsmittelbelehrung zu erteilen und auf die Möglichkeit der Beitreibung nach dem Landesverwaltungsvollstreckungsgesetz hinzuweisen.

Zu § 40:

§ 11 Wahl der Mitglieder der beschließenden Ausschüsse. (1) [1]Für die Wahl der Mitglieder der beschließenden Ausschüsse nach § 40 Abs. 2 der Gemeindeordnung kann jeder Gemeinderat einen Wahlvorschlag einreichen. [2]Die Wahlvorschläge können bis doppelt soviel Namen enthalten, wie Mitglieder zu wählen sind. [3]Jeder Bewerber kann nur auf einem Wahlvorschlag aufgeführt werden; ist sein Name in mehreren Wahlvorschlägen enthalten, hat er vor der Wahl dem Vorsitzenden des Gemeinderats gegenüber zu erklären, für welchen Wahlvorschlag er als Bewerber auftreten will.

(2) Jeder Gemeinderat hat bei Verhältniswahl eine Stimme, bei Mehrheitswahl soviel Stimmen, wie Mitglieder zu wählen sind.

(3) [1]Bei Verhältniswahl gelten für die Verteilung der Sitze auf die Wahlvorschläge die Bestimmungen für die Wahl des Gemeinderats entsprechend. [2]Für die Verteilung der Sitze auf die einzelnen Bewerber eines jeden Wahlvorschlags ist die Reihenfolge der Benennung im Wahlvorschlag maßgebend. [3]Die in der Reihenfolge der Benennung folgenden nichtgewählten Bewerber sind in gleicher Zahl wie die gewählten Bewerber ihres Wahlvorschlags deren Stellvertreter, die restlichen Bewerber in der Reihenfolge ihrer Benennung Ersatzleute ihres Wahlvorschlags. [4]Bei Mehrheitswahl sind die Bewerber mit den höchsten Stimmenzahlen in der Reihenfolge dieser Zahlen gewählt. [5]Die in der Reihenfolge der Stimmenzahlen folgenden nichtgewählten Bewerber sind in gleicher Zahl wie die gewählten Bewerber deren Stellvertreter, die restlichen Bewerber in der Reihenfolge ihrer Stimmenzahlen Ersatzleute. [6]Der Gemeinderat legt fest, ob die Vertretung durch bestimmte Stellvertreter oder durch die Stellvertreter in der Reihenfolge ihrer Benennung im Wahlvorschlag, bei Mehrheitswahl in der Reihenfolge ihrer Stimmenzahlen wahrgenommen wird.

(4) Der Gemeinderat entscheidet über die Zulassung der Wahlvorschläge und stellt das Wahlergebnis fest.

(5) Tritt ein gewähltes Mitglied nicht ein oder scheidet es im Laufe der Amtszeit aus, rückt bei Verhältniswahl der nach der Reihenfolge der Benennung im Wahlvorschlag nächste Bewerber, bei Mehrheitswahl der nach der Stimmenzahl nächste Bewerber nach, der als Stellvertreter festgestellt wurde; für diesen rückt der Bewerber nach, der als nächster Ersatzmann festgestellt wurde.

Zu § 42:

§ 12 Amtsantritt des Bürgermeisters. Der Bürgermeister hat nach seiner ersten Wahl in der Gemeinde der Rechtsaufsichtsbehörde den Tag seines Amtsantritts unverzüglich anzuzeigen.

Zu § 63:

§ 13 Verteilung des Aufwands für Bürgermeister in mehreren Gemeinden. [1]Die Verteilung des persönlichen Aufwands für Bürgermeister in mehreren Gemeinden ist von den beteiligten Gemeinden durch Vereinbarung zu regeln. [2]Kommt eine Einigung nicht zustande, ist der Aufwand anteilmäßig im Verhältnis der Einwohnerzahlen von den einzelnen Gemeinden zu tragen.

Zu § 100:

§ 14 Verfahren bei der Umwandlung von Gemeindegliedervermögen. (1) [1]Die Gemeinde hat die beabsichtigte Umwandlung von Gemeindegliedervermögen in freies Gemeindevermögen und die Höhe der vorgesehenen Entschädigung den einzelnen Betroffenen schriftlich mitzuteilen und öffentlich bekanntzumachen. [2]Diese können gegen die vorgesehene Umwandlung und die Höhe der Entschädigung innerhalb eines Monats nach der Zustellung oder der öffentlichen Bekanntmachung Einwendungen erheben.

(2) Die Mitteilung und die öffentliche Bekanntmachung haben zu enthalten:

1. die Bezeichnung der umzuwandelnden Rechte sowie Umfang und Art der Umwandlung,

2. die Höhe der vorgesehenen Entschädigungen und

3. einen Hinweis auf die nach Absatz 1 Satz 2 gegebene Möglichkeit, Einwendungen zu erheben.

(3) [1]Der Gemeinderat hat gleichzeitig mit dem endgültigen Beschluß über die Umwandlung über die Einwendungen zu entscheiden. [2]Der Beschluß über die Umwandlung ist den Betroffenen mit der Festsetzung der Entschädigung zuzustellen.

Zu § 108:

§ 15 Wirtschaftliche Unternehmen. (1) [1]Beschlüsse der Gemeinde, wirtschaftliche Unternehmen zu errichten oder zu übernehmen, müssen der Rechtsaufsichtsbehörde nicht vorgelegt werden, wenn der Aufwand folgende Wertgrenzen nicht übersteigt:

1. In Gemeinden mit nicht mehr als 3 000 Einwohnern 150 000 DM,

2. in Gemeinden mit mehr als 3 000, aber nicht mehr als 10 000 Einwohnern 300 000 DM,

3. in Gemeinden mit mehr als 10 000, aber nicht mehr als 40 000 Einwohnern 600 000 DM,

4. in Gemeinden mit mehr als 40 000, aber nicht mehr als 100 000 Einwohnern 1 500 000 DM,

5. in Gemeinden mit mehr als 100 000, aber nicht mehr als 250 000 Einwohnern 3 000 000 DM,

6. in Gemeinden mit mehr als 250 000 Einwohnern 5 000 000 DM.

[2]Beschlüsse der Gemeinde, wirtschaftliche Unternehmen wesentlich zu erweitern, müssen der Rechtsaufsichtsbehörde nicht vorgelegt werden, wenn der Aufwand nicht mehr als 20 vom Hundert des Anlagevermögens nach der letzten Jahresbilanz beträgt oder zusammen mit diesem Anlagevermögen die Wertgrenzen nach Satz 1 nicht übersteigt.

(2) [1]Beschlüsse der Gemeinde über die Veräußerung wirtschaftlicher Unternehmen müssen der Rechtsaufsichtsbehörde nicht vorgelegt werden, wenn das Rechtsgeschäft die Wertgrenzen nach Absatz 1 Satz 1 nicht übersteigt. [2]Als Wert gilt der Veräußerungserlös, mindestens jedoch der Verkehrswert. [3]Für die Veräußerung von Teilen eines wirtschaftlichen Unternehmens gilt Absatz 1 Satz 2 entsprechend.

(3) Beschlüsse der Gemeinde über die Beteiligung an rechtlich selbständigen wirtschaftlichen Unternehmen und über die Veräußerung von Beteiligungen müssen der Rechtsaufsichtsbehörde nicht vorgelegt werden, wenn die Haftung der Gemeinde ein Drittel der Wertgrenzen nach Absatz 1 Satz 1 nicht übersteigt.

§ 16 Inkrafttreten. (1) Diese Verordnung tritt am Tage nach ihrer Verkündung* in Kraft. *(hier nicht weiter abgedruckt)*

---

* *Verkündet am 10. März 1976*

Verordnung des Innenministeriums über die Haushaltswirtschaft der Gemeinden (Gemeindehaushaltsverordnung - GemHVO -)

vom 7. Februar 1973 (GBl. S. 33), zuletzt geändert durch Verordnung vom 16. März 1989 (GBl. S. 125)

Auf Grund von § 99 und § 148 Satz 1 Nr. 16 bis 18, 21 bis 25 und 25b und c der Gemeindeordnung für Baden-Württemberg vom 25. Juli 1955 (Ges.Bl. S. 129) in der Fassung des Gesetzes zur Neuordnung des Gemeindewirtschaftsrechts vom 29. Dezember 1972 (Ges.Bl. 1973 S. 1) wird, zu § 148 Satz 1 Nr. 16 im Benehmen mit dem Finanzministerium, verordnet:

INHALTSÜBERSICHT*

---

* *Die amtliche Inhaltsübersicht enthält nur die Abschnittsüberschriften.*

1. Abschnitt

Haushaltsplan

§ 1 Inhalt des Haushaltsplans. (1) Der Vermögenshaushalt umfaßt auf der Einnahmeseite

1. die Zuführung vom Verwaltungshaushalt,

2. Einnahmen aus der Veränderung des Anlagevermögens,

3. Entnahmen aus Rücklagen,

4. Zuweisungen und Zuschüsse für Investitionen und für die Förde-rung von Investitionen Dritter, Beiträge und ähnliche Entgelte,

5. Einnahmen aus Krediten und inneren Darlehen;
auf der Ausgabeseite

6. die Tilgung von Krediten, die Rückzahlung innerer Darlehen, die Kreditbeschaffungskosten sowie die Ablösung von Dauerlasten,

7. Ausgaben für die Veränderung des Anlagevermögens, Zuweisun-gen und Zuschüsse für Investitionen Dritter sowie Verpflichtungs-ermächtigungen,

8. Zuführungen zu Rücklagen und die Deckung von Fehlbeträgen aus Vorjahren,

9. die Zuführung zum Verwaltungshaushalt.

(2) Der Verwaltungshaushalt umfaßt die nicht unter Absatz 1 fallenden Einnahmen und Ausgaben.

§ 2 Bestandteile des Haushaltsplans, Anlagen. (1) Der Haushaltsplan besteht aus

1. dem Gesamtplan,
2. den Einzelplänen des Verwaltungshaushalts und des Vermögenshaushalts,
3. den Sammelnachweisen,
4. dem Stellenplan.

(2) Dem Haushaltsplan sind beizufügen

1. der Vorbericht,
2. der Finanzplan mit dem ihm zugrundeliegenden Investitionsprogramm; ergeben sich bei der Aufstellung des Haushaltsplans wesentliche Änderungen für die folgenden Jahre, so ist ein entsprechender Nachtrag beizufügen,
3. eine Übersicht über die aus Verpflichtungsermächtigungen in den einzelnen Jahren voraussichtlich fällig werdenden Ausgaben; werden Ausgaben in den Jahren fällig, auf die sich der Finanzplan noch nicht erstreckt, ist die voraussichtliche Deckung des Ausgabenbedarfs dieser Jahre besonders darzustellen,
4. eine Übersicht über den voraussichtlichen Stand der Schulden, mit Ausnahme der Kassenkredite, und der Rücklagen zu Beginn des Haushaltsjahres,
5. die Wirtschaftspläne und neuesten Jahresabschlüsse der Sondervermögen, für die Sonderrechnungen geführt werden. [2]Das gleiche gilt für die Unternehmen und Einrichtungen, an denen die Gemeinde mit mehr als 50 vom Hundert beteiligt ist; in diesen Fällen genügt auch eine kurzgefaßte Übersicht über die Wirtschaftslage und die voraussichtliche Entwicklung der Unternehmen und Einrichtungen.

§ 3 Vorbericht. [1]Der Vorbericht gibt einen Überblick über den Stand und die Entwicklung der Haushaltswirtschaft. [2]Insbesondere soll dargestellt werden,

1. wie sich die wichtigsten Einnahme- und Ausgabearten, das Vermögen und die Schulden, mit Ausnahme der Kassenkredite, in den beiden dem Haushaltsjahr vorangehenden Jahren entwickelt haben und im Haushaltsjahr entwickeln werden,
2. wie sich die Zuführungen vom Verwaltungshaushalt und die Rücklagen in den dem Haushaltsjahr folgenden drei Jahren entwickeln werden und in welchem Verhältnis sie zum Deckungsbedarf nach dem Finanzplan stehen,
3. welche Investitionen und Investitionsförderungsmaßnahmen im Haushaltsjahr geplant sind und welche finanziellen Auswirkungen hieraus sich für die folgenden Jahre ergeben,

3

4. in welchen wesentlichen Punkten der Haushaltsplan vom Finanzplan abweicht,

5. wie sich die Kassenlage im Vorjahr entwickelt hat und in welchem Umfang Kassenkredite in Anspruch genommen worden sind.

§ 4 Gesamtplan. [1]Der Gesamtplan enthält

1. eine Zusammenstellung der Einnahmen, Ausgaben und Verpflichtungsermächtigungen der Einzelpläne des Verwaltungs- und des Vermögenshaushalts,

2. eine Übersicht über die Einnahmen, Ausgaben und Verpflichtungsermächtigungen, geordnet nach Aufgabenbereichen und Arten (Haushaltsquerschnitt),

3. eine Übersicht über die Einnahmen und Ausgaben, geordnet nach Arten (Gruppierungsübersicht),

4. eine Finanzierungsübersicht.

[2]Die Angaben zu Nummer 2 bis 4 können auf die Zahlen des Haushaltsjahres beschränkt werden.

§ 5 Einzelpläne. (1) [1]Der Verwaltungshaushalt und der Vermögenshaushalt sind nach Aufgabenbereichen in Einzelpläne, Abschnitte und Unterabschnitte zu gliedern. [2]Für jeden Einzelplan, Abschnitt und Unterabschnitt ist ein Teilabschluß zu bilden.

(2) Innerhalb der Einzelpläne, Abschnitte oder Unterabschnitte sind die Einnahmen und Ausgaben nach ihren Arten in Hauptgruppen, Gruppen und Untergruppen zu ordnen.

(3) Gliederung und Gruppierung richten sich nach dem vom Innenministerium im Benehmen mit dem Finanzministerium bekanntgegebenen Muster.

(4) Zu den Ansätzen für das Haushaltsjahr sind die Einnahme- und Ausgabeansätze für das Vorjahr und die Ergebnisse des diesem vorangehenden Jahres anzugeben, zu den einzelnen Investitionen und Investitionsförderungsmaßnahmen außerdem der gesamte Ausgabebedarf (§ 10 Abs. 1 Satz 1) und die bisher bereitgestellten Ausgabemittel.

§ 6 Stellenplan. (1) [1]Der Stellenplan hat die im Haushaltsjahr erforderlichen Stellen der Beamten und der nicht nur vorübergehend beschäftigten Angestellten und Arbeiter auszuweisen. [2]Soweit erforderlich, sind in ihm die Amtsbezeichnungen für Beamte festzusetzen. [3]Stellen von Beamten in Einrichtungen von Sondervermögen, für die Sonderrechnungen geführt werden, sind gesondert auszuweisen.

(2) [1]Im Stellenplan ist ferner für die einzelnen Besoldungs-, Vergütungs- und Lohngruppen die Gesamtzahl der Stellen für das Vorjahr sowie der am 30. Juni des Vorjahres besetzten Stellen anzugeben. [2]Wesentliche Abweichungen vom Stellenplan des Vorjahres sind zu erläutern.

(3) Soweit ein dienstliches Bedürfnis besteht, dürfen im Stellenplan ausgewiesene

1. Planstellen vorübergehend mit Beamten einer niedrigeren Besoldungsgruppe derselben Laufbahn besetzt werden;

2. freigewordene Planstellen des Eingangsamts einer Laufbahn des höheren, gehobenen oder mittleren Dienstes mit Beamten der nächstniedrigeren Laufbahn besetzt werden, deren Aufstieg in die nächsthöhere Laufbahn im folgenden Haushaltsjahr laufbahnrechtlich möglich und vom Dienstherrn beabsichtigt ist;

3. freigewordene Planstellen des Eingangsamts einer Laufbahn vorübergehend mit Beamten zur Anstellung besetzt werden, deren Anstellung vom Dienstherrn beabsichtigt ist;

4. freigewordene Planstellen mit Angestellten oder Arbeitern einer vergleichbaren oder niedrigeren Vergütungs- oder Lohngruppe besetzt werden, längstens jedoch bis zum Ende des Jahres, das auf das Jahr des Freiwerdens der Stelle folgt.

2. Abschnitt
Grundsätze für die Veranschlagung

§ 7 Allgemeine Grundsätze. (1) Die Einnahmen und Ausgaben sind nur in Höhe der im Haushaltsjahr voraussichtlich eingehenden oder zu leistenden Beträge zu veranschlagen; sie sind sorgfältig zu schätzen, soweit sie nicht errechenbar sind.

(2) Die Einnahmen und Ausgaben sind in voller Höhe und getrennt voneinander zu veranschlagen, soweit in dieser Verordnung nichts anderes bestimmt ist.

(3) [1]Die Einnahmen sind einzeln nach ihrem Entstehungsgrund, die Ausgaben nach Einzelzwecken zu veranschlagen. [2]Die Zwecke müssen hinreichend bestimmt sein. [3]Im Verwaltungshaushalt können geringfügige Beträge für verschiedene Zwecke als vermischte Einnahmen oder vermischte Ausgaben zusammengefaßt, Verfügungsmittel und Deckungsreserve ohne nähere Angabe des Verwendungszwecks veranschlagt werden.

(4) [1]Für denselben Zweck sollen Ausgaben nicht an verschiedenen Stellen im Haushaltsplan veranschlagt werden. [2]Wird ausnahmsweise anders verfahren, ist auf die Ansätze gegenseitig zu verweisen.

§ 8 Veranschlagung in Sammelnachweisen. [1]Im Verwaltungshaushalt können Einnahmen und Ausgaben, die jeweils zur gleichen Gruppe gehören oder sachlich eng zusammenhängen, in Sammelnachweisen veranschlagt werden; sie sind zusammengefaßt oder einzeln in die Einzelpläne, Abschnitte und Unterabschnitte zu übernehmen. [2]Die Aufteilung auf die

Einzelpläne, Abschnitte und Unterabschnitte nach wirklichkeitsnahen Maßstäben ist zulässig; § 14 Abs. 5 Satz 3 bleibt unberührt.

§ 9 Verpflichtungsermächtigungen. [1]Die Verpflichtungsermächtigungen sind bei den einzelnen Haushaltsstellen zu veranschlagen. [2]Dabei ist anzugeben, wie sich die Belastungen voraussichtlich auf die künftigen Jahre verteilen werden.

§ 10 Investitionen. (1) [1]Bei Investitionen und Investitionsförderungsmaßnahmen, die sich über mehrere Jahre erstrecken, sind neben dem veranschlagten Jahresbedarf die Ausgaben für die gesamte Maßnahme anzugeben. [2]Die in den folgenden Jahren noch erforderlichen Ausgaben sind bei der Finanzplanung zu berücksichtigen.

(2) Bevor Investitionen von erheblicher finanzieller Bedeutung beschlossen werden, soll unter mehreren in Betracht kommenden Möglichkeiten durch Vergleich der Anschaffungs- oder Herstellungskosten und der Folgekosten die für die Gemeinde wirtschaftlichste Lösung ermittelt werden.

(3) [1]Ausgaben und Verpflichtungsermächtigungen für Baumaßnahmen dürfen erst veranschlagt werden, wenn Pläne, Kostenberechnungen und Erläuterungen vorliegen, aus denen die Art der Ausführung, die Kosten der Maßnahme sowie die voraussichtlichen Jahresraten unter Angabe der Kostenbeteiligung Dritter und ein Bauzeitplan im einzelnen ersichtlich sind. [2]Den Unterlagen ist eine Schätzung der nach Fertigstellung der Maßnahme entstehenden jährlichen Haushaltsbelastungen beizufügen.

(4) Ausnahmen von Absatz 3 sind bei unbedeutenden Maßnahmen und bei unabweisbaren Instandsetzungen zulässig.

§ 11 Verfügungsmittel, Deckungsreserve. [1]Im Verwaltungshaushalt können in angemessener Höhe

1. Verfügungsmittel des Bürgermeisters,
2. Mittel zur Deckung über- und außerplanmäßiger Ausgaben des Verwaltungshaushalts (Deckungsreserve)

veranschlagt werden. [2]Die Ansätze dürfen nicht überschritten werden, die Mittel sind nicht übertragbar.

§ 12 Kalkulatorische Kosten. (1) [1]Für Einrichtungen, die in der Regel ganz oder zum Teil aus Entgelten finanziert werden (kostenrechnende Einrichtungen), sind im Verwaltungshaushalt auch

1. angemessene Abschreibungen
2. eine angemessene Verzinsung des Anlagekapitals

zu veranschlagen. [2]Die Beträge sind zugleich im Einzelplan für die allgemeine Finanzwirtschaft als Einnahmen zu veranschlagen.

(2) § 9 Abs. 2 des Kommunalabgabengesetzes gilt sinngemäß.

§ 13 Durchlaufende Gelder, fremde Mittel. Im Haushaltsplan der Gemeinde werden nicht veranschlagt

1. durchlaufende Gelder,

2. Beträge, die die Gemeinde auf Grund eines Gesetzes unmittelbar für den Haushalt eines anderen öffentlichen Aufgabenträgers einnimmt oder ausgibt, einschließlich der ihr zur Selbstbewirtschaftung zugewiesenen Mittel,

3. Beträge, die die Kasse des endgültigen Kostenträgers oder eine andere Kasse, die unmittelbar mit dem endgültigen Kostenträger abrechnet, anstelle der Gemeindekasse einnimmt oder ausgibt.

§ 14 Weitere Vorschriften für einzelne Einnahmen und Ausgaben. (1) Einnahmen aus Krediten sind in Höhe der Rückzahlungsverpflichtung zu veranschlagen.

(2) Abgaben, abgabeähnliche Entgelte und allgemeine Zuweisungen, die die Gemeinde zurückzuzahlen hat, sind bei den Einnahmen abzusetzen, auch wenn sie sich auf Einnahmen der Vorjahre beziehen.

(3) Von den Einnahmen oder Ausgaben können abgesetzt und in das folgende Jahr übertragen werden

1. die im Haushaltsjahr nicht benötigten zweckgebundenen Einnahmen (§ 17 Abs. 1),

2. Ausgaben für Vorräte, soweit diese im Haushaltsjahr nicht verwendet werden.

(4) Die Erstattung von Verwaltungskosten und sonstigen Gemeinkosten zwischen Einzelplänen, Abschnitten und Unterabschnitten soll nur in solchen Fällen veranschlagt werden, in denen es für die Berechnung der Kosten einzelner Leistungen oder Maßnahmen erforderlich ist.

(5) [1]Die Veranschlagung von Personalausgaben richtet sich nach den im Haushaltsjahr voraussichtlich besetzten Stellen. [2]Die für den ersten Monat des Haushaltsjahres vor dessen Beginn zu zahlenden Beträge sind in die Veranschlagung einzubeziehen. [3]Der Versorgungsaufwand ist auf die Einzelpläne, Abschnitte und Unterabschnitte nach der Höhe der dort veranschlagten Dienstbezüge aufzuteilen.

(6) Für kostenrechnende Einrichtungen sind nur die Einnahmen und Ausgaben zu veranschlagen, die wirtschaftlich dem Haushaltsjahr zuzurechnen sind.

§ 15 Erläuterungen. (1) Es sind zu erläutern

1. Einnahme- und Ausgabeansätze des Verwaltungshaushalts, soweit sie erheblich sind und von den bisherigen Ansätzen erheblich abweichen,

2. neue Maßnahmen des Vermögenshaushalts; erstrecken sie sich über mehrere Jahre, ist bei jeder folgenden Veranschlagung die bisherige Abwicklung darzulegen,

3. Notwendigkeit und Höhe der Verpflichtungsermächtigungen,

4. Ausgabeansätze zur Erfüllung von Verträgen, die die Gemeinde über ein Jahr hinaus zu erheblichen Zahlungen verpflichten,

5. die von den Bediensteten aus Nebentätigkeiten abzuführenden Beträge,

6. Sperrvermerke und andere besondere Bestimmungen im Haushaltsplan,

7. Ausnahmen nach § 10 Abs. 4,

8. Abschreibungen nach § 12 Abs. 1 Satz 1 Nr. 1, soweit sie von § 38 Abs. 3 Satz 1 abweichen.

(2) Im übrigen sind die Ansätze, soweit erforderlich, zu erläutern.

3. Abschnitt

Deckungsgrundsätze

§ 16 Grundsatz der Gesamtdeckung. Soweit in dieser Verordnung nichts anderes bestimmt ist, dienen

1. die Einnahmen des Verwaltungshaushalts insgesamt zur Deckung der Ausgaben des Verwaltungshaushalts,

2. die Einnahmen des Vermögenshaushalts insgesamt zur Deckung der Ausgaben des Vermögenshaushalts.

§ 17 Zweckbindung von Einnahmen. (1) [1]Einnahmen dürfen auf die Verwendung für bestimmte Ausgaben nur beschränkt werden, wenn dies durch Gesetz vorgeschrieben ist oder die Beschränkung sich zwingend aus der Herkunft oder der Natur der Einnahme ergibt. [2]Die Zweckbindung ist durch Haushaltsvermerk auszuweisen. [3]Im Haushaltsplan kann bestimmt werden, daß zweckgebundene Mehreinnahmen für entsprechende Mehrausgaben verwendet werden können.

(2) Im Haushaltsplan kann ferner bestimmt werden, daß Mehreinnahmen bei Entgelten für bestimmte Leistungen als Mehrausgaben für diesen Zweck verwendet werden können.

§ 18 Deckungsfähigkeit. (1) [1]Wenn im Haushaltsplan nichts anderes bestimmt wird, sind die Ausgaben in den einzelnen Sammelnachweisen gegenseitig deckungsfähig. [2]Das gleiche gilt für die Personalausgaben, auch wenn sie nicht in einem Sammelnachweis veranschlagt sind.

(2) [1]Ausgaben im Verwaltungshaushalt können ferner für gegenseitig oder einseitig deckungsfähig erklärt werden, wenn sie sachlich eng zusammenhängen. [2]Verfügungsmittel dürfen nicht für deckungsfähig erklärt werden.

(3) Im Vermögenshaushalt können jeweils nur die Ausgaben innerhalb eines Abschnitts oder, soweit Unterabschnitte verbindlich vorgeschrieben sind, eines Unterabschnitts für gegenseitig deckungsfähig erklärt werden.

(4) Bei Deckungsfähigkeit können die deckungsberechtigten Ausgabenansätze zu Lasten der deckungspflichtigen Ansätze erhöht werden.

§ 19 Übertragbarkeit. (1) Die Ausgabeansätze im Vermögenshaushalt bleiben bis zur Fälligkeit der letzten Zahlung für ihren Zweck verfügbar, bei Baumaßnahmen und Beschaffungen längstens jedoch zwei Jahre nach Schluß des Haushaltsjahres, in dem der Bau oder der Gegenstand in seinen wesentlichen Teilen in Benutzung genommen werden kann.

(2) [1]Im Verwaltungshaushalt können Ausgaben für übertragbar erklärt werden, wenn die Übertragbarkeit eine sparsame Bewirtschaftung der Mittel fördert. [2]Die Ausgabeansätze bleiben bis zum Ende des folgenden Jahres verfügbar.

(3) Absätze 1 und 2 gelten entsprechend für überplanmäßige und außerplanmäßige Ausgaben, wenn sie bis zum Ende des Haushaltsjahres in Anspruch genommen, jedoch noch nicht geleistet worden sind.

4. Abschnitt

Rücklagen

§ 20 Allgemeine Rücklage und Sonderrücklagen. (1) Rücklagen der Gemeinde sind die allgemeine Rücklage und die Sonderrücklagen.

(2) [1]Die allgemeine Rücklage soll die rechtzeitige Leistung von Ausgaben sichern (Betriebsmittel der Kasse). [2]Zu diesem Zweck muß ein Betrag vorhanden sein, der sich in der Regel auf mindestens zwei vom Hundert der Ausgaben des Verwaltungshaushalts nach dem Durchschnitt der drei dem Haushaltsjahr vorangehenden Jahre beläuft.

(3) [1]Die allgemeine Rücklage dient ferner dazu, die Deckung des Ausgabenbedarfs im Vermögenshaushalt künftiger Jahre zu erleichtern. [2]Ihr sind rechtzeitig ausreichende Mittel zuzuführen, wenn

1. die Tilgung von Krediten, die mit dem Gesamtbetrag fällig werden, die voraussichtliche Höhe der Zuführung des Verwaltungshaushalts an den Vermögenshaushalt übersteigt und nicht anders gedeckt werden kann,

2. die Inanspruchnahme aus Bürgschaften, Gewährverträgen und ihnen wirtschaftlich gleichkommenden Rechtsgeschäften die laufende Aufgabenerfüllung erheblich beeinträchtigen würde,

3. sonst für die im Investitionsprogramm der künftigen Jahre vorgesehenen Investitionen und Investitionsförderungsmaßnahmen ein unvertretbar hoher Kreditbedarf entstehen würde.

[3]Im übrigen sollen Zuführungen und Entnahmen nach dem Finanzplan ausgerichtet werden.

(4) [1]Sonderrücklagen dürfen weder für die in Absatz 2 und 3 genannten Zwecke noch zum Ausgleich von vorübergehenden Schwankungen der Einnahmen und Ausgaben oder für die Unterhaltung und Erneuerung von Vermögensgegenständen gebildet werden. [2]Abweichend von Satz 1 dürfen bei kostenrechnenden Einrichtungen Gebührenanteile für später entstehende Kosten in Sonderrücklagen angesammelt werden; § 22 Abs. 1 bleibt unberührt.

§ 21 Anlegung von Rücklagen. (1) [1]Die Mittel der Rücklagen sind, soweit sie nicht als Betriebsmittel der Kasse benötigt werden, sicher und ertragbringend anzulegen; sie müssen für ihren Zweck rechtzeitig greifbar sein. [2]Solange Sonderrücklagen für ihren Zweck nicht benötigt werden, können sie als innere Darlehen im Vermögenshaushalt in Anspruch genommen werden.

(2) Sonderrücklagen sind aufzulösen, soweit ihr Verwendungszweck entfällt.

5. Abschnitt

Haushaltsausgleich und Deckung von Fehlbeträgen

§ 22 Haushaltsausgleich. (1) [1]Die im Verwaltungshaushalt zur Deckung der Ausgaben nicht benötigten Einnahmen sind dem Vermögenshaushalt zuzuführen. [2]Die Zuführung zum Vermögenshaushalt muß mindestens so hoch sein, daß damit die Kreditbeschaffungskosten und die ordentliche Tilgung von Krediten gedeckt werden können, soweit dafür keine Einnahmen nach § 1 Abs. 1 Nr. 2 bis 4 zur Verfügung stehen. [3]Die Zuführung soll ferner die Ansammlung von Rücklagen, soweit sie nach § 20 erforderlich ist, ermöglichen und insgesamt mindestens so hoch sein wie die aus Entgelten gedeckten Abschreibungen.

(2) Soweit Einnahmen des Vermögenshaushalts im Haushaltsjahr nicht für die in § 1 Abs. 1 Nr. 6, 7 und 9 genannten Ausgaben, zur Ansammlung von Sonderrücklagen oder zur Deckung von Fehlbeträgen benötigt werden, sind sie der allgemeinen Rücklage zuzuführen.

(3) [1]Mittel der allgemeinen Rücklage dürfen zum Ausgleich des Verwaltungshaushalts verwendet werden, wenn

1. sonst der Ausgleich trotz Ausschöpfung aller Einnahmemöglichkeiten und Ausnutzung jeder Sparmöglichkeit nicht erreicht werden kann,

2. die Mittel nicht für die unabweisbare Fortführung bereits begonnener Maßnahmen benötigt werden und

3. die Kassenliquidität unter Berücksichtigung möglicher Kassenkredite nicht beeinträchtigt wird.

[2]Unter den in Satz 1 genannten Voraussetzungen können auch die in § 1 Abs. 1 Nr. 2 genannten Einnahmen zum Ausgleich des Verwaltungshaushalts verwendet werden.

§ 23 Deckung von Fehlbeträgen. [1]Ein Fehlbetrag soll unverzüglich gedeckt werden; er ist spätestens im dritten dem Haushaltsjahr folgenden Jahr zu veranschlagen. [2]Ein nach § 84 Abs. 2 der Gemeindeordnung entstandener Fehlbetrag ist im folgenden Jahr zu decken.

6. Abschnitt

Finanzplanung

§ 24 (1) [1]Der Finanzplan besteht aus einer Übersicht über die Entwicklung der Einnahmen und Ausgaben des Verwaltungshaushalts sowie des Vermögenshaushalts. [2]Er ist nach der für die Gruppierungsübersicht (§ 4 Satz 1 Nr. 3) geltenden Ordnung und nach Jahren gegliedert aufzustellen; für Investitionen und Investitionsförderungsmaßnahmen ist eine Gliederung nach bestimmten Aufgabenbereichen vorzunehmen.

(2) [1]In das dem Finanzplan zugrundezulegende Investitionsprogramm sind die im Planungszeitraum vorgesehenen Investitionen und Investitionsförderungsmaßnahmen nach Jahresabschnitten aufzunehmen. [2]Jeder Jahresabschnitt soll die fortzuführenden und neuen Investitionen und Investitionsförderungsmaßnahmen mit den auf das betreffende Jahr entfallenden Teilbeträgen wiedergeben. [3] Unbedeutende Investitionen und Investitionsförderungsmaßnahmen können nach Aufgabenbereichen zusammengefaßt werden.

(3) Bei der Aufstellung und Fortschreibung des Finanzplans sollen die vom Innenministerium auf der Grundlage der Empfehlungen des Finanzplanungsrats im Gemeinsamen Amtsblatt bekanntgegebenen Orientierungsdaten berücksichtigt werden.

(4) Der Finanzplan soll für die einzelnen Jahre in Einnahme und Ausgabe ausgeglichen sein.

7. Abschnitt

Weitere Vorschriften für die Haushaltswirtschaft

§ 25 Überwachung der Einnahmen. Durch geeignete Maßnahmen ist sicherzustellen, daß die der Gemeinde zustehenden Einnahmen vollständig erfaßt und rechtzeitig eingezogen werden.

§ 26 Bewirtschaftung und Überwachung der Ausgaben. (1) Die Ausgabemittel sind so zu verwalten, daß sie zur Deckung der Ausgaben im Haushaltsjahr ausreichen; sie dürfen erst dann in Anspruch genommen werden, wenn die Erfüllung der Aufgaben es erfordert.

(2) ¹Die Inanspruchnahme der Ausgabemittel einschließlich der über- und außerplanmäßigen Ausgaben ist zu überwachen. ²Die bei den einzelnen Haushaltsstellen noch zur Verfügung stehenden Ausgabemittel müssen stets erkennbar sein.

(3) Absatz 1 und 2 gilt für die Inanspruchnahme von Verpflichtungsermächtigungen sinngemäß.

§ 27 Ausgaben des Vermögenshaushalts. (1) ¹Über Ausgabeansätze des Vermögenshaushalts darf nur verfügt werden, soweit Deckungsmittel rechtzeitig bereitgestellt werden können. ²Dabei darf die Finanzierung anderer, bereits begonnener Maßnahmen nicht beeinträchtigt werden.

(2) Vor Beginn einer Maßnahme nach § 10 Abs. 4 müssen mindestens eine Kostenberechnung, bei größeren Instandsetzungen außerdem ein Bauzeitplan vorliegen.

§ 28 Berichtspflicht. Der Gemeinderat ist unverzüglich zu unterrichten, wenn sich abzeichnet, daß

1. der Haushaltsausgleich gefährdet ist oder

2. sich die Gesamtausgaben einer Maßnahme des Vermögenshaushalts wesentlich erhöhen werden.

§ 29 Haushaltswirtschaftliche Sperre. Soweit und solange die Entwicklung der Einnahmen oder Ausgaben es erfordert, ist die Inanspruchnahme von Ausgabeansätzen und Verpflichtungsermächtigungen aufzuschieben.

§ 30 Vorschüsse, Verwahrgelder. (1) Eine Ausgabe, die sich auf den Haushalt auswirkt, darf als Vorschuß nur behandelt werden, wenn die Verpflichtung zur Leistung feststeht und die Deckung gewährleistet ist, die Ausgabe aber noch nicht endgültig im Haushalt gebucht werden kann.

(2) Eine Einnahme, die sich auf den Haushalt auswirkt, darf als Verwahrgeld nur behandelt werden, solange sie noch nicht endgültig im Haushalt gebucht werden kann.

§ 31 Vergabe von Aufträgen. (1) Der Vergabe von Aufträgen muß eine öffentliche Ausschreibung vorausgehen, sofern nicht die Natur des Geschäfts oder besondere Umstände eine beschränkte Ausschreibung oder freihändige Vergabe rechtfertigen.

(2) Bei der Vergabe von Aufträgen und dem Abschluß von Verträgen sind die Vergabegrundsätze anzuwenden, die das Innenministerium im Gemeinsamen Amtsblatt bekanntgibt.

§ 32 Stundung, Niederschlagung und Erlaß von Ansprüchen. (1) ¹Ansprüche dürfen ganz oder teilweise gestundet werden, wenn ihre Einziehung bei Fälligkeit eine erhebliche Härte für den Schuldner bedeuten würde und der Anspruch durch die Stundung nicht gefährdet erscheint. ²Gestundete Beträge sind in der Regel angemessen zu verzinsen.

(2) Ansprüche dürfen niedergeschlagen werden, wenn

1. feststeht, daß die Einziehung keinen Erfolg haben wird, oder

2. die Kosten der Einziehung außer Verhältnis zur Höhe des Anspruchs stehen.

(3) [1]Ansprüche dürfen ganz oder zum Teil erlassen werden, wenn ihre Einziehung nach Lage des einzelnen Falles für den Schuldner eine besondere Härte bedeuten würde. [2]Das gleiche gilt für die Rückzahlung oder Anrechnung von geleisteten Beträgen.

(4) Besondere gesetzliche Vorschriften über Stundung, Niederschlagung und Erlaß von Ansprüchen der Gemeinde bleiben unberührt.

§ 33 Kleinbeträge. [1]Die Gemeinde kann davon absehen, Ansprüche von weniger als zehn Deutsche Mark geltend zu machen, es sei denn, daß die Einziehung aus grundsätzlichen Erwägungen geboten ist; letzteres gilt insbesondere für Gebühren. [2]Wenn nicht die Einziehung des vollen Betrags aus grundsätzlichen Erwägungen geboten ist, können Ansprüche bis auf volle Deutsche Mark abgerundet werden. [3]Mit juristischen Personen des öffentlichen Rechts kann im Falle der Gegenseitigkeit etwas anderes vereinbart werden.

§ 34 Nachtragshaushaltsplan. (1) [1]Der Nachtragshaushaltsplan muß alle erheblichen Änderungen der Einnahmen und Ausgaben, die im Zeitpunkt seiner Aufstellung übersehbar sind, enthalten. [2]Bereits geleistete oder angeordnete über- und außerplanmäßige Ausgaben brauchen nicht veranschlagt zu werden.

(2) Werden im Nachtragshaushaltsplan Mehreinnahmen veranschlagt oder Ausgabekürzungen vorgenommen, die zur Deckung über- oder außerplanmäßiger Ausgaben dienen, sind diese Ausgaben abweichend von Absatz 1 Satz 2 in den Nachtragshaushaltsplan aufzunehmen; sie können in einer Summe zusammengefaßt werden, unerhebliche Beträge können unberücksichtigt bleiben.

(3) Enthält der Nachtragshaushaltsplan neue Verpflichtungsermächtigungen, sind deren Auswirkungen auf den Finanzplan anzugeben; die Übersicht nach § 2 Abs. 2 Nr. 3 ist zu ergänzen.

§ 35 Haushaltssatzung für zwei Jahre. (1) [1]Werden in der Haushaltssatzung Festsetzungen für zwei Haushaltsjahre getroffen, sind im Haushaltsplan die Einnahmen, Ausgaben und Verpflichtungsermächtigungen für jedes der beiden Haushaltsjahre getrennt zu veranschlagen. [2]Soweit es unumgänglich ist, kann hierbei von Vorschriften über die äußere Form des Haushaltsplans abgewichen werden.

(2) Die Fortschreibung der Finanzplanung im ersten Haushaltsjahr ist dem Gemeinderat vor Beginn des zweiten Haushaltsjahres vorzulegen.

(3) Anlagen nach § 2 Abs. 2 Nr. 5, die nach der Verabschiedung eines Haushaltsplans nach Absatz 1 erstellt worden sind, sind dem folgenden Haushaltsplan beizufügen.

§ 36 Abweichendes Wirtschaftsjahr. (1) Für wirtschaftliche Unternehmen und öffentliche Einrichtungen, für die keine Sonderrechnungen geführt werden, kann die Gemeinde ein vom Haushaltsjahr abweichendes Wirtschaftsjahr bestimmen, wenn die Eigenart des Betriebs es erfordert.

(2) [1]Im Falle des Absatzes 1 ist für die Wirtschaftsführung im Wirtschaftsjahr ein Bewirtschaftungsplan aufzustellen. [2]Für diesen gelten die Vorschriften über den Inhalt und die Gliederung des Haushaltsplans sinngemäß; er ist vom Gemeinderat zu beschließen. [3]Die Einnahmen und Ausgaben des Bewirtschaftungsplans sind in den Haushaltsplan des Jahres zu übernehmen, in dem das Wirtschaftsjahr endet. [4]Die bei Aufstellung des Haushaltsplans übersehbaren Änderungen der Ansätze des Bewirtschaftungsplans sind hierbei zu berücksichtigen. [5]Der Bewirtschaftungsplan ist als Anlage dem Haushaltsplan anzuschließen.

(3) [1]Für land- und forstwirtschaftliche Betriebe kann von der Aufstellung eines Bewirtschaftungsplans nach Absatz 2 abgesehen werden. [2]Die Einnahmen und Ausgaben dieser Betriebe sind im Falle des Absatzes 1 im Haushaltsplan des Jahres zu veranschlagen, in dem das Wirtschaftsjahr endet.

(4) Vor Inkrafttreten der Haushaltssatzung können die zur Aufrechterhaltung des Betriebs erforderlichen Ausgaben geleistet werden.

8. Abschnitt

Vermögen

§ 37 Bestandsverzeichnisse. (1) [1]Die Gemeinde hat über die unbeweglichen und beweglichen Sachen und grundstücksgleichen Rechte, die ihr Eigentum sind oder ihr zustehen, Bestandsverzeichnisse zu führen. [2]Aus den Verzeichnissen müssen Art und Menge sowie Lage oder Standort der Sachen ersichtlich sein.

(2) Verzeichnisse brauchen nicht geführt zu werden, soweit

1. sich der Bestand aus Anlagenachweisen ergibt,

2. es sich um bewegliche Sachen handelt, deren Anschaffungs- oder Herstellungskosten im Einzelfall oder für die Sachgesamtheit nicht mehr als 100 Deutsche Mark betragen haben,

3. über den Bestand von Vorräten eine ausreichende Kontrolle gewährleistet ist oder die Vorräte zum alsbaldigen Verbrauch bestimmt sind.

§ 38 Anlagenachweise. (1) [1]Über unbewegliche und bewegliche Sachen und grundstücksgleiche Rechte, die kostenrechnenden Einrichtungen dienen, sind gesondert für jede Einrichtung Anlagenachweise zu führen. [2]In den Anlagenachweisen sind die Anschaffungs- oder Herstellungskosten und die Abschreibungen mit ihren Veränderungen auszuweisen.

(2) [1]In den Anlagenachweisen für die einzelnen Einrichtungen können gleichartige Vermögensgegenstände oder solche, die einem einheitlichen Zweck dienen, zusammengefaßt ausgewiesen werden. [2]Der Bestand von Vermögensgegenständen, der sich in seiner Größe und seinem Wert über längere Zeit nicht erheblich verändert, kann mit Festwerten ausgewiesen werden; diese sind in angemessenen Zeitabständen zu überprüfen.

(3) [1]Die Abschreibungen sind nach den für die Eigenbetriebe der Gemeinden geltenden Grundsätzen zu bemessen. [2]Werden nach § 12 Abs. 1 Satz 1 Nr. 1 höhere oder niedrigere Abschreibungen veranschlagt, ist deren Berechnung in den Anlagenachweisen gesondert nachzuweisen.

(4) Absatz 1 bis 3 gilt nicht für geringwertige Wirtschaftsgüter im Sinne des Einkommensteuergesetzes.

(5) Über unbewegliche und bewegliche Sachen und grundstücksgleiche Rechte, die nicht kostenrechnenden Einrichtungen dienen, sowie über sonstige vermögenswerte Rechte können Anlagenachweise geführt werden; Absätze 1 bis 4 gelten sinngemäß.

9. Abschnitt

Jahresrechnung

§ 39 Bestandteile der Jahresrechnung, Anlagen. (1) Die Jahresrechnung besteht aus

1. dem kassenmäßigen Abschluß,
2. der Haushaltsrechnung,
3. der Vermögensrechnung.

(2) Der Jahresrechnung sind beizufügen

1. eine Übersicht über den Stand des in § 38 Abs. 1 genannten Anlagevermögens, soweit es nicht in der Vermögensrechnung ausgewiesen ist (Vermögensübersicht),
2. ein Rechnungsquerschnitt und eine Gruppierungsübersicht,
3. ein Rechenschaftsbericht.

§ 40 Kassenmäßiger Abschluß. [1]Der kassenmäßige Abschluß enthält

1. die Soll-Einnahmen und Soll-Ausgaben,
2. die Ist-Einnahmen und Ist-Ausgaben bis zum Abschlußtag,
3. die Kasseneinnahme- und die Kassenausgabereste

insgesamt und je gesondert für den Verwaltungshaushalt und den Vermögenshaushalt sowie für die Vorschüsse und Verwahrgelder. [2]Als buchmäßiger Kassenbestand ist der Unterschied zwischen der Summe der Ist-Einnahmen und der Summe der Ist-Ausgaben auszuweisen.

§ 41 Haushaltsrechnung. (1) [1]In der Haushaltsrechnung für den Verwaltungs- und den Vermögenshaushalt sind die in § 40 Satz 1 genannten Beträge und die in das folgende Jahr zu übertragenden Haushaltsreste für die einzelnen Haushaltsstellen nach der Ordnung des Haushaltsplans auszuweisen. [2]Den Soll-Einnahmen und Soll-Ausgaben zuzüglich der Haushaltsreste sind die entsprechenden Haushaltsansätze, die über- und außerplanmäßig bewilligten und die nach § 17 gedeckten Ausgaben gegenüberzustellen.

(2) Haushaltseinnahmereste dürfen nur für Einnahmen nach § 1 Abs. 1 Nr. 4 und aus der Aufnahme von Krediten gebildet werden, soweit der Eingang der Einnahme im folgenden Jahr gesichert ist.

(3) [1]Zur Feststellung des Ergebnisses der Haushaltsrechnung sind die Soll-Einnahmen des Haushaltsjahres den Soll-Ausgaben des Haushaltsjahres, jeweils zuzüglich der Haushaltsreste und abzüglich abgängiger Haushaltsreste vom Vorjahr, gegenüberzustellen. [2]Ein Überschuß ist in der abzuschließenden Jahresrechnung der allgemeinen Rücklage zuzuführen.

§ 42 Rechnungsabgrenzung. (1) [1]Als Soll-Einnahmen und Soll-Ausgaben des Haushaltsjahres sind alle Beträge nachzuweisen, die bis zum Ende des Haushaltsjahres fällig geworden oder darüber hinaus gestundet worden sind. [2]Niedergeschlagene oder erlassene Beträge dürfen nicht als Soll-Einnahmen oder Soll-Ausgaben ausgewiesen werden.

(2) Zahlungen, die im Haushaltsjahr eingehen oder geleistet werden, jedoch erst im folgenden Jahr fällig werden, sowie die Personalausgaben nach § 14 Abs. 5 Satz 2 sind in der Haushaltsrechnung für das neue Haushaltsjahr auszuweisen.

(3) Für kostenrechnende Einrichtungen gilt § 14 Abs. 6 sinngemäß.

§ 43 Vermögensrechnung. (1) In der Vermögensrechnung sind die

1. in § 46 Nr. 2 Buchst. d bis g genannten Teile des Anlagevermögens,
2. Forderungen aus Geldanlagen,
3. Rückzahlungsverpflichtungen aus den Kreditaufnahmen und ihnen wirtschaftlich gleichkommenden Vorgängen,
4. Rücklagen

mit ihrem Stand zum Beginn des Haushaltsjahres, den Zu- und Abgängen und dem Stand am Ende des Haushaltsjahres auszuweisen.

(2) Der Stand und die Veränderungen der in § 46 Nr. 2 Buchst. a bis c genannten Teile des Anlagevermögens können in der Vermögensrechnung, und zwar mit den sich aus den Anlagenachweisen ergebenden Buch-

werten unter Berücksichtigung der Abschreibungen nach § 38 Abs. 3 Satz 1 ausgewiesen werden.

(3) Die Zu- und Abgänge in der Vermögensrechnung bestimmen sich nach den Soll-Einnahmen und den Soll-Ausgaben des Haushaltsjahres.

§ 44 Anlagen zur Jahresrechnung. (1) Aus der Vermögensübersicht muß der Stand des Anlagevermögens nach § 39 Abs. 2 Nr. 1 zum Beginn und zum Ende des Haushaltsjahres ersichtlich sein, gegliedert nach Arten und Aufgabenbereichen.

(2) Für den Rechnungsquerschnitt und die Gruppierungsübersicht gilt § 4 Satz 1 Nr. 2 und 3 sinngemäß.

(3) [1]Im Rechenschaftsbericht sind insbesondere die wichtigsten Ergebnisse der Jahresrechnung und erhebliche Abweichungen der Jahresergebnisse von den Haushaltsansätzen zu erläutern. [2]Der Rechenschaftsbericht soll außerdem einen Überblick über die Haushaltswirtschaft im abgelaufenen Jahr geben.

10. Abschnitt

Übergangs- und Schlußvorschriften

§ 45 Sondervermögen, Treuhandvermögen. (1) [1]Für Sondervermögen und Treuhandvermögen, auf die die Vorschriften über die Wirtschaftsführung und das Rechnungswesen des Eigenbetriebs angewendet werden, gelten §§ 9, 32 und 33, bei Maßnahmen im Rahmen des Vermögensplans § 10 Abs. 2 bis 4, §§ 27 und 31 sinngemäß. [2]Für die anderen Sondervermögen und Treuhandvermögen gilt diese Verordnung sinngemäß, soweit nicht durch Gesetz oder auf Grund eines Gesetzes etwas anderes bestimmt ist.

(2) [1]Sondervermögen und Treuhandvermögen werden von der Pflicht zur Finanzplanung (§ 85 der Gemeindeordnung) freigestellt. [2]Die Vorschriften über die Wirtschaftsführung und das Rechnungswesen des Eigenbetriebs bleiben unberührt.

§ 46 Begriffsbestimmungen. Bei der Anwendung dieser Verordnung sind die nachfolgenden Begriffe zugrundezulegen:

1. Anlagekapital:
   Das für das Anlagevermögen von kostenrechnenden Einrichtungen gebundene Kapital (Anschaffungs- oder Herstellungskosten abzüglich der Abschreibungen nach § 38 Abs. 3 Satz 1);

2. Anlagevermögen:
   Die Teile des Vermögens, die dauernd der Aufgabenerfüllung dienen, im einzelnen:
   a) Unbewegliche Sachen,

- b) bewegliche Sachen mit Ausnahme der geringwertigen Wirtschaftsgüter im Sinne des Einkommensteuergesetzes,
- c) dingliche Rechte,
- d) Beteiligungen sowie Wertpapiere, die die Gemeinde zum Zweck der Beteiligung erworben hat,
- e) Forderungen aus Darlehen, die die Gemeinde aus Mitteln des Haushalts in Erfüllung einer Aufgabe gewährt hat,
- f) Kapitaleinlagen der Gemeinde in Zweckverbänden oder anderen kommunalen Zusammenschlüssen,
- g) das von der Gemeinde in ihre Sondervermögen mit Sonderrechnung eingebrachte Eigenkapital;

3. außerplanmäßige Ausgaben:
   Soll-Ausgaben, für deren Zweck im Haushaltsplan keine Mittel veranschlagt und keine Haushaltsausgabereste aus den Vorjahren verfügbar sind;

4. Baumaßnahmen:
   Neu-, Erweiterungs- und Umbauten sowie die Instandsetzung von Bauten, soweit sie nicht der Unterhaltung baulicher Anlagen dient;

5. durchlaufende Gelder:
   Beträge, die für einen Dritten lediglich vereinnahmt und verausgabt werden;

6. Erlaß:
   Verzicht auf einen Anspruch;

7. Fehlbetrag:
   Der Betrag, um den der unter Berücksichtigung der Haushaltsreste die Soll-Ausgaben in der Haushaltsrechnung höher sind als die Soll-Einnahmen;

8. Fremde Mittel:
   Die in § 13 Nr. 2 und 3 genannten Beträge;

9. Geldanlage:
   Der Erwerb von Wertpapieren und Forderungen aus Mitteln des Kassenbestands oder aus den den Rücklagen zugewiesenen Mitteln;

10. Haushaltsreste:
    Einnahme- und Ausgabemittel, die in das folgende Jahr übertragen werden;

11. Haushaltsvermerke:
    Einschränkende oder erweiternde Bestimmungen zu Ansätzen des Haushaltsplans (z.B. Vermerke über Deckungsfähigkeit, Übertragbarkeit, Zweckbindung, Sperrvermerke);

12. innere Darlehen:
    Die vorübergehende Inanspruchnahme von Mitteln

a) der Sonderrücklagen,

b) der Sondervermögen ohne Sonderrechnung als Deckungsmittel im Vermögenshaushalt;

13. Investitionen:
Ausgaben für die Veränderung des Anlagevermögens;

14. Investitionsförderungsmaßnahmen:
Zuweisungen, Zuschüsse und Darlehen für Investitionen Dritter und für Investitionen der Sondervermögen mit Sonderrechnung;

15. Ist-Ausgaben:
Die Ausgaben der Kasse;

16. Ist-Einnahmen:
Die Einnahmen der Kasse;

17. Kassenreste:
Die Beträge, um die die Soll-Einnahmen höher sind als die Ist-Einnahmen (Kasseneinnahmereste) oder die Soll-Ausgaben höher sind als die Ist-Ausgaben (Kassenausgabereste) und die in einem späteren Haushaltsjahr zu zahlen sind;

18. Kredite:
Das unter der Verpflichtung zur Rückzahlung von Dritten oder von Sondervermögen mit Sonderrechnung aufgenommene Kapital mit Ausnahme der Kassenkredite;

19. Niederschlagung:
Die befristete oder unbefristete Zurückstellung der Weiterverfolgung eines fälligen Anspruchs der Gemeinde ohne Verzicht auf den Anspruch selbst;

20. Schulden:
Rückzahlungsverpflichtungen aus Kreditaufnahmen und ihnen wirtschaftlich gleichkommenden Vorgängen sowie aus der Aufnahme von Kassenkrediten;

21. Soll-Ausgaben:
Die bis zum Abschlußtag zu leistenden und auf Grund von Kassenanordnungen zum Soll des Haushaltsjahres gestellten Ausgaben, abzüglich der Abgänge an Kassenresten vom Vorjahr;

22. Soll-Einnahmen:
Die bis zum Abschlußtag fälligen oder über den Abschlußtag hinaus gestundeten, auf Grund von Kassenanordnungen zum Soll des Haushaltsjahres gestellten Einnahmen, ohne die erlassenen und niedergeschlagenen Beträge und abzüglich der Abgänge an Kassenresten vom Vorjahr;

23. Tilgung von Krediten:

a) Ordentliche Tilgung:
Die Leistung des im Haushaltsjahr zurückzuzahlenden Betrags

bis zu der in den Rückzahlungsbedingungen festgelegten Mindesthöhe;

b) Außerordentliche Tilgung:
Die über die ordentliche Tilgung hinausgehende Rückzahlung einschließlich Umschuldung;

24. überplanmäßige Ausgaben:
Soll-Ausgaben, die die im Haushaltsplan veranschlagten Beträge und die aus den Vorjahren übertragenen Haushaltsausgabereste übersteigen;

25. Überschuß:
Der Betrag, um den unter Berücksichtigung der Haushaltsreste die Soll-Einnahmen des Vermögenshaushalts in der Haushaltsrechnung die Soll-Ausgaben für die in § 22 Abs. 2 genannten Zwecke, für Zuführungen zum Verwaltungshaushalt und für die veranschlagte Zuführung zur allgemeinen Rücklage übersteigen;

26. Umschuldung:
Die Ablösung von Krediten durch andere Kredite;

27. Verfügungsmittel:
Beträge, die dem Bürgermeister für dienstliche Zwecke, für die keine Ausgaben veranschlagt sind, zur Verfügung stehen;

28. Vorjahr:
Das dem Haushaltsjahr vorangehende Jahr;

29. Vorschüsse und Verwahrgelder:
Die durchlaufenden Gelder, die in § 30 genannten Beträge und andere Einnahmen und Ausgaben, die sich nicht auf den Haushalt der Gemeinde auswirken.

§ 47 Erstmalige Erfassung des vorhandenen Anlagevermögens. Die im Zeitpunkt der erstmaligen Aufstellung der Anlagenachweise (§ 38) vorhandenen Sachen und grundstücksgleichen Rechte können mit einem nach Erfahrungs- oder Durchschnittssätzen ermittelten Zeitwert angesetzt werden.

§ 48 (aufgehoben)

§ 49 (aufgehoben)

§ 50 Vorläufige Erleichterungen für die Abwicklung von Sanierungs-, Entwicklungs- und Umlegungsmaßnahmen. [1]Sanierungs- und Entwicklungsmaßnahmen nach dem Städtebauförderungsgesetz sowie freiwillige Umlegungen zur Erschließung oder Neugestaltung bestimmter Gebiete im Geltungsbereich eines Bebauungsplans können in Sonderrechnungen abgewickelt werden. [2]Die dort nicht anderweitig gedeckten Ausgaben sind jährlich aus dem Haushalt der Gemeinde auszugleichen.

§ 51 Inkrafttreten. [1]Diese Verordnung tritt am Tage nach ihrer Verkündung* in Kraft. [2]Sie ist mit Ausnahme der §§ 12, 38, 44 Abs. 1 und § 47 erstmals für das Haushaltsjahr 1974 anzuwenden. [3]Die §§ 12, 38, 44 Abs. 1 und § 47 sind spätestens vom Haushaltsjahr 1976 an anzuwenden.

---

* *Verkündet am 2.3.1973*

Verordnung des Innenministeriums über die Kassenführung der Gemeinden (Gemeindekassenverordnung - GemKVO)

vom 7. Oktober 1976 (GBl. S. 577), geändert durch Verordnung vom 23. September 1983 (GBl. S. 616)

Aufgrund von § 144 Satz 1 Nr. 24 der Gemeindeordnung für Baden-Württemberg in der Fassung vom 22. Dezember 1975 (Ges.Bl. 1976 S. 1) wird verordnet:

INHALTSÜBERSICHT*

* *Die amtliche Inhaltsübersicht enthält nur die Abschnittsüberschriften.*

1. Abschnitt

Aufgaben und Organisation der Gemeindekasse

§ 1 Aufgaben der Gemeindekasse. (1) [1]Zu den Kassengeschäften, die die Gemeindekasse nach § 93 Abs. 1 Satz 1 der Gemeindeordnung zu erledigen hat, gehören

1. Die Annahme der Einnahmen und die Leistung der Ausgaben,

2. die Verwaltung der Kassenmittel,

3. die Verwahrung von Wertgegenständen,

4. die Buchführung einschließlich der Sammlung der Belege, soweit nicht nach § 93 Abs. 1 Satz 2 der Gemeindeordnung eine andere Stelle damit beauftragt ist.

[2]Der Gemeindekasse obliegen außerdem die Mahnung, Beitreibung und Einleitung der Zwangsvollstreckung (zwangsweise Einziehung), die Festsetzung, Stundung, Niederschlagung und der Erlaß von Mahngebühren, Vollstreckungskosten und Nebenforderungen (Zinsen und Säumniszuschläge), soweit in anderen Vorschriften nichts anderes bestimmt oder nicht eine andere Stelle damit beauftragt ist.

(2) Der Gemeindekasse können weitere Aufgaben übertragen werden, soweit Vorschriften der Gemeindeordnung und dieser Verordnung nicht entgegenstehen und die Erledigung der Aufgaben nach Absatz 1 nicht beeinträchtigt wird.

(3) Mit der Festsetzung, Stundung, Niederschlagung und dem Erlaß von Mahngebühren, Vollstreckungskosten und Nebenforderungen dürfen nur Bedienstete der Gemeindekasse beauftragt werden, die nicht selbst Einzahlungen annehmen oder Auszahlungen leisten.

§ 2 Fremde Kassengeschäfte. (1) [1]Die Gemeindekasse darf Aufgaben nach § 1 Abs. 1 für andere (fremde Kassengeschäfte) nur erledigen, wenn dies durch Gesetz oder auf Grund eines Gesetzes bestimmt oder durch den Bürgermeister angeordnet ist. [2]Eine Anordnung ist nur zulässig, wenn dies im Interesse der Gemeinde liegt und gewährleistet ist, daß die fremden Kassengeschäfte bei der Prüfung der Gemeindekasse mitgeprüft werden können.

(2) Die Vorschriften dieser Verordnung gelten für die Erledigung fremder Kassengeschäfte entsprechend, soweit nicht durch Gesetz oder auf Grund eines Gesetzes etwas anderes bestimmt ist.

§ 3 Zahlstellen. [1]Zur Erledigung von Kassengeschäften können Zahlstellen als Teile der Gemeindekasse eingerichtet werden; ihnen können auch Aufgaben nach § 1 Abs. 1 Satz 2 und Abs. 2 übertragen werden. [2]§ 1 Abs. 3 gilt entsprechend. [3]Der Bürgermeister regelt die Aufgaben der einzelnen Zahlstellen.

§ 4 Handvorschüsse. [1]Zur Leistung geringfügiger Barzahlungen, die regelmäßig anfallen, oder als Wechselgeld können einzelnen Dienststellen oder einzelnen Bediensteten Handvorschüsse gewährt werden. [2]Wenn kein anderer Zeitpunkt bestimmt wird, ist über die Handvorschüsse monatlich abzurechnen. [3]Der Bürgermeister hat die erforderlichen Maßnahmen für eine ordnungsgemäße Verwaltung der Handvorschüsse zu treffen.

§ 5 Einrichtung und Geschäftsgang der Gemeindekasse. (1) Die Gemeindekasse ist so einzurichten, daß

1. sie ihre Aufgaben ordnungsgemäß und wirtschaftlich erledigen kann,
2. für die Sicherheit der Bediensteten gegen Überfälle angemessen gesorgt ist,
3. Buchungsmaschinen und andere technische Hilfsmittel nicht unbefugt benutzt werden können und
4. die Zahlungsmittel, die zu verwahrenden Gegenstände, die Bücher und Belege sicher aufbewahrt werden können.

(2) Zahlungsverkehr und Buchführung sollen nicht von denselben Bediensteten wahrgenommen werden.

(3) Ist die Gemeindekasse mit mehr als einem Bediensteten besetzt, sind Überweisungsaufträge, Abbuchungsaufträge und -vollmachten, Schecks und Postschecks von zwei Bediensteten zu unterzeichnen.

(4) [1]Sendungen, die an die Gemeindekasse gerichtet sind, sind ihr ungeöffnet zuzuleiten. [2]Zahlungsmittel und Wertsendungen, die bei einer anderen Dienststelle der Gemeinde eingehen, sind unverzüglich an die Gemeindekasse weiterzuleiten.

2. Abschnitt

Kassenanordnungen

§ 6 Allgemeines. (1) [1]Die Gemeindekasse darf, wenn in dieser Verordnung nichts anderes bestimmt ist, nur auf Grund einer schriftlichen Anordnung (Kassenanordnung)

1. Einnahmen annehmen oder Ausgaben leisten und die damit verbundenen Buchungen vornehmen (Zahlungsanordnung; Annahmeanordnung oder Auszahlungsanordnung),

2. Buchungen vornehmen, die das Ergebnis in den Büchern ändern und die sich nicht in Verbindung mit einer Zahlung ergeben (Buchungsanordnung),

3. Gegenstände zur Verwahrung annehmen oder verwahrte Gegenstände ausliefern und die damit verbundenen Buchungen vornehmen (Einlieferungs-oder Auslieferungsanordnung).

[2]Eine Kassenanordnung, die in der Form nicht den Vorschriften entspricht, darf erst ausgeführt werden, wenn die anordnende Stelle sie berichtigt hat. [3]Gibt der Inhalt einer Kassenanordnung zu Bedenken Anlaß, darf sie nur ausgeführt werden, wenn die anordnende Stelle sie schriftlich aufrechterhält.

(2) [1]Der Bürgermeister regelt die Befugnis, Kassenanordnungen zu erteilen. [2]Die Namen und Unterschriften der Bediensteten, die Anordnungen erteilen dürfen, sowie der Umfang der Anordnungsbefugnis sind der Gemeindekasse mitzuteilen. [3]Wer nach § 11 und § 12 Abs. 2 die sachliche und rechnerische Feststellung trifft, soll nicht auch die Zahlungsanordnung erteilen.

(3) Bedienstete der Gemeindekasse dürfen keine Kassenanordnungen erteilen.

§ 7 Zahlungsanordnung. (1) [1]Die Zahlungsanordnung muß enthalten

1. den anzunehmenden oder auszuzahlenden Betrag,

2. den Grund der Zahlung,

3. den Zahlungspflichtigen oder Empfangsberechtigten,

4. den Fälligkeitstag,

5. die Buchungsstelle und das Haushaltsjahr,

6. die Bestätigung, daß die sachliche und rechnerische Feststellung nach § 11 oder § 12 Abs. 2 vorliegt,

7. das Datum der Anordnung,

8. die Unterschrift des Anordnungsberechtigten.

[2]Die Bestätigung nach Satz 1 Nr. 6 entfällt, wenn die sachliche und rechnerische Feststellung (§ 11, § 12 Abs. 2) mit der Zahlungsanordnung verbunden ist.

(2) Zahlungsanordnungen sind unverzüglich zu erteilen, sobald die Verpflichtung zur Leistung, der Zahlungspflichtige oder Empfangsberechtigte, der Betrag und die Fälligkeit feststehen.

(3) [1]Auszahlungsanordnungen zu Lasten des Haushalts dürfen nur erteilt werden, wenn die haushaltsrechtlichen Voraussetzungen vorliegen. [2]Bei überplanmäßigen oder außerplanmäßigen Ausgaben ist dies in der Auszahlungsanordnung zu vermerken.

§ 8 Allgemeine Zahlungsanordnung. (1) [1]Eine allgemeine Zahlungsanordnung kann sich auf die Angaben nach § 7 Abs. 1 Nr. 2, 5, 7 und 8 beschränken. [2]Sie ist zulässig für

1. Einnahmen, die dem Grunde nach häufig anfallen, ohne daß die Zahlungspflichtigen oder die Höhe vorher feststehen,

2. regelmäßig wiederkehrende Ausgaben, für die der Zahlungsgrund und die Empfangsberechtigten, nicht aber die Höhe für die einzelnen Fälligkeitstermine feststehen,

3. geringfügige Ausgaben, für die sofortige Barzahlung üblich ist,

4. Ausgaben für Gebühren, Zinsen und ähnliche Kosten, die bei der Erledigung der Aufgaben der Gemeindekasse anfallen.

(2) Der Bürgermeister kann für Einnahmen, die nach Rechtsvorschriften oder allgemeinen Tarifen erhoben werden, eine allgemeine Zahlungsanordnung zulassen, wenn gewährleistet ist, daß die Gemeindekasse rechtzeitig vor den Fälligkeitstagen die Unterlagen über die anzunehmenden Beträge erhält.

§ 9 Auszahlungsanordnung für das Lastschrifteinzugsverfahren. [1]Die Gemeindekasse kann angewiesen werden, ein Kreditinstitut zu beauftragen oder einen Empfangsberechtigten zu ermächtigen, Forderungen bestimmter Art vom Konto der Gemeindekasse abzubuchen oder abbuchen zu lassen. [2]Eine solche Anweisung darf der Gemeindekasse nur erteilt werden, wenn

1. zu erwarten ist, daß der Empfangsberechtigte ordnungsgemäß mit der Gemeindekasse abrechnet,

2. die Forderungen des Empfangsberechtigten zeitlich und der Höhe nach abzuschätzen sind und

3. gewährleistet ist, daß das Kreditinstitut den abgebuchten Betrag auf dem Konto der Gemeindekasse wieder gutschreibt, wenn die Gemeinde in angemessener Frist der Abbuchung widerspricht.

[3]Von der Voraussetzung nach Satz 2 Nr. 3 kann abgesehen werden, wenn der Empfangsberechtigte eine juristische Person des öffentlichen Rechts ist.

§ 10 Ausnahmen vom Erfordernis der Zahlungsanordnung. (1) [1]Ist für die Gemeindekasse zu erkennen, daß sie empfangsberechtigt ist, hat sie Einnahmen auch ohne Annahmeanordnung anzunehmen und zu buchen. [2]Die Annahmeanordnung ist unverzüglich einzuholen.

(2) Ohne Annahmeanordnung dürfen angenommen und gebucht werden

1. Kassenmittel, die die Gemeindekasse von einer anderen Stelle für Auszahlungen für Rechnung dieser Stelle erhält,

2. Einnahmen, die irrtümlich bei der Gemeindekasse eingezahlt und nach Absatz 3 Nr. 2 zurückgezahlt oder weitergeleitet werden,

3. Einnahmen, die die Gemeindekasse nach § 1 Abs. 1 Satz 2 selbst festsetzt.

(3) Ohne Auszahlungsanordnung dürfen ausgezahlt und gebucht werden

1. die an eine andere Stelle abzuführenden Mittel, die für deren Rechnung angenommen wurden,

2. irrtümlich eingezahlte Beträge, die an den Einzahler zurückgezahlt oder an den Empfangsberechtigten weitergeleitet werden.

§ 11 Sachliche und rechnerische Feststellung. (1) [1]Jeder Anspruch und jede Zahlungsverpflichtung sind auf ihren Grund und ihre Höhe zu prüfen. [2]Die Richtigkeit ist schriftlich zu bescheinigen (sachliche und rechnerische Feststellung). [3]In den Fällen des § 10 Abs. 2 Nr. 1 und 2 und Abs. 3 entfällt eine sachliche und rechnerische Feststellung.

(2) [1]Bedarf es einer Zahlungsanordnung im Sinne des § 7, ist die sachliche und rechnerische Feststellung vor Erteilung der Anordnung zu treffen. [2]Sonst ist die Feststellung nach Eingang oder Leistung der Zahlung unverzüglich nachzuholen. [3]Die anordnungsberechtigte Stelle hat der Gemeindekasse eine Bestätigung, daß die Feststellung vorliegt, als Beleg zu übermitteln.

(3) [1]Der Bürgermeister regelt die Befugnis für die sachliche und rechnerische Feststellung. [2]Bediensteten der Gemeindekasse darf die Befugnis nur erteilt werden, wenn und soweit der Sachverhalt nur von ihnen beurteilt werden kann; § 1 Abs. 3 gilt entsprechend.

§ 12 Automatisiertes Anordnungs- und Feststellungsverfahren. (1) [1]Werden die Ansprüche oder Zahlungsverpflichtungen im automatisierten Verfahren ermittelt, muß sichergestellt sein, daß

1. gültige Programme verwendet werden; sie müssen dokumentiert und von der vom Bürgermeister bestimmten Stelle freigegeben sein,

2. die Daten vollständig und richtig erfaßt, eingegeben, verarbeitet, gespeichert und ausgegeben werden,

3. in das automatisierte Verfahren nicht unbefugt eingegriffen werden kann,

4. die gespeicherten Daten nicht verlorengehen und nicht unbefugt verändert werden können,

5. die Unterlagen, die für den Nachweis der richtigen und vollständigen Ermittlung der Ansprüche oder Zahlungsverpflichtungen erforderlich sind, einschließlich der Dokumentation der verwendeten Programme und eines Verzeichnisses über den Aufbau der Datensätze bis zum Ablauf der Aufbewahrungsfrist für Belege verfügbar sind und jederzeit in angemessener Frist lesbar gemacht werden können und

6. die in Nummer 2 genannten Tätigkeitsbereiche gegeneinander abgegrenzt und die dafür Verantwortlichen bestimmt sind.

[2]Der Bürgermeister regelt das Nähere über die Sicherung des Verfahrens.

(2) [1]Je nach Art des automatisierten Verfahrens ist anstelle der Feststellung nach § 11 Abs. 1 zu bescheinigen, daß die dem Verfahren zugrunde gelegten Daten sachlich und rechnerisch richtig und vollständig ermittelt und erfaßt und mit den gültigen Programmen ordnungsmäßig verarbeitet wurden und die Datenausgabe vollständig und richtig ist. [2]§ 11 Abs. 2 und 3 gilt entsprechend.

3. Abschnitt

Zahlungsverkehr

§ 13 Allgemeines. (1) Der Zahlungsverkehr ist nach Möglichkeit unbar abzuwickeln.

(2) [1]Zahlungsmittel dürfen nur in den Räumen der Gemeindekasse und nur von den damit beauftragten Bediensteten angenommen oder ausgehändigt werden. [2]Außerhalb dieser Räume dürfen Zahlungsmittel nur von hierfür vom Bürgermeister ermächtigten Personen oder durch ausreichend gesicherte Automaten angenommen oder ausgehändigt werden.

(3) Die Gemeindekasse darf einem Bediensteten der Gemeinde keine Zahlungsmittel zur Weitergabe an andere aushändigen, es sei denn, daß die Weitergabe der Zahlungsmittel zum Dienstauftrag des Bediensteten gehört oder er die Zahlungsmittel als gesetzlicher Vertreter oder als Bevollmächtigter in Empfang nehmen kann.

§ 14 Schecks, Postschecks und Wechsel. (1) Für die Entgegennahme von Schecks, Postschecks und Wechseln gelten die Bestimmungen in der Anlage.

(2) [1]Wechsel dürfen nur als Sicherheit entgegengenommen werden. [2]Der Bürgermeister kann in bestimmten Fällen, in denen es im Interesse der Gemeinde liegt oder verkehrsüblich ist, die Entgegennahme zahlungshalber unter der Voraussetzung zulassen, daß der Anspruch der Gemeinde dadurch nicht gefährdet wird.

(3) Auszahlungen dürfen nicht durch Wechsel geleistet werden.

§ 15 Einzahlungsquittung. (1) [1]Die Gemeindekasse hat über jede Einzahlung, die durch Übergabe von Zahlungsmitteln entrichtet wird und die nicht den Gegenwert für verkaufte Wertsachen, geldwerte Drucksachen und andere gegen Barzahlung zu festen Preisen abgegebene Gegenstände und Leistungen darstellt, dem Einzahler eine Quittung zu erteilen. [2]Im übrigen hat die Gemeindekasse nur auf Verlangen Quittungen zu erteilen; dabei ist der Zahlungsweg anzugeben.

(2) [1]Wird die Einzahlung durch Übergabe eines Schecks, Postschecks oder Wechsels bewirkt, ist das in der Quittung anzugeben. [2]In diesem Fall hat die Quittung den Vermerk «Eingang vorbehalten» zu enthalten.

(3) [1]Der Bürgermeister regelt die Form der Quittung und die Befugnis zu ihrer Erteilung. [2]Die Regelung muß den Erfordernissen eines sicheren Zahlungsverkehrs entsprechen.

§ 16 Verfahren bei Stundung und zwangsweiser Einziehung. (1) [1]Die zuständige Dienststelle soll, wenn die zwangsweise Einziehung eingeleitet ist, eine Stundung nur im Benehmen mit der Gemeindekasse erteilen. [2]Im übrigen hat sie Stundungen der Gemeindekasse unverzüglich schriftlich mitzuteilen. [3]Die Gemeindekasse darf unbeschadet des § 1 Abs. 1 Satz 2 Stundungen nicht gewähren; der Bürgermeister kann sie ausnahmsweise damit beauftragen, wenn dies zur Verwaltungsvereinfachung dient und eine ordnungsmäßige Erledigung gewährleistet ist; § 1 Abs. 3 bleibt unberührt.

(2) [1]Die Gemeindekasse hat Einnahmen, die nicht rechtzeitig eingegangen sind, unverzüglich zwangsweise einzuziehen oder die zwangsweise Einziehung zu veranlassen. [2]Sie kann von der zwangsweisen Einziehung zunächst absehen, wenn zu erkennen ist, daß

1. die Vollziehung des der Annahmeanordnung zugrunde liegenden Bescheids ausgesetzt wird oder

2. eine Stundung, Niederschlagung oder ein Erlaß in Betracht kommt.

[3]Sie hat in diesen Fällen unverzüglich die Entscheidung der zuständigen Dienststelle herbeizuführen.

§ 17 Auszahlungen. (1) [1]Die Gemeindekasse hat die Ausgaben zu den

Fälligkeitstagen zu leisten. [2]Sie soll Forderungen des Empfangsberechtigten gegen Forderungen der Gemeinde aufrechnen.

(2) Ausgaben für Rechnung einer anderen Stelle sollen nur insoweit geleistet werden, als Kassenmittel aus Einzahlungen für diese Stelle oder aus deren Beständen zur Verfügung stehen.

§ 18 Auszahlungsnachweise. (1) [1]Die Gemeindekasse darf nur gegen Quittung bar auszahlen. [2]Der Bürgermeister kann einen anderen Nachweis zulassen, wenn dem Empfänger die Ausstellung einer Quittung nicht möglich ist oder nicht zugemutet werden kann.

(2) Bei unbaren Auszahlungen ist auf der Auszahlungsanordnung, falls eine solche nicht vorgeschrieben oder nach § 8 allgemein erteilt ist, auf der sachlichen und rechnerischen Feststellung (§ 11, § 12 Abs. 2) oder auf einem besonderen Beleg anzugeben, an welchem Tag und auf welchem Weg die Zahlung geleistet worden ist.

4. Abschnitt

Verwaltung der Kassenmittel und Wertgegenstände

§ 19 Verwaltung der Kassenmittel. (1) [1]Die Gemeindekasse hat darauf zu achten, daß die für die Auszahlungen erforderlichen Kassenmittel rechtzeitig verfügbar sind. [2]Der Bestand an Bargeld und die Guthaben auf den für den Zahlungsverkehr bei Kreditinstituten errichteten Konten sind auf den für Zahlungen notwendigen Umfang zu beschränken. [3]Vorübergehend nicht benötigte Kassenmittel sind so anzulegen, daß sie bei Bedarf verfügbar sind.

(2) [1]Der Bürgermeister regelt die Errichtung von Konten bei Kreditinstituten und die Bewirtschaftung des Kassenbestands. [2]Die anordnenden Stellen haben die Gemeindekasse unverzüglich zu unterrichten, wenn mit größeren Ein- oder Auszahlungen zu rechnen ist.

(3) Muß der Kassenbestand vorübergehend durch Kassenkredite verstärkt werden, hat die Gemeindekasse unverzüglich die Weisung des Bürgermeisters einzuholen.

§ 20 Aufbewahrung und Beförderung von Zahlungsmitteln. (1) [1]Zahlungsmittel und Vordrucke für Schecks und Postschecks sind sicher aufzubewahren. [2]Der Bürgermeister bestimmt, welche Sicherheitsvorkehrungen für die Aufbewahrung sowie für die Beförderung von Zahlungsmitteln zu treffen sind.

(2) Die Gemeindekasse darf Zahlungsmittel, die nicht zum Kassenbestand gehören und Gegenstände, die ihr nicht zur Verwahrung zugewiesen sind, nicht im Kassenbehälter aufbewahren.

§ 21 Verwahrung von Wertgegenständen. (1) [1]Wertpapiere sollen einem Kreditinstitut zur Verwahrung übergeben werden. [2]Im übrigen sind Wertpapiere und andere Urkunden, die Vermögensrechte verbriefen oder nachweisen, von der Gemeindekasse zu verwahren. [3]Das gleiche gilt für Gebührenmarken, andere Wertzeichen mit Ausnahme von Postwertzeichen und für geldwerte Drucksachen, die nach § 15 Abs. 1 Satz 1 ohne Quittung abgegeben werden. [4]Der Bürgermeister kann eine andere Dienststelle mit der Verwahrung beauftragen.

(2) [1]Über die Annahme und Auslieferung der zu verwahrenden Wertgegenstände ist Buch zu führen. [2]Die Annahme und Auslieferung sind zu quittieren. [3]§ 13 Abs. 2 und 3 und § 20 Abs. 1 gelten entsprechend.

(3) Verwahrt die Gemeindekasse Wertpapiere, hat sie die Auslosung und Kündigung sowie die Zinstermine zu überwachen und die sonstigen Aufgaben des Verwahrers nach dem Gesetz über die Verwahrung und Anschaffung von Wertpapieren vom 4. Februar 1937 (RGBl. I S. 171), zuletzt geändert durch Gesetz vom 2. März 1974 (RGBl. I S. 469), wahrzunehmen.

§ 22 Verwahrung von anderen Gegenständen. [1]Andere Gegenstände, die der Gemeinde gehören oder von ihr zu verwahren sind, können in geeigneten Fällen der Gemeindekasse zur Verwahrung zugewiesen werden. [2]§ 13 Abs. 2 und 3, § 20 Abs. 1 und § 21 Abs. 2 Satz 1 und 2 gelten entsprechend.

5. Abschnitt

Buchführung

1. Unterabschnitt

Allgemeines

§ 23 Grundsätze für die Buchführung. (1) Die Buchführung muß ordnungsmäßig, sicher und wirtschaftlich sein.

(2) Die Aufzeichnungen in den Büchern müssen vollständig, richtig, zeitgerecht, geordnet und nachprüfbar sein.

§ 24 Form und Sicherung der Bücher. (1) [1]Die Bücher können in Form von magnetischen oder sonstigen visuell nicht lesbaren Speichern (Speicherbuchführung) oder in visuell lesbarer Form (gebunden, geheftet, in Loseblatt- oder Karteiform) geführt werden. [2]Der Bürgermeister bestimmt, in welcher Form die Bücher geführt werden.

(2) Bei der Speicherbuchführung muß sichergestellt sein, daß

1. gültige Programme verwendet werden; sie müssen dokumentiert und von der vom Bürgermeister bestimmten Stelle freigegeben sein,

2. die Daten vollständig und richtig erfaßt, eingegeben, verarbeitet, gespeichert und ausgegeben werden,

3. in das automatisierte Verfahren nicht unbefugt eingegriffen werden kann,

4. die gespeicherten Daten nicht verlorengehen und nicht unbefugt verändert werden können,

5. die Buchungen bis zum Ablauf der Aufbewahrungsfristen der Bücher jederzeit in angemessener Frist ausgedruckt werden können; § 36 Abs. 3 bleibt unberührt,

6. die Unterlagen, die für den Nachweis der ordnungsmäßigen maschinellen Abwicklung der Buchungsvorgänge erforderlich sind, einschließlich der Dokumentation der verwendeten Programme und eines Verzeichnisses über den Aufbau der Datensätze bis zum Ablauf der Aufbewahrungsfrist der Bücher verfügbar sind und jederzeit in angemessener Frist lesbar gemacht werden können,

7. Berichtigungen der Bücher protokolliert und die Protokolle wie Belege aufbewahrt werden und

8. die in Nummer 2 genannten Tätigkeitsbereiche gegeneinander abgegrenzt und die dafür Verantwortlichen bestimmt sind.

(3) [1]Bei visuell lesbarer Buchführung sind die Eintragungen urkundenecht vorzunehmen. [2]Sie dürfen nur zur Berichtigung von Schreib- und Rechenfehlern und sonstigen offensichtlichen Unrichtigkeiten geändert werden. [3]Änderungen müssen so vorgenommen werden, daß die ursprüngliche Eintragung lesbar bleibt. [4]Werden die visuell lesbaren Buchungen in einem automatisierten Verfahren vorgenommen, gilt Absatz 2 Nr. 1 bis 3, 6 und 8 entsprechend.

(4) [1]Der Bürgermeister regelt das Nähere über die Sicherung des Buchungsverfahrens. [2]Die Bücher sind durch geeignete Maßnahmen gegen Verlust, Wegnahme und Veränderungen zu schützen.

2. Unterabschnitt

Die Bücher für Einnahmen und Ausgaben

§ 25 Zeitliche und sachliche Buchung. Die Einnahmen und Ausgaben sind in zeitlicher Reihenfolge im Zeitbuch und in sachlicher Ordnung im Sachbuch zu buchen.

§ 26 Zeitbuch. (1) [1]Die Einzahlungen und Auszahlungen sind getrennt voneinander einzeln oder nach Absatz 2 und 3 in Summen zusammengefaßt im Zeitbuch zu buchen. [2]Die Buchung umfaßt mindestens

1. die laufende Nummer,

2. den Buchungstag,

3. einen Hinweis, der die Verbindung mit der sachlichen Buchung herstellt,

4. den Betrag.

[3]Gebuchte Beträge dürfen nach dem Tagesabschluß nicht mehr geändert

11

werden. [4]Bei Speicherbuchführung ist das Zeitbuch für jeden Buchungstag auszudrucken.

(2) [1]Zum Zeitbuch können Vorbücher geführt werden, aus denen die Ergebnisse in das Zeitbuch übernommen werden. [2]Für die Vorbücher gilt Absatz 1 Satz 2 bis 4 entsprechend.

(3) [1]Im Zeitbuch können mehrere Beträge auf Grund von Zusammenstellungen von Belegen zusammengefaßt gebucht werden. [2]Die Zusammenstellungen sind als Belege zur Zeitbuchung aufzubewahren.

§ 27 Buchungstag. (1) Einzahlungen sind zeitlich zu buchen

1. bei unbaren Zahlungen am Tag, an dem die Gemeindekasse von der Gutschrift Kenntnis erhält oder ein übersandter Scheck oder Postscheck bei ihr eingeht,

2. bei Barzahlungen am Tag des Eingangs der Zahlungsmittel,

3. bei Aufrechnungen am Tag, an dem die Aufrechnungserklärung der Gemeindekasse bekannt wird und

4. bei den außerhalb der Räume der Gemeindekasse angenommenen Einzahlungen am Tag, an dem die mit der Annahme beauftragte Stelle mit der Gemeindekasse abrechnet.

(2) Auszahlungen sind zeitlich zu buchen

1. bei unbaren Zahlungen am Tag der Hingabe des Auftrags an das Kreditinstitut oder der Übersendung eines Schecks oder Postschecks, bei Abbuchungen im Lastschrifteinzugsverfahren am Tag, an dem die Gemeindekasse von der Abbuchung Kenntnis erhält,

2. bei Barzahlungen am Tag der Übergabe oder Übersendung von Bargeld oder der Übergabe von Schecks oder Postschecks und

3. bei Aufrechnungen am Tag, an dem die Einnahmebuchung vorgenommen wird.

(3) Bei Verrechnungen zwischen verschiedenen Buchungsstellen sind Einnahmen und Ausgaben am gleichen Tag zu buchen.

(4) [1]Wird im automatisierten Verfahren gebucht, können die Buchungen auch nach den in Absatz 1 bis 3 genannten Tagen vorgenommen werden. [2]Sie sind unverzüglich und stets unter dem Datum vorzunehmen, das sich aus Absatz 1 bis 3 ergibt.

§ 28 Sachbuch. (1) [1]Das Sachbuch ist so einzurichten, daß aus ihm der kassenmäßige Abschluß und die Haushaltsrechnung entwickelt werden können. [2]Es ist zu gliedern in

1. das Sachbuch für den Verwaltungshaushalt und das Sachbuch für den Vermögenshaushalt,

2. das Sachbuch für haushaltsfremde Vorgänge.

(2) [1]Für die Buchungen im Verwaltungshaushalt und Vermögenshaushalt gilt die Ordnung des Haushaltsplans. [2]Im übrigen bestimmt der Bürger-

meister die Ordnung der Buchungen, soweit nicht das Innenministerium verbindliche Muster bekanntgegeben hat.

(3) [1]Die sachliche Buchung umfaßt mindestens

1. die zur Sollstellung angeordneten Beträge,
2. die Einzahlungen und Auszahlungen,
3. den Buchungstag der Einzahlungen oder Auszahlungen und
4. Hinweise, die die Verbindung mit der zeitlichen Buchung und dem Beleg herstellen.

[2]Wenn die Gemeinde zur Erlangung staatlicher Zuwendungen für eine Baumaßnahme verpflichtet ist, eine Baurechnung oder einen zahlenmäßigen Nachweis zu führen, und dabei das Bauausgabebuch durch einen Auszug aus dem Sachbuch ersetzen will, muß die sachliche Buchung außerdem Angaben über den Empfänger der Auszahlung, das Datum der ihr zugrundeliegenden Rechnung und deren Gegenstand enthalten.

(4) [1]Zum Sachbuch können Vorbücher geführt werden, deren Ergebnisse in das Sachbuch zu übernehmen sind. [2]Für den Inhalt der Vorbücher gilt Absatz 3 entsprechend.

§ 29 Buchungen im Sachbuch. [1]Die Einnahmen und Ausgaben sind auf Grund der Kassenanordnung oder der sachlichen und rechnerischen Feststellung (§ 11, § 12 Abs. 2) zum Soll zu stellen. [2]Bei Auszahlungen kann die Sollstellung bis zur Zeitbuchung aufgeschoben werden. [3]Die Ist-Buchung im Sachbuch soll mit der Zeitbuchung vorgenommen werden.

§ 30 Weitere Bücher. (1) [1]Zum Nachweis des Bestands und der Veränderungen auf den für den Zahlungsverkehr bei Kreditinstituten errichteten Konten der Gemeindekasse ist für jedes Konto ein Kontogegenbuch zu führen. [2]Hiervon kann abgesehen werden, wenn durch das Zeitbuch oder auf andere Weise der Bestand und die Veränderungen der Konten überwacht werden können.

(2) Zum Nachweis der Tagesabschlüsse ist ein Tagesabschlußbuch zu führen.

(3) [1]Die in Absatz 1 und 2 genannten Bücher können für mehrere Jahre geführt werden. [2]Bei Speicherbuchführung sind sie für jeden Buchungstag auszudrucken.

(4) Der Bürgermeister bestimmt, welche weiteren Bücher geführt werden.

§ 31 Absetzungen von Einnahmen und Ausgaben. (1) [1]Die Rückzahlung zuviel eingegangener Beträge ist bei den Einnahmen abzusetzen, wenn die Rückzahlung im selben Jahr vorgenommen wird, in dem der Betrag eingegangen ist oder wenn noch ein entsprechender Haushaltseinnahmerest besteht. [2]In den anderen Fällen sind Rückzahlungen als Ausgaben zu behandeln.

(2) [1]Die Rückzahlung zuviel ausgezahlter Beträge ist bei den Ausgaben abzusetzen, wenn die Rückzahlung im selben Jahr vorgenommen wird, in

dem der Betrag ausgezahlt worden ist oder wenn noch ein entsprechender Haushaltsausgaberest besteht. ²In den anderen Fällen sind die Rückzahlungen als Einnahmen zu behandeln.

(3) § 14 Abs. 2 und 3 GemHVO bleibt unberührt.

3. Unterabschnitt

Tagesabschluß, Zwischenabschlüsse und Jahresabschluß

§ 32 Tagesabschluß. (1) ¹Die Gemeindekasse hat

1. an jedem Tag, an dem Zahlungen bewirkt worden sind, am Schluß der Kassenstunden den Kassenistbestand,

2. für jeden Buchungstag (§ 27) unmittelbar nach Abschluß der Zeitbuchung den Kassensollbestand

zu ermitteln und jeweils sofort in das Tagesabschlußbuch zu übernehmen. ²Die Eintragungen sind von den an den Ermittlungen beteiligten Bediensteten und vom Kassenverwalter zu unterschreiben.

(2) ¹Unstimmigkeiten, die sich bei der Gegenüberstellung des Kassenistbestands und des Kassensollbestands ergeben, sind unverzüglich aufzuklären. ²Wird ein Kassenfehlbetrag nicht sofort ersetzt, ist er zunächst als Vorschuß zu buchen. ³Ein Kassenfehlbetrag ist bei der Aufstellung der Jahresrechnung, wenn er länger als sechs Monate unaufgeklärt geblieben ist und Bedienstete nicht haften, im Verwaltungshaushalt als Ausgabe zu buchen. ⁴Ein Kassenüberschuß ist zunächst als Verwahrgeld zu buchen. ⁵Bei der Aufstellung der Jahresrechnung ist er, wenn er länger als sechs Monate unaufgeklärt geblieben ist, im Verwaltungshaushalt zu vereinnahmen.

(3) ¹Der Bürgermeister kann zulassen, daß der Kassensollbestand im Falle des Absatzes 1 Satz 1 Nr. 2 vor Beginn der Kassenstunden des folgenden Tags ermittelt wird. ²Bei Kassen mit geringem Zahlungsverkehr kann der Bürgermeister zulassen, daß wöchentlich nur ein Abschluß vorgenommen wird.

§ 33 Zwischenabschlüsse des Zeit- und Sachbuchs. ¹In bestimmten Zeitabständen, mindestens vierteljährlich, ist durch einen Zwischenabschluß des Zeitbuchs und Sachbuchs festzustellen, ob die zeitliche und sachliche Buchung der Einzahlungen und Auszahlungen übereinstimmt. ²Auf Anordnung des Bürgermeisters kann von Zwischenabschlüssen abgesehen werden, wenn die zeitlichen und sachlichen Buchungen in einem Arbeitsgang vorgenommen werden.

§ 34 Jahresabschluß. (1) ¹Das Zeitbuch und das Sachbuch sind zum Ende des Haushaltsjahres abzuschließen. ²Nach dem Abschlußtag dürfen nur noch Abschlußbuchungen (§ 44 Nr. 1) vorgenommen werden.

(2) Der buchmäßige Kassenbestand, die Kassenreste und die Haushaltsreste sowie ein Fehlbetrag sind nach der für die Zeit- und Sachbuchung vorgeschriebenen Ordnung in die Bücher des folgenden Haushaltsjahres zu übernehmen.

§ 35 Belege. (1) [1]Die Buchungen müssen durch Kassenanordnungen und Auszahlungsnachweise, ferner durch Unterlagen, aus denen sich der Zahlungsgrund ergibt (begründende Unterlagen), belegt sein. [2]In den Fällen der §§ 8, 9 und § 10 Abs. 2 Nr. 3 tritt an die Stelle der Kassenanordnung die Bestätigung, daß die sachliche und rechnerische Feststellung vorliegt (§ 11, § 12 Abs. 2).

(2) Die Kassenanordnungen und die Auszahlungsnachweise sind nach der sachlichen Buchung zu ordnen.

§ 36 Aufbewahrung der Bücher und Belege. (1) [1]Die Bücher und Belege sind sicher aufzubewahren. [2]Soweit begründende Unterlagen nicht den Kassenanordnungen beigefügt sind, obliegt ihre Aufbewahrung den anordnenden Stellen.

(2) [1]Die Jahresrechnung ist dauernd aufzubewahren, bei Speicherbuchführung in ausgedruckter Form. [2]Die Bücher sind zehn Jahre, die Belege sechs Jahre aufzubewahren. [3]Ergeben sich Zahlungsgrund und Zahlungspflichtige oder Empfangsberechtigte nicht aus den Büchern, sind die Belege so lange wie die Bücher aufzubewahren. [4]Die Fristen beginnen am ersten Januar des der Feststellung der Jahresrechnung folgenden Haushaltsjahres. [5]Gutschriften und Lastschriften der Kreditinstitute sind wie Belege aufzubewahren.

(3) [1]Nach Abschluß der Aufsichtsprüfung, frühestens nach Ablauf von drei Jahren seit Beginn der Aufbewahrungsfrist, können die Bücher und Belege auf Bildträgern aufbewahrt werden, wenn sichergestellt ist, daß der Inhalt der Bildträger mit den Originalen übereinstimmt und jederzeit lesbar gemacht werden kann. [2]Die Bildträger sind nach Absatz 1 und 2 anstelle der Originale aufzubewahren. [3]Der Bürgermeister kann zulassen, daß der Inhalt von Büchern vor Ablauf der in Satz 1 genannten Frist auf Bildträger übernommen wird, wenn sichergestellt ist, daß die Daten innerhalb der Frist jederzeit in ausgedruckter Form lesbar gemacht werden können; bevor eine solche Regelung zugelassen wird, ist die für die Aufsichtsprüfung zuständige Stelle zu hören.

6. Abschnitt

Besorgung von Kassengeschäften durch Stellen außerhalb der Gemeindeverwaltung

§ 37 Zahlungsverkehr. (1) Läßt die Gemeinde nach § 94 Abs. 1 Satz 1 der Gemeindeordnung den Zahlungsverkehr ganz oder zum Teil durch eine

Stelle außerhalb der Gemeindeverwaltung besorgen, muß insbesondere gewährleistet sein, daß

1. Zahlungsanordnungen vor Übersendung an die erledigende Stelle registriert werden, wenn nicht die Beträge vorher zum Soll gestellt wurden,

2. die Zahlungsanordnungen an die erledigende Stelle nicht unbefugt geändert werden können,

3. die erledigende Stelle

   a) mindestens monatlich mit der Gemeindekasse abrechnet, wenn nicht eine unmittelbare Abrechnung mit einer anderen Stelle angeordnet ist,

   b) die Auszahlungsnachweise für die einzelnen Auszahlungen der Gemeinde als Belege überläßt oder ihr schriftlich bestätigt, daß die Zahlungen auftragsgemäß geleistet worden sind, im letzteren Fall müssen die Auszahlungsnachweise von der erledigenden Stelle nach den für die Gemeinde geltenden Vorschriften aufbewahrt und für Prüfungen bereitgestellt werden,

   c) Angelegenheiten, die ihr durch die Erledigung der Kassengeschäfte zur Kenntnis gelangen, nicht unbefugt verwertet oder weitergibt,

   d) im Falle eines Verschuldens für Schäden der Gemeinde oder Dritter eintritt und

   e) den für die Prüfungen bei der Gemeinde zuständigen Prüfungsstellen Gelegenheit gibt, die ordnungsmäßige Abwicklung des Zahlungsverkehrs an Ort und Stelle zu prüfen.

(2) [1]Die erledigende Stelle muß ihre Nachweise über die Ein- und Auszahlungen wie Vorbücher zum Zeitbuch der Gemeinde führen. [2]Die Gemeindekasse hat die von der erledigenden Stelle angenommenen Einnahmen oder geleisteten Ausgaben zusammengefaßt in ihre Zeitbücher zu übernehmen und am Tag zu buchen, an dem die erledigende Stelle mit der Gemeindekasse abrechnet.

§ 38 Buchführung. [1]Läßt die Gemeinde nach § 94 Abs. 1 Satz 1 der Gemeindeordnung die Buchung der Einnahmen und Ausgaben ganz oder zum Teil von Stellen außerhalb der Gemeindeverwaltung besorgen, muß insbesondere gewährleistet sein, daß

1. die Belege vor der Übersendung an die erledigende Stelle registriert werden,

2. die Gemeinde sich durch Stichproben von der ordnungsmäßigen Erledigung der Buchungen vergewissert und

3. der Gemeinde rechtzeitig der Tagesabschluß (§ 32), die Zwischenabschlüsse (§ 33) und der Jahresabschluß (§ 34) übermittelt werden.

[2]Im übrigen gilt § 37 Abs. 1 Nr. 2 und 3 Buchst. c bis e entsprechend.

7. Abschnitt

Sonderkassen

§ 39 Allgemeines. Die Vorschriften dieser Verordnung gelten für Sonderkassen entsprechend, soweit in den folgenden Vorschriften oder in anderen gesetzlichen Vorschriften nichts anderes bestimmt ist.

§ 40 Sonderregelung bei kaufmännischer Buchführung. [1]Bei Anwendung der kaufmännischen Buchführung oder einer entsprechenden Verwaltungsbuchführung gelten die §§ 28 bis 31, 33 und 34 nicht. [2]Der unbare Zahlungsverkehr und die Buchführung können einer anderen Stelle des für das Rechnungswesen zuständigen Geschäftsbereichs übertragen werden. [3]Einnahmen können ohne Zahlungsanordnung angenommen werden; soweit Zahlungsanordnungen erforderlich sind, müssen Buchungsstelle und Haushaltsjahr (Wirtschaftsjahr) nicht angegeben werden.

§ 41 Sonderregelung für wirtschaftliche Unternehmen. [1]Der Bürgermeister kann wirtschaftlichen Unternehmen mit Sonderrechnung gestatten, in Fällen, in denen es verkehrsüblich ist, Wechsel zahlungshalber entgegenzunehmen und diskontieren zu lassen oder zur Erfüllung von Forderungen Dritter Wechsel auszustellen oder zu akzeptieren; die Entgegennahme von Wechseln zahlungshalber darf nur unter der Voraussetzung zugelassen werden, daß der Anspruch der Gemeinde dadurch nicht gefährdet wird. [2]Wechselverbindlichkeiten sind auf den Höchstbetrag der Kassenkredite für das Unternehmen anzurechnen.

8. Abschnitt

Begriffsbestimmungen, Übergangs- und Schlußvorschriften

§ 42 Schriftform. Allgemeine Regelungen nach dieser Verordnung bedürfen der Schriftform.

§ 43 Einheitliche Buchführung für die Gemeindekasse und Sonderkassen. [1]Die Gemeinde kann ausnahmsweise die Bücher für die Jahresrechnung abweichend von den Vorschriften des 5. Abschnitts nach den Regeln der kaufmännischen doppelten Buchführung führen, wenn dies für die Verbindung von Sonderkassen mit der Gemeindekasse zweckmäßig ist, die Buchführungsgeschäfte insgesamt sich vereinfachen lassen und die an die Verwaltungsbuchführung gestellten Anforderungen erfüllt werden. [2]Vor der Umstellung der Buchführung ist der Rechtsaufsichtsbehörde Gelegenheit zur Stellungnahme zu geben.

§ 44 Begriffsbestimmungen. Bei der Anwendung dieser Verordnung sind die nachfolgenden Begriffe zugrunde zu legen:

1. Abschlußbuchungen:
   Die für den kassenmäßigen Abschluß und die Haushaltsrechnung sowie die Vermögensrechnung des abgelaufenen Haushaltsjahres noch erforderlichen Buchungen einschließlich der Übertragungen in das folgende Haushaltsjahr, ausgenommen die Buchungen von Einzahlungen und Auszahlungen von Dritten oder an Dritte einschließlich der Sondervermögen mit Sonderrechnung.

2. Auszahlungen:
   Die aus der Gemeindekasse oder Sonderkasse hinausgehenden Beträge einschließlich der Verrechnungen (Nummer 7 Buchst. c).

3. Bargeld:
   Bundesmünzen, Bundesbanknoten und fremde Geldsorten.

4. Einzahlungen:
   Die bei der Gemeindekasse oder Sonderkasse eingehenden Beträge einschließlich der Verrechnungen (Nummer 7 Buchst. c).

5. Kassenmittel:
   Die Zahlungsmittel im Sinne der Nummer 6 und die Bestände auf Konten der Gemeindekasse oder Sonderkasse mit Ausnahme der Geldanlagen (§ 46 Nr. 9 GemHVO).

6. Zahlungsmittel:
   Bargeld, Schecks, Postschecks, Wechsel.

7. Zahlungsverkehr:
   a) Unbare Zahlungen:
      Die Überweisungen oder Einzahlungen auf ein Konto der Gemeindekasse oder Sonderkasse bei einem Kreditinstitut, Überweisungen oder Auszahlungen von einem solchen Konto und die Übersendung von Schecks oder Postschecks sowie von Wechseln.

   b) Barzahlungen:
      Die Übergabe oder Übersendung von Bargeld; als Barzahlung gilt auch die Übergabe von Schecks und Postschecks sowie von Wechseln.

   c) Verrechnungen:
      Zahlungen, die durch buchmäßigen Ausgleich zwischen Einnahmen und Ausgaben bewirkt werden, ohne daß die Höhe des Kassensollbestands verändert wird (Aufrechnung, Verrechnung zwischen verschiedenen Buchungsstellen).

§ 45 Übergangsregelung für die Buchführung. (1) Im Haushaltsjahr 1977 können die Bücher für die Jahresrechnung noch nach den bisherigen Vorschriften geführt werden.

(2) Abweichend von § 35 Abs. 2 können die Belege für die Haushaltsjahre 1977 bis 1981 noch nach der zeitlichen Buchung geordnet werden, wenn bis zum Inkrafttreten dieser Verordnung so verfahren wurde.

§ 46 Inkrafttreten. Diese Verordnung tritt am 1. Januar 1977 in Kraft.

Anlage (zu § 14 Abs. 1)

Bestimmungen über die Entgegennahme von Schecks, Postschecks und Wechseln

1. **Entgegennahme von Schecks und Postschecks**

1.1 Schecks und Postschecks sollen als Einzahlung nur angenommen werden, wenn sie innerhalb der Vorlagefrist dem bezogenen Kreditinstitut vorgelegt werden können.

1.2 [1]Der angenommene Scheck oder Postscheck ist unverzüglich als Verrechnungsscheck zu kennzeichnen, wenn er diesen Vermerk nicht bereits trägt. [2]Die Nummer des Schecks oder Postschecks, das bezogene Kreditinstitut, die Kontonummer des Ausstellers, der Betrag und ein Hinweis, durch den die Verbindung mit der Buchführung hergestellt werden kann, sind in ein Schecküberwachungsbuch einzutragen. [3]Von der Führung des Schecküberwachungsbuchs kann abgesehen werden, wenn in anderer Weise die Angaben festgehalten werden und die Einlösung der Schecks überwacht wird.

1.3 [1]Angenommene Schecks oder Postschecks sind unverzüglich bei einem Kreditinstitut zur Gutschrift auf einem Konto der Gemeindekasse einzureichen. [2]Ihre Einlösung ist zu überwachen.

1.4 Bevor der Scheck oder Postscheck eingelöst ist, dürfen Leistungen darauf nur erbracht werden, wenn der Scheck unter Vorlage einer Scheckkarte übergeben wurde und er den darin angegebenen Bedingungen des Kreditinstituts entspricht oder der Aussteller und das bezogene Kreditinstitut als vertrauenswürdig bekannt sind.

1.5 [1]Auf Schecks und Postschecks dürfen Geldbeträge nicht bar ausgezahlt werden. [2]Der Bürgermeister kann Ausnahmen zulassen.

2. **Entgegennahme von Wechseln**

2.1 [1]Als Sicherheitsleistung entgegengenommene Wechsel sind von der Gemeindekasse in ein Wechselüberwachungsbuch einzutragen und zu verwahren oder einem Kreditinstitut zur Verwahrung zu übergeben. [2]Die Gemeindekasse hat rechtzeitig vor der Fälligkeit des Wechsels die Weisungen des Bürgermeisters einzuholen.

2.2 [1]Wird ein Wechsel ausnahmsweise zahlungshalber entgegengenommen, ist er

2.2.1 unverzüglich in ein Wechselüberwachungsbuch einzutragen und

2.2.2 einem Kreditinstitut, bei dem die Gemeinde ein Konto unterhält, zum Einzug zuzuleiten oder, soweit besonders zugelassen, diskontieren zu lassen.

[2]Hat nicht der Wechselschuldner die dafür entstehenden Kosten zu tragen, sind sie wie die Zinsen für einen Kassenkredit zu behandeln.
[3]Von der Führung eines Wechselüberwachungsbuchs kann abgesehen werden, wenn die Überwachung der Wechsel in anderer Weise gewährleistet ist.

Gesetz über die Eigenbetriebe der Gemeinden (Eigenbetriebsgesetz - EigBG)

in der Fassung vom 19. Juni 1987 (GBl. S. 284)

INHALTSÜBERSICHT

1. Abschnitt

Grundsätzliche Bestimmungen

§ 1 Anwendungsbereich. (1) Gemeinden mit mehr als 10 000 Einwohnern haben ihre wirtschaftlichen Unternehmen ohne eigene Rechtspersönlichkeit als Eigenbetriebe zu führen.

(2) Gemeinden mit nicht mehr als 10 000 Einwohnern können wirtschaftliche Unternehmen ohne eigene Rechtspersönlichkeit als Eigenbetriebe führen, wenn die Bedeutung dieser Unternehmen es rechtfertigt.

§ 2 Rechtsgrundlagen. (1) Für den Eigenbetrieb gelten die Vorschriften der Gemeindeordnung sowie die sonstigen für Gemeinden maßgebenden Vorschriften, soweit in diesem Gesetz oder auf Grund dieses Gesetzes durch Rechtsverordnung nichts anderes bestimmt ist.

(2) [1]Die Rechtsverhältnisse des Eigenbetriebs sind im Rahmen der in Absatz 1 genannten Vorschriften durch Betriebssatzung zu regeln. [2]In ihr sind unbeschadet des § 10 Abs. 1 auch solche Angelegenheiten des Eigenbetriebs zu regeln, die nach der Gemeindeordnung der Hauptsatzung vorbehalten sind. [3]§ 4 Abs. 2 der Gemeindeordnung gilt sinngemäß.

2. Abschnitt

Verfassung und Verwaltung

§ 3 Werkleitung. (1) Für den Eigenbetrieb ist eine Werkleitung zu bestellen.

(2) [1]Die Werkleitung besteht aus einem oder mehreren Werkleitern. [2]Die Werkleiter können auch in ein Beamtenverhältnis auf Zeit berufen werden. [3]Der Gemeinderat kann einen Werkleiter zum Ersten Werkleiter bestellten. [4]Gehört ein Beigeordneter der Werkleitung an, ist er Erster Werkleiter.

(3) [1]Bei Meinungsverschiedenheiten innerhalb der Werkleitung entscheidet der Erste Werkleiter, soweit die Betriebssatzung nichts anderes bestimmt. [2]Ist kein Erster Werkleiter bestellt, bestimmt die Betriebssatzung, wie bei Meinungsverschiedenheiten zu verfahren ist.

(4) Die Geschäftsverteilung innerhalb der Werkleitung regelt der Bürgermeister mit Zustimmung des Werksausschusses durch eine Geschäftsordnung.

§ 4 Aufgaben der Werkleitung. (1) [1]Die Werkleitung leitet den Eigenbetrieb, soweit in diesem Gesetz oder auf Grund dieses Gesetzes nichts anderes bestimmt ist. [2]Ihr obliegt insbesondere die laufende Betriebsführung. [3]Im Rahmen ihrer Zuständigkeit ist sie für die wirtschaftliche Führung des Eigenbetriebs verantwortlich.

(2) Die Werkleitung vollzieht die Beschlüsse des Gemeinderats, seiner Ausschüsse und die Entscheidungen des Bürgermeisters in Angelegenheiten des Eigenbetriebs, soweit nicht der Bürgermeister für Einzelfälle oder für einen bestimmten Kreis von Angelegenheiten etwas anderes bestimmt.

(3) [1]Die Werkleitung hat den Bürgermeister über alle wichtigen Angelegenheiten des Eigenbetriebs rechtzeitig zu unterrichten. [2]Sie hat ferner dem Fachbeamten für das Finanzwesen oder dem sonst für das Finanzwesen der Gemeinde zuständigen Beamten (§ 116 der Gemeindeordnung) alle Maßnahmen mitzuteilen, welche die Finanzwirtschaft der Gemeinde berühren.

§ 5 Vertretungsberechtigung der Werkleitung. (1) [1]Die Werkleitung vertritt die Gemeinde im Rahmen ihrer Aufgaben. [2]Besteht die Werkleitung aus mehreren Werkleitern, sind zwei von ihnen gemeinschaftlich vertretungsberechtigt, soweit die Betriebssatzung nichts anderes bestimmt.

(2) [1]Die Werkleitung kann Beamte und Angestellte in bestimmtem Umfang mit ihrer Vertretung beauftragen; in einzelnen Angelegenheiten kann sie rechtsgeschäftliche Vollmacht erteilen. [2]Durch die Betriebssatzung kann bestimmt werden, daß die Beauftragung und die Erteilung rechtsgeschäftlicher Vollmachten der Zustimmung des Bürgermeisters bedürfen.

(3) Die Vertretungsberechtigten zeichnen unter dem Namen des Eigenbetriebs.

(4) [1]Verpflichtungserklärungen (§ 54 der Gemeindeordnung) müssen durch zwei Vertretungsberechtigte handschriftlich unterzeichnet werden; besteht die Werkleitung aus einem Werkleiter, kann dieser allein unterzeichnen. [2]§ 54 Abs. 4 der Gemeindeordnung gilt mit der Maßgabe, daß die Geschäfte der laufenden Betriebsführung den Geschäften der laufenden Verwaltung gleichstehen.

(5) Sind in Angelegenheiten des Eigenbetriebs Erklärungen Dritter gegenüber der Gemeinde abzugeben, genügt die Abgabe gegenüber einem Werkleiter.

§ 6 Werksausschuß. (1) [1]In Gemeinden mit mehr als 40 000 Einwohnern ist für die Angelegenheiten des Eigenbetriebs ein beschließender Ausschuß (Werksausschuß) zu bilden. [2]In den anderen Gemeinden kann ein Werksausschuß gebildet werden.

(2) Für mehrere Eigenbetriebe einer Gemeinde kann ein gemeinsamer Werksausschuß gebildet werden.

(3) [1]Die Werkleitung nimmt an den Sitzungen des Werksausschusses mit beratender Stimme teil. [2]Sie ist auf Verlangen verpflichtet, zu den Beratungsgegenständen Stellung zu nehmen und Auskünfte zu erteilen.

§ 7 Aufgaben des Werksausschusses. (1) Der Werksausschuß berät alle Angelegenheiten des Eigenbetriebs vor, die der Entscheidung des Gemeinderats vorbehalten sind.

(2) [1]Soweit nicht nach § 8 der Gemeinderat oder nach § 4 Abs. 1 Satz 2 die Werkleitung zuständig ist, entscheidet der Werksausschuß unbeschadet des § 39 Abs. 3 Sätze 2 bis 4 der Gemeindeordnung über

1. die Einstellung und Entlassung der beim Eigenbetrieb beschäftigten Angestellten und Arbeiter, die nicht nur vorübergehende Übertragung einer anders bewerteten Tätigkeit bei einem Angestellten oder Arbeiter sowie die Festsetzung der Vergütung oder des Lohnes, sofern kein Anspruch auf Grund eines Tarifvertrags besteht,

2. die Verfügung über Vermögen des Eigenbetriebs,

3. den Abschluß von Verträgen,

4. die Festsetzung der allgemeinen Lieferbedingungen,

5. sonstige wichtige Angelegenheiten des Eigenbetriebs.

[2]Die Zuständigkeiten des Werksausschusses sind durch die Betriebssatzung näher zu bestimmen. [3]Auch können durch sie Aufgaben nach Nummern 1 bis 3 dem Bürgermeister oder der Werkleitung ganz oder teilweise zugewiesen werden.

(3) Durch die Betriebssatzung kann bestimmt werden, daß der Werksausschuß in bestimmten Angelegenheiten andere Ausschüsse zu beteiligen hat.

§ 8 Aufgaben des Gemeinderats. (1) [1]Der Gemeinderat entscheidet unbeschadet seiner Zuständigkeit in den Fällen des § 39 Abs. 2 der Gemeindeordnung über

1. den Abschluß von Verträgen, die für die Gemeinde von erheblicher wirtschaftlicher Bedeutung sind,

2. die Feststellung und Änderung des Wirtschaftsplans,

3. die Gewährung von Darlehen der Gemeinde an den Eigenbetrieb oder des Eigenbetriebs an die Gemeinde,

4. die Feststellung des Jahresabschlusses und die Entlastung der Werkleitung sowie die Verwendung des Jahresgewinns oder die Behandlung des Jahresverlusts,

5. die Bestimmung eines Abschlußprüfers für den Jahresabschluß und die Erteilung des Einvernehmens zum Prüfungsauftrag nach § 115 Abs. 1 Satz 2 und Abs. 2 Satz 4 der Gemeindeordnung.

[2]Eine Übertragung dieser Aufgaben auf beschließende Ausschüsse ist ausgeschlossen.

(2) [1]Ist für den Eigenbetrieb kein Werksausschuß gebildet, entscheidet der Gemeinderat auch in den nach diesem Gesetz dem Werksausschuß obliegenden Angelegenheiten, soweit diese nicht auf beschließende Ausschüsse übertragen werden. [2]Aufgaben nach § 7 Abs. 2 Nr. 1 bis 3 können durch Betriebssatzung auch auf den Bürgermeister oder die Werkleitung ganz oder teilweise übertragen werden.

§ 9 Stellung des Bürgermeisters. (1) Der Bürgermeister kann der Werkleitung Weisungen erteilen, um die Einheitlichkeit der Gemeindeverwaltung zu wahren, die Erfüllung der Aufgaben des Eigenbetriebs zu sichern und Mißstände zu beseitigen.

(2) Der Bürgermeister muß anordnen, daß Maßnahmen der Werkleitung, die er für gesetzwidrig hält, unterbleiben oder rückgängig gemacht werden; er kann dies anordnen, wenn er der Auffassung ist, daß Maßnahmen für die Gemeinde nachteilig sind.

(3) Die Befugnisse, die dem Bürgermeister nach Absätzen 1 und 2 zustehen, kann ein Beigeordneter, der der Werkleitung angehört, nur wahrnehmen, wenn er allgemeiner Stellvertreter des Bürgermeisters ist.

§ 10 Bedienstete beim Eigenbetrieb. (1) Die Zuständigkeit für die Ernennung und Entlassung der beim Eigenbetrieb beschäftigten Beamten richtet sich nach den Vorschriften der Gemeindeordnung.

(2) Soweit der Gemeinderat oder der Werksausschuß über die Einstellung und Entlassung der beim Eigenbetrieb beschäftigten Angestellten und Arbeiter entscheidet, bleibt § 24 Abs. 2 Sätze 1 und 2 der Gemeindeordnung unberührt; das gleiche gilt für die nicht nur vorübergehende Übertragung einer anders bewerteten Tätigkeit bei einem Angestellten oder Arbeiter sowie für die Festsetzung der Vergütung oder des Lohnes, sofern kein Anspruch auf Grund eines Tarifvertrags besteht.

(3) Die Werkleitung ist vor der Ernennung und, soweit sie nicht selbst dafür zuständig ist, vor der Einstellung und Entlassung der beim Eigenbetrieb beschäftigten Bediensteten zu hören; das gleiche gilt für Entscheidungen über die Festsetzung einer Vergütung oder eines Lohnes sowie bei einer nicht nur vorübergehenden Übertragung einer anders bewerteten Tätigkeit bei einem beim Eigenbetrieb beschäftigten Angestellten oder Arbeiter.

(4) Der Bürgermeister ist Dienstvorgesetzter und oberste Dienstbehörde der beim Eigenbetrieb beschäftigten Bediensteten.

3. Abschnitt

Wirtschaftsführung und Rechnungswesen

§ 11 Vermögen des Eigenbetriebs. (1) Der Eigenbetrieb ist finanzwirtschaftlich als Sondervermögen der Gemeinde gesondert zu verwalten und nachzuweisen.

(2) [1]Der Eigenbetrieb ist mit einem angemessenen Stammkapital auszustatten. [2]Die Höhe des Stammkapitals ist in der Betriebssatzung festzusetzen.

(3) [1]Auf die Erhaltung des Sondervermögens ist Bedacht zu nehmen. [2]Außerdem soll eine marktübliche Verzinsung des Eigenkapitals erwirtschaftet werden.

§ 12 Wirtschaftsjahr. [1]Wirtschaftsjahr des Eigenbetriebs ist das Haushaltsjahr der Gemeinde. [2]Wenn die Art des Betriebs es erfordert, kann die Betriebssatzung ein hiervon abweichendes Wirtschaftsjahr bestimmen.

§ 13 Wirtschaftsplan. (1) [1]Für jedes Wirtschaftsjahr ist vor dessen Beginn ein Wirtschaftsplan aufzustellen. [2]Er besteht aus dem Erfolgsplan, dem Vermögensplan und der Stellenübersicht.

(2) Der an den Haushalt der Gemeinde abzuführende Jahresgewinn oder der aus dem Haushalt der Gemeinde abzudeckende Jahresverlust ist in den Haushaltsplan der Gemeinde aufzunehmen.

§ 14 Änderung und Ausführung des Wirtschaftsplans. (1) Der Wirtschafts-plan ist zu ändern, wenn sich im Laufe des Wirtschaftsjahres zeigt, daß trotz Ausnutzung von Sparmöglichkeiten

1. das Jahresergebnis sich gegenüber dem Erfolgsplan erheblich ver-schlechtern wird,

2. zum Ausgleich des Vermögensplans höhere Zuschüsse der Ge-meinde oder höhere Kredite erforderlich werden,

3. im Vermögensplan weitere Verpflichtungsermächtigungen vorge-sehen werden sollen,

4. eine erhebliche Vermehrung oder Hebung der in der Stellenüber-sicht vorgesehenen Stellen erforderlich wird; dies gilt nicht für eine vorübergehende Einstellung von Aushilfskräften.

(2) ¹Erfolggefährdende Mehraufwendungen des Erfolgsplans bedürfen der Zustimmung des Werksausschusses, sofern sie nicht unabweisbar sind. ²Das gleiche gilt für Mehrausgaben des Vermögensplans, die für das ein-zelne Vorhaben erheblich sind.

§ 15 Jahresabschluß und Lagebericht. (1) Die Werkleitung hat für den Schluß eines jeden Wirtschaftsjahres einen aus der Bilanz, der Gewinn- und Verlustrechnung und dem Anhang bestehenden Jahresabschluß sowie einen Lagebericht aufzustellen.

(2) ¹Der Jahresabschluß und der Lagebericht sind innerhalb von sechs Monaten nach Ende des Wirtschaftsjahres aufzustellen und dem Bürger-meister vorzulegen. ²Bei Gemeinden mit einer örtlichen Prüfung (§ 109 der Gemeindeordnung) leitet der Bürgermeister diese Unterlagen unverzüg-lich der Prüfungseinrichtung zur örtlichen Prüfung (§ 111 der Gemeinde-ordnung) zu. ³Unterliegt der Eigenbetrieb der Pflicht zur Jahresabschluß-prüfung, leitet der Bürgermeister die Unterlagen ferner unverzüglich der Gemeindeprüfungsanstalt zur Jahresabschlußprüfung (§ 115 der Gemein-deordnung) zu.

(3) ¹Der Bürgermeister hat den Jahresabschluß und den Lagebericht zusammen mit den Berichten über die örtliche Prüfung und die Jahresab-schlußprüfung zunächst dem Werksausschuß zur Vorberatung und sodann mit dem Ergebnis dieser Vorberatung dem Gemeinderat zur Feststellung zuzuleiten. ²Der Gemeinderat stellt den Jahresabschluß innerhalb eines Jahres nach Ende des Wirtschaftsjahres fest und beschließt dabei über die Verwendung des Jahresgewinns oder die Behandlung des Jahresverlusts. ³Zugleich beschließt er über die Entlastung der Werkleitung; versagt er die Entlastung, hat er dafür die Gründe anzugeben.

(4) ¹Der Beschluß über die Feststellung des Jahresabschlusses ist ortsüb-lich bekanntzugeben. ²In der ortsüblichen Bekanntgabe sind im Falle einer Jahresabschlußprüfung der Prüfungsvermerk des Abschlußprüfers und ein abschließender Vermerk der Gemeindeprüfungsanstalt zum Jahresab-schluß anzugeben; ferner ist dabei die nach Absatz 3 Satz 2 beschlossene

Verwendung des Jahresgewinns oder Behandlung des Jahresverlusts anzugeben. [3]Gleichzeitig sind der Jahresabschluß und der Lagebericht an sieben Tagen öffentlich auszulegen; in der Bekanntgabe ist auf die Auslegung hinzuweisen.

§ 16 Aufbau des Rechnungswesens. Alle Zweige des Rechnungswesens des Eigenbetriebs (Wirtschaftsplan, Buchführung, Kostenrechnung, Jahresabschluß, Lagebericht) sollen zusammengefaßt verwaltet und, wenn die Werkleitung aus mehreren Werkleitern besteht, dem Geschäftskreis eines Werkleiters zugeteilt werden.

4. Abschnitt

Gemeinsame Vorschriften zum 1. bis 3. Abschnitt

§ 17 Zusammenfassung von wirtschaftlichen Unternehmen. (1)[1] Versorgungsbetriebe einer Gemeinde, die als Eigenbetriebe geführt werden, sollen zu einem Eigenbetrieb zusammengefaßt werden. [2]Das gleiche gilt für die Verkehrsbetriebe.

(2) Versorgungs- und Verkehrsbetriebe, andere wirtschaftliche Unternehmen sowie Einrichtungen, die nach den für die Eigenbetriebe geltenden Vorschriften geführt werden können (§ 18 Abs. 2 Nr. 3), können zu einem Eigenbetrieb zusammengefaßt werden.

5. Abschnitt

Übergangs- und Schlußbestimmungen

§ 18 Durchführungsbestimmungen. (1) Das Innenministerium erläßt die Verwaltungsvorschriften zur Durchführung dieses Gesetzes, ferner Rechtsverordnungen über

1. den Nachweis und die Erhaltung des Sondervermögens, die Ausstattung mit Stammkapital sowie die Bildung von Rücklagen, insbesondere für Erneuerungen und Erweiterungen,

2. die Kassenwirtschaft, insbesondere die Errichtung einer Sonderkasse und die gemeinsame Bewirtschaftung von Kassenmitteln durch die Gemeindekasse,

3. die Grundsätze für die Aufstellung, die Gliederung und den Inhalt des Wirtschaftsplans sowie für dessen Ausführung,

4. die Grundsätze für die Buchführung und die Kostenrechnung,

5. den Jahresabschluß und den Lagebericht in Anlehnung an die Vorschriften des Dritten Buchs des Handelsgesetzbuchs für große Kapitalgesellschaften,

6. die Anforderungen an den Inhalt der Beschlüsse zur Feststellung des Jahresabschlusses und über die Verwendung des Jahresgewinns oder die Behandlung des Jahresverlusts,

7. die Angelegenheiten, in denen die Werkleitung nach § 4 Abs. 3 zur Unterrichtung und Mitteilung verpflichtet ist,

8. die Anwendung der Bestimmungen dieses Gesetzes auf die Landkreise, Zweckverbände und örtlichen Stiftungen.

(2) Das Innenministerium kann durch Rechtsverordnung bestimmen, daß

1. wirtschaftliche Unternehmen nicht als Eigenbetriebe geführt werden müssen, wenn Art und Umfang ihrer wirtschaftlichen Leistung unbedeutend sind,

2. auf wirtschaftliche Unternehmen der Gemeinde, die nicht als Eigenbetriebe geführt werden, die Vorschriften über die Wirtschaftsführung und das Rechnungswesen des Eigenbetriebs ganz oder teilweise anzuwenden sind oder angewendet werden dürfen, wenn Art und Umfang ihrer wirtschaftlichen Leistung es erfordern,

3. Einrichtungen der Gemeinde, die nicht wirtschaftliche Unternehmen im Sinne des § 102 Abs. 1 der Gemeindeordnung sind, jedoch nach Art und Umfang eine selbständige Wirtschaftsführung und Verwaltung erfordern, ganz oder teilweise nach den für die Eigenbetriebe geltenden Vorschriften zu führen sind oder geführt werden können.

§ 19* Inkrafttreten. (1) Dieses Gesetz tritt am 1. Januar 1963 in Kraft mit Ausnahme des § 2 Abs. 2 und des § 22, die mit der Verkündung dieses Gesetzes in Kraft treten.

(2) [1]Gleichzeitig treten vorbehaltlich des § 21 alle Vorschriften, die diesem Gesetz entsprechen oder widersprechen, außer Kraft. [2]Insbesondere tritt die Eigenbetriebsverordnung vom 21. November 1938 (RGBl. I S. 1650) außer Kraft.

---

* *Amtliche Anmerkung:* Diese Vorschrift betrifft das Inkrafttreten des Gesetzes in der ursprünglichen Fassung vom 19. Juli 1962 (GBl. S. 67). Der in Absatz 1 genannte § 22 und der in Absatz 2 genannte § 21 beziehen sich auf die ursprüngliche Fassung.

Landkreisordnung für Baden-Württemberg (Landkreisordnung - LKrO)

in der Fassung vom 19. Juni 1987 (GBl. S. 289), geändert durch Gesetz vom 5. Dezember 1988 (GBl. S. 398)

INHALTSÜBERSICHT

ERSTER TEIL

Wesen und Aufgaben des Landkreises

1. Abschnitt

Rechtsstellung

§ 1 Wesen des Landkreises. (1) [1]Der Landkreis fördert das Wohl seiner Einwohner, unterstützt die kreisangehörigen Gemeinden in der Erfüllung ihrer Aufgaben und trägt zu einem gerechten Ausgleich ihrer Lasten bei. [2]Er verwaltet sein Gebiet nach den Grundsätzen der gemeindlichen Selbstverwaltung.

(2) Der Landkreis ist Körperschaft des öffentlichen Rechts.

(3) [1]Die Behörde des Landkreises ist das Landratsamt; es ist zugleich untere Verwaltungsbehörde. [2]Als untere Verwaltungsbehörde ist das Landratsamt Staatsbehörde.

(4) Das Gebiet des Landkreises ist zugleich der Bezirk der unteren Verwaltungsbehörde.

§ 2 Wirkungskreis. (1) [1]Der Landkreis verwaltet in seinem Gebiet unter eigener Verantwortung alle die Leistungsfähigkeit der kreisangehörigen

Gemeinden übersteigenden öffentlichen Aufgaben, soweit die Gesetze nichts anderes bestimmen. [2]Er hat sich auf die Aufgaben zu beschränken, die der einheitlichen Versorgung und Betreuung der Einwohner des ganzen Landkreises oder eines größeren Teils desselben dienen.

(2) Hat der Landkreis im Rahmen seines Wirkungskreises für die Erfüllung einer Aufgabe ausreichende Einrichtungen geschaffen oder übernommen, kann der Kreistag mit einer Mehrheit von zwei Dritteln der Stimmen aller Mitglieder mit Wirkung gegenüber den Gemeinden beschließen, daß diese Aufgabe für die durch die Einrichtung versorgten Teile des Landkreises zu seiner ausschließlichen Zuständigkeit gehört.

(3) [1]Der Landkreis kann durch Gesetz zur Erfüllung bestimmter öffentlicher Aufgaben verpflichtet werden (Pflichtaufgaben). [2]Werden neue Pflichtaufgaben auferlegt, sind dabei Bestimmungen über die Deckung der Kosten zu treffen. [3]Führen diese Aufgaben zu einer Mehrbelastung des Landkreises, ist ein entsprechender finanzieller Ausgleich zu schaffen.

(4) Pflichtaufgaben können dem Landkreis zur Erfüllung nach Weisung auferlegt werden (Weisungsaufgaben); das Gesetz bestimmt den Umfang des Weisungsrechts.

(5) [1]In die Rechte des Landkreises kann nur durch Gesetz eingegriffen werden. [2]Verordnungen zur Durchführung solcher Gesetze bedürfen, sofern sie nicht von der Landesregierung oder dem Innenministerium erlassen werden, der Zustimmung des Innenministeriums.

§ 3 Satzungen. (1) [1]Der Landkreis kann die weisungsfreien Angelegenheiten durch Satzung regeln, soweit die Gesetze keine Vorschriften enthalten. [2]Bei Weisungsaufgaben können Satzungen nur dann erlassen werden, wenn dies im Gesetz vorgesehen ist.

(2) Wenn nach den Vorschriften dieses Gesetzes eine Hauptsatzung zu erlassen ist, muß sie mit der Mehrheit der Stimmen aller Mitglieder des Kreistags beschlossen werden.

(3) [1]Satzungen sind öffentlich bekanntzumachen. [2]Sie treten am Tage nach der Bekanntmachung in Kraft, wenn kein anderer Zeitpunkt bestimmt ist. [3]Satzungen sind der Rechtsaufsichtsbehörde anzuzeigen.

(4) [1]Satzungen und andere Rechtsvorschriften des Landkreises, die unter Verletzung von Verfahrens- oder Formvorschriften dieses Gesetzes oder auf Grund dieses Gesetzes zustande gekommen sind, gelten ein Jahr nach der Bekanntmachung als von Anfang an gültig zustande gekommen. [2]Dies gilt nicht, wenn

1. die Vorschriften über die Öffentlichkeit der Sitzung, die Genehmigung oder die Bekanntmachung der Satzung oder der anderen Rechtsvorschriften des Landkreises verletzt worden sind,

2. der Landrat dem Beschluß nach § 41 wegen Gesetzwidrigkeit widersprochen hat oder wenn vor Ablauf der in Satz 1 genannten Frist die

Rechtsaufsichtsbehörde den Beschluß beanstandet hat oder die Verletzung der Verfahrens- oder Formvorschrift gegenüber dem Landkreis unter Bezeichnung des Sachverhalts, der die Verletzung begründen soll, schriftlich geltend gemacht worden ist. [3]Ist die Verletzung nach Satz 2 Nr. 2 geltend gemacht worden, so kann auch nach Ablauf der in Satz 1 genannten Frist jedermann diese Verletzung geltend machen. [4]Bei der Bekanntmachung der Satzung oder der anderen Rechtsvorschriften des Landkreises ist auf die Voraussetzungen für die Geltendmachung der Verletzung von Verfahrens- und Formvorschriften und die Rechtsfolgen hinzuweisen.

§ 4 Name, Sitz. (1) [1]Die Landkreise führen die in § 1 des Kreisreformgesetzes aufgeführten Namen. [2]Ein Landkreis kann mit Zustimmung der Landesregierung seinen Namen ändern.

(2) Der Sitz des Landratsamts wird durch Gesetz bestimmt.

§ 5 Wappen, Dienstsiegel. (1) Die Rechtsaufsichtsbehörde kann einem Landkreis auf seinen Antrag das Recht verleihen, ein Wappen und eine Flagge zu führen.

(2) [1]Die Landkreise führen Dienstsiegel. [2]Landkreise mit eigenem Wappen führen dieses, die übrigen Landkreise das kleine Landeswappen im Dienstsiegel mit der Bezeichnung und dem Namen des Landkreises als Umschrift.

2. Abschnitt

Gebiet des Landkreises

§ 6 Gebietsbestand. (1) Das Gebiet des Landkreises besteht aus der Gesamtheit der nach geltendem Recht zum Landkreis gehörenden Gemeinden und gemeindefreien Grundstücke.

(2) Das Gebiet des Landkreises soll so bemessen sein, daß die Verbundenheit der Gemeinden und der Einwohner des Landkreises gewahrt und die Leistungsfähigkeit des Landkreises zur Erfüllung seiner Aufgaben gesichert ist.

§ 7 Gebietsänderungen. (1) Die Grenzen des Landkreises können aus Gründen des öffentlichen Wohls geändert werden.

(2) [1]Die Auflösung und Neubildung eines Landkreises sowie die Änderung der Grenzen eines Landkreises infolge Eingliederung oder Ausgliederung von Gemeinden und gemeindefreien Grundstücken bedürfen eines Gesetzes. [2]Bei der Neubildung einer Gemeinde durch Vereinbarung mit Genehmigung der zuständigen Rechtsaufsichtsbehörde, durch die das Gebiet von Landkreisen betroffen wird, bestimmt die oberste Rechtsaufsichtsbehörde, zu welchem Landkreis die neugebildete Gemeinde gehört.

(3) Vor der Grenzänderung müssen die beteiligten Landkreise und Gemeinden gehört werden.

§ 8 Rechtsfolgen, Auseinandersetzung. (1) [1]In den Fällen des § 7 Abs. 2 Satz 1 werden die Rechtsfolgen und die Auseinandersetzung im Gesetz oder durch Rechtsverordnung geregelt. [2]Das Gesetz kann dies auch der Regelung durch Vereinbarung der beteiligten Landkreise überlassen, die der Genehmigung der Rechtsaufsichtsbehörde bedarf. [3]Enthält diese Vereinbarung keine erschöpfende Regelung oder kann wegen einzelner Bestimmungen die Genehmigung nicht erteilt werden, ersucht die Rechtsaufsichtsbehörde die Landkreise, die Mängel binnen angemessener Frist zu beseitigen. [4]Kommen die Landkreise einem solchen Ersuchen nicht nach, trifft die Rechtsaufsichtsbehörde die im Interesse des öffentlichen Wohls erforderlichen Bestimmungen; dasselbe gilt, wenn die Vereinbarung nicht bis zu einem von der Rechtsaufsichtsbehörde bestimmten Zeitpunkt zustande kommt.

(2) [1]Im Fall des § 7 Abs. 2 Satz 2 und bei sonstigen Änderungen von Gemeindegrenzen durch Vereinbarung, durch die das Gebiet von Landkreisen betroffen wird, regeln die beteiligten Landkreise, soweit erforderlich, die Rechtsfolgen der Änderung ihrer Grenzen und die Auseinandersetzung durch Vereinbarung, die der Genehmigung der Rechtsaufsichtsbehörde bedarf. [2]Absatz 1 Satz 3 und 4 gilt entsprechend.

(3) Gehören die Landkreise, zwischen denen eine Vereinbarung abzuschließen ist, verschiedenen Regierungsbezirken an, wird die zuständige Rechtsaufsichtsbehörde von der obersten Rechtsaufsichtsbehörde bestimmt.

(4) [1]Die Regelung nach Absatz 1 und 2 begründet Rechte und Pflichten der Beteiligten und bewirkt den Übergang, die Beschränkung oder die Aufhebung von dinglichen Rechten. [2]Die Rechtsaufsichtsbehörde ersucht die zuständigen Behörden um die Berichtigung der öffentlichen Bücher.

(5) Für Rechtshandlungen, die aus Anlaß der Änderung des Gebiets eines Landkreises erforderlich sind, werden öffentliche Abgaben, die auf Landesrecht beruhen, nicht erhoben; Auslagen werden nicht ersetzt.

3. Abschnitt

Einwohner des Landkreises

§ 9 Einwohner. Einwohner des Landkreises ist, wer in einer Gemeinde oder in einem gemeindefreien Grundstück des Landkreises wohnt.

§ 10 Wahlrecht. (1) Die Einwohner des Landkreises, die Deutsche im Sinne von Artikel 116 des Grundgesetzes sind, das 18. Lebensjahr vollendet haben und seit mindestens sechs Monaten im Gebiet des Landkreises wohnen, sind im Rahmen der Gesetze zu den Kreiswahlen wahlberechtigt (wahlberechtigte Kreiseinwohner).

(2) [1]Wer in mehreren Gemeinden oder gemeindefreien Grundstücken wohnt, ist nur in dem Landkreis des Landes, in dessen Gebiet er seit mindestens sechs Monaten seine Hauptwohnung hat, und dort nur am Ort seiner Hauptwohnung zu den Kreiswahlen wahlberechtigt. [2]War im Gebiet des Landkreises, in dem sich die Hauptwohnung befindet, die bisherige einzige Wohnung, wird die bisherige Wohndauer in diesem Landkreis angerechnet.

(3) Bei einer Grenzänderung werden wahlberechtigte Kreiseinwohner, die in dem betroffenen Gebiet wohnen, wahlberechtigte Kreiseinwohner des aufnehmenden Landkreises; im übrigen gilt für Einwohner des Landkreises, die in dem betroffenen Gebiet wohnen, das Wohnen in dem Landkreis als Wohnen in dem aufnehmenden Landkreis.

(4) Ausgeschlossen vom Wahlrecht sind Kreiseinwohner,

1. die infolge Richterspruchs das Wahlrecht nicht besitzen,

2. die entmündigt sind oder wegen geistigen Gebrechens unter Pflegschaft stehen, wenn sie nicht durch eine Bescheinigung des Vormundschaftsgerichts nachweisen, daß die Pflegschaft mit ihrer Einwilligung angeordnet ist.

(5) [1]Das Wahlrecht verliert, wer aus dem Landkreis wegzieht, seine Hauptwohnung aus dem Landkreis verlegt oder nicht mehr Deutscher im Sinne von Artikel 116 des Grundgesetzes ist. [2]Das Wahlrecht wird verwirkt durch Aberkennung nach den Vorschriften dieses Gesetzes.

§ 11 Bestellung zu ehrenamtlicher Tätigkeit. (1) Die wahlberechtigten Kreiseinwohner haben die Pflicht, eine ehrenamtliche Tätigkeit im Landkreis (eine Wahl in den Kreistag, ein Ehrenamt und eine Bestellung zu ehrenamtlicher Mitwirkung) anzunehmen und diese Tätigkeit während der bestimmten Dauer auszuüben.

(2) [1]Der Kreistag bestellt die wahlberechtigten Kreiseinwohner zu ehrenamtlicher Tätigkeit. [2]Die Bestellung kann jederzeit zurückgenommen werden. [3]Mit dem Verlust des Wahlrechts endet jede ehrenamtliche Tätigkeit.

§ 12 Ablehnung ehrenamtlicher Tätigkeit. (1) [1]Der wahlberechtigte Kreiseinwohner kann eine ehrenamtliche Tätigkeit aus wichtigen Gründen ablehnen oder sein Ausscheiden verlangen. [2]Als wichtiger Grund gilt insbesondere, wenn er

1. ein geistliches Amt verwaltet,

2. einem Gemeinderat oder Ortschaftsrat angehört oder zehn Jahre lang angehört hat,

3. ein öffentliches Amt verwaltet und die oberste Dienstbehörde feststellt, daß die ehrenamtliche Tätigkeit mit seinen Dienstpflichten nicht vereinbar ist,

4. zehn Jahre lang dem Kreistag angehört oder ein öffentliches Ehrenamt verwaltet hat,

5. häufig oder langdauernd von dem Landkreis beruflich abwesend ist,
6. anhaltend krank ist,
7. mehr als 62 Jahre alt ist oder
8. durch die Ausübung der ehrenamtlichen Tätigkeit in der Fürsorge für die Familie erheblich behindert wird.

[3]Ferner kann ein Kreisrat sein Ausscheiden aus dem Kreistag verlangen, wenn er aus der Partei oder Wählervereinigung ausscheidet, auf deren Wahlvorschlag er in den Kreistag gewählt wurde.

(2) Ob ein wichtiger Grund vorliegt, entscheidet der Kreistag.

(3) [1]Der Kreistag kann einem wahlberechtigten Kreiseinwohner, der ohne wichtigen Grund eine ehrenamtliche Tätigkeit ablehnt oder aufgibt, ein Ordnungsgeld bis zu eintausend Deutsche Mark auferlegen oder das Wahlrecht zu den Kreiswahlen bis zur Dauer von vier Jahren aberkennen. [2]Das Ordnungsgeld wird nach den Vorschriften des Landesverwaltungsvollstreckungsgesetzes beigetrieben. [3]Die Aberkennung des Wahlrechts kann von dem Landkreis unter Anführung der Gründe bekanntgemacht werden.

§ 13 Pflichten ehrenamtlich tätiger Kreiseinwohner. (1) Wer zu ehrenamtlicher Tätigkeit bestellt wird, muß die ihm übertragenen Geschäfte uneigennützig und verantwortungsbewußt führen.

(2) [1]Der ehrenamtlich tätige Kreiseinwohner ist zur Verschwiegenheit verpflichtet über alle Angelegenheiten, deren Geheimhaltung gesetzlich vorgeschrieben, besonders angeordnet oder ihrer Natur nach erforderlich ist. [2]Er darf die Kenntnis von geheimzuhaltenden Angelegenheiten nicht unbefugt verwerten. [3]Diese Verpflichtungen bestehen auch nach Beendigung der ehrenamtlichen Tätigkeit fort. [4]Die Geheimhaltung kann nur aus Gründen des öffentlichen Wohls oder zum Schutze berechtigter Interessen einzelner besonders angeordnet werden. [5]Die Anordnung ist aufzuheben, sobald sie nicht mehr gerechtfertigt ist.

(3) [1]Der ehrenamtlich tätige Kreiseinwohner darf Ansprüche und Interessen eines andern gegen den Landkreis nicht geltend machen, soweit er nicht als gesetzlicher Vertreter handelt. [2]Dies gilt für einen ehrenamtlich mitwirkenden Kreiseinwohner nur, wenn die vertretenen Ansprüche oder Interessen mit der ehrenamtlichen Tätigkeit in Zusammenhang stehen.[3]Ob die Voraussetzungen dieses Verbots vorliegen, entscheidet bei Kreisräten der Kreistag, im übrigen der Landrat.

(4) Übt ein zu ehrenamtlicher Tätigkeit bestellter Kreiseinwohner diese Tätigkeit nicht aus oder verletzt er seine Pflichten nach Absatz 1 gröblich oder handelt er seiner Verpflichtung nach Absatz 2 zuwider oder übt er entgegen der Entscheidung des Kreistags oder Landrats eine Vertretung nach Absatz 3 aus, gilt § 12 Abs. 3.

§ 14 Ausschluß wegen Befangenheit. (1) Der ehrenamtlich tätige Kreiseinwohner darf weder beratend noch entscheidend mitwirken, wenn die Entscheidung einer Angelegenheit ihm selbst oder folgenden Personen einen unmittelbaren Vorteil oder Nachteil bringen kann:

1. dem Ehegatten, früheren Ehegatten oder dem Verlobten,
2. einem in gerader Linie oder in der Seitenlinie bis zum dritten Grade Verwandten,
3. einem in gerader Linie oder in der Seitenlinie bis zum zweiten Grade Verschwägerten oder
4. einer von ihm kraft Gesetzes oder Vollmacht vertretenen Person.

(2) Dies gilt auch, wenn der ehrenamtlich tätige Kreiseinwohner, im Falle der Nummer 2 auch die in Absatz 1 Nr. 1 genannten Personen oder Verwandte ersten Grades,

1. gegen Entgelt bei jemand beschäftigt ist, dem die Entscheidung der Angelegenheit einen unmittelbaren Vorteil oder Nachteil bringen kann, es sei denn, daß nach den tatsächlichen Umständen der Beschäftigung anzunehmen ist, daß sich der Kreiseinwohner deswegen nicht in einem Interessenwiderstreit befindet,
2. Gesellschafter einer Handelsgesellschaft oder Mitglied des Vorstandes, des Aufsichtsrats oder eines gleichartigen Organs eines rechtlich selbständigen Unternehmens ist, denen die Entscheidung der Angelegenheit einen unmittelbaren Vorteil oder Nachteil bringen kann, sofern er diesem Organ nicht als Vertreter oder auf Vorschlag des Landkreises angehört,
3. Mitglied eines Organs einer juristischen Person des öffentlichen Rechts ist, der die Entscheidung der Angelegenheit einen unmittelbaren Vorteil oder Nachteil bringen kann und die nicht Gebietskörperschaft ist, sofern er diesem Organ nicht als Vertreter oder auf Vorschlag des Landkreises angehört, oder
4. in der Angelegenheit in anderer als öffentlicher Eigenschaft ein Gutachten abgegeben hat oder sonst tätig geworden ist.

(3) [1]Diese Vorschriften gelten nicht, wenn die Entscheidung nur die gemeinsamen Interessen einer Berufs- oder Bevölkerungsgruppe berührt. [2]Sie gelten ferner nicht für Wahlen zu einer ehrenamtlichen Tätigkeit. [3]Absatz 1 Nr. 4 und Absatz 2 Nr. 1 finden auch dann keine Anwendung, wenn die Entscheidung wegen der Wahrnehmung einer Aufgabe des Landkreises eine kreisangehörige Gemeinde betrifft, oder wenn sie Verpflichtungen der kreisangehörigen Gemeinden betrifft, die sich aus der Zugehörigkeit zum Landkreis ergeben und nach gleichen Grundsätzen für die kreisangehörigen Gemeinden festgesetzt werden.

(4) [1]Der ehrenamtlich tätige Kreiseinwohner, bei dem ein Tatbestand vorliegt, der Befangenheit zur Folge haben kann, hat dies vor Beginn der Beratung über diesen Gegenstand dem Vorsitzenden, sonst dem Landrat mitzuteilen. [2]Ob ein Ausschließungsgrund vorliegt, entscheidet in Zweifelsfällen in Abwesenheit des Betroffenen bei Kreisräten und bei Ehrenbe-

amten der Kreistag, bei Mitgliedern von Ausschüssen der Ausschuß, sonst der Landrat.

(5) Wer an der Beratung und Entscheidung nicht mitwirken darf, muß die Sitzung verlassen.

(6) [1]Ein Beschluß ist rechtswidrig, wenn bei der Beratung oder Beschlußfassung die Bestimmungen der Absätze 1, 2 oder 5 verletzt worden sind oder ein ehrenamtlich tätiger Kreiseinwohner ohne einen der Gründe der Absätze 1 und 2 ausgeschlossen war. [2]Der Beschluß gilt jedoch ein Jahr nach der Beschlußfassung oder, wenn eine öffentliche Bekanntmachung erforderlich ist, ein Jahr nach dieser als von Anfang an gültig zustande gekommen, es sei denn, daß der Landrat dem Beschluß nach § 41 wegen Gesetzwidrigkeit widersprochen oder die Rechtsaufsichtsbehörde den Beschluß vor Ablauf der Frist beanstandet hat. [3]Die Rechtsfolge nach Satz 2 tritt nicht gegenüber demjenigen ein, der vor Ablauf der Jahresfrist einen förmlichen Rechtsbehelf eingelegt hat, wenn in dem Verfahren die Rechtsverletzung festgestellt wird. [4]Für Beschlüsse über Satzungen und andere Rechtsvorschriften des Landkreises bleibt § 3 Abs. 4 unberührt.

§ 15 Entschädigung für ehrenamtliche Tätigkeit. (1) [1]Ehrenamtlich Tätige haben Anspruch auf Ersatz ihrer Auslagen und ihres Verdienstausfalls; durch Satzung können Höchstbeträge festgesetzt werden. [2]Bei Personen, die keinen Verdienst haben und den Haushalt führen, gilt als Verdienstausfall das entstandene Zeitversäumnis; durch Satzung ist hierfür ein bestimmter Stundensatz festzusetzen.

(2) Durch Satzung können Durchschnittssätze festgesetzt werden.

(3) Durch Satzung kann bestimmt werden, daß Kreisräten, sonstigen Mitgliedern der Ausschüsse des Kreistags und Ehrenbeamten eine Aufwandsentschädigung gewährt wird.

(4) Durch Satzung kann bestimmt werden, daß neben einem Durchschnittssatz für Auslagen oder einer Aufwandsentschädigung Reisekostenvergütung nach den für Beamte geltenden Bestimmungen gewährt wird.

(5) Ehrenamtlich Tätigen kann Ersatz für Sachschäden nach den für Beamte geltenden Bestimmungen gewährt werden.

(6) Die Ansprüche nach den Absätzen 1 bis 5 sind nicht übertragbar.

§ 16 Einrichtungen. (1) [1]Der Landkreis schafft innerhalb seines Wirkungskreises (§ 2) und in den Grenzen seiner Leistungsfähigkeit die für das wirtschaftliche, soziale und kulturelle Wohl seiner Einwohner erforderlichen öffentlichen Einrichtungen. [2]Die Kreiseinwohner sind im Rahmen des geltenden Rechts berechtigt, die öffentlichen Einrichtungen des Landkreises nach gleichen Grundsätzen zu benützen. [3]Sie sind verpflichtet, die sich aus ihrer Zugehörigkeit zum Landkreis ergebenden Lasten zu tragen.

(2) Personen, die in einer Gemeinde oder einem gemeindefreien Grundstück des Landkreises ein Grundstück besitzen oder ein Gewerbe betreiben

und nicht im Landkreis wohnen, sind in derselben Weise berechtigt, die öffentlichen Einrichtungen zu benützen, die im Landkreis für Grundbesitzer oder Gewerbetreibende bestehen, und verpflichtet, für ihren Grundbesitz oder Gewerbebetrieb im Gebiet des Landkreises zu den Lasten des Landkreises beizutragen.

(3) Für juristische Personen und nicht rechtsfähige Personenvereinigungen gelten diese Vorschriften entsprechend.

§ 17 Unterrichtung der Einwohner. (1) Der Kreistag unterrichtet die Einwohner des Landkreises durch den Landrat über die allgemein bedeutsamen Angelegenheiten des Landkreises und sorgt für die Förderung des allgemeinen Interesses an der Verwaltung des Landkreises.

(2) [1]Bei wichtigen Planungen und Vorhaben des Landkreises, die unmittelbar raum- oder entwicklungsbedeutsam sind oder das wirtschaftliche, soziale und kulturelle Wohl seiner Einwohner nachhaltig berühren, sollen die Einwohner möglichst frühzeitig über die Grundlagen sowie die Ziele, Zwecke und Auswirkungen unterrichtet werden. [2]Sofern dafür ein besonderes Bedürfnis besteht, soll den wahlberechtigten Kreiseinwohnern allgemein Gelegenheit zur Äußerung gegeben werden. [3]Vorschriften über eine förmliche Beteiligung oder Anhörung bleiben unberührt.

ZWEITER TEIL

Verfassung und Verwaltung des Landkreises

1. Abschnitt

Organe

§ 18 Verwaltungsorgane des Landkreises sind der Kreistag und der Landrat.

2. Abschnitt

Kreistag

§ 19 Rechtsstellung und Aufgaben. (1) [1]Der Kreistag ist die Vertretung der Einwohner und das Hauptorgan des Landkreises. [2]Er legt die Grundsätze für die Verwaltung des Landkreises fest und entscheidet über alle Angelegenheiten des Landkreises, soweit nicht der Landrat kraft Gesetzes zuständig ist oder ihm der Kreistag bestimmte Angelegenheiten überträgt. [3]Der Kreistag überwacht die Ausführung seiner Beschlüsse und sorgt beim Auftreten von Mißständen in der Verwaltung des Landkreises für deren Beseitigung.

(2) [1]Der Kreistag entscheidet im Einvernehmen mit dem Landrat über die Ernennung, Einstellung und Entlassung der Bediensteten des Land-

kreises; das gleiche gilt für die nicht nur vorübergehende Übertragung einer anders bewerteten Tätigkeit bei einem Angestellten oder Arbeiter sowie für die Festsetzung der Vergütung oder des Lohnes, sofern kein Anspruch auf Grund eines Tarifvertrags besteht. [2]Kommt es zu keinem Einvernehmen, entscheidet der Kreistag mit einer Mehrheit von zwei Dritteln der Stimmen der Anwesenden allein. [3]Der Landrat ist zuständig, soweit der Kreistag ihm die Entscheidung überträgt oder diese zur laufenden Verwaltung gehört. [4]Rechte des Staates bei der Ernennung und Entlassung von Beamten und Angestellten, die sich aus anderen Gesetzen ergeben, bleiben unberührt.

(3) [1]Ein Viertel der Kreisräte kann in allen Angelegenheiten des Landkreises und seiner Verwaltung verlangen, daß der Landrat den Kreistag unterrichtet und daß diesem oder einem von ihm bestellten Ausschuß Akteneinsicht gewährt wird. [2]In dem Ausschuß müssen die Antragsteller vertreten sein.

(4) [1]Jeder Kreisrat kann an den Landrat schriftliche oder in einer Sitzung des Kreistags mündliche Anfragen über einzelne Angelegenheiten im Sinne von Absatz 3 Satz 1 richten, die binnen angemessener Frist zu beantworten sind. [2]Das Nähere ist in der Geschäftsordnung des Kreistags zu regeln.

(5) Absatz 3 und 4 gilt nicht bei den nach § 42 Abs. 3 Satz 3 geheimzuhaltenden Angelegenheiten.

§ 20 Zusammensetzung. (1) [1]Der Kreistag besteht aus dem Landrat als Vorsitzendem und den ehrenamtlichen Mitgliedern (Kreisräte). [2]Die Kreisräte wählen aus ihrer Mitte einen oder mehrere stellvertretende Vorsitzende, die den Landrat als Vorsitzenden des Kreistags im Verhinderungsfalle vertreten. [3]Die Reihenfolge der Vertretung bestimmt der Kreistag.

(2) [1]Die Zahl der Kreisräte beträgt mindestens 26; in Landkreisen mit mehr als 50 000 Einwohnern erhöht sich diese Zahl für je weitere 10 000 Einwohner um zwei. [2]Ergibt sich bei der Verteilung der Sitze im Verhältnis der auf die Wahlvorschläge der gleichen Partei oder Wählervereinigung gefallenen Gesamtstimmenzahlen innerhalb des Wahlgebiets, daß einer Partei oder Wählervereinigung außer den in den Wahlkreisen bereits zugewiesenen Sitzen weitere zustehen, erhöht sich die Zahl der Kreisräte für die auf die Wahl folgende Amtszeit entsprechend.

(3) Änderungen der für die Zusammensetzung des Kreistags maßgebenden Einwohnerzahl sind erst bei der nächsten regelmäßigen Wahl zu berücksichtigen.

§ 21 Amtszeit. (1) Der Kreistag wird auf die Dauer von fünf Jahren gewählt.

(2) [1]Die Amtszeit endet mit Ablauf des Monats, in dem die regelmäßigen Wahlen zum Kreistag stattfinden. [2]Wenn die Wahl von der Wahlprüfungsbehörde nicht beanstandet wurde, ist die erste Sitzung des Kreistags unver-

züglich nach der Zustellung des Wahlprüfungsbescheids oder nach ungenutztem Ablauf der Wahlprüfungsfrist, sonst nach Eintritt der Rechtskraft der Wahl anzuberaumen; dies gilt auch, wenn eine Entscheidung nach § 24 Abs. 2 Halbsatz 2 noch nicht rechtskräftig ist. [3]Bis zum Zusammentreten des neugewählten Kreistags führt der bisherige Kreistag die Geschäfte weiter.

(3) [1]Ist die Wahl von Kreisräten, die ihr Amt bereits angetreten haben, rechtskräftig für ungültig erklärt worden, so führen diese im Falle des § 32 Abs. 1 des Kommunalwahlgesetzes die Geschäfte bis zum Zusammentreten des auf Grund einer Wiederholungs- oder Neuwahl neugewählten Kreistags, in den Fällen des § 32 Abs. 2 und 3 des Kommunalwahlgesetzes bis zum Ablauf des Tages weiter, an dem das berichtigte Wahlergebnis öffentlich bekanntgemacht wird. [2]Die Rechtswirksamkeit der Tätigkeit dieser Kreisräte wird durch die Ungültigkeit ihrer Wahl nicht berührt.

§ 22 Wahlgrundsätze und Wahlverfahren. (1) Die Kreisräte werden in allgemeiner, unmittelbarer, freier, gleicher und geheimer Wahl gewählt.

(2) [1]Gewählt wird auf Grund von Wahlvorschlägen unter Berücksichtigung der Grundsätze der Verhältniswahl. [2]Die Wahlvorschläge dürfen höchstens eineinhalbmal soviel Bewerber enthalten, wie Kreisräte im Wahlkreis (Absatz 4) zu wählen sind. [3]Die Verbindung von Wahlvorschlägen ist unzulässig. [4]Jeder Wahlberechtigte hat soviel Stimmen, wie Kreisräte im Wahlkreis zu wählen sind.[5]Der Wahlberechtigte kann Bewerber aus anderen Wahlvorschlägen des Wahlkreises übernehmen und einem Bewerber bis zu drei Stimmen geben.

(3) [1]Wird nur ein gültiger oder kein Wahlvorschlag eingereicht, findet Mehrheitswahl ohne Bindung an die vorgeschlagenen Bewerber und ohne das Recht der Stimmenhäufung auf einen Bewerber statt. [2]Der Wahlberechtigte kann dabei nur so vielen Personen eine Stimme geben, wie Kreisräte im Wahlkreis zu wählen sind.

(4) [1]Der Landkreis wird für die Wahl zum Kreistag als Wahlgebiet in Wahlkreise eingeteilt. [2]Für jeden Wahlkreis sind besondere Wahlvorschläge einzureichen; die Bewerber müssen in einer Gemeinde des Wahlkreises wahlberechtigt sein (§ 10 Abs. 1 und 2). [3]Jede Gemeinde, auf die nach ihrer Einwohnerzahl mindestens vier Sitze entfallen, bildet einen Wahlkreis. [4]Kleinere benachbarte Gemeinden, die mit einer solchen Gemeinde eine Verwaltungsgemeinschaft bilden, können mit ihr zu einem Wahlkreis zusammengeschlossen werden. [5]Kein Wahlkreis nach den Sätzen 3 und 4 erhält mehr als zwei Fünftel der Sitze. [6]Gemeinden, die keinen Wahlkreis bilden und auch zu keinem Wahlkreis nach Satz 4 gehören, werden zu Wahlkreisen zusammengeschlossen, auf die mindestens vier und höchstens acht Sitze entfallen. [7]Bei der Bildung der Wahlkreise nach Satz 6 sollen neben der geographischen Lage und der Struktur der Gemeinden auch die örtlichen Verwaltungsräume berücksichtigt werden.

(5) [1]Zur Feststellung der auf die einzelnen Wahlkreise entfallenden Sitze werden die Einwohnerzahlen der Wahlkreise der Reihe nach durch eins, zwei, drei, vier usw. geteilt; von den dabei gefundenen, der Größe nach zu ordnenden Zahlen werden soviel Höchstzahlen ausgesondert, wie Kreisräte zu wählen sind. [2]Dabei scheiden Wahlkreise von der weiteren Zuteilung aus, sobald auf sie zwei Fünftel aller zu besetzenden Sitze entfallen sind.

(6) [1]Die Sitze werden zunächst innerhalb der einzelnen Wahlkreise im Falle der Verhältniswahl nach dem Verhältnis der auf die Wahlvorschläge entfallenen Gesamtstimmenzahlen, im Falle der Mehrheitswahl in der Reihenfolge der höchsten Stimmenzahlen verteilt. [2]Sodann werden die von den Parteien und Wählervereinigungen in den einzelnen Wahlkreisen auf die Bewerber ihrer Wahlvorschläge vereinigten Gesamtstimmenzahlen durch die Zahl der in diesen zu wählenden Bewerber geteilt, diese gleichwertigen Stimmenzahlen der gleichen Parteien und Wählervereinigungen im Wahlgebiet zusammengezählt und die in den Wahlkreisen, in denen Wahlvorschläge eingereicht wurden, zu besetzenden Sitze auf die Wahlvorschläge der gleichen Parteien und Wählervereinigungen nach dem Verhältnis der ihnen im Wahlgebiet zugefallenen gleichwertigen Gesamtstimmenzahlen verteilt. [3]Auf die danach den Parteien und Wählervereinigungen zukommenden Sitze werden die in den Wahlkreisen zugeteilten Sitze angerechnet. [4]Wurden einer Partei oder Wählervereinigung in den Wahlkreisen mehr Sitze zugeteilt, als ihr nach dem Verhältnis der gleichwertigen Gesamtstimmenzahlen im Wahlgebiet zukommen würden, bleibt es bei dieser Zuteilung; in diesem Falle ist mit der Verteilung von Sitzen nach Satz 2 solange fortzufahren, bis den Parteien und Wählervereinigungen, die Mehrsitze erhalten haben, diese auch nach dem Verhältnis der gleichwertigen Gesamtstimmenzahlen zufallen würden. [5]Bei gleicher Höchstzahl fällt der letzte Sitz an die Partei oder Wählervereinigung, die Mehrsitze erlangt hat. [6]Durch die Zuteilung von Sitzen nach Satz 1 bis 4 darf die Zahl der Kreisräte, die sich nach § 20 Abs. 2 Satz 1 ergibt, nicht um mehr als 20 vom Hundert erhöht werden.

§ 23 Wählbarkeit. (1) Wählbar in den Kreistag sind wahlberechtigte Kreiseinwohner.

(2) Nicht wählbar sind Kreiseinwohner,

   1. die vom Wahlrecht ausgeschlossen sind (§ 10 Abs. 4),

   2. die infolge Richterspruchs die Wählbarkeit oder die Fähigkeit zur Bekleidung öffentlicher Ämter nicht besitzen.

§ 24 Hinderungsgründe. (1) Kreisräte können nicht sein

   1. a) Beamte und Angestellte des Landkreises und Beamte des Landratsamts,

      b) Beamte und Angestellte eines Nachbarschaftsverbands und eines Zweckverbands, dessen Mitglied der Landkreis ist,

   c) leitende Beamte und leitende Angestellte einer sonstigen Körperschaft des öffentlichen Rechts, wenn der Landkreis in einem beschließenden Kollegialorgan der Körperschaft mehr als die Hälfte der Stimmen hat,

   d) Beamte und Angestellte einer Stiftung des öffentlichen Rechts, die vom Landkreis verwaltet wird, und

  2. leitende Beamte und leitende Angestellte der Rechtsaufsichtsbehörde und der obersten Rechtsaufsichtsbehörde sowie der Gemeindeprüfungsanstalt.

(2) Der Kreistag stellt fest, ob ein Hinderungsgrund nach Absatz 1 gegeben ist; nach regelmäßigen Wahlen wird dies vor der Einberufung der ersten Sitzung des neuen Kreistags festgestellt.

§ 25 Ausscheiden, Nachrücken, Ergänzungswahl. (1) [1]Aus dem Kreistag scheiden die Kreisräte aus, die die Wählbarkeit (§ 23) verlieren oder bei denen im Laufe der Amtszeit ein Hinderungsgrund (§ 24) entsteht. [2]Die Bestimmungen über das Ausscheiden aus einem wichtigen Grunde bleiben unberührt. [3]Der Kreistag stellt fest, ob eine dieser Voraussetzungen gegeben ist. [4]Für Beschlüsse, die unter Mitwirkung von Personen nach Satz 1 oder nach § 24 zustande gekommen sind, gilt § 14 Abs. 6 entsprechend. [5]Ergibt sich nachträglich, daß ein in den Kreistag Gewählter im Zeitpunkt der Wahl nicht wählbar war, ist dies vom Kreistag festzustellen.

(2) [1]Tritt ein Gewählter nicht in den Kreistag ein, scheidet er im Laufe der Amtszeit aus oder wird festgestellt, daß er nicht wählbar war, rückt der Bewerber nach, der bei der Feststellung des Wahlergebnisses als nächster Ersatzmann festgestellt worden ist. [2]Satz 1 gilt entsprechend, wenn ein Gewählter, dem ein Sitz nach § 26 Abs. 3 Satz 3 des Kommunalwahlgesetzes zugeteilt worden war, als Ersatzmann nach Satz 1 nachrückt; ein Ersatzmann wird beim Nachrücken übergangen, wenn sein Wahlkreis nur aus einer Gemeinde besteht und durch sein Nachrücken auf diesen Wahlkreis mehr als zwei Fünftel der im Wahlgebiet insgesamt zu besetzenden Sitze entfallen würden.

(3) Ist die Zahl der Kreisräte dadurch auf weniger als zwei Drittel der gesetzlichen Mitgliederzahl herabgesunken, daß nicht eintretende oder ausgeschiedene Kreisräte nicht durch Nachrücken ersetzt oder bei einer Wahl Sitze nicht besetzt werden konnten, ist eine Ergänzungswahl für den Rest der Amtszeit nach den für die Hauptwahl geltenden Vorschriften durchzuführen.

§ 26 Rechtsstellung der Kreisräte. (1) [1]Die Kreisräte sind ehrenamtlich tätig. [2]Der Landrat verpflichtet die Kreisräte in der ersten Sitzung öffentlich auf die gewissenhafte Erfüllung ihrer Amtspflichten.

(2) [1]Niemand darf gehindert werden, das Amt eines Kreisrats zu übernehmen und auszuüben. [2]Eine Kündigung oder Entlassung aus einem

Dienst- oder Arbeitsverhältnis, eine Versetzung an einen anderen Beschäftigungsort und jede sonst berufliche Benachteiligung aus diesem Grunde sind unzulässig. [3]Steht der Kreisrat in einem Dienst- oder Arbeitsverhältnis, ist ihm die für seine Tätigkeit erforderliche freie Zeit zu gewähren.

(3) [1]Die Kreisräte entscheiden im Rahmen der Gesetze nach ihrer freien, nur durch das öffentliche Wohl bestimmten Überzeugung. [2]An Verpflichtungen und Aufträge, durch die diese Freiheit beschränkt wird, sind sie nicht gebunden.

(4) Erleidet ein Kreisrat einen Dienstunfall, hat er dieselben Rechte wie ein Ehrenbeamter.

(5) Auf Kreisräte, die als Vertreter des Landkreises in Organen eines wirtschaftlichen Unternehmens (§ 48 dieses Gesetzes und § 105 der Gemeindeordnung) Vergütungen erhalten, finden die für den Landrat geltenden Vorschriften über die Ablieferungspflicht entsprechende Anwendung.

§ 27 Mitwirkung im Kreistag. (1) Der ständige allgemeine Stellvertreter des Landrats ist berechtigt, an den Sitzungen des Kreistags teilzunehmen.

(2) Der Vorsitzende kann den Vortrag in den Sitzungen des Kreistags einem Beamten oder Angestellten des Landkreises oder einem Beamten des Landratsamts als unterer Verwaltungsbehörde übertragen; auf Verlangen des Kreistags muß er einen solchen Bediensteten zu sachverständigen Auskünften zuziehen.

(3) Der Kreistag kann sachkundige Kreiseinwohner und Sachverständige zu den Beratungen einzelner Angelegenheiten zuziehen.

(4) [1]Der Kreistag kann bei öffentlichen Sitzungen Kreiseinwohnern und den ihnen gleichgestellten Personen und Personenvereinigungen nach § 16 Abs. 2 und 3 die Möglichkeit einräumen, Fragen zu Angelegenheiten des Landkreises zu stellen oder Anregungen und Vorschläge zu unterbreiten (Fragestunde); zu den Fragen nimmt der Vorsitzende Stellung. [2]Der Kreistag kann betroffenen Personen und Personengruppen Gelegenheit geben, ihre Auffassung im Kreistag vorzutragen (Anhörung); das gleiche gilt für die Ausschüsse. [3]Das Nähere regelt die Geschäftsordnung.

§ 28 Ältestenrat. (1) [1]Durch die Hauptsatzung kann bestimmt werden, daß der Kreistag einen Ältestenrat bildet, der den Landrat in Fragen der Tagesordnung und des Gangs der Verhandlungen des Kreistags berät. [2]Vorsitzender des Ältestenrats ist der Landrat. [3]Im Verhinderungsfall wird der Landrat von seinem Stellvertreter nach § 20 Abs. 1 Satz 2 vertreten.

(2) Das Nähere über die Zusammensetzung, den Geschäftsgang und die Aufgaben des Ältestenrats ist in der Geschäftsordnung des Kreistags zu regeln; zu der Regelung der Aufgaben ist das Einvernehmen des Landrats erforderlich.

§ 29 Einberufung der Sitzungen, Teilnahmepflicht. (1) [1]Der Landrat beruft den Kreistag schriftlich spätestens eine Woche vor dem Sitzungstag ein und teilt rechtzeitig die Verhandlungsgegenstände mit; dabei sind die für die Verhandlung erforderlichen Unterlagen beizufügen, soweit nicht das öffentliche Wohl oder berechtigte Interessen einzelner entgegenstehen. [2]Der Kreistag ist einzuberufen, wenn es die Geschäftslage erfordert. [3]Der Kreistag ist unverzüglich einzuberufen, wenn es ein Viertel der Kreisräte unter Angabe des Verhandlungsgegenstands beantragt. [4]Auf Antrag eines Viertels der Kreisräte ist ein Verhandlungsgegenstand auf die Tagesordnung der nächsten Sitzung des Kreistags zu setzen. [5]Die Verhandlungsgegenstände müssen zum Aufgabengebiet des Kreistags gehören. [6]Satz 3 und 4 gilt nicht, wenn der Kreistag den gleichen Verhandlungsgegenstand innerhalb der letzten sechs Monate bereits behandelt hat.

(2) Zeit, Ort und Tagesordnung der öffentlichen Sitzungen sind rechtzeitig bekanntzugeben.

(3) Die Kreisräte sind verpflichtet, an den Sitzungen teilzunehmen

§ 30 Öffentlichkeit der Sitzungen. (1) [1]Die Sitzungen des Kreistags sind öffentlich. [2]Nichtöffentlich darf nur verhandelt werden, wenn es das öffentliche Wohl oder berechtigte Interessen einzelner erfordern; über Gegenstände, bei denen diese Voraussetzungen vorliegen, muß nichtöffentlich verhandelt werden. [3]Über Anträge aus der Mitte des Kreistags, einen Verhandlungsgegenstand entgegen der Tagesordnung in öffentlicher oder nichtöffentlicher Sitzung zu behandeln, wird in nichtöffentlicher Sitzung beraten und entschieden. [4]In nichtöffentlicher Sitzung nach Satz 2 gefaßte Beschlüsse sind nach Wiederherstellung der Öffentlichkeit oder, wenn dies ungeeignet ist, in der nächsten öffentlichen Sitzung bekanntzugeben, soweit nicht das öffentliche Wohl oder berechtigte Interessen einzelner entgegenstehen.

(2) Die Kreisräte sind zur Verschwiegenheit über alle in nichtöffentlicher Sitzung behandelten Angelegenheiten so lange verpflichtet, bis sie der Landrat von der Schweigepflicht entbindet; dies gilt nicht für Beschlüsse, soweit sie nach Absatz 1 Satz 4 bekanntgegeben worden sind.

§ 31 Verhandlungsleitung, Geschäftsgang. (1) [1]Der Vorsitzende eröffnet, leitet und schließt die Verhandlungen des Kreistags. [2]Er handhabt die Ordnung und übt das Hausrecht aus.

(2) Der Kreistag regelt seine inneren Angelegenheiten, insbesondere den Gang seiner Verhandlungen, im Rahmen der gesetzlichen Vorschriften durch eine Geschäftsordnung.

(3) [1]Bei grober Ungebühr oder wiederholten Verstößen gegen die Ordnung kann ein Kreisrat vom Vorsitzenden aus dem Beratungsraum verwiesen werden; mit dieser Anordnung ist der Verlust des Anspruchs auf die auf den Sitzungstag entfallenden Entschädigung verbunden. [2]Bei wiederholten Ordnungswidrigkeiten nach Satz 1 kann der Kreistag ein Mitglied für mehrere, höchstens jedoch für sechs Sitzungen ausschließen. [3]Entspre-

chendes gilt für sachkundige Kreiseinwohner, die zu den Beratungen zugezogen sind.

§ 32 Beschlußfassung. (1) Der Kreistag kann nur in einer ordnungsmäßig einberufenen und geleiteten Sitzung beraten und beschließen.

(2) [1]Der Kreistag ist beschlußfähig, wenn mindestens die Hälfte aller Mitglieder anwesend und stimmberechtigt ist. [2]Bei Befangenheit von mehr als der Hälfte aller Mitglieder ist der Kreistag beschlußfähig, wenn mindestens ein Viertel aller Mitglieder anwesend und stimmberechtigt ist.

(3) [1]Ist der Kreistag wegen Abwesenheit oder Befangenheit von Mitgliedern nicht beschlußfähig, muß eine zweite Sitzung stattfinden, in der er beschlußfähig ist, wenn mindestens drei Mitglieder anwesend und stimmberechtigt sind; bei der Einberufung der zweiten Sitzung ist hierauf hinzuweisen. [2]Die zweite Sitzung entfällt, wenn weniger als drei Mitglieder stimmberechtigt sind.

(4) [1]Ist keine Beschlußfähigkeit des Kreistags gegeben, entscheidet der Landrat anstelle des Kreistags nach Anhörung der nichtbefangenen Kreisräte. [2]Ist auch der Landrat befangen, findet § 124 der Gemeindeordnung entsprechende Anwendung; dies gilt nicht, wenn der Kreistag ein stimmberechtigtes Mitglied für die Entscheidung zum Stellvertreter des Landrats bestellt.

(5) Der Kreistag beschließt durch Abstimmungen und Wahlen.

(6) [1]Der Kreistag stimmt in der Regel offen ab. [2]Die Beschlüsse werden mit Stimmenmehrheit gefaßt. [3]Der Landrat hat kein Stimmrecht; bei Stimmengleichheit ist der Antrag abgelehnt.

(7) [1]Wahlen werden geheim mit Stimmzetteln vorgenommen; es kann offen gewählt werden, wenn kein Mitglied widerspricht. [2]Der Landrat hat kein Stimmrecht. [3]Gewählt ist, wer mehr als die Hälfte der Stimmen der anwesenden Stimmberechtigten erhalten hat. [4]Wird eine solche Mehrheit bei der Wahl nicht erreicht, findet zwischen den beiden Bewerbern mit den meisten Stimmen Stichwahl statt, bei der die einfache Stimmenmehrheit entscheidet. [5]Bei Stimmengleichheit entscheidet das Los. [6]Steht nur ein Bewerber zur Wahl, findet im Falle des Satzes 4 ein zweiter Wahlgang statt, für den Satz 3 gilt. [7]Der zweite Wahlgang soll frühestens eine Woche nach dem ersten Wahlgang durchgeführt werden. [8]Über die Ernennung und Einstellung der Bediensteten des Landkreises ist durch Wahl Beschluß zu fassen; das gleiche gilt für die nicht nur vorübergehende Übertragung einer höher bewerteten Tätigkeit bei einem Angestellten oder Arbeiter.

§ 33 Niederschrift. (1) [1]Über den wesentlichen Inhalt der Verhandlungen des Kreistags ist eine Niederschrift zu fertigen; sie muß insbesondere den Namen des Vorsitzenden, die Zahl der anwesenden und die Namen der abwesenden Kreisräte unter Angabe des Grundes der Abwesenheit, die Gegenstände der Verhandlung, die Anträge, die Abstimmungs-und Wahlergebnisse und den Wortlaut der Beschlüsse enthalten. [2]Der Vorsitzende und jedes Mitglied können verlangen, daß ihre Erklärung oder Abstimmung in der Niederschrift festgehalten wird.

(2) [1]Die Niederschrift ist vom Vorsitzenden, zwei Kreisräten, die an der Verhandlung teilgenommen haben, und dem Schriftführer zu unterzeichnen. [2]Sie ist dem Kreistag in seiner nächsten Sitzung zur Kenntnis zu bringen. [3]Über die hierbei gegen die Niederschrift vorgebrachten Einwendungen entscheidet der Kreistag. [4]Mehrfertigungen von Niederschriften über nichtöffentliche Sitzungen dürfen nicht ausgehändigt werden. [5]Die Einsichtnahme in die Niederschriften über die öffentlichen Sitzungen ist den wahlberechtigten Kreiseinwohnern gestattet.

§ 34 Beschließende Ausschüsse. (1) [1]Durch die Hauptsatzung kann der Kreistag beschließende Ausschüsse bilden und ihnen bestimmte Aufgabengebiete zur dauernden Erledigung übertragen. [2]Durch Beschluß kann der Kreistag einzelne Angelegenheiten auf bestehende beschließende Ausschüsse übertragen oder für ihre Erledigung beschließende Ausschüsse bilden.

(2) Auf beschließende Ausschüsse kann nicht übertragen werden die Beschlußfassung über

1. die Bestellung der Mitglieder von Ausschüssen des Kreistags sowie Angelegenheiten nach § 19 Abs. 2 Satz 1 bei leitenden Beamten und Angestellten,

2. die Übernahme freiwilliger Aufgaben,

3. den Erlaß von Satzungen und Rechtsverordnungen,

4. längerfristige Planungen für Vorhaben im Sinne des § 17 Abs. 2 Satz 1,

5. die Stellungnahmen zur Änderung der Grenzen des Landkreises,

6. die Regelung der allgemeinen Rechtsverhältnisse der Bediensteten des Landkreises,

7. die Übertragung von Aufgaben auf den Landrat,

8. die Verfügung über Vermögen des Landkreises, die für den Landkreis von erheblicher wirtschaftlicher Bedeutung ist,

9. die Errichtung, wesentliche Erweiterung und Aufhebung von öffentlichen Einrichtungen und wirtschaftlichen Unternehmen sowie die Beteiligung an solchen,

10. die Umwandlung der Rechtsform von wirtschaftlichen Unternehmen des Landkreises und von solchen, an denen der Landkreis beteiligt ist,

11. die Bestellung von Sicherheiten, die Übernahme von Bürgschaften und von Verpflichtungen aus Gewährverträgen und den Abschluß der ihnen wirtschaftlich gleichkommenden Rechtsgeschäfte, soweit

sie für den Landkreis von erheblicher wirtschaftlicher Bedeutung sind,

12. den Erlaß der Haushaltssatzung und der Nachtragssatzungen, die Feststellung der Jahresrechnung, die Wirtschaftspläne und die Feststellung des Jahresabschlusses von Sondervermögen,

13. die allgemeine Festsetzung von Abgaben und Tarifen,

14. den Verzicht auf Ansprüche des Landkreises und die Niederschlagung solcher Ansprüche, die Führung von Rechtsstreiten und den Abschluß von Vergleichen, soweit sie für den Landkreis von erheblicher wirtschaftlicher Bedeutung sind,

15. den Beitritt zu Zweckverbänden und den Austritt aus diesen und

16. die Übertragung von Aufgaben auf das Rechnungsprüfungsamt.

(3) [1]Im Rahmen ihrer Zuständigkeit entscheiden die beschließenden Ausschüsse selbständig an Stelle des Kreistags. [2]Ergibt sich, daß eine Angelegenheit für den Landkreis von besonderer Bedeutung ist, können die beschließenden Ausschüsse die Angelegenheit dem Kreistag zur Beschlußfassung unterbreiten. [3]In der Hauptsatzung kann bestimmt werden, daß ein Viertel aller Mitglieder eines beschließenden Ausschusses eine Angelegenheit dem Kreistag zur Beschlußfassung unterbreiten kann, wenn sie für den Landkreis von besonderer Bedeutung ist. [4]Lehnt der Kreistag eine Behandlung ab, weil er die Voraussetzungen für die Verweisung als nicht gegeben ansieht, entscheidet der zuständige beschließende Ausschuß. [5]In der Hauptsatzung kann weiter bestimmt werden, daß der Kreistag allgemein oder im Einzelfall Weisungen erteilen, jede Angelegenheit an sich ziehen und Beschlüsse der beschließenden Ausschüsse, solange sie noch nicht vollzogen sind, ändern oder aufheben kann.

(4) [1]Angelegenheiten, deren Entscheidung dem Kreistag vorbehalten ist, sollen den beschließenden Ausschüssen innerhalb ihres Aufgabengebietes zur Vorberatung zugewiesen werden. [2]In dringenden Angelegenheiten, deren Erledigung nicht bis zu einer Sitzung des Kreistags aufgeschoben werden kann, entscheidet der zuständige beschließende Ausschuß an Stelle des Kreistags. [3]Die Gründe für die Eilentscheidung und die Art der Erledigung sind den Kreisräten unverzüglich mitzuteilen.

(5) [1]Für den Geschäftsgang der beschließenden Ausschüsse gelten die Vorschriften der §§ 27 und 29 bis 33 entsprechend. [2]Die beschließenden Ausschüsse sind mit angemessener Frist einzuberufen, wenn es die Geschäftslage erfordert; sie sollen jedoch mindestens einmal im Monat einberufen werden. [3]In Notfällen können sie ohne Frist, formlos und nur unter Angabe der Verhandlungsgegenstände einberufen werden. [4]Sitzungen, die der Vorberatung nach Absatz 4 dienen, sind in der Regel nichtöffentlich. [5]Im Falle der Vorberatung nach Absatz 4 hat der Landrat Stimmrecht. [6]Ist ein beschließender Ausschuß wegen Befangenheit von Mitgliedern nicht

beschlußfähig im Sinne von § 32 Abs. 2 Satz 1, entscheidet der Kreistag an seiner Stelle ohne Vorberatung.

§ 35 Zusammensetzung der beschließenden Ausschüsse. (1) [1]Die beschließenden Ausschüsse bestehen aus dem Vorsitzenden und mindestens sechs Mitgliedern. [2]Der Kreistag bestellt die Mitglieder und Stellvertreter in gleicher Zahl widerruflich aus seiner Mitte. [3]Nach jeder Wahl der Kreisräte sind die beschließenden Ausschüsse neu zu bilden. [4]In die beschließenden Ausschüsse können durch den Kreistag sachkundige Kreiseinwohner widerruflich als beratende Mitglieder berufen werden; ihre Zahl darf die der Kreisräte in den einzelnen Ausschüssen nicht erreichen; sie sind ehrenamtlich tätig.

(2) [1]Kommt eine Einigung über die Zusammensetzung eines beschließenden Ausschusses nicht zustande, werden die Mitglieder von den Kreisräten auf Grund von Wahlvorschlägen nach den Grundsätzen der Verhältniswahl unter Bindung an die Wahlvorschläge gewählt. [2]Wird nur ein gültiger oder kein Wahlvorschlag eingereicht, findet Mehrheitswahl ohne Bindung an die vorgeschlagenen Bewerber statt.

(3) [1]Vorsitzender der beschließenden Ausschüsse ist der Landrat; er kann seinen ständigen allgemeinen Stellvertreter mit seiner Vertretung im Vorsitz beauftragen. [2]Die Mitglieder der Ausschüsse wählen aus ihrer Mitte einen oder mehrere stellvertretende Vorsitzende, die den Vorsitzenden im Verhinderungsfalle vertreten. [3]Die Reihenfolge der Vertretung bestimmt der Ausschuß.

§ 36 Beratende Ausschüsse. (1) [1]Zur Vorbereitung seiner Verhandlungen oder einzelner Verhandlungsgegenstände kann der Kreistag beratende Ausschüsse bestellen. [2]Sie werden aus der Mitte des Kreistags gebildet. [3]In die beratenden Ausschüsse können durch den Kreistag sachkundige Kreiseinwohner widerruflich als Mitglieder berufen werden; ihre Zahl darf die der Kreisräte in den einzelnen Ausschüssen nicht erreichen; sie sind ehrenamtlich tätig.

(2) [1]Vorsitzender der beratenden Ausschüsse ist der Landrat. [2]Er kann seinen ständigen allgemeinen Stellvertreter oder ein Mitglied des Ausschusses, das Kreisrat ist, mit seiner Vertretung beauftragen.

(3) Für den Geschäftsgang der beratenden Ausschüsse gelten die Vorschriften der §§ 27, 29, 31 bis 33 und § 34 Abs. 5 Satz 2 bis 6 entsprechend.

3. Abschnitt

Landrat

§ 37 Rechtsstellung des Landrats. (1) [1]Der Landrat ist Vorsitzender des Kreistags und leitet das Landratsamt. [2]Er vertritt den Landkreis.

(2) ¹ Der Landrat ist Beamter des Landkreises. ²Die Amtszeit beträgt acht Jahre. ³Die Amtszeit beginnt mit dem Amtsantritt; im Falle der Wiederwahl schließt sich die neue Amtszeit an das Ende der vorangegangenen an. ⁴Die Dienstbezüge des Landrats werden durch Gesetz geregelt.

(3) ¹Der Landrat führt nach Freiwerden seiner Stelle die Geschäfte bis zum Amtsantritt des neu gewählten Landrats weiter; sein Dienstverhältnis besteht so lange weiter. ²Satz 1 gilt nicht, wenn der Landrat

1. vor dem Freiwerden seiner Stelle dem Landkreis schriftlich mitgeteilt hat, daß er die Weiterführung der Geschäfte ablehne,

2. des Dienstes vorläufig enthoben ist, oder wenn gegen ihn öffentliche Klage wegen eines Verbrechens erhoben ist oder

3. ohne Rücksicht auf gegen die Wahl eingelegte Rechtsbehelfe nach Feststellung des Wahlergebnisses durch den Vorsitzenden des Kreistags nicht wiedergewählt worden ist.

(4) Die Rechtsaufsichtsbehörde vereidigt und verpflichtet den Landrat in öffentlicher Sitzung des Kreistags.

(5) Für den Landrat gelten die Bestimmungen des § 13 Abs. 1 bis 3 und des § 14 entsprechend.

§ 38 Wählbarkeit. ¹Wählbar zum Landrat sind Deutsche im Sinne von Artikel 116 des Grundgesetzes, die am Wahltag das 30., aber noch nicht das 63. Lebensjahr vollendet haben und die Gewähr dafür bieten, daß sie jederzeit für die freiheitliche demokratische Grundordnung im Sinne des Grundgesetzes eintreten. ²§ 23 Abs. 2 gilt entsprechend.

§ 39 Zeitpunkt der Wahl, Wahlverfahren, Amtsverweser. (1) ¹Wird die Wahl des Landrats wegen Ablaufs der Amtszeit oder wegen Eintritts in den Ruhestand infolge Erreichens der Altersgrenze notwendig, ist sie frühestens drei Monate und spätestens einen Monat vor Freiwerden der Stelle, in anderen Fällen spätestens sechs Monate nach Freiwerden der Stelle durchzuführen. ²Die Stelle des Landrats ist spätestens zwei Monate vor der Wahl öffentlich auszuschreiben. ³Die Frist für die Einreichung der Bewerbung beträgt einen Monat.

(2) ¹Zur Vorbereitung der Wahl des Landrats bildet der Kreistag einen besonderen beschließenden Ausschuß (Ausschuß); dieser wählt aus seiner Mitte den Vorsitzenden und einen oder mehrere Stellvertreter. ²§ 35 Abs. 3 Satz 1 findet keine Anwendung. ³Der Ausschuß entscheidet über die öffentliche Ausschreibung der Stelle des Landrats. ⁴Er ist ferner zuständig für die Verhandlungen nach Absatz 3 über die Benennung von Bewerbern für die Wahl des Landrats.

(3) ¹Der Ausschuß nach Absatz 2 Satz 1 legt dem Innenministerium die eingegangenen Bewerbungen mit den dazugehörigen Unterlagen unverzüglich vor. ²Das Innenministerium und der Ausschuß benennen gemeinsam mindestens drei für die Leitung des Landratsamts geeignete Bewerber,

aus denen der Kreistag den Landrat wählt. [3]Können Innenministerium und Ausschuß keine drei Bewerber nennen, so ist die Stelle erneut auszuschreiben. [4]Dies gilt nicht, wenn der Ausschuß auf die Benennung weiterer Bewerber verzichtet. [5]Können sich Innenministerium und Ausschuß nach der zweiten Ausschreibung nicht einigen und deshalb dem Kreistag nicht die erforderliche Zahl von Bewerbern benennen, entscheidet die Landesregierung nach Anhörung des Ausschusses, aus welchen Bewerbern der Kreistag den Landrat wählt; dabei sind die Bewerber zu berücksichtigen, über deren Benennung sich Innenministerium und der Ausschuß nach der zweiten Ausschreibung geeinigt haben.

(4) Den dem Kreistag zur Wahl vorgeschlagenen Bewerbern ist Gelegenheit zu geben, sich dem Kreistag vor der Wahl vorzustellen.

(5) [1]Die Kreisräte wählen den Landrat in geheimer Wahl nach den Grundsätzen der Mehrheitswahl. [2]Gewählt ist, wer mehr als die Hälfte der Stimmen aller Kreisräte auf sich vereinigt. [3]Wird eine solche Mehrheit bei der Wahl nicht erreicht, findet in derselben Sitzung ein zweiter Wahlgang statt. [4]Erhält auch hierbei kein Bewerber mehr als die Hälfte der Stimmen aller Kreisräte, ist in derselben Sitzung ein dritter Wahlgang durchzuführen, bei welchem der Bewerber gewählt ist, der die höchste Stimmenzahl erreicht; bei Stimmengleichheit entscheidet das Los.

(6) [1]Ein zum Landrat gewählter Bewerber kann vom Kreistag mit der Mehrheit der Stimmen aller Mitglieder zum Amtsverweser bestellt werden, wenn der Vorsitzende des Kreistags festgestellt hat, daß der Bewerber gewählt ist, und wenn der Bewerber deshalb nicht zum Landrat bestellt werden kann, weil eingelegte Rechtsbehelfe dem entgegenstehen. [2]Der Amtsverweser ist als hauptamtlicher Beamter auf Zeit des Landkreises zu bestellen. [3]Seine Amtszeit beträgt zwei Jahre; Wiederbestellung ist zulässig. [4]Die Amtszeit endet vorzeitig mit der Rechtskraft der Entscheidung über die Gültigkeit der Wahl zum Landrat. [5]Der Amtsverweser führt die Bezeichnung Landrat. [6]Die Amtszeit als Landrat verkürzt sich um die Amtszeit als Amtsverweser.

§ 40 Wahrung der Rechte von Landesbeamten. (1) Ein Landesbeamter, der zum Landrat bestellt wird, ist aus dem Landesdienst entlassen.

(2) [1]Nach Ablauf der Amtszeit als Landrat oder bei Vorliegen eines wichtigen Grundes ist ein früherer Landesbeamter auf Antrag mindestens mit der Rechtsstellung in den Landesdienst zu übernehmen, die er im Zeitpunkt des Ausscheidens aus diesem hatte. [2]Der Antrag ist spätestens drei Monate nach Beendigung der Amtszeit als Landrat zu stellen. [3]Die Übernahme kann abgelehnt werden, wenn er ein Dienstvergehen begangen hat, das die Entfernung aus dem Dienst rechtfertigen würde.

(3) [1]Ist keine entsprechende Planstelle verfügbar, wird der bisherige Landrat als Wartestandsbeamter übernommen. [2]Die Bestimmungen über die Versetzung in den Ruhestand bleiben unberührt.

§ 41 Stellung im Kreistag und in den beschließenden Ausschüssen. (1) Der Landrat bereitet die Sitzungen des Kreistags und der Ausschüsse vor und vollzieht die Beschlüsse.

(2) [1]Der Landrat muß Beschlüssen des Kreistags widersprechen, wenn er der Auffassung ist, daß sie gesetzwidrig sind; er kann widersprechen, wenn er der Auffassung ist, daß sie für den Landkreis nachteilig sind. [2]Der Widerspruch muß unverzüglich, spätestens jedoch binnen einer Woche nach Beschlußfassung gegenüber den Kreisräten ausgesprochen werden. [3]Der Widerspruch hat aufschiebende Wirkung. [4]Gleichzeitig ist unter Angabe der Widerspruchsgründe eine Sitzung einzuberufen, in der erneut über die Angelegenheit zu beschließen ist; diese Sitzung hat spätestens vier Wochen nach der ersten Sitzung stattzufinden. [5]Ist nach Ansicht des Landrats der neue Beschluß gesetzwidrig, muß er ihm erneut widersprechen und unverzüglich die Entscheidung der Rechtsaufsichtsbehörde herbeiführen.

(3) [1]Absatz 2 gilt entsprechend für Beschlüsse, die durch beschließende Ausschüsse gefaßt werden. [2]Auf den Widerspruch hat der Kreistag zu entscheiden.

(4) [1]In dringenden Angelegenheiten des Kreistags, deren Erledigung an Stelle des Kreistags (§ 34 Abs. 4 Satz 2) auch nicht bis zu einer ohne Frist und formlos einberufenen Sitzung des zuständigen beschließenden Ausschusses (§ 34 Abs. 5 Satz 3) aufgeschoben werden kann, entscheidet der Landrat an Stelle dieses zuständigen Ausschusses; § 34 Abs. 4 Satz 3 findet Anwendung. [2]Entsprechendes gilt für Angelegenheiten, für deren Entscheidung ein beschließender Ausschuß zuständig ist.

(5) [1]Der Landrat hat den Kreistag über alle wichtigen, den Landkreis und seine Verwaltung betreffenden Angelegenheiten zu unterrichten; bei wichtigen Planungen ist der Kreistag möglichst frühzeitig über die Absichten und Vorstellungen des Landratsamts und laufend über den Stand und den Inhalt der Planungsarbeiten zu unterrichten. [2]Über wichtige Angelegenheiten, die nach § 42 Abs. 3 Satz 3 geheimzuhalten sind, ist der nach § 45 gebildete Beirat zu unterrichten. [3]Die Unterrichtung des Kreistags über die in Satz 2 genannten Angelegenheiten ist ausgeschlossen.

§ 42 Leitung des Landratsamts. (1) Der Landrat ist für die sachgemäße Erledigung der Aufgaben und den ordnungsmäßigen Gang der Verwaltung verantwortlich und regelt die innere Organisation des Landratsamts.

(2) [1]Der Landrat erledigt in eigener Zuständigkeit die Geschäfte der laufenden Verwaltung und die ihm sonst durch Gesetz oder vom Kreistag übertragenen Aufgaben. [2]Die dauernde Übertragung der Erledigung bestimmter Aufgaben ist durch die Hauptsatzung zu regeln. [3]Der Kreistag kann die Erledigung von Angelegenheiten, die er nicht auf beschließende Ausschüsse übertragen kann (§ 34 Abs. 2), auch nicht dem Landrat übertragen.

(3) [1]Weisungsaufgaben erledigt der Landrat in eigener Zuständigkeit, soweit gesetzlich nichts anderes bestimmt ist; abweichend hiervon ist der Kreistag für den Erlaß von Rechtsverordnungen zuständig, soweit Vorschriften anderer Gesetze nicht entgegenstehen. [2]Dies gilt auch, wenn der Landkreis in einer Angelegenheit angehört wird, die auf Grund einer Anordnung der zuständigen Behörde geheimzuhalten ist. [3]Bei der Erledigung von Weisungsaufgaben, die auf Grund einer Anordnung der zuständigen Behörde geheimzuhalten sind, sowie in den Fällen des Satzes 2 hat der Landrat die für die Behörden des Landes geltenden Geheimhaltungsvorschriften zu beachten.

(4) Der Landrat ist Vorgesetzter, Dienstvorgesetzter und oberste Dienstbehörde der Bediensteten des Landkreises.

(5) [1]Ständiger allgemeiner Stellvertreter des Landrats ist der Erste Landesbeamte beim Landratsamt, der im Benehmen mit dem Landrat bestellt wird. [2]§ 20 Abs. 1 Satz 2, § 28 Abs. 1 Satz 3 und § 35 Abs. 3 bleiben unberührt. [3]Für den ständigen allgemeinen Stellvertreter des Landrats gelten die Bestimmungen des § 13 Abs. 1 bis 3 und des § 14 entsprechend.

§ 43 Beauftragung, rechtsgeschäftliche Vollmacht. (1) Der Landrat kann Beamte und Angestellte mit seiner Vertretung auf bestimmten Aufgabengebieten oder in einzelnen Angelegenheiten des Landratsamts beauftragen.

(2) Der Landrat kann in einzelnen Angelegenheiten rechtsgeschäftliche Vollmacht erteilen.

§ 44 Verpflichtungserklärungen. (1) [1]Erklärungen, durch welche der Landkreis verpflichtet werden soll, bedürfen der Schriftform. [2]Sie sind vom Landrat handschriftlich zu unterzeichnen.

(2) Im Falle der Vertretung des Landrats muß die Erklärung durch den ständigen allgemeinen Stellvertreter oder durch zwei vertretungsberechtigte Beamte oder Angestellte handschriftlich unterzeichnet werden.

(3) Den Unterschriften soll die Amtsbezeichnung und im Falle des Absatz 2 ein das Vertretungsverhältnis kennzeichnender Zusatz beigefügt werden.

(4) Diese Formvorschriften gelten nicht für Erklärungen in Geschäften der laufenden Verwaltung oder auf Grund einer in der vorstehenden Form ausgestellten Vollmacht.

§ 45 Beirat für geheimzuhaltende Angelegenheiten. (1) [1]Der Kreistag kann einen aus den stellvertretenden Vorsitzenden des Kreistags (§ 20 Abs. 1 Satz 2) bestehenden Beirat bilden, der den Landrat in allen Angelegenheiten des § 42 Abs. 3 Satz 2 berät. [2]Dem Beirat kann nur angehören, wer auf die für die Behörden des Landes geltenden Geheimhaltungsvorschriften verpflichtet ist.

(2) [1]Vorsitzender des Beirats ist der Landrat. [2]Er hat den Beirat einzuberufen, wenn es die Geschäftslage erfordert. [3]Der ständige allgemeine Stell-

vertreter des Landrats ist berechtigt, an den Sitzungen teilzunehmen. [4]Die Sitzungen des Beirats sind nichtöffentlich. [5]Für die Beratungen des Beirats gelten die Bestimmungen des § 29 Abs. 3, des § 31 Abs. 1 und 3, des § 32 Abs. 1 und Abs. 2 Satz 1 und des § 33 entsprechend.

4. Abschnitt
Bedienstete des Landkreises

§ 46 Einstellung, Ausbildung. (1) Der Landkreis ist verpflichtet, die zur Erfüllung seiner Aufgaben erforderlichen geeigneten Beamten, Angestellten und Arbeiter einzustellen.

(2) [1]Bei der Ausbildung der im Vorbereitungsdienst befindlichen Beamten für den Dienst in der Verwaltung des Landes und der Träger der Selbstverwaltung wirken die Landkreise mit den zuständigen Landesbehörden zusammen. [2]Für den persönlichen Aufwand, der den Landkreisen entsteht, ist unter ihnen ein entsprechender finanzieller Ausgleich zu schaffen.

(3) Der Landkreis fördert die Fortbildung seiner Bediensteten.

§ 47 Stellenplan. [1]Der Landkreis bestimmt im Stellenplan die Stellen seiner Beamten sowie seiner nicht nur vorübergehend beschäftigten Angestellten und Arbeiter, die für die Erfüllung der Aufgaben im Haushaltsjahr erforderlich sind. [2]Für Sondervermögen, für die Sonderrechnungen geführt werden, sind besondere Stellenpläne aufzustellen. [3]Beamte in Einrichtungen solcher Sondervermögen sind auch im Stellenplan nach Satz 1 aufzuführen und dort besonders zu kennzeichnen.

DRITTER TEIL
Wirtschaft des Landkreises

§ 48 Anzuwendende Vorschriften. Auf die Wirtschaftsführung des Landkreises finden die für die Stadtkreise und Großen Kreisstädte geltenden Vorschriften über die Gemeindewirtschaft entsprechende Anwendung, soweit nachstehend keine andere Regelung getroffen ist.

§ 49 Erhebung von Abgaben, Kreisumlage. (1) Der Landkreis hat das Recht, eigene Steuern und sonstige Abgaben nach Maßgabe der Gesetze zu erheben.

(2) [1]Der Landkreis kann, soweit seine sonstigen Einnahmen nicht ausreichen, um seinen Finanzbedarf zu decken, von den kreisangehörigen Gemeinden und gemeindefreien Grundstücken nach den hierfür geltenden Vorschriften eine Umlage erheben (Kreisumlage). [2]Die Höhe der Kreisumlage ist in der Haushaltssatzung für jedes Haushaltsjahr festzusetzen.

§ 50 Fachbeamter für das Finanzwesen. (1) Im Landkreis muß die Aufstellung des Haushaltsplans, des Finanzplans und der Jahresrechnung, die Haushaltsüberwachung sowie die Verwaltung des Geldvermögens und der Schulden bei einem Beamten zusammmengefaßt werden (Fachbeamter für das Finanzwesen).

(2) Der Fachbeamte für das Finanzwesen muß die Befähigung zum Gemeindefachbeamten (§ 58 der Gemeindeordnung) oder eine abgeschlossene wirtschaftswissenschaftliche Vorbildung nachweisen.

VIERTER TEIL

Aufsicht

§ 51 (1) Rechtsaufsichtsbehörde und obere Rechtsaufsichtsbehörde für den Landkreis ist das Regierungspräsidium, oberste Rechtsaufsichtsbehörde ist das Innenministerium.

(2) [1]Der Vierte Teil der Gemeindeordnung über die Aufsicht findet auf den Landkreis entsprechende Anwendung. [2]Die Bestimmungen über die Aufsicht auf dem Gebiet des Schulwesens bleiben unberührt.

FÜNFTER TEIL

Staatliche Verwaltung im Landkreis

§ 52 Personelle Ausstattung, Sachaufwand. (1) [1]Die für die Aufgaben der unteren Verwaltungsbehörde erforderlichen Beamten des höheren Dienstes werden vom Land, die übrigen Beamten sowie die Angestellten und Arbeiter vom Landkreis gestellt. [2]Jedem Landratsamt wird mindestens ein Landesbeamter mit der Befähigung zum höheren Verwaltungsdienst oder zum Richteramt zugeteilt.

(2) [1]Der Landkreis trägt die unmittelbaren und mittelbaren sächlichen Kosten des Landratsamts als untere Verwaltungsbehörde. [2]Von den mittelbaren sächlichen Kosten sind ausgenommen

1. die Kosten für die Durchführung der Vollstreckung von Verwaltungsakten durch Ersatzvornahme,

2. Kosten der unmittelbaren Ausführung von Maßnahmen zur Abwehr oder Beseitigung gesetzwidriger Zustände,

3. Entschädigung wegen Enteignung oder Aufopferung für das gemeine Wohl, auch wenn sie durch rechtswidrige Eingriffe bewirkt wird,

4. im übrigen Kosten, die im Einzelfall 100 000 DM übersteigen;

sie werden vom Land dem Landkreis erstattet, soweit nicht von Dritten Ersatz zu erlangen ist.

§ 53 Rechtsstellung des Landrats als Leiter der unteren Verwaltungsbehörde. (1) Als Leiter der unteren Verwaltungsbehörde ist der Landrat dem Land für die ordnungsmäßige Erledigung ihrer Geschäfte verantwortlich und unterliegt insoweit den Weisungen der Fachaufsichtsbehörden und der Dienstaufsicht des Regierungspräsidiums.

(2) Verletzt der Landrat in Ausübung seiner Tätigkeit nach Absatz 1 die ihm einem Dritten gegenüber obliegende Amtspflicht, haftet das Land.

§ 54 Mitwirkung des Kreistags. (1) Ist eine Entscheidung oder sonstige Mitwirkung gewählter Vertreter bei der Erfüllung der Aufgaben des Landratsamts als unterer Verwaltungsbehörde gesetzlich vorgeschrieben, ist hierfür der Kreistag zuständig.

(2) Der Landrat kann den Kreistag auch zu Angelegenheiten der unteren Verwaltungsbehörde hören, in denen eine Mitwirkung gewählter Vertreter nicht vorgeschrieben ist.

§ 55 (aufgehoben)

§ 56 Austausch von Beamten. (1) Der Landrat kann Landesbeamte zur Besorgung von Angelegenheiten des Landkreises und Beamte des Landkreises zur Besorgung von Aufgaben der unteren Verwaltungsbehörde heranziehen.

(2) Verletzt ein Beamter in Ausübung einer Tätigkeit nach Absatz 1 die ihm einem Dritten gegenüber obliegende Amtspflicht, haftet bei Erfüllung der Aufgaben der unteren Verwaltungsbehörde das Land, im übrigen der Landkreis.

§ 56a Prüfer bei der Rechtsaufsichtsbehörde. Für Bedienstete, die überörtliche Prüfungen vornehmen (§§ 113 und 114 der Gemeindeordnung), gilt § 8 Abs. 2 Sätze 2 und 3 sowie Abs. 3 des Gesetzes über die Gemeindeprüfungsanstalt entsprechend.

SECHSTER TEIL

Übergangs- und Schlußbestimmungen

1. Abschnitt

Allgemeine Übergangsbestimmungen

§ 57 Weisungsaufgaben. Bis zum Erlaß neuer Vorschriften sind die den Landkreisen nach bisherigem Recht als Auftragsangelegenheiten übertragenen Aufgaben mit Ausnahme der Aufgaben der unteren Verwaltungsbehörde Weisungsaufgaben im Sinne von § 2 Abs. 4, bei denen ein Weisungsrecht der Fachaufsichtsbehörde in bisherigem Umfang besteht.

§ 58 Einrichtungen und Dienstgebäude. (nicht abgedruckt)

2. Abschnitt

Schlußbestimmungen

§ 59 Sitz des Landratsamts. (nicht abgedruckt)

§ 60 Durchführungsbestimmungen. [1]Das Innenministerium erläßt die Verwaltungsvorschriften zur Durchführung dieses Gesetzes, ferner die Rechtsverordnungen zur Regelung

1. der öffentlichen Bekanntmachung,
2. der Voraussetzungen und des Verfahrens für die Verleihung von Wappen und Flaggen und die Ausgestaltung und Führung des Dienstsiegels,
3. des Verfahrens bei der Auferlegung eines Ordnungsgeldes und der Höhe des Ordnungsgeldes bei Ablehnung ehrenamtlicher Tätigkeit und der Verletzung der Pflichten ehrenamtlich tätiger Kreiseinwohner,
4. der Höchstgrenzen der Entschädigung für ehrenamtliche Tätigkeit,
5. des Verfahrens bei der Bildung von Ausschüssen,
6. der Anzeige des Amtsantritts und des Urlaubs des Landrats,
7. der Ausschreibung der Landratsstellen,
8. der Übernahme früherer Landesbeamter,
9. der Anwendung der Bestimmungen zur Durchführung des Gemeindewirtschaftsrechts auf den Landkreis und
10. der Kassen- und Rechnungsführung für die untere Verwaltungsbehörde und die Sonderbehörden durch den Landkreis.

[2]Die Verordnungen nach Nummer 8 und Nummer 10 ergehen im Einvernehmen mit dem Finanzministerium.

§ 61 Ordnungswidrigkeiten. (1) Ordnungswidrig handelt, wer vorsätzlich oder fahrlässig einer auf Grund von § 3 Abs. 1 erlassenen Satzung über die Benutzung einer öffentlichen Einrichtung zuwiderhandelt, soweit die Satzung für einen bestimmten Tatbestand auf diese Bußgeldvorschrift verweist.

(2) Die Ordnungswidrigkeit kann mit einer Geldbuße geahndet werden.

(3) Verwaltungsbehörden im Sinne von § 36 Abs. 1 Nr. 1 des Gesetzes über Ordnungswidrigkeiten sind die Landkreise.

§ 62* Inkrafttreten. (1) Dieses Gesetz tritt am 1. April 1956 in Kraft mit

---

* *Amtliche Anmerkung:* Diese Vorschrift betrifft das Inkrafttreten des Gesetzes in der ursprünglichen Fassung vom 10. Oktober 1955 (GBl. S. 207). Die in Absatz 1 genannten §§ 54 und 62 beziehen sich auf die ursprüngliche Fassung.

Ausnahme des § 54 Abs. 2 Satz 2 und des § 62, die mit der Verkündung dieses Gesetzes in Kraft treten.

(2) [1]Gleichzeitig treten alle Vorschriften, die diesem Gesetz entsprechen oder widersprechen, außer Kraft, sofern sie nicht durch dieses Gesetz ausdrücklich aufrechterhalten werden. [2]Insbesondere treten folgende Vorschriften außer Kraft:
(hier nicht weiter abgedruckt)

Erste Verordnung des Innenministeriums zur Durchführung der Landkreisordnung für Baden-Württemberg (1. DVO LKrO)

vom 13. Februar 1976 (GBl. S. 181),

zuletzt geändert durch Verordnung vom 19. Juni 1987 (GBl. S. 305)

INHALTSÜBERSICHT

Aufgrund von § 60 Nr. 1 bis 3, 5 bis 7 und 9 der Landkreisordnung für Baden-Württemberg in der Fassung vom 22. Dezember 1975 (Ges.Bl. 1976 S. 40) wird verordnet:

Zu § 3:

§ 1 Öffentliche Bekanntmachungen. (1) [1]Öffentliche Bekanntmachungen des Landkreises können, soweit keine sondergesetzlichen Bestimmungen bestehen, durch Einrücken in das eigene Amtsblatt oder durch Einrücken in eine bestimmte, regelmäßig, mindestens einmal wöchentlich erscheinende Zeitung durchgeführt werden. [2]Die Form der öffentlichen Bekanntmachung ist im einzelnen durch Satzung zu bestimmen.

(2) [1]Satzungen sind mit ihrem vollen Wortlaut bekanntzumachen. [2]Über den Vollzug der Bekanntmachung von Satzungen ist ein Nachweis zu den Akten des Landkreises zu bringen.

(3) Sind Pläne oder zeichnerische Darstellungen, insbesondere Karten Bestandteile einer Satzung, können sie dadurch öffentlich bekanntgemacht werden (Ersatzbekanntmachung), daß

1. sie an einer bestimmten Verwaltungsstelle des Landkreises zur kostenlosen Einsicht durch jedermann während der Dienststunden niedergelegt werden,

2. hierauf in der Satzung hingewiesen wird und

3. in der Satzung der wesentliche Inhalt der niedergelegten Teile umschrieben wird.

(4) [1]Erscheint eine rechtzeitige Bekanntmachung in der nach den Absätzen 1 bis 3 vorgeschriebenen Form nicht möglich, so kann die öffentliche Bekanntmachung in anderer geeigneter Weise durchgeführt werden (Notbekanntmachung). [2]Die Bekanntmachung ist in der nach den Absätzen 1

bis 3 vorgeschriebenen Form zu wiederholen, sobald die Umstände es zulassen.

Zu § 5:

§ 2 Wappen, Flaggen und Dienstsiegel. (1) Der Landkreis hat seinem Antrag auf Verleihung des Rechts zur Führung eines Wappens drei farbige Zeichnungen des Wappenentwurfs und eine Stellungnahme der zuständigen staatlichen Archivbehörde beizufügen.

(2) [1]Das Recht zur Führung einer Flagge darf nur den Landkreisen verliehen werden, die ein Wappen führen. [2]Die Flagge darf nicht mehr als zwei Farben haben. [3]Die Farben der Flagge sollen den Wappenfarben entsprechen.

(3) Das Dienstsiegel des Landkreises ist für den urkundlichen Verkehr in allen Angelegenheiten des Landkreises einschließlich der Weisungsaufgaben bestimmt.

(4) [1]Das Dienstsiegel wird in kreisrunder Form mit einem Durchmesser von mindestens 2 cm als Prägesiegel oder Farbdruckstempel aus Metall oder Gummi hergestellt. [2]Beim Prägesiegel werden Wappen und Umschrift in erhabener Prägung und beim Farbdruckstempel in dunklem Flachdruck dargestellt.

(5) [1]Die Zahl der zu beschaffenden Dienstsiegel ist auf das notwendige Maß zu beschränken. [2]Dienstsiegel sind zur Sicherung gegen mißbräuchliche Verwendung von den zur Verwendung des Siegels ermächtigten Bediensteten unter Verschluß zu halten; sie sind außerhalb der Dienststunden so aufzubewahren, daß Mißbrauch und Verlust durch Diebstahl soweit wie möglich ausgeschlossen sind.

Zu §§ 12 und 13:

§ 3 Ordnungsgeld. (1) Das Ordnungsgeld nach § 12 Abs. 3 Satz 1 und § 13 Abs. 4 der Landkreisordnung beträgt mindestens 50 DM.

(2) [1]Das Ordnungsgeld ist schriftlich in bestimmter Höhe aufzuerlegen. [2]Dabei ist eine Rechtsmittelbelehrung zu erteilen und auf die Möglichkeit der Beitreibung nach dem Landesverwaltungsvollstreckungsgesetz hinzuweisen.

Zu § 35:

§ 4 Wahl der Mitglieder der beschließenden Ausschüsse. (1) [1]Für die Wahl der Mitglieder der beschließenden Ausschüsse nach § 35 Abs. 2 der Landkreisordnung kann jeder Kreisrat einen Wahlvorschlag einreichen. [2]Die Wahlvorschläge können bis doppelt soviel Namen enthalten, wie Mitglieder zu wählen sind. [3]Jeder Bewerber kann nur auf einem Wahlvorschlag aufgeführt werden; ist sein Name in mehreren Wahlvorschlägen enthalten, hat er vor der Wahl dem Vorsitzenden des Kreistags gegenüber zu erklären, für welchen Wahlvorschlag er als Bewerber auftreten will.

(2) Jeder Kreisrat hat bei Verhältniswahl eine Stimme, bei Mehrheitswahl soviel Stimmen, wie Mitglieder zu wählen sind.

(3) [1]Bei Verhältniswahl gelten für die Verteilung der Sitze auf die Wahlvorschläge die Bestimmungen für die Wahl des Gemeinderats entsprechend. [2]Für die Verteilung der Sitze auf die einzelnen Bewerber eines jeden Wahlvorschlags ist die Reihenfolge der Benennung im Wahlvorschlag maßgebend. [3]Die in der Reihenfolge der Benennung folgenden nichtgewählten Bewerber sind in gleicher Zahl wie die gewählten Bewerber ihres Wahlvorschlags deren Stellvertreter, die restlichen Bewerber in der Reihenfolge ihrer Benennung Ersatzleute ihres Wahlvorschlags. [4]Bei Mehrheitswahl sind die Bewerber mit den höchsten Stimmenzahlen in der Reihenfolge dieser Zahlen gewählt. [5]Die in der Reihenfolge der Stimmenzahlen folgenden nichtgewählten Bewerber sind in gleicher Zahl wie die gewählten Bewerber deren Stellvertreter, die restlichen Bewerber in der Reihenfolge ihrer Stimmenzahlen Ersatzleute. [6]Der Kreistag legt fest, ob die Vertretung durch bestimmte Stellvertreter oder durch die Stellvertreter in der Reihenfolge ihrer Benennung im Wahlvorschlag, bei Mehrheitswahl in der Reihenfolge ihrer Stimmenzahlen wahrgenommen wird.

(4) Der Kreistag entscheidet über die Zulassung der Wahlvorschläge und stellt das Wahlergebnis fest.

(5) Tritt ein gewähltes Mitglied nicht ein oder scheidet im Laufe der Amtszeit aus, rückt bei Verhältniswahl der nach der Reihenfolge der Benennung im Wahlvorschlag nächste Bewerber, bei Mehrheitswahl der nach der Stimmenzahl nächste Bewerber nach, der als Stellvertreter festgestellt wurde; für diesen rückt der Bewerber nach, der als nächster Ersatzmann festgestellt wurde.

Zu § 37:

§ 5 Amtsantritt des Landrats. Der Landrat hat nach seiner ersten Wahl im Landkreis der Rechtsaufsichtsbehörde den Tag seines Amtsantritts unverzüglich anzuzeigen.

Zu § 39:

§ 6 Ausschreibung der Stelle des Landrats. (1) Die Stelle des Landrats ist im Staatsanzeiger für Baden-Württemberg auszuschreiben.

(2) Die Ausschreibung hat zu enthalten:

1. die Bezeichnung der Stelle und die Regelung der Besoldung,

2. den Grund und den Zeitpunkt des Freiwerdens der Stelle und

3. die Frist für die Einreichung der Bewerbungen unter Angabe der Anschrift, an die sie zu richten sind.

(3) Der Nachweis über die Ausschreibung ist zu den Wahlakten zu nehmen.

Zu § 48:

§ 7 Wirtschaftliche Unternehmen. (1) [1]Beschlüsse des Landkreises, wirtschaftliche Unternehmen zu errichten oder zu übernehmen, müssen der Rechtsaufsichtsbehörde nicht vorgelegt werden, wenn der Aufwand den Betrag von 1 500 000 DM nicht übersteigt. [2]Beschlüsse des Landkreises, wirtschaftliche Unternehmen wesentlich zu erweitern, müssen der Rechtsaufsichtsbehörde nicht vorgelegt werden, wenn der Aufwand nicht mehr als 20 vom Hundert des Anlagevermögens nach der letzten Jahresbilanz beträgt oder zusammen mit diesem Anlagevermögen die Wertgrenze nach Satz 1 nicht übersteigt.

(2) [1]Beschlüsse des Landkreises über die Veräußerung wirtschaftlicher Unternehmen müssen der Rechtsaufsichtsbehörde nicht vorgelegt werden, wenn das Rechtsgeschäft die Wertgrenze nach Absatz 1 Satz 1 nicht übersteigt. [2]Als Wert gilt der Veräußerungserlös, mindestens jedoch der Verkehrswert. [3]Für die Veräußerung von Teilen eines wirtschaftlichen Unternehmens gilt Absatz 1 Satz 2 entsprechend.

(3) Beschlüsse des Landkreises über die Beteiligung an rechtlich selbständigen wirtschaftlichen Unternehmen und über die Veräußerung von Beteiligungen müssen der Rechtsaufsichtsbehörde nicht vorgelegt werden, wenn die Haftung des Landkreises ein Drittel der Wertgrenze nach Absatz 1 Satz 1 nicht übersteigt.

§ 8 Inkrafttreten. (1) Diese Verordnung tritt am Tage nach ihrer Verkündung* in Kraft.

(2) *(Außerkrafttreten alter Vorschriften, hier nicht weiter abgedruckt)*

---

* *Verkündet am 10. März 1976*

Gesetz über kommunale Zusammenarbeit (GKZ)

in der Fassung vom 16. September 1974 (GBl. S. 408, berichtigt GBl. 1975, S. 460; GBl. 1976, S. 408), zuletzt geändert durch Gesetz vom 29. Juni 1983 (GBl. S. 229)

INHALTSÜBERSICHT

1

ERSTER TEIL

Öffentlich-rechtliche Formen zwischengemeindlicher Zusammenarbeit

§ 1 Grundsatz. [1]Gemeinden und Landkreise können Zweckverbände bilden oder öffentlich-rechtliche Vereinbarungen schließen, um bestimmte Aufgaben, zu deren Erledigung sie berechtigt oder verpflichtet sind, für alle oder einzelne gemeinsam zu erfüllen. [2]Dies gilt nicht, wenn durch Gesetz die gemeinsame Erfüllung der Aufgaben ausgeschlossen oder hierfür eine besondere Rechtsform vorgeschrieben ist.

ZWEITER TEIL

Zweckverband

1. Abschnitt

Grundlagen des Zweckverbands

§ 2 Verbandsmitglieder. (1) Gemeinden und Landkreise können sich zu einem Zweckverband zusammenschließen (Freiverband) oder zur Erfüllung von Pflichtaufgaben zusammengeschlossen werden (Pflichtverband).

(2) [1]Neben einer der in Absatz 1 genannten Körperschaften können auch andere Körperschaften, Anstalten und Stiftungen des öffentlichen Rechts Mitglied eines Freiverbands sein, soweit nicht die für sie geltenden besonderen Vorschriften die Beteiligung ausschließen oder beschränken. [2]Ebenso können natürliche Personen und juristische Personen des Privatrechts Mitglied eines Freiverbands sein, wenn die Erfüllung der Verbandsaufgaben dadurch gefördert wird und Gründe des öffentlichen Wohls nicht entgegenstehen.

§ 3 Rechtsnatur. [1]Der Zweckverband ist eine Körperschaft des öffentlichen Rechts. [2]Er verwaltet seine Angelegenheiten im Rahmen der Gesetze unter eigener Verantwortung.

§ 4 Aufgabenübergang. (1) Das Recht und die Pflicht der an einem Zweckverband beteiligten Gemeinden und Landkreise zur Erfüllung der Aufgaben, die dem Zweckverband gestellt sind, gehen auf den Zweckverband über.

(2) [1]Bestehende Beteiligungen der Gemeinden und Landkreise an Unternehmen und Verbänden, die der gleichen oder einer ähnlichen Aufgabe dienen wie der Zweckverband,bleiben unberührt. [2]Hat nach der Verbandssatzung der Zweckverband anzustreben, solche Beteiligungen an Stelle seiner Verbandsmitglieder zu übernehmen, so sind die einzelnen Verbandsmitglieder zu den hierfür erforderlichen Rechtshandlungen verpflichtet.

§ 5 Rechtsverhältnisse, Satzungen. (1) Die Rechtsverhältnisse des Zweckverbands werden im Rahmen dieses Gesetzes durch eine Verbandssatzung geregelt.

(2) [1]Soweit nicht ein Gesetz oder die Verbandssatzung besondere Vorschriften trifft, finden auf den Zweckverband die für Gemeinden geltenden Vorschriften entsprechende Anwendung. [2]Treffen diese Vorschriften für einzelne Gruppen von Gemeinden nach ihrer Einwohnerzahl oder ihrer Eigenschaft als Stadtkreise, Große Kreisstädte und sonstige Gemeinden unterschiedliche Regelungen, so sind die Vorschriften anzuwenden, die für die Beteiligten der höheren Ordnung maßgebend sind. [3]Landkreise stehen Stadtkreisen gleich.

(3) [1]Das Recht, Satzungen zu erlassen, steht dem Zweckverband nach Maßgabe der Gemeindeordnung für sein Aufgabengebiet zu. [2]Der örtliche Geltungsbereich der Satzungen kann beschränkt werden.

(4) Auf Satzungen über die Benutzung öffentlicher Einrichtungen, über den Anschluß- und Benutzungszwang sowie über die Erhebung von Gebühren und Beiträgen finden die für die Gemeinden geltenden Vorschriften über das Recht der Einwohner, Grundbesitzer und Gewerbetreibenden zur Benutzung öffentlicher Einrichtungen der Gemeinde, über die Erhebung von Gebühren und Beiträgen sowie über das Verwaltungszwangsverfahren und die Verfolgung und Ahndung von Ordnungswidrigkeiten bei Zuwiderhandlungen gegen Satzungen entsprechende Anwendung.

(5) Die Zweckverbände sind Verwaltungsbehörden im Sinne von § 36 Abs. 1 Nr. 1 des Gesetzes über Ordnungswidrigkeiten bei Zuwiderhandlungen gegen ihre Satzungen.

2. Abschnitt

Bildung des Zweckverbands

§ 6 Verbandssatzung. (1) Zur Bildung des Zweckverbands als Freiverband muß von den Beteiligten eine Verbandssatzung vereinbart werden.

(2) Die Verbandssatzung muß bestimmen

1. die Verbandsmitglieder,
2. die Aufgaben,
3. den Namen und Sitz,
4. die Verfassung und Verwaltung, insbesondere die Zuständigkeit der Verbandsorgane und deren Geschäftsgang,
5. den Maßstab, nach dem die Verbandsmitglieder zur Deckung des Finanzbedarfs beizutragen haben (§ 19 Abs. 1 Satz 1),
6. die Form der öffentlichen Bekanntmachungen,
7. die Abwicklung im Falle der Auflösung des Zweckverbands.

§ 7 Genehmigungsverfahren. (1) [1]Die Verbandssatzung bedarf der Genehmigung der Rechtsaufsichtsbehörde (§ 28 Abs. 2). [2]Die Genehmigung ist zu erteilen, wenn die Bildung des Zweckverbands zulässig und die Verbandssatzung den gesetzlichen Vorschriften entsprechend vereinbart ist. [3]Soll der Zweckverband Weisungsaufgaben erfüllen, entscheidet die Rechtsaufsichtsbehörde im Einvernehmen mit der Fachaufsichtsbehörde über die Genehmigung nach pflichtmäßigem Ermessen.

(2) Ist für die Durchführung einer Aufgabe, zu deren Erfüllung der Zweckverband gebildet werden soll, eine besondere Genehmigung erforderlich, kann die Verbandssatzung nicht genehmigt werden, wenn zu erwarten ist, daß die besondere Genehmigung versagt wird.

§ 8 Entstehung des Zweckverbands. (1) [1]Die Genehmigung der Verbandssatzung ist mit der Verbandssatzung von der Rechtsaufsichtsbehörde in ihrem amtlichen Veröffentlichungsblatt bekanntzumachen. [2]Die Rechtsaufsichtsbehörde kann in der Bekanntmachung der Genehmigung für die Bekanntmachung der Verbandssatzung eine andere Form bestimmen.

(2) [1]Der Zweckverband entsteht am Tage nach der öffentlichen Bekanntmachung der Genehmigung und der Verbandssatzung, sofern in der Verbandssatzung kein späterer Zeitpunkt bestimmt ist. [2]Werden Genehmigung und Verbandssatzung getrennt bekanntgemacht (Absatz 1 Satz 2), ist die spätere Bekanntmachung maßgebend.

§ 9 Ausgleich. Neben der Verbandssatzung können die Beteiligten schriftliche Vereinbarungen über den Ausgleich von Vorteilen und Nachteilen abschließen, die sich für sie aus der Bildung des Zweckverbands ergeben.

§ 10 Bedingte Pflichtaufgaben. (1) [1]Kann eine freiwillige Aufgabe durch mehrere kommunale Aufgabenträger nur gemeinsam in wirksamer Weise oder gemeinsam wesentlich wirtschaftlicher oder zweckmäßiger erfüllt werden, so kann die Aufgabe für die Beteiligten nach deren Anhörung durch Rechtsverordnung des Innenministeriums im Einvernehmen mit dem zuständigen Ministerium zur Pflichtaufgabe erklärt werden, wenn für die Erfüllung der Aufgabe ein dringendes öffentliches Bedürfnis besteht. [2]Dasselbe gilt, wenn die Erfüllung einer freiwilligen Aufgabe zugleich den Einwohnern eines anderen oder mehrerer anderer kommunaler Aufgabenträger in einem Umfang zugute kommt, daß eine gemeinsame Finanzierung geboten ist und wenn für die gemeinsame Erfüllung der Aufgabe ein dringendes öffentliches Bedürfnis besteht. [3]Die Aufgabe ist von den Beteiligten in einer der öffentlich-rechtlichen Formen kommunaler Zusammenarbeit, auf die dieses Gesetz Anwendung findet, gemeinsam zu erfüllen.

(2) Zu Pflichtaufgaben nach Absatz 1 können erklärt werden die Errichtung, Unterhaltung sowie der Betrieb von Einrichtungen

    1. des öffentlichen Personennahverkehrs,

    2. der Naherholung,

3. der Fernwärmeversorgung,
4. der Wasserversorgung,
5. der Abwasserbeseitigung.

§ 11 Pflichtverband. (1) Besteht für die Bildung eines Zweckverbands zur Erfüllung bestimmter Pflichtaufgaben ein dringendes öffentliches Bedürfnis, kann die Rechtsaufsichtsbehörde (§ 28 Abs. 2) den beteiligten Gemeinden und Landkreisen eine angemessene Frist zur Bildung eines Zweckverbands setzen.

(2) ¹Wird der Zweckverband innerhalb der Frist nicht gebildet, verfügt die Rechtsaufsichtsbehörde die Bildung des Zweckverbands und erläßt gleichzeitig die Verbandssatzung (§ 6 Abs. 2). ²Vor dieser Entscheidung muß den Beteiligten Gelegenheit gegeben werden, ihre Auffassung in mündlicher Verhandlung darzulegen.

(3) Absatz 1 und 2 gelten entsprechend für die Übertragung bestimmter Pflichtaufgaben auf einen bestehenden Zweckverband und für den Anschluß von Gemeinden und Landkreisen zur Erfüllung bestimmter Pflichtaufgaben an einen bestehenden Zweckverband.

(4) ¹Im übrigen gelten § 7 Abs. 1 Satz 3 und §§ 8 und 9 entsprechend. ²Hält die Rechtsaufsichtsbehörde einen Ausgleich nach § 9 für erforderlich, so kann sie diesen selbst regeln, wenn die Beteiligten dies beantragen oder sich nicht innerhalb einer von der Rechtsaufsichtsbehörde gesetzten angemessenen Frist einigen.

3. Abschnitt

Verfassung und Verwaltung des Zweckverbands

§ 12 Organe. (1) Organe des Zweckverbands sind die Verbandsversammlung und der Verbandsvorsitzende.

(2) ¹Die Verbandssatzung kann als weiteres Organ einen Verwaltungsrat vorsehen. ²Für die Mitglieder des Verwaltungsrats gilt § 13 Abs. 6 entsprechend.

§ 13 Verbandsversammlung. (1) ¹Die Verbandsversammlung ist das Hauptorgan des Zweckverbands. ²Sie ist für den Erlaß von Satzungen zuständig.

(2) ¹Die Verbandsversammlung besteht aus mindestens einem Vertreter eines jeden Verbandsmitglieds. ²Die Verbandssatzung kann bestimmen, daß einzelne oder alle Verbandsmitglieder mehrere Vertreter in die Verbandsversammlung entsenden und daß einzelne Verbandsmitglieder ein mehrfaches Stimmrecht haben. ³Die mehreren Stimmen eines Verbandsmitglieds können nur einheitlich abgegeben werden.⁴Die in § 2 Abs. 2 Satz 2 genannten Verbandsmitglieder dürfen zusammen nicht mehr als zwei Fünftel der satzungsmäßigen Stimmzahl haben; dabei bleiben diejeni-

gen Verbandsmitglieder außer Betracht, an denen ausschließlich Gemeinden oder Landkreise beteiligt sind.

(3) [1]Erfüllt der Zweckverband eine Aufgabe nur für einzelne Verbandsmitglieder, kann die Verbandssatzung bestimmen, daß diese Verbandsmitglieder insoweit gegen Beschlüsse der Verbandsversammlung, die für sie von besonderer Wichtigkeit oder erheblicher wirtschaftlicher Bedeutung sind, binnen zwei Wochen nach der Beschlußfassung Einspruch einlegen können. [2]Der Einspruch hat aufschiebende Wirkung. [3]Auf den Einspruch hat die Verbandsversammlung erneut zu beschließen. [4]Der Einspruch ist zurückgewiesen, wenn der neue Beschluß mit einer Mehrheit von mindestens zwei Dritteln der Stimmen der vertretenen Verbandsmitglieder, mindestens jedoch mit der Mehrheit der satzungsmäßigen Stimmenzahl gefaßt wird.

(4) [1]Eine Gemeinde wird in der Verbandsversammlung durch den Bürgermeister, ein Landkreis durch den Landrat vertreten; im Falle der Verhinderung tritt an ihre Stelle ihr allgemeiner Stellvertreter oder ein beauftragter Bediensteter nach § 53 Abs. 1 der Gemeindeordnung oder nach § 38 Abs. 1 der Landkreisordnung. [2]Sind mehrere Vertreter zu entsenden, werden die weiteren Vertreter einer Gemeinde vom Gemeinderat, die weiteren Vertreter eines Landkreises vom Kreistag widerruflich gewählt. [3]Für die weiteren Vertreter können Stellvertreter gewählt werden, die die Vertreter im Falle der Verhinderung vertreten; Satz 2 gilt entsprechend. [4]Ist mehr als ein weiterer Vertreter zu wählen, finden die Vorschriften über die Wahl der Mitglieder beschließender Ausschüsse des Gemeinderats Anwendung.

(5) Die Verbandsmitglieder können ihren Vertretern Weisungen erteilen.

(6) [1]Die Vertreter der Verbandsmitglieder in der Verbandsversammlung sind ehrenamtlich tätig. [2]Für ihre Rechtsverhältnisse gelten die für die Gemeinderäte maßgebenden Vorschriften entsprechend. [3]§ 18 Abs. 1 Nr. 4 und Abs. 2 Nr. 1 der Gemeindeordnung finden keine Anwendung, wenn die Entscheidung wegen der Wahrnehmung einer Aufgabe des Zweckverbands ein Verbandsmitglied betrifft oder wenn sie Verpflichtungen der Verbandsmitglieder betrifft, die sich aus ihrer Zugehörigkeit zum Zweckverband ergeben und für alle zum Verband gehörenden Mitglieder nach gleichen Grundsätzen festgesetzt werden.

§ 14 Ausschüsse. (1) [1]Durch die Verbandssatzung können beschließende Ausschüsse der Verbandsversammlung gebildet und ihnen bestimmte Aufgabengebiete zur dauernden Erledigung übertragen werden. [2]Durch Beschluß kann die Verbandsversammlung einzelne Angelegenheiten auf bestehende beschließende Ausschüsse übertragen oder für ihre Erledigung beschließende Ausschüsse bilden. [3]Die für beschließende Ausschüsse des Gemeinderats geltenden Vorschriften finden entsprechende Anwendung.

(2) ¹Die Verbandsversammlung kann zur Vorberatung ihrer Verhandlungen oder einzelner Verhandlungsgegenstände beratende Ausschüsse bilden. ²Die für beratende Ausschüsse des Gemeinderats geltenden Vorschriften finden entsprechende Anwendung.

§ 15 Geschäftsgang. (1) ¹Die Sitzungen der Verbandsversammlung sind öffentlich. ²Nichtöffentlich ist zu verhandeln, wenn es das öffentliche Wohl oder berechtigte Interessen einzelner erfordern. ³Der Verbandsvorsitzende kann in der Tagesordnung bestimmte Gegenstände in die nichtöffentliche Sitzung verweisen. ⁴Über Anträge aus der Mitte der Verbandsversammlung, einen Verhandlungsgegenstand entgegen der Tagesordnung in öffentlicher oder nichtöffentlicher Sitzung zu behandeln, wird in nichtöffentlicher Sitzung beraten und entschieden. ⁵Zeit, Ort und Tagesordnung der öffentlichen Sitzungen der Verbandsversammlung sind rechtzeitig durch die Verbandsmitglieder ortsüblich bekanntzugeben oder durch den Verband in der von diesem vorgesehenen Form öffentlich bekanntzumachen.

(2) Die Vertreter der Verbandsmitglieder in der Verbandsversammlung sind zur Verschwiegenheit über alle in nichtöffentlicher Sitzung behandelten Angelegenheiten solange verpflichtet, bis sie der Verbandsvorsitzende von der Schweigepflicht entbindet.

(3) Die Beschlüsse der Verbandsversammlung werden mit Stimmenmehrheit gefaßt; die Verbandssatzung kann eine größere Mehrheit bestimmen.

(4) Für den Geschäftsgang eines Verwaltungsrats und von beschließenden Ausschüssen der Verbandsversammlung finden die für die Verbandsversammlung geltenden Vorschriften entsprechende Anwendung.

§ 16 Verbandsvorsitzender. (1) ¹Der Verbandsvorsitzende ist Vorsitzender der Verbandsversammlung und des Verwaltungsrats. ²Er ist Leiter der Verbandsverwaltung und vertritt den Zweckverband.

(2) Weisungsaufgaben des Zweckverbands erfüllt der Verbandsvorsitzende in eigener Zuständigkeit, soweit gesetzlich nichts anderes bestimmt ist; abweichend hiervon ist die Verbandsversammlung für den Erlaß von Rechtsverordnungen zuständig, soweit Vorschriften anderer Gesetze nicht entgegenstehen.

(3) ¹Der Verbandsvorsitzende und mindestens ein Stellvertreter werden von der Verbandsversammlung aus ihrer Mitte gewählt. ²Ist in der Verbandssatzung ein Verwaltungsrat vorgesehen, kann diese bestimmen, daß die Stellvertreter aus dessen Mitte gewählt werden. ³Verbandsvorsitzender soll in der Regel ein Bürgermeister einer Gemeinde oder ein Landrat eines Landkreises sein, die dem Zweckverband angehören; er muß es sein, wenn der Zweckverband Weisungsaufgaben zu erfüllen hat.

(4) ¹Der Verbandsvorsitzende und seine Stellvertreter sind ehrenamtlich tätig. ²Durch Satzung können angemessene Aufwandsentschädigungen

festgesetzt werden. [3]Im übrigen gelten für ihre Rechtsverhältnisse die für Gemeinderäte maßgebenden Vorschriften sowie § 13 Abs. 6 Satz 3 entsprechend.

§ 17 Beamte. (1) Der Zweckverband besitzt das Recht, Beamte zu haben.

(2) Hauptamtliche Beamte dürfen nur ernannt werden, wenn dies in der Verbandssatzung vorgesehen ist.

§ 18 Wirtschaftsführung. Für die Wirtschaftsführung des Zweckverbands gelten die Vorschriften über die Gemeindewirtschaft entsprechend mit Ausnahme der Vorschriften über die Auslegung des Entwurfs der Haushaltssatzung und des Haushaltsplans sowie der Jahresrechnung, über das Rechnungsprüfungsamt und den Fachbeamten für das Finanzwesen.

§ 19 Deckung des Finanzbedarfs. (1) [1]Der Zweckverband kann, soweit seine sonstigen Einnahmen zur Deckung seines Finanzbedarfs nicht ausreichen, von den Verbandsmitgliedern eine Umlage erheben. [2]Die Maßstäbe für die Umlage sind so zu bestimmen, daß der Aufwand für die einzelnen Aufgaben angemessen auf die Mitglieder verteilt wird. [3]Die Höhe der Umlage ist in der Haushaltssatzung für jedes Haushaltsjahr festzusetzen; sie soll getrennt für den Verwaltungshaushalt und den Vermögenshaushalt festgesetzt werden. [4]Der Zweckverband kann für rückständige Beträge Verzugszinsen von zwei vom Hundert über dem jeweiligen Diskontsatz fordern.

(2) Für die Kostentragung bei einzelnen Aufgaben kann eine andere Regelung vereinbart werden.

(3) Das Recht zur Erhebung von Steuern steht dem Zweckverband nicht zu.

4. Abschnitt

Unmittelbare Anwendung des Eigenbetriebsrechts auf Zweckverbände

§ 20 (1) [1]Die Verbandssatzung eines Zweckverbands, dessen Hauptzweck der Betrieb wirtschaftlicher Unternehmen ist, kann vorsehen, daß auf die Verfassung, Verwaltung und Wirtschaftsführung des Zweckverbands die für die Eigenbetriebe geltenden Vorschriften mit folgender Maßgabe Anwendung finden:

1. An die Stelle der Betriebssatzung tritt die Verbandssatzung, an die Stelle des Bürgermeisters der Verbandsvorsitzende, an die Stelle der Werkleitung die Geschäftsleitung, an die Stelle des Werkausschusses der Verwaltungsrat.

2. Von der Bildung eines Verwaltungsrates kann abgesehen werden.

[2]Die Verbandssatzung kann bestimmen, daß nur die für die Wirtschaftsführung und das Rechnungswesen der Eigenbetriebe geltenden Vorschriften nach Maßgabe des Satzes 1 Anwendung finden.

(2) Absatz 1 gilt auch für einen Zweckverband, dessen Hauptzweck die Unterhaltung einer Einrichtung ist, die nach den Vorschriften über die Eigenbetriebe geführt werden kann (§ 22 Abs. 2 Nr. 3 des Eigenbetriebsgesetzes).

5. Abschnitt

Änderung der Verbandssatzung und Auflösung des Zweckverbands

§ 21 Änderung der Verbandssatzung und Auflösung des Zweckverbands.
(1) Soll der Zweckverband eine weitere Aufgabe für alle Verbandsmitglieder erfüllen, gelten für die Änderung der Verbandssatzung §§ 6 bis 8 entsprechend.

(2) [1]Alle sonstigen Änderungen der Verbandssatzung sowie die Auflösung des Zweckverbands werden von der Verbandsversammlung mit einer Mehrheit von mindestens zwei Dritteln der satzungsmäßigen Stimmzahlen der Verbandsmitglieder beschlossen. [2]Die Verbandssatzung kann bestimmen, daß eine größere Mehrheit der satzungsmäßigen Stimmenzahl erforderlich ist. [3]Sie kann ferner bestimmen, daß der Beschluß der Verbandsversammlung der Zustimmung einzelner oder aller Verbandsmitglieder bedarf.

(3) Soll der Zweckverband eine weitere Aufgabe nur für einzelne Verbandsmitglieder erfüllen, bedarf es des Antrags dieser Mitglieder; für das Verfahren zur Änderung der Verbandssatzung gilt Absatz 2.

(4) Der Beschluß über das Ausscheiden eines Verbandsmitglieds bedarf dessen schriftlicher Zustimmung; dies gilt nicht, wenn die Verbandssatzung einen Ausschluß vorsieht und die in der Verbandssatzung bestimmten Voraussetzungen für den Ausschluß gegeben sind.

(5) [1]Die Änderung der Verbandssatzung nach Absatz 2 sowie der Beschluß über die Auflösung des Zweckverbands bedürfen der Genehmigung der Rechtsaufsichtsbehörde. [2]Bei Zweckverbänden, denen nur Gemeinden und Landkreise angehören, ist die Genehmigung außer im Falle der Auflösung nur für Änderungen der Verbandssatzungen nach Absatz 2 wegen Änderung der Verbandsaufgaben erforderlich; im übrigen sind die Änderungen der Verbandssatzung der Rechtsaufsichtsbehörde anzuzeigen. [3]Für Änderungen der Verbandssatzung, die der Genehmigung bedürfen, und den Beschluß über die Auflösung des Zweckverbands gelten §§ 7 und 8 entsprechend; Änderungen der Verbandssatzung, die der Genehmigung nicht bedürfen, sind wie Satzungen des Zweckverbands (§ 5 Abs. 3) zu behandeln.

§ 22 Abwicklung. Der Zweckverband gilt nach seiner Auflösung als fortbestehend, soweit der Zweck der Abwicklung es erfordert.

§ 23 Wegfall von Verbandsmitgliedern. (1) Fallen Gemeinden oder Landkreise, die Verbandsmitglieder sind, durch Eingliederung in eine andere Körperschaft, durch Zusammenschluß mit einer anderen Körperschaft, durch Auflösung oder aus einem sonstigen Grunde weg, tritt die Körperschaft des öffentlichen Rechts, in die das Verbandsmitglied eingegliedert oder zu der es zusammengeschlossen wird, in die Rechtsstellung des weggefallenen Verbandsmitglieds ein.

(2) [1]Wenn Gründe des öffentlichen Wohls nicht entgegenstehen, kann der Zweckverband binnen drei Monaten nach Wirksamwerden der Änderung die neue Körperschaft ausschließen; in gleicher Weise kann diese ihr Ausscheiden aus dem Zweckverband verlangen. [2]Falls die neue Körperschaft dem Ausschluß widerspricht oder der Zweckverband ihrem Verlangen auf Ausscheiden nicht entspricht, entscheidet auf Antrag eines der Beteiligten die Rechtsaufsichtsbehörde. [3]In diesem Fall regelt die Rechtsaufsichtsbehörde auch die aus der Veränderung sich ergebenden Verhältnisse zwischen dem Zweckverband und dem ausscheidenden Mitglied.

(3) Absatz 1 und 2 gelten entsprechend beim Wegfall sonstiger Mitglieder.

§ 24 Besondere Bestimmungen für Pflichtverbände. (1) Hat nach der Verbandssatzung eines Pflichtverbands die Verbandsversammlung über Änderungen der Verbandssatzung zu beschließen, bedürfen diese der Genehmigung der Rechtsaufsichtsbehörde.

(2) Ist eine der Voraussetzungen für die Bildung eines Pflichtverbands weggefallen, hat die Rechtsaufsichtsbehörde den Zweckverband aufzulösen.

(3) Für das Verfahren nach Absatz 1 und 2 gelten § 7 Abs. 1 Satz 3 und § 8, im Fall des Absatzes 2 auch § 22, entsprechend.

DRITTER TEIL

Öffentlich-rechtliche Vereinbarung

§ 25 Voraussetzung, Verfahren. (1) [1]Gemeinden und Landkreise können vereinbaren, daß eine der beteiligten Körperschaften bestimmte Aufgaben für alle Beteiligten erfüllt, insbesondere den übrigen Beteiligten die Mitbenutzung einer von ihr betriebenen Einrichtung gestattet. [2]Durch die Vereinbarung gehen das Recht und die Pflicht der übrigen Körperschaften zur Erfüllung der Aufgaben auf die übernehmende Körperschaft über.

(2) [1]In der Vereinbarung kann den übrigen Beteiligten ein Mitwirkungsrecht bei der Erfüllung der Aufgaben eingeräumt werden. [2]Es kann insbesondere vereinbart werden, daß

1. die übernehmende Körperschaft und die übrigen Beteiligten einen gemeinsamen Ausschuß zur Vorberatung der Verhandlungen des

Gemeinderats oder des Kreistags der übernehmenden Körperschaft sowie von dessen beschließenden Ausschüssen bilden,

2. die übrigen Beteiligten gegen Beschlüsse des Gemeinderats oder des Kreistags der übernehmenden Körperschaft sowie von dessen beschließenden Ausschüssen, die für sie von besonderer Wichtigkeit oder erheblicher wirtschaftlicher Bedeutung sind, binnen zwei Wochen nach Mitteilung des Beschlusses Einspruch einlegen können. [3]Der Einspruch hat aufschiebende Wirkung. [4]Auf den Einspruch ist erneut zu beschließen. [5]Der Einspruch ist zurückgewiesen, wenn der neue Beschluß mit der Mehrheit der Stimmen aller Mitglieder des Gemeinderats oder des Kreistags der übernehmenden Körperschaft sowie von dessen beschließenden Ausschüssen gefaßt wird oder wenn ein gemeinsamer Ausschuß nach Nummer 1 dem neuen Beschluß mit der Mehrheit seiner Mitglieder zustimmt.

(3) Ist die Geltungsdauer der Vereinbarung nicht befristet, so muß sie die Voraussetzungen bestimmen, unter denen sie von einem Beteiligten gekündigt werden kann.

(4) [1]Die Vereinbarung ist schriftlich abzuschließen und bedarf der Genehmigung der in § 28 Abs. 2 bestimmten Rechtsaufsichtsbehörde. [2]Dies gilt auch für Änderungen der Vereinbarung und deren Aufhebung. [3]§§ 7 und 21 Abs. 5 Satz 2 gelten entsprechend.

(5) [1]Die Vereinbarung, ihre Änderung und Aufhebung sind mit der Genehmigung, sofern eine solche erforderlich ist, von den Beteiligten öffentlich bekanntzumachen. [2]Sie werden am Tage nach der letzten öffentlichen Bekanntmachung rechtswirksam, sofern von den Beteiligten kein späterer Zeitpunkt bestimmt ist.

§ 26 Ausdehnung der Satzungsbefugnis. (1) Die zur Erfüllung der Aufgabe verpflichtete Körperschaft kann im Rahmen der ihr übertragenen Aufgabengebiete Satzungen erlassen, die für das gesamte Gebiet der Beteiligten gelten; dies gilt nicht für die Erhebung von Steuern.

(2) Die Körperschaft kann im Geltungsbereich der Satzung alle zur Durchführung erforderlichen Maßnahmen wie im eigenen Gebiet treffen.

§ 27 Pflichtvereinbarung. (1) Besteht für den Abschluß einer Vereinbarung zur Erfüllung bestimmter Pflichtaufgaben ein dringendes öffentliches Bedürfnis, kann die in § 28 Abs. 2 bestimmte Rechtsaufsichtsbehörde den beteiligten Gemeinden und Landkreisen eine angemessene Frist zum Abschluß der Vereinbarung setzen.

(2) [1]Wird die Vereinbarung innerhalb der Frist nicht abgeschlossen, legt die Rechtsaufsichtsbehörde die Vereinbarung fest (Pflichtvereinbarung). [2]Vor dieser Entscheidung muß den Beteiligten Gelegenheit gegeben werden, ihre Auffassung in mündlicher Verhandlung darzulegen.

(3) § 7 Abs. 1 Satz 3, § 11 Abs. 3, § 24 Abs. 1 und 2, § 25 Abs. 1, 2, 4 Satz 1 und 2 und Abs. 5 sowie § 26 gelten entsprechend.

11

VIERTER TEIL

Aufsicht

§ 28 (1) [1]Der Zweckverband steht unter staatlicher Aufsicht. [2]Die §§ 118, 120 bis 127 und 129 der Gemeindeordnung gelten entsprechend.

(2) Rechtsaufsichtsbehörde ist:

1. das Landratsamt, wenn nur Gemeinden beteiligt sind, die seiner Aufsicht unterstehen;

2. das Regierungspräsidium oder die von ihm bestimmte Behörde, wenn an dem Zweckverband andere als die in Nummer 1 genannten Gemeinden seines Regierungsbezirks oder Landkreise beteiligt sind, die keinem anderen Regierungsbezirk angehören;

3. das Innenministerium oder die von ihm bestimmte Behörde, wenn sich der Kreis der beteiligten Gemeinden und Landkreise über einen Regierungsbezirk oder das Land hinaus erstreckt oder wenn das Land oder der Bund beteiligt sind.

(3) Obere Rechtsaufsichtsbehörde ist in den Fällen des Absatzes 2 Nr. 1 und 2 das Regierungspräsidium.

(4) Oberste Rechtsaufsichtsbehörde und im Falle des Absatzes 2 Nr. 3 auch obere Rechtsaufsichtsbehörde ist das Innenministerium.

FÜNFTER TEIL

Anwendung in Sonderfällen

§ 29 Beteiligung von Zweckverbänden und Rechtsträgern gemeindefreier Grundstücke. Zweckverbände und Rechtsträger gemeindefreier Grundstücke stehen bei Anwendung dieses Gesetzes den Gemeinden gleich.

§ 30 Anwendung auf sonstige Verbände. (1) Ist durch Gesetz die gemeinsame Erfüllung bestimmter Aufgaben der Gemeinden oder Landkreise vorgeschrieben oder zugelassen, findet das Gesetz über kommunale Zusammenarbeit insoweit Anwendung, als gesetzlich keine abweichende Regelung getroffen ist.

(2) Regelungen in anderen Gesetzen für Zweckverbände gelten auch für Nachbarschaftsverbände, Verwaltungsgemeinschaften, Feuerlöschverbände und Planungsverbände.

(3) Auf Planungsverbände nach § 4 Abs. 1 bis 7 des Bundesbaugesetzes sind die Vorschriften dieses Gesetzes entsprechend anzuwenden, soweit sich aus dem Bundesbaugesetz nichts anderes ergibt.

(4) Stehen nach den für einen sonstigen Verband geltenden sondergesetzlichen Vorschriften einer anderen Behörde Befugnisse zu, so trifft die Rechtsaufsichtsbehörde Entscheidungen nach diesem Gesetz im Einvernehmen mit der anderen Behörde.

§ 31 Badischer Gemeindeversicherungsverband. (1) Der Badische Gemeindeversicherungsverband ist Körperschaft des öffentlichen Rechts.

(2) ¹Die Rechtsverhältnisse des Verbands werden in der Satzung geregelt. ²Der Verband betreibt die in der Satzung zugelassenen Versicherungszweige. ³Änderungen der Satzung bedürfen der Zustimmung der Rechtsaufsichtsbehörde.

(3) ¹Die Auflösung des Verbands bedarf der Genehmigung des Innenministeriums. ²Der Verband kann nach § 385 a des Aktiengesetzes mit Genehmigung des Innenministeriums in eine Aktiengesellschaft umgewandelt werden.

(4) ¹Für die Aufsicht gilt § 28 Abs. 1 entsprechend. ²Rechtsaufsichtsbehörde ist das Innenministerium oder die von ihm bestimmte Behörde.

SECHSTER TEIL

Übergangs- und Schlußbestimmungen

§ 32 Verbandssatzungen bestehender Zweckverbände und sonstiger Verbände sowie bestehende öffentlich-rechtliche Vereinbarungen (nicht abgedruckt)

§ 33 Durchführungsbestimmungen. ¹Das Innenministerium erläßt die Rechtsverordnung zur Regelung der Anwendung der Bestimmungen zur Durchführung des Gemeindewirtschaftsrechts auf den Zweckverband. ²Dabei kann für Zweckverbände mit erheblicher wirtschaftlicher Bedeutung eine Eigenprüfung vorgeschrieben werden.

§ 34* Inkrafttreten. (1) Dieses Gesetz tritt am Tage nach seiner Verkündung** in Kraft.

(2) ¹Gleichzeitig treten unbeschadet des § 27 Abs. 1 alle Vorschriften, die diesem Gesetz entsprechen oder widersprechen, außer Kraft. ²Insbesondere treten folgende Vorschriften außer Kraft:
(hier nicht weiter abgedruckt)

---

* *Amtliche Anmerkung:*
 Diese Vorschrift betrifft das Inkrafttreten des Gesetzes in der ursprünglichen Fassung vom 24. Juli 1963 (Ges.Bl. S. 114). Der in Absatz 2 Satz 1 genannte § 27 bezieht sich auf die ursprüngliche Fassung.

** *Ursprüngliche Fassung verkündet am 31. Juli 1963*

Kommunalabgabengesetz (KAG)

in der Fassung vom 15. Februar 1982 (GBl. S. 57), zuletzt geändert durch
Gesetz vom 15. Dezember 1986 (GBl. S. 465)

INHALTSÜBERSICHT*

1. Abschnitt

Allgemeine Vorschriften

§ 1 Geltungsbereich. Dieses Gesetz gilt für Steuern, Gebühren und Beiträge, die von den Gemeinden und Landkreisen erhoben werden (Kommunalabgaben), soweit nicht eine besondere gesetzliche Regelung besteht.

§ 2 Abgabensatzungen. (1) [1]Die Kommunalabgaben werden auf Grund einer
Satzung erhoben. [2]Die Satzung muß insbesondere den Kreis der Abgaben-
schuldner, den Gegenstand, den Maßstab und den Satz der Abgabe, sowie
die Entstehung und die Fälligkeit der Abgabenschuld bestimmen.

---

* Nicht amtlich

(2) (aufgehoben)

§ 3* Anwendung von Bundesrecht. (1) Auf die Kommunalabgaben sind die folgenden Bestimmungen der Abgabenordnung in der jeweils geltenden Fassung sinngemäß anzuwenden, soweit sie sich nicht auf bestimmte Steuern beziehen und soweit nicht dieses Gesetz besondere Vorschriften enthält:

1. aus dem Ersten Teil - Einleitende Vorschriften -

   a) über den Anwendungsbereich § 2,

   b) über die steuerlichen Begriffsbestimmungen § 3 Abs. 1, Abs. 3 mit der Maßgabe, daß Zwangsgelder und Kosten nicht als Nebenleistungen anzusehen sind, Abs. 4 sowie §§ 4, 5 und 7 bis 15,

   c) über das Steuergeheimnis § 30 mit folgenden Maßgaben:

      aa) die Vorschrift gilt nur für kommunale Steuern, die Abgabe zur Förderung des Fremdenverkehrs sowie die Feuerwehrabgabe,

      bb) bei der Hundesteuer darf in Schadensfällen Auskunft über Namen und Anschrift des Hundehalters an Behörden und Schadensbeteiligte gegeben werden,

      cc) die Entscheidung nach Absatz 4 Nr. 5 Buchstabe c trifft das Hauptorgan der Körperschaft, der die Abgabe zusteht,

   d) über die Haftungsbeschränkung für Amtsträger § 32,

2. aus dem Zweiten Teil - Steuerschuldrecht -

   a) über die Steuerpflichtigen §§ 33 bis 36,

   b) über das Steuerschuldverhältnis §§ 37 bis 50,

   c) über steuerbegünstigte Zwecke §§ 51 bis 68,

   d) über die Haftung §§ 69, 70, § 71 mit der Maßgabe, daß die Vorschriften über die Steuerhehlerei keine Anwendung finden, §§ 73 bis 75 und 77,

3. aus dem Dritten Teil - Allgemeine Verfahrensvorschriften -

   a) über die Verfahrensgrundsätze §§ 78 bis 81, § 82 Abs. 1 und 2, § 83 Abs. 1 mit der Maßgabe, daß in den Fällen des Satzes 2 die Anordnung von der obersten Dienstbehörde getroffen wird, §§ 85 und 86, § 87 mit der Maßgabe, daß in den Fällen des Absatzes 2 Satz 2 die Vorlage einer von einem öffentlich

---

* *Amtliche Anmerkung:* Soweit nichts anderes bestimmt ist, gelten die §§ 1, 2, 8, 9, 10 Abs. 1, §§ 11, 14, 15 und 16 Abs. 1 des Artikels 97 des Einführungsgesetzes zur Abgabenordnung vom 14. Dezember 1976 (BGBl. I. S. 3341) entsprechend mit der Maßgabe, daß anstelle der Stichtage 1. Januar 1977 und 31. Dezember 1976 der 1. November 1977 bzw. der 31. Oktober 1977 tritt (Artikel 10 des AO-Anpassungsgesetzes - AOAnpG - vom 4. Oktober 1977 - GBl. S. 401 -).

bestellten und beeidigten Urkundenübersetzer angefertigten oder beglaubigten Übersetzung verlangt werden kann, §§ 88 bis 93, § 96 Abs. 1 bis Abs. 7 Satz 1 und 2, §§ 97 bis 99, § 101 Abs. 1, §§ 102 bis 110, § 111 Abs. 1 bis 3 und 5, §§ 112 bis 115 und § 117 Abs. 1, 2 und 4,

b) über die Verwaltungsakte §§ 118 bis 133 mit der Maßgabe, daß in § 122 Abs. 5 das Verwaltungszustellungsgesetz für Baden-Württemberg Anwendung findet, und daß in § 126 Abs. 2 und in § 132 an die Stelle des finanzgerichtlichen Verfahrens das verwaltungsgerichtliche Verfahren tritt,

4. aus dem Vierten Teil - Durchführung der Besteuerung -

a) über die Erfassung der Steuerpflichtigen § 136,

b) über die Mitwirkungspflichtigen §§ 140, 143, 145 bis 149, § 150 Abs. 1 bis 5, §§ 151, 152 und § 153 Abs. 1 und 2,

c) über die Festsetzungs- und Feststellungsverfahren § 155, § 156 Abs. 2, §§ 157 bis 162, § 163 Abs. 1 Satz 1 und 3, §§ 164 bis 168, § 169 mit der Maßgabe, daß in Absatz 1 Satz 3 Nr. 2 das Verwaltungszustellungsgesetz für Baden-Württemberg Anwendung findet und daß die Festsetzungsfrist nach Absatz 2 Satz 1 einheitlich vier Jahre beträgt, § 170 Abs. 1 bis 3, § 171 Abs. 1 und 2, Abs. 3 mit der Maßgabe, daß an Stelle des § 100 Abs. 1 Satz 1, Abs. 2 Satz 2 sowie des § 101 der Finanzgerichtsordnung § 113 Abs. 1 Satz 1 und Abs. 4 der Verwaltungsgerichtsordnung Anwendung findet, § 171 Abs. 4 und 6 bis 14, §§ 172 bis 177, 191 bis 194, § 195 Satz 1 und §§ 196 bis 203,

5. aus dem Fünften Teil - Erhebungsverfahren -

a) über die Verwirklichung, die Fälligkeit und das Erlöschen von Ansprüchen aus dem Steuerschuldverhältnis §§ 218, 219, § 220 Abs. 2, §§ 221 bis 223, § 224 Abs. 2, §§ 225, 226, § 227 Abs. 1 und §§ 228 bis 232,

b) über die Verzinsung und die Säumniszuschläge § 233, § 234 Abs. 1 und 2, § 235, § 236 mit der Maßgabe, daß in Absatz 4 Nr. 1 an Stelle des § 137 Satz 1 der Finanzgerichtsordnung § 155 Abs. 5 der Verwaltungsgerichtsordnung Anwendung findet, § 237 Abs. 1 mit der Maßgabe, daß als außergerichtlicher Rechtsbehelf an Stelle des abgabenrechtlichen Einspruchs (§ 348 der Abgabenordnung) der Widerspruch (§ 68 der Verwaltungsgerichtsordnung) gegeben ist, Abs. 2, Abs. 4 mit der Maßgabe, daß § 234 Abs. 3 keine Anwendung findet, und §§ 238 bis 240,

c) über die Sicherheitsleistung §§ 241 bis 248,

6. aus dem Sechsten Teil - Vollstreckung -

a) über die Allgemeinen Vorschriften § 251 Abs. 3,

b) über die Niederschlagung § 261,

7. aus dem Siebenten Teil - Außergerichtliches Rechtsbehelfsverfahren - über die besonderen Verfahrensvorschriften § 367 Abs. 2 Satz 2 mit der Maßgabe, daß an die Stelle des abgabenrechtlichen Einspruchs (§ 348 der Abgabenordnung) der Widerspruch (§ 68 der Verwaltungsgerichtsordnung) tritt.

(2) [1]Die Vorschriften des Absatzes 1 gelten entsprechend für Verspätungszuschläge, Zinsen und Säumniszuschläge (abgabenrechtliche Nebenleistungen). [2]Die in Absatz 1 Nr. 4 Buchst. c enthaltenen Vorschriften gelten nur, soweit dies besonders bestimmt wird.

(3) Die in Absatz 1 genannten Vorschriften sind jeweils mit der Maßgabe anzuwenden, daß

1. anstelle der Finanzbehörde oder des Finanzamtes die Körperschaft tritt, der die Abgabe zusteht,

2. dem Begriff Steuer, allein oder im Wortzusammenhang, der Begriff Abgabe entspricht,

3. dem Wort »Besteuerung« die Worte »Heranziehung zu Abgaben« entsprechen.

§ 4 Kleinbeträge. [1]Es kann davon abgesehen werden, Kommunalabgaben zu erstatten, wenn der Betrag niedriger als drei Deutsche Mark ist und die Kosten der Erstattung außer Verhältnis zu dem Betrag stehen. [2]Dies gilt nicht, wenn die Erstattung beantragt wird.

§ 5* Zuwiderhandlungen. (1) Die Strafvorschriften des § 370 Abs. 1, 2, 4 und 5, des § 371, des § 375 Abs. 2 und des § 376 der Abgabenordnung über die Steuerhinterziehung und die Bußgeldvorschrift des § 378 der Abgabenordnung über die leichtfertige Steuerverkürzung sind in ihrer jeweils geltenden Fassung entsprechend anzuwenden.

(2) Das Höchstmaß der Freiheitsstrafe bei entsprechender Anwendung des § 370 Abs. 1 der Abgabenordnung beträgt zwei Jahre.

(3) Verwaltungsbehörde im Sinne des § 36 Abs. 1 Nr. 1 des Gesetzes über Ordnungswidrigkeiten für die Verfolgung und Ahndung von Ordnungswidrigkeiten nach Absatz 1 ist die untere Verwaltungsbehörde.

2. Abschnitt

Steuern

§ 6 Gemeindesteuern. (1) Die Gemeinden erheben Steuern nach Maßgabe der Gesetze.

---

* *Vgl. Anmerkung zu § 3*
** *Amtliche Anmerkung:* Die Vorschrift des § 6 Abs. 2 ist rückwirkend zum 1. Januar 1981 in Kraft getreten (Artikel 1 Nr. 2 des Gesetzes zur Änderung des Kommunalabgabengesetzes und des Gesetzes über die Hundesteuer vom 27. Oktober 1981, GBl. S. 518).

(2) [1]Die Festsetzung und die Erhebung der Realsteuern obliegt den Gemeinden. [2]Die Bekanntgabe oder Zustellung der Realsteuermeßbescheide wird den hebeberechtigten Gemeinden übertragen; die Befugnis der Finanzämter, die Realsteuermeßbescheide selbst bekanntzugeben oder zuzustellen, bleibt unberührt. [3]Durch Rechtsverordnung des Finanzministeriums im Einvernehmen mit dem Innenministerium kann bestimmt werden, daß den Gemeinden die Daten der Realsteuermeßbescheide ganz oder teilweise auf maschinell verwertbaren Datenträgern oder durch Datenfernübertragung übermittelt werden; in diesem Falle obliegt den hebeberechtigten Gemeinden auch die Fertigung der Meßbescheide.

(3) Soweit solche Gesetze nicht bestehen, können die Gemeinden örtliche Verbrauchs- und Aufwandsteuern erheben, solange und soweit sie nicht bundesgesetzlich geregelten Steuern gleichartig sind, jedoch nicht Steuern, die vom Land erhoben werden oder den Stadtkreisen und Landkreisen vorbehalten sind.

(4) (aufgehoben)

§ 7 Kreissteuern. (1) Die Stadtkreise und die Landkreise erheben Steuern nach Maßgabe der Gesetze.

(2) [1]Die Stadtkreise und die Landkreise können eine Steuer auf die Ausübung des Jagdrechts (Jagdsteuer) erheben. [2]Der Steuersatz beträgt für Inländer höchstens 15 vom Hundert, für Personen, die ihren ständigen Wohnsitz oder gewöhnlichen Aufenthalt im Ausland haben, höchstens 60 vom Hundert des Jahreswerts der Jagd, soweit nicht Staatsverträge entgegenstehen. [3]Von der Besteuerung ausgenommen bleibt die Ausübung der Jagd in nichtverpachteten Jagden des Bundes und der Länder sowie die Ausübung der Jagd auf Grundflächen, die nach § 5 Abs. 1 des Bundesjagdgesetzes einem nichtverpachteten Eigenjagdbezirk des Bundes oder eines Landes angegliedert worden sind.

(3) (aufgehoben)

3. Abschnitt

Gebühren und Beiträge

§ 8 Verwaltungsgebühren (1) Die Gemeinden und die Landkreise können für Amtshandlungen, die sie auf Veranlassung oder im Interesse einzelner vornehmen, Verwaltungsgebühren erheben.

(2) Die Gebührensätze sind nach dem Verwaltungsaufwand und nach dem wirtschaftlichen oder sonstigen Interesse der Gebührenschuldner zu bemessen.

(3) [1]Die §§ 4, 5, 8, 9, 15 und 16 des Landesgebührengesetzes gelten entsprechend; dasselbe gilt für § 6 Abs. 1, 3 und 4 des Landesgebührenge-

setzes, soweit Gegenseitigkeit besteht. [2]Säumniszuschläge werden erst für den Zeitraum erhoben, der einen Monat nach Ablauf des Fälligkeitstages beginnt; § 240 Abs. 3 der Abgabenordnung findet keine Anwendung.

(4) [1]In der Verwaltungsgebühr sind die der Behörde erwachsenen Auslagen inbegriffen. [2]Der Ersatz der Auslagen kann besonders verlangt werden, soweit diese das übliche Maß erheblich übersteigen; dasselbe gilt, wenn für eine Amtshandlung keine Gebühr erhoben wird. [3]Für die Auslagen gelten die für Verwaltungsgebühren maßgebenden Vorschriften entsprechend.

§ 8a Verwaltungsgebühren für die Tätigkeit des Gutachterausschusses. (1) Die Gemeinden können für die Erstattung von Gutachten durch den Gutachterausschuß nach § 137 Abs. 1 des Bundesbaugesetzes Verwaltungsgebühren erheben.

(2) [1]§ 8 Abs. 1, 2, 3 Satz 2 und Abs. 4 dieses Gesetzes und die §§ 4 und 8, § 9 Abs. 1, §§ 15 und 16 des Landesgebührengesetzes gelten entsprechend. [2]Der Ersatz der Auslagen für besondere Sachverständige kann in jedem Fall besonders verlangt werden.

(3) Werden besondere Sachverständige bei der Wertermittlung zugezogen, so sind sie nach den Bestimmungen des Gesetzes über die Entschädigung von Zeugen und Sachverständigen zu entschädigen.

§ 9 Benutzungsgebühren. (1) [1]Die Gemeinden und die Landkreise können für die Benutzung ihrer öffentlichen Einrichtungen Benutzungsgebühren erheben. [2]Technisch getrennte Anlagen, die der Erfüllung derselben Aufgabe dienen, bilden eine Einrichtung, bei der Gebühren nach einheitlichen Sätzen erhoben werden, sofern durch die Satzung (§ 2) nichts anderes bestimmt ist; dies gilt nicht, wenn sich die Anlagen durch ihrem Wesen nach andersartige Leistungen unterscheiden.*

---

* *Vgl. Art. 2 des Gesetzes vom 15. Dezember 1986 (GBl. S. 465):*
„(2) § 9 Abs. 1 Satz 2 und § 10 Abs. 1 Satz 3 des Kommunalabgabengesetzes in der Fassung dieses Gesetzes gelten auch bei Anlagen, die bei Inkrafttreten dieses Gesetzes bereits vorhanden sind.

(3) Vor Inkrafttreten dieses Gesetz erlassene Satzungsregelungen, die einheitliche Gebühren- und Beitragssätze im Sinne des § 9 Abs. 1 Satz 2 und des § 10 Abs. 1 Satz 3 des Kommunalabgabengesetzes in der Fassung dieses Gesetzes bestimmen, gelten als von Anfang an wirksam, sofern die sonstigen Gültigkeitsvoraussetzungen erfüllt sind.

(4) § 10 Abs. 10 des Kommunalabgabengesetzes in der Fassung dieses Gesetzes ist auch auf Beiträge anzuwenden, die vor dem Inkrafttreten dieses Gesetzes entstanden sind, wenn

1. der Beitrag noch nicht entrichtet ist oder

2. er entrichtet worden, aber der Beitragsbescheid oder die Entscheidung über einen Stundungsantrag vor dem Inkrafttreten dieses Gesetzes noch nicht unanfechtbar geworden ist."

Das Gesetz ist am 31. Dezember 1986 in Kraft getreten.

(2) [1]Die Gebühren dürfen höchstens so bemessen werden, daß die nach betriebswirtschaftlichen Grundsätzen ansatzfähigen Kosten der Einrichtung gedeckt werden. [2]Bei der Gebührenbemessung können die Kosten in einem mehrjährigen Zeitraum berücksichtigt werden, der jedoch höchstens fünf Jahre umfassen soll. [3]Kostenüberdeckungen, die sich am Ende eines Haushaltsjahres ergeben, sind innerhalb der folgenden fünf Jahre auszugleichen; Kostenunterdeckungen können in diesem Zeitraum ausgeglichen werden. [4]Für wirtschaftliche Unternehmen bleibt § 102 Abs. 2 Halbsatz 2 der Gemeindeordnung unberührt.

(3) [1]Zu den Kosten nach Absatz 2 Satz 1 gehören auch die angemessene Verzinsung des Anlagekapitals und angemessene Abschreibungen. [2]Den Kapitalzinsen ist das um Beiträge, Zuweisungen und Zuschüsse Dritter gekürzte Anlagekapital (Anschaffungs- oder Herstellungskosten abzüglich der Abschreibungen) zugrunde zu legen. [3]Den Abschreibungen sind die um Beiträge, Zuweisungen und Zuschüsse Dritter gekürzten Anschaffungs- oder Herstellungskosten zugrunde zu legen, soweit Beiträge, Zuweisungen und Zuschüsse Dritter nicht als Ertragszuschüsse passiviert und jährlich mit einem durchschnittlichen Abschreibungssatz aufgelöst werden. [4]In Ausnahmefällen kann bei der Gewährung von Zuweisungen und Zuschüssen auf Antrag des Trägers der Einrichtung bestimmt werden, daß die Kürzung der Anschaffungs- oder Herstellungskosten ganz oder teilweise entfällt (Kapitalzuschüsse).*

(4) Die zu entrichtende Abwasserabgabe nach dem Abwasserabgabengesetz des Bundes zählt zu den Kosten im Sinne von Absatz 2 Satz 1.

§ 10 Beiträge. (1) [1]Die Gemeinden und die Landkreise können zur teilweisen Deckung der Kosten, die für die erstmalige Anschaffung oder Herstellung öffentlicher Einrichtungen oder deren später notwendig werdende Vergrößerung oder Ausdehnung entstehen (Anschaffungs- oder Herstellungskosten), Beiträge von den Grundstückseigentümern erheben, denen durch die Möglichkeit des Anschlusses ihres Grundstücks an die Einrichtung nicht nur vorübergehende Vorteile geboten werden. [2]Dies gilt auch für die Erneuerung einer bestehenden Einrichtung, soweit die Anschaffung oder Herstellung eines weiteren Teils der Einrichtung die Erneuerung voraussetzt. [3]§ 9 Abs. 1 Satz 2 gilt entsprechend.**

(2) [1]Bei den Anschaffungs- oder Herstellungskosten bleibt der durch Zuweisungen und Zuschüsse Dritter aufgebrachte, im Fall des Absatzes 1 Satz 2 auch der durch bisherige Abschreibungen gedeckte Teilaufwand außer Betracht. [2]Dasselbe gilt für den Teilaufwand, der auf den Anschluß von öffentlichen Straßen, Wegen und Plätzen entfällt.

---

* *Der amtliche Hinweis auf das Übergangsrecht nach Art. 5 des KAG-Änderungsgesetzes 1978 vom 25. April 1978 (GBl. S. 224) ist hier nicht abgedruckt.*

** *Vgl. Anmerkungen zu § 9 Abs. 1 und 3*

(3) [1]Die Beiträge sind nach den Vorteilen zu bemessen. [2]Ist nach der Satzung (§ 2) dabei die Fläche des Grundstücks zu berücksichtigen, bleiben insbesondere folgende Teilflächen unberücksichtigt, sofern sie nicht tatsächlich angeschlossen, bebaut oder gewerblich genutzt sind:

1. außerhalb des Geltungsbereichs eines Bebauungsplans oder einer Satzung nach § 34 Abs. 2 des Bundesbaugesetzes oder außerhalb der im Zusammenhang bebauten Ortsteile Teilflächen, deren grundbuchmäßige Abschreibung nach baurechtlichen Vorschriften ohne Übernahme einer Baulast zulässig wäre,

2. innerhalb der in Nummer 1 genannten Gebiete bei einem bebauten Grundstück das Hinterland, dessen grundbuchmäßige Abschreibung nach baurechtlichen Vorschriften ohne Übernahme einer Baulast zulässig wäre, das landwirtschaftlich im Sinne von § 146 des Bundesbaugesetzes genutzt wird und für das durch den Bebauungsplan keine bauliche oder gewerbliche Nutzung festgesetzt ist.

(4) [1]Beitragsschuldner ist, wer im Zeitpunkt der Zustellung des Beitragsbescheids Eigentümer des Grundstücks ist. [2]Die Satzung kann bestimmen, daß Beitragsschuldner ist, wer im Zeitpunkt des Entstehens der Beitragsschuld Eigentümer des Grundstücks ist. [3]Der Erbbauberechtigte ist anstelle des Eigentümers der Beitragsschuldner. [4]Mehrere Beitragsschuldner haften als Gesamtschuldner; bei Wohnungs- und Teileigentum sind die einzelnen Wohnungs- und Teileigentümer nur entsprechend ihrem Miteigentumsanteil Beitragsschuldner.

(5) Die Beiträge können für Teile einer Einrichtung erhoben werden, wenn diese Teile nutzbar sind.

(6) [1]Die Beitragsschuld entsteht, sobald das Grundstück an die Einrichtung (Absatz 1 Satz 1) oder den Teil der Einrichtung (Absatz 5) angeschlossen werden kann, in den Fällen des Absatzes 1 Satz 2 mit der Fertigstellung der Erneuerung, frühestens jedoch mit Inkrafttreten der Satzung; die Satzung kann einen späteren Zeitpunkt bestimmen. [2]Für Grundstücke, die schon vor Inkrafttreten dieses Gesetzes an die Einrichtung hätten angeschlossen werden können, jedoch noch nicht angeschlossen worden sind, entsteht die Beitragsschuld mit dem Anschluß; die Satzung kann jedoch bestimmen, daß die Beitragsschuld mit Inkrafttreten der Satzung entsteht, wenn im Zeitpunkt der Anschlußmöglichkeit eine ortsrechtliche Regelung bestanden hat, die für die Einrichtung eine Verpflichtung zur Leistung eines Beitrags oder einer einmaligen Gebühr (Anschlußgebühr) vorsah.

(7) Der Beitragsberechtigte kann angemessene Vorauszahlungen auf die Beitragsschuld verlangen, sobald er mit der Herstellung der Einrichtung, im Falle des Absatzes 5 mit der Herstellung des Teils der Einrichtung beginnt.

(8) Der Beitrag ruht als öffentliche Last auf dem Grundstück, im Falle des Absatzes 4 Satz 3 auf dem Erbbaurecht, im Falle des Absatzes 4 Satz 4 Halbsatz 2 auf dem Wohnungs- oder dem Teileigentum.

(9) [1]Der Beitragsberechtigte kann die Ablösung des Beitrags vor Entstehung der Beitragsschuld zulassen. [2]Das Nähere ist in der Satzung (§ 2) zu bestimmen.

(10) [1]Werden Grundstücke vom Eigentümer landwirtschaftlich im Sinne von § 146 des Bundesbaugesetzes genutzt, ist der Beitrag auf Antrag so lange zinslos zu stunden, wie das Grundstück zur Erhaltung der Wirtschaftlichkeit des Betriebs genutzt werden muß; dasselbe gilt für entsprechende Teilflächen eines Grundstücks, deren grundbuchmäßige Abschreibung nach baurechtlichen Vorschriften ohne Übernahme einer Baulast zulässig wäre. [2]Bei bebauten und bei tatsächlich angeschlossenen Grundstücken und Teilflächen eines Grundstücks im Sinne von Satz 1 gilt dies unbeschadet des Satzes 3 nur, wenn

1. die Bebauung ausschließlich der landwirtschaftlichen Nutzung dient; bei der Abgrenzung nach Satz 1 Halbsatz 2 bleibt eine solche Bebauung unberücksichtigt, und

2. die öffentliche Einrichtung nicht in Anspruch genommen wird; eine Entsorgung von Niederschlagswasser in durchschnittlich unbedeutender Menge bleibt unberücksichtigt.

[3]Wird die öffentliche Einrichtung ausschließlich zur Entsorgung von Niederschlagswasser über das in Satz 2 Nr. 2 Halbsatz 2 genannte Maß hinaus in Anspruch genommen, gelten die Sätze 1 und 2 für den Teil des Beitrags, der dem Verhältnis des Teilaufwands für die Brauchwasserbeseitigung zu dem bei der Berechnung des maßgebenden Beitragssatzes zugrunde gelegten Gesamtaufwand für die Grundstücksentwässerung entspricht. [4]Sätze 1 bis 3 gelten auch für die Fälle der Nutzungsüberlassung und Betriebsübergabe an Familienangehörige im Sinne des § 15 der Abgabenordnung.*

§ 10a Kostenersatz für Haus- und Grundstücksanschlüsse. (1) [1]Die Gemeinden können bestimmen, daß ihnen der Aufwand für die Erneuerung, Veränderung und Beseitigung, soweit sie vom Anschlußnehmer veranlaßt sind, sowie für die Herstellung und Unterhaltung eines Haus- oder Grundstücksanschlusses an Versorgungsleitungen und Abwasserbeseitigungsanlagen ersetzt wird. [2]Der Aufwand und die Kosten können in der tatsächlich entstandenen Höhe oder nach Einheitssätzen ermittelt werden. [3]Einheitssätze sind die der Gemeinde für Anschlüsse der gleichen Art üblicherweise durchschnittlich erwachsenden Aufwendungen und Kosten zugrunde zu legen. [4]Die Satzung kann bestimmen, daß dabei Versorgungs- und Abwasserleitungen, die nicht in der Mitte der Straße verlaufen, als in der Straßenmitte verlaufend gelten.

(2) [1]Der Ersatzanspruch entsteht mit der endgültigen Herstellung der Anschlußleitung, im übrigen mit der Beendigung der Maßnahme. [2]Durch Satzung kann die Durchführung der Maßnahme von der Entrichtung einer angemessenen Vorauszahlung abhängig gemacht werden.

---

* Vgl. Anmerkung zu § 9 Abs. 1

(3) Die Gemeinden können durch Satzung bestimmen, daß die Grundstücksanschlüsse an Versorgungsleitungen und Abwasserbeseitigungsanlagen zu der öffentlichen Einrichtung oder Anlage im Sinne des § 9 Abs. 1 und des § 10 Abs. 1 gehören.

§ 10b Erschließungsbeitrag für nicht befahrbare Erschließungswege. [1]Die Gemeinden können zur Deckung ihres anderweitig nicht gedeckten Aufwandes für die innerhalb der Baugebiete verlaufenden, zu deren Erschließung notwendigen öffentlichen Wege, die aus tatsächlichen oder rechtlichen Gründen nicht mit Kraftfahrzeugen befahrbar sind, einen Erschließungsbeitrag in entsprechender Anwendung der Bestimmungen des Bundesbaugesetzes erheben. [2]Bilden die in Satz 1 genannten Wege mit Erschließungsanlagen im Sinne des § 127 Abs. 2 BBauG für die Erschließung der Grundstücke eine Einheit, kann der Aufwand zusammen mit dem beitragsfähigen Erschließungsaufwand nach dem Bundesbaugesetz ermittelt und verteilt werden. [3]Sätze 1 und 2 gelten auch für Wege, die bei Inkrafttreten dieses Gesetzes bereits hergestellt sind.

§ 11 Kurtaxe. (1) [1]Kurorte, Erholungsorte und sonstige Fremdenverkehrsgemeinden können eine Kurtaxe erheben, um ihren Aufwand für die Herstellung und Unterhaltung der zu Kur- und Erholungszwecken bereitgestellten Einrichtungen und für die zu diesem Zweck durchgeführten Veranstaltungen zu decken. [2]Die Kurtaxe wird von allen Personen erhoben, die sich in der Gemeinde aufhalten, aber nicht Einwohner der Gemeinde sind (ortsfremde Personen) und denen die Möglichkeit zur Benutzung der Einrichtungen und zur Teilnahme an den Veranstaltungen geboten ist. [3]Die Kurtaxe wird auch von Einwohnern erhoben, die den Schwerpunkt der Lebensbeziehungen in einer anderen Gemeinde haben und nicht in der Kur- und Fremdenverkehrsgemeinde arbeiten oder in Ausbildung stehen.

(2) [1]Wer Personen gegen Entgelt beherbergt, einen Campingplatz oder eine Hafenanlage mit Schiffsliegeplatz betreibt, kann durch Satzung verpflichtet werden, die bei ihm verweilenden ortsfremden Personen der Gemeinde zu melden sowie die Kurtaxe einzuziehen und an die Gemeinde abzuführen; er haftet insoweit für die Einziehung und Abführung der Kurtaxe. [2]Durch Satzung können die in Satz 1 genannten Pflichten Reiseunternehmern auferlegt werden, wenn die Kurtaxe in dem Entgelt enthalten ist, das die Reiseteilnehmer an den Reiseunternehmer zu entrichten haben.

4. Abschnitt

Sonstige Vorschriften

§ 12 Sonstige öffentlich-rechtliche Abgaben und Umlagen. Die §§ 3 und 5 gelten sinngemäß für sonstige öffentlich-rechtliche Abgaben und Umlagen, die von Gemeinden, Gemeindeverbänden und sonstigen öffentlich-rechtlichen Körperschaften, Anstalten und Stiftungen mit Ausnahme der Landeswohlfahrtsverbände erhoben werden, soweit nicht eine besondere gesetzliche Regelung besteht.

§ 13 Gemeindefreie Grundstücke. In gemeindefreien Grundstücken, deren Rechtsträger eine Körperschaft des öffentlichen Rechts ist, erhebt diese die Kommunalabgaben, die eine Gemeinde erheben kann.

5. Abschnitt

Änderung von Landesrecht

§ 14 Änderungen des Landesgebührengesetzes (nicht abgedruckt)

§ 15 Änderung des Gesetzes über die Selbstverwaltung der Hohenzollerischen Lande. (nicht abgedruckt)

6. Abschnitt

Übergangs- und Schlußvorschriften

§ 16 Durchführungsbestimmungen. Das Innenministerium und das Finanzministerium erlassen im Rahmen ihres Geschäftsbereichs die zur Durchführung dieses Gesetzes erforderlichen Verwaltungsvorschriften.

§ 16a Einschränkung von Grundrechten. Durch Maßnahmen auf Grund dieses Gesetzes können eingeschränkt werden das Recht auf körperliche Unversehrtheit (Artikel 2 Abs. 2 Satz 1 des Grundgesetzes, die Freiheit der Person (Artikel 2 Abs. 2 Satz 2 des Grundgesetzes und die Unverletzlichkeit der Wohnung (Artikel 13 des Grundgesetzes).

§ 17 Überleitungsvorschriften (nicht abgedruckt)

§ 18 Aufhebung von Rechtsvorschriften (nicht abgedruckt)

§ 19* Inkrafttreten. Soweit dieses Gesetz Ermächtigungen zum Erlaß von Satzungen enthält, tritt es am Tage nach der Verkündung, im übrigen am 1. April 1964 in Kraft.

---

* *Amtliche Anmerkung:* Diese Vorschrift betrifft das Inkrafttreten des Gesetzes in der ursprünglichen Fassung vom 18. Februar 1964 (GBl. S. 71).

Polizeigesetz

in der Fassung vom 16. Januar 1968 (GBl. S. 61, berichtigt S. 322), zuletzt
geändert durch Gesetz vom 18. Juli 1983 (GBl. S. 369)

INHALTSÜBERSICHT*

---

* *Die amtliche Inhaltsübersicht enthält nur die Abschnittsüberschriften.*

ERSTER TEIL

Das Recht der Polizei

1. Abschnitt

Aufgaben der Polizei

§ 1 Allgemeines. (1) [1]Die Polizei hat die Aufgabe, von dem einzelnen und dem Gemeinwesen Gefahren abzuwehren, durch die die öffentliche Sicherheit oder Ordnung bedroht wird, und Störungen der öffentlichen Sicherheit oder Ordnung zu beseitigen, soweit es im öffentlichen Interesse geboten ist. [2]Sie hat insbesondere die verfassungsmäßige Ordnung und die ungehinderte Ausübung der staatsbürgerlichen Rechte zu gewährleisten.

(2) Außerdem hat die Polizei die ihr durch andere Rechtsvorschriften übertragenen Aufgaben wahrzunehmen.

§ 2 Tätigwerden für andere Stellen. (1) [1]Ist zur Wahrnehmung einer polizeilichen Aufgabe im Sinne des § 1 Abs. 1 nach gesetzlicher Vorschrift eine andere Stelle zuständig und erscheint deren rechtzeitiges Tätigwerden bei Gefahr im Verzug nicht erreichbar, so hat die Polizei die notwendigen vorläufigen Maßnahmen zu treffen. [2]Die zuständige Stelle ist unverzüglich zu unterrichten.

(2) Der Schutz privater Rechte obliegt der Polizei nach diesem Gesetz nur auf Antrag des Berechtigten und nur dann, wenn gerichtlicher Schutz nicht rechtzeitig zu erlangen ist und wenn ohne polizeiliche Hilfe die Gefahr besteht, daß die Verwirklichung des Rechts vereitelt oder wesentlich erschwert wird.

2. Abschnitt

Maßnahmen der Polizei

1. Unterabschnitt

Allgemeines

§ 3 Polizeiliche Maßnahmen. Die Polizei hat innerhalb der durch das Recht gesetzten Schranken zur Wahrnehmung ihrer Aufgaben diejenigen Maßnahmen zu treffen, die ihr nach pflichtmäßigem Ermessen erforderlich erscheinen.

§ 4 Einschränkung von Grundrechten. Durch polizeiliche Maßnahmen auf Grund dieses Gesetzes können im Rahmen des Grundgesetzes für die Bundesrepublik Deutschland eingeschränkt werden

1. das Recht auf körperliche Unversehrtheit (Art. 2 Abs. 2 Satz 1 des Grundgesetzes),
2. die Freiheit der Person (Art. 2 Abs. 2 Satz 2 des Grundgesetzes),
3. die Freizügigkeit (Art. 11 des Grundgesetzes),
4. die Unverletzlichkeit der Wohnung (Art. 13 des Grundgesetzes),
5. das Eigentum (Art. 14 des Grundgesetzes).

§ 5 Art der Maßnahmen. (1) Kommen für die Wahrnehmung einer polizeilichen Aufgabe mehrere Maßnahmen in Betracht, so hat die Polizei die Maßnahme zu treffen, die den einzelnen und die Allgemeinheit voraussichtlich am wenigsten beeinträchtigt.

(2) Durch eine polizeiliche Maßnahme darf kein Nachteil herbeigeführt werden, der erkennbar außer Verhältnis zu dem beabsichtigten Erfolg steht.

§ 6 Maßnahmen gegenüber dem Verursacher. (1) Wird die öffentliche Sicherheit oder Ordnung durch das Verhalten von Personen bedroht oder gestört, so hat die Polizei ihre Maßnahmen gegenüber demjenigen zu treffen, der die Bedrohung oder die Störung verursacht hat.

(2) Ist die Bedrohung oder die Störung durch eine Person verursacht worden, die das 16. Lebensjahr noch nicht vollendet hat, oder die wegen Geisteskrankheit oder Geistesschwäche entmündigt oder unter vorläufige Vormundschaft gestellt ist, so kann die Polizei ihre Maßnahmen auch gegenüber demjenigen treffen, dem die Sorge für diese Person obliegt.

(3) Ist die Bedrohung oder die Störung durch eine Person verursacht worden, die von einem anderen zu einer Verrichtung bestellt worden ist, so kann die Polizei ihre Maßnahmen auch gegenüber dem anderen treffen.

§ 7 Maßnahmen gegenüber dem Inhaber der tatsächlichen Gewalt. Wird die öffentliche Sicherheit oder Ordnung durch den Zustand einer Sache bedroht oder gestört, so hat die Polizei ihre Maßnahmen gegenüber dem Eigentümer oder gegenüber demjenigen zu treffen, der die tatsächliche Gewalt über die Sache ausübt.

§ 8 Unmittelbare Ausführung einer Maßnahme. (1) [1]Die unmittelbare Ausführung einer Maßnahme durch die Polizei ist nur zulässig, wenn der polizeiliche Zweck durch Maßnahmen gegen die in den §§ 6 und 7 bezeichneten Personen nicht oder nicht rechtzeitig erreicht werden kann. [2]Der von der Maßnahme Betroffene ist unverzüglich zu unterrichten.

(2) [1]Entstehen der Polizei durch die unmittelbare Ausführung einer Maßnahme Kosten, so sind die in den §§ 6 und 7 bezeichneten Personen zu deren Ersatz verpflichtet. [2]Die Kosten können im Verwaltungszwangsverfahren beigetrieben werden.

§ 9 Maßnahmen gegenüber unbeteiligten Personen. (1) Gegenüber anderen als den in den §§ 6 und 7 bezeichneten Personen kann die Polizei ihre Maßnahmen nur dann treffen, wenn auf andere Weise eine unmittelbar bevorstehende Störung der öffentlichen Sicherheit oder Ordnung nicht verhindert oder eine bereits eingetretene Störung nicht beseitigt werden kann, insbesondere wenn die eigenen Mittel der Polizei nicht ausreichen, oder wenn durch Maßnahmen nach den §§ 6 bis 8 ein Schaden herbeigeführt würde, der erkennbar außer Verhältnis zu dem beabsichtigten Erfolg steht.

(2) Maßnahmen dieser Art dürfen nur aufrechterhalten werden, solange die Voraussetzungen des Absatzes 1 vorliegen.

2. Unterabschnitt

Polizeiverordnungen

§ 10 Ermächtigung zum Erlaß von Polizeiverordnungen. (1) Die allgemeinen Polizeibehörden können zur Wahrnehmung ihrer Aufgaben nach diesem Gesetz polizeiliche Gebote oder Verbote erlassen, die für eine unbestimmte Anzahl von Fällen an eine unbestimmte Anzahl von Personen gerichtet sind (Polizeiverordnungen).

(2) Die Vorschriften dieses Gesetzes über Polizeiverordnungen sind auch anzuwenden, wenn ein anderes Gesetz ausdrücklich zum Erlaß von Polizeiverordnungen ermächtigt.

§ 11 Inhalt. Polizeiverordnungen dürfen nicht mit Gesetzen oder mit Rechtsverordnungen übergeordneter Behörden in Widerspruch stehen.

§ 12 Formerfordernisse. (1) Polizeiverordnungen müssen

1. die Rechtsgrundlage angeben, die zu ihrem Erlaß ermächtigt,
2. die erlassende Behörde bezeichnen,
3. darauf hinweisen, daß die nach § 15 erforderliche Zustimmung erteilt worden ist.

(2) Polizeiverordnungen sollen

1. eine ihren Inhalt kennzeichnende Überschrift tragen,
2. in der Überschrift als Polizeiverordnung bezeichnet sein,
3. den Tag bestimmen, an dem sie in Kraft treten.

(3) Fehlt eine Bestimmung über das Inkrafttreten, so tritt die Polizeiverordnung mit dem vierzehnten Tag nach Ablauf des Tages in Kraft, an dem sie amtlich bekanntgemacht worden ist.

§ 13 Zuständigkeit. Polizeiverordnungen werden von den Ministerien innerhalb ihres Geschäftsbereichs oder den übrigen allgemeinen Polizeibehörden für ihren Dienstbezirk oder Teile ihres Dienstbezirks erlassen.

§ 14 Eintritt der zur Fachaufsicht zuständigen Behörde. Weigert sich eine Polizeibehörde, eine nach Ansicht einer zur Fachaufsicht zuständigen Behörde erforderliche Polizeiverordnung zu erlassen, oder wird die in § 15 vorgeschriebene Zustimmung des Kreistags oder des Gemeinderats nicht erteilt, so ist die Polizeiverordnung von der nächsthöheren zur Fachaufsicht zuständigen Behörde (§ 50) zu erlassen.

§ 15 Zustimmungsvorbehalte. (1) Polizeiverordnungen der Kreispolizeibehörden, die länger als einen Monat gelten sollen, bedürfen der Zustimmung des Kreistags, in den Stadtkreisen und den Großen Kreisstädten des Gemeinderats, in Verwaltungsgemeinschaften nach § 14 des Landesverwaltungsgesetzes der Verbandsversammlung oder des gemeinsamen Ausschusses.

(2) Polizeiverordnungen der Ortspolizeibehörden, die länger als einen Monat gelten sollen, bedürfen der Zustimmung des Gemeinderats.

§ 16 Prüfung durch die zur Fachaufsicht zuständige Behörde. (1) Polizeiverordnungen der Kreispolizeibehörden und der Ortspolizeibehörden sind der nächsthöheren zur Fachaufsicht zuständigen Behörde unverzüglich vorzulegen.

(2) Verstößt eine Polizeiverordnung gegen Anordnungen übergeordneter Behörden, beeinträchtigt sie das Wohl des Gemeinwesens oder verletzt sie die Rechte einzelner, so ist sie aufzuheben; verstößt sie gegen § 11, so ist ihre Nichtigkeit festzustellen.

§ 17 (aufgehoben)

§ 18 Außerkrafttreten. (1) Polizeiverordnungen treten spätestens 20 Jahre nach ihrem Inkrafttreten außer Kraft.

(2) Diese Bestimmung gilt nicht für Polizeiverordnungen der obersten Landespolizeibehörden.

§ 18a Ordnungswidrigkeiten. (1) Ordnungswidrig handelt, wer vorsätzlich oder fahrlässig einer auf Grund dieses Gesetzes erlassenen Polizeiverordnung zuwiderhandelt, soweit die Polizeiverordnung für einen bestimmten Tatbestand auf diese Bußgeldvorschrift verweist.

(2) Die Ordnungswidrigkeit kann mit einer Geldbuße geahndet werden.

(3) Verwaltungsbehörden im Sinne von § 36 Abs. 1 Nr. 1 des Gesetzes über Ordnungswidrigkeiten sind die Ortspolizeibehörden.

(4) Das fachlich zuständige Ministerium kann die Zuständigkeiten nach Absatz 3 durch Rechtsverordnung auf andere Behörden übertragen.

3. Unterabschnitt

Einzelmaßnahmen

§ 19 (aufgehoben)

§ 20 Personenfeststellung. (1) [1]Die Polizei kann die Identität einer Person feststellen,

1. um im einzelnen Falle eine Gefahr für die öffentliche Sicherheit oder Ordnung abzuwehren oder eine Störung der öffentlichen Sicherheit oder Ordnung zu beseitigen,

2. zur Aufklärung einer Straftat oder Ordnungswidrigkeit,

3. wenn sie sich an einem Ort aufhält, an dem erfahrungsgemäß Straftäter sich verbergen, Personen Straftaten verabreden, vorbereiten oder verüben, sich ohne erforderliche Aufenthaltserlaubnis treffen oder der Prostitution nachgehen,

4. wenn sie sich in einer Verkehrs- oder Versorgungsanlage oder -einrichtung, einem öffentlichen Verkehrsmittel, Amtsgebäude oder einem anderen besonders gefährdeten Objekt oder in unmittelbarer Nähe hiervon aufhält und Tatsachen die Annahme rechtfertigen, daß in oder an Objekten dieser Art Straftaten begangen werden sollen,

5. wenn sie an einer Kontrollstelle angetroffen wird, die von der Polizei zum Zwecke der Fahndung nach Straftätern eingerichtet worden ist, oder

6. wenn sie sich innerhalb eines Kontrollbereichs aufhält, der von der Polizei eingerichtet worden ist zum Zwecke der Fahndung nach Personen, die als Täter oder Teilnehmer eine der in § 100a der Strafprozeßordnung genannten Straftaten begangen oder in Fällen, in denen der Versuch strafbar ist, zu begehen versucht oder durch eine Straftat vorbereitet haben. [2]Der Kontrollbereich kann, außer bei Gefahr im Verzug, nur vom Innenministerium oder von einer Landespolizeidirektion mit Zustimmung des Innenministeriums eingerichtet werden.

(2) [1]Die Polizei kann zur Feststellung der Identität die erforderlichen Maßnahmen treffen. [2]Sie kann den Betroffenen insbesondere anhalten und verlangen, daß er mitgeführte Ausweispapiere vorzeigt und zur Prüfung aushändigt. [3]Der Betroffene kann festgehalten und zur Dienststelle gebracht werden, wenn die Identität auf andere Weise nicht oder nur unter erheblichen Schwierigkeiten festgestellt werden kann.

(3) Die Polizei kann verlangen, daß ein Berechtigungsschein vorgezeigt und zur Prüfung ausgehändigt wird, wenn der Betroffene auf Grund einer Rechtsvorschrift verpflichtet ist, diesen Berechtigungsschein mitzuführen.

§ 21 Ladung. (1) Die Polizei kann eine Person laden, wenn dies erforderlich ist

1. zur Aufklärung des Sachverhalts in einer bestimmten polizeilichen Angelegenheit, sofern Tatsachen darauf schließen lassen, daß die Person sachdienliche Angaben machen kann, oder

2. zur Durchführung erkennungsdienstlicher Maßnahmen nach § 30.

(2) [1]Bei der Ladung soll deren Grund angegeben werden. [2]Bei der Bestimmung des Zeitpunkts ist, wenn möglich, auf die beruflichen Verpflichtungen und die sonstigen Lebensverhältnisse des Geladenen Rücksicht zu nehmen.

(3) Die Polizei darf die Ladung nicht mit Zwangsmitteln durchsetzen, es sei denn, daß ein Gesetz die Vorführung einer Person oder ähnliche Maßnahmen vorsieht.

§ 22 Gewahrsam. (1) Die Polizei kann eine Person in Gewahrsam nehmen, wenn

1. auf andere Weise eine unmittelbar bevorstehende erhebliche Störung der öffentlichen Sicherheit oder Ordnung nicht verhindert oder eine bereits eingetretene erhebliche Störung nicht beseitigt werden kann, oder

2. der Gewahrsam zum eigenen Schutz einer Person gegen drohende Gefahr für Leib oder Leben erforderlich ist, und die Person

   a) um Gewahrsam nachsucht oder

   b) sich erkennbar in einem die freie Willensbestimmung ausschließenden Zustand oder sonst in einer hilflosen Lage befindet oder

   c) Selbstmord begehen will, oder

3. die Identität einer Person auf andere Weise nicht festgestellt werden kann.

(2) Dem in Gewahrsam Genommenen sind der Grund dieser Maßnahme und die gegen sie zulässigen Rechtsbehelfe unverzüglich bekanntzugeben.

(3) [1]Der Gewahrsam ist aufzuheben, sobald sein Zweck erreicht ist. [2]Er darf ohne richterliche Entscheidung nicht länger als bis zum Ende des Tags nach dem Ergreifen aufrechterhalten werden. [3]In der Entscheidung ist die

höchstzulässige Dauer des Gewahrsams zu bestimmen; sie darf nicht mehr als zwei Wochen betragen.

(4) [1]Zu der Entscheidung nach Absatz 3 Satz 2 ist das Amtsgericht zuständig, in dessen Bezirk eine Person in Gewahrsam genommen ist. [2]Für das Verfahren gelten die Vorschriften des Reichsgesetzes über die Angelegenheiten der freiwilligen Gerichtsbarkeit. [3]Gegen die Entscheidung des Gerichts findet die sofortige Beschwerde statt. [4]Ist eine Entscheidung des Gerichts ergangen, so ist die Anfechtungsklage ausgeschlossen.

(5) [1]Für die Gerichtskosten gelten, soweit nichts anderes bestimmt ist, die Vorschriften der Kostenordnung. [2]Kosten werden nur von den in Gewahrsam genommenen Personen und nur für die Entscheidung, die den Gewahrsam für zulässig erklärt, sowie für das Beschwerdeverfahren erhoben. [3]Für die Entscheidung, die den Gewahrsam für zulässig erklärt, wird eine Gebühr von 30 DM erhoben, die vom Gericht bis auf 5 DM ermäßigt oder bis auf 200 DM erhöht werden kann. [4]Dabei sind die Verhältnisse des Zahlungspflichtigen und die Bedeutung sowie der Umfang des Verfahrens zu berücksichtigen. [5]In besonderen Fällen kann das Gericht von der Erhebung einer Gebühr absehen. [6]Für das Beschwerdeverfahren wird bei Verwerfung oder Zurückweisung der Beschwerde eine Gebühr von 30 DM, bei der Zurücknahme der Beschwerde eine Gebühr von 10 DM erhoben. [7]Der Gebührenschuldner hat, soweit er gebührenpflichtig ist, auch die baren Auslagen des gerichtlichen Verfahrens zu tragen.

§ 23 Durchsuchung von Personen. (1) Die Polizei kann eine Person durchsuchen, wenn

1. sie nach diesem Gesetz oder anderen Rechtsvorschriften festgehalten oder in Gewahrsam genommen werden darf,

2. Tatsachen die Annahme rechtfertigen, daß sie Sachen mit sich führt, die sichergestellt oder beschlagnahmt werden dürfen,

3. dies zur Feststellung ihrer Identität erforderlich ist und die Person sich erkennbar in einem die freie Willensbestimmung ausschließenden Zustand oder sonst in einer hilflosen Lage befindet,

4. sie sich an einem der in § 20 Abs. 1 Nr. 3 genannten Orte aufhält oder

5. sie sich in einem Objekt im Sinne des § 20 Abs. 1 Nr. 4 oder in dessen unmittelbarer Nähe aufhält und Tatsachen die Annahme rechtfertigen, daß in oder an Objekten dieser Art Straftaten begangen werden sollen.

(2) Die Polizei kann eine Person, deren Identität gemäß § 20 festgestellt werden soll, nach Waffen, anderen gefährlichen Werkzeugen und Sprengstoffen durchsuchen, wenn dies nach den Umständen zum Schutz des Polizeibeamten oder eines Dritten gegen eine Gefahr für Leib oder Leben erforderlich erscheint.

(3) Personen dürfen nur von Personen gleichen Geschlechts oder Ärzten durchsucht werden; dies gilt nicht, wenn die sofortige Durchsuchung nach den Umständen zum Schutz gegen eine Gefahr für Leib oder Leben erforderlich erscheint.

§ 24 Durchsuchung von Sachen. Die Polizei kann eine Sache durchsuchen, wenn

1. sie von einer Person mitgeführt wird, die nach § 23 Abs. 1 oder 2 durchsucht werden darf,
2. Tatsachen die Annahme rechtfertigen, daß sich in ihr eine Person befindet, die
   a) in Gewahrsam genommen werden darf,
   b) widerrechtlich festgehalten wird oder
   c) infolge Hilflosigkeit an Leib oder Leben gefährdet ist,
3. Tatsachen die Annahme rechtfertigen, daß sich in ihr eine andere Sache befindet, die sichergestellt oder beschlagnahmt werden darf,
4. sie sich an einem der in § 20 Abs. 1 Nr. 3 genannten Orte befindet oder
5. sie sich in einem Objekt im Sinne des § 20 Abs. 1 Nr. 4 oder in dessen unmittelbarer Nähe befindet und Tatsachen die Annahme rechtfertigen, daß Straftaten in oder an Objekten dieser Art begangen werden sollen, oder
6. es sich um ein Land-, Wasser- oder Luftfahrzeug handelt, in dem sich eine Person befindet, deren Identität nach § 20 Abs. 1 Nr. 5 oder 6 festgestellt werden darf; die Durchsuchung kann sich auch auf die in dem Fahrzeug enthaltenen Sachen erstrecken.

§ 25 Betreten und Durchsuchung von Wohnungen. (1) [1]Die Polizei kann eine Wohnung gegen den Willen des Inhabers nur betreten, wenn dies zum Schutz eines einzelnen oder des Gemeinwesens gegen dringende Gefahren für die öffentliche Sicherheit oder Ordnung erforderlich ist. [2]Während der Nachtzeit ist das Betreten nur zur Abwehr einer gemeinen Gefahr oder einer Lebensgefahr oder schweren Gesundheitsgefahr für einzelne Personen zulässig.

(2) Die Polizei kann eine Wohnung nur durchsuchen, wenn

1. Tatsachen die Annahme rechtfertigen, daß sich eine Person in der Wohnung befindet, die
   a) in Gewahrsam genommen werden darf,
   b) widerrechtlich festgehalten wird oder
   c) infolge Hilflosigkeit an Leib oder Leben gefährdet ist, oder
2. Tatsachen die Annahme rechtfertigen, daß sich eine Sache in der Wohnung befindet, die sichergestellt oder beschlagnahmt werden darf.

(3) [1]Ist eine Person entführt worden und rechtfertigen Tatsachen die Annahme, daß sie in einem Gebäude oder einer Gebäudegruppe festgehalten wird, so kann die Polizei Wohnungen in diesem Gebäude oder dieser Gebäudegruppe durchsuchen, wenn die Durchsuchungen das einzige Mittel sind, um eine Lebensgefahr oder Gesundheitsgefahr von der entführten Person oder von einem Dritten abzuwehren. [2]Durchsuchungen während der Nachtzeit sind nur zulässig, wenn sie zur Abwehr der in Satz 1 genannten Gefahren unumgänglich notwendig sind.

(4) Die Nachtzeit umfaßt in dem Zeitraum vom 1. April bis 30. September die Stunden von 21 Uhr bis 4 Uhr und in dem Zeitraum vom 1. Oktober bis 31. März die Stunden von 21 Uhr bis 6 Uhr.

(5) [1]Außer bei Gefahr im Verzug darf eine Durchsuchung nur durch das Amtsgericht angeordnet werden, in dessen Bezirk die Durchsuchung vorgenommen werden soll. [2]Für das Verfahren gelten die Vorschriften des Gesetzes über die Angelegenheiten der freiwilligen Gerichtsbarkeit. [3]Gegen die Entscheidung des Gerichts findet die sofortige Beschwerde statt; die Beschwerde hat keine aufschiebende Wirkung. [4]Eine die Durchsuchung anordnende Entscheidung des Gerichts bedarf zu ihrer Wirksamkeit nicht der Bekanntmachung an den Betroffenen.

(6) Arbeits-, Betriebs- und Geschäftsräume dürfen zur Erfüllung einer polizeilichen Aufgabe während der Arbeits-, Betriebs- oder Geschäftszeit betreten werden.

(7) [1]Der Wohnungsinhaber hat das Recht, bei der Durchsuchung anwesend zu sein. [2]Ist er abwesend, so ist, wenn möglich, ein Vertreter oder Zeuge beizuziehen.

(8) Dem Wohnungsinhaber oder seinem Vertreter sind der Grund der Durchsuchung und die gegen sie zulässigen Rechtsbehelfe unverzüglich bekanntzugeben.

§ 26 Sicherstellung. (1) Die Polizei kann eine Sache sicherstellen, wenn dies erforderlich ist, um den Eigentümer oder den rechtmäßigen Inhaber der tatsächlichen Gewalt vor Verlust oder Beschädigung der Sache zu schützen.

(2) Der Eigentümer oder der rechtmäßige Inhaber der tatsächlichen Gewalt ist unverzüglich zu unterrichten.

(3) Bei der Verwahrung sichergestellter Sachen ist den Belangen des Eigentümers oder des rechtmäßigen Inhabers der tatsächlichen Gewalt Rechnung zu tragen.

(4) Die Sicherstellung ist aufzuheben, wenn der Eigentümer oder der rechtmäßige Inhaber der tatsächlichen Gewalt dies verlangt oder wenn ein Schutz nicht mehr erforderlich ist, spätestens jedoch nach zwei Wochen.

(5) Diese Bestimmungen finden auf verlorene Sachen Anwendung, soweit in den gesetzlichen Vorschriften über den Fund nichts anderes bestimmt ist.

§ 27 Beschlagnahme. (1) Die Polizei kann eine Sache beschlagnahmen, wenn dies erforderlich ist

1. zum Schutz eines einzelnen oder des Gemeinwesens gegen eine unmittelbar bevorstehende Störung der öffentlichen Sicherheit oder Ordnung oder zur Beseitigung einer bereits eingetretenen Störung,

2. zur Verhinderung einer mißbräuchlichen Verwendung durch eine Person, die nach diesem Gesetz in Gewahrsam genommen worden ist.

(2) [1]Dem Betroffenen sind der Grund der Beschlagnahme und die gegen sie zulässigen Rechtsbehelfe unverzüglich bekanntzugeben. [2]Auf Verlangen ist ihm eine Bescheinigung zu erteilen. [3]§ 26 Abs. 3 gilt entsprechend.

(3) [1]Die Beschlagnahme ist aufzuheben, sobald ihr Zweck erreicht ist. [2]Ist eine Sache vom Polizeivollzugsdienst (§ 45 Nr. 2) in eigener Zuständigkeit beschlagnahmt worden, so ist die Beschlagnahme spätestens nach drei Tagen aufzuheben, wenn sie nicht von der zuständigen allgemeinen Polizeibehörde bestätigt wird. [3]Vorbehaltlich besonderer gesetzlicher Regelung darf die Beschlagnahme nicht länger als sechs Monate aufrechterhalten werden.

§ 28 Einziehung. (1) [1]Die zuständige allgemeine Polizeibehörde kann eine beschlagnahmte Sache einziehen, wenn diese nicht mehr herausgegeben werden kann, ohne daß die Voraussetzungen der Beschlagnahme erneut eintreten. [2]Die Einziehung ist schriftlich anzuordnen.

(2) [1]Die eingezogenen Sachen werden im Wege der öffentlichen Versteigerung (§ 383 Abs. 3 BGB) verwertet. [2]Die Polizeibehörde kann die Versteigerung durch einen ihrer Beamten vornehmen lassen. [3]Ein Zuschlag, durch den die Voraussetzungen der Einziehung erneut eintreten würden, ist zu versagen. [4]Der Erlös ist dem Betroffenen herauszugeben.

(3) Kann eine eingezogene Sache nicht verwertet werden, so ist sie unbrauchbar zu machen oder zu vernichten.

(4) Die Kosten der Verwertung, Unbrauchbarmachung oder Vernichtung fallen dem Betroffenen zur Last; sie können im Verwaltungszwangsverfahren beigetrieben werden.

§ 29 Vernehmung. (1) Die Polizei darf bei Vernehmungen zur Herbeiführung einer Aussage keinen Zwang anwenden.

(2) Für Vernehmungen durch die Polizei, die nicht der Verfolgung einer mit Strafe oder Geldbuße bedrohten Handlung dienen, gelten die §§ 68 a, 136 a und § 69 Abs. 3 der Strafprozeßordnung entsprechend.

§ 30 Erkennungsdienstliche Maßnahmen. Maßnahmen zum Zweck des Erkennungsdienstes können ohne Einwilligung des Betroffenen außer im Falle des § 81 b der Strafprozeßordnung nur vorgenommen werden, wenn die Identität des Betroffenen auf andere Weise nicht zuverlässig festgestellt werden kann oder wenn der Betroffene ohne festen Wohnsitz umherzieht.

§ 31 (aufgehoben)

4. Unterabschnitt

Polizeizwang

§ 32 Allgemeines. (1) Die Polizei wendet die Zwangsmittel Zwangsgeld, Zwangshaft und Ersatzvornahme nach den Vorschriften des Landesverwaltungsvollstreckungsgesetzes an.

(2) Die Polizei wendet das Zwangsmittel unmittelbarer Zwang nach den Vorschriften dieses Gesetzes an.

§ 33 Begriff und Mittel des unmittelbaren Zwangs. (1) Unmittelbarer Zwang ist jede Einwirkung auf Personen oder Sachen durch einfache körperliche Gewalt, Hilfsmittel der körperlichen Gewalt oder Waffengebrauch.

(2) Das Innenministerium bestimmt, welche Hilfsmittel der körperlichen Gewalt und welche Waffen im Polizeidienst zu verwenden sind.

§ 34 Zuständigkeit für die Anwendung unmittelbaren Zwangs. Die Anwendung unmittelbaren Zwangs obliegt den Beamten des Polizeivollzugsdienstes.

§ 35 Voraussetzungen und Durchführung des unmittelbaren Zwangs. (1) [1]Unmittelbarer Zwang darf nur angewandt werden, wenn der polizeiliche Zweck auf andere Weise nicht erreichbar erscheint. [2]Gegen Personen darf unmittelbarer Zwang nur angewandt werden, wenn der polizeiliche Zweck durch unmittelbaren Zwang gegen Sachen nicht erreichbar erscheint. [3]Das angewandte Mittel muß nach Art und Maß dem Verhalten, dem Alter und dem Zustand des Betroffenen angemessen sein. [4]Gegenüber einer Menschenansammlung darf unmittelbarer Zwang nur angewandt werden, wenn seine Anwendung gegen einzelne Teilnehmer der Menschenansammlung offensichtlich keinen Erfolg verspricht.

(2) Unmittelbarer Zwang ist, soweit es die Umstände zulassen, vor seiner Anwendung anzudrohen.

(3) Unmittelbarer Zwang darf nicht mehr angewandt werden, wenn der polizeiliche Zweck erreicht ist oder wenn es sich zeigt, daß er durch die Anwendung von unmittelbarem Zwang nicht erreicht werden kann.

(4) Für die Anwendung des unmittelbaren Zwangs zur Vollstreckung von Verwaltungsakten der Polizei gelten im übrigen die §§ 2 bis 6, 9, 10, 12, 21, 27, 28 und § 31 Abs. 1 bis 3 und Abs. 5 des Landesverwaltungsvollstreckungsgesetzes.

§§ 36 - 38 (aufgehoben)

§ 39 Voraussetzungen des Schußwaffengebrauchs. (1) [1]Der Schußwaffenge-brauch ist nur zulässig, wenn die allgemeinen Voraussetzungen für die Anwendung unmittelbaren Zwangs vorliegen und wenn einfache körperli-che Gewalt sowie verfügbare Hilfsmittel der körperlichen Gewalt oder mitgeführte Hiebwaffen erfolglos angewandt worden sind oder ihre An-wendung offensichtlich keinen Erfolg verspricht. [2]Auf Personen darf erst geschossen werden, wenn der polizeiliche Zweck durch Waffenwirkung gegen Sachen nicht erreicht werden kann.

(2) Der Schußwaffengebrauch ist unzulässig, wenn mit hoher Wahr-scheinlichkeit unbeteiligte Personen gefährdet werden, es sei denn, daß sich dies beim Einschreiten gegen eine Menschenmenge (§ 40 Abs. 2) nicht vermeiden läßt.

§ 40 Schußwaffengebrauch gegenüber Personen. (1) Schußwaffen dürfen ge-gen einzelne Personen nur gebraucht werden,

1. um die unmittelbar bevorstehende Ausführung oder die Fortset-zung einer rechtswidrigen Tat zu verhindern, die sich den Umstän-den nach

    a) als ein Verbrechen oder

    b) als ein Vergehen, das unter Anwendung oder Mitführung von Schußwaffen oder Sprengstoffen begangen werden soll oder ausgeführt wird,

    darstellt;

2. um eine Person, die sich der Festnahme oder der Feststellung ihrer Person durch die Flucht zu entziehen versucht, anzuhalten, wenn sie

    a) bei einer rechtswidrigen Tat auf frischer Tat betroffen wird, die sich den Umständen nach als ein Verbrechen darstellt oder als ein Vergehen, das unter Anwendung oder Mitführung von Schußwaffen oder Sprengstoffen begangen wird,

    b) eines Verbrechens dringend verdächtig ist oder

    c) eines Vergehens dringend verdächtig ist und Anhaltspunkte befürchten lassen, daß sie von einer Schußwaffe oder einem Sprengstoff Gebrauch machen werde;

3. zur Vereitelung der Flucht oder zur Wiederergreifung einer Person, die sich in amtlichem Gewahrsam befindet oder befand,

    a) zur Verbüßung einer Freiheitsstrafe wegen einer Straftat mit Ausnahme des Strafarrestes,

    b) zum Vollzug der Unterbringung in einer sozialtherapeutischen Anstalt oder in der Sicherungsverwahrung,

    c) wegen des dringenden Verdachts eines Verbrechens,

    d) aufgrund richterlichen Haftbefehls oder

e) sonst wegen des dringenden Verdachts eines Vergehens, wenn zu befürchten ist, daß sie von einer Schußwaffe oder einem Sprengstoff Gebrauch machen werde;

4. gegen eine Person, die mit Gewalt einen Gefangenen oder jemanden, dessen

a) Sicherungsverwahrung (§ 66 des Strafgesetzbuchs),

b) Unterbringung in einem psychiatrischen Krankenhaus (§ 63 des Strafgesetzbuchs, § 126 a der Strafprozeßordnung),

c) Unterbringung in einer Entziehungsanstalt (§ 64 des Strafgesetzbuchs, § 126 a der Strafprozeßordnung) oder

d) Unterbringung in einer sozialtherapeutischen Anstalt (§ 65 des Strafgesetzbuchs, § 126 a der Strafprozeßordnung)

angeordnet ist, aus dem amtlichen Gewahrsam zu befreien versucht.

(2) Schußwaffen dürfen gegen eine Menschenmenge nur dann gebraucht werden, wenn von ihr oder aus ihr heraus Gewalttaten begangen werden oder unmittelbar bevorstehen und Zwangsmaßnahmen gegen einzelne nicht zum Ziele führen oder offensichtlich keinen Erfolg versprechen.

(3) Das Recht zum Gebrauch von Schußwaffen aufgrund anderer gesetzlicher Vorschriften bleibt unberührt.

3. Abschnitt

Entschädigung

§ 41 Voraussetzungen. (1) [1]In den Fällen des § 9 Abs. 1 kann derjenige, gegenüber dem die Polizei eine Maßnahme getroffen hat, eine angemessene Entschädigung für den ihm durch die Maßnahme entstandenen Schaden verlangen. [2]Dies gilt nicht, soweit die Maßnahme zum Schutz seiner Person oder seines Vermögens getroffen worden ist.

(2) Soweit die Entschädigungspflicht wegen Maßnahmen nach § 9 Abs. 1 in besonderen gesetzlichen Vorschriften geregelt ist, finden diese Vorschriften Anwendung.

§ 42 Entschädigungspflichtiger. [1]Zur Entschädigung ist der Staat oder die Körperschaft verpflichtet, in deren Dienst der Beamte steht, der die Maßnahme getroffen hat. [2]Ist die Maßnahme von einem Polizeibeamten auf Weisung einer Polizeibehörde getroffen worden, so ist der Staat oder die Körperschaft, der die Polizeibehörde angehört, zur Entschädigung verpflichtet.

§ 43 Ersatz. Der nach § 42 zur Entschädigung Verpflichtete kann in entsprechender Anwendung der Vorschriften des Bürgerlichen Gesetzbuchs über die Geschäftsführung ohne Auftrag von den in den §§ 6 und 7 bezeichneten Personen Ersatz verlangen.

§ 44 Rechtsweg. Über die Ansprüche nach den §§ 41 und 43 entscheiden die ordentlichen Gerichte.

ZWEITER TEIL

Die Organisation der Polizei

Erstes Kapitel

Organisation der Polizei im allgemeinen

1. Abschnitt

Gliederung und Aufgabenverteilung

§ 45 Allgemeines. Die Organisation der Polizei umfaßt
1. die Polizeibehörden,
2. den Polizeivollzugsdienst mit seinen Beamten (Polizeibeamte).

§ 46 Wahrnehmung der polizeilichen Aufgaben. (1) Die Polizeibehörden nehmen alle polizeilichen Aufgaben wahr, soweit in Absatz 2 nichts anderes bestimmt ist.

(2) Der Polizeivollzugsdienst nimmt die polizeilichen Aufgaben wahr,
1. soweit zur Durchführung von Rechts- oder Verwaltungsvorschriften oder zur Vorbereitung oder Durchführung von Anordnungen der Polizeibehörden oder anderer Verwaltungsbehörden Vollzugshandlungen erforderlich sind,
2. wenn bei Gefahr im Verzug ein rechtzeitiges Tätigwerden der zuständigen Polizeibehörde nicht erreichbar erscheint.

2. Abschnitt

Die Polizeibehörden

1. Unterabschnitt

Aufbau

§ 47 Arten der Polizeibehörden. (1) Allgemeine Polizeibehörden sind
1. die obersten Landespolizeibehörden,
2. die Landespolizeibehörden,
3. die Kreispolizeibehörden,
4. die Ortspolizeibehörden.

(2) [1]Besondere Polizeibehörden sind alle anderen Polizeibehörden. [2]Ihr Aufbau wird durch dieses Gesetz nicht berührt.

§ 48 Allgemeine Polizeibehörden. (1) Oberste Landespolizeibehörden sind die zuständigen Ministerien.

(2) Landespolizeibehörden sind die Regierungspräsidien.

(3) Kreispolizeibehörden sind die unteren Verwaltungsbehörden.

(4) Ortspolizeibehörden sind die Bürgermeister.

(5) [1]Die Kreistage, die Gemeinderäte und die Verbandsversammlungen oder die gemeinsamen Ausschüsse von Verwaltungsgemeinschaften nach § 14 des Landesverwaltungsgesetzes wirken nach Maßgabe dieses Gesetzes mit. [2]Ihre besonderen polizeilichen Befugnisse nach anderen Gesetzen bleiben unberührt.

§ 49 Dienstaufsicht. (1) Es führen die Dienstaufsicht über

1. die Landespolizeibehörden: das Innenministerium,

2. die Kreispolizeibehörden: die Regierungspräsidien und das Innenministerium,

3. die Ortspolizeibehörden

   a) in den Stadtkreisen und in den Großen Kreisstädten: die Regierungspräsidien und das Innenministerium,

   b) im übrigen: die Landratsämter, die Regierungspräsidien und das Innenministerium.

(2) Das Innenministerium führt die Aufsicht jeweils im Benehmen mit dem fachlich zuständigen Ministerium.

§ 50 Fachaufsicht. Es führen die Fachaufsicht über

1. die Landespolizeibehörden: die zuständigen Ministerien,

2. die Kreispolizeibehörden: die Regierungspräsidien und die zuständigen Ministerien,

3. die Ortspolizeibehörden

   a) in den Stadtkreisen und in den Großen Kreisstädten: die Regierungspräsidien und die zuständigen Ministerien,

   b) im übrigen: die Landratsämter, die Regierungspräsidien und die zuständigen Ministerien.

§ 51 Weisungsrecht und Unterrichtungspflicht. (1) [1]Die zur Dienstaufsicht oder zur Fachaufsicht zuständigen Behörden können den allgemeinen Polizeibehörden im Rahmen ihrer Zuständigkeit unbeschränkt Weisungen erteilen. [2]Die allgemeinen Polizeibehörden haben diesen Weisungen Folge zu leisten.

(2) Leistet eine Polizeibehörde einer ihr erteilten Weisung keine Folge, so kann an Stelle der Polizeibehörde jede zur Fachaufsicht zuständige Behörde die erforderlichen Maßnahmen treffen.

(3) Die allgemeinen Polizeibehörden sind verpflichtet, die weisungsbefugten Behörden von allen sachdienlichen Wahrnehmungen zu unterrichten.

2. Unterabschnitt

Zuständigkeit

§ 52 Allgemeine sachliche Zuständigkeit. (1) Die sachliche Zuständigkeit der Polizeibehörden wird von dem fachlich zuständigen Ministerium im Einvernehmen mit dem Innenministerium bestimmt.

(2) Soweit nichts anderes bestimmt ist, sind die Ortspolizeibehörden sachlich zuständig.

(3) Das fachlich zuständige Ministerium kann im Einvernehmen mit dem Innenministerium bestimmen, daß Aufgaben der Ortspolizeibehörden durch Verwaltungsgemeinschaften erfüllt werden.

(4) § 13 bleibt unberührt.

§ 53 Besondere sachliche Zuständigkeit. (1) Erscheint bei Gefahr im Verzug ein rechtzeitiges Tätigwerden der zuständigen Polizeibehörde nicht erreichbar, so können deren Aufgaben von den in § 50 bezeichneten, zur Fachaufsicht zuständigen Behörden wahrgenommen werden.

(2) Unter den Voraussetzungen des Absatzes 1 kann jede Polizeibehörde innerhalb ihres Dienstbezirks die Aufgaben einer übergeordneten Polizeibehörde wahrnehmen.

(3) Die zuständige Polizeibehörde ist von den getroffenen Maßnahmen unverzüglich zu unterrichten.

(4) Diese Bestimmungen gelten nicht für Polizeiverordnungen.

§ 54 Örtliche Zuständigkeit. (1) [1]Die Zuständigkeit der Polizeibehörden beschränkt sich auf ihren Dienstbezirk. [2]Örtlich zuständig ist die Polizeibehörde, in deren Dienstbezirk eine polizeiliche Aufgabe wahrzunehmen ist; durch Rechtsverordnung kann zum Zwecke der Verwaltungsvereinfachung etwas anderes bestimmt werden.

(2) [1]Erscheint bei Gefahr im Verzug ein rechtzeitiges Tätigwerden der örtlich zuständigen Polizeibehörde nicht erreichbar, so kann auch die für einen benachbarten Dienstbezirk zuständige Polizeibehörde die erforderlichen Maßnahmen treffen. [2]Die zuständige Polizeibehörde ist von den getroffenen Maßnahmen unverzüglich zu unterrichten.

§ 55 Regelung der örtlichen Zuständigkeit für überörtliche polizeiliche Aufgaben. Kann eine polizeiliche Aufgabe in mehreren Dienstbezirken zweckmäßig nur einheitlich wahrgenommen werden, so wird die Zuständigkeit von der Behörde geregelt, welche die Fachaufsicht über die beteiligten Polizeibehörden führt.

3. Abschnitt

Der Polizeivollzugsdienst

1. Unterabschnitt

Aufbau

§ 56 Polizeidienststellen als Landeseinrichtung. Das Land unterhält für den Polizeivollzugsdienst folgende Polizeidienststellen:

1. das Landeskriminalamt,
2. die Bereitschaftspolizeidirektion und die ihr nachgeordneten Dienststellen der Bereitschaftspolizei,
3. die Wasserschutzpolizeidirektion und die ihr nachgeordneten Dienststellen der Wasserschutzpolizei,
4. die Landespolizeidirektionen und die ihnen nachgeordneten staatlichen Dienststellen.

§ 57 Aufgaben und Gliederung der Polizeidienststellen. (1) Aufgaben und Gliederung der Polizeidienststellen im einzelnen werden vom Innenministerium durch Verordnung bestimmt.

(2) Die Gliederung der den Landespolizeidirektionen nachgeordneten Dienststellen der uniformierten Polizei und der Kriminalpolizei kann mit Ermächtigung des Innenministeriums von dem zuständigen Regierungspräsidium bestimmt werden.

§ 58 Dienstaufsicht über die Wasserschutzpolizei und die Landespolizei. Es führen die Dienstaufsicht über

1. die Wasserschutzpolizeidirektion: das Innenministerium,
2. die der Wasserschutzpolizeidirektion nachgeordneten Polizeidienststellen: die Wasserschutzpolizeidirektion und das Innenministerium,
3. die Landespolizeidirektionen: die Regierungspräsidien und das Innenministerium,
4. die den Landespolizeidirektionen nachgeordneten Polizeidienststellen: die Landespolizeidirektionen, die Regierungspräsidien und das Innenministerium.

§ 59 Fachaufsicht über die Wasserschutzpolizei und die Landespolizei. (1) Es führen die Fachaufsicht über

1. die Wasserschutzpolizeidirektion: die zuständigen Ministerien,
2. die Landespolizeidirektionen: die Regierungspräsidien und die zuständigen Ministerien,

3. die den Landespolizeidirektionen und der Wasserschutzpolizeidirektion nachgeordneten Polizeidienststellen: die Bürgermeister, soweit sie Kreispolizeibehörden sind, die Landratsämter, die Regierungspräsidien und die zuständigen Ministerien.

(2) Die Fachaufsicht über die kriminalpolizeiliche Tätigkeit der Polizeidienststellen wird, unbeschadet der Befugnisse der übrigen zur Fachaufsicht zuständigen Stellen, vom Landeskriminalamt geführt.

§ 60 Aufsicht über das Landeskriminalamt und die Bereitschaftspolizei. Es führen die Dienstaufsicht und die Fachaufsicht über

1. das Landeskriminalamt und die Bereitschaftspolizeidirektion: das Innenministerium,

2. die der Bereitschaftspolizeidirektion nachgeordneten Polizeidienststellen: die Bereitschaftspolizeidirektion und das Innenministerium.

§ 61 Weisungsrecht und Unterrichtungspflicht. (1) [1]Die zur Dienstaufsicht oder zur Fachaufsicht zuständigen Stellen können den Polizeidienststellen im Rahmen ihrer Zuständigkeit Weisungen erteilen. [2]Die Polizeidienststellen haben diesen Weisungen Folge zu leisten.

(2) Die Polizeidienststellen sind verpflichtet, die weisungsbefugten Stellen von allen sachdienlichen Wahrnehmungen zu unterrichten.

§ 62 Weisungsrecht der Ortspolizeibehörden und Unterrichtungspflicht der Polizeidienststellen. (1) [1]Die Ortspolizeibehörden können den Polizeidienststellen im Rahmen ihrer Zuständigkeit fachliche Weisungen erteilen. [2]Die Polizeidienststellen haben diesen Weisungen Folge zu leisten.

(2) Die Polizeidienststellen sind verpflichtet, die Ortspolizeibehörden von allen sachdienlichen Wahrnehmungen zu unterrichten.

2. Unterabschnitt

Zuständigkeit

§ 63 Örtliche Zuständigkeit. (1) Die staatlichen Polizeidienststellen sind im ganzen Landesgebiet zuständig, soweit in Absatz 2 nichts anderes bestimmt ist; sie sollen in der Regel jedoch nur in ihrem Dienstbezirk tätig werden.

(2) [1]Im Dienstbezirk einer städtischen Polizeidienststelle (§ 69) sind die in § 56 Nr. 3 und 4 bezeichneten Polizeidienststellen nur zuständig*

1. zur Verfolgung einer mit Strafe oder Geldbuße bedrohten Handlung im ersten Zugriff,

2. zur unmittelbaren Verhinderung einer mit Strafe oder Geldbuße bedrohten Handlung,

---

* *z.Zt. ohne Anwendungsbereich*

3. zur Verfolgung und Wiederergreifung Entwichener,
4. bei einer Tätigkeit auf Weisung, auf Ersuchen oder mit Zustimmung einer zuständigen Stelle.

[2]Die zuständige städtische Polizeidienststelle ist von den getroffenen Maßnahmen unverzüglich zu unterrichten.

(3) Im Gebiet eines anderen Bundeslandes können die Polizeidienststellen Amtshandlungen nur vornehmen, wenn dies durch ein dort geltendes Gesetz gestattet oder von der zuständigen Behörde eines Bundeslandes zugelassen ist.

§ 64 Dienstbezirke. (1) Dienstbezirk des Landeskriminalamts und der Bereitschaftspolizeidirektion ist das Landesgebiet.

(2) [1]Dienstbezirke der Landespolizeidirektionen sind
1. für die Landespolizeidirektion Stuttgart I der Regierungsbezirk Stuttgart ohne das Gebiet der Stadt Stuttgart,
2. für die Landespolizeidirektion Stuttgart II das Gebiet der Stadt Stuttgart,
3. für die Landespolizeidirektion Karlsruhe der Regierungsbezirk Karlsruhe,
4. für die Landespolizeidirektion Freiburg der Regierungsbezirk Freiburg,
5. für die Landespolizeidirektion Tübingen der Regierungsbezirk Tübingen.

[2]Für die Wahrnehmung verkehrspolizeilicher Vollzugsaufgaben auf Bundesautobahnen kann das Innenministerium die Dienstbezirke der Landespolizeidirektion abweichend von Satz 1 nach verkehrspolizeilichen Bedürfnissen bestimmen.

(3) Dienstbezirk der Wasserschutzpolizeidirektion sind die schiffbaren Wasserstraßen und die sonstigen schiffbaren Gewässer einschließlich der Nebenanlagen, der Häfen und der Werftanlagen im Landesgebiet.

(4) Die Dienstbezirke der übrigen Polizeidienststellen sowie die Dienstsitze der Polizeidienststellen werden nach den polizeilichen Bedürfnissen vom Innenministerium oder mit dessen Ermächtigung von dem zuständigen Regierungspräsidium bestimmt.

§ 65 Amtshandlungen von Polizeidienststellen anderer Bundesländer und des Bundes im Landesgebiet. (1) Polizeidienststellen anderer Bundesländer können, soweit gesetzlich nichts anderes bestimmt ist, im Landesgebiet Amtshandlungen nur vornehmen
1. im Grenzbereich, wenn bei Gefahr im Verzug ein rechtzeitiges Tätigwerden von Polizeidienststellen des Landes nicht erreichbar erscheint oder wenn das Land die Wahrnehmung bestimmter Aufgaben dem benachbarten Bundesland durch Verwaltungsabkommen übertragen hat,

2. bei einer Tätigkeit auf Ersuchen oder mit Zustimmung einer zuständigen Stelle,

3. zur Abwehr einer drohenden Gefahr für den Bestand oder die freiheitliche demokratische Grundordnung des Bundes oder des Landes, wenn das Land Polizeikräfte eines anderen Bundeslandes angefordert oder die Bundesregierung diese ihren Weisungen unterstellt hat,

4. zur Durchführung polizeilicher Maßnahmen beim Gefangenentransport,

5. bei der Verfolgung von Straftaten oder Ordnungswidrigkeiten in den durch Verwaltungsabkommen mit anderen Bundesländern geregelten Fällen.

(2) Diese Bestimmung gilt entsprechend für Polizeidienststellen des Bundes.

§ 66 Befugnisse der in § 65 bezeichneten Polizeidienststellen. In den Fällen des § 65 haben die Polizeidienststellen anderer Bundesländer und die Polizeidienststellen des Bundes die gleichen Befugnisse wie die Polizeidienststellen des Landes.

Zweites Kapitel

Organisation der Polizei in den Großstädten

1. Abschnitt

Staatlicher Polizeivollzugsdienst

§§ 67, 68 (aufgehoben)

2. Abschnitt

Städtischer Polizeivollzugsdienst

1. Unterabschnitt

Allgemeines

§ 69 Zusammenfassung von Polizeibehörde und Polizeivollzugsdienst*. (1) In Gemeinden mit mehr als 250 000 Einwohnern hat das Innenministerium auf Antrag der Gemeinde zu bestimmen, daß der Gemeinde die Aufgaben des Polizeivollzugsdienstes, ausgenommen die verkehrspolizeilichen Vollzugsaufgaben auf der Bundesautobahn, übertragen und mit den orts- und kreispolizeilichen Aufgaben durch eine städtische Polizeidienststelle (Polizeipräsidium) wahrgenommen werden.

---

* *z.Zt. ohne Anwendungsbereich*

(2) Die Zuständigkeit der in § 56 Nr. 1 bis 3 bezeichneten Polizeidienststellen bleibt unberührt.

(3) Die Vorschriften über die allgemeinen Polizeibehörden finden entsprechende Anwendung.

(4) Der städtische Polizeivollzugsdienst umfaßt die uniformierte Polizei (Schutzpolizei) und die Kriminalpolizei.

§ 70 Örtliche Zuständigkeit der Polizeibeamten*. (1) Die Polizeibeamten sind nur im Gemeindegebiet zuständig, soweit in Absatz 2 nichts anderes bestimmt ist.

(2) [1]Außerhalb des Gemeindegebiets sind die Polizeibeamten nur in den in § 63 Abs. 2 Satz 1 bezeichneten Fällen zuständig. [2]Die Vorschrift des § 63 Abs. 2 Satz 2 und Abs. 3 gilt entsprechend.

§ 71 Aufsicht*. (1) Die Fachaufsicht über die kriminalpolizeiliche Tätigkeit der städtischen Polizeidienststellen wird von dem Landeskriminalamt geführt.

(2) Die Befugnisse der übrigen zur Aufsicht zuständigen Behörden bleiben unberührt.

§ 72 Gemeinsamer Einsatz staatlicher und städtischer Polizei*. Wird eine vollzugspolizeiliche Aufgabe von staatlicher und städtischer Polizei gemeinsam wahrgenommen, so kann das Innenministerium eine gemeinsame Einsatzleitung bestimmen.

§ 73 Notstand. (1) Ist eine Polizeidienststelle nicht in der Lage oder nicht bereit, die vollzugspolizeilichen Aufgaben wahrzunehmen, so kann sich das Innenministerium vorübergehend die Polizeikräfte des Landes und der Gemeinden unmittelbar unterstellen und sie nach den polizeilichen Bedürfnissen einsetzen.

(2) [1]Erscheint bei Gefahr im Verzug ein rechtzeitiges Tätigwerden des Innenministeriums nicht erreichbar, so können auch die Regierungspräsidien Maßnahmen nach Absatz 1 treffen. [2]Das Innenministerium ist unverzüglich zu unterrichten.

(3) Kosten werden nicht erstattet.

2. Unterabschnitt

Besondere Vorschriften für die städtischen Polizeidienststellen

§ 74 Polizeivollzugsdienst*. (1) Zahl, Ausbildung, Ausrüstung und Bewaffnung der Polizeibeamten der städtischen Polizeidienststellen werden nach den polizeilichen Bedürfnissen durch Verordnung des Innenministeriums bestimmt.

---

* *z.Zt. ohne Anwendungsbereich*

(2) Das Innenministerium kann sich über die Durchführung der nach Absatz 1 erlassenen Vorschriften unterrichten.

§ 75 Bestellung der leitenden Beamten*. (1) Die Stellen des Leiters einer städtischen Polizeidienststelle und seines Stellvertreters sind öffentlich auszuschreiben.

(2) [1]Das Innenministerium und der Bürgermeister benennen gemeinsam mindestens zwei geeignete Bewerber, aus denen der Gemeinderat den Leiter der städtischen Polizeidienststelle oder seinen Stellvertreter bestellt. [2]Können Innenministerium und Bürgermeister keine zwei Bewerber benennen, ist die Stelle erneut auszuschreiben.

(3) Im Einvernehmen mit dem Innenministerium kann eine Ausschreibung unterbleiben.

Drittes Kapitel

Besondere Vollzugsbeamte

§ 76 Gemeindliche Vollzugsbeamte. (1) Die Ortspolizeibehörden können sich zur Wahrnehmung bestimmter auf den Gemeindebereich beschränkter polizeilicher Aufgaben gemeindlicher Vollzugsbeamter bedienen.

(2) Die gemeindlichen Vollzugsbeamten haben bei der Erledigung ihrer polizeilichen Dienstverrichtungen die Stellung von Polizeibeamten im Sinn dieses Gesetzes.

§ 77 Hilfsbeamte der Staatsanwaltschaft. (1) Das Innenministerium kann auf Antrag der zuständigen Stelle anordnen, daß Hilfsbeamte der Staatsanwaltschaft, die mit der Wahrnehmung bestimmter polizeilicher Aufgaben betraut sind, ohne einer Polizeibehörde oder einer Polizeidienststelle anzugehören, die Stellung von Polizeibeamten im Sinn dieses Gesetzes haben.

(2) Anordnungen nach Absatz 1 sind amtlich bekanntzugeben.

DRITTER TEIL

Die Kosten der Polizei

§ 78 Begriff der Kosten. Kosten im Sinn der §§ 79 bis 81 sind die unmittelbaren oder mittelbaren persönlichen und sächlichen Ausgaben für die allgemeinen Polizeibehörden und die Polizeidienststellen.

§ 79 Kosten für die allgemeinen Polizeibehörden. (1) [1]Die Kosten für die Ortspolizeibehörden sowie in den Stadtkreisen und in den Großen Kreisstädten für die Kreispolizeibehörden, einschließlich der Kosten für die

---

* *z.Zt. ohne Anwendungsbereich*

städtischen Polizeidienststellen, werden von den Gemeinden getragen. [2]Die Kosten für die Kreispolizeibehörden werden in den Verwaltungsgemeinschaften nach § 14 des Landesverwaltungsgesetzes von diesen getragen.

(2) Die Kosten für die übrigen allgemeinen Polizeibehörden werden vom Land getragen.

(3) Die Vorschriften über die Kosten für die Beschaffung, Aufstellung und Unterhaltung von Verkehrszeichen, Verkehrseinrichtungen und -anlagen aller Art, die der Sicherheit und Leichtigkeit des Straßenverkehrs dienen, bleiben unberührt.

§ 80 Kosten für die staatlichen Polizeidienststellen. Die Kosten für die staatlichen Polizeidienststellen werden vom Land getragen.

§ 81 Ersatz. (1) Für die Kosten polizeilicher Maßnahmen kann Ersatz verlangt werden, wenn dies durch Rechtsvorschrift vorgesehen ist.

(2) [1]Für die Kosten polizeilicher Maßnahmen bei privaten Veranstaltungen kann von dem Veranstalter Ersatz verlangt werden, soweit sie dadurch entstehen, daß weitere als die im üblichen örtlichen Dienst eingesetzten Polizeibeamten herangezogen werden müssen. [2]Der Veranstalter ist auf Verlangen der zur Dienstaufsicht über die eingesetzten Polizeibeamten zuständigen Behörde verpflichtet, diese Polizeibeamten gegen Todesfall und Körperschäden zu versichern, die bei der Veranstaltung für sie entstehen können.

(3) Soweit gesetzlich nichts anderes bestimmt ist, kann der Ersatz im Verwaltungszwangsverfahren beigetrieben werden.

§ 82 Einnahmen. Sind mit der Tätigkeit der Polizei Einnahmen verbunden, so fließen diese dem Kostenträger zu.

VIERTER TEIL
Übergangs- und Schlußbestimmungen

§ 83 Aufhebung der bisherigen Polizeidirektionen in Freiburg i. Br. und in Baden-Baden*

§ 84 Übertritt und Übernahme von Bediensteten*

§ 85 Versorgung ehemaliger Bediensteter der Polizei*

§ 86 Vorschriften für Beamte, die nicht in den Dienst des Landes oder eine Gemeinde übertreten*

---

* *§§ 83 bis 88 enthalten Übergangsrecht zum Polizeigesetz in der ursprünglichen Fassung vom 21. November 1955 (GBl. S. 249).*

§ 87 Vermögensrechtliche Verhältnisse*

§ 88 (Anwendung des § 69 Abs. 1)*

§ 89 (Anträge auf Einrichtung eines städtischen Polizeivollzugsdienstes). (1) Erstmalige Anträge von Gemeinden auf Einrichtung eines städtischen Polizeivollzugsdienstes sind bis 1. April 1956 zulässig.

(2) Erreicht eine Gemeinde erst nach dem Inkrafttreten dieses Gesetzes eine Einwohnerzahl von mehr als 250 000, so ist der Antrag nach Absatz 1 zulässig bis zum Ablauf einer Frist von sechs Monaten nach der maßgebenden Fortschreibung der Bevölkerungszahl durch das Statistische Landesamt.

(3) Künftige Anträge von Gemeinden auf Einrichtung eines städtischen Polizeivollzugsdienstes sind frühestens zehn Jahre, Anträge auf Übernahme des Polizeivollzugsdienstes auf das Land frühestens drei Jahre nach dem 1. April 1956 bzw. nach der letzten Änderung zulässig.

(4) In den Fällen der Absätze 2 und 3 finden die §§ 84 bis 87 entsprechende Anwendung.

§ 90 (aufgehoben)**

§ 91 Durchführungsvorschriften. Das Innenministerium erläßt, soweit erforderlich, im Benehmen mit dem fachlich zuständigen Ministerium, die zur Durchführung dieses Gesetzes erforderlichen Verwaltungsvorschriften sowie die Rechtsverordnungen zur Regelung

   1. (aufgehoben)
   2. der Durchführung des Gewahrsams (§ 22),
   3. der Durchführung von Durchsuchungen (§ 25),
   4. der Verwahrung und Notveräußerung sichergestellter und beschlagnahmter Sachen (§ 26 Abs. 3 und § 27 Abs. 2 Satz 3),
   5. des Verfahrens bei der Durchführung erkennungsdienstlicher Maßnahmen (§ 30),
   6. (aufgehoben)
   7. (aufgehoben)
   8. der Aufgaben der gemeindlichen Vollzugsbeamten (§ 76),
   9. der Durchführung des § 77 Abs. 1.
   10. (aufgehoben)

---

* *§§ 83 bis 88 enthalten Übergangsrecht zum Polizeigesetz in der ursprünglichen Fassung vom 21. November 1955 (GBl. S. 249).*
** *Vgl. Art. 3 Nr. 2 des Gesetzes vom 11. Dezember 1979 (GBl. S. 545):*
Die Gemeinden sind auf Verlangen des Regierungspräsidiums verpflichtet, dem Land die weitere Benutzung der bisher von den Ortspolizeibehörden unterhaltenen Hafteinrichtungen gegen angemessenes Entgelt bis spätestens 31. Dezember 1989 zu gestatten.

§ 92 Aufhebung von Rechtsvorschriften. (1) [1]Vorschriften, die diesem Gesetz entsprechen oder widersprechen, werden in ihrem jeweiligen Geltungsbereich innerhalb des Landes Baden-Württemberg aufgehoben. [2]Insbesondere werden aufgehoben *(hier nicht weiter abgedruckt)*

§ 93 Außerkrafttreten von Polizeiverordnungen. (1) Für Polizeiverordnungen, die vor Inkrafttreten dieses Gesetzes erlassen worden sind, gilt § 18 Abs. 1 mit der Maßgabe, daß sie nicht vor dem 1. Januar 1958 außer Kraft treten.

(2) Den obersten Landespolizeibehörden stehen bei Anwendung des § 18 Abs. 2 Behörden, die vor Bildung des Landes Baden-Württemberg Aufgaben oberster Landesbehörden wahrgenommen haben, und die Landesbezirksverwaltung Baden gleich.

§ 94 Beschlagnahme von Räumen*

§ 95 Inkrafttreten. Dieses Gesetz tritt am 1. April 1956 in Kraft mit Ausnahme von § 37 Abs. 2, § 57, § 74 Abs. 1, § 89 Abs. 1 und § 91, die mit der Verkündung dieses Gesetzes in Kraft treten.**

---

* *Gegenstandslos durch Aufhebung des Wohnraumbewirtschaftungsgesetzes*

** *Amtliche Anmerkung:* Die Vorschrift betrifft das Inkrafttreten des Gesetzes in der ursprünglichen Fassung vom 21. November 1955 (Ges.Bl. S. 249).

Erste Verordnung des Innenministeriums zur Durchführung des Polizeigesetzes

vom 13. Mai 1969 (GBl. S. 94), zuletzt geändert durch Gesetz vom 11. April 1983 (GBl. S. 131)

INHALTSÜBERSICHT*

Auf Grund von § 91 des Polizeigesetzes (Pol.Ges.) in der Fassung der Bekanntmachung vom 16. Januar 1968 (Ges. Bl. S. 61) wird im Benehmen mit dem Justizministerium, dem Finanzministerium und dem Wirtschaftsministerium verordnet:

§ 1. (aufgehoben)

§ 2 Durchführung des Gewahrsams. (1) [1]Der in Gewahrsam Genommene soll von anderen festgehaltenen Personen, insbesondere Untersuchungs- und Strafgefangenen getrennt verwahrt werden. [2]Männer und Frauen sind getrennt unterzubringen; Geisteskranke und Personen, die an einer anstekkenden Krankheit leiden oder Krankheitskeime ausscheiden, sowie Jugendliche und Erwachsene sollen gesondert untergebracht werden.

(2) [1]Dem in Gewahrsam Genommenen ist unverzüglich Gelegenheit zu geben, einen Angehörigen oder eine Person seines Vertrauens zu benachrichtigen, wenn der Zweck des Gewahrsams dadurch nicht gefährdet wird. [2]Außerdem ist ihm Gelegenheit zur Beiziehung eines Bevollmächtigten zu geben.

(3) Dem in Gewahrsam Genommenen dürfen nur Beschränkungen auferlegt werden, die zur Sicherung des Zwecks des Gewahrsams oder zur Aufrechterhaltung der Ordnung im Gewahrsam erforderlich sind.

§ 3 Durchführung von Durchsuchungen. (1) [1]Über die Durchsuchung ist eine Niederschrift aufzunehmen. [2]Sie muß enthalten:

   1. Die Angabe von Grund, Zeit und Ort der Durchsuchung,

---

* *Nicht amtlich*

2. die Bezeichnung der Polizeibehörde oder der Polizeidienststelle, welche die Durchsuchung veranlaßt hat,

3. die Angabe der bei der Durchsuchung anwesenden Polizeibeamten und der sonst anwesenden Personen,

4. die Bezeichnung der anläßlich der Durchsuchung sichergestellten oder beschlagnahmten Sachen,

5. die Bestätigung, daß dem Wohnungsinhaber oder seinem Vertreter der Grund der Durchsuchung und die gegen sie zulässigen Rechtsbehelfe bekanntgemacht worden sind, und die Angabe eines etwa gegen die Durchsuchung eingelegten Rechtsbehelfs.

[3]Die Niederschrift ist von den beteiligten Polizeibeamten und von dem Wohnungsinhaber oder seinem Vertreter zu unterzeichnen. [4]Verweigert der Wohnungsinhaber oder sein Vertreter die Unterschrift, so ist hierüber ein Vermerk in die Niederschrift aufzunehmen.

(2) Dem Wohnungsinhaber oder seinem Vertreter ist auf Verlangen eine Abschrift der Niederschrift auszuhändigen.

§ 4 Verwahrung und Notveräußerung sichergestellter und beschlagnahmter Sachen. (1) [1]Sichergestellte Sachen sind so zu verwahren, daß sie der Einwirkung Unbefugter entzogen sind; Wertminderungen ist nach Möglichkeit vorzubeugen. [2]Ist eine amtliche Verwahrung nicht möglich oder nicht zweckmäßig, so ist die sichergestellte Sache einem Dritten zur Verwahrung zu übergeben. [3]Macht die Polizei zum Zweck der Verwahrung Aufwendungen, so ist der Eigentümer oder der rechtmäßige Inhaber der tatsächlichen Gewalt zum Ersatz verpflichtet.

(2) [1]Sichergestellte Sachen können verwertet werden, wenn ihr Verderb oder eine wesentliche Minderung ihres Wertes droht oder ihre Aufbewahrung, Pflege oder Erhaltung mit unverhältnismäßigen Kosten oder Schwierigkeiten verbunden ist. [2]Für die Verwertung gilt § 28 Abs. 2 und 4 Pol.Ges. entsprechend. [3]Ist der Eigentümer oder der rechtmäßige Inhaber der tatsächlichen Gewalt bekannt und erreichbar, so soll er vor der Veräußerung gehört werden.

(3) Die Absätze 1 und 2 gelten entsprechend für beschlagnahmte Sachen.

§ 5 Erkennungsdienstliche Maßnahmen. (1) Bei erkennungsdienstlichen Maßnahmen ist die Würde der Person zu achten.

(2) Als erkennungsdienstliche Maßnahmen sind zulässig:

1. Abnahme von Finger- und Handflächenabdrücken;

2. Aufnahme von Lichtbildern einschließlich Filmen;

3. Feststellung äußerlicher körperlicher Merkmale;

4. Messungen und ähnliche Maßnahmen.

§ 6 Aufgaben der gemeindlichen Vollzugsbeamten. (1) [1]Sind gemeindliche Vollzugsbeamte bestellt, kann ihnen die Ortspolizeibehörde polizeiliche Vollzugsaufgaben übertragen

1. beim Vollzug von Satzungen, Orts- und Kreispolizeiverordnungen,

2. beim Vollzug der Vorschriften über den Schutz der Sonn- und Feiertage,

3. beim Vollzug der Vorschriften über das Ausweis- und Meldewesen,

4. auf dem Gebiet des Gesundheitsschutzes,

5. beim Vollzug der Vorschriften über die Beseitigung von Abfällen,

6. auf dem Gebiet des Brandschutzes,

7. beim Vollzug der Vorschriften über die Zulässigkeit von Anschlägen und sonstigen Werbeanlagen,

8. beim Vollzug der Vorschriften zum Schutz der Jugend in der Öffentlichkeit,

9. auf dem Gebiet des Sammlungswesens,

10. beim Schutz öffentlicher Grünanlagen, Erholungseinrichtungen, Kinderspielplätze und anderer dem öffentlichen Nutzen dienenden Anlagen, Einrichtungen und Gegenstände gegen Beschädigung, Verunreinigung und mißbräuchliche Benutzung,

11. beim Vollzug der Vorschriften über unzulässigen Lärm, Belästigung der Allgemeinheit, Halten gefährlicher Tiere (§§ 117, 118 und 121 des Gesetzes über Ordnungswidrigkeiten), Verhütung von Unfällen und unbefugtes Parken auf Privatgrundstücken (§§ 9 und 12 des Landesgesetzes über Ordnungswidrigkeiten),

12. beim Vollzug der Vorschriften über das Reisegewerbe und das Marktwesen,

13. beim Vollzug der Vorschriften über die Sperrzeit und den Ladenschluß,

14. beim Vollzug der Vorschriften über den Schutz der Gewässer und über Gemeingebrauch und Sondernutzungen an Gewässern,

15. bei der Bekämpfung tierischer und pflanzlicher Schädlinge,

16. beim Vollzug der Vorschriften über den Feldschutz und die Pflicht zur Bewirtschaftung und Pflege von Grundstücken,

17. beim Vollzug der Vorschriften über den Schutz öffentlicher Straßen, über Sondernutzungen an öffentlichen Straßen und über das Reinigen, Räumen und Bestreuen öffentlicher Straßen,

18. bei der Überwachung des ruhenden Straßenverkehrs.

[2]Die Zuständigkeit des Polizeivollzugsdienstes bleibt unberührt.

(2)Mit Zustimmung des Regierungspräsidiums kann die Ortspolizeibehörde den gemeindlichen Vollzugsbeamten weitere polizeiliche Vollzugsaufgaben übertragen.

3

§ 7 Öffentliche Bekanntmachung. Die Ortspolizeibehörde macht die Übertragung von polizeilichen Vollzugsaufgaben nach § 6 und deren Widerruf öffentlich bekannt.

§ 8 Hilfsbeamte der Staatsanwaltschaft. Die Angehörigen des Bundesbahnfahndungsdienstes haben die Stellung von Polizeibeamten im Sinne des Polizeigesetzes.

§ 9. (aufgehoben)

§ 10 Außerkrafttreten von Vorschriften. *(hier nicht abgedruckt)*

§ 11* Inkrafttreten. Diese Verordnung tritt am 1. April 1956 in Kraft.

---

* *Amtliche Anmerkung:* Die Vorschrift betrifft das Inkrafttreten der Verordnung in ihrer ursprünglichen Fassung vom 27. März 1956 (Ges. Bl. S. 79).

Landesbauordnung für Baden-Württemberg (LBO)

in der Fassung vom 28. November 1983 (GBl. S. 770, berichtigt GBl. 1984, S. 519), zuletzt geändert durch Gesetz vom 22. Februar 1988 (GBl. S. 54)

INHALTSÜBERSICHT

ERSTER TEIL
Allgemeine Vorschriften

§ 1 Anwendungsbereich. (1) [1]Dieses Gesetz gilt für alle baulichen Anlagen. [2]Es gilt auch für Grundstücke, andere Anlagen und Einrichtungen, an die in diesem Gesetz oder in Vorschriften auf Grund dieses Gesetzes Anforderungen gestellt werden. [3]Es gilt ferner für Anlagen nach Absatz 2, soweit an sie Anforderungen auf Grund von § 73 gestellt werden.

(2) Dieses Gesetz gilt

1. bei öffentlichen Verkehrsanlagen nur für Gebäude,

2. bei den der Aufsicht der Wasserbehörden unterliegenden Anlagen nur für Gebäude, Überbrückungen, Abwasseranlagen, Wasserbehälter, Pumpwerke, Schachtbrunnen, ortsfeste Behälter für Treibstoffe, Öle und andere wassergefährdende Stoffe sowie für Abwasserleitungen auf Baugrundstücken,

3. bei den der Aufsicht der Bergbehörden unterliegenden Anlagen nur für oberirdische Gebäude,

4. bei Leitungen aller Art nur für solche auf Baugrundstücken,

5. bei Kränen und Krananlagen nur für Kranbahnen und deren Unterstützungen.

§ 2 Begriffe. (1) [1]Bauliche Anlagen sind mit dem Erdboden verbundene, aus Baustoffen und Bauteilen hergestellte Anlagen. [2]Eine Verbindung mit dem Erdboden besteht auch dann, wenn die Anlage durch eigene Schwere auf dem Boden ruht oder wenn die Anlage nach ihrem Verwendungszweck dazu bestimmt ist, überwiegend ortsfest benutzt zu werden.[3]Als bauliche Anlagen gelten auch

1. Aufschüttungen und Abgrabungen,

2. Ausstellungs-, Abstell- und Lagerplätze,

3. Camping- und Zeltplätze,

4. Stellplätze.

(2) Gebäude sind selbständig benutzbare, überdeckte bauliche Anlagen, die von Menschen betreten werden können und geeignet sind, dem Schutz von Menschen, Tieren oder Sachen zu dienen.

(3) Hochhäuser sind Gebäude, bei denen der Fußboden mindestens eines Aufenthaltsraumes mehr als 22 m über der für das Aufstellen von Feuerwehrfahrzeugen notwendigen Fläche liegt.

(4) Gebäude geringer Höhe sind Gebäude, bei denen in jeder Wohnung, in jedem selbständigen Aufenthaltsraum und in jeder selbständigen Betriebs- und Arbeitsstätte in jedem Geschoß die Oberkante der Brüstungen mindestens eines notwendigen Fensters oder mindestens eine sonstige zum Anleitern geeignete Stelle nicht mehr als 8 m über der festgelegten Geländeoberfläche liegt.

(5) [1]Vollgeschosse sind Geschosse, die mehr als 1,4 m über die festgelegte, im Mittel gemessene Geländeoberfläche hinausragen und mindestens 2,3 m hoch sind; bei obersten Geschossen muß diese Höhe über mindestens drei Viertel der Grundfläche des darunterliegenden Geschosses vorhanden sein. [2]Die Geschosse werden von Oberkante Fußboden bis Oberkante Fußboden der darüberliegenden Decke, bei obersten Geschossen bis Oberkante Dachhaut, gemessen. [3]Keine Vollgeschosse sind Geschosse, die ausschließlich der Unterbringung von haustechnischen Anlagen und Feuerungsanlagen dienen.

(6) Aufenthaltsräume sind Räume, die zum nicht nur vorübergehenden Aufenthalt von Menschen bestimmt oder geeignet sind.

(7) [1]Stellplätze sind Flächen im Freien, die dem Abstellen von Kraftfahrzeugen außerhalb der öffentlichen Verkehrsflächen dienen. [2]Garagen sind ganz oder teilweise umschlossene Räume zum Abstellen von Kraftfahrzeugen. [3]Als Garagen gelten nicht

1. Ausstellungs- und Verkaufsräume für Kraftfahrzeuge,

2. Lagerräume, in denen nur Kraftfahrzeuge mit leeren Kraftstoffbehältern abgestellt werden.

(8) [1]Anlagen der Außenwerbung (Werbeanlagen) sind alle örtlich gebundenen Einrichtungen, die der Ankündigung oder Anpreisung oder als Hinweis auf Gewerbe oder Beruf dienen und vom öffentlichen Verkehrsraum aus sichtbar sind. [2]Hierzu gehören vor allem Schilder, Beschriftungen, Bemalungen, Lichtwerbungen, Schaukästen sowie für Anschläge oder Lichtwerbung bestimmte Säulen, Tafeln und Flächen. [3]Keine Werbeanlagen im Sinne dieses Gesetzes sind

1. Werbeanlagen, die im Zusammenhang mit allgemeinen Wahlen zu parlamentarischen und kommunalen Vertretungskörperschaften, allgemeinen Abstimmungen, Volks- und Bürgerbegehren angebracht oder aufgestellt werden, während der Dauer des Wahlkampfes,

2. Werbeanlagen in Form von Anschlägen,

3. Lichtwerbungen an Säulen, Tafeln oder Flächen, die allgemein dafür baurechtlich genehmigt sind,

4. Auslagen und Dekorationen in Schaufenstern und Schaukästen,

5. Werbemittel an Zeitungsverkaufsstellen und Zeitschriftenverkaufsstellen.

(9) Der Errichtung stehen das Herstellen, Aufstellen, Anbringen, Einbauen, Einrichten, Ändern und die Nutzungsänderung, dem Abbruch das Beseitigen gleich, soweit nichts anderes bestimmt ist.

§ 3 Allgemeine Anforderungen. (1) [1]Bauliche Anlagen sowie Grundstücke, andere Anlagen und Einrichtungen im Sinne von § 1 Abs. 1 Satz 2 sind so anzuordnen, zu errichten und zu unterhalten, daß die öffentliche Sicherheit oder Ordnung, insbesondere Leben und Gesundheit nicht bedroht werden und daß sie ihrem Zweck entsprechend ohne Mißstände benutzbar sind; dies gilt für den Abbruch baulicher Anlagen entsprechend. [2]Sie dürfen nicht verunstaltet wirken und ihre Umgebung nicht verunstalten oder deren beabsichtigte Gestaltung nicht beeinträchtigen. [3]Die allgemein anerkannten Regeln der Technik sind zu beachten; von diesen Regeln kann abgewichen werden, wenn eine gleichwertige Lösung nachgewiesen wird.

(2) [1]Als allgemein anerkannte Regeln der Technik gelten auch die von der obersten Baurechtsbehörde durch öffentliche Bekanntmachung eingeführten technischen Baubestimmungen. [2]Bei der Bekanntmachung kann die Wiedergabe des Inhalts der Bestimmungen durch einen Hinweis auf die Fundstelle ersetzt werden.

(3) In die Planung von Gebäuden sind die Belange von Behinderten, alten Menschen und Müttern mit Kleinkindern nach Möglichkeit einzubeziehen.

ZWEITER TEIL

Das Grundstück und seine Bebauung

§ 4 Bebauung der Grundstücke. (1) Gebäude dürfen nur errichtet werden, wenn das Grundstück nach öffentlich-rechtlichen Vorschriften bebaubar ist und wenn das Grundstück in angemessener Breite an einer befahrbaren öffentlichen Verkehrsfläche liegt, oder wenn das Grundstück eine befahrbare, öffentlich-rechtlich gesicherte Zufahrt zu einer befahrbaren öffentlichen Verkehrsfläche hat; bei Wohnwegen kann auf die Befahrbarkeit verzichtet werden, wenn keine Bedenken wegen des Brandschutzes bestehen.

(2) Die Errichtung eines Gebäudes auf mehreren Grundstücken ist nur zulässig, wenn durch Baulast gesichert ist, daß keine Verhältnisse eintreten können, die den Vorschriften dieses Gesetzes oder den auf Grund dieses Gesetzes erlassenen Vorschriften zuwiderlaufen.

(3) [1]Bauliche Anlagen mit Feuerstätten müssen von Wäldern, Mooren und Heiden mindestens 30 m entfernt sein; die gleiche Entfernung ist mit Gebäuden von Wäldern sowie mit Wäldern von Gebäuden einzuhalten. [2]Ausnahmen können gestattet werden. [3]Größere Abstände können verlangt werden, soweit dies wegen des Brandschutzes oder zur Sicherheit der Gebäude erforderlich ist.

§ 5 Anordnung der baulichen Anlagen auf den Grundstücken. [1]Bauliche Anlagen sind auf den Grundstücken so anzuordnen, daß sie sicher zugänglich und ihrem Zweck entsprechend belüftet und mit Tageslicht beleuchtet sind. [2]Für den Einsatz der Feuerlösch-und Rettungsgeräte muß die erforderliche Bewegungsfreiheit und Sicherheit gewährleistet sein.

§ 6 Abstandsflächen. (1) [1]Vor den Außenwänden von Gebäuden müssen Abstandsflächen liegen, die von oberirdischen baulichen Anlagen freizuhalten sind. [2]Eine Abstandsfläche ist nicht erforderlich vor Außenwänden, die an Grundstücksgrenzen errichtet werden, wenn nach planungsrechtlichen Vorschriften

1. das Gebäude an die Grenze gebaut werden muß oder

2. das Gebäude an die Grenze gebaut werden darf und öffentlich-rechtlich gesichert ist, daß vom Nachbargrundstück angebaut wird.

[3]Darf nach planungsrechtlichen Vorschriften nicht an die Grundstücksgrenze gebaut werden, ist aber ein Gebäude auf dem Nachbargrundstück bereits an dieser Grenze vorhanden, so kann die Baurechtsbehörde verlangen oder gestatten, daß angebaut wird. [4]Muß nach planungsrechtlichen Vorschriften an die Grundstücksgrenze gebaut werden, ist aber ein Gebäude auf dem Nachbargrundstück bereits mit Abstand zu dieser Grenze vorhanden, so kann die Baurechtsbehörde verlangen oder gestatten, daß eine Abstandsfläche eingehalten wird.

(2) [1]Die Abstandsflächen müssen auf dem Grundstück selbst liegen. [2]Sie dürfen auch auf öffentlichen Verkehrsflächen, öffentlichen Grünflächen und öffentlichen Wasserflächen liegen, bei beidseitig anbaubaren Flächen jedoch nur bis zu deren Mitte.

(3) Die Abstandsflächen dürfen sich nicht überdecken; dies gilt nicht für Abstandsflächen von Außenwänden, die in einem Winkel von mehr als 75° zu einander stehen.

(4) [1]Die Tiefe der Abstandsfläche bemißt sich nach der Wandhöhe; sie wird senkrecht zur jeweiligen Wand gemessen. [2]Als Wandhöhe gilt das Maß von der festgelegten Geländeoberfläche bis zum Schnittpunkt der Wand mit der Dachhaut oder bis zum oberen Abschluß der Wand. [3]Zur Festlegung der Geländeoberfläche ist das vorhandene und das künftige Gelände entlang den Gebäudeseiten durch Schnitte und Ansichten nachzuweisen. [4]Ergeben sich bei einer Wand durch die Festlegung der Geländeoberfläche unterschiedliche Höhen, ist die im Mittel gemessene Wandhöhe maßgebend; bei gestaffelten Wänden gilt dies für den jeweiligen Wandabschnitt. [5]Auf die Wandhöhe werden angerechnet

1. zu einem Viertel die Höhe von Dächern mit einer Neigung von mehr als 45° sowie die Höhe von Giebelflächen, wenn mindestens eine Dachfläche eine Neigung von mehr als 45° aufweist,

2. in vollem Umfang die Höhe von Dächern mit einer Neigung von mehr als 70° sowie die Höhe von Giebelflächen zwischen diesen Dächern.

[6]Vor die Außenwand vortretende untergeordnete Bauteile wie Gesimse, Dachvorsprünge, Treppen, Eingangs- und Terrassenüberdachungen sowie Vorbauten bis 5 m Breite wie Erker, Balkone, Tür- und Fenstervorbauten bleiben bei der Bemessung der Abstandsflächen außer Betracht, wenn sie

nicht mehr als 1,5 m vortreten und von Nachbargrenzen mindestens 2 m entfernt bleiben.

(5) [1]Die Tiefe der Abstandsflächen muß 0,8 der Wandhöhe entsprechen; in Kerngebieten und in besonderen Wohngebieten genügt 0,5, in Gewerbe- und Industriegebieten 0,25 der Wandhöhe. [2]In Dorfgebieten sowie in Sondergebieten, die nicht der Erholung dienen, können geringere Tiefen zugelassen werden, wenn die vorhandene Bebauung oder die Nutzung dies echtfertigen. [3]In allen Fällen darf jedoch die Tiefe der Abstandsflächen 2,5 m nicht unterschreiten. [4]Nachbarschützende Wirkung kommt nur der halben Tiefe der Abstandsflächen nach Satz 1, mindestens jedoch einer Tiefe von 2,5 m, zu.

(6) [1]Gegenüber zwei Grundstücksgrenzen genügt die Hälfte der nach Absatz 5 erforderlichen Tiefe, mindestens jedoch 2,5 m, wenn die den Grundstücksgrenzen gegenüberliegenden Außenwände nicht länger als je 16 m sind. [2]Wird ein Gebäude mit einer Außenwand an ein anderes Gebäude oder an eine Grundstücksgrenze gebaut, so gilt Satz 1 nur noch gegenüber einer Grundstücksgrenze; wird ein Gebäude mit zwei Außenwänden an andere Gebäude oder Grundstücksgrenzen gebaut, so ist Satz 1 nicht anzuwenden.

(7) Unbeschadet der Absätze 5 und 6 darf bei Wänden, die nicht mindestens feuerhemmend sind und die aus brennbaren Baustoffen bestehen, die Tiefe der Abstandsfläche 4 m nicht unterschreiten..

(8) Die Absätze 1 bis 7 gelten für bauliche Anlagen, die länger als 5 m und höher als 2,5 m sind, entsprechend.

(9) [1]In den Abstandsflächen sind bauliche Anlagen, die nicht länger als 5 m und nicht höher als 2,5 m sind, wie Stellplätze, Schwimmbecken, Terrassen, Treppen, Rampen, Pergolen sowie Masten, Schornsteine, Einfriedigungen und Stützmauern zulässig. [2]Bauliche Anlagen nach Absatz 8 sowie Kleingaragen einschließlich eingebauter Abstellräume, Überdachungen von Freisitzen, landwirtschaftliche Gewächshäuser und kleinere Gebäude ohne Aufenthaltsraum können in den Abstandsflächen zugelassen werden.

§ 7 Abweichungen von den Abstandsflächen. (1) [1]Gegenüber Grundstücksgrenzen sind Abstandsflächen nicht erforderlich vor Außenwänden von

1. Gebäuden und Gebäudeteilen, die nur Garagen einschließlich Nebenräumen enthalten, wenn sie eine Gesamthöhe von nicht mehr als 4 m und an den Nachbargrenzen eine mittlere Höhe von nicht mehr als 3 m über der festgelegten Fußbodenhöhe haben sowie die Wandflächen an den einzelnen Nachbargrenzen nicht größer als 25 m^2 sind; die Grenzbebauung entlang den einzelnen Nachbargrenzen darf 9 m und insgesamt 15 m nicht überschreiten,

2. kleineren Gebäuden zur örtlichen Versorgung und

3. kleineren Gebäuden auf öffentlichen Verkehrsflächen.

[2]Die Baurechtsbehörde kann verlangen, daß diese baulichen Anlagen so angeordnet und errichtet werden, daß angebaut werden kann oder, wenn ein Gebäude auf dem Nachbargrundstück bereits an der Grenze vorhanden ist, daß angebaut wird.

(2) Gegenüber Grundstücksgrenzen genügt bei landwirtschaftlichen Gewächshäusern ein Drittel der Tiefe der Abstandsflächen, soweit mit ihnen ein Lichteinfallswinkel von mindestens 45° zur Senkrechten, gemessen von der Geländeoberfläche an der Grenze, eingehalten wird.

(3) [1]Geringere Tiefen der Abstandsflächen können zugelassen werden, wenn

1. in überwiegend bebauten Gebieten die Gestaltung des Straßenbildes oder besondere örtliche Verhältnisse dies erfordern oder

2. Beleuchtung mit Tageslicht sowie Belüftung in ausreichendem Maße gewährleistet bleiben, Gründe des Brandschutzes nicht entgegenstehen und, soweit die Tiefe der Abstandsflächen die Maße des § 6 Abs. 5 Satz 4 unterschreitet, nachbarliche Belange nicht erheblich beeinträchtigt werden.

[2]In den Fällen der Nummer 1 können geringere Tiefen der Abstandsflächen auch verlangt werden.

(4) Enthält ein Bebauungsplan Festsetzungen, bei deren Ausschöpfung sich geringere Tiefen der Abstandsflächen ergeben, so können Ausnahmen zugelassen werden, wenn Beleuchtung mit Tageslicht sowie Belüftung in ausreichendem Maße gewährleistet bleiben, Gründe des Brandschutzes nicht entgegenstehen und, soweit die Tiefe der Abstandsflächen die Maße des § 6 Abs. 5 Satz 4 unterschreitet, nachbarliche Belange nicht erheblich beeinträchtigt werden.

§ 8 Übernahme von Abständen und Abstandsflächen auf Nachbargrundstücke. (1) [1]Soweit nach diesem Gesetz oder nach Vorschriften auf Grund dieses Gesetzes Abstände und Abstandsflächen auf dem Grundstück selbst liegen müssen, kann zugelassen werden, daß sie sich ganz oder teilweise auf andere Grundstücke erstrecken, wenn durch Baulast gesichert ist, daß sie nicht überbaut werden und auf die auf diesen Grundstücken erforderlichen Abstandsflächen nicht angerechnet werden. [2]Vorschriften, nach denen in den Abstandsflächen bauliche Anlagen zulässig sind oder ausnahmsweise zugelassen werden können, bleiben unberührt.

(2) [1]Die bei der Errichtung eines Gebäudes vorgeschriebenen Abstände und Abstandsflächen dürfen auch bei nachträglichen Grenzänderungen und Grundstücksteilungen nicht unterschritten oder überbaut werden. [2]Absatz 1 gilt entsprechend.

§ 9 Teilung von Grundstücken. (1) [1]Die Teilung eines bebauten Grundstücks bedarf zu ihrer Wirksamkeit der Genehmigung der Baurechtsbehörde. [2]Einer Genehmigung bedarf es nicht, wenn der Bund, das Land, eine Gemeinde oder ein Gemeindeverband als Erwerber, Eigentümer oder Verwalter beteiligt ist.

(2) Die Genehmigung darf nur versagt werden, wenn durch die Teilung des Grundstücks Verhältnisse geschaffen würden, die den Vorschriften dieses Gesetzes oder den auf Grund dieses Gesetzes erlassenen Vorschriften zuwiderlaufen.

(3) ¹§ 19 Abs. 2 und Abs. 3 Sätze 3 bis 6 und § 23 Abs. 1, 3 und 4 des Bundesbaugesetzes gelten entsprechend. ²Gilt eine Genehmigung entsprechend § 19 Abs. 3 des Bundesbaugesetzes als erteilt, so hat die Genehmigungsbehörde auf Antrag eines Beteiligten darüber ein Zeugnis auszustellen. ³Das Zeugnis steht der Genehmigung gleich.

§ 10 Nichtüberbaute Flächen der bebauten Grundstücke, Kinderspielplätze. (1) ¹Die nichtüberbauten Flächen der bebauten Grundstücke mit Ausnahme der Flächen für Stellplätze sollen in Kleinsiedlungsgebieten und Wohngebieten als Grünflächen oder gärtnerisch angelegt und unterhalten werden. ²Dies gilt auch für nichtüberbaute Flächen der bebauten Grundstücke in Mischgebieten, Kerngebieten, Gewerbegebieten und Industriegebieten, soweit sie nicht als Arbeits- oder Lagerflächen erforderlich sind. ³Die untere Baurechtsbehörde kann verlangen, daß auf diesen Flächen Bäume angepflanzt oder nicht beseitigt werden, die für das Straßen-, Orts- oder Landschaftsbild oder für den Lärmschutz oder die Luftreinhaltung bedeutsam oder erforderlich sind. ⁴Unter diesen Voraussetzungen kann sie auch verlangen, daß diese Flächen ganz oder teilweise nicht unterbaut werden.

(2) ¹Bei der Errichtung von Gebäuden mit mehr als drei Wohnungen ist auf dem Grundstück ein Kinderspielplatz anzulegen. ²Dies gilt nicht, wenn in unmittelbarer Nähe eine Gemeinschaftsanlage geschaffen wird oder vorhanden ist oder wenn die Größe oder Art der Wohnungen oder die Lage der Gebäude dies nicht erfordern. ³Die Art, Größe und Ausstattung der Kinderspielplätze bestimmt sich nach der Zahl und Größe der Wohnungen auf dem Grundstück. ⁴Für bestehende Gebäude mit mehr als drei Wohnungen kann die Anlage von Kinderspielplätzen verlangt werden, wenn hierfür geeignete nicht überbaute Flächen auf dem Grundstück vorhanden sind oder ohne wesentliche Änderung oder Abbruch baulicher Anlagen geschaffen werden können.

§ 11 Höhenlage des Grundstücks und der baulichen Anlage. (1) Bei der Errichtung baulicher Anlagen kann verlangt werden, daß die Oberfläche des Grundstücks erhalten oder in ihrer Höhenlage verändert wird, um eine Verunstaltung des Straßen-, Orts- oder Landschaftsbildes zu vermeiden oder zu beseitigen oder um die Oberfläche der Höhe der Verkehrsfläche oder der Nachbargrundstücke anzugleichen.

(2) Bei der Festlegung der Höhenlage der baulichen Anlagen sind die Höhenlagen des vorhandenen und des künftigen Geländes und der öffent-

lichen Verkehrsflächen sowie die Anforderungen an die Abwasserbeseitigung zu beachten.

§ 12 Gemeinschaftsanlagen. (1) [1]Die Herstellung, die Unterhaltung und die Verwaltung von Gemeinschaftsanlagen, insbesondere für Stellplätze, Garagen, Kinderspielplätze und Plätze für Abfallbehälter, für die in einem Bebauungsplan Flächen festgesetzt sind, obliegen den Eigentümern der Grundstücke, für die diese Anlagen bestimmt sind. [2]Soweit die Eigentümer nichts anderes vereinbaren, sind die Vorschriften des Bürgerlichen Gesetzbuches über die Gemeinschaft mit der Maßgabe anzuwenden, daß sich das Rechtsverhältnis der Eigentümer untereinander nach dem Verhältnis des Maßes der zulässigen baulichen Nutzung ihrer Grundstücke richtet.[3]Ein Erbbauberechtigter tritt an die Stelle des Eigentümers. [4]Ist der Bauherr nicht Eigentümer oder Erbbauberechtigter, so obliegt ihm die Beteiligung an der Herstellung, Unterhaltung und Verwaltung der Gemeinschaftsanlage. [5]Die Verpflichtung nach Satz 1 gilt auch für die Rechtsnachfolger. [6]Die Baurechtsbehörde kann verlangen, daß die Eigentümer von Gemeinschaftsanlagen das Recht, die Aufhebung der Gemeinschaft zu verlangen, für immer oder auf Zeit ausschließen und diesen Ausschluß gemäß § 1010 BGB im Grundbuch eintragen lassen.

(2) [1]Die Gemeinschaftsanlage muß hergestellt werden, sobald und soweit dies erforderlich ist. [2]Die Baurechtsbehörde kann durch schriftliche Anordnung den Zeitpunkt für die Herstellung bestimmen.

(3) Eine Baugenehmigung kann davon abhängig gemacht werden, daß der Antragsteller in Höhe des voraussichtlich auf ihn entfallenden Anteils der Herstellungskosten der Gemeinschaftsanlage Sicherheit leistet.

DRITTER TEIL

Bauliche Anlagen

1. Abschnitt

Allgemeine Anforderungen an die Bauausführung

§ 13 Gestaltung. (1) Bauliche Anlagen sind so zu gestalten, daß sie nach Form, Maßstab, Werkstoff, Farbe und Verhältnis der Baumassen und Bauteile zueinander nicht verunstaltet wirken.

(2) [1]Bauliche Anlagen sind mit ihrer Umgebung so in Einklang zu bringen, daß sie das Straßen-, Orts- oder Landschaftsbild nicht verunstalten oder deren beabsichtigte Gestaltung nicht beeinträchtigen. [2]Auf Kultur- und Naturdenkmale und auf erhaltenswerte Eigenarten der Umgebung ist Rücksicht zu nehmen.

(3) Für Werbeanlagen, Einfriedungen oder Abgrenzungen, die keine baulichen Anlagen sind, sowie für Automaten, die vom öffentlichen Verkehrsraum aus sichtbar sind, gelten die Absätze 1 und 2 entsprechend.

(4) In reinen Wohngebieten, allgemeinen Wohngebieten, Dorfgebieten und Kleinsiedlungsgebieten sind nur für Anschläge bestimmte Werbeanlagen sowie Werbeanlagen an der Stätte der Leistung zulässig.

§ 14 Baustelle. (1) Baustellen sind so einzurichten, daß die baulichen Anlagen ordnungsgemäß errichtet, abgebrochen oder unterhalten werden können und Gefahren oder vermeidbare erhebliche Belästigungen nicht entstehen.

(2) Öffentliche Verkehrsflächen, Versorgungs-, Abwasser- und Meldeanlagen sowie Grundwassermeßstellen, Vermessungszeichen und Grenzzeichen sind für die Dauer der Bauausführung zu schützen und, soweit erforderlich, unter den notwendigen Sicherheitsvorkehrungen zugänglich zu halten.

(3) [1]Bei der Ausführung genehmigungspflichtiger Vorhaben hat der Bauherr an der Baustelle den von der Baurechtsbehörde nach § 59 Abs. 6 erteilten Baufreigabeschein anzubringen. [2]Der Bauherr hat in den Baufreigabeschein Namen, Anschrift und Rufnummer der Bauunternehmer für die Rohbauarbeiten spätestens bei Baubeginn einzutragen; dies gilt nicht, wenn an der Baustelle ein besonderes Schild angebracht ist, das diese Angaben enthält. [3]Der Baufreigabeschein muß dauerhaft und leicht lesbar und von der öffentlichen Verkehrsfläche aus sichtbar angebracht sein.

(4) Bäume, die auf Grund anderer Rechtsvorschriften zu erhalten sind, müssen während der Bauausführung geschützt werden.

§ 15 Standsicherheit und Dauerhaftigkeit. (1) [1]Jede bauliche Anlage muß im ganzen, in ihren einzelnen Teilen sowie für sich allein standsicher und dauerhaft sein. [2]Die Standsicherheit muß auch während der Errichtung sowie bei der Durchführung von Abbrucharbeiten gewährleistet sein.

(2) Die Verwendung gemeinsamer Bauteile für mehrere bauliche Anlagen ist zulässig, wenn öffentlich-rechtlich und technisch gesichert ist, daß die gemeinsamen Bauteile beim Abbruch einer der aneinanderstoßenden baulichen Anlagen stehen bleiben können.

(3) Die Gründung baulicher Anlagen darf die Standsicherheit anderer baulicher Anlagen und die Tragfähigkeit des Baugrundes des Nachbargrundstücks nicht gefährden.

§ 16 Erschütterungs-, Wärme- und Schallschutz. (1) Erschütterungen oder Schwingungen, die von ortsfesten Einrichtungen in einer baulichen Anlage ausgehen, sind so zu dämmen, daß Gefahren sowie erhebliche Nachteile oder Belästigungen nicht entstehen.

(2) Gebäude sind so zu errichten und zu unterhalten, daß ein ihrer

Nutzung und den klimatischen Verhältnissen entsprechender Wärmeschutz vorhanden ist.

(3) [1]Bauliche Anlagen sind so zu errichten und zu unterhalten, daß ein ihrer Nutzung entsprechender Schallschutz vorhanden ist. [2]Geräusche, die von ortsfesten Einrichtungen in baulichen Anlagen oder auf Grundstücken ausgehen, sind so zu dämmen, daß Gefahren sowie erhebliche Nachteile oder Belästigungen nicht entstehen.

§ 17 Schutz gegen Feuchtigkeit und Korrosion. (1) Bauliche Anlagen sind so anzuordnen, zu errichten und zu unterhalten, daß durch Wasser, Bodenfeuchtigkeit, Fäulnis, durch Einflüsse der Witterung oder durch andere chemische oder physikalische Einflüsse sowie durch pflanzliche und tierische Schädlinge Gefahren sowie erhebliche Nachteile oder Belästigungen nicht entstehen.

(2) Baustoffe sind so zu wählen und zusammenzufügen, daß sie sich gegenseitig nicht chemisch oder physikalisch schädlich beeinflussen können.

§ 18 Brandschutz. (1) Bauliche Anlagen sind so anzuordnen und zu errichten, daß der Entstehung und Ausbreitung von Schadenfeuer im Interesse der Abwendung von Gefahren für Leben und Gesundheit von Menschen und Tieren vorgebeugt wird und bei einem Brand wirksame Löscharbeiten und die Rettung von Menschen und Tieren möglich sind.

(2) Leicht entflammbare Baustoffe dürfen nicht verwendet werden; dies gilt nicht für Baustoffe, wenn sie in Verbindung mit anderen Baustoffen nicht mehr leicht entflammbar sind.

(3) Feuerbeständige Bauteile müssen in den wesentlichen Teilen aus nichtbrennbaren Baustoffen bestehen.

(4) Bauliche Anlagen, die besonders blitzgefährdet sind oder bei denen Blitzschlag zu schweren Folgen führen kann, sind mit dauernd wirksamen Blitzschutzanlagen zu versehen.

(5) [1]Jede Wohnung, jeder selbständige Aufenthaltsraum und jede selbständige Betriebs- und Arbeitsstätte muß in jedem Geschoß über mindestens zwei voneinander unabhängige Rettungswege erreichbar sein. [2]Der erste Rettungsweg muß in Nutzungseinheiten im Sinne des Satzes 1, die nicht zu ebener Erde liegen, über mindestens eine Treppe (notwendige Treppe) führen; der zweite Rettungsweg kann eine mit Rettungsgeräten der Feuerwehr erreichbare Stelle oder eine weitere notwendige Treppe sein. [3]Dies gilt nicht, wenn die Rettung über einen Treppenraum möglich ist, in den Feuer und Rauch nicht eindringen können (Sicherheitstreppenraum). [4]Gebäude, deren zweiter Rettungsweg über Rettungsgeräte der Feuerwehr führt, dürfen nur errichtet werden, wenn die erforderlichen Rettungsgeräte von der Feuerwehr vorgehalten werden.

§ 19 Verkehrssicherheit. (1) Bauliche Anlagen sowie die dem Verkehr dienenden, nichtüberbauten Flächen von bebauten Grundstücken müssen verkehrssicher sein.

(2) Die Sicherheit und Leichtigkeit des öffentlichen Verkehrs darf durch bauliche Anlagen nicht gefährdet werden.

(3) Für Einfriedigungen oder Abgrenzungen, die keine bauliche Anlagen sind, gelten die Absätze 1 und 2 entsprechend.

2. Abschnitt
Baustoffe, Bauteile, Einrichtungen und Bauarten

§ 20 Verwendung und Anwendung. (1) Baustoffe, Bauteile und Einrichtungen dürfen nur verwendet, Bauarten nur angewendet werden, wenn sie den Anforderungen dieses Gesetzes und den Vorschriften auf Grund dieses Gesetzes entsprechen.

(2) Erfordert die Herstellung bestimmter Baustoffe und Bauteile besondere Sachkunde und Erfahrung oder besondere Einrichtungen, so kann die oberste Baurechtsbehörde oder die von ihr bestimmte Behörde vom Hersteller den Nachweis verlangen, daß er über die geeigneten Fachkräfte und Einrichtungen verfügt.

§ 21 Neue Baustoffe, Bauteile und Bauarten. (1) Baustoffe, Bauteile und Bauarten, die noch nicht allgemein gebräuchlich und bewährt sind (neue Baustoffe, Bauteile und Bauarten), dürfen nur verwendet oder angewendet werden, wenn ihre Brauchbarkeit im Sinne des § 3 Abs. 1 Satz 1 nachgewiesen ist.

(2) [1]Der Nachweis nach Absatz 1 kann, wenn er nicht durch ein Prüfzeichen nach § 23 geführt werden muß, durch eine allgemeine baurechtliche Zulassung nach § 22 geführt werden. [2]Wird er nicht auf diese Weise geführt, so bedarf die Verwendung oder Anwendung der neuen Baustoffe, Bauteile und Bauarten im Einzelfall der Zustimmung der obersten Baurechtsbehörde oder der von ihr bestimmten Behörde; die oberste Baurechtsbehörde kann für bestimmte Fälle allgemein festlegen, daß ihre Zustimmung nicht erforderlich ist.

(3) Der Nachweis nach Absatz 1 ist nicht erforderlich, wenn die neuen Baustoffe, Bauteile und Bauarten den von der obersten Baurechtsbehörde durch öffentliche Bekanntmachung eingeführten bautechnischen Bestimmungen entsprechen, es sei denn, daß diese Behörde den Nachweis verlangt hat.

§ 22 Allgemeine baurechtliche Zulassung neuer Baustoffe, Bauteile und Bauarten. (1) Für die Erteilung allgemeiner baurechtlicher Zulassungen für neue Baustoffe, Bauteile und Bauarten ist die oberste Baurechtsbehörde oder die von ihr bestimmte Behörde zuständig.

(2) [1]Die Zulassung ist bei der obersten Baurechtsbehörde oder bei der von ihr bestimmten Behörde schriftlich unter Beifügung der erforderlichen Unterlagen zu beantragen. [2]§ 55 Abs. 2 gilt entsprechend.

(3) [1]Probestücke und Probeausführungen, die für die Prüfung der Brauchbarkeit der Baustoffe, Bauteile und Bauarten erforderlich sind, sind vom Antragsteller zur Verfügung zu stellen und durch Sachverständige zu entnehmen oder unter ihrer Aufsicht herzustellen. [2]Die Sachverständigen werden von der obersten Baurechtsbehörde oder einer von ihr ermächtigten Stelle oder mit deren Zustimmung vom Antragsteller bestimmt.

(4) Die oberste Baurechtsbehörde oder die von ihr bestimmte Behörde kann für die Durchführung der Prüfung eine bestimmte technische Prüfstelle sowie für die Probeausführungen eine bestimmte Ausführungsstelle und Ausführungszeit vorschreiben.

(5) [1]Die Zulassung wird auf der Grundlage des Gutachtens eines Sachverständigenausschusses widerruflich und für eine bestimmte Frist erteilt, die fünf Jahre nicht überschreiten soll. [2]Bei offensichtlich unbegründeten Anträgen braucht ein Gutachten nicht eingeholt zu werden. [3]Die Zulassung kann unter Auflagen erteilt werden, die sich vor allem auf die Herstellung, Baustoffeigenschaften, Kennzeichnung, Überwachung, Verwendung, die Weitergabe von Zulassungsabschriften und die Unterrichtung der Abnehmer beziehen. [4]Die Zulassung kann auf Antrag um jeweils bis zu fünf Jahre verlängert werden. [5]Die Frist kann auch rückwirkend verlängert werden, wenn der Antrag vor Fristablauf bei der nach Absatz 2 zuständigen Behörde eingegangen ist. [6]Sie ist zu widerrufen, wenn sich die Baustoffe, Bauteile oder Bauarten nicht bewähren; im übrigen bleibt § 49 des Landesverwaltungsverfahrensgesetzes unberührt.

(6) Zulassungen anderer Länder der Bundesrepublik Deutschland gelten auch in Baden-Württemberg.

(7) Die Zulassung wird unbeschadet der Rechte Dritter erteilt.

(8) [1]Eine Überprüfung der Brauchbarkeit der Baustoffe, Bauteile und Bauarten im Einzelfall ist nicht erforderlich, wenn eine allgemeine baurechtliche Zulassung erteilt ist. [2]Die Baurechtsbehörde hat jedoch die Einhaltung der mit der Zulassung verbundenen Auflagen für ihre Verwendung oder Anwendung zu überwachen. [3]Soweit es im Einzelfall erforderlich ist, kann die Baurechtsbehörde weitere Auflagen erteilen oder allgemein baurechtlich zugelassene Baustoffe, Bauteile und Bauarten ausschließen.

§ 23 Prüfzeichen. (1) [1]Die oberste Baurechtsbehörde kann durch Rechtsverordnung vorschreiben, daß bestimmte werkmäßig hergestellte Baustoffe, Bauteile und Einrichtungen, bei denen wegen ihrer Eigenart oder Zweckbestimmung die Erfüllung der Anforderungen nach § 3 Abs. 1 Satz 1 in besonderem Maße von ihrer einwandfreien Beschaffenheit abhängt, nur verwendet oder eingebaut werden dürfen, wenn sie ein Prüfzeichen haben.

[2]Sind für die Verwendung der Baustoffe, Bauteile oder Einrichtungen besondere technische Bestimmungen getroffen, so ist dies im Prüfzeichen kenntlich zu machen.

(2) [1]Über die Zuteilung des Prüfzeichens entscheidet nach von ihr erlassenen oder anerkannten Richtlinien die oberste Baurechtsbehörde oder die von ihr bestimmte Behörde. [2]§ 22 Abs. 3 bis 7 gilt entsprechend.

(3) Das zugeteilte Prüfzeichen ist auf den Baustoffen, Bauteilen oder Einrichtungen oder, wenn dies nicht möglich ist, auf ihrer Verpackung oder dem Lieferschein in leicht erkennbarer und dauerhafter Weise anzubringen.

(4) Baustoffe, Bauteile und Einrichtungen, die bei werkmäßiger Herstellung ein Prüfzeichen haben müßten, dürfen an der Baustelle nur nach Richtlinien oder mit Zustimmung der obersten Baurechtsbehörde oder der von ihr bestimmten Behörde hergestellt werden.

(5) § 22 Abs. 8 gilt entsprechend.

§ 24 Überwachung. (1) [1]Ist wegen der Anforderungen nach § 3 Abs. 1 Satz 1 für Baustoffe, Bauteile, Bauarten und Einrichtungen nach den §§ 22 oder 23 ein Nachweis einer ständigen ordnungsgemäßen Herstellung erforderlich, so kann die oberste Baurechtsbehörde oder die von ihr bestimmte Behörde in der Zulassung oder bei der Zuteilung des Prüfzeichens bestimmen, daß nur Erzeugnisse von Herstellern verwendet werden dürfen, die einer Überwachung unterliegen. [2]Für andere Baustoffe, Bauteile, Bauarten und Einrichtungen als nach den §§ 22 und 23 kann die oberste Baurechtsbehörde dies unter den Voraussetzungen des Satzes 1 durch Rechtsverordnung bestimmen.

(2) [1]Die Überwachung wird durch Überwachungsgemeinschaften oder auf Grund von Überwachungsverträgen durch Prüfstellen durchgeführt. [2]Die Überwachungsgemeinschaften und die Prüfstellen bedürfen der Anerkennung durch die oberste Baurechtsbehörde oder die von ihr bestimmte Behörde; die von anderen Bundesländern ausgesprochenen Anerkennungen gelten auch in Baden-Württemberg. [3]Die Überwachung ist nach den in der Zulassung oder in dem Prüfzeichen enthaltenen Auflagen (§ 22 Abs. 5 Satz 3) und nach einheitlichen Richtlinien durchzuführen. [4]Die Richtlinien werden von der obersten Baurechtsbehörde oder der von ihr bestimmten Behörde anerkannt oder erlassen. [5]In den Richtlinien der Überwachungsgemeinschaften kann die Zuteilung von Überwachungszeichen geregelt werden. [6]Überwachungsverträge bedürfen der Zustimmung der obersten Baurechtsbehörde oder der von ihr bestimmten Behörde; die Zustimmung kann auch allgemein erteilt werden.

(3) [1]Bei der Verwendung der Baustoffe, Bauteile, Einrichtungen und Bauarten nach Absatz 1 ist nachzuweisen, daß der Hersteller der Überwachung unterliegt. [2]Der Nachweis gilt als erbracht, wenn diese Baustoffe, Bauteile und Einrichtungen oder, wenn dies nicht möglich ist, ihre Ver-

packung oder der Lieferschein durch Überwachungszeichen gekennzeichnet sind.

(4) § 22 Abs. 8 Satz 2 gilt entsprechend.

(5) [1]Für den Bereich des § 191 WHG können Überwachungsgemeinschaften gebildet werden. [2]Absatz 2 Satz 2 bis 5 gilt entsprechend.

3. Abschnitt

Wände, Decken und Dächer

§ 25 Wände, Decken, Pfeiler und Stützen. [1]Wände, Decken, Pfeiler und Stützen sind entsprechend den Erfordernissen des Brandschutzes unter Berücksichtigung ihrer Beschaffenheit, Anordnung und Funktion nach ihrer Bauart und in ihren Baustoffen widerstandsfähig gegen Feuer herzustellen. [2]Dies gilt auch für Wand- und Deckenverkleidungen, abgehängte Decken, Dämmschichten sowie für Verkleidungen, Beschichtungen und Anstriche in Schächten und Kanälen.

§ 26 Brandwände. (1) Brandwände sind zu errichten, soweit die Verbreitung von Feuer verhindert werden muß und dies aus besonderen Gründen auf andere Weise nicht gewährleistet ist, insbesondere wegen geringer Abstände zu Grundstücksgrenzen und zu anderen Gebäuden, zwischen aneinandergereihten Gebäuden, innerhalb ausgedehnter Gebäude oder bei baulichen Anlagen mit erhöhter Brandgefahr.

(2) [1]Brandwände müssen feuerbeständig sein und aus nichtbrennbaren Baustoffen bestehen; sie müssen so beschaffen und angeordnet sein, daß sie bei einem Brand ihre Standsicherheit nicht verlieren und der Verbreitung von Feuer entgegenwirken. [2]Sie dürfen keine Öffnungen haben. [3]Ausnahmen können gestattet werden, wenn die Benutzung des Gebäudes dies erfordert und der Brandschutz auf andere Weise gesichert ist. [4]Durchbrechungen der Brandwände können verlangt werden, wenn der Brandschutz dies erfordert.

§ 27 Dächer. (1) Dächer sind widerstandsfähig gegen Einflüsse der Witterung herzustellen; gegen Feuer müssen sie nur dann widerstandsfähig sein, wenn Gründe des Brandschutzes unter Berücksichtigung ihrer Beschaffenheit, Anordnung und Funktion, ihrer Bauart und ihrer Baustoffe dies erfordern.

(2) Dachaufbauten, Dachvorsprünge, Dachgesimse, Oberlichter, Glasdächer und andere lichtdurchlässige Dächer sind so anzuordnen und herzustellen, daß Feuer nicht auf andere Gebäudeteile oder Nachbargrundstücke übertragen werden kann.

(3) Bei Dächern an öffentlichen Verkehrsflächen und über Ausgängen können Vorrichtungen zum Schutz gegen das Herabfallen von Schnee, Eis und Dachteilen verlangt werden.

(4) Für Arbeiten auf dem Dach sind sicher benutzbare Vorrichtungen anzubringen.

(5) Der Dachraum muß vom Treppenraum aus zugänglich sein; dies gilt nicht für Wohngebäude mit nicht mehr als zwei Wohnungen.

4. Abschnitt

Treppen, Rettungswege, Aufzüge und Öffnungen

§ 28 Treppen, Ein- und Ausgänge, Flure, Gänge, Rampen. (1) [1]Treppen, Ein- und Ausgänge, Flure und offene Gänge sowie Rampen müssen gut begehbar und verkehrssicher sein. [2]Sie müssen in solcher Zahl vorhanden und so angeordnet und ausgebildet sein, daß sie für den größten zu erwartenden Verkehr ausreichen und die erforderlichen Rettungswege bieten.

(2) [1]Jedes von dem umgebenden Gelände nichtbetretbare Geschoß muß über eine notwendige Treppe zugänglich sein. [2]Dies gilt nicht, wenn wegen der Nutzung dieser Geschosse und wegen des Brandschutzes keine Bedenken bestehen.

(3) [1]Statt notwendiger Treppen können Rampen mit flacher Neigung gestattet werden. [2]Einschub- und Rolltreppen sind als notwendige Treppen unzulässig.

(4) In Gebäuden mit mehr als zwei Vollgeschossen sind die notwendigen Treppen vom Erdgeschoß an aufwärts zügig zu allen angeschlossenen Geschossen zu führen.

§ 29 Treppenräume. (1) [1]Jede notwendige Treppe muß in einem eigenen durchgehenden und an einer Außenwand angeordneten Treppenraum liegen; dies gilt nicht für notwendige Treppen in Wohngebäuden bis zu zwei Wohnungen und in land- und forstwirtschaftlichen Betriebsgebäuden. [2]Innenliegende Treppenräume können gestattet werden, wenn ihre Benutzung durch Raucheintritt nicht gefährdet werden kann und wegen des Brandschutzes keine Bedenken bestehen. [3]Für die innere Verbindung von Geschossen derselben Wohnung sind Treppen ohne eigenen Treppenraum zulässig, wenn in jedem Geschoß ein anderer Rettungsweg erreicht werden kann.

(2) [1]Notwendige Treppenräume sind so auszuführen, daß sie auch bei einem Brand ohne erhebliche Gefahr benutzt werden können. [2]An Öffnungen, die nicht ins Freie führen, können wegen des Brandschutzes besondere Anforderungen gestellt werden.

§ 30 Aufzüge. (1) [1]Aufzugsanlagen müssen betriebssicher und brandsicher sein. [2]Sie müssen so angeordnet und beschaffen sein, daß bei ihrer Benutzung Gefahren oder unzumutbare Belästigungen nicht entstehen.

(2) [1]In Gebäuden mit mehr als fünf Vollgeschossen müssen Aufzüge in ausreichender Zahl eingebaut werden, von denen einer auch zur Auf-

nahme von Rollstühlen, Krankentragen und Lasten geeignet sein muß.
[2]Hierbei ist das oberste Vollgeschoß nicht zu berücksichtigen, wenn seine
Nutzung einen Aufzug nicht erfordert. [3]Zur Aufnahme von Rollstühlen
bestimmte Aufzüge müssen von Behinderten ohne fremde Hilfe zweckentsprechend genutzt werden können. [4]Sie sollen von der öffentlichen Verkehrsfläche stufenlos erreichbar sein und stufenlos erreichbare Haltestel-
len in allen Geschossen mit Aufenthaltsräumen haben. [5]Haltestellen im
obersten Geschoß und in den Untergeschossen können entfallen, wenn sie
nur unter besonderen Schwierigkeiten hergestellt werden können; dies gilt
im Erdgeschoß nur dann, wenn der Aufzug in mindestens einem anderen
Geschoß von der öffentlichen Verkehrsfläche stufenlos erreichbar ist. [6]Auf
Gebäude, in denen nach ihrer Art ein Aufzug nicht erforderlich ist, findet
Satz 1 keine Anwendung.

§ 31 Fenster, Türen, Lichtschächte. (1) [1]Glastüren, Glasflächen und andere
lichtdurchlässige Flächen, die bis zum Boden allgemein zugänglicher Verkehrsflächen herabreichen, sind so zu kennzeichnen, daß sie leicht erkannt
werden können. [2]Für größere Glasflächen können Schutzmaßnahmen zur
Sicherung des Verkehrs verlangt werden.

(2) An Türen und Fenster, die bei Gefahr der Rettung von Menschen
dienen, können wegen des Brandschutzes besondere Anforderungen gestellt werden.

(3) Gemeinsame Lichtschächte für übereinanderliegende Untergeschosse sind unzulässig.

5. Abschnitt

Haustechnische Anlagen und Feuerungsanlagen

§ 32 Lüftungsanlagen, Installationsschächte und -kanäle. (1) [1]Lüftungsanla-
gen müssen betriebssicher und brandsicher sein. [2]Sie dürfen den ordnungsgemäßen Betrieb von Feuerstätten nicht beeinträchtigen. [3]Sie sind so anzuordnen und herzustellen, daß sie Gerüche und Staub nicht in andere
Räume übertragen. [4]Die Weiterleitung von Schall in fremde Räume muß
gedämmt sein.

(2) [1]Installationsschächte und -kanäle müssen brandsicher sein. [2]Absatz 1
Sätze 3 und 4 gilt entsprechend.

**§ 33 Feuerungsanlagen, Wärme- und Brennstoffversorgungsanlagen, Räume
für Verbrennungsmotoren und Verdichter.** (1) [1]Feuerstätten, Verbindungsstücke und Schornsteine (Feuerungsanlagen) müssen betriebssicher und
brandsicher sein. [2]Behälter und Rohrleitungen für brennbare Gase und
Flüssigkeiten müssen außerdem so beschaffen sein, daß eine Verunreinigung der Gewässer oder eine sonstige nachteilige Veränderung ihrer
Eigenschaften nicht zu besorgen ist. [3]Die Weiterleitung von Schall in frem-

de Räume muß ausreichend gedämmt sein. [4]Verbindungsstücke und Schornsteine müssen leicht und sicher zu reinigen sein.

(2) Für die Anlagen zur Verteilung von Wärme und zur Warmwasserversorgung gilt Absatz 1 Sätze 1 und 2 entsprechend.

(3) Feuerstätten, ortsfeste Verbrennungsmotoren und Verdichter sowie Behälter für brennbare Gase und Flüssigkeiten dürfen nur in Räumen aufgestellt werden, bei denen nach Lage, Größe, baulicher Beschaffenheit und Benutzungsart Gefahren nicht entstehen.

(4) [1]Die Verbrennungsgase der Feuerstätten sind innerhalb desselben Geschosses unmittelbar oder durch Verbindungsstücke in Schornsteine zu leiten. [2]Gasfeuerstätten mit völlig abgeschlossenem Verbrennungsraum, welche die Verbrennungsluft vom Freien ansaugen und die Abgase unmittelbar ins Freie abführen, sind zulässig, wenn Gefahren oder unzumutbare Belästigungen nicht entstehen können. [3]Im übrigen sind Ausnahmen zulässig, wenn Gefahren oder unzumutbare Belästigungen nicht entstehen.

(5) [1]Schornsteine sind in solcher Zahl und Lage und so herzustellen, daß alle Feuerstätten des Gebäudes ordnungsgemäß angeschlossen werden können. [2]In Wohnungen ohne Einzelfeuerstätten soll der Anschluß mindestens einer Feuerstätte an einen Schornstein möglich sein, der nicht zugleich einer zentralen Heizungsanlage dient; das gilt nicht für Gebäude mit mehr als fünf Vollgeschossen.

(6) Brennstoffe sind so zu lagern, daß Gefahren oder unzumutbare Belästigungen nicht entstehen.

§ 34 Wasserversorgungs- und Wasserentsorgungsanlagen, Anlagen für Abfallstoffe, Anlagen zur Lagerung von Abgängen aus Tierhaltungen. (1) [1]Gebäude mit Aufenthaltsräumen oder mit Ställen dürfen nur errichtet werden, wenn die Versorgung mit Trinkwasser dauernd gesichert ist. [2]Zur Brandbekämpfung muß eine ausreichende Wassermenge zur Verfügung stehen.

(2) Wasserversorgungsanlagen, Anlagen zur Beseitigung des Abwassers und des Niederschlagswassers sowie Anlagen zur vorübergehenden Aufbewahrung und Beseitigung von Abfällen müssen betriebssicher und so angeordnet und beschaffen sein, daß Gefahren sowie erhebliche Nachteile oder Belästigungen, insbesondere durch Geruch oder Geräusch, nicht entstehen.

(3) Bauliche Anlagen dürfen nur errichtet werden, wenn die einwandfreie Beseitigung des Abwassers, Niederschlagswassers und der Abfälle dauernd gesichert ist.

(4) Die Absätze 2 und 3 gelten für Anlagen zur Lagerung fester und flüssiger Abgänge aus Tierhaltungen entsprechend.

§ 35 Toilettenräume und Bäder. (1) [1]Jede Wohnung und jede selbständige Betriebs- oder Arbeitsstätte muß mindestens eine Toilette haben. [2]Toiletten mit Wasserspülung sind einzurichten, wenn der Anschluß an eine öffentliche Kanalisation möglich und die Einleitung des ungereinigten Abwassers aus diesen Toiletten oder die Einleitung nach vorheriger Reinigung zulässig ist. [3]Ist ein Anschluß an eine öffentliche Kanalisation nicht möglich, so dürfen Toiletten mit Wasserspülung nur eingerichtet werden, wenn das Abwasser aus diesen Toiletten in einer Einzelkläranlage gereinigt wird und die Beseitigung des gereinigten Abwassers wasserrechtlich zulässig ist. [4]Toilettenräume für Wohnungen müssen innerhalb der Wohnung liegen. [5]In Bädern von Wohnungen dürfen nur Toiletten mit Wasserspülung angeordnet werden. [6]Toiletten mit Wasserspülung dürfen nicht an Gruben angeschlossen werden; Ausnahmen können zugelassen werden, wenn keine gesundheitlichen und wasserwirtschaftlichen Bedenken bestehen. [7]Toilettenräume müssen eine ausreichende Lüftung haben. [8]Für Gebäude, die für einen größeren Personenkreis bestimmt sind, ist eine ausreichende Zahl von Toiletten herzustellen.

(2) [1]Jede Wohnung muß ein Bad mit Badewanne oder Dusche haben, wenn eine ausreichende Wasserversorgung und Abwasserbeseitigung möglich sind. [2]Bäder müssen eine ausreichende Lüftung haben.

6. Abschnitt

Aufenthaltsräume und Wohnungen

§ 36 Aufenthaltsräume. (1) Aufenthaltsräume müssen eine für ihre Benutzung ausreichende Grundfläche und eine lichte Höhe von mindestens 2,3 m haben.

(2) [1]Aufenthaltsräume müssen ausreichend belüftet werden können; sie müssen unmittelbar ins Freie führende Fenster von solcher Zahl, Lage, Größe und Beschaffenheit haben, daß die Räume ausreichend mit Tageslicht beleuchtet werden können (notwendige Fenster). [2]Das Rohbaumaß der Fensteröffnungen muß mindestens ein Zehntel der Grundfläche des Raumes betragen; Raumteile mit einer lichten Höhe bis 1,5 m bleiben außer Betracht. [3]Ein geringeres Rohbaumaß kann zugelassen werden, wenn wegen der Lichtverhältnisse keine Bedenken bestehen. [4]Bei Aufenthaltsräumen, die weder zu Wohnungen gehören noch sonst dem Wohnen oder Schlafen dienen, können Ausnahmen gestattet werden, wenn Nachteile nicht zu befürchten sind oder durch besondere Einrichtungen ausgeglichen werden können.

(3) Verglaste Vorbauten und Loggien sind vor notwendigen Fenstern zulässig, wenn ausreichende Beleuchtung mit Tageslicht und Lüftung gewährleistet bleibt.

(4) Der Zugang zu Aufenthaltsräumen darf nicht allein durch Ställe oder durch Räume mit erhöhter Brandgefahr führen.

§ 37 Wohnungen. (1) [1]In Wohngebäuden mit mehr als zwei Wohnungen müssen die Wohnungen gegeneinander und gegenüber fremden Räumen abgeschlossen sein. [2]In besonderen Fällen, insbesondere bei Wohnungsteilungen oder bei der Schaffung zusätzlichen Wohnraums in bestehenden Wohngebäuden, können nicht abgeschlossene Wohnungen zugelassen werden, wenn keine erheblichen Nachteile oder Belästigungen für die Bewohner zu erwarten sind.

(2) [1]Jede Wohnung muß einen eigenen abschließbaren Zugang unmittelbar vom Freien, von einem Treppenraum oder von einem anderen Vorraum haben. [2]Wohnungen in Gebäuden, die nicht nur zum Wohnen dienen, müssen einen besonderen Zugang haben; gemeinsame Zugänge können gestattet werden, wenn Gefahren sowie erhebliche Nachteile oder Belästigungen für die Benutzer der Wohnungen nicht entstehen.

(3) Wohnungen müssen durchlüftet werden können.

(4) [1]Jede Wohnung muß eine Küche oder Kochnische haben sowie über einen Abstellraum verfügen. [2]Fensterlose Küchen oder Kochnischen sind zulässig, wenn sie für sich lüftbar sind.

(5) Für Wohngebäude mit mehr als drei Vollgeschossen sollen leicht erreichbare und gut zugängliche Abstellräume für Kinderwagen und Fahrräder hergestellt werden.

(6) Für Gebäude mit mehreren Wohnungen müssen Trockenräume zur gemeinschaftlichen Benutzung eingerichtet werden; Ausnahmen können gestattet werden.

§ 38 Aufenthaltsräume und Wohnungen in Dachräumen und Untergeschossen. (1) Aufenthaltsräume, die ganz oder überwiegend im Dachraum liegen, müssen eine lichte Höhe von mindestens 2,2 m über mindestens der Hälfte ihrer Grundfläche haben; Raumteile mit einer lichten Höhe bis 1,5 m bleiben außer Betracht.

(2) Aufenthaltsräume und Wohnungen im Dachraum sind zulässig, wenn sie

1. unmittelbar über Geschossen angeordnet werden, deren tragende Bauteile den gleichen Feuerwiderstand haben, wie er für tragende Bauteile in Vollgeschossen erforderlich ist, und

2. einschließlich ihrer Zugänge und der zugehörigen Nebenräume mit ausreichendem Feuerwiderstand gegen anders genutzte Räume abgeschlossen sind.

(3) Aufenthaltsräume und Wohnungen, deren Fußboden unter der festgelegten Geländeoberfläche liegt, sind nur zulässig, wenn das Gelände, das an ihre Außenwände mit notwendigen Fenstern anschließt, in einer ausreichenden Entfernung und in ausreichender Breite vor den notwendigen Fenstern mindestens 1,6 m unter ihrer Decke liegt.

(4) Aufenthaltsräume nach § 36 Abs. 2 Satz 4 müssen in Untergeschossen auf möglichst kurzem Weg mindestens einen sicheren Ausgang ins Freie haben.

7. Abschnitt

Besondere Anlagen

§ 39 Stellplätze und Garagen. (1) [1]Bei der Errichtung baulicher und anderer Anlagen, bei denen ein Zu- und Abfahrtsverkehr zu erwarten ist, sind geeignete Stellplätze in ausreichender Zahl und Größe herzustellen (notwendige Stellplätze). [2]Zahl und Größe dieser Stellplätze richten sich nach der Art und Zahl der vorhandenen und zu erwartenden Kraftfahrzeuge der ständigen Benutzer und der Besucher der Anlagen. [3]Bei Änderungen von Anlagen oder Änderungen ihrer Nutzung sind Stellplätze in solcher Zahl und Größe herzustellen, daß sie die infolge der Änderung zusätzlich zu erwartenden Kraftfahrzeuge aufnehmen können.

(2) [1]Statt der Stellplätze nach Absatz 1 können Garagen gestattet werden. [2]Die Errichtung von Garagen statt der Stellplätze kann verlangt werden, wenn die in Absatz 7 genannten Erfordernisse dies gebieten.

(3) Für bestehende bauliche Anlagen kann die Herstellung von Stellplätzen oder Garagen nach den Absätzen 1 und 2 verlangt werden, soweit dies zum Schutz vor drohender Verletzung von öffentlicher Sicherheit oder Ordnung geboten ist.

(4) [1]Die notwendigen Stellplätze und Garagen sind auf dem Baugrundstück, in zumutbarer Entfernung davon auf einem geeigneten Grundstück oder mit Zustimmung der Gemeinde auf einem geeigneten Grundstück in der Gemeinde herzustellen; die Herstellung auf einem anderen Grundstück als dem Baugrundstück muß für diesen Zweck öffentlich-rechtlich gesichert werden. [2]Die Baurechtsbehörde kann, wenn Gründe des Verkehrs oder besondere städtebauliche Gründe dies erfordern, im Einzelfall bestimmen, ob die Stellplätze auf dem Baugrundstück oder auf einem anderen Grundstück in zumutbarer Entfernung oder, wenn die Gemeinde zustimmt, auf einem anderen Grundstück in der Gemeinde herzustellen sind.

(5) [1]Ist die Herstellung nach Absatz 4 Satz 1 nicht oder nur unter großen Schwierigkeiten möglich, so kann der Bauherr, wenn die Gemeinde zustimmt, seine Verpflichtung nach den Absätzen 1 und 4 dadurch erfüllen, daß er an die Gemeinde einen Geldbetrag zahlt. [2]Satz 1 gilt auch, wenn und soweit die Herstellung nach § 73 Abs. 1 Nr. 10 untersagt oder eingeschränkt worden ist. [3]Der Geldbetrag ist innerhalb eines angemessenen Zeitraums zur Herstellung von Parkeinrichtungen in der Gemeinde zu verwenden, welche der allgemeinen Benutzung zur Verfügung stehen. [4]Die Gemeinde trifft Bestimmungen über die Ablösung der Stellplatzverpflichtung.

(6) [1]Stellplätze, Garagen und ihre Nebenanlagen müssen verkehrssicher sein und entsprechend der Zahl und Art der abzustellenden Kraftfahrzeuge und nach der Gefährlichkeit der Treibstoffe dem Brandschutz genügen. [2]Abfließende Treibstoffe und Schmierstoffe müssen unschädlich beseitigt, Garagen und ihre Nebenanlagen gelüftet werden können.

(7) Stellplätze und Garagen müssen so angeordnet und hergestellt werden, daß sie die Anlage von Kinderspielplätzen nach § 10 Abs. 2 nicht hindern und die Nutzung der Stellplätze und Garagen die Gesundheit nicht schädigt, das Spielen auf den Kinderspielplätzen sowie das Arbeiten und Wohnen, die Ruhe und die Erholung in der Umgebung durch Lärm oder Gerüche nicht erheblich stört.

(8) Das Abstellen von Wohnwagen und anderen Kraftfahrzeuganhängern in Garagen ist zulässig.

§ 40 Ställe. [1]Ställe sind so anzuordnen, zu errichten und zu unterhalten, daß eine gesunde Tierhaltung gewährleistet ist und für die Umgebung Gefahren sowie erhebliche Nachteile oder Belästigungen nicht entstehen. [2]Ställe müssen eine für ihre Benutzung ausreichende Grundfläche, lichte Höhe und Lüftung haben.

§ 41 Bauliche Anlagen und Räume besonderer Art oder Nutzung. (1) [1]Soweit die Vorschriften der §§ 4 bis 40 dieses Gesetzes oder auf Grund dieses Gesetzes zur Verhinderung oder Beseitigung von Gefahren sowie erheblichen Nachteilen oder Belästigungen nicht ausreichen, können für bauliche Anlagen und Räume besonderer Art oder Nutzung besondere Anforderungen im Einzelfall gestellt werden; Erleichterungen können gestattet werden, soweit es der Einhaltung von Vorschriften wegen der besonderen Art oder Nutzung baulicher Anlagen oder Räume oder wegen besonderer Anforderungen nicht bedarf. [2]Sie können insbesondere betreffen

1. die Abstände von den Grenzen zu Nachbargrundstücken, von anderen baulichen Anlagen auf dem Grundstück und von öffentlichen Verkehrsflächen,

2. die Anordnung der baulichen Anlagen auf dem Grundstück,

3. die Öffnungen nach öffentlichen Verkehrsflächen und nach angrenzenden Grundstücken,

4. die Bauart und Anordnung aller für die Standsicherheit, Verkehrssicherheit, den Brandschutz, Schallschutz oder Gesundheitsschutz wesentlichen Bauteile,

5. die Feuerungsanlagen und Heizräume,

6. die Zahl, Anordnung und Herstellung der Treppen, Aufzüge, Ausgänge und Rettungswege,

7. die zulässige Zahl der Benutzer, Anordnung und Zahl der zulässigen Sitze und Stehplätze bei Versammlungsstätten, Tribünen und Fliegenden Bauten,

8. die Lüftung,

9. die Beleuchtung mit künstlichem Licht sowie mit Tageslicht und Energieversorgung,

10. die Wasserversorgung,

11. die Aufbewahrung und Beseitigung von Abwässern und von festen Abfallstoffen,

12. die Stellplätze und die Garagen,

13. die Anlage der Zu- und Abfahrten.

14. die Anlage von Grünstreifen, Baum- und anderen Pflanzungen sowie die Begrünung und Beseitigung von Halden und Gruben,

15. die Nutzung baulicher Anlagen.

[3]Als Nachweis dafür, daß diese Anforderungen erfüllt sind, können Bescheinigungen verlangt werden, die bei den Abnahmen vorzulegen sind; ferner können Nachprüfungen und deren Wiederholung in bestimmten Zeitabständen verlangt werden.

(2) Bauliche Anlagen und Räume besonderer Art oder Nutzung sind insbesondere

1. Geschäftshäuser,

2. Hochhäuser,

3. bauliche Anlagen und Räume, die für gewerbliche Betriebe bestimmt sind,

4. Büro- und Verwaltungsgebäude,

5. Schulen und Sportstätten,

6. Altenheime, Altenwohnheime und Altenpflegeheime,

7. Versammlungsstätten,

8. Krankenanstalten, Entbindungs- und Säuglingsheime,

9. bauliche Anlagen und Räume von großer Ausdehnung oder mit erhöhter Brand-, Explosions-, Strahlen- oder Verkehrsgefahr,

10. bauliche Anlagen und Räume, deren Nutzung mit einem starken Abgang unreiner Stoffe verbunden ist,

11. Fliegende Bauten,

12. Camping- und Zeltplätze.

(3) § 57 gilt entsprechend.

§ 42 Bauliche Anlagen für besondere Personengruppen. (1) Bauliche Anlagen und andere Anlagen und Einrichtungen, die überwiegend oder ausschließlich von Behinderten, alten Menschen oder Kleinkindern genutzt werden wie

1. Tagesstätten, Werkstätten und Heime für Behinderte,

2. Altenheime, Altenwohnheime und Altenpflegeheime,

3. Kindergärten, Kinderheime und Kindertagesstätten

sind so herzustellen und zu unterhalten, daß sie von diesen Personen ohne fremde Hilfe zweckentsprechend genutzt werden können.

(2) Für folgende bauliche Anlagen und andere Anlagen und Einrichtungen, die von Behinderten, alten Menschen und Müttern mit Kleinkindern

nicht nur gelegentlich aufgesucht werden, gilt Absatz 1 nur für die dem allgemeinen Besucherverkehr dienenden Teile:

1. Geschäftshäuser,
2. Versammlungsstätten einschließlich der für den Gottesdienst bestimmten Anlagen,
3. Beherbergungsbetriebe und Gaststätten,
4. Bürogebäude und Verwaltungsgebäude, Gerichte,
5. Schalterräume und Abfertigungsräume der Verkehrseinrichtungen und Versorgungseinrichtungen und der Kreditinstitute,
6. Museen, öffentliche Bibliotheken, Messebauten und Ausstellungsbauten,
7. Krankenhäuser,
8. Sportstätten, Spielplätze und ähnliche Anlagen,
9. öffentliche Bedürfnisanstalten,
10. Stellplätze und Garagen, die zu den Anlagen und Einrichtungen nach den Nummern 1 bis 8 gehören.

(3) § 30 Abs. 2 gilt auch für Gebäude mit weniger als sechs Vollgeschossen, soweit Geschosse von Behinderten mit Rollstühlen stufenlos erreichbar sein müssen.

(4) Ausnahmen von den Absätzen 2 und 3 können zugelassen werden, soweit wegen schwieriger Geländeverhältnisse, ungünstiger vorhandener Bebauung oder der Sicherheit der Behinderten oder alten Menschen die Anforderungen nur mit einem unverhältnismäßigen Mehraufwand erfüllt werden können.

VIERTER TEIL

Die am Bau Beteiligten

§ 43 Grundsatz. Bei der Errichtung, Unterhaltung oder dem Abbruch einer baulichen Anlage sind Bauherr, Planverfasser, Unternehmer und Bauleiter im Rahmen ihres Wirkungskreises dafür verantwortlich, daß die öffentlich-rechtlichen Vorschriften und die auf Grund dieser Vorschriften erlassenen Anordnungen eingehalten werden.

§ 44 Bauherr. (1) [1]Der Bauherr hat zur Vorbereitung, Überwachung und Ausführung eines genehmigungspflichtigen Bauvorhabens einen geeigneten Planverfasser, geeignete Unternehmer und einen geeigneten Bauleiter zu bestellen. [2]Dem Bauherrn obliegen die nach den öffentlich-rechtlichen Vorschriften erforderlichen Anzeigen an die Baurechtsbehörde.

(2) [1]Bei Bauarbeiten, die in Selbst- oder Nachbarschaftshilfe ausgeführt werden, ist die Bestellung von Unternehmern nicht erforderlich, wenn

genügend Facharbeiter mit der nötigen Sachkunde, Erfahrung und Zuverlässigkeit mitwirken. [2]§§ 45 und 47 sowie das Gesetz zur Bekämpfung der Schwarzarbeit bleiben unberührt. [3]Genehmigungspflichtige Abbrucharbeiten dürfen nicht in Selbst- oder Nachbarschaftshilfe ausgeführt werden.

(3) Bei geringfügigen genehmigungspflichtigen Bauvorhaben kann die Baurechtsbehörde darauf verzichten, daß ein Planverfasser und ein Bauleiter bestellt werden.

(4) [1]Ist eine vom Bauherrn bestellte Person für ihre Aufgabe nach Sachkunde und Erfahrung nicht geeignet, so kann die Baurechtsbehörde vor und während der Bauausführung verlangen, daß sie durch eine geeignete Person ersetzt wird oder daß geeignete Sachverständige herangezogen werden. [2]Die Baurechtsbehörde kann die Bauarbeiten einstellen, bis geeignete Personen oder Sachverständige bestellt sind.

(5) [1]Der Bauherr hat der Baurechtsbehörde die Namen und Anschriften des Bauleiters vor Baubeginn, der Fachbauleiter vor Beginn der entsprechenden Arbeiten mitzuteilen; die Mitteilung ist auch von den Bauleitern zu unterschreiben. [2]Dies gilt bei einem Wechsel der Bauleiter entsprechend.

(6) Die Baurechtsbehörde kann verlangen, daß ihr für bestimmte Arbeiten die Unternehmer benannt werden.

(7) Wechselt der Bauherr, so hat der neue Bauherr dies der Baurechtsbehörde unverzüglich mitzuteilen.

(8) [1]Treten bei einem Vorhaben mehrere Personen als Bauherr auf, so müssen sie auf Verlangen der Baurechtsbehörde einen Vertreter bestellen, der ihr gegenüber die dem Bauherrn nach den öffentlich-rechtlichen Vorschriften obliegenden Verpflichtungen zu erfüllen hat. [2]§ 18 Abs. 1 Sätze 2 und 3 und Abs. 2 des Landesverwaltungsverfahrensgesetzes findet Anwendung.

§ 45 Planverfasser. (1) [1]Der Planverfasser ist für die Ordnungsmäßigkeit, Vollständigkeit und Brauchbarkeit seines Entwurfes verantwortlich. [2]Er hat dafür zu sorgen, daß die für die Ausführung notwendigen Einzelzeichnungen, Einzelberechnungen und Anweisungen den genehmigten Bauvorlagen und den baurechtlichen Vorschriften entsprechen; der Bauherr kann mit dieser Aufgabe einen anderen Planverfasser beauftragen.

(2) [1]Hat der Planverfasser auf einzelnen Fachgebieten nicht die erforderliche Sachkunde und Erfahrung, so hat er den Bauherrn zu veranlassen, geeignete Sachverständige zu bestellen. [2]Diese sind für die von ihnen gefertigten Unterlagen verantwortlich. [3]Der Planverfasser bleibt für das ordnungsgemäße Ineinandergreifen aller Fachentwürfe verantwortlich.

§ 46 Unternehmer. (1) [1]Jeder Unternehmer ist für die ordnungsgemäße, den allgemein anerkannten Regeln der Technik und den Einzelzeichnungen, Einzelberechnungen und Anweisungen des Planverfassers oder, soweit diese nicht notwendig sind, den genehmigten Bauvorlagen entsprechende Ausführung der von ihm übernommenen Arbeiten verantwortlich. [2]Er hat insoweit für die ordnungsgemäße Einrichtung und den sicheren Betrieb der Baustelle, insbesondere die Tauglichkeit und Betriebssicherheit der Gerüste, Geräte und der anderen Baustelleneinrichtungen sowie die Einhaltung der Arbeitsschutzbestimmungen zu sorgen. [3]Er hat die erforderlichen Nachweise über die Brauchbarkeit der Baustoffe und Bauteile zu erbringen und auf der Baustelle bereitzuhalten. [4]Er darf, unbeschadet des § 59, Arbeiten nicht ausführen oder ausführen lassen, bevor nicht die dafür notwendigen Unterlagen und Anweisungen an der Baustelle vorliegen.

(2) [1]Hat der Unternehmer für einzelne Arbeiten nicht die erforderliche Sachkunde und Erfahrung, so hat er den Bauherrn zu veranlassen, geeignete Fachunternehmer oder Fachleute zu bestellen. [2]Diese sind für ihre Arbeiten verantwortlich. [3]Der Unternehmer bleibt für das ordnungsgemäße Ineinandergreifen seiner Arbeiten mit denen seiner Fachunternehmer oder Fachleute verantwortlich.

(3) Die Fachunternehmer und Fachleute haben auf Verlangen der Baurechtsbehörde für Bauarbeiten, bei denen die Sicherheit der baulichen Anlagen in außergewöhnlichem Maße von der besonderen Sachkenntnis und Erfahrung des Fachunternehmers oder von einer Ausstattung des Unternehmens mit besonderen Einrichtungen abhängt, nachzuweisen, daß sie für diese Bauarbeiten geeignet sind und über die erforderlichen Einrichtungen verfügen.

(4) [1]Der Unternehmer muß für die Zeit seiner Abwesenheit von der Baustelle einen geeigneten Vertreter bestellen und ihn ausreichend unterrichten. [2]Das gleiche gilt für Fachunternehmer.

§ 47 Bauleiter. (1) [1]Der Bauleiter hat die ordnungsgemäße, den allgemein anerkannten Regeln der Technik und den Einzelzeichnungen, Einzelberechnungen und Anweisungen des Planverfassers oder, soweit diese nicht notwendig sind, den genehmigten Bauvorlagen entsprechende Ausführung des Bauvorhabens zu überwachen; er hat die dafür erforderlichen Weisungen zu erteilen. [2]Verstöße, denen nicht abgeholfen wird, hat er der Baurechtsbehörde unverzüglich mitzuteilen. [3]Er hat im Rahmen dieser Aufgabe auf den sicheren bautechnischen Betrieb der Baustelle, insbesondere auf das gefahrlose Ineinandergreifen der Arbeiten der Unternehmer zu achten. [4]Die Verantwortlichkeit der Unternehmer bleibt unberührt.

(2) [1]Hat der Bauleiter nicht für alle ihm obliegenden Aufgaben die erforderliche Sachkunde und Erfahrung, so hat er den Bauherrn zu veranlassen, geeignete Fachbauleiter zu bestellen. [2]Diese treten insoweit an die Stelle des Bauleiters. [3]Der Bauleiter bleibt für das ordnungsgemäße Ineinandergreifen seiner Tätigkeiten mit denen der Fachbauleiter verantwortlich.

FÜNFTER TEIL

Die Baurechtsbehörden

§ 48 Aufbau der Baurechtsbehörden. (1) Baurechtsbehörden sind

1. das Innenministerium als oberste Baurechtsbehörde,

2. die Regierungspräsidien als höhere Baurechtsbehörden,

3. die unteren Verwaltungsbehörden und die in den Absätzen 2 und 3 genannten Gemeinden und Verwaltungsgemeinschaften als untere Baurechtsbehörden.

(2) [1]Untere Baurechtsbehörden sind

1. Gemeinden mit mehr als 8 000 Einwohnern, soweit in Nummer 2 nichts anderes bestimmt ist,

2. Verwaltungsgemeinschaften mit mehr als 8 000 Einwohnern,

wenn sie die Voraussetzungen des Absatzes 6 erfüllen und die höhere Baurechtsbehörde im Falle der Nummer 1 auf Antrag der Gemeinde, im Falle der Nummer 2 auf Antrag der Verwaltungsgemeinschaft, die Erfüllung dieser Voraussetzungen feststellt; die Antragstellung eines Gemeindeverwaltungsverbandes bedarf des Beschlusses einer Mehrheit von zwei Dritteln der satzungsmäßigen Stimmenzahl der Verbandsversammlung; die Antragstellung der erfüllenden Gemeinde einer vereinbarten Verwaltungsgemeinschaft bedarf des Beschlusses einer Mehrheit von zwei Dritteln aller Stimmen des gemeinsamen Ausschusses. [2]Die Zuständigkeit ist im Gesetzblatt bekanntzumachen. [3]Die Aufgaben der unteren Baurechtsbehörde gehen mit Beginn des übernächsten Monats nach der Bekanntmachung auf die Gemeinde oder die Verwaltungsgemeinschaft über.

(3) Gemeinden, denen im Zeitpunkt des Inkrafttretens dieses Gesetzes die Aufgaben der unteren Baurechtsbehörde übertragen waren, sind mit dem Inkrafttreten dieses Gesetzes untere Baurechtsbehörden.

(4) [1]Die den Gemeinden und den Verwaltungsgemeinschaften nach den Absätzen 2 und 3 übertragenen Aufgaben der unteren Baurechtsbehörde sind Pflichtaufgaben nach Weisung; das Weisungsrecht ist nicht beschränkt. [2]Für die Verpflichtung zur Leistung von Gebühren sowie für Umfang und Höhe der Gebühren gelten die für die staatlichen Behörden maßgebenden Vorschriften.

(5) [1]Die Zuständigkeit erlischt in den Fällen des Absatzes 2 Satz 1 Nr. 1 und des Absatzes 3 durch Erklärung der Gemeinde, im Falle des Absatzes 2 Satz 1 Nr. 2 durch Erklärung der Verwaltungsgemeinschaft gegenüber der höheren Baurechtsbehörde. [2]Sie erlischt ferner im Falle des Absatzes 2 Satz 1, wenn die dort genannten Voraussetzungen nicht mehr erfüllt sind und die höhere Baurechtsbehörde dies feststellt. [3]Das Erlöschen ist im Gesetzblatt bekanntzumachen; es wird mit Ablauf des auf die Bekanntmachung folgenden Monats wirksam.

(6) [1]Die Baurechtsbehörden sind für ihre Aufgaben ausreichend mit geeigneten Fachkräften zu besetzen. [2]Jeder unteren Baurechtsbehörde muß mindestens ein Beamter als Bauverständiger angehören; die höhere Baurechtsbehörde kann von der Anforderung an die Befähigung für einen vorübergehenden Zeitraum Ausnahmen zulassen. [3]Er muß mindestens die Befähigung für den gehobenen bautechnischen Verwaltungsdienst in der Fachrichtung Hochbau und die erforderliche Erfahrung haben. [4]Die beamteten Fachkräfte zur Beratung und Unterstützung der Landratsämter als Baurechtsbehörden sind vom Landkreis zu stellen.

§ 49 Aufgaben und Befugnisse der Baurechtsbehörden. (1) [1]Die Baurechtsbehörden haben darauf zu achten, daß die baurechtlichen Vorschriften sowie die anderen öffentlich-rechtlichen Vorschriften über die Errichtung, die Unterhaltung und den Abbruch von Anlagen und Einrichtungen im Sinne des § 1 eingehalten und die auf Grund dieser Vorschriften erlassenen Anordnungen befolgt werden. [2]Sie haben zur Wahrnehmung dieser Aufgaben diejenigen Maßnahmen zu treffen, die nach pflichtgemäßem Ermessen erforderlich sind.

(2) Die Baurechtsbehörden können zur Erfüllung ihrer Aufgaben Sachverständige heranziehen.

(3) [1]Die mit dem Vollzug dieses Gesetzes beauftragten Personen sind berechtigt, in Ausübung ihres Amtes Grundstücke und bauliche Anlagen einschließlich der Wohnungen zu betreten. [2]Das Grundrecht der Unverletzlichkeit der Wohnung (Artikel 13 des Grundgesetzes) wird insoweit eingeschränkt.

§ 50 Sachliche Zuständigkeit. (1) Sachlich zuständig ist die untere Baurechtsbehörde, soweit nichts anderes bestimmt ist.

(2) [1]An Stelle einer Gemeinde als Baurechtsbehörde ist die nächsthöhere Baurechtsbehörde, bei den in § 48 Abs. 2 und 3 genannten Gemeinden die untere Verwaltungsbehörde zuständig, wenn es sich um ein Vorhaben der Gemeinde selbst handelt, gegen das Einwendungen erhoben werden, sowie bei einem Vorhaben, gegen das die Gemeinde als Beteiligte Einwendungen erhoben hat; an Stelle einer Verwaltungsgemeinschaft als Baurechtsbehörde ist in diesen Fällen bei Vorhaben sowie bei Einwendungen der Verwaltungsgemeinschaft oder einer Gemeinde, die der Verwaltungsgemeinschaft angehört, die in § 28 Abs. 2 Nr. 1 oder 2 des Gesetzes über kommunale Zusammenarbeit genannte Behörde zuständig. [2]Für die Behandlung des Bauantrags, die Bauüberwachung und die Bauabnahme gilt Absatz 1.

(3) [1]Die Erlaubnis nach den auf Grund des § 24 der Gewerbeordnung erlassenen Vorschriften sowie die Genehmigung nach § 7 des Atomgesetzes schließen eine Genehmigung oder Zustimmung nach diesem Gesetz ein. [2]Die für die gewerberechtliche Genehmigung oder Erlaubnis zuständige Behörde entscheidet im Benehmen mit der Baurechtsbehörde

der gleichen Verwaltungsstufe. [3]Die Bauüberwachung nach § 65 und die Bauabnahme nach § 66 obliegen der Baurechtsbehörde, bei Anlagen nach § 7 des Atomgesetzes der höheren Baurechtsbehörde.

SECHSTER TEIL

Verwaltungsverfahren

1. Abschnitt

Genehmigungsverfahren

§ 51 Genehmigungspflichtige Vorhaben. (1) Die Errichtung und der Abbruch baulicher Anlagen sowie der in § 52 aufgeführten anderen Anlagen und Einrichtungen bedürfen der Baugenehmigung, soweit in § 52 nichts anderes bestimmt ist.

(2) §§ 68 und 69 bleiben unberührt.

§ 52 Genehmigungsfreie Vorhaben. (1) Die Errichtung folgender Anlagen und Einrichtungen bedarf keiner Baugenehmigung:

1. Gebäude ohne Aufenthaltsräume, Toiletten oder Feuerstätten bis zu 15 m^3 umbauten Raums, ausgenommen Verkaufs- und Ausstellungsstände,

2. Gewächshäuser bis zu 4 m Höhe, im Außenbereich nur landwirtschaftliche Gewächshäuser,

3. Schuppen ohne Feuerstätten bis zu 50 m^2 Grundfläche und bis zu 5 m Höhe, die nicht unterkellert sind, einem land- oder forstwirtschaftlichen Betrieb dienen und ausschließlich zur Unterbringung von Ernteerzeugnissen oder Geräten oder zum vorübergehenden Schutz von Menschen und Tieren bestimmt sind,

4. Gebäude für örtliche Versorgungsanlagen, ausgenommen Wasserversorgungsanlagen, bis zu 20 m^2 Grundfläche und bis zu 3 m Höhe,

5. nichttragende und nichtaussteifende Bauteile innerhalb baulicher Anlagen,

6. Feuerstätten; sie dürfen jedoch erst in Betrieb genommen werden, wenn der Bezirksschornsteinfegermeister die Brandsicherheit und die sichere Abführung der Verbrennungsgase bescheinigt hat,

7. Anlagen zur Verteilung von Wärme bei Warmwasser- und Niederdruckdampfheizungen, wenn die Nennwärmeleistung der zugehörigen Feuerstätten nicht mehr als 50 kW beträgt,

8. ortsfeste Behälter für brennbare oder schädliche Flüssigkeiten oder für verflüssigte oder nicht verflüssigte Gase bis 5 m^3 Rauminhalt,

9. ortsfeste Behälter für Wasser oder andere unbrennbare und sonst unschädliche Flüssigkeiten bis zu 50 m^3 Fassungsvermögen und bis zu 3 m Höhe,

10. Wasserbecken

   a) im Innenbereich bis zu 100 m³ Fassungsvermögen, ausgenommen Schwimmbecken mit mehr als 50 m³ Fassungsvermögen,

   b) im Außenbereich bis zu 50 m³ Fassungsvermögen, ausgenommen Schwimmbecken,

11. ortsfeste Behälter für feste Stoffe bis zu 10 m³ Fassungsvermögen,

12. Blitzschutzanlagen,

13. Energie- und Fernmeldeanlagen, ausgenommen Antennen- und Windenergieanlagen über 10 m Höhe,

14. die der Aufsicht der Wasserbehörden unterliegenden Anlagen, wenn sie unter der technischen Leitung eines Bediensteten des Bundes, des Landes, einer Körperschaft des öffentlichen Rechts oder eines Zusammenschlusses von solchen ausgeführt werden und der Bedienstete Beamter des höheren bautechnischen Verwaltungsdienstes ist oder die Befähigung für den höheren bautechnischen Verwaltungsdienst besitzt,

15. Leitungen aller Art,

16. Be- und Entwässerungsanlagen auf land- oder forstwirtschaftlich genutzten Flächen, ausgenommen die nach Nummer 9 genehmigungsbedürftigen Behälter,

17. Aufschüttungen und Abgrabungen bis zu 200 m³ Rauminhalt und bis zu 2 m Höhenunterschied gegenüber dem Gelände, ausgenommen Aufschüttungen und Abgrabungen des an bauliche Anlagen anschließenden Geländes,

18. Ausstellungs-, Abstell- und Lagerplätze im Innenbereich bis zu 100 m² Fläche, ausgenommen Abstell- und Lagerplätze für außer Betrieb gesetzte Fahrzeuge und deren Teile,

19. private Verkehrsanlagen, einschließlich Überbrückungen und Untertunnelungen, wenn sie nicht mehr als 5 m lichte Weite oder Durchmesser haben,

20. Sprungschanzen, Sprungtürme und Rutschbahnen bis zu 5 m Bauhöhe,

21. Denkmale (Erinnerungs- und Mahnmale) und Plastiken sowie Grabsteine, Grabkreuze und Feldkreuze,

22. Masten und Unterstützungen

   a) für Seilbahnen, die nur zur Lastenbeförderung dienen und nicht über öffentliche Verkehrsflächen führen,

   b) für Leitungen von Verkehrsmitteln,

   c) für Fahnen,

23. Signalhochbauten der Landesvermessung,

24. Wohnwagen auf hierfür genehmigten Campingplätzen,

25. landwirtschaftliche Fahrsilos, einschließlich Überdachung, bis zu 3 m Höhe sowie landwirtschaftliche Behälter zur Lagerung von Betriebsmitteln bis zu 4 m Eigenhöhe und 15 m² Grundfläche,

26. Kranbahnen und ihre Unterstützungen für Kräne bis zu 5 t Traglast,

27. Stützmauern

    a) auf land- oder forstwirtschaftlich genutzten Grundstücken im Außenbereich, soweit die Stützmauern nicht an öffentlichen Verkehrsanlagen liegen,

    b) im übrigen bis zu 1 m Höhe über Gelände,

28. Einfriedigungen

    a) im Innenbereich an öffentlichen Verkehrsanlagen und in den daran anschließenden unbebaubaren Flächen, insbesondere Vorgärten, bis zu 1 m Höhe über Gelände, sonst bis zu 2 m Höhe über Gelände,

    b) im Außenbereich, wenn es sich um nicht geschlossene Einfriedigungen ohne Fundamente und Sockel handelt, die einem land- oder forstwirtschaftlichen Betrieb dienen,

29. Pergolen, im Außenbereich jedoch nur bis 10 m² Grundfläche,

30. Baustelleneinrichtungen einschließlich der zum vorübergehenden Aufenthalt dienenden Unterkünfte,

31. Gerüste,

32. Werbeanlagen im Sinne des § 2 Abs. 8 im Innenbereich

    a) von politischen Parteien oder an der Stätte der Leistung, wenn sie nur vorübergehend angebracht oder aufgestellt werden,

    b) im übrigen bis zu 0,5 m² Größe,

33. Automaten,

34. bauliche Anlagen, die zu Straßenfesten und ähnlichen Veranstaltungen nur kurzfristig errichtet werden,

35. untergeordnete oder unbedeutende Anlagen und Einrichtungen, soweit sie nicht in den Nummern 1 bis 34 bereits aufgeführt sind.

(2) ¹Instandsetzungs- und Unterhaltungsarbeiten sowie unwesentliche Änderungen an oder in Anlagen und Einrichtungen bedürfen keiner Baugenehmigung. ²Dies gilt auch für Änderungen in Gebäuden, die ausschließlich dem Wohnen dienen, und in Wohnungen, mit Ausnahme von wesentlichen Änderungen an Schornsteinen.

(3) Nutzungsänderungen bedürfen keiner Baugenehmigung, wenn für die neue Nutzung keine weitergehenden Anforderungen gelten als für die bisherige.

(4) Der Abbruch von Anlagen und Einrichtungen bedarf der Baugenehmigung nur bei

    1. land- oder forstwirtschaftlichen Schuppen mit mehr als 5 m Höhe,

2. anderen Gebäuden mit mehr als 300 m³ umbauten Raums,

3. notwendigen Stellplätzen und Garagen.

(5) Baumaßnahmen, die keiner Baugenehmigung bedürfen, müssen ebenso wie genehmigungspflichtige Maßnahmen den öffentlich-rechtlichen Vorschriften entsprechen.

§ 53 Bauantrag und Bauvorlagen. (1) ¹Der Antrag auf Baugenehmigung (Bauantrag) ist schriftlich bei der Gemeinde einzureichen. ²Sie hat ihn, wenn sie nicht selbst Baurechtsbehörde ist, unter Zurückbehaltung einer Ausfertigung unverzüglich an die Baurechtsbehörde weiterzuleiten.

(2) ¹Mit dem Bauantrag sind alle für die Beurteilung des Bauvorhabens und die Bearbeitung des Bauantrags erforderlichen Unterlagen (Bauvorlagen) einzureichen. ²Es kann gestattet werden, daß einzelne Bauvorlagen nachgereicht werden.

(3) Zur Beurteilung, wie sich die bauliche Anlage in die Umgebung einfügt, kann verlangt werden, daß sie in geeigneter Weise auf dem Grundstück dargestellt wird.

(4) ¹Bauantrag und Bauvorlagen sind vom Bauherrn und Planverfasser, die von Sachverständigen nach § 45 Abs. 2 bearbeiteten Unterlagen von diesen und vom Planverfasser mit Tagesangabe zu unterschreiben. ²Ist der Bauherr nicht Grundstückseigentümer, so kann der Nachweis verlangt werden, daß der Bauherr zur Ausführung des Bauvorhabens berechtigt ist.

(5) ¹Bauvorlagen für die Errichtung von Gebäuden müssen von Architekten verfaßt und unterschrieben sein. ²Dies gilt nicht für

1. Wohngebäude mit einem Vollgeschoß bis zu 125 m² Grundfläche,

2. eingeschossige gewerbliche Gebäude bis zu 250 m² Grundfläche und bis zu 5 m Wandhöhe, gemessen von der Geländeoberfläche bis zum Schnitt von Außenwand und Dachhaut,

3. landwirtschaftliche Betriebsgebäude bis zu zwei Vollgeschossen und bis zu 250 m² Grundfläche,

4. Garagen bis zu 100 m² Nutzfläche,

5. Behelfsbauten und untergeordnete Gebäude,

ausgenommen Vorhaben an Kulturdenkmalen oder in ihrer Umgebung.

(6) Absatz 5 gilt nicht für

1. Ingenieurbauten und andere Hoch- und Tiefbauten, die wegen ihrer Eigenart von anderen Fachleuten geplant werden,

2. Vorhaben, die von Baubeamten mit einer Berufsausbildung nach § 3 des Architektengesetzes für ihren Dienstherrn geplant werden. ²Diesen Beamten stehen Personen mit entsprechender Vorbildung gleich, die im öffentlichen Dienst beschäftigt sind.

§ 54 Bauvorbescheid. (1) ¹Vor Einreichen des Bauantrags kann auf schriftlichen Antrag des Bauherrn ein schriftlicher Bescheid zu einzelnen Fragen des Vorhabens erteilt werden (Bauvorbescheid). [2]Der Bauvorbescheid gilt drei Jahre.

(2) § 53, § 55 Abs. 1, § 56, § 59 Abs. 1 Sätze 2 bis 5 sowie § 62 Abs. 2 gelten entsprechend.

§ 55 Behandlung des Bauantrags. (1) [1]Zum Bauantrag wird die Gemeinde gehört, wenn sie nicht selbst Baurechtsbehörde ist. [2]Soweit es für die Behandlung des Bauantrags notwendig ist, sollen die Behörden und Stellen gehört werden, deren Aufgabenbereich berührt wird. [3]Die Baurechtsbehörde soll den Gemeinden, den Behörden und Stellen für die Abgabe ihrer Stellungnahme eine angemessene Frist setzen. [4]Äußern sie sich nicht fristgemäß, so kann die Baurechtsbehörde davon ausgehen, daß Bedenken nicht bestehen. [5]Bedarf nach Landesrecht die Erteilung der Baugenehmigung des Einvernehmens oder der Zustimmung einer anderen Behörde oder Stelle, so gilt diese als erteilt, wenn sie nicht binnen zwei Monaten nach Eingang des Ersuchens unter Angabe der Gründe verweigert wird; die Frist soll nur ausnahmsweise verlängert werden.

(2) Wenn die Bauvorlagen unvollständig sind oder erhebliche Mängel aufweisen, oder wenn der Nachweis nach § 53 Abs. 4 Satz 2 nicht vorliegt, kann die Baurechtsbehörde die Behandlung des Bauantrags aussetzen und nach Ablauf einer angemessenen, dem Antragsteller gesetzten Frist den Bauantrag zurückweisen.

(3) [1]Einer Prüfung bautechnischer Nachweise bedarf es nicht, soweit mit dem Bauantrag Nachweise vorgelegt werden, die von einem Prüfamt für Baustatik allgemein geprüft sind (Typenprüfung). [2]Typenprüfungen anderer Bundesländer gelten auch in Baden-Württemberg.

§ 56 Benachrichtigung der Angrenzer. [1]Die Gemeinde hat die Eigentümer angrenzender Grundstücke (Angrenzer) von dem Bauantrag zu benachrichtigen. [2]Die Benachrichtigung ist nicht erforderlich bei Angrenzern, die die Bauvorlagen unterschrieben oder eine schriftliche Zustimmungserklärung abgegeben haben oder durch das Vorhaben offensichtlich nicht berührt werden. [3]Einwendungen der Angrenzer sind innerhalb von zwei Wochen nach Zustellung der Benachrichtigung bei der Gemeinde schriftlich oder mündlich vorzubringen. [4]Ist die Gemeinde nicht selbst Baurechtsbehörde, hat sie die bei ihr eingegangenen Einwendungen zusammen mit ihrer Stellungnahme innerhalb der ihr nach § 55 Abs. 1 Satz 3 gesetzten Frist an die Baurechtsbehörde weiterzuleiten.

§ 57 Abweichungen, Ausnahmen und Befreiungen. (1) Abweichungen von technischen Bauvorschriften sind zulässig, wenn auf andere Weise dem Zweck dieser Vorschriften nachweislich entsprochen wird.

(2) Von baurechtlichen Vorschriften, die als Regel- oder Soll-Vorschriften aufgestellt sind oder in denen Ausnahmen vorgesehen sind, können Ausnahmen gewährt werden, wenn sie mit den öffentlichen Belan-

gen vereinbar sind und die für die Ausnahmen festgelegten Voraussetzungen vorliegen.

(3) Ferner können Ausnahmen von den Vorschriften in den §§ 4 bis 40 dieses Gesetzes oder auf Grund dieses Gesetzes gewährt werden

1. zur Erhaltung und weiteren Nutzung von Kulturdenkmalen, wenn nicht Leben oder Gesundheit bedroht sind,

2. bei Modernisierungsvorhaben für Wohnungen und Wohngebäude und bei Vorhaben zur Schaffung von zusätzlichem Wohnraum durch Ausbau, wenn dies im öffentlichen Interesse liegt und die öffentliche Sicherheit und Ordnung nicht gefährdet werden, insbesondere wenn Bedenken wegen des Brandschutzes nicht bestehen,

3. bei Vorhaben in überwiegend bebauten Gebieten, wenn die öffentliche Sicherheit und Ordnung nicht gefährdet werden, insbesondere wenn Bedenken wegen des Brandschutzes nicht bestehen,

4. bei baulichen Anlagen, die nach der Art ihrer Ausführung für eine dauernde Nutzung nicht geeignet sind oder die für eine begrenzte Zeit aufgestellt werden (Behelfsbauten) und bei kleinen, Nebenzwecken dienenden Gebäuden ohne Feuerstätten wie Geschirrhütten und bei freistehenden anderen Gebäuden, die nicht für einen Aufenthalt oder nur einen vorübergehenden Aufenthalt bestimmt sind, wie Gartenhäuser, Wochenendhäuser und Schutzhütten.

(4) Von zwingenden Vorschriften in den §§ 4 bis 40 dieses Gesetzes oder auf Grund dieses Gesetzes kann Befreiung erteilt werden, wenn

1. Gründe des allgemeinen Wohls die Abweichung erfordern oder

2. die Einhaltung der Vorschrift im Einzelfall zu einer offenbar nicht beabsichtigten Härte führen würde und die Abweichung auch unter Würdigung nachbarlicher Interessen mit den öffentlichen Belangen vereinbar ist.

(5) Ist für bauliche Anlagen, andere Anlagen oder Einrichtungen, die keiner Genehmigung bedürfen, eine Ausnahme oder Befreiung erforderlich, so ist die Ausnahme oder Befreiung besonders zu beantragen.

§ 58 Versuchsbauten. Zur praktischen Erprobung neuer Bau- und Wohnformen im Wohnungsbau können im Einzelfall Abweichungen von zwingenden Vorschriften dieses Gesetzes oder Vorschriften, die auf Grund dieses Gesetzes erlassen wurden, zugelassen werden, soweit Gründe der öffentlichen Sicherheit oder Ordnung nicht entgegenstehen.

§ 59 Baugenehmigung und Baubeginn. (1) [1]Die Baugenehmigung ist zu erteilen, wenn dem Vorhaben keine von der Baurechtsbehörde zu prüfenden öffentlich-rechtlichen Vorschriften entgegenstehen; die Baugenehmigung bedarf der Schriftform. [2]Erleichterungen, Abweichungen, Ausnahmen und Befreiungen sind ausdrücklich auszusprechen.[3]Die Baugenehmigung ist nur insoweit zu begründen, als von nachbarschützenden Vorschriften Ausnahmen gewährt oder Befreiungen erteilt werden und der Nachbar Einwendungen erhoben hat. [4]Eine Ausfertigung der mit Genehmigungsvermerk versehenen Bauvorlagen ist dem Antragsteller mit der Baugenehmigung zuzustellen. [5]Eine Ausfertigung der Baugenehmigung ist auch Angrenzern und Nachbarn zuzustellen, deren Einwendungen gegen das Vorhaben nicht entsprochen wird.

(2) Die Baugenehmigung gilt auch für und gegen den Rechtsnachfolger des Bauherrn.

(3) Die Baugenehmigung wird unbeschadet privater Rechte Dritter erteilt.

(4) [1]Behelfsbauten dürfen nur befristet oder widerruflich genehmigt werden. [2]Nach Ablauf der gesetzten Frist oder nach Widerruf ist die Anlage ohne Entschädigung zu beseitigen und ein ordnungsgemäßer Zustand herzustellen.

(5) Die Gemeinde ist, wenn sie nicht Baurechtsbehörde ist, von jeder baurechtlichen Entscheidung durch Übersendung einer Abschrift des Bescheides und der Pläne zu unterrichten.

(6) [1]Mit der Ausführung genehmigungspflichtiger Vorhaben darf erst nach Erteilung des Baufreigabescheins begonnen werden. [2]Der Baufreigabeschein ist zu erteilen, wenn die in der Baugenehmigung für den Baubeginn enthaltenen Auflagen und Bedingungen erfüllt sind. [3]Enthält die Baugenehmigung keine solchen Auflagen oder Bedingungen, so ist der Baufreigabeschein mit der Baugenehmigung zu erteilen. [4]Der Baufreigabeschein muß die Bezeichnung des Bauvorhabens und die Namen und Anschriften des Bauherrn, des Planverfassers und des Bauleiters enthalten und ist dem Bauherrn zuzustellen.

(7) Der Bauherr hat den Baubeginn genehmigungspflichtiger Vorhaben und die Wiederaufnahme der Bauarbeiten nach einer Unterbrechung von mehr als sechs Monaten vorher der Baurechtsbehörde schriftlich mitzuteilen.

(8) [1]Vor Baubeginn müssen Grundriß und Höhenlage der baulichen Anlage auf dem Baugrundstück festgelegt sein. [2]Die Baurechtsbehörde kann verlangen, daß diese Festlegungen durch einen Sachverständigen vorgenommen oder vor Baubeginn abgenommen werden müssen.

(9) [1]Auch nach Erteilung der Baugenehmigung können Anforderungen gestellt werden, um Gefahren für Leben oder Gesundheit oder bei der Genehmigung nicht voraussehbare Gefahren oder erhebliche Nachteile oder Belästigungen von der Allgemeinheit oder den Benutzern der baulichen Anlage abzuwenden. [2]Bei Gefahr im Verzug kann bis zur Erfüllung dieser Anforderungen die Benutzung der baulichen Anlage eingeschränkt oder untersagt werden.

§ 60 Sicherheitsleistung. (1) Die Baurechtsbehörde kann die Leistung einer Sicherheit verlangen, soweit sie erforderlich ist, um die Erfüllung von Auflagen oder sonstigen Verpflichtungen zu sichern.

(2) Auf Sicherheitsleistungen sind die §§ 232, 234 bis 240 des Bürgerlichen Gesetzbuchs anzuwenden.

§ 61 Teilbaugenehmigung. (1) [1]Ist ein Bauantrag eingereicht, so kann der Beginn der Bauarbeiten für die Baugrube und für einzelne Bauteile oder Bauabschnitte auf schriftlichen Antrag schon vor Erteilung der Baugenehmigung schriftlich gestattet werden, wenn nach dem Stand der Prüfung des Bauantrags gegen die Teilausführung keine Bedenken bestehen (Teilbaugenehmigung). [2]§ 59 gilt entsprechend.

(2) In der Baugenehmigung können für die bereits genehmigten Teile des Vorhabens, auch wenn sie schon ausgeführt sind, zusätzliche Anforderungen gestellt werden, wenn sich bei der weiteren Prüfung der Bauvorlagen ergibt, daß die zusätzlichen Anforderungen nach § 3 Abs. 1 Satz 1 erforderlich sind.

§ 62 Geltungsdauer der Baugenehmigung. (1) Die Baugenehmigung und die Teilbaugenehmigung erlöschen, wenn innerhalb von drei Jahren nach Erteilung der Genehmigung mit der Bauausführung nicht begonnen oder wenn sie zwei Jahre unterbrochen worden ist.

(2) [1]Die Frist nach Absatz 1 kann auf schriftlichen Antrag jeweils bis zu zwei Jahren verlängert werden. [2]Die Frist kann auch rückwirkend verlängert werden, wenn der Antrag vor Fristablauf bei der Baurechtsbehörde eingegangen ist.

§ 63 Baueinstellung. (1) [1]Werden Anlagen im Widerspruch zu öffentlich-rechtlichen Vorschriften errichtet oder abgebrochen, so kann die Baurechtsbehörde die Einstellung der Bauarbeiten anordnen. [2]Dies gilt insbesondere, wenn

1. die Ausführung eines nach § 51 genehmigungspflichtigen oder nach § 69 zustimmungspflichtigen Vorhabens ohne Genehmigung oder Zustimmung oder entgegen § 59 Abs. 6, 7 oder 8 begonnen wurde,

2. das Vorhaben ohne die erforderlichen Bauabnahmen (§ 66) oder Nachweise (§ 65 Abs. 2 und 4) oder über die Teilbaugenehmigung (§ 61) hinaus fortgesetzt wurde, oder

3. bei der Ausführung eines Vorhabens gegen baurechtliche Vorschriften verstoßen oder von der erteilten Genehmigung oder Zustimmung abgewichen wird, obwohl es dazu einer neuen Genehmigung oder Zustimmung bedurft hätte.

(2) Werden Bauarbeiten trotz schriftlich oder mündlich verfügter Einstellung fortgesetzt, so kann die Baurechtsbehörde die Baustelle versiegeln und die an der Baustelle vorhandenen Baustoffe, Bauteile, Baugeräte, Baumaschinen und Bauhilfsmittel in amtlichen Gewahrsam nehmen.

§ 64 Abbruchsanordnung und Nutzungsuntersagung. [1]Der teilweise oder vollständige Abbruch einer Anlage, die im Widerspruch zu öffentlich-rechtlichen Vorschriften errichtet wurde, kann angeordnet werden, wenn nicht auf andere Weise rechtmäßige Zustände hergestellt werden können. [2]Werden Anlagen im Widerspruch zu öffentlich-rechtlichen Vorschriften genutzt, so kann diese Nutzung untersagt werden.

§ 65 Bauüberwachung. (1) [1]Die Baurechtsbehörde kann die Einhaltung der öffentlich-rechtlichen Vorschriften und Anforderungen und die ordnungsgemäße Erfüllung der Pflichten der am Bau Beteiligten überprüfen. [2]Sie kann verlangen, daß Beginn und Beendigung bestimmter Bauarbeiten angezeigt werden.

(2) [1]Die Bauüberwachung erstreckt sich insbesondere auf die Ordnungsmäßigkeit der Bauausführung, die Tauglichkeit der Gerüste und Absteifungen sowie auf die Beachtung der Bestimmungen zum Schutze der allgemeinen Sicherheit. [2]Auf Verlangen der Baurechtsbehörde hat der Bauherr die Brauchbarkeit der Baustoffe und Bauteile nachzuweisen. [3]Die Baurechtsbehörde und die von ihr Beauftragten können Proben von Baustoffen und Bauteilen, soweit erforderlich auch aus fertigen Bauteilen, entnehmen und prüfen oder prüfen lassen.

(3) [1]Den mit der Überwachung beauftragten Personen ist jederzeit Zutritt zu Baustellen und Betriebsstätten sowie Einblick in Genehmigungen und Zulassungen, in Zeugnisse und Aufzeichnungen über die Prüfung von Baustoffen und Bauteilen, in Bautagebücher und vorgeschriebene andere Aufzeichnungen zu gewähren. [2]Der Bauherr hat die für die Überwachung erforderlichen Arbeitskräfte und Geräte zur Verfügung zu stellen.

(4) Die Baurechtsbehörde kann einen Nachweis darüber verlangen, daß die Grundflächen, Abstände und Höhenlagen der Gebäude eingehalten sind.

(5) Die Absätze 1 bis 3 finden auf Vorhaben, die unter der Leitung und Bauüberwachung einer mit geeigneten Fachkräften ausgestatteten kirchlichen oder kommunalen Baubehörde ausgeführt werden, keine Anwendung.

§ 66 Bauabnahmen. (1) [1]Bei genehmigungspflichtigen baulichen Anlagen, mit Ausnahme Fliegender Bauten, ist im Rahmen der Bauüberwachung eine Rohbauabnahme und eine Schlußabnahme durch die Baurechtsbehörde erforderlich. [2]Die Baurechtsbehörde kann auf die Rohbauabnahme oder die Schlußabnahme ganz oder teilweise verzichten. [3]Die Baurechtsbehörde kann weitere Abnahmen vorschreiben; sie kann verlangen, daß die Bauarbeiten erst nach diesen Abnahmen fortgesetzt werden.

(2) [1]Der Rohbau ist abzunehmen, sobald die tragenden Teile und die Dachkonstruktion sowie die Schornsteine, Brandwände und Treppenräume errichtet sind. [2]Soweit möglich, sind Bauteile, die für die Standsicherheit, die Feuersicherheit, den Wärmeschutz, den Schallschutz und für die Abwasserbeseitigung wesentlich sind, derart offen zu halten, daß Maße und Ausführungsart geprüft werden können. [3]Die Tauglichkeit der Schorn-

steine ist vom Bezirksschornsteinfegermeister zu bescheinigen. [4]Mit dem Innenausbau und dem Verputzen darf erst nach der Rohbauabnahme begonnen werden, soweit die Baurechtsbehörde den Beginn nicht früher gestattet.

(3) [1]Die Schlußabnahme ist nach Abschluß der Bauarbeiten unverzüglich durchzuführen. [2]Zur Schlußabnahme ist die Brandsicherheit und die sichere Abführung der Verbrennungsgase der Feuerungsanlagen vom Bezirksschornsteinfegermeister zu bescheinigen. [3]Bauliche Anlagen dürfen erst nach der Schlußabnahme genutzt werden. [4]Die Baurechtsbehörde kann gestatten, daß die baulichen Anlagen schon vor der Schlußabnahme ganz oder teilweise genutzt werden, wenn eine Verletzung von Recht oder Ordnung nicht zu erwarten ist; bei gewerblichen Anlagen ist hierfür das Einverständnis des zuständigen Gewerbeaufsichtsamts erforderlich.

(4) Der Bauherr muß die Abnahme spätestens eine Woche nach dem Abschluß der Arbeiten beantragen.

(5) Über die Abnahme werden auf Antrag Bescheinigungen (Abnahmescheine) ausgestellt.

(6) [1]Die Absätze 1 bis 5 finden auf Vorhaben, die unter der Leitung und Bauüberwachung einer mit geeigneten Fachkräften ausgestatteten kirchlichen oder kommunalen Baubehörde ausgeführt werden, keine Anwendung. [2]Bescheinigungen nach Absatz 2 Satz 3, Absatz 3 Satz 2 und § 72 Abs. 2 Nr. 3 sind vom Bauherrn einzuholen.

2. Abschnitt

Besondere Verfahrensarten

§ 67 Typengenehmigung. (1) [1]Für bauliche Anlagen, die in derselben Ausführung an mehreren Stellen errichtet werden sollen, kann die oberste Baurechtsbehörde oder die von ihr bestimmte Behörde auf schriftlichen Antrag eine allgemeine Genehmigung (Typengenehmigung) erteilen, wenn die baulichen Anlagen den öffentlich-rechtlichen Vorschriften entsprechen, ihre Brauchbarkeit für den jeweiligen Verwendungszweck nachgewiesen ist und ein öffentliches Interesse vorliegt. [2]Eine Typengenehmigung kann auch erteilt werden für bauliche Anlagen, die in unterschiedlicher Ausführung, aber nach einem bestimmten System und aus bestimmten Bauteilen an mehreren Stellen errichtet werden sollen; in der Typengenehmigung ist die zulässige Veränderbarkeit festzulegen. [3]Für Fliegende Bauten wird eine Typengenehmigung nicht erteilt.

(2) [1]Die Typengenehmigung ist schriftlich zu erteilen. [2]Sie darf nur widerruflich und für eine bestimmte Frist erteilt werden, die fünf Jahre nicht überschreiten soll. [3]Sie kann auf schriftlichen Antrag jeweils bis zu fünf Jahren verlängert werden. [4]Die Frist kann auch rückwirkend verlängert werden, wenn der Antrag vor Fristablauf bei der Baurechtsbehörde einge-

gangen ist. [5]Eine Ausfertigung der mit Genehmigungsvermerk versehenen Bauvorlagen ist dem Antragsteller mit der Typengenehmigung zuzustellen. [6]§ 53 Abs. 2 und 4 Satz 1 sowie § 55 Abs. 1 bis 3 gelten entsprechend.

(3) Typengenehmigungen anderer Bundesländer gelten auch in Baden-Württemberg.

(4) Die Typengenehmigung macht die Baugenehmigung oder die Zustimmung nach § 69 nicht entbehrlich.

(5) [1]Die in der Typengenehmigung entschiedenen Fragen werden von der Baurechtsbehörde nicht mehr geprüft. [2]Die Baurechtsbehörde kann im Einzelfall weitere Auflagen und Bedingungen erteilen oder die Verwendung genehmigter Typen ausschließen, wenn dies nach den örtlichen Verhältnissen erforderlich ist.

§ 68 Fliegende Bauten. (1) [1]Fliegende Bauten sind bauliche Anlagen, die geeignet und bestimmt sind, wiederholt aufgestellt und abgebaut zu werden. [2]Baustelleneinrichtungen und Baugerüste gelten nicht als Fliegende Bauten.

(2) [1]Fliegende Bauten bedürfen, bevor sie erstmals aufgestellt und in Gebrauch genommen werden, einer Ausführungsgenehmigung. [2]Dies gilt nicht für unbedeutende Fliegende Bauten, an die besondere Sicherheitsanforderungen nicht zu stellen sind und die von Besuchern nicht betreten werden.

(3) [1]Zuständig für die Erteilung der Ausführungsgenehmigung ist die Baurechtsbehörde, in deren Gebiet der Antragsteller seinen Wohnsitz oder seine gewerbliche Niederlassung hat. [2]Hat der Antragsteller weder seinen Wohnsitz noch seine gewerbliche Niederlassung innerhalb der Bundesrepublik Deutschland, so ist die Baurechtsbehörde zuständig, in deren Gebiet der Fliegende Bau erstmals aufgestellt und in Gebrauch genommen werden soll.

(4) [1]Die Ausführungsgenehmigung wird für eine bestimmte Frist erteilt, die fünf Jahre nicht überschreiten soll. [2]Sie kann auf schriftlichen Antrag jeweils bis zu fünf Jahren verlängert werden; die Frist kann auch rückwirkend verlängert werden, wenn der Antrag vor Fristablauf eingegangen ist. [3]Zuständig dafür ist die für die Erteilung der Ausführungsgenehmigung zuständige Behörde. [4]Die Ausführungsgenehmigung und deren Verlängerung wird in ein Prüfbuch eingetragen, dem eine Ausfertigung der mit Genehmigungsvermerk versehenen Bauvorlagen beizufügen ist. [5]Ausführungsgenehmigungen anderer Bundesländer gelten auch in Baden-Württemberg.

(5) [1]Der Inhaber der Ausführungsgenehmigung hat den Wechsel seines Wohnsitzes oder seiner gewerblichen Niederlassung oder die Übertragung eines Fliegenden Baues an Dritte der Behörde, die die Ausführungsgenehmigung erteilt hat, anzuzeigen. [2]Diese hat die Änderungen in das Prüfbuch

einzutragen und sie, wenn mit den Änderungen ein Wechsel der Zuständigkeit verbunden ist, der nunmehr zuständigen Behörde mitzuteilen.

(6) [1]Fliegende Bauten, die nach Absatz 2 einer Ausführungsgenehmigung bedürfen, dürfen unbeschadet anderer Vorschriften nur in Gebrauch genommen werden, wenn ihre Aufstellung der Baurechtsbehörde des Aufstellungsorts unter Vorlage des Prüfbuches angezeigt ist. [2]Die Baurechtsbehörde kann die Inbetriebnahme von einer Gebrauchsabnahme abhängig machen. [3]Das Ergebnis der Abnahme ist in das Prüfbuch einzutragen.

(7) [1]Die für die Gebrauchsabnahme zuständige Baurechtsbehörde kann Auflagen machen oder die Aufstellung oder den Gebrauch Fliegender Bauten untersagen, soweit dies nach den örtlichen Verhältnissen oder zur Abwehr von Gefahren erforderlich ist, insbesondere weil

1. die Betriebs- oder Standsicherheit nicht gewährleistet ist,

2. von der Ausführungsgenehmigung abgewichen wird oder

3. die Ausführungsgenehmigung abgelaufen ist.

[2]Wird die Aufstellung oder der Gebrauch wegen Mängeln am Fliegenden Bau untersagt, so ist dies in das Prüfbuch einzutragen; ist die Beseitigung der Mängel innerhalb angemessener Frist nicht zu erwarten, so ist das Prüfbuch einzuziehen und der für die Erteilung der Ausführungsgenehmigung zuständigen Behörde zuzuleiten.

(8) [1]Bei Fliegenden Bauten, die längere Zeit an einem Aufstellungsort betrieben werden, kann die für die Gebrauchsabnahme zuständige Baurechtsbehörde Nachabnahmen durchführen. [2]Das Ergebnis der Nachabnahmen ist in das Prüfbuch einzutragen.

(9) § 49 Abs. 2, § 53 Abs. 2 und Abs. 4 Satz 1 sowie § 55 Abs. 1 und 2 gelten entsprechend.

§ 69 Vorhaben des Bundes und der Länder. (1) [1]Vorhaben des Bundes und der Länder bedürfen keiner Baugenehmigung sowie keiner Überwachung und Abnahme durch die Baurechtsbehörde, wenn der Bauherr die Leitung der Entwurfsarbeiten und die Bauüberwachung Beamten des höheren bautechnischen Verwaltungsdienstes übertragen hat. [2]Diesen Beamten stehen Personen mit entsprechender Vorbildung gleich, die im öffentlichen Dienst beschäftigt sind.

(2) [1]Vorhaben nach Absatz 1 bedürfen der Zustimmung, wenn sie sonst genehmigungspflichtig wären (Zustimmungsverfahren). [2]Bescheinigungen nach § 66 Abs. 2 Satz 3, Abs. 3 Satz 2 und § 72 Abs. 2 Nr. 3 sind vom Bauherrn einzuholen.

(3) [1]Für das Zustimmungsverfahren gelten § 53 Abs. 2 bis 4, §§ 55 bis 57, 59 und 61 bis 64 entsprechend; eine Prüfung der bautechnischen Ausführung findet nicht statt. [2]Der Antrag auf Zustimmung ist bei der unteren Baurechtsbehörde einzureichen. [3]Die für die Leitung der Entwurfs- und Aus-

führungsarbeiten Verantwortlichen sind zu benennen; § 44 Abs. 5 findet keine Anwendung. [4]Die Gemeinde ist zu dem Vorhaben zu hören.

(4) [1]Vorhaben, die der Landesverteidigung dienen, sind der höheren Baurechtsbehörde vor Baubeginn in geeigneter Weise zur Kenntnis zu bringen. [2]Die Absätze 2 und 3 finden keine Anwendung.

(5) Der öffentliche Bauherr ist dafür verantwortlich, daß Entwurf und Ausführung der baulichen Anlagen den öffentlich-rechtlichen Vorschriften entsprechen.

(6) Für Bauvorhaben Dritter, die in Erfüllung einer staatlichen Baupflicht vom Land durchgeführt werden, gelten die Absätze 1 bis 5 entsprechend.

3. Abschnitt

Baulasten

§ 70 Übernahme von Baulasten. (1) [1]Durch Erklärung genüber der Baurechtsbehörde können Grundstückseigentümer öffentlich-rechtliche Verpflichtungen zu einem ihre Grundstücke betreffenden Tun, Dulden oder Unterlassen übernehmen, die sich nicht schon aus öffentlich-rechtlichen Vorschriften ergeben (Baulasten). [2]Sie sind auch gegenüber dem Rechtsnachfolger wirksam.

(2) Die Erklärung nach Absatz 1 muß vor der Baurechtsbehörde oder vor der Gemeindebehörde abgegeben oder anerkannt werden; sie kann auch in öffentlich beglaubigter Form einer dieser Behörden vorgelegt werden.

(3) [1]Die Baulast erlischt durch schriftlichen Verzicht der Baurechtsbehörde. [2]Der Verzicht ist zu erklären, wenn ein öffentliches Interesse an der Baulast nicht mehr besteht. [3]Vor dem Verzicht sollen der Verpflichtete und die durch die Baulast Begünstigten gehört werden.

§ 71 Baulastenverzeichnis. (1) Die Baulasten sind in ein Verzeichnis einzutragen (Baulastenverzeichnis).

(2) In das Baulastenverzeichnis sind auch einzutragen, soweit ein öffentliches Interesse an der Eintragung besteht,

1. andere baurechtliche Verpflichtungen des Grundstückseigentümers zu einem sein Grundstück betreffenden Tun, Dulden oder Unterlassen,

2. Bedingungen, Befristungen und Widerrufsvorbehalte.

(3) Das Baulastenverzeichnis wird von der Gemeinde geführt.

(4) Wer ein berechtigtes Interesse darlegt, kann in das Baulastenverzeichnis Einsicht nehmen und sich Abschriften erteilen lassen.

SIEBENTER TEIL

Rechtsvorschriften, Ordnungswidrigkeiten

§ 72 Rechtsverordnungen. (1) Die oberste Baurechtsbehörde kann im Rahmen des § 3 durch Rechtsverordnung Vorschriften erlassen über

1. die nähere Bestimmung der Anforderungen in den §§ 4 bis 40,

2. besondere Anforderungen und Erleichterungen, die sich aus der besonderen Art oder Nutzung der baulichen Anlagen nach § 41 für ihre Errichtung, Unterhaltung und Nutzung ergeben,

3. den Wegfall der Genehmigungspflicht,

4. Art, Inhalt, Beschaffenheit und Zahl der Bauvorlagen,

5. die Durchführung von Verordnungen, Richtlinien oder Entscheidungen des Rates oder der Kommission der Europäischen Gemeinschaften, die sich auf Baustoffe, Bauteile, Einrichtungen oder Bauarten nach § 20 Abs. 1 beziehen.

(2) Die oberste Baurechtsbehörde kann durch Rechtsverordnung bestimmen, daß

1. Prüfaufgaben der Baurechtsbehörden auf Sachverständige übertragen werden können,

2. zur Vereinfachung des Verfahrens die Baurechtsbehörde bei Erteilung der Baugenehmigung, bei der Bauüberwachung und Bauabnahme die Einhaltung von öffentlich-rechtlichen Vorschriften über die technische Beschaffenheit, insbesondere über die Standsicherheit, den Brandschutz, den Wärmeschutz und den Schallschutz, bei Wohngebäuden und anderen Gebäuden nicht gewerblicher Nutzung nicht prüft; dabei kann der Wegfall der Prüfung davon abhängig gemacht werden, daß der Planverfasser oder der Sachverständige nach § 45 Abs. 2 eine bestimmte Ausbildung, Sachkunde oder Erfahrung besitzt sowie Versicherungsschutz nachweist und der Bauherr schriftlich erklärt, daß er mit dem Wegfall der Prüfung einverstanden ist; auf die Prüfung des Standsicherheitsnachweises darf in besonders erdbebengefährdeten Gebieten nicht verzichtet werden; diese Gebiete werden durch die Rechtsverordnung bestimmt,

3. bei den Abnahmen für bestimmte Bauteile vom Bauherrn weitere Bescheinigungen vorzulegen sind,

4. für Anlagen, die im öffentlichen Interesse ständig ordnungsgemäß unterhalten werden müssen, eine von Zeit zu Zeit zu wiederholende Nachprüfung erforderlich ist; dies gilt auch für bestehende Anlagen,

5. Ausführungsgenehmigungen nur durch bestimmte Baurechtsbehörden oder nur durch eine bestimmte Behörde erteilt und die in § 68 Abs. 6 bis 8 genannten Aufgaben der Baurechtsbehörde durch andere Behörden wahrgenommen werden,

6. die Anforderungen der auf Grund des § 24 der Gewerbeordnung und des § 13 Abs. 2 des Energiewirtschaftsgesetzes erlassenen Rechtsverordnungen entsprechend für Anlagen gelten, die nicht gewerblichen Zwecken dienen und nicht im Rahmen wirtschaftlicher Unternehmungen Verwendung finden; sie kann auch die Verfahrensvorschriften dieser Verordnungen für anwendbar erklären oder selbst das Verfahren bestimmen sowie Zuständigkeiten und Gebühren regeln; dabei kann sie auch vorschreiben, daß danach zu erteilende Erlaubnisse die Baugenehmigung oder die Zustimmung nach § 69 einschließlich der zugehörigen Ausnahmen und Befreiungen einschließen, sowie daß § 25 Abs. 1 der Gewerbeordnung insoweit Anwendung findet.

(3) Die oberste Baurechtsbehörde kann durch Rechtsverordnung für Sachverständige, die nach diesem Gesetz oder nach Vorschriften auf Grund dieses Gesetzes tätig werden,

1. eine bestimmte Ausbildung, Sachkunde oder Erfahrung vorschreiben,

2. die Befugnisse und Pflichten bestimmen,

3. eine besondere Anerkennung vorschreiben,

4. die Zuständigkeit, das Verfahren und die Voraussetzungen für die Anerkennung, ihren Widerruf, ihre Rücknahme und ihr Erlöschen regeln.

(4) Die Bestimmung der Zuständigkeit anderer Behörden und Stellen in den Fällen des § 20 Abs. 2, § 21 Abs. 2 Satz 2, § 22 Abs. 1, 3 und 4, § 23 Abs. 2 und 4, § 24 Abs. 1 Satz 1 und Abs. 2 sowie des § 67 Abs. 1 Satz 1 erfolgt durch Rechtsverordnung der obersten Baurechtsbehörde.

§ 73 Örtliche Bauvorschriften. (1) Die Gemeinden können im Rahmen dieses Gesetzes durch Satzung örtliche Bauvorschriften erlassen über

1. die äußere Gestaltung baulicher Anlagen sowie von Werbeanlagen und Automaten zur Durchführung baugestalterischer Absichten in bestimmten bebauten oder unbebauten Teilen des Gemeindegebiets; dabei können sich die Vorschriften über Werbeanlagen und Automaten auch auf deren Art, Größe, Farbe und Anbringungsort beziehen,

2. besondere Anforderungen an bauliche Anlagen, Werbeanlagen und Automaten sowie die Erhaltung schützenswerter Bauteile einzelner Gebäude, soweit dies zum Schutz bestimmter Bauten, Straßen, Plätze oder Ortsteile von geschichtlicher, künstlerischer oder städtebaulicher Bedeutung oder zum Schutz von Kultur- und Naturdenkmalen erforderlich ist; dabei können nach den örtlichen Gegebenheiten insbesondere bestimmte Arten von Werbeanlagen und Automaten ausgeschlossen und Werbeanlagen und Automaten auf

Teile baulicher Anlagen und auf bestimmte Größen und Farben beschränkt werden,

3. die Unzulässigkeit von mehr als einer Rundfunk- oder Fernsehantenne auf Gebäuden sowie die Unzulässigkeit von Außenantennen, soweit der Anschluß an eine Gemeinschaftsantenne möglich oder bei einer guten Empfangslage dies zum Schutz des Ortsbildes gerechtfertigt ist,

4. die Unzulässigkeit von Niederspannungsfreileitungen in neuen Baugebieten und Sanierungsgebieten,

5. die Gestaltung der Gemeinschaftsanlagen, der Abstell- und Lagerplätze, der Camping- und Zeltplätze, der Stellplätze, der Plätze für bewegliche Abfallbehälter, der unbebauten Flächen der bebauten Grundstücke sowie über Notwendigkeit oder Zulässigkeit und über Art, Gestaltung und Höhe von Einfriedigungen; dabei kann abweichend von § 10 Abs. 1 Satz 2 bestimmt werden, daß Vorgärten nicht als Arbeits- oder Lagerflächen benutzt werden dürfen und diese Flächen als Grünflächen oder gärtnerisch angelegt und unterhalten werden müssen,

6. größere und geringere als die in § 6 Abs. 4 und 5 vorgeschriebenen Maße, wenn besondere städtebauliche Gründe dies rechtfertigen, oder zur Wahrung der bauhistorischen Bedeutung oder der sonstigen erhaltenswerten Eigenart eines Ortsteiles; dabei sind die Ortsteile in der Satzung genau zu bezeichnen,

7. die Festsetzung der Höchst- oder Mindestgrenze von Gebäudehöhen,

8. die Festsetzung der Gebäudetiefe als Höchstgrenze,

9. eine Einschränkung der Stellplatzverpflichtung (§ 39 Abs. 1) für das Gemeindegebiet oder für genau abgegrenzte Teile des Gemeindegebiets, wenn besondere städtebauliche Gründe dies rechtfertigen und Mißstände nicht zu erwarten sind; dies gilt nicht für notwendige Stellplätze und Garagen von Wohnungen,

10. eine Einschränkung oder Untersagung der Herstellung von Stellplätzen und Garagen für das Gemeindegebiet oder für genau abgegrenzte Teile des Gemeindegebiets, wenn und soweit Gründe des Verkehrs oder Festsetzungen eines Bebauungsplans dies erfordern.

(2) Durch Satzung kann ferner bestimmt werden, daß

1. für genehmigungsfreie bauliche Anlagen, ausgenommen Gebäude nach § 52 Abs. 1 Nr. 1, soweit nicht Belange des Natur- und Landschaftsschutzes beeinträchtigt sind, sowie für Werbeanlagen und Automaten eine Genehmigung erforderlich ist; dies gilt nicht für Gebäude in planungsrechtlich als Gartenhausgebiete festgesetzten Sondergebieten und als Dauerkleingärten festgesetzten Grünflächen,

2. im Gemeindegebiet oder in Teilen des Gemeindegebiets für bestehende Gebäude Kinderspielplätze anzulegen und für bestehende bauliche Anlagen unter den Voraussetzungen des § 39 Abs. 3 Stellplätze oder Garagen herzustellen sind,

3. im Gemeindegebiet oder in Teilen des Gemeindegebiets zum Schutz vor Umweltgefahren durch Luftverunreinigungen bestimmte Stoffe allgemein oder zu bestimmten Zwecken nicht verbrannt werden dürfen.

(3) Anforderungen nach den Absätzen 1 und 2 können in den örtlichen Bauvorschriften auch in Form zeichnerischer Darstellungen gestellt werden.

(4) Satzungen nach den Absätzen 1 und 2 können auch durch die Landkreise für das Kreisgebiet oder für Teile davon erlassen werden, wenn eine einheitliche Regelung erforderlich ist.

(5) [1]Die örtlichen Bauvorschriften werden nach den entsprechend geltenden Vorschriften des § 2 Abs. 5 bis 7, des § 2a Abs. 6, des § 9 Abs. 7 und der §§ 12 und 13 des Bundesbaugesetzes erlassen. [2]Sie bedürfen der Genehmigung der Behörde, die auch für die Genehmigung von Bebauungsplänen zuständig ist.

(6) [1]Örtliche Bauvorschriften nach den Absätzen 1 und 2 können in den Bebauungsplan als Festsetzungen aufgenommen werden. [2]Auf diese Festsetzungen finden diejenigen Vorschriften, die Festsetzungen nach § 9 Abs. 1 des Bundesbaugesetzes betreffen, entsprechende Anwendung.

§ 74 Ordnungswidrigkeiten. (1) Ordnungswidrig handelt, wer vorsätzlich oder fahrlässig

1. allgemein baurechtlich zugelassene neue Baustoffe oder Bauteile (§ 22), die abweichend von der Zulassung hergestellt worden sind, für den zugelassenen Verwendungszweck vertreibt oder vertreiben läßt oder von allgemein baurechtlich zugelassenen Bauarten (§ 22) abweichend von der Zulassung Gebrauch macht,

2. prüfzeichenpflichtige Baustoffe, Bauteile oder Einrichtungen (§ 23) ohne Prüfzeichen verwendet oder ohne Prüfzeichen oder abweichend von den bei seiner Erteilung getroffenen Bestimmungen herstellt und vertreibt oder vertreiben läßt oder sie selbst, ihre Verpackung oder den Lieferschein unberechtigt mit Prüfzeichen versieht,

3. überwachungspflichtige Baustoffe, Bauteile oder Einrichtungen (§ 24), ihre Verpackung oder den Lieferschein unberechtigt mit Überwachungszeichen versieht,

4. als Bauherr, Planverfasser, Unternehmer oder Bauleiter § 44 Abs. 1, 2 oder 5, § 45 Abs. 1 Satz 2, § 46 Abs. 1 oder § 47 Abs. 1 zuwiderhandelt,

5. als Bauherr, Unternehmer oder Bauleiter eine nach § 51 genehmigungspflichtige Anlage oder Einrichtung ohne Genehmigung errichtet oder abbricht oder als Bauherr von der erteilten Genehmigung abweicht, obwohl er dazu einer neuen Genehmigung bedurft hätte,

6. entgegen § 59 Abs. 6, 7 oder 8 oder § 66 Abs. 2 Satz 4 Bauarbeiten beginnt oder fortsetzt oder entgegen § 66 Abs. 3 Sätze 3 und 4 bauliche Anlagen nutzt,

7. Fliegende Bauten entgegen § 68 Abs. 2 ohne Ausführungsgenehmigung aufstellt und in Gebrauch nimmt oder entgegen § 68 Abs. 6 Satz 1 in Gebrauch nimmt.

(2) Ordnungswidrig handelt ferner, wer vorsätzlich oder fahrlässig

1. als Bauherr oder Unternehmer Bauarbeiten fortsetzt, obwohl die Baurechtsbehörde deren Einstellung durch vollziehbare Verfügung angeordnet hat (§ 63 Abs. 1),

2. einer auf Grund dieses Gesetzes ergangenen Rechtsverordnung oder örtlichen Bauvorschrift zuwiderhandelt, wenn die Rechtsverordnung oder örtliche Bauvorschrift auf diese Bußgeldvorschrift verweist.

(3) Die Ordnungswidrigkeit kann mit einer Geldbuße bis zu 100 000 Deutsche Mark geahndet werden.

(4) Gegenstände, auf die sich eine Ordnungswidrigkeit nach Absatz 1 Nr. 1 oder 2 oder Absatz 2 bezieht, können eingezogen werden.

(5) [1]Verwaltungsbehörde im Sinne des § 36 Abs. 1 Nr. 1 des Gesetzes über Ordnungswidrigkeiten ist die untere Baurechtsbehörde. [2]Hat den vollziehbaren Verwaltungsakt eine höhere oder oberste Landesbehörde erlassen, so ist diese Behörde zuständig.

ACHTER TEIL

Übergangs- und Schlußvorschriften

§ 75 Bestehende bauliche Anlagen. (1) Werden in diesem Gesetz oder in den auf Grund dieses Gesetzes erlassenen Vorschriften andere Anforderungen als nach dem bisherigen Recht gestellt, so kann verlangt werden, daß rechtmäßig bestehende oder nach genehmigten Bauvorlagen bereits begonnene Anlagen den neuen Vorschriften angepaßt werden, wenn Leben oder Gesundheit bedroht sind.

(2) Sollen rechtmäßig bestehende Anlagen wesentlich geändert werden, so kann gefordert werden, daß auch die nicht unmittelbar berührten Teile der Anlage mit diesem Gesetz oder den auf Grund dieses Gesetzes erlassenen Vorschriften in Einklang gebracht werden, wenn

1. die Bauteile, die diesen Vorschriften nicht mehr entsprechen, mit dem beabsichtigten Vorhaben in einem konstruktiven Zusammenhang stehen und

2. die Einhaltung dieser Vorschriften bei den von dem Vorhaben nicht berührten Teilen der Anlage keine unzumutbaren Mehrkosten verursacht.

§ 76* Inkrafttreten. [1]Dieses Gesetz tritt am 1. Januar 1965 in Kraft. [2]Vorschriften, die zum Erlaß von Rechtsverordnungen oder örtlichen Bauvorschriften ermächtigen, treten am Tage nach der Verkündung in Kraft.

---

* *Amtliche Anmerkung:* Diese Vorschrift bezieht sich auf das Gesetz in der ursprünglichen Fassung vom 6. April 1964 (GBl. S. 151).
Die vorliegende Fassung ist inkraftgetreten am 1. April 1984 (Art. 4 Abs. 1 des Gesetzes vom 4. Juli 1983, GBl. S. 246, berichtigt S. 428).

Allgemeine Ausführungsverordnung des Innenministeriums zur Landesbauordnung (LBOAVO)

vom 2. April 1984 (GBl. S. 254)

INHALTSÜBERSICHT

Aufgrund von § 72 Abs. 1 Nr. 1 und Abs. 2 Nr. 6 der Landesbauordnung für Baden-Württemberg (LBO) in der Fassung vom 28. November 1983 (GBl. S. 770) wird verordnet:

§ 1 Zu- und Durchgänge, Zu- und Durchfahrten. (Zu § 5 und § 18 Abs. 1 LBO)(1) ¹Zu Gebäuden geringer Höhe ist von öffentlichen Verkehrsflächen für die Feuerwehr ein möglichst geradliniger Zu- oder Durchgang zu den zum Anleitern bestimmten Stellen zu schaffen, wenn der zweite Rettungsweg über Rettungsgeräte der Feuerwehr führt. ²Der Zu-oder Durchgang muß mindestens 1,25 m breit und 2 m hoch sein und darf durch Einbauten nicht eingeengt werden; bei Türöffnungen und anderen geringfügigen Einengungen genügt eine lichte Breite von 1 m.

(2) ¹Zu sonstigen Gebäuden ist in den Fällen von Absatz 1 Satz 1 anstelle eines Zu- oder Durchganges eine mindestens 3 m breite Zu- oder Durchfahrt zu schaffen. ²Die lichte Höhe der Zu- oder Durchfahrt muß senkrecht zur Fahrbahn gemessen mindestens 3,5 m betragen. ³Wände und Decken von Durchfahrten müssen feuerbeständig sein.

(3) Eine andere Verbindung als nach den Absätzen 1 oder 2 kann zugelassen werden, wenn dadurch der Einsatz der Feuerwehr nicht behindert wird.

1

(4) Bei Gebäuden, deren zweiter Rettungsweg nicht über Rettungsgeräte der Feuerwehr führt, kann eine Verbindung nach den Absätzen 1 oder 2 verlangt werden, wenn der Einsatz der Feuerwehr es erfordert.

(5) [1]Führt der zweite Rettungsweg über Rettungsgeräte der Feuerwehr, müssen bei Gebäuden, ausgenommen Gebäuden geringer Höhe, die zum Anleitern notwendigen Stellen für Feuerwehrfahrzeuge auf einer befahrbaren Fläche erreichbar sein. [2]Diese Fläche muß ein Aufstellen von Hubrettungsfahrzeugen ermöglichen.

(6) [1]Die Zu- und Durchfahrten nach Absatz 2 sowie die befahrbaren Flächen nach Absatz 5 dürfen nicht durch Einbauten eingeengt werden und sind ständig freizuhalten. [2]Sie müssen für Feuerwehrfahrzeuge ausreichend befestigt und tragfähig sein.

§ 2 Bauliche Anlagen für besondere Personengruppen. (Zu § 10 Abs. 2 und § 42 LBO)(1) [1]Kinderspielplätze sollen in sonniger Lage angelegt werden. [2]Sie müssen von anderen Anlagen, von denen Gefahren oder erhebliche Störungen ausgehen können, ausreichend entfernt oder gegen sie abgeschirmt und für Kinder gefahrlos zu erreichen sein.

(2) [1]Für Wohnungen mit mindestens drei Aufenthaltsräumen müssen Kinderspielplätze angelegt werden. [2]Die nutzbare Fläche der Kinderspielplätze muß bei Wohnungen mit drei Aufenthaltsräumen 3 m^2 je Wohnung, bei Wohnungen mit mehr als drei Aufenthaltsräumen zusätzlich 2 m^2 je weiterer Aufenthaltsraum, insgesamt jedoch mindestens 30 m^2 betragen. [3]Kinderspielplätze müssen für Kinder bis zu sechs Jahren und für Kinder von sechs bis zwölf Jahren geeignet und entsprechend dem Spielbedürfnis dieser Altersgruppen angelegt und ausgestattet sein.

(3) [1]Bauliche Anlagen und andere Anlagen und Einrichtungen, die für die Benutzung durch Behinderte, alte Menschen oder Kleinkinder zweckentsprechend herzustellen sind, müssen mindestens durch einen Eingang stufenlos erreichbar sein. [2]Der Eingang muß eine lichte Durchgangsbreite von mindestens 0,95 m haben.

(4) [1]Treppen in Anlagen und Einrichtungen nach Absatz 3 müssen an beiden Seiten feste und griffsichere Handläufe haben, die über Treppenabsätze und Fensteröffnungen bis über die letzten Stufen zu führen sind; die Treppen müssen Setzstufen haben. [2]Flure müssen mindestens 1,4 m breit sein. [3]Ein Toilettenraum muß auch für Benutzer von Rollstühlen geeignet sein; er ist zu kennzeichnen. [4]Rampen dürfen nicht mehr als 6 vom Hundert geneigt sein; sie müssen mindestens 1,2 m breit sein und beidseitig griffsichere Handläufe haben. [5]Am Anfang und am Ende jeder Rampe ist ein Podest, alle 6 m ein Zwischenpodest anzuordnen. [6]Podeste müssen eine Länge von mindestens 1,2 m haben.

(5) Mindestens ein behindertengerechter Aufzug mit einer nutzbaren Grundfläche von mindestens 1,1 m x 1,4 m muß vorhanden sein, soweit Geschosse von Behinderten mit Rollstühlen stufenlos erreichbar sein müssen.

§ 3 Umwehrungen. (Zu § 19 LBO)(1) Zum Schutz gegen Abstürzen müssen umwehrt sein

1. zum Begehen bestimmte Flächen baulicher Anlagen, Treppen und Treppenabsätze sowie Verkehrsflächen auf dem Baugrundstück, die an mehr als 1 m tiefer liegende Flächen angrenzen, soweit die Umwehrung dem Zweck der Fläche nicht widerspricht, wie bei Verladerampen, Kais und Schwimmbecken,

2. nicht begehbare Oberlichter und lichtdurchlässige Abdeckungen in oder an zum Begehen bestimmten Flächen baulicher Anlagen, wenn sie weniger als 0,5 m aus diesen Flächen herausragen,

3. Untergeschoßlichtschächte und Betriebsschächte an oder in Verkehrsflächen auf dem Baugrundstück, die nicht verkehrssicher abgedeckt sind; dies gilt auch für Schächte, die unmittelbar an öffentlichen Verkehrsflächen liegen.

(2) Umwehrungen nach Absatz 1 müssen zur Sicherung von Öffnungen in begehbaren Decken und Dächern sowie von anderen Flächen folgende Mindesthöhen haben:

1. bei einer Absturzhöhe
von 1 m bis zu 12 m   0,9 m,

2. bei einer Absturzhöhe von mehr als
12 m   1,1 m.

(3) ¹Fensterbrüstungen müssen folgende Mindesthöhen haben:

1. in Räumen mit einer Absturzhöhe
von 1 m bis 12 m   0,8 m,

2. in Räumen mit mehr
als 12 m Absturzhöhe   0,9 m.

²Die Brüstungshöhe wird von Oberkante Fußboden bis Unterkante Fensteröffnung gemessen. ³Geringere Brüstungshöhen sind zulässig, wenn durch geeignete Vorrichtungen, wie Geländer, die nach Satz 1 vorgeschriebenen Mindesthöhen eingehalten werden.

(4) ¹In Gebäuden, in denen in der Regel mit der Anwesenheit von Kleinkindern gerechnet werden muß, sind notwendige Umwehrungen so auszubilden, daß Kleinkindern das Überklettern nicht erleichtert wird.²Öffnungen in diesen Umwehrungen dürfen nicht breiter als 12 cm, der waagerechte Abstand zwischen der Umwehrung und der zu sichernden Fläche nicht größer als 6 cm sein. ³Sätze 1 und 2 gelten nicht für Umwehrungen in Wohngebäuden mit nicht mehr als zwei Wohnungen und in Wohnungen.

§ 4 Allgemeine Brandschutzanforderungen an Wände und Decken. (Zu §§ 25, 26 und § 18 Abs. 1 LBO)(1) ¹Trennwände zwischen Wohnungen sowie zwischen Wohnungen und anderen Räumen, für die eine feuerbeständige oder feuerhemmende Bauart vorgeschrieben ist, sind bis unter die Dachhaut oder bis zu einer Decke zu führen, die mindestens den gleichen

Feuerwiderstand wie die Trennwand hat. [2]Öffnungen sind zulässig, wenn sie wegen der Nutzung des Gebäudes erforderlich sind; sie sind mit Abschlüssen nach § 12 zu versehen.

(2) [1]Innerhalb ausgedehnter Gebäude sind in Abständen von höchstens 40 m Brandwände zu errichten. [2]Größere Abstände können zugelassen werden, wenn die Nutzung des Gebäudes dies erfordert und keine Bedenken wegen des Brandschutzes bestehen.

(3) Die Brandwand ist bei Gebäuden geringer Höhe mindestens bis unmittelbar unter die Dachhaut und bei anderen Gebäuden entweder mindestens 0,3 m über Dach zu führen oder in Höhe der Dachhaut mit einer beiderseits 0,5 m auskragenden feuerbeständigen Stahlbetonplatte abzuschließen.

(4) [1]Bauteile mit brennbaren Baustoffen dürfen Brandwände sowie Wände nach § 6 Abs. 2 nicht überbrücken; Absatz 8 bleibt unberührt. [2]Bauteile dürfen in Brandwände nur insoweit eingreifen, daß der verbleibende Wandquerschnitt feuerbeständig bleibt; dies gilt für Leitungen, Leitungsschlitze und Schornsteine entsprechend.

(5) [1]Müssen auf einem Grundstück Gebäude oder Gebäudeteile, die über Eck zusammmenstoßen, durch eine Brandwand getrennt werden, muß der Abstand der inneren Ecke von der Brandwand mindestens 5 m betragen, wenn nicht durch andere bauliche Maßnahmen ein Brandüberschlagsweg von mindestens 5 m gewährleistet ist. [2]Dies gilt nicht, wenn die Gebäude oder Gebäudeteile in einem Winkel von mehr als 120° über Eck zusammenstoßen.

(6) [1]In Brandwänden und in Wänden nach § 6 Abs. 2 können kleinere Teilflächen aus lichtdurchlässigen nichtbrennbaren Baustoffen zugelassen werden, wenn diese Teilflächen einen ausreichenden Feuerwiderstand haben und keine Bedenken wegen des Brandschutzes bestehen. [2]Öffnungen können in inneren Brandwänden zugelassen werden, wenn die Nutzung des Gebäudes dies erfordert. [3]Diese Öffnungen müssen mit feuerbeständigen und selbstschließenden Abschlüssen versehen werden.

(7) Vorbauten wie Erker und Balkone, die aus brennbaren Baustoffen bestehen oder eine Verkleidung aus brennbaren Baustoffen haben, müssen von Brandwänden und feuerbeständigen Wänden nach § 6 Abs. 2 mindestens 1,25 m entfernt sein, soweit sie nicht durch feuerbeständige Bauteile in der Flucht dieser Wände geschützt sind.

(8) [1]Vor die Außenwand vortretende untergeordnete Bauteile wie Gesimse, Dachvorsprünge, Treppen, Eingangs- und Terrassenüberdachungen sind aus brennbaren Baustoffen zulässig, wenn sie von der Nachbargrenze mindestens 2 m und von bestehenden oder baurechtlich zulässigen Gebäuden mindestens 4 m entfernt bleiben. [2]Dies gilt bei Gebäuden geringer Höhe auch für Vorbauten bis zu 5 m Breite wie Erker, Balkone, Tür- und Fenstervorbauten.

4

(9) Statt durchgehender innerer Brandwände können feuerbeständige Wände aus nichtbrennbaren Baustoffen in Verbindung mit feuerbeständigen öffnungslosen Decken aus nichtbrennbaren Baustoffen zugelassen werden, wenn

1. die Nutzung des Gebäudes dies erfordert und

2. eine senkrechte Brandübertragung von Geschoß zu Geschoß nicht zu befürchten ist.

(10) [1]Öffnungen in Decken, für die eine feuerbeständige oder feuerhemmende Bauart vorgeschrieben ist, sind nur zulässig, wenn die Nutzung des Gebäudes dies erfordert und keine Bedenken wegen des Brandschutzes bestehen; dabei können feuerbeständige oder feuerhemmende Abschlüsse verlangt werden. [2]Dies gilt nicht für Öffnungen in Wohngebäuden geringer Höhe mit nicht mehr als zwei Wohnungen und in Wohnungen.

§ 5 Besondere Brandschutzanforderungen an tragende Wände, Decken, Pfeiler und Stützen. (Zu § 25 und § 18 Abs. 1 LBO)(1) Bei freistehenden Wohngebäuden mit nicht mehr als einer Wohnung, deren Aufenthaltsräume in nicht mehr als zwei Geschossen liegen, sind tragende Wände und Decken ohne Anforderungen an das Brandverhalten zulässig.

(2) [1]Bei Wohngebäuden geringer Höhe mit nicht mehr als zwei Wohnungen müssen tragende Wände und Decken mindestens feuerhemmend sein; dies gilt nicht für oberste Geschosse von Dachräumen. [2]Für freistehende Gebäude mit nicht mehr als einem oberirdischen Geschoß können Ausnahmen für dieses Geschoß zugelassen werden, wenn keine Bedenken wegen des Brandschutzes bestehen.

(3) [1]Bei anderen Gebäuden geringer Höhe müssen tragende Wände und Decken folgendes Brandverhalten aufweisen:

1. feuerbeständig in Untergeschossen, bei denen keine Außenwand vollständig über der festgelegten Geländeoberfläche liegt,

2. mindestens feuerhemmend in anderen Geschossen; dies gilt nicht für oberste Geschosse von Dachräumen.

[2]Für freistehende Gebäude mit nicht mehr als einem oberirdischen Geschoß können Ausnahmen für dieses Geschoß zugelassen werden, wenn keine Bedenken wegen des Brandschutzes bestehen.

(4) Bei sonstigen Gebäuden müssen tragende Wände und Decken feuerbeständig sein; dies gilt nicht für oberste Geschosse von Dachräumen.

(5) Absätze 1 bis 4 gelten für Pfeiler und Stützen entsprechend.

§ 6 Besondere Brandschutzanforderungen an Außenwände. (Zu § 25 und § 18 Abs. 1 LBO)(1) Bei freistehenden Wohngebäuden mit nicht mehr als einer Wohnung, deren Aufenthaltsräume in nicht mehr als zwei Geschossen liegen, sind Außenwände ohne Anforderungen an das Brandverhalten zulässig.

(2) [1]Bei Wohngebäuden geringer Höhe mit nicht mehr als zwei Wohnungen müssen Wände, die einen Abstand von weniger als 2,5 m zur Grundstücksgrenze oder weniger als 5 m zu bestehenden oder baurechtlich zulässigen Gebäuden auf demselben Grundstück haben, feuerbeständig sein; Gebäude, die nach § 6 Abs. 9 LBO in den Abstandsflächen zugelassen werden können, bleiben unberücksichtigt. [2]Dämmschichten auf Außenwänden müssen mindestens schwerentflammbar sein. [3]Äußere Verkleidungen, die brennend abtropfen können, sind unzulässig.

(3) [1]Bei anderen Gebäuden geringer Höhe müssen die Außenwände folgendes Brandverhalten aufweisen:

1. Brandwandeigenschaft bei Wänden, die einen Abstand von weniger als 2,5 m zur Grundstücksgrenze oder weniger als 5 m zu bestehenden oder baurechtlich zulässigen Gebäuden auf demselben Grundstück haben; Gebäude, die nach § 6 Abs. 9 LBO in den Abstandsflächen zugelassen werden können, bleiben unberücksichtigt,

2. mindestens feuerhemmend bei Wänden offener Gänge, die die einzige Verbindung zwischen Aufenthaltsräumen und Treppenräumen darstellen.

[2]Dämmschichten auf Außenwänden müssen mindestens schwerentflammbar sein. [3]Äußere Verkleidungen müssen bei Gebäuden mit mehr als zwei oberirdischen Geschossen mindestens schwerentflammbar sein; normalentflammbare Baustoffe sind zulässig, wenn durch geeignete Maßnahmen eine Brandausbreitung auf angrenzende Gebäude erschwert wird. [4]Äußere Verkleidungen, die brennend abtropfen können, sind unzulässig.

(4) [1]Bei sonstigen Gebäuden müssen Außenwände folgendes Brandverhalten aufweisen:

1. Brandwandeigenschaft bei Wänden, die einen Abstand von weniger als 2,5 m zur Grundstücksgrenze oder weniger als 5 m zu bestehenden oder baurechtlich zulässigen Gebäuden auf demselben Grundstück haben; Gebäude, die nach § 6 Abs. 9 LBO in den Abstandsflächen zugelassen werden können, bleiben unberücksichtigt,

2. nichtbrennbar oder mindestens feuerhemmend bei nichttragenden Wänden und nichttragenden Teilen tragender Wände, soweit nicht durch geeignete Maßnahmen ein Feuerüberschlag auf andere Geschosse verhindert wird,

3. mindestens feuerhemmend bei Wänden offener Gänge, die die einzige Verbindung zwischen Aufenthaltsräumen und Treppenräumen darstellen.

[2]Dämmschichten auf Außenwänden müssen mindestens schwerentflammbar sein, zwischen den Außenwänden aneinandergereihter Gebäude müssen sie außerdem mit nichtbrennbaren Baustoffen verwahrt sein. [3]Äußere Verkleidungen müssen mindestens schwerentflammbar sein; normalentflammbare Baustoffe sind zulässig, wenn durch geeignete Maßnahmen

eine Brandausbreitung auf angrenzende Gebäude erschwert wird. [4]Äußere Verkleidungen, die brennend abtropfen können, sind unzulässig.

§ 7 Besondere Brandschutzanforderungen an Innenwände. (Zu § 25 und § 18 Abs. 1 LBO)(1) Bei freistehenden Wohngebäuden mit nicht mehr als einer Wohnung, deren Aufenthaltsräume in nicht mehr als zwei Geschossen liegen, sind Innenwände ohne Anforderungen an das Brandverhalten zulässig.

(2) Bei Wohngebäuden geringer Höhe mit nicht mehr als zwei Wohnungen müssen Wohnungstrennwände mindestens feuerhemmend sein.

(3) [1]Bei anderen Gebäuden geringer Höhe müssen Innenwände folgendes Brandverhalten aufweisen:

1. feuerbeständig bei Trennwänden zwischen Wohnungen sowie zwischen Wohnungen und anderen Räumen; in obersten Geschossen von Dachräumen ist eine feuerhemmende Ausführung zulässig,

2. feuerbeständig bei Treppenraumwänden in Verbindung mit Trennwänden, die nach Nummer 1 feuerbeständig sein müssen, sowie bei Treppenraumwänden in Untergeschossen; bei anderen Treppenraumwänden ist eine feuerhemmende Ausführung zulässig,

3. mindestens feuerhemmend bei Wänden allgemein zugänglicher Flure.

[2]Ausnahmen sind zulässig, wenn keine Bedenken wegen des Brandschutzes bestehen.

(4) Bei sonstigen Gebäuden müssen Innenwände folgendes Brandverhalten aufweisen:

1. feuerbeständig bei Trennwänden zwischen Wohnungen sowie zwischen Wohnungen und anderen Räumen; in obersten Geschossen von Dachräumen sind feuerhemmende Wände zulässig,

2. feuerbeständig aus nichtbrennbaren Baustoffen bei Treppenraumwänden,

3. mindestens feuerhemmend bei Wänden allgemein zugänglicher Flure.

§ 8 Dächer. (Zu § 27 Abs. 1 und 2 und § 18 Abs. 1 LBO)(1) [1]Die Dachhaut muß gegen die Einflüsse der Witterung sowie gegen Flugfeuer und strahlende Wärme widerstandsfähig sein (harte Bedachung); Teilflächen, die dieser Anforderung nicht genügen (weiche Bedachung), können zugelassen werden, wenn keine Bedenken wegen des Brandschutzes bestehen. [2]Bei freistehenden Gebäuden geringer Höhe kann eine weiche Bedachung zugelassen werden, wenn

1. von der Nachbargrenze mindestens 12 m Abstand,

2. von Gebäuden mit harter Bedachung auf demselben Grundstück mindestens 15 m Abstand,

3. von bestehenden Gebäuden mit weicher Bedachung mindestens 24 m Abstand,

4. von kleinen, nur Nebenzwecken dienenden Gebäuden ohne Feuerstätten auf demselben Grundstück mindestens 5 m Abstand

eingehalten sind.

(2) [1]Bei aneinandergebauten giebelständigen Gebäuden muß das Dach von innen nach außen eine Feuerwiderstandsdauer von mindestens 30 Minuten haben. [2]Öffnungen in den Dachflächen müssen horizontal gemessen mindestens 2 m von der Gebäudetrennwand entfernt sein.

(3) Von Brandwänden und von feuerbeständigen Wänden nach § 6 Abs. 2 müssen mindestens 1,25 m entfernt sein

1. Oberlichter und Öffnungen in der Dachhaut, wenn diese Wände nicht mindestens 0,3 m über Dach geführt sind,

2. Dachgauben und ähnliche Dachaufbauten aus brennbaren Baustoffen, wenn sie nicht durch diese Wände gegen Brandübertragung geschützt sind.

(4) [1]Dächer von Gebäuden, die an Wände mit höherliegenden Öffnungen anschließen, sind bis zu einem Abstand von 5 m von diesen Wänden mindestens so widerstandsfähig gegen Feuer herzustellen wie die Decken des anschließenden Gebäudes. [2]In diesen Dachflächen sind Öffnungen aus lichtdurchlässigen nichtbrennbaren Baustoffen zulässig, wenn diese einen festen und dichten Abschluß sowie eine entsprechende Feuerwiderstandsfähigkeit haben, mindestens 2,5 m von den Außenwänden höherer Gebäude entfernt sind und Rettungswege nicht gefährdet werden. [3]Dies gilt auch für Dächer von Gebäudeteilen, wenn die höherliegenden Öffnungen zu anderen Nutzungseinheiten mit Aufenthaltsräumen gehören.

(5) Dachflächen, die Aufenthaltsräume, ihre Zugänge und zugehörige Nebenräume abschließen, müssen von innen nach außen eine Feuerwiderstandsdauer von 30 Minuten haben, wenn über die Dachfläche eine Brandübertragung auf höherliegende Nutzungseinheiten mit Aufenthaltsräumen zu befürchten ist.

§ 9 Treppen. (Zu § 28 und § 18 Abs. 1 LBO)(1) [1]Von jeder Stelle eines Aufenthaltsraumes muß eine notwendige Treppe oder ein Ausgang ins Freie in höchstens 40 m Entfernung erreichbar sein. [2]Sind mehrere Treppen oder Ausgänge erforderlich, so sind sie so zu verteilen, daß die Rettungswege möglichst kurz sind.

(2) [1]Die nutzbare Breite notwendiger Treppen muß mindestens 1 m betragen. [2]Bei Treppen in Wohngebäuden mit nicht mehr als zwei Wohnungen und innerhalb von Wohnungen genügt eine Breite von 0,8 m. [3]Für Treppen mit geringer Benutzung können geringere Breiten zugelassen werden.

(3) [1]Die tragenden Teile notwendiger Treppen sind herzustellen:

1. Bei Gebäuden geringer Höhe aus nichtbrennbaren Baustoffen oder aus Hartholz; dies gilt nicht für Wohngebäude mit nicht mehr als zwei Wohnungen,

2. bei sonstigen Gebäuden feuerbeständig aus nichtbrennbaren Baustoffen.

[2]Dies gilt nicht für Treppen zur inneren Verbindung von Geschossen derselben Wohnung.

(4) Eine Treppe darf nicht unmittelbar hinter einer Tür beginnen, die in Richtung der Treppe aufschlägt; zwischen Treppe und Tür ist ein Treppenabsatz anzuordnen, der mindestens so tief sein soll, wie die Tür breit ist.

(5) [1]Treppen müssen mindestens einen festen und griffsicheren Handlauf haben. [2]Ausnahmen sind zulässig, insbesondere zur inneren Verbindung von Geschossen derselben Wohnung, bei Treppen bis zu fünf Stufen, bei Außentreppen, die in Höhe des Geländes liegen sowie bei Treppen für Anlagen, die nicht umwehrt werden müssen.

§ 10 Treppenräume, allgemein zugängliche Flure. (Zu §§ 28, 29 und § 18 Abs. 1 LBO)(1) An notwendige Treppenräume dürfen in einem Geschoß nicht mehr als sechs Wohnungen oder Nutzungseinheiten vergleichbarer Größe unmittelbar angeschlossen sein.

(2) [1]Notwendige Treppenräume müssen an einer Außenwand liegen und in jedem Geschoß Fenster haben, die geöffnet werden können. [2]Eine andere Ausführung der Treppenräume kann zugelassen werden, wenn die Benutzung der Treppenräume durch Raucheintritt nicht gefährdet werden kann und keine Bedenken wegen der Belüftung und der Beleuchtung bestehen.

(3) [1]Jeder notwendige Treppenraum muß auf möglichst kurzem Wege einen sicheren Ausgang ins Freie haben. [2]Der Ausgang muß mindestens so breit sein wie die zugehörigen notwendigen Treppen und darf nicht eingeengt werden.

(4) [1]In anderen Gebäuden als Gebäuden geringer Höhe müssen Verkleidungen, Dämmschichten, Fußbodenbeläge und Einbauten folgendes Brandverhalten aufweisen:

1. nichtbrennbar in notwendigen Treppenräumen und ihren Ausgängen,

2. mindestens schwerentflammbar in allgemein zugänglichen Fluren.

[2]Ausnahmen können zugelassen werden, wenn keine Bedenken wegen des Brandschutzes bestehen.

(5) [1]Übereinanderliegende Untergeschosse müssen mindestens zwei getrennte Ausgänge haben. [2]Von zwei Ausgängen jedes Untergeschosses muß mindestens einer unmittelbar oder durch einen an einer Außenwand liegenden Treppenraum ins Freie führen. [3]Auf eigene Treppenräume für jedes Untergeschoß kann verzichtet werden, wenn keine Bedenken wegen des Brandschutzes bestehen.

(6) Der obere Abschluß von notwendigen Treppenräumen muß den Anforderungen des Brandschutzes an die Decke über dem obersten Geschoß des Gebäudes genügen; dies gilt nicht, wenn der oberste Abschluß das Dach ist.

(7) [1]In Treppenräumen von Gebäuden mit mehr als fünf oberirdischen Geschossen und bei innenliegenden Treppenräumen ist an der obersten Stelle des Treppenraumes eine Rauchabzugsvorrichtung mit einer Größe von mindestens 1 m^2 anzubringen, die vom Erdgeschoß zu öffnen sein muß. [2]Es kann verlangt werden, daß die Rauchabzugsvorrichtung auch von anderen Stellen aus bedient werden kann. [3]Fenster dürfen als Rauchabzüge ausgebildet werden, wenn sie hoch genug liegen. [4]Ausnahmen können zugelassen werden, wenn der Rauch auch auf andere Weise abgeführt werden kann.

(8) [1]Innenliegende Treppenräume sowie Treppenräume an einer Außenwand, die keine ausreichende Beleuchtung mit Tageslicht haben, müssen bei Ausfall der allgemeinen Stromversorgung über eine Dauer von mindestens einer Stunde ausreichend beleuchtet werden. [2]Dies gilt nicht für Wohngebäude geringer Höhe.

§ 11 Aufzüge. (Zu § 30 LBO)(1) [1]Aufzüge innerhalb von Gebäuden müssen eigene Fahrschächte in feuerbeständiger Bauart haben. [2]In einem Fahrschacht dürfen bis zu drei Aufzüge liegen. [3]In Gebäuden bis zu fünf oberirdischen Geschossen dürfen Aufzüge ohne eigene Fahrschächte innerhalb der Umfassungswände des Treppenraumes liegen; sie müssen unfallsicher umkleidet sein.

(2) [1]Fahrschächte dürfen nur für Aufzugseinrichtungen benutzt werden. [2]Sie müssen gelüftet werden können. [3]Fahrschachttüren und andere Öffnungen in Fahrschachtwänden sind so herzustellen, daß Feuer und Rauch nicht in andere Geschosse übertragen werden kann. [4]Fahrschächte müssen Rauchabzugsöffnungen mit einer Größe von mindestens 0,1 m^2 haben.

(3) Bei Aufzügen, die außerhalb von Gebäuden liegen oder nicht mehr als drei unmittelbar übereinanderliegende Geschosse verbinden, sowie bei Kleingüteraufzügen und vereinfachten Güteraufzügen können Ausnahmen von den Absätzen 1 und 2 zugelassen werden, wenn keine Bedenken wegen der Betriebssicherheit und des Brandschutzes bestehen.

(4) [1]Die Gesamtfläche der Fahrkörbe von Aufzügen nach § 30 Abs. 2 LBO ist so zu bemessen, daß für je 20 auf den Aufzug angewiesene Personen ein Platz zur Verfügung steht. [2]Fahrkörbe zur Aufnahme einer Krankentrage müssen eine nutzbare Grundfläche von mindestens 1,1 m x 2,1 m haben.

§ 12 Türen und andere Abschlüsse, Fenster. (Zu § 31, § 26 Abs. 2 und § 18 Abs. 1 LBO)(1) Feuerbeständige und selbstschließende Türen oder andere Abschlüsse müssen vorhanden sein

    1. in den Öffnungen innerer Brandwände,

2. in den Öffnungen feuerbeständiger Innenwände nach § 4 Abs. 9, die anstelle von Brandwänden zugelassen werden.

(2) Feuerhemmende und selbstschließende Türen oder andere Abschlüsse müssen vorhanden sein

    1. in den Öffnungen feuerbeständiger Trennwände zwischen Wohnungen sowie zwischen Wohnungen und anderen Räumen,

    2. in den Öffnungen notwendiger Treppenräume zum Untergeschoß, zu nichtausgebauten Dachräumen, zu Werkstätten, Läden, Lagerräumen und ähnlichen Räumen.

(3) Rauchdichte und selbstschließende Türen oder andere Abschlüsse müssen vorhanden sein

    1. in den Öffnungen notwendiger Treppenräume zu allgemein zugänglichen Fluren mit mehr als sechs Wohnungen oder Nutzungseinheiten entsprechender Größe,

    2. in allgemein zugänglichen Fluren von mehr als 40 m Länge; diese Türen dürfen nicht abschließbar sein.

(4) Türen zu notwendigen Treppenräumen und zu allgemein zugänglichen Fluren müssen, soweit sich aus den Absätzen 2 und 3 keine weitergehenden Anforderungen ergeben, mindestens dichtschließend sein.

(5) Fenster, die als Rettungswege dienen, müssen im Lichten mindestens 0,6 m x 0,9 m groß sein.

§ 13 Leitungen, Lüftungsanlagen, Installationsschächte und -kanäle. (Zu § 32, § 26 Abs. 2 und § 18 Abs. 1 LBO)(1) [1]Leitungen dürfen durch Brandwände und feuerbeständige Innenwände nach § 4 Abs. 9 nur hindurchgeführt werden, wenn eine Übertragung von Feuer und Rauch nicht zu befürchten ist oder Vorkehrungen hiergegen getroffen sind. [2]Rohrleitungen, die durch diese Wände hindurchgeführt werden, müssen außerdem aus nichtbrennbaren Baustoffen bestehen. [3]Für Treppenraumwände, Trennwände zwischen Wohnungen sowie zwischen Wohnungen und anderen Räumen und für feuerbeständige Decken gilt Satz 1 entsprechend.

(2) [1]Lüftungsanlagen, die Geschosse oder Brandabschnitte überbrücken, müssen so beschaffen sein, daß Feuer und Rauch nicht in Treppenräume, andere Geschosse oder Brandabschnitte übertragen werden können. [2]Lüftungsleitungen sowie ihre Verkleidungen und Dämmstoffe müssen aus nichtbrennbaren Baustoffen bestehen; Ausnahmen können zugelassen werden, wenn keine Bedenken wegen des Brandschutzes bestehen. [3]Sätze 1 und 2 gelten nicht für Lüftungsanlagen in Wohngebäuden geringer Höhe mit nicht mehr als zwei Wohnungen sowie für Lüftungsanlagen innerhalb einer Wohnung.

(3) [1]Lüftungsleitungen dürfen nicht in Schornsteine eingeführt werden; die Benutzung eines Schornsteins für Gasfeuerstätten zur Ableitung von Abluft kann zugelassen werden. [2]Die Abluft ist ins Freie zu führen. [3]Nicht

zur Lüftungsanlage gehörende Einrichtungen sind in Lüftungsleitungen unzulässig.

(4) Lüftungsschächte, die aus Mauersteinen oder aus Formstücken für Schornsteine hergestellt sind, müssen den Anforderungen an Schornsteine entsprechen und gekennzeichnet werden.

(5) Für Installationsschächte und -kanäle sowie für Schächte und Kanäle von raumlufttechnischen Anlagen und Warmluftheizungen gelten die Absätze 1 bis 4 entsprechend.

§ 14 Einleitung des Abwassers in Kleinkläranlagen oder Gruben. (Zu § 34 LBO)(1) [1]Das Abwasser ist in die öffentliche Kanalisation einzuleiten, wenn ein Anschluß möglich und die Einleitung zulässig ist. [2]Soweit erforderlich, muß das Abwasser vor der Einleitung gereinigt oder vorbehandelt werden.

(2) [1]Ist der Anschluß an eine öffentliche Kanalisation nicht möglich, so ist das Abwasser anderweitig in wasserrechtlich zulässiger Weise zu beseitigen. [2]Geschlossene Abwassergruben dürfen nicht angelegt werden; Ausnahmen können mit Zustimmung der Wasserbehörde zugelassen werden, wenn keine gesundheitlichen und wasserwirtschaftlichen Bedenken bestehen. [3]§ 45b des Wassergesetzes für Baden-Württemberg bleibt unberührt.

(3) [1]Kleinkläranlagen, Gruben und ähnliche Einrichtungen müssen ausreichend groß und wasserdicht sein. [2]Sie müssen eine dichte und sichere Abdeckung sowie ausreichende Reinigungs- und Entleerungsöffnungen haben. [3]Diese Öffnungen dürfen nur vom Freien aus zugänglich sein. [4]Die Anlagen sind so zu entlüften, daß Gesundheitsschäden oder unzumutbare Belästigungen nicht entstehen. [5]Abwassergruben und Gruben für Toiletten ohne Wasserspülung müssen dicht sein; sie dürfen keinen Auslauf oder Überlauf haben. [6]Die Zu- und Ableitungen von Wasserbehandlungsanlagen und die Zuleitungen von geschlossenen Gruben müssen einschließlich der Anschlüsse geschlossen, wasserdicht und, soweit erforderlich, zum Reinigen eingerichtet sein.

(4) [1]Abgänge aus Toiletten ohne Wasserspülung sind in eigene, geschlossene Gruben einzuleiten. [2]In diese Gruben darf kein anderes Abwasser eingeleitet werden.

§ 15 Anlagen für Abfallstoffe. (Zu § 34 LBO)(1) [1]Die Einfüllöffnungen von Abfallschächten sind außerhalb von Aufenthaltsräumen und Treppenräumen anzulegen. [2]Die Einfüllöffnungen müssen so beschaffen sein, daß sperrige Abfälle nicht eingebracht werden können. [3]Am oberen Ende des Abfallschachtes ist eine Reinigungsöffnung vorzusehen. [4]Alle Öffnungen sind mit Verschlüssen aus nichtbrennbaren Baustoffen zu versehen; an die unmittelbar über dem Sammelraum gelegenen Verschlüsse können weitergehende Anforderungen gestellt werden.

(2) [1]Abfallschächte sind bis zur obersten Einfüllöffnung ohne Querschnittsänderung senkrecht zu führen. [2]Sie müssen so beschaffen sein, daß

die Abfälle sicher abgeführt werden, daß Feuer, Rauch, Gerüche und Staub nicht in das Gebäude dringen können und daß die Weiterleitung von Schall gedämpft wird. [3]Eine ständig wirksame Lüftung muß gesichert sein.

(3) [1]Der Abfallschacht muß in einen ausreichend großen Sammelraum münden, dessen Zugänge vom Gebäudeinnern mit feuerbeständigen Türen zu versehen sind. [2]Er muß vom Freien aus zugänglich und entleerbar sein und einen Bodenablauf mit Geruchverschluß haben. [3]Die Abfallstoffe sind in beweglichen Abfallbehältern zu sammeln.

(4) [1]Abfallschächte und die zugehörigen Sammelräume müssen aus feuerbeständigen Bauteilen bestehen. [2]Verkleidungen, Dämmstoffe, innere Wandschalen und Einrichtungen müssen aus nichtbrennbaren Baustoffen bestehen. [3]Der Einbau einer Feuerlöscheinrichtung kann verlangt werden.

(5) [1]Zur vorübergehenden Aufbewahrung fester Abfallstoffe sind auf dem Grundstück geeignete Plätze für bewegliche Abfallbehälter vorzusehen oder geeignete Einrichtungen herzustellen. [2]Ortsfeste Abfallbehälter sind dicht und aus nichtbrennbaren Baustoffen außerhalb der Gebäude herzustellen.

§ 16 Landwirtschaftliche Gebäude und Anlagen. (Zu §§ 40, 25, 26 und 34 LBO)(1) [1]Auf landwirtschaftliche Betriebsgebäude und landwirtschaftliche Betriebsteile von Gebäuden finden §§ 5 bis 7 keine Anwendung. [2]Diese Gebäude und Gebäudeteile müssen folgendes Brandverhalten aufweisen:

1. Brandwandeigenschaft bei Außenwänden, die einen Abstand von weniger als 2,5 m zur Grundstücksgrenze haben sowie bei Trennwänden zwischen einem Betriebsteil mit mehr als 2 000 m^3 umbauten Raumes und dem Wohnteil,

2. feuerbeständig bei Trennwänden zwischen einem Betriebsteil bis zu 2 000 m^3 umbauten Raumes und dem Wohnteil sowie bei Decken zwischen Betriebsteil und Wohnteil,

3. feuerhemmend bei Trennwänden und Decken zwischen Stallräumen und Lager- sowie Bergeräumen von Betriebsgebäuden oder Betriebsteilen mit mehr als 2 000 m^3 umbauten Raumes.

(2) [1]Die raumumschließenden Bauteile von Ställen sind gegen schädliche Einflüsse der Stallfeuchtigkeit und der tierischen Abgänge zu schützen. [2]Der Boden des Stalles muß gleitsicher sein. [3]Der Boden und die Anlagen zur Ableitung flüssiger Abgänge müssen wasserundurchlässig sein. [4]Wasserdurchlässige Böden sind zulässig, sofern dies auf Grund der Tierarten oder ihrer Haltung möglich und sichergestellt ist, daß tierische Abgänge nicht versickern.

(3) [1]Ställe müssen Türöffnungen von solcher Zahl, Lage und Größe haben, daß die Tiere bei Gefahr ohne Schwierigkeiten ins Freie gelangen können. [2]Die Türen in diesen Öffnungen dürfen nicht nach innen aufschlagen.

(4) [1]Anlagen für die Lagerung fester und flüssiger Abgänge aus Tierhaltungen müssen ausreichend bemessen, wasserdicht und gegen Versickern geschützt sein. [2]Sie dürfen keine Verbindung zu Abwasseranlagen, keinen Auslauf oder Überlauf haben. [3]Für Festmist sind Dungstätten anzulegen, deren Böden und Wände bis in ausreichende Höhe wasserdicht sind. [4]Flüssige Abgänge aus Ställen und Dungstätten sind in Flüssigmistbehälter zu leiten, die einschließlich aller Leitungen wasserdicht sind. [5]Offene Flüssigmistbehälter sind unfallsicher abzudecken oder zu umwehren, soweit sie nicht durch ihre Eigenhöhe ausreichenden Unfallschutz bieten.

(5) Offene Dungstätten und offene Flüssigmistbehälter sollen von Öffnungen zu Aufenthaltsräumen und von öffentlichen Verkehrsflächen mindestens 5 m entfernt sein, sie müssen von der Nachbargrenze mindestens 2 m entfernt sein.

§ 17 Anwendung gewerberechtlicher Vorschriften. (Zu § 72 Abs. 2 Nr. 6 LBO)(1) [1]§§ 2 bis 8, 10 bis 28 und 31 der Dampfkesselverordnung (DampfkV) sind auch auf Dampfkesselanlagen anzuwenden, die nicht gewerblichen Zwecken dienen und nicht im Rahmen wirtschaftlicher Unternehmungen Anwendung finden und in deren Gefahrenbereich auch keine Arbeitnehmer beschäftigt werden. [2]Dies gilt nicht für Dampfkesselanlagen nach § 1 Abs. 3 bis 5 DampfkV.

(2) [1]§§ 3 bis 6, 8 bis 34 und 37 bis 39 der Druckbehälterverordnung (DruckbehV) sind auch auf Druckbehälter, Druckgasbehälter und Füllanlagen anzuwenden, die nicht gewerblichen Zwecken dienen und nicht im Rahmen wirtschaftlicher Unternehmungen Anwendung finden und in deren Gefahrenbereich auch keine Arbeitnehmer beschäftigt werden. [2]Dies gilt nicht für Behälter und Anlagen nach § 1 Abs. 3 bis 5 und § 2 DruckbehV.

(3) [1]§§ 2 bis 5, 7 bis 22, 25 und 26 der Aufzugsverordnung (AufzV) sind auch auf Aufzugsanlagen anzuwenden, die nicht gewerblichen Zwecken dienen und nicht im Rahmen wirtschaftlicher Unternehmungen Anwendung finden und in deren Gefahrenbereich auch keine Arbeitnehmer beschäftigt werden. [2]Dies gilt nicht für Aufzugsanlagen nach § 1 Abs. 3 bis 5 AufzV.

(4) [1]§§ 3 bis 6, 11, 12, 21 und 23 der Verordnung über brennbare Flüssigkeiten (VbF) sind auch auf Anlagen zur Lagerung brennbarer Flüssigkeiten anzuwenden, die nicht gewerblichen Zwecken dienen und nicht im Rahmen wirtschaftlicher Unternehmungen Anwendung finden und in deren Gefahrenbereich auch keine Arbeitnehmer beschäftigt werden. [2]Die in §§ 13 bis 19 enthaltenen Vorschriften über die Prüfung sind anzuwenden auf Anlagen, die auf Grund ihrer Gefahrklasse und Menge einer gewerberechtlichen Anzeige oder Erlaubnis bedürfen. [3]Dies gilt nicht für Anlagen zur Lagerung brennbarer Flüssigkeiten nach § 1 Abs. 3 bis 5 und § 2 VbF.

§ 18 Ordnungswidrigkeiten. (Zu § 74 Abs. 2 Nr. 2 LBO) Ordnungswidrig nach § 74 Abs. 2 Nr. 2 LBO handelt, wer vorsätzlich oder fahrlässig

1. entgegen § 1 Abs. 1 Satz 2 und Abs. 6 Zu- oder Durchgänge oder Zu- oder Durchfahrten für die Feuerwehr durch Einbauten einengt oder Zufahrten, Durchfahrten für die Feuerwehr oder die zum Anleitern bestimmten Stellen nicht frei hält,

2. bei Lagerung brennbarer Flüssigkeiten § 17 Abs. 4 zuwiderhandelt.

§ 19 Inkrafttreten. [1]Diese Verordnung tritt am Tage nach der Verkündung* in Kraft. [2]*(Außerkrafttreten alter Vorschriften hier nicht weiter abgedruckt)*.

---

* *Verkündet am 13. April 1984*

Straßengesetz für Baden-Württemberg (Straßengesetz - StrG)

in der Fassung vom 26. September 1987 (GBl. S. 478), geändert durch 3. Anpassungsverordnung vom 13. Februar 1989 (GBl. S. 101)

INHALTSÜBERSICHT

ERSTER TEIL

Allgemeine Bestimmungen

1. Abschnitt

Öffentliche Straßen und Straßenbaulast

§ 1 Geltungsbereich. [1]Dieses Gesetz regelt die Rechtsverhältnisse der öffentlichen Straßen. [2]Für Bundesfernstraßen gilt es nur, soweit dies ausdrücklich bestimmt ist.

§ 2 Öffentliche Straßen. (1) Öffentliche Straßen im Sinne dieses Gesetzes sind Straßen, Wege und Plätze, die dem öffentlichen Verkehr gewidmet sind.

(2) Zu den öffentlichen Straßen gehören:

1. der Straßenkörper; das sind insbesondere

a) der Straßenuntergrund, der Straßenunterbau, die Straßendecke, Dämme, Gräben, Entwässerungsanlagen, Böschungen, Stützmauern, Durchlässe, Lärmschutzanlagen, Brücken und Tunnel;

b) die Fahrbahnen, Haltestellenbuchten, Gehwege, Radwege, Parkplätze, Trenn-, Seiten-, Rand- und Sicherheitsstreifen sowie Materialbuchten;

2. der Luftraum über dem Straßenkörper;

3. das Zubehör; das sind die Verkehrszeichen und -einrichtungen sowie Verkehrsanlagen aller Art, die der Sicherheit oder Leichtigkeit des Straßenverkehrs oder dem Schutz der Straßenanlieger dienen, und die Bepflanzung auf dem Straßenkörper;

4. die Nebenanlagen; das sind Einrichtungen, die vorwiegend den Aufgaben der Straßenbauverwaltung dienen, wie Straßenmeistereien, Gerätehöfe, Straßenwärterhütten, Lagerplätze und Entnahmestellen.

§ 3 Einteilung. (1) Die Straßen werden nach ihrer Verkehrsbedeutung in folgende Gruppen eingeteilt:

1. Landesstraßen; das sind Straßen, die untereinander oder zusammen mit Bundesfernstraßen ein Verkehrsnetz bilden und vorwiegend dem durchgehenden Verkehr innerhalb des Landes dienen oder zu dienen bestimmt sind;

2. Kreisstraßen; das sind Straßen, die vorwiegend dem überörtlichen Verkehr zwischen benachbarten Kreisen oder innerhalb eines Kreises dienen oder zu dienen bestimmt sind, ferner die für den Anschluß einer Gemeinde an überörtliche Verkehrswege erforderlichen Straßen;

3. Gemeindestraßen; das sind Straßen, die vorwiegend dem Verkehr zwischen benachbarten Gemeinden oder innerhalb der Gemeinden dienen oder zu dienen bestimmt sind.

(2) Die Gemeindestraßen werden wie folgt eingeteilt:

1. Gemeindeverbindungsstraßen; das sind Straßen außerhalb der geschlossenen Ortslage und außerhalb eines in einem Bebauungsplan festgesetzten Baugebiets, die vorwiegend dem Verkehr zwischen benachbarten Gemeinden oder Gemeindeteilen dienen oder zu dienen bestimmt sind, ferner die dem Anschluß an überörtliche Verkehrswege dienenden Straßen, soweit sie nicht nach Absatz 1 Nr. 2 Kreisstraßen sind;

2. Ortsstraßen; das sind Straßen, die vorwiegend dem Verkehr innerhalb der geschlossenen Ortslage oder innerhalb eines in einem Bebauungsplan festgesetzten Baugebiets dienen oder zu dienen bestimmt sind, mit Ausnahme der Ortsdurchfahrten von Bundesstraßen, Landesstraßen und Kreisstraßen;

3. sonstige Straßen, die einem allgemeinen Kraftfahrzeugverkehr dienen oder zu dienen bestimmt sind;

4. beschränkt öffentliche Wege; das sind Wege, die einem auf bestimmte Benutzungsarten oder Benutzungszwecke beschränkten Verkehr dienen oder zu dienen bestimmt sind. [2]Hierzu gehören insbesondere

a) öffentliche Wege, die der Bewirtschaftung von Feld- und Waldgrundstücken dienen oder zu dienen bestimmt sind (öffentliche Feld- und Waldwege),

b) Radwege, soweit sie nicht Bestandteil einer anderen öffentlichen Straße sind,

c) Fußgängerbereiche,

d) Friedhof-, Kirch- und Schulwege, Wander- und sonstige Fußwege.

(3) Zu den Straßen im Sinne des Absatzes 1 gehören jeweils auch die Gehwege und Radwege mit eigenem Straßenkörper, soweit sie im Zusammenhang mit einer Straße stehen und mit dieser im wesentlichen gleichlaufen.

(4) Eine öffentliche Straße erhält die Eigenschaft als Landesstraße, Kreisstraße oder Gemeindestraße durch Einstufung (§ 5 Abs. 3 Satz 1) oder Umstufung (§ 6 Abs. 1).

(5) Das Innenministerium wird ermächtigt, im Benehmen mit dem Finanzministerium durch Rechtsverordnung den Begriff des Gemeindeteiles im Sinne von Abs. 2 Nr. 1 näher zu bestimmen; es kann dabei auch eine Mindesteinwohnerzahl vorschreiben.

§ 4 Straßennummern, Straßenverzeichnisse. (1) Landesstraßen und Kreisstraßen sind zu numerieren.

(2) [1]Für Landesstraßen, Kreisstraßen und Gemeindeverbindungsstraßen werden Straßenverzeichnisse geführt. [2]In die Verzeichnisse sind insbesondere die Länge der Straße, die Träger der Straßenbaulast sowie die Ortsdurchfahrten aufzunehmen. [3]Das Nähere über das Eintragungsverfahren und den Inhalt der Verzeichnisse kann durch Rechtsverordnung des Innenministeriums geregelt werden.

(3) [1]Die Straßenverzeichnisse für Kreisstraßen und Gemeindeverbindungsstraßen in der Baulast der Stadtkreise und Großen Kreisstädte werden von den Regierungspräsidien geführt. [2]Dasselbe gilt für Gemeindeverbindungsstraßen in der Baulast von Gemeinden, die einer Verwaltungsgemeinschaft angehören, die der Rechtsaufsicht des Regierungspräsidiums untersteht. [3]Die Straßenverzeichnisse für die übrigen Kreisstraßen und Gemeindeverbindungsstraßen werden von den Landratsämtern als unteren Verwaltungsbehörden geführt.

(4) Das Innenministerium bestimmt durch Rechtsverordnung die für die

Führung der Straßenverzeichnisse für Bundesfernstraßen und Landesstraßen zuständigen Behörden.

(5) [1]Die Einsicht in die Verzeichnisse ist jedem gestattet, der ein berechtigtes Interesse nachweist. [2]Auf Antrag sind gegen Kostenersatz insoweit Auszüge zu erteilen, als Einsicht zu gewähren ist.

§ 5 Widmung. (1) Voraussetzung für die Widmung im Sinne des § 2 Abs. 1 ist, daß der Träger der Straßenbaulast Eigentümer der der Straße dienenden Grundstücke ist oder die Eigentümer und die sonst zur Nutzung dinglich Berechtigten der Widmung zugestimmt haben oder der Träger der Straßenbaulast den Besitz durch Vertrag, durch Einweisung nach § 37 Abs. 1 des Landesenteignungsgesetzes oder in einem sonstigen gesetzlich geregelten Verfahren erlangt hat.

(2) [1]Es sind zuständig für die Widmung von

1. Landesstraßen die höhere Straßenbaubehörde und, wenn die zu widmende Straße sich über mehrere Regierungsbezirke erstreckt, die von der obersten Straßenbaubehörde bestimmte höhere Straßenbaubehörde,

2. Kreisstraßen und Gemeindestraßen sowie in den Fällen, in denen die Gemeinden nach § 43 Abs. 3 und 4 Träger der Straßenbaulast sind, die Straßenbaubehörde.

[2]Soll Träger der Straßenbaulast ein anderer als das Land, ein Landkreis, eine Gemeinde oder ein Zweckverband werden, so ist für die Widmung die Straßenaufsichtsbehörde zuständig.

(3) [1]In der Widmung ist die Gruppe, zu der die Straße gehört (§ 3 Abs. 1), zu bestimmen (Einstufung). [2]Die Widmung kann auf bestimmte Benutzungsarten, Benutzungszwecke, Benutzerkreise oder in sonstiger Weise beschränkt werden.

(4) [1]Die Widmung ist öffentlich bekanntzumachen. [2]Ist für die Widmung das Regierungspräsidium zuständig, erfolgt die Bekanntmachung im Staatsanzeiger.

(5) [1]Die Widmung kann von den nach Absatz 2 zuständigen Behörden nachträglich erweitert oder beschränkt werden, soweit nicht die Straßenverkehrsbehörden ausschließlich zuständig sind. [2]Bei Erweiterungen ist nach den Vorschriften über die Widmung, bei Beschränkungen, ausgenommen in den Fällen des § 14 Abs. 1, nach den Vorschriften über die Einziehung zu verfahren.

(6) [1]Werden Straßen, Wege oder Plätze auf Grund eines förmlichen Verfahrens nach anderen gesetzlichen Vorschriften für den öffentlichen Verkehr angelegt, so gelten sie mit der endgültigen Überlassung für den Verkehr als gewidmet, wenn die Voraussetzungen des Absatzes 1 vorliegen. [2]Die nach Absatz 2 zuständige Behörde bestimmt die Gruppe, zu der die Straße gehört, und beschränkt, soweit erforderlich, die Überlassung für

den Verkehr auf bestimmte Benutzungsarten oder Benutzungszwecke. [3]Sie hat diese Verfügungen und den Zeitpunkt der endgültigen Überlassung für den Verkehr öffentlich bekanntzumachen.

(7) [1]Wird eine Straße verbreitert, durch Verkehrsanlagen ergänzt oder unwesentlich verlegt, so werden die neuen Straßenteile durch die Überlassung für den Verkehr gewidmet; einer öffentlichen Bekanntmachung bedarf es nicht. [2]Die neuen Straßenteile dürfen dem Verkehr nur überlassen werden, wenn die Voraussetzungen des Absatzes 1 vorliegen.

(8) Durch privatrechtliche Verfügungen oder durch Verfügungen im Wege der Zwangsvollstreckung über die der Straße dienenden Grundstücke oder Rechte an ihnen wird die Widmung nicht berührt.

§ 6 Umstufung. (1) Ändert sich die Verkehrsbedeutung einer Straße (§ 3 Abs. 1), so ist die Straße in die entsprechende Straßengruppe umzustufen (Aufstufung, Abstufung).

(2) Für die Abstufung von Kreisstraßen und die Aufstufung von Gemeindestraßen zu Kreisstraßen ist das Landratsamt als untere Verwaltungsbehörde zuständig, im übrigen ist für die Umstufung von Straßen sowie für die Abstufung von Bundesfernstraßen und die Bestimmung ihrer Straßengruppe die höhere Straßenbaubehörde zuständig.

(3) [1]Die an der Umstufung beteiligten Träger der Straßenbaulast sind vor der Umstufung in mündlicher Verhandlung zu hören. [2]Die Umstufung soll zum Beginn eines Rechnungsjahres wirksam werden.

(4) [1]Die Umstufung und die Bestimmung der Straßengruppen nach Absatz 2 sind öffentlich bekanntzumachen. [2]§ 5 Abs. 4 Satz 2 gilt entsprechend.

(5) Der bisherige Träger der Straßenbaulast hat dem neuen Träger der Straßenbaulast dafür einzustehen, daß er die Straße in dem durch die Verkehrsbedeutung gebotenen Umfang ordnungsgemäß unterhalten und den notwendigen Grunderwerb durchgeführt hat.

(6) [1]Hat der bisherige Träger der Straßenbaulast für den Bau oder die Änderung der Straße das Eigentum an einem Grundstück erworben, so hat der neue Träger der Straßenbaulast einen Anspruch auf Übertragung des Eigentums. [2]Steht dem bisherigen Träger der Straßenbaulast ein für Zwecke des Satzes 1 erworbener Anspruch auf Übertragung des Eigentums an einem Grundstück zu, so ist er verpflichtet, das Eigentum an dem Grundstück zu erwerben und nach Erwerb auf den neuen Träger der Straßenbaulast zu übertragen. [3]Die Verpflichtungen nach den Sätzen 1 und 2 bestehen nur insoweit, als das Grundstück dauernd für die Straße benötigt wird. [4]Dem bisherigen Träger der Straßenbaulast steht für Verbindlichkeiten, die nach dem Wechsel der Straßenbaulast fällig werden, gegen den neuen Träger der Straßenbaulast ein Anspruch auf Erstattung der Aufwendungen zu. [5]Im übrigen wird das Eigentum ohne Entschädigung übertragen.

§ 7 Einziehung. (1) Eine Straße kann eingezogen werden, wenn sie für den Verkehr entbehrlich ist oder wenn überwiegende Gründe des Wohls der Allgemeinheit die Einziehung erforderlich machen.

(2) [1]Für die Einziehung sind die in § 5 Abs. 2 Satz 1 genannten Behörden zuständig. [2]Ist Träger der Straßenbaulast ein anderer als das Land, ein Landkreis, eine Gemeinde oder ein Zweckverband, so ist die Straßenaufsichtsbehörde für die Einziehung zuständig.

(3) [1]Die Absicht der Einziehung ist den von der Straße berührten Gemeinden mindestens drei Monate vorher mitzuteilen und von diesen auf Kosten des Trägers der Straßenbaulast unverzüglich öffentlich bekanntzumachen. [2]Von der Bekanntmachung kann abgesehen werden, wenn die Straße in den im Planfeststellungsverfahren nach § 73 Abs. 3 Satz 1 des Landesverwaltungsverfahrensgesetzes ausgelegten Plänen als zur Einziehung bestimmt kenntlich gemacht worden ist.

(4) [1]Die Einziehung ist öffentlich bekanntzumachen. [2]§ 5 Abs. 4 Satz 2 gilt entsprechend.

(5) Soll eine Straße auf Grund eines förmlichen Verfahrens nach anderen gesetzlichen Vorschriften dem öffentlichen Verkehr entzogen werden, so gilt sie mit dem Zeitpunkt als eingezogen, in dem sie dem öffentlichen Verkehr entzogen wird; die nach Absatz 2 zuständige Behörde hat diesen Zeitpunkt öffentlich bekanntzumachen.

(6) Wird beim Ausbau oder Umbau einer Straße ein Straßenteil auf Dauer dem Gemeingebrauch entzogen, ohne daß der Zugang zu einem angrenzenden Grundstück beeinträchtigt wird, so bedarf die Einziehung nicht der öffentlichen Bekanntmachung; Absatz 3 ist nicht anzuwenden.

(7) Mit der Einziehung verliert die Straße die Eigenschaft einer öffentlichen Straße; widerrufliche Sondernutzungen entfallen.

§ 8 Ortsdurchfahrt. (1) [1]Eine Ortsdurchfahrt ist der Teil einer Landesstraße oder einer Kreisstraße, der innerhalb der geschlossenen Ortslage liegt und auch der Erschließung der anliegenden Grundstücke oder der mehrfachen Verknüpfung des Ortsstraßennetzes dient. [2]Geschlossene Ortslage ist der Teil des Gemeindegebiets, der in geschlossener oder offener Bauweise zusammenhängend bebaut ist. [3]Einzelne unbebaute Grundstücke, zur Bebauung ungeeignetes oder ihr entzogenes Gelände oder einseitige Bebauung unterbrechen den Zusammenhang nicht.

(2) [1]Beginn und Ende einer Ortsdurchfahrt sind festzusetzen, wenn eine Landesstraße oder eine Kreisstraße gebaut oder eine Gemeindestraße aufgestuft wird. [2]Bei erheblichen Veränderungen in der Bebauung sind Beginn und Ende der Ortsdurchfahrt neu festzusetzen.

(3) [1]Eine Ortsdurchfahrt kann abweichend von den Vorschriften des Absatzes 1 zugunsten der Gemeinde verkürzt werden, wenn die Länge der Ortsdurchfahrt wegen der Bebauung in einem offensichtlichen Mißverhältnis zur Einwohnerzahl der Gemeinde steht. [2]Die Verkürzung läßt die

Anbaubeschränkungen nach den §§ 22 bis 25 und die Verpflichtung nach § 41 unberührt.

(4) Führt die Ortsdurchfahrt über Straßen und Plätze, die erheblich breiter angelegt sind als die anschließende Strecke der Landesstraße oder der Kreisstraße, so ist die seitliche Begrenzung der Ortsdurchfahrt besonders festzusetzen.

(5) [1]Reicht die Ortsdurchfahrt für den Verkehr nicht aus, so kann auf Antrag der Gemeinde eine für die Aufnahme des durchgehenden Verkehrs geeignete Straße als zusätzliche Ortsdurchfahrt festgesetzt werden; zugleich sind Beginn und Ende dieser Ortsdurchfahrt festzusetzen. [2]Die Festsetzung nach Satz 1 Halbsatz 1 ersetzt die Aufstufung; sie ist öffentlich bekanntzumachen. [3]§ 5 Abs. 4 Satz 2 gilt entsprechend.

(6) [1]Zuständig für die Festsetzungen nach den Absätzen 2 bis 5 ist bei Landesstraßen die höhere Straßenbaubehörde, bei Kreisstraßen die Straßenbaubehörde. [2]In den Fällen des Absatzes 4 ist das Einvernehmen mit der Gemeinde erforderlich; kommt ein Einvernehmen nicht zustande, so entscheiden über die Festsetzung die in Satz 1 genannten Behörden.

§ 9 Straßenbaulast. (1) [1]Die Straßenbaulast umfaßt alle mit dem Bau und der Unterhaltung der Straßen zusammenhängenden Aufgaben. [2]Die Träger der Straßenbaulast haben nach ihrer Leistungsfähigkeit die Straßen in einem dem regelmäßigen Verkehrsbedürfnis genügenden und den allgemein anerkannten Regeln des Straßenbaues entsprechenden Zustand zu bauen, zu unterhalten, zu erweitern oder sonst zu verbessern. [3]Regeln des Straßenbaues im Sinne dieser Vorschrift sind auch allgemein anerkannte Regeln, die beim Bau und der Unterhaltung von Straßen dem Schutz der Umwelt dienen.

(2) Soweit die Straßenbaulastträger zur Erfüllung ihrer Pflichten nach Absatz 1 unter Berücksichtigung ihrer Leistungsfähigkeit außerstande sind, haben sie auf einen nicht verkehrssicheren Zustand vorbehaltlich anderweitiger Maßnahmen der Straßenverkehrsbehörden durch Verkehrszeichen hinzuweisen; dies gilt nicht für beschränkt öffentliche Wege, soweit der nicht verkehrssichere Zustand des Weges oder die mit der Benutzung des Weges verbundenen besonderen Gefahren für die Benutzer bei Anwendung der verkehrsüblichen Sorgfalt erkennbar sind.

(3) [1]Die Träger der Straßenbaulast sollen über die ihnen nach Absatz 1 obliegenden Aufgaben hinaus in dem für die Aufrechterhaltung des öffentlichen Straßenverkehrs erforderlichen Umfang nach besten Kräften die Straßen bei Schneeanhäufungen räumen und sie bei Schnee- oder Eisglätte bestreuen; ein Rechtsanspruch hierauf besteht nicht. [2]Dabei ist der Einsatz von Auftausalzen und anderen Mitteln, die sich umweltschädlich auswirken können, so gering wie möglich zu halten. [3]§ 41 bleibt unberührt. [4]Soweit der Träger der Straßenbaulast auf Grund von Satz 1 die Fahrbahn einer Ortsdurchfahrt räumt oder streut, sind Kosten von der Gemeinde nicht zu

erheben; das gleiche gilt, soweit die Straßenbauämter nach § 3 Abs. 3 Satz 1 des Bundesfernstraßengesetzes die Ortsdurchfahrten von Bundesstraßen räumen oder streuen.

(4) [1]Bei einem Wechsel der Straßenbaulast ist der neue Träger der Straßenbaulast verpflichtet, die von dem bisherigen Träger der Straßenbaulast oder mit dessen Zustimmung von einem Dritten im öffentlichen Interesse in der Straße gehaltenen Anlagen, insbesondere für Zwecke der öffentlichen Versorgung oder der Abwasserbeseitigung, im bisherigen Umfang zu dulden. [2]Machen nach einem Wechsel der Straßenbaulast bauliche Maßnahmen an der Straße die Änderung einer Anlage im Sinne des Satzes 1 erforderlich, so haben der Träger der Straßenbaulast und der Inhaber der Anlage die Änderung auf ihre zu gleichen Teilen zu tragenden Kosten gemeinsam vorzunehmen, wenn vor oder nach dem Wechsel der Straßenbaulast nichts anderes vereinbart worden ist. [3]Der neue Träger der Straßenbaulast muß jedoch eine Vereinbarung, die innerhalb der letzten zwei Jahre vor dem Wechsel der Straßenbaulast abgeschlossen worden ist, nicht gegen sich gelten lassen. [4]Im übrigen gelten § 16 Abs. 3 Sätze 1, 3 bezüglich des Kostenersatzes, Sätze 4 und 5 sowie § 20 entsprechend.

2. Abschnitt

Eigentum an öffentlichen Straßen

§ 10 Gesetzlicher Eigentumsübergang und Rückübertragung des Eigentums. (1) [1]Wechselt die Straßenbaulast zwischen dem Land, einem Landkreis oder einer Gemeinde, so geht das Eigentum an der Straße ohne Entschädigung auf den neuen Träger der Straßenbaulast über, wenn es bisher einer dieser Körperschaften zustand; dies gilt nicht für Nebenanlagen. [2]Bestehen zwischen den beteiligten Trägern der Straßenbaulast oder zwischen einem Träger der Straßenbaulast und dem bisherigen Eigentümer Meinungsverschiedenheiten über den Eigentumsübergang oder dessen Umfang, so entscheidet auf Antrag eines Beteiligten die für den neuen Träger der Straßenbaulast zuständige Straßenaufsichtsbehörde, wenn der neue Träger der Straßenbaulast das Land ist, das Regierungspräsidium.

(2) Ist das Eigentum an einer Straße nach Absatz 1 übergegangen, so kann im Falle der Einziehung der Straße der frühere Eigentümer innerhalb eines Jahres nach Eintritt der Unanfechtbarkeit der Einziehung verlangen, daß ihm das Eigentum ohne Entschädigung zurückübertragen wird; er hat jedoch Anlagen im Sinne des § 9 Abs. 4 Satz 1, die der bisherige Eigentümer rechtmäßig in der Straße gehalten hat, im bisherigen Umfang zu dulden.

§ 11 Berichtigung der öffentlichen Bücher und Gebührenbefreiung. (1) [1]Beim Übergang des Eigentums an einer Straße nach § 10 Abs. 1 ist der Antrag auf Berichtigung des Grundbuchs von dem neuen Eigentümer zu stellen. [2]Sein Eigentum wird gegenüber dem Grundbuchamt durch eine mit dem Dienstsiegel versehene Bestätigung der für den neuen Eigentümer zuständigen Straßenaufsichtsbehörde nachgewiesen; ist neuer Eigentümer das Land, so erteilt das Regierungspräsidium die Bestätigung. [3]Der neue Eigentümer hat den Eigentumsübergang der zuständigen Vermessungsbehörde zum Zwecke der Berichtigung des Liegenschaftskatasters mitzuteilen.

(2) Für die durch den Eigentumsübergang nach § 10 Abs. 1 veranlaßten Vermessungen zur Fortführung des Liegenschaftskatasters sowie für die erstmalige Grenzabmarkung werden Gebühren nicht erhoben.

(3) Für die Eintragung des Eigentumsübergangs in das Grundbuch nach § 10 Abs. 1 oder auf Grund von § 10 Abs. 2 werden Gebühren und Auslagen nach der Kostenordnung nicht erhoben.

§ 12 Ausübung des Eigentums am Straßengrund und Erwerbspflicht. (1) Ist der Träger der Straßenbaulast nicht Eigentümer der der Straße dienenden Grundstücke, so steht ihm die Ausübung der Rechte und Pflichten des Eigentümers in dem Umfang zu, in dem dies die Aufrechterhaltung des Gemeingebrauchs erfordert.

(2) [1]Der Träger der Straßenbaulast hat das Eigentum an den der Straße dienenden Grundstücken auf Antrag des Eigentümers binnen einer Frist von fünf Jahren nach Antragstellung zu erwerben; dies gilt entsprechend beim Antrag eines sonst zur Nutzung dinglich Berechtigten für den Erwerb seines Rechts. [2]Der Lauf der Frist ist gehemmt, solange der Erwerb durch Umstände verzögert wird, die der Träger der Straßenbaulast nicht zu vertreten hat. [3]Waren bei Inkrafttreten dieses Gesetzes Grundstücke für eine Straße bereits in Anspruch genommen, so beginnt die Frist mit Inkrafttreten dieses Gesetzes.

(3) [1]Kommt innerhalb der Frist nach Absatz 2 Satz 1 eine Einigung nicht zustande oder kann ein dingliches Recht am Grundstück durch Rechtsgeschäft nicht übertragen werden, so kann jeder Beteiligte die Entziehung des Rechts im Wege der Enteignung verlangen. [2]Die Entschädigung ist nach den Verhältnissen im Zeitpunkt der Inanspruchnahme des Grundstücks zu bemessen. [3]War das Grundstück schon vor dem 24. Mai 1949 für die Straße in Anspruch genommen, so ist die Entschädigung vom 24. Mai 1949 an zu verzinsen.

(4) Soweit ein dinglich Berechtigter bei der Widmung nicht zu beteiligen ist, hat der Träger der Straßenbaulast das dingliche Recht auf Antrag des Berechtigten binnen einer Frist von fünf Jahren nach Antragstellung abzulösen, sobald und soweit der Berechtigte die Befriedigung aus dem Grundstück verlangen kann.

(5) [1]Eine Erwerbspflicht nach den Absätzen 2 und 3 besteht nicht, wenn und solange dem Träger der Straßenbaulast durch ein dingliches Recht die Verfügungsbefugnis an den der Straße dienenden Grundstücken eingeräumt ist, ferner bei beschränkt öffentlichen Wegen, die bei Inkrafttreten dieses Gesetzes länger als 30 Jahre bestehen. [2]Die Absätze 2 und 3 gelten

ferner nicht für Böschungen und Stützmauern, die zugleich für die ordnungsmäßige Nutzung eines angrenzenden Grundstücks notwendig sind.

3. Abschnitt

Benutzung der öffentlichen Straßen

§ 13 Gemeingebrauch. (1) [1]Der Gebrauch der öffentlichen Straßen ist jedermann im Rahmen der Widmung und der Straßenverkehrsvorschriften innerhalb der verkehrsüblichen Grenzen gestattet (Gemeingebrauch). [2]Kein Gemeingebrauch liegt vor, wenn durch die Benutzung einer öffentlichen Straße der Gemeingebrauch anderer unzumutbar beeinträchtigt wird.

(2) Auf die Aufrechterhaltung des Gemeingebrauchs besteht kein Rechtsanspruch.

§ 14 Beschränkung des Gemeingebrauchs, Ersatzweg. (1) Der Gemeingebrauch kann von der Straßenbaubehörde vorbehaltlich anderer Anordnungen der Straßenverkehrsbehörde beschränkt werden, wenn dies zur Durchführung von Straßenbauarbeiten oder wegen des baulichen Zustands zur Vermeidung außerordentlicher Schäden an der Straße notwendig ist.

(2) [1]Die Straßenverkehrsbehörde ist vor der Beschränkung zu hören, es sei denn, daß die Beschränkung unerheblich ist; in dringenden Fällen, in denen eine vorherige Anhörung nicht tunlich ist, ist die Straßenverkehrsbehörde unverzüglich zu benachrichtigen. [2]Die Beschränkung ist durch amtliche Verkehrszeichen kenntlich zu machen.

(3) [1]Macht die dauernde Beschränkung des Gemeingebrauchs an einer Landesstraße oder einer Kreisstraße die Herstellung oder die Verbesserung eines Ersatzweges notwendig, so hat der für den Ersatzweg zuständige Träger der Straßenbaulast gegen den Träger der Straßenbaulast für die Straße, deren Gemeingebrauch beschränkt wurde, einen Anspruch auf Erstattung der Kosten für die Herstellung oder Verbesserung. [2]Er kann statt dessen verlangen, daß der Träger der Straßenbaulast für die Straße, deren Gemeingebrauch beschränkt wurde, die erforderlichen Maßnahmen für ihn durchführt.

§ 15 Rechtsstellung der Straßenanlieger. (1) Eigentümern und Besitzern von Grundstücken, die an einer Straße liegen oder von ihr eine Zufahrt oder einen Zugang haben (Straßenanlieger), steht kein Anspruch darauf zu, daß die Straße nicht geändert oder nicht eingezogen wird.

(2) [1]Werden auf Dauer Zufahrten oder Zugänge durch die Änderung oder die Einziehung von Straßen unterbrochen oder wird ihre Benutzung erheblich erschwert, so hat der Träger der Straßenbaulast einen angemessenen Ersatz zu schaffen oder, soweit dies nicht zumutbar ist, eine angemessene Entschädigung in Geld zu leisten. [2]Mehrere Anliegergrundstücke können durch eine gemeinsame Zufahrt angeschlossen werden, deren

Unterhaltung den Anliegern gemeinsam obliegt; § 16 Abs. 3 Satz 1 gilt entsprechend. [3]Die Verpflichtung nach Satz 1 entsteht nicht, wenn die Grundstücke eine anderweitige ausreichende Verbindung zu dem öffentlichen Wegenetz besitzen oder wenn die Zufahrten oder Zugänge auf einer widerruflichen Erlaubnis beruhen.

(3) [1]Werden für längere Zeit Zufahrten oder Zugänge durch Straßenarbeiten unterbrochen oder wird ihre Benutzung erheblich erschwert, ohne daß von Behelfsmaßnahmen eine wesentliche Entlastung ausgeht, und wird dadurch die wirtschaftliche Existenz eines anliegenden Betriebs gefährdet, so kann dessen Inhaber eine Entschädigung in Höhe des Betrags beanspruchen, der erforderlich ist, um das Fortbestehen des Betriebs bei Anspannung der eigenen Kräfte und unter Berücksichtigung der gegebenen Anpassungsmöglichkeiten zu sichern. [2]Der Anspruch richtet sich gegen den, zu dessen Gunsten die Arbeiten im Straßenbereich erfolgen. [3]Absatz 2 Satz 3 gilt entsprechend.

(4) Wird einem Straßenanlieger durch die Änderung einer Straße der Zutritt von Licht oder Luft zu seinem Grundstück dauernd wesentlich beschränkt, so hat der Träger der Straßenbaulast eine angemessene Entschädigung in Geld zu leisten.

§ 16 Sondernutzung. (1) [1]Die Benutzung einer Straße über den Gemeingebrauch hinaus (Sondernutzung) bedarf der Erlaubnis. [2]Die Erlaubnis darf nur auf Zeit oder auf Widerruf erteilt werden.

(2) [1]Über die Erteilung der Erlaubnis nach Absatz 1 entscheidet die Straßenbaubehörde nach pflichtgemäßem Ermessen. [2]Ist Träger der Straßenbaulast eine Person des bürgerlichen Rechts, so wird die Erlaubnis von der Straßenaufsichtsbehörde erteilt; diese hat den Träger der Straßenbaulast zu hören.

(3) [1]Der Erlaubnisnehmer hat Anlagen so zu errichten und zu unterhalten, daß sie den Anforderungen der Sicherheit und Ordnung sowie den anerkannten Regeln der Technik genügen. [2]Arbeiten an der Straße bedürfen der Zustimmung der Straßenbaubehörde. [3]Der Erlaubnisnehmer hat auf Verlangen der zuständigen Behörde die Anlagen auf seine Kosten zu ändern und alle Kosten zu ersetzen, die dem Träger der Straßenbaulast durch die Sondernutzung entstehen. [4]Hierfür können angemessene Vorschüsse und Sicherheiten verlangt werden. [5]Über die Leistungen nach Satz 3 und 4 entscheidet die für die Erlaubnis zuständige Behörde.

(4) Der Wechsel der Straßenbaulast läßt die Erlaubnis unberührt.

(5) Der Erlaubnisnehmer hat gegen den Träger der Straßenbaulast keinen Ersatzanspruch bei Widerruf der Erlaubnis oder bei Sperrung, Änderung oder Einziehung der Straße.

(6) [1]Ist nach den Vorschriften des Straßenverkehrsrechts eine Erlaubnis für eine übermäßige Straßenbenutzung oder eine Ausnahmegenehmigung erforderlich oder dient die Benutzung einer Anlage, für die eine Baugeneh-

migung erforderlich ist, so bedarf es keiner Erlaubnis nach Absatz 1. [2]Vor ihrer Entscheidung hat die hierfür zuständige Behörde die sonst für die Sondernutzungserlaubnis zuständige Behörde zu hören. [3]Die von dieser geforderten Bedingungen, Auflagen und Sondernutzungsgebühren sind dem Antragsteller in der Erlaubnis oder Genehmigung aufzuerlegen, soweit Träger der Straßenbaulast eine Gemeinde oder ein Landkreis ist.

(7) [1]Die Gemeinden können durch Satzung bestimmen, daß bestimmte Sondernutzungen an Gemeindestraßen keiner Erlaubnis nach Absatz 1 Satz 1 bedürfen. [2]Sie können die Sondernutzung an Gemeindestraßen durch Satzung abweichend von Absatz 1 Satz 2 und Absatz 5 regeln.

(8) [1]Wird eine Straße ohne die erforderliche Erlaubnis benutzt oder kommt der Erlaubnisnehmer seinen Verpflichtungen nicht nach, so kann die für die Erteilung der Erlaubnis zuständige Behörde die erforderlichen Maßnahmen zur Beendigung der Benutzung oder zur Erfüllung der Verpflichtungen anordnen. [2]Sind solche Anordnungen nicht oder nur unter unverhältnismäßigem Aufwand möglich oder nicht erfolgversprechend, so kann sie den rechtswidrigen Zustand auf Kosten des Pflichtigen beseitigen oder beseitigen lassen.

§ 17 Sondernutzung an Ortsdurchfahrten. [1]In Ortsdurchfahrten entscheidet über Sondernutzungen die Gemeinde. [2]Sie hat die Zustimmung der für die freie Strecke zuständigen Straßenbaubehörde einzuholen, wenn die Sondernutzung sich auf die Fahrbahn erstreckt und geeignet ist, die Sicherheit oder Leichtigkeit des Verkehrs zu beeinträchtigen. [3]Bei Meinungsverschiedenheiten darüber, ob eine Zustimmung nach Satz 2 erforderlich ist, entscheidet die für die Fahrbahn zuständige Straßenbaubehörde. [4]Ergeht eine solche Entscheidung nachträglich oder ergibt sich nachträglich, daß die Sondernutzung die Sicherheit oder Leichtigkeit des Verkehrs auf der Fahrbahn beeinträchtigt, so hat die Gemeinde die Erlaubnis auf Verlangen der für die Fahrbahn zuständigen Straßenbaubehörde zu widerrufen. [5]Will eine Gemeinde eine Sondernutzung für sich selbst in Anspruch nehmen, so bedarf sie ebenfalls der Zustimmung.

§ 18 Zufahrt und Zugang. (1) [1]Als Sondernutzung gilt auch die Anlage oder die wesentliche Änderung einer Zufahrt oder eines Zugangs zu einer Landesstraße oder Kreisstraße außerhalb der zur Erschließung der anliegenden Grundstücke bestimmten Teile der Ortsdurchfahrt. [2]Eine Änderung im Sinne des Satzes 1 liegt auch vor, wenn eine Zufahrt oder ein Zugang gegenüber bisher einem erheblich größeren oder andersartigen Verkehr dienen soll. [3]Den Zufahrten stehen Anschlüsse nichtöffentlicher Wege gleich, soweit es sich nicht um Anschlüsse von Waldwegen im Sinne des Landeswaldgesetzes handelt.

(2) Einer Erlaubnis nach § 16 Abs. 1 Satz 1 bedarf es nicht

1. wenn eine Zufahrt oder ein Zugang zu baulichen Anlagen geschaffen oder geändert wird, die dem Verfahren nach § 22 unterliegen,

2. wenn der Bau oder die Änderung einer Zufahrt oder eines Zugangs in einem Flurbereinigungsverfahren durchgeführt wird oder in einem anderen förmlichen Verfahren unanfechtbar angeordnet ist.

§ 19 Sondernutzungsgebühren. (1) [1]Für Sondernutzungen, ausgenommen Zufahrten und Zugänge zu Landesstraßen und Kreisstraßen, können nach Maßgabe des Absatzes 2 Gebühren erhoben werden. [2]Sie stehen dem Träger der Straßenbaulast, bezüglich der Ortsdurchfahrten den Gemeinden zu. [3]Sind mehrere Berechtigte beteiligt, stehen die Gebühren diesen zu gleichen Teilen zu.

(2) [1]Gemeinden und Landkreise können die Erhebung der ihnen zustehenden Sondernutzungsgebühren durch Satzung regeln. [2]Das Innenministerium wird ermächtigt, die Erhebung der dem Land zustehenden Sondernutzungsgebühren im Einvernehmen mit dem Finanzministerium durch Rechtsverordnung zu regeln. [3]Die Gebührensätze sind nach Art und Ausmaß der Einwirkung auf die Straße und nach dem wirtschaftlichen Interesse der Gebührenschuldner zu bemessen.

§ 20 Kostentragung in besonderen Fällen. (1) [1]Wenn eine Straße wegen der Art des Gebrauchs durch einen anderen aufwendiger gebaut oder ausgebaut wird, als dies sonst notwendig wäre, so hat der andere dem Träger der Straßenbaulast die Mehrkosten für den Bau und die Unterhaltung zu erstatten. [2]Hierfür können angemessene Vorschüsse und Sicherheiten verlangt werden. [3]Der andere ist vor der Durchführung der Maßnahme zu hören. [4]§ 16 Abs. 3 Satz 5 gilt entsprechend.

(2) Absatz 1 findet auf Haltestellenbuchten und Wendeplätze für Kraftfahrzeuge, die der Personenbeförderung im Linienverkehr dienen, keine Anwendung.

(3) [1]Die Kosten der Absperrung und Kennzeichnung von Arbeitsstellen sowie anderer durch Arbeitsstellen auf oder neben der Straße veranlaßter Maßnahmen zur Sicherung des Straßenverkehrs trägt der Unternehmer oder der für die Arbeit Verantwortliche. [2]Absatz 1 Satz 2 gilt entsprechend. [3]Über die Leistungen nach Satz 1 entscheidet die Straßenbaubehörde.

§ 21 Sonstige Benutzung. (1) Die Einräumung von Rechten zu einer Benutzung von Straßen, die nicht Gemeingebrauch ist, richtet sich nach bürgerlichem Recht, wenn die Benutzung den Gemeingebrauch nicht beeinträchtigt oder der öffentlichen Versorgung oder der Abwasserbeseitigung dient; § 9 Abs. 4 bleibt unberührt.

(2) Soweit Ortsdurchfahrten nicht in der Straßenbaulast der Gemeinde stehen, hat der Träger der Straßenbaulast die Verlegung von Leitungen, die der öffentlichen Versorgung oder der Abwasserbeseitigung der Gemeinde dienen, auf Antrag der Gemeinde unentgeltlich zu gestatten, wenn die Verlegung in die in seiner Baulast stehenden Straßenteile erforderlich ist.

(3) § 20 bleibt unberührt.

4. Abschnitt

Anbau an öffentlichen Straßen und Veränderungssperre

§ 22 Anbaubeschränkungen. (1) [1]Außerhalb der zur Erschließung der anliegenden Grundstücke bestimmten Teilen der Ortsdurchfahrten dürfen

1. Hochbauten jeder Art

   a) längs der Landesstraßen in einer Entfernung bis zu 20 Meter,

   b) längs der Kreisstraßen in einer Entfernung bis zu 15 Meter,

   jeweils gemessen vom äußeren Rand der befestigten, für den Kraftfahrzeugverkehr bestimmten Fahrbahn,

2. bauliche Anlagen, die über Zufahrten oder Zugänge an Landesstraßen oder Kreisstraßen, die im wesentlichen von Einmündungen, höhengleichen Kreuzungen und Zufahrten frei sind, unmittelbar oder mittelbar angeschlossen werden sollen,

nicht errichtet werden. [2]Die untere Verwaltungsbehörde kann im Benehmen mit dem Straßenbauamt im Einzelfall Ausnahmen von diesem Verbot zulassen, wenn die Durchführung der Vorschrift im Einzelfall zu einer offenbar nicht beabsichtigten Härte führen würde und die Abweichung mit den öffentlichen Belangen vereinbar ist oder wenn Gründe des Wohls der Allgemeinheit die Abweichung erfordern.

(2) [1]Im übrigen bedürfen Baugenehmigungen oder nach anderen Vorschriften notwendige Genehmigungen der Zustimmung der unteren Verwaltungsbehörde, die im Benehmen mit dem Straßenbauamt entscheidet, wenn außerhalb der zur Erschließung der anliegenden Grundstücke bestimmten Teile der Ortsdurchfahrten

1. bauliche Anlagen

   a) längs der Landesstraßen in einer Entfernung bis zu 40 Meter,

   b) längs der Kreisstraßen in einer Entfernung bis zu 30 Meter,

   jeweils gemessen vom äußeren Rand der befestigten, für den Kraftfahrzeugverkehr bestimmten Fahrbahn, errichtet, erheblich geändert oder anders genutzt werden sollen,

2. wegen der Errichtung oder Änderung von baulichen Anlagen ein Grundstück eine unmittelbare oder mittelbare Zufahrt zu einer Landesstraße oder Kreisstraße erhalten soll oder die Änderung einer bestehenden Zufahrt zu einer solchen Straße erforderlich würde.

[2]Die Zustimmung darf nur versagt oder mit Bedingungen und Auflagen erteilt werden, soweit dies wegen der Sicherheit oder Leichtigkeit des Verkehrs, der Ausbauabsichten oder der Straßenbaugestaltung nötig ist.

(3) Die Belange nach Absatz 2 Satz 2 sind auch zu beachten bei der Entscheidung über Baugenehmigungen oder nach anderen Vorschriften notwendigen Genehmigungen für bauliche Anlagen innerhalb der zur

Erschließung der anliegenden Grundstücke bestimmten Teile der Ortsdurchfahrten längs der Landesstraßen und der Kreisstraßen in einer Entfernung bis zu 10 m, gemessen vom äußeren Rand der befestigten, für den Kraftfahrzeugverkehr bestimmten Fahrbahn.

(4) Bedürfen bauliche Anlagen in den Fällen des Absatzes 2 weder einer Baugenehmigung noch einer Genehmigung nach anderen Vorschriften, so tritt an die Stelle der Zustimmung die Genehmigung der unteren Verwaltungsbehörde, die im Benehmen mit dem Straßenbauamt entscheidet.

(5) [1]Anlagen der Außenwerbung im Sinne von § 2 Abs. 8 der Landesbauordnung stehen außerhalb der zur Erschließung der anliegenden Grundstücke bestimmten Teile der Ortsdurchfahrten den Hochbauten des Absatzes 1 und den baulichen Anlagen des Absatzes 2 gleich. [2]An Brücken über Landesstraßen und Kreisstraßen außerhalb dieser Teile der Ortsdurchfahrten dürfen Anlagen der Außenwerbung nicht angebracht werden. [3]Anlagen der Außenwerbung im Sinne dieser Vorschrift und im Sinne von § 9 Abs. 6 des Bundesfernstraßengesetzes sind auch Werbeanlagen in Form von Anschlägen.

(6) Die Absätze 1 bis 4 gelten nicht, soweit das Bauvorhaben den Festsetzungen eines Bebauungsplans entspricht, der mindestens die Begrenzung der Verkehrsflächen sowie die an diesen gelegenen überbaubaren Grundstücksflächen enthält und unter Mitwirkung des Trägers der Straßenbaulast zustandegekommen ist oder dem der Träger der Straßenbaulast nachträglich zugestimmt hat.

(7) [1]Die Gemeinden können durch Satzung bestimmen, daß die Absätze 1 bis 6 für bestimmte Gemeindeverbindungsstraßen entsprechend anzuwenden sind und daß Zufahrten zu solchen Straßen nur mit Zustimmung der Straßenbaubehörde angelegt werden dürfen; für die Zustimmung zur Anlegung einer Zufahrt gilt § 18 Abs. 2 Nr. 2 entsprechend. [2]Die Satzung kann auch geringere Abstände festsetzen. [3]Für die Erteilung von Ausnahmen, Genehmigungen oder Zustimmungen ist die Straßenbaubehörde zuständig.

(8) [1]Als bauliche Anlagen im Sinne dieses Gesetzes gelten auch die in der Landesbauordnung den baulichen Anlagen gleichgestellten Anlagen. [2]Dies gilt nicht für Aufschüttungen und Abgrabungen bis zu einem Meter Höhenunterschied gegenüber dem Gelände.

(9) Die Absätze 1 bis 8 gelten nicht für Anlagen der öffentlichen Versorgung und der Abwasserbeseitigung, welche die Sicht nicht behindern.

§ 23 Anbaubeschränkungen bei geplanten Straßen. Bei geplanten Straßen gelten die Beschränkungen des § 22 von der Auslegung der Pläne nach § 73 Abs. 3 Satz 1 des Landesverwaltungsverfahrensgesetzes oder von dem Zeitpunkt an, zu dem den Betroffenen nach § 73 Abs. 3 Satz 2 des Landesverwaltungsverfahrensgesetzes Gelegenheit gegeben wird, den Plan einzusehen.

§ 24 Entschädigung bei Anbaubeschränkungen. (1) Wird infolge der Anwendung der Bestimmungen der §§ 22 und 23 die bauliche Nutzung eines Grundstücks, auf deren Zulassung bisher ein Rechtsanspruch bestand, ganz oder teilweise aufgehoben, so kann der Eigentümer vom Träger der Straßenbaulast insoweit eine angemessene Entschädigung in Geld verlangen, als seine Vorbereitungen zur baulichen Nutzung des Grundstücks in dem bisher zulässigen Umfang für ihn an Wert verlieren oder eine wesentliche Wertminderung des Grundstücks eintritt.

(2) Im Falle des § 23 entsteht der Anspruch nach Absatz 1 erst, wenn der Plan rechtskräftig festgestellt oder mit der Ausführung begonnen worden ist, spätestens jedoch nach Ablauf von vier Jahren.

§ 25 Freihaltung der Sicht bei Kreuzungen und Einmündungen. (1) Bauliche Anlagen jeder Art dürfen außerhalb der geschlossenen Ortslage und außerhalb eines in einem Bebauungsplan festgesetzten Baugebiets nicht errichtet oder geändert werden, wenn dadurch

1. bei höhengleichen Kreuzungen von Straßen oder bei Straßeneinmündungen,

2. bei höhengleichen Kreuzungen von Straßen mit dem öffentlichen Verkehr dienenden Schienenbahnen

die Sicht behindert und die Verkehrssicherheit beeinträchtigt wird.

(2) Absatz 1 gilt nicht bei Kreuzungen von beschränkt öffentlichen Wegen untereinander.

(3) § 24 gilt entsprechend mit der Maßgabe, daß bei Kreuzungen und Einmündungen von Straßen verschiedener Straßengruppen die Entschädigung vom Träger der Straßenbaulast für die höher eingruppierte Straße zu leisten ist.

§ 26 Veränderungssperre. (1) [1]Von der Auslegung der Pläne im Planfeststellungsverfahren nach § 73 Abs. 3 Satz 1 des Landesverwaltungsverfahrensgesetzes oder von dem Zeitpunkt an, zu dem den Betroffenen nach § 73 Abs. 3 Satz 2 des Landesverwaltungsverfahrensgesetzes Gelegenheit gegeben wird, den Plan einzusehen, dürfen auf den vom Plan betroffenen Flächen bis zu ihrer Übernahme durch den Träger der Straßenbaulast wesentlich wertsteigernde oder den geplanten Straßenbau erheblich erschwerende Veränderungen nicht vorgenommen werden (Veränderungssperre). [2]Veränderungen, die in rechtlich zulässiger Weise vorher begonnen worden sind, Unterhaltungsarbeiten und die Fortführung einer bisher ausgeübten Nutzung werden hiervon nicht berührt.

(2) [1]Dauert die Veränderungssperre länger als vier Jahre, so können die Eigentümer für die dadurch entstehenden Vermögensnachteile vom Träger der Straßenbaulast eine angemessene Entschädigung in Geld verlangen. [2]Sie können ferner die Übernahme der vom Plan betroffenen Flächen verlangen, wenn es ihnen mit Rücksicht auf die Veränderungssperre wirt-

schaftlich nicht zuzumuten ist, die Grundstücke in der bisherigen oder einer anderen zulässigen Art zu nutzen. [3]Kommt keine Einigung über die Übernahme zustande, so können die Eigentümer die Entziehung des Eigentums an den Flächen verlangen. [4]Im übrigen gilt das Landesenteignungsgesetz.

(3) [1]Zur Sicherung der Planung neuer Landesstraßen und Kreisstraßen kann das Regierungspräsidium Planungsgebiete festlegen; soll sich die Planung auf mehrere Regierungsbezirke erstrecken, so ist das zuständige Regierungspräsidium vom Innenministerium zu bestimmen. [2]Für Planungsgebiete gilt Absatz 1 entsprechend. [3]Die Festlegung ist auf höchstens zwei Jahre zu befristen. [4]Die Frist kann, wenn besondere Umstände es erfordern, auf höchstens vier Jahre verlängert werden. [5]Die Festlegung tritt mit Beginn der Auslegung der Pläne im Planfeststellungsverfahren nach § 73 Abs. 3 Satz 1 des Landesverwaltungsverfahrensgesetzes außer Kraft. [6]Ihre Dauer ist auf die Vierjahres-Frist nach Absatz 2 anzurechnen.

(4) [1]Die Festlegung eines Planungsgebiets ist in den Gemeinden, deren Gebiet betroffen wird, auf Kosten des Trägers der Straßenbaulast öffentlich bekanntzumachen. [2]Planungsgebiete sind außerdem in Karten kenntlich zu machen, die in den Gemeinden während der Geltungsdauer der Festlegung zur Einsicht auszulegen sind.

(5) Die höhere Straßenbaubehörde kann in den Fällen der Absätze 1 und 3 Ausnahmen von der Veränderungssperre zulassen, wenn überwiegende Belange des Straßenbaues nicht entgegenstehen.

5. Abschnitt

Schutz der öffentlichen Straßen

§ 27 Schutzwaldungen. (1) Waldungen und Gehölze längs der Straße können von der Straßenbaubehörde im Einvernehmen mit dem zuständigen Forstamt insoweit zu Schutzwaldungen erklärt werden, als dies zum Schutz der Straße vor nachteiligen Einwirkungen der Natur, wie Schneeverwehungen, Steinschlag, Vermurungen, notwendig ist.

(2) [1]Die Schutzwaldungen sind vom Nutzungsberechtigten zu erhalten und den Schutzzwecken entsprechend zu bewirtschaften. [2]Die Überwachung obliegt den Forstämtern im Benehmen mit der Straßenbaubehörde.

(3) Der Nutzungsberechtigte kann vom Träger der Straßenbaulast insoweit eine angemessene Entschädigung in Geld verlangen, als ihm durch die Verpflichtung nach Absatz 2 Satz 1 Vermögensnachteile entstehen; § 39 bleibt unberührt.

§ 28 Schutzmaßnahmen. (1) [1]Die Eigentümer und Besitzer der der Straße benachbarten Grundstücke haben die zum Schutz der Straße vor nachteiligen Einwirkungen der Natur, wie Schneeverwehungen, Steinschlag, Vermurungen, Überschwemmungen, notwendigen Vorkehrungen zu dulden. [2]Die Straßenbaubehörde hat dem Betroffenen die Durchführung der Maßnahmen mindestens zwei Wochen vorher schriftlich anzuzeigen, es sei denn, daß Gefahr im Verzuge ist. [3]Der Betroffene ist berechtigt, die Maßnahmen im Einvernehmen mit der Straßenbaubehörde selbst durchzuführen.

(2) [1]Anpflanzungen und Zäune sowie Stapel, Haufen oder andere mit dem Grundstück nicht fest verbundene Einrichtungen dürfen nicht angelegt oder unterhalten werden, wenn sie die Sicherheit oder Leichtigkeit des Verkehrs beeinträchtigen. [2]Werden sie entgegen Satz 1 angelegt oder unterhalten, so sind sie auf schriftliches Verlangen der Straßenbaubehörde von dem nach Absatz 1 Verpflichteten binnen angemessener Frist zu beseitigen. [3]Nach Ablauf der Frist kann die Straßenbaubehörde die Anpflanzung oder Einrichtung auf Kosten des Betroffenen beseitigen oder beseitigen lassen. [4]Absatz 1 Satz 2 gilt entsprechend.

(3) [1]Dient ein der Straße benachbartes Grundstück anderen öffentlichen Zwecken, so ist in den Fällen der Absätze 1 und 2 auf seine Zweckbestimmung Rücksicht zu nehmen. [2]Die Straßenbaubehörde hat über etwa erforderliche Schutzmaßnahmen im Einvernehmen mit der für die Erhaltung der öffentlichen Zweckbestimmung des benachbarten Grundstücks zuständigen Behörde zu entscheiden; kommt das Einvernehmen nicht zustande, so entscheidet das Regierungspräsidium.

(4) [1]Der Betroffene kann in den Fällen des Absatzes 1 Satz 1 und 3 für die entstehenden Vermögensnachteile vom Träger der Straßenbaulast eine angemessene Entschädigung in Geld verlangen. [2]Das gleiche gilt, soweit Anpflanzungen entgegen den Erfordernissen einer ordnungsmäßigen Bewirtschaftung auf Grund von Absatz 2 Satz 1 nicht angelegt oder unterhalten werden dürfen und dem Betroffenen dadurch ein erheblicher Nachteil entsteht. [3]Bei Beseitigung von Einrichtungen im Sinne des Absatzes 2 Satz 1 gilt Satz 1 insoweit, als die Einrichtung beim Inkrafttreten dieses Gesetzes bereits vorhanden war oder die Voraussetzungen für ihre Beseitigung erst später infolge des Neubaues oder Umbaues einer Straße eingetreten sind. [4]§ 39 bleibt unberührt.

6. Abschnitt

Kreuzungen und Umleitungen

§ 29 Kreuzungen und Einmündungen öffentlicher Straßen. (1) [1]Kreuzungen im Sinne dieses Abschnitts sind Überschneidungen öffentlicher Straßen in gleicher Höhe sowie Überführungen und Unterführungen. [2]Einmündungen öffentlicher Straßen stehen den Kreuzungen gleich. [3]Münden mehrere Straßen an einer Stelle in eine andere Straße ein, so gelten diese Einmündungen als Kreuzung aller beteiligten Straßen.

(2) [1]Über den Bau sowie über Änderungen von Kreuzungen wird durch die Planfeststellung entschieden, wenn eine solche nach Maßgabe des § 37 durchgeführt wird. [2]Der Planfeststellungsbeschluß soll zugleich regeln, wer die Kosten für den Bau oder die Änderung der Kreuzung zu tragen und wer die Kreuzung zu unterhalten hat. [3]Die Sätze 1 und 2 gelten nicht, soweit eine Einigung unter den beteiligten Trägern der Straßenbaulast zustande gekommen ist.

(3) Ergänzungen an Kreuzungen sind wie Änderungen zu behandeln.

§ 30 Bau und Änderung von Kreuzungen. (1) [1]Beim Bau einer neuen Kreuzung hat der Träger der Straßenbaulast für die neu hinzugekommene Straße die Kosten der Kreuzung zu tragen. [2]Zu ihnen gehören auch die Kosten der Änderung, die durch die neue Kreuzung an den anderen öffentlichen Straßen unter Berücksichtigung der übersehbaren Verkehrsentwicklung notwendig sind. [3]Die Änderung einer bestehenden Kreuzung ist als neue Kreuzung zu behandeln, wenn ein öffentlicher Weg, der nach der Beschaffenheit seiner Fahrbahn nicht geeignet und nicht dazu bestimmt war, einen allgemeinen Kraftfahrzeugverkehr aufzunehmen, zu einer diesem Verkehr dienenden Straße ausgebaut wird.

(2) Werden mehrere Straßen gleichzeitig neu angelegt oder an bestehenden Kreuzungen Anschlußstellen neu geschaffen, so haben die Träger der Straßenbaulast die Kosten der Kreuzung im Verhältnis der Fahrbahnbreiten der an der Kreuzung beteiligten Straßenäste zu tragen.

(3) Wird eine höhenungleiche Kreuzung geändert, so fallen die dadurch entstehenden Kosten

1. demjenigen Träger der Straßenbaulast zur Last, der die Änderung verlangt oder hätte verlangen müssen,

2. den beteiligten Trägern der Straßenbaulast zur Last, die die Änderung verlangen oder hätten verlangen müssen, und zwar im Verhältnis der Fahrbahnbreiten der an der Kreuzung beteiligten Straßenäste nach der Änderung.

(4) [1]Wird eine höhengleiche Kreuzung geändert, so gilt für die dadurch entstehenden Kosten der Änderung Absatz 2. [2]Beträgt der durchschnittliche tägliche Verkehr mit Kraftfahrzeugen auf einem der an der Kreuzung beteiligten Straßenäste nicht mehr als 20 vom Hundert des Verkehrs auf anderen beteiligten Straßenästen, so haben die Träger der Straßenbaulast der verkehrsstärkeren Straßenäste im Verhältnis der Fahrbahnbreiten den Anteil der Änderungskosten mitzutragen, der auf den Träger der Straßenbaulast des verkehrsschwächeren Straßenastes entfallen würde.

(5) Bei der Bemessung der Fahrbahnbreiten sind die Rad- und Gehwege, die Trennstreifen und befestigten Seitenstreifen einzubeziehen.

§ 31 Unterhaltung der Straßenkreuzungen. (1) Bei höhengleichen Kreuzungen hat der Träger der Straßenbaulast für die Straße höherer Verkehrsbedeutung (§ 3 Abs. 1) die Kreuzung zu unterhalten.

(2) Bei Über- oder Unterführungen hat der Träger der Straßenbaulast für die Straße höherer Verkehrsbedeutung das Kreuzungsbauwerk zu unterhalten; die übrigen Teile der Kreuzung hat der Träger der Straßenbaulast für die Straße, zu der sie gehören, zu unterhalten.

(3) [1]In den Fällen des § 30 Abs. 1 hat der Träger der Straßenbaulast der neu hinzukommenden Straße dem Träger der Straßenbaulast der vorhandenen Straße die Mehrkosten für die Unterhaltung zu erstatten, die ihm durch die Regelung nach den Absätzen 1 und 2 entstehen. [2]Die Mehrkosten sind auf Verlangen eines Beteiligten abzulösen.

(4) Bei Kreuzungen von Straßen der gleichen Straßengruppe, die in der Baulast verschiedener Träger stehen, hat jeder Träger der Straßenbaulast diejenigen Teile der Kreuzung zu unterhalten, die zu der in seiner Baulast stehenden Straße gehören.

(5) Die Unterhaltung umfaßt die Wiederherstellung und die Erneuerung einer Kreuzung.

(6) Im Falle der Änderung, der Wiederherstellung sowie der Erneuerung einer Kreuzung werden Ausgleichsansprüche über die Kosten der Unterhaltung zwischen den beteiligten Trägern der Straßenbaulast nicht begründet.

(7) Abweichende Vereinbarungen sind zulässig.

§ 32 Kreuzungen mit Gewässern. (1) [1]Werden Straßen neu angelegt oder ausgebaut und müssen dazu Kreuzungen mit Gewässern (Brücken oder Unterführungen) hergestellt oder bestehende Kreuzungen geändert werden, so hat der Träger der Straßenbaulast die dadurch entstehenden Kosten zu tragen. [2]Die Kreuzungsanlagen sind so auszuführen, daß unter Berücksichtigung der übersehbaren Entwicklung der wasserwirtschaftlichen Verhältnisse der Wasserabfluß nicht nachteilig beeinflußt wird.

(2) [1]Werden Gewässer ausgebaut (§ 31 des Wasserhaushaltsgesetzes) und werden dazu Kreuzungen mit Straßen hergestellt oder bestehende Kreuzungen geändert, so hat der Träger des Ausbauvorhabens die dadurch entstehenden Kosten zu tragen. [2]Wird eine neue Kreuzung erforderlich, weil ein Gewässer hergestellt wird, so ist die übersehbare Verkehrsentwicklung auf der Straße zu berücksichtigen. [3]Wird die Herstellung oder Änderung einer Kreuzung erforderlich, weil das Gewässer wesentlich umgestaltet wird, so sind die gegenwärtigen Verkehrsbedürfnisse zu berücksichtigen. [4]Verlangt der Träger der Straßenbaulast weitergehende Änderungen, so hat er die Mehrkosten hierfür zu tragen.

(3) Wird eine Straße neu angelegt und wird gleichzeitig ein Gewässer hergestellt oder aus anderen als straßenbaulichen Gründen wesentlich umgestaltet, so daß eine Kreuzung entsteht, so haben die Träger der Straßenbaulast und der Unternehmer des Gewässerausbaus die Kosten der Kreuzung je zur Hälfte zu tragen.

(4) Werden eine Straße und ein Gewässer gleichzeitig ausgebaut und

wird infolgedessen eine bestehende Kreuzungsanlage geändert oder durch einen Neubau ersetzt, so haben der Träger des Gewässerausbaus und der Träger der Straßenbaulast die dadurch entstehenden Kosten für die Kreuzungsanlage in dem Verhältnis zu tragen, in dem die Kosten bei getrennter Durchführung der Maßnahme zueinander stehen würden.

(5) Kommt über die Kreuzungsmaßnahme oder ihre Kosten keine Einigung zustande, so ist darüber durch Planfeststellung zu entscheiden.

§ 33 Unterhaltung der Kreuzungen mit Gewässern. (1) [1]Der Träger der Straßenbaulast hat die Kreuzungsanlage von Straßen und Gewässern auf seine Kosten zu unterhalten, soweit nichts anderes vereinbart oder durch Planfeststellung bestimmt wird. [2]Die Unterhaltungspflicht des Trägers der Straßenbaulast erstreckt sich nicht auf Leitwerke, Leitpfähle, Dalben, Absetzpfähle oder ähnliche Einrichtungen zur Sicherung der Durchfahrt unter Brücken im Zuge von Straßen für die Schiffahrt sowie auf Schiffahrtszeichen. [3]Soweit diese Einrichtungen auf Kosten des Trägers der Straßenbaulast herzustellen waren, hat dieser dem Unterhaltungspflichtigen die Unterhaltungskosten und die Kosten des Betriebs dieser Einrichtungen zu ersetzen oder abzulösen.

(2) [1]Wird im Falle des § 32 Abs. 2 eine neue Kreuzung hergestellt, so hat der Träger des Ausbauvorhabens die Mehrkosten für die Unterhaltung und den Betrieb der Kreuzungsanlage zu erstatten oder abzulösen. [2]Ersparte Unterhaltungskosten für den Fortfall vorhandener Kreuzungsanlagen sind anzurechnen.

(3) Die Absätze 1 und 2 gelten nicht, wenn am 1. Juli 1987 die Tragung der Kosten auf Grund eines bestehenden Rechts anders geregelt ist.

§ 34 Verordnungsermächtigung. (1) Das Innenministerium kann durch Rechtsverordnung näher bestimmen

1. den Umfang der Kosten nach §§ 30 und 32;

2. welche Straßenanlagen zur Kreuzungsanlage und welche Teile einer Kreuzung nach § 31 Abs. 2 und 3 zu der einen oder der anderen Straße gehören;

3. welche Anlagen einer Straße oder eines Gewässers zur Kreuzungsanlage nach § 32 gehören;

4. die Berechnung und die Zahlung von Ablösebeträgen nach § 31 Abs. 3 und nach § 33 Abs. 2.

(2) Rechtsverordnungen nach Absatz 1 ergehen im Einvernehmen mit dem Ministerium für Umwelt, soweit sie Kreuzungen mit Gewässern betreffen.

§ 35 Umleitungen. (1) [1]Bei vorübergehenden Verkehrsbeschränkungen auf einer Straße nach Maßgabe des § 14 Abs. 1 sind die Träger der Straßenbaulast anderer öffentlicher Straßen verpflichtet, die Umleitung des Verkehrs auf ihre Straßen zu dulden und die zur Aufnahme des zusätzlichen Verkehrs erforderlichen Maßnahmen zu treffen. [2]Der Träger der Straßenbaulast für die Umleitungsstrecke kann jedoch verlangen, daß der andere Träger der Straßenbaulast die erforderlichen Maßnahmen für ihn durchführt.

(2) [1]Vor Anordnung der Verkehrsbeschränkung hat die Straßenbaubehörde die Straßenverkehrsbehörde und den Träger der Straßenbaulast für die Umleitungsstrecke zu hören. [2]Dabei ist festzustellen, welche Maßnahmen notwendig sind, um die Umleitungsstrecke für die Aufnahme des zusätzlichen Verkehrs verkehrssicher zu machen. [3]Die notwendigen Mehraufwendungen sind dem Träger der Straßenbaulast für die Umleitungsstrecke zu erstatten. [4]Das gleiche gilt für Aufwendungen, die dieser zur Beseitigung wesentlicher durch die Umleitung verursachter Schäden an der Umleitungsstrecke machen muß.

(3) [1]Muß der Verkehr ganz oder teilweise über private Wege umgeleitet werden, die dem öffentlichen Verkehr dienen, so ist der Eigentümer zur Duldung der Umleitung auf schriftliche Anforderung durch die Straßenbaubehörde verpflichtet. [2]Absatz 2 gilt entsprechend mit der Maßgabe, daß der Träger der Straßenbaulast auf Antrag des Eigentümers an Stelle eines Ersatzes der in Satz 4 genannten Aufwendungen den früheren Zustand des Weges wiederherzustellen hat.

(4) Die Absätze 1 bis 3 gelten entsprechend, wenn eine neue Landesstraße oder Kreisstraße vorübergehend über andere dem öffentlichen Verkehr dienende Straßen oder Wege an das Straßennetz angeschlossen werden soll.

7. Abschnitt

Planung, Planfeststellung und Enteignung

§ 36 Planung. [1]Von örtlichen und überörtlichen Planungen, die den Bau oder die Änderung von Straßen zur Folge haben können, sind die Straßenbaubehörden von den Planungsträgern rechtzeitig zu unterrichten. [2]Von Straßenplanungen, die die Änderung von Bauleitplänen zur Folge haben können, sind die für die Bauleitplanung zuständigen Planungsträger von den Straßenbaubehörden rechtzeitig zu unterrichten. [3]Von allen die Raumordnung des Landes beeinflussenden Straßenplanungen ist die höhere Landesplanungsbehörde von den Straßenbaubehörden rechtzeitig zu unterrichten. [4]Weitergehende Rechtsvorschriften bleiben unberührt.

§ 37 Planfeststellung. (1) [1]Landesstraßen dürfen nur gebaut oder geändert werden, wenn der Plan vorher festgestellt ist. [2]Für den Bau oder die Änderung von anderen Straßen und Wegen kann auf Antrag des Trägers der Straßenbaulast ein Planfeststellungsverfahren durchgeführt werden;

dies gilt nicht, soweit ein beschränkt öffentlicher Weg in ein Flurbereinigungsverfahren einbezogen ist.

(2) ¹Die Planfeststellung entfällt bei Änderungen oder Erweiterungen von unwesentlicher Bedeutung. ²Fälle von unwesentlicher Bedeutung liegen insbesondere vor, wenn

1. andere öffentliche Belange nicht berührt sind und
2. Rechte anderer nicht beeinflußt oder mit den vom Plan Betroffenen entsprechende Vereinbarungen getroffen werden.

(3) Bebauungspläne nach § 9 des Baugesetzbuches ersetzen die Planfeststellung nach Absatz 1.

(4) Bei der Planfeststellung sind die von dem Vorhaben berührten öffentlichen und privaten Belange abzuwägen.

(5) Auch wenn für Gemeindeverbindungsstraßen und Kreisstraßen von einem Planfeststellungsverfahren nach Absatz 1 Satz 2 abgesehen wird, soll der Träger der Straßenbaulast, soweit erforderlich, landschaftspflegerische Begleitmaßnahmen durchführen.

(6) In der Planfeststellung kann im Rahmen der Gesamtplanung zugleich auch über den Bau, die Änderung oder den Wegfall anderer öffentlicher Straßen entschieden werden.

(7) ¹Anhörungsbehörde und Planfeststellungsbehörde ist das Regierungspräsidium. ²Soll sich der Plan auf mehrere Regierungsbezirke erstrecken, so wird das zuständige Regierungspräsidium von der obersten Straßenbaubehörde bestimmt.

§ 38 Planfeststellungsbeschluß. (1) ¹Im Planfeststellungsbeschluß sind dem Träger der Straßenbaulast die Errichtung und die Unterhaltung der Anlagen aufzuerlegen, die für das öffentliche Wohl oder zur Sicherung der Benutzung der benachbarten Grundstücke gegen Gefahren, erhebliche Nachteile oder erhebliche Belästigungen notwendig sind. ²Sind solche Anlagen mit dem Vorhaben unvereinbar oder stehen ihre Kosten außer Verhältnis zu dem angestrebten Schutzzweck, so hat der Betroffene gegen den Träger der Straßenbaulast Anspruch auf angemessene Entschädigung in Geld.

(2) ¹Der Planfeststellungsbeschluß ist dem Träger der Straßenbaulast und den Beteiligten, über deren Einwendungen entschieden wird, zuzustellen. ²Im übrigen bleibt § 74 Abs. 4 des Landesverwaltungsverfahrensgesetzes unberührt.

(3) ¹Wird mit der Durchführung des Plans nicht innerhalb von acht Jahren nach Eintritt der Unanfechtbarkeit begonnen, so tritt er außer Kraft, es sei denn, er wird vorher von der Planfeststellungsbehörde um höchstens fünf Jahre verlängert. ²Vor der Entscheidung über die Verlängerung ist ein Anhörungsverfahren durchzuführen. ³§ 73 des Landesverwaltungsverfahrensgesetzes findet entsprechende Anwendung mit der Maßgabe, daß sich

die Einwendungsmöglichkeiten und die Erörterung auf die vorgesehene Verlängerung beschränken; hierauf ist in der Bekanntmachung hinzuweisen. [4]Für die Zustellung und Auslegung sowie für die Anfechtung der Entscheidung über die Verlängerung sind die Bestimmungen über den Planfeststellungsbeschluß entsprechend anzuwenden.

§ 39 Planfeststellung für Schutzmaßnahmen. [1]Werden wegen Veränderungen auf Grundstücken, die der Straße benachbart sind, Anlagen oder Vorkehrungen zur Sicherung des Verkehrs notwendig, so kann ein Planfeststellungsverfahren durchgeführt werden. [2]Der Träger der Straßenbaulast kann durch Beschluß der Planfeststellungsbehörde zur Durchführung der erforderlichen Maßnahmen verpflichtet werden. [3]Die entstehenden Kosten sind im Planfeststellungsbeschluß den Eigentümern der benachbarten Grundstücke aufzuerlegen, es sei denn, daß die Änderungen durch natürliche Ereignisse oder höhere Gewalt verursacht worden sind. [4]Die Eigentümer können die erforderlichen Maßnahmen im Einvernehmen mit dem Träger der Straßenbaulast auch selbst durchführen.

§ 40 Enteignung. Die Enteignung zugunsten eines Trägers der Straßenbaulast ist zulässig, wenn für das Vorhaben ein Plan gemäß § 38 festgestellt und dieser vollziehbar ist.

8. Abschnitt
Beleuchtung und Reinhaltung der öffentlichen Straßen

§ 41 Beleuchtungs-, Reinigungs-, Räum- und Streupflicht. (1) [1]Den Gemeinden obliegt es im Rahmen des Zumutbaren als öffentlich-rechtliche Pflicht, Straßen innerhalb der geschlossenen Ortslage einschließlich der Ortsdurchfahrten zu beleuchten, zu reinigen, bei Schneeanhäufungen zu räumen sowie bei Schnee- und Eisglätte zu bestreuen, soweit dies aus polizeilichen Gründen geboten ist; dies gilt auch für Ortsdurchfahrten im Zuge von Bundesstraßen. [2]Dabei ist der Einsatz von Auftausalzen und anderen Mitteln, die sich umweltschädlich auswirken können, so gering wie möglich zu halten. [3]Die Straßenbauämter unterstützen die Gemeinden ohne Anspruch auf Kostenersatz bei der Erfüllung der sich aus Satz 1 ergebenden Verpflichtungen zur Schneeräumung und zum Bestreuen der nicht in der Straßenbaulast der Gemeinden stehenden Ortsdurchfahrten nach besten Kräften.

(2) [1]Die Verpflichtungen nach Absatz 1, ausgenommen die Verpflichtung zur Beleuchtung, können für Gehwege durch Satzung den Straßenanliegern ganz oder teilweise auferlegt werden. [2]Dasselbe gilt für

1. entsprechende Flächen am Rande der Fahrbahn, falls Gehwege auf keiner Straßenseite vorhanden sind,
2. entsprechende, in der Satzung bestimmte Flächen von Fußgängerbereichen oder verkehrsberuhigten Bereichen,

3. gemeinsame Rad- und Gehwege,

4. Friedhof-, Kirch- und Schulwege sowie Wander- und sonstige Fußwege.

[3]Ist nur auf einer Straßenseite ein Gehweg vorhanden, kann durch Satzung auch dem Anlieger der gegenüberliegenden Straßenseite teilweise die Verpflichtung nach Satz 1 auferlegt werden.

(3) [1]Absatz 2 gilt nicht für die Eigentümer des Bettes öffentlicher Gewässer. [2]Für die Unternehmer von Eisenbahnen des öffentlichen Verkehrs und von Straßenbahnen gilt Absatz 2 nur insoweit, als auf den ihren Zwecken dienenden Grundstücken Gebäude stehen, die einen unmittelbaren Zugang zu der Straße haben, oder es sich um Grundstücke handelt, die nicht unmittelbar dem öffentlichen Verkehr dienen.

(4) In der Satzung nach Absatz 2 kann die Verwendung von Auftausalzen und anderen Mitteln, die sich umweltschädlich auswirken können, eingeschränkt oder ausgeschlossen werden.

(5) [1]Wenn die Gemeinde die ihr nach Absatz 1 obliegenden Verpflichtungen, ausgenommen die Verpflichtung zur Beleuchtung, selbst erfüllt, kann sie von den Straßenanliegern insoweit Gebühren erheben, als sie nach Absatz 2 berechtigt ist, ihre Verpflichtungen den Straßenanliegern aufzuerlegen. [2]Für diese Gebühren gelten die Vorschriften über die Benutzungsgebühren entsprechend.

(6) Als Straßenanlieger im Sinne der Absätze 2, 3 und 5 gelten auch die Eigentümer und Besitzer solcher Grundstücke, die von der Straße durch eine im Eigentum der Gemeinde oder des Trägers der Straßenbaulast stehende unbebaute Fläche getrennt sind, wenn der Abstand zwischen Grundstücksgrenze und Straße nicht mehr als 10 Meter, bei besonders breiten Straßen nicht mehr als die Hälfte der Straßenbreite beträgt.

§ 42 Beseitigung von Verunreinigungen und Gegenständen. [1]Wer eine Straße über das übliche Maß hinaus verunreinigt, hat die Verunreinigung ohne Aufforderung unverzüglich zu beseitigen. [2]Werden entgegen dieser Bestimmung oder entgegen den Vorschriften der Straßenverkehrsordnung Gegenstände oder Verunreinigungen von dem hierfür Verantwortlichen nicht unverzüglich beseitigt oder ist dieser zu einer alsbaldigen Beseitigung nicht in der Lage, so kann die Straßenbaubehörde, in den Ortsdurchfahrten die Gemeinde, die Gegenstände auf Kosten des Verantwortlichen beseitigen oder beseitigen lassen.

ZWEITER TEIL

Träger der Straßenbaulast

§ 43 Träger der Straßenbaulast für Landesstraßen und Kreisstraßen. (1) Träger der Straßenbaulast für die Landesstraßen ist das Land.

(2) Träger der Straßenbaulast für die Kreisstraßen sind die Landkreise und die Stadtkreise.

(3) [1]Die Gemeinden mit mehr als 30 000 Einwohnern sind Träger der Straßenbaulast für Ortsdurchfahrten im Zuge von Landesstraßen und Kreisstraßen. [2]Maßgebend ist die bei der jeweils letzten Volkszählung festgestellte Einwohnerzahl. [3]Die Straßenbaulast geht mit Beginn des dritten Rechnungsjahres nach dem Jahr, in dem die Volkszählung stattgefunden hat, auf den neuen Träger über.

(4) Die übrigen Gemeinden sind Träger der Straßenbaulast für Gehwege und Parkplätze in den Ortsdurchfahrten.

(5) [1]Richtet eine Gemeinde eine Abwasseranlage ein, die auch das in einer Ortsdurchfahrt auf der Fahrbahn anfallende Oberflächenwasser aufnimmt, so hat sich der Träger der Straßenbaulast an den Kosten der Herstellung und einer Erneuerung zu beteiligen; für die Inanspruchnahme der Abwasseranlage sind Gebühren nicht zu erheben. [2]Die Beteiligung bemißt sich nach den Kosten, die dem Träger der Straßenbaulast entstehen würden, wenn er eine eigene Anlage zur Entwässerung der Fahrbahn herstellen oder erneuern würde.

§ 44 Träger der Straßenbaulast für Gemeindestraßen. Träger der Straßenbaulast für die Gemeindestraßen sind die Gemeinden.

§ 45 Straßenbaulast Dritter. (1) [1]Die Straßenbaulast kann abweichend von § 43 Abs. 1 bis 4 und § 44 durch öffentlich-rechtlichen Vertrag einem anderen übertragen werden. [2]§ 43 Abs. 1 bis 4 und § 44 gelten ferner nicht, soweit die Straßenbaulast nach anderen gesetzlichen Vorschriften oder auf Grund von bei Inkrafttreten dieses Gesetzes bestehenden öffentlich-rechtlichen Verpflichtungen einem anderen Träger obliegt oder sie durch Verwaltungsakt einem anderen Träger auferlegt wird.

(2) Bürgerlich-rechtliche Verpflichtungen Dritter zur Erfüllung von Aufgaben, die sich aus der Straßenbaulast ergeben, lassen die Straßenbaulast als solche unberührt.

(3) [1]Der in den § 43 Abs. 1 bis 4 und § 44 bestimmte Träger der Straßenbaulast ist bei gegenwärtiger erheblicher Gefahr für die Verkehrssicherheit auch in den Fällen des Absatzes 1 berechtigt und verpflichtet, auf Kosten des Dritten alle zur Abwendung der Gefahr erforderlichen Maßnahmen zu treffen; dies gilt nicht, wenn die Straßenbaulast auf eine der in den § 43 Abs. 1 bis 4 und § 44 genannten Körperschaften oder auf einen Zweckverband übertragen wird. [2]Der Dritte ist tunlichst vorher zu verständigen.

§ 46 Übertragung der Straßenbaulast bei Leistungsunfähigkeit. Erweist sich in den Fällen des § 45 Abs. 1 der andere zur Erfüllung der ihm aus der Straßenbaulast erwachsenden Verpflichtungen auf die Dauer außerstande, so kann die Straßenaufsichtsbehörde, bei Landesstraßen das Regierungspräsidium, die Straßenbaulast entsprechend der Eingruppierung der Straße auf das Land, den Landkreis oder die Gemeinde übertragen, wenn dies aus Gründen des Wohls der Allgemeinheit geboten ist.

§ 47 Unterhaltung der Gehwege an Ortsstraßen und Ortsdurchfahrten. Die Gemeinden können die Unterhaltung von Gehwegen an Ortsstraßen und Ortsdurchfahrten einschließlich der Ortsdurchfahrten im Zuge von Bundesstraßen durch Satzung den Eigentümern oder Erbbauberechtigten der durch die Straße erschlossenen bebauten, bebaubaren oder gewerblich genutzten Grundstücke auferlegen oder von diesen zur Deckung des Aufwands für die Unterhaltung der Gehwege Beiträge erheben; dies gilt nicht, soweit Gehwege zum Parken benutzt werden dürfen.

DRITTER TEIL

Aufsicht und Zuständigkeit

§ 48 Straßenaufsicht. (1) Die Erfüllung der den Trägern der Straßenbaulast obliegenden Aufgaben aus der Straßenbaulast wird, soweit diese nicht dem Land obliegt, durch die Straßenaufsicht überwacht.

(2) [1]Die Landkreise, die Gemeinden und die Zweckverbände unterliegen nur der Rechtsaufsicht. [2]Dies gilt auch, wenn die Straßenbaulast durch öffentlich-rechtlichen Vertrag nach § 45 Abs. 1 übernommen wird.

(3) [1]Ist ein anderer als das Land oder eine der in Absatz 2 genannten Körperschaften Träger der Straßenbaulast, so ist er bei der Wahrnehmung der sich aus der Straßenbaulast ergebenden Aufgaben in vollem Umfang an die Weisungen der Straßenaufsichtsbehörde gebunden. [2]Kommt er diesen Weisungen innerhalb einer ihm gesetzten angemessenen Frist nicht nach, so kann die Straßenaufsichtsbehörde die notwendigen Maßnahmen auf seine Kosten treffen oder treffen lassen.

§ 49 Straßenaufsichtsbehörden. (1) Straßenaufsichtsbehörden für die Landkreise, die Gemeinden und die Zweckverbände sind die Rechtsaufsichtsbehörden.

(2) Ist ein anderer als das Land oder eine der in Absatz 1 genannten Körperschaften Träger der Straßenbaulast, so sind Straßenaufsichtsbehörden bei Landesstraßen, bei Kreisstraßen und bei Gemeindestraßen in den Stadtkreisen und Großen Kreisstädten die Regierungspräsidien, bei Gemeindestraßen in den übrigen Gemeinden die Landratsämter als untere Verwaltungsbehörden.

§ 50 Straßenbaubehörden. (1) Oberste Straßenbaubehörde ist das Innenministerium, für die öffentlichen Feld- und Waldwege das Ministerium Ländlicher Raum.

(2) Höhere Straßenbaubehörden sind die Regierungspräsidien.

(3) Straßenbaubehörden sind

1. für die Landesstraßen

   a) die Straßenbauämter, soweit dem Land die Straßenbaulast obliegt;

   b) die Gemeinden, soweit den Gemeinden die Straßenbaulast obliegt;

2. für die Kreisstraßen

   a) die Landratsämter, soweit den Landkreisen die Straßenbaulast obliegt;

   b) die Gemeinden, soweit den Gemeinden die Straßenbaulast obliegt;

3. für die Gemeindestraßen die Gemeinden.

(4) Ist ein anderer als das Land, ein Landkreis oder eine Gemeinde Träger der Straßenbaulast, so werden die Aufgaben der Straßenbaubehörde von der Straßenaufsichtsbehörde und, sofern Träger der Straßenbaulast eine Körperschaft, Anstalt oder Stiftung des öffentlichen Rechts ist, von dieser wahrgenommen; § 5 Abs. 2 Satz 2 und § 7 Abs. 2 Satz 2 bleiben unberührt.

§ 51 Verwaltung der Kreisstraßen. (1) [1]Soweit die Straßenbaulast für die Kreisstraßen den Landkreisen obliegt, bestimmen sie über die Straßenplanung sowie über die Bereitstellung und Bewirtschaftung der für den Bau und die Unterhaltung der Kreisstraßen erforderlichen Mittel. [2]Die Landkreise können Bauentwürfe für Kreisstraßen durch private Ingenieure erstellen lassen. [3]Die technische Verwaltung der Kreisstraßen wird von den Straßenbauämtern ausgeübt.

(2) [1]Die Kosten für die technische Verwaltung nach Absatz 1 Satz 3 trägt das Land. [2]Für die zur Unterhaltung dieser Straßen erforderlichen Straßenwärter und deren Hilfskräfte gilt § 46 der Landkreisordnung. [3]In dringenden Fällen, insbesondere zur Beseitigung von Notständen, kann das Straßenbauamt vorübergehend staatliche Arbeitskräfte gegen Kostenersatz zur Verfügung stellen oder auf Rechnung des Landkreises vorübergehend Arbeiter einstellen. [4]Wenn eine Zustimmung des Landkreises hierzu nicht eingeholt werden kann, ist der Landkreis unverzüglich zu unterrichten.

(3) [1]Das Innenministerium wird ermächtigt, durch Rechtsverordnung den Umfang der technischen Verwaltung nach Absatz 1 Satz 3 näher zu bestimmen; es kann dabei Vorschriften über das Zusammenwirken der für die technische Verwaltung zuständigen Behörde mit der sonst zuständigen Straßenbaubehörde erlassen. [2]Die für die technische Verwaltung zuständige Behörde nimmt in dem durch die Rechtsverordnung nach Satz 1 bestimmten Umfang die Aufgaben der Straßenbehörde wahr.

§ 52 Wahrnehmung technischer Aufgaben bei Gemeindestraßen. (1) [1]Die Straßenbauämter können durch Vereinbarung mit einer Gemeinde die technische Verwaltung von dem allgemeinen Kraftfahrzeugverkehr dienenden Gemeindestraßen übernehmen, soweit dadurch eine Beeinträchtigung ihrer sonstigen Aufgaben nicht zu erwarten ist; die Vereinbarung bedarf der Zustimmung des Regierungspräsidiums. ²Die Straßenbauämter nehmen in dem durch die Vereinbarung nach Satz 1 bestimmten Umfang ie Aufgaben der Straßenbaubehörde wahr.

(2) Vorschriften, die die Zuständigkeit für die Betreuung beim Bau und bei der Unterhaltung öffentlicher Feld- und Waldwege abweichend von den Vorschriften dieses Gesetzes regeln, bleiben unberührt.

§ 53 Technische Verwaltung der Ortsdurchfahrten. ¹Das Regierungspräsidium kann die technische Verwaltung der Ortsdurchfahrten, soweit diese in der Straßenbaulast des Bundes, des Landes oder eines Landkreises stehen, ganz oder teilweise durch Vereinbarung der Gemeinde übertragen, wenn diese die technischen und personellen Voraussetzungen hierfür erfüllt; bei einer Kreisstraße bedarf die Vereinbarung der Zustimmung des Landkreises. ²Die Gemeinden nehmen in dem durch die Vereinbarung nach Satz 1 bestimmten Umfang die Aufgaben der Straßenbaubehörde wahr.

VIERTER TEIL

Ordnungswidrigkeiten, Übergangs- und Schlußbestimmungen

1. Abschnitt

Ordnungswidrigkeiten

§ 54 (1) Ordnungswidrig handelt, wer

1. vorsätzlich oder fahrlässig entgegen § 16 Abs. 1 ohne Erlaubnis eine Straße benutzt, einer mit der Erlaubnis verbundenen vollziehbaren Auflage oder der Unterhaltungspflicht nach § 16 Abs. 3 Satz 1 zuwiderhandelt,

2. entgegen den §§ 22, 23 oder 25 eine Anlage errichtet oder wesentlich verändert, einer im Rahmen des § 22 Abs. 1 und 2 erteilten vollziehbaren Auflage oder einer auf Grund von § 22 Abs. 7 erlassenen Satzung zuwiderhandelt, soweit die Satzung für einen bestimmten Tatbestand auf diese Bußgeldvorschrift verweist,

3. als Nutzungsberechtigter entgegen § 27 Abs. 2 Satz 1 eine Schutzwaldung nicht erhält oder nicht den Schutzzwecken entsprechend bewirtschaftet,

4. eine von der Straßenbaubehörde nach § 28 Abs. 1 Satz 1 angelegte Einrichtung unbefugt beseitigt oder unbrauchbar macht oder entgegen § 28 Abs. 2 Satz 1 die Sicherheit oder Leichtigkeit des Verkehrs beeinträchtigt,

5. vorsätzlich oder fahrlässig einer Satzung nach § 41 Abs. 2 oder 4 zuwiderhandelt, soweit die Satzung für einen bestimmten Tatbestand auf diese Bußgeldvorschrift verweist,

6. vorsätzlich oder fahrlässig eine von ihm verursachte Verunreinigung im Sinne des § 42 nicht unverzüglich beseitigt.

(2) die Ordnungswidrigkeit kann mit einer Geldbuße bis zu 1 000 Deutsche Mark, in den Fällen des Absatzes 1 Nr. 2 mit einer Geldbuße bis zu 10 000 Deutsche Mark geahndet werden.

(3) Verwaltungsbehörde im Sinne des § 36 Abs. 1 Nr. 1 des Gesetzes über Ordnungswidrigkeiten ist

1. die Gemeinde bei Ordnungswidrigkeiten nach

a) Absatz 1 Nr. 1, soweit es sich um Gemeindestraßen handelt oder die Gemeinde für die Entscheidung über die Sondernutzung zuständig ist,

b) Absatz 1 Nr. 2, soweit es sich um Verstöße gegen eine Satzung handelt,

c) Absatz 1 Nr. 5 und

d) Absatz 1 Nr. 6, soweit es sich um Gemeindestraßen oder Ortsdurchfahrten von Kreis- und Landesstraßen handelt,

2. im übrigen die untere Verwaltungsbehörde.

2. Abschnitt

Übergangs- und Schlußbestimmungen

§ 55 Widmung von Feldwegen. [1]Die der Bewirtschaftung von Feldgrundstücken dienenden Wege, die bei Inkrafttreten dieses Gesetzes nicht öffentliche Wege sind, sind von der Gemeinde in angemessener Zeit, wo Flurbereinigungsverfahren zu erwarten sind, nicht vor deren Durchführung, einem beschränkten öffentlichen Verkehr zu widmen, wenn sie nicht nur dem Verkehrsbedürfnis einzelner Grundstückseigentümer dienen oder wenn öffentliche Förderungsmittel für den Bau oder die Unterhaltung solcher Wege verwendet werden. [2]§ 11 Abs. 2 und 3 gilt entsprechend.

§ 56 Unterhaltung bestehender Böschungen und Stützmauern. (1) [1]Soweit Böschungen und Stützmauern, die zum Schutz der Straße und zugleich für die ordnungsmäßige Nutzung eines angrenzenden Grundstücks notwendig sind, bei Inkrafttreten dieses Gesetzes nicht im Eigentum des Trägers der Straßenbaulast stehen und dieser zum Erwerb des Eigentums auf Grund von § 12 Abs. 5 nicht verpflichtet ist, sind sie weiterhin von demjenigen zu unterhalten, der bisher zu ihrer Unterhaltung verpflichtet war. [2]Abweichende Vereinbarungen sind zulässig.

(2) [1]Soweit Böschungen öffentlicher Waldwege nach § 62 Abs. 1 Satz 2* vom Eigentumsübergang ausgenommen waren, sind sie von dem Eigentümer zu unterhalten. [2]Absatz 1 Satz 2 gilt entsprechend.

§ 57 Benutzung. (1) [1]Die bei Inkrafttreten dieses Gesetzes bestehenden Rechte und Befugnisse zur Benutzung einer Straße über den Gemeingebrauch hinaus gelten, soweit nicht die Voraussetzungen des § 21 Abs. 1 vorliegen, als Sondernutzungen im Sinne dieses Gesetzes. [2]Die Erlaubnis nach § 16 Abs. 1 Satz 1 gilt als erteilt, solange eine solche Sondernutzung nicht widerrufen oder durch Fristablauf erloschen ist. [3]Nach bisherigem Recht unwiderrufliche und zugleich unbefristete Nutzungsrechte können aus Gründen des Wohls der Allgemeinheit, insbesondere soweit dies zur Erfüllung der Aufgaben des Trägers der Straßenbaulast erforderlich ist, widerrufen werden; dies gilt auch für befristete Nutzungsrechte. [4]Wird in den Fällen des Satzes 3 die Sondernutzung widerrufen, so kann der Betroffene für die dadurch entstehenden Vermögensnachteile vom Träger der Straßenbaulast eine angemessene Entschädigung in Geld verlangen.

(2) [1]Die bei Inkrafttreten dieses Gesetzes bestehenden Zufahrten zu Straßen, die den Merkmalen des § 3 Abs. 1 Nr. 1 und 2 entsprechen, gelten als Sondernutzungen im Sinne dieses Gesetzes, auch wenn für sie nach bisherigem Recht eine Gebrauchserlaubnis oder die Verleihung eines Nutzungsrechts nicht erforderlich war. [2]Absatz 1 Satz 2 bis 4 gilt entsprechend mit der Maßgabe, daß beim Widerruf von nach bisherigem Recht unwiderruflichen Sondernutzungen oder beim vorzeitigen Widerruf befristeter Sondernutzungen eine Entschädigung in Geld nur insoweit verlangt werden kann, als der Träger der Straßenbaulast nicht einen angemessenen Ersatz schafft.

(3) [1]Soweit bei Inkrafttreten dieses Gesetzes die Benutzung von Straßen über den Gemeingebrauch hinaus durch bürgerlich-rechtlichen Vertrag geregelt ist und nicht die Voraussetzungen des § 21 Abs. 1 vorliegen, gelten für diese Benutzung die Vorschriften über Sondernutzungen von dem Zeitpunkt an, zu dem der Träger der Straßenbaulast den Vertrag nach Inkrafttreten dieses Gesetzes erstmals kündigen kann. [2]Absatz 1 Satz 2 gilt entsprechend.

(4) Für Nutzungen an Baumpflanzungen, die nach § 3 Abs. 2 des Gesetzes über die einstweilige Neuregelung des Straßenwesens und der Straßenverwaltung vom 26. März 1934 (RGBl. I S. 243) überlassen wurden, gelten die Vorschriften des bürgerlichen Rechts.

§ 58 Unterhaltung von Kreuzungen. Ist die Unterhaltung von Kreuzungen bei Inkrafttreten dieses Gesetzes abweichend von § 31 Abs. 1 bis 5 geregelt,

---

* *Amtliche Anmerkung:* Die Verweisung bezieht sich auf § 62 Abs. 1 Satz 2 des Gesetzes in der Fassung vom 20. März 1964 (GBl. S. 127).

so tritt die Regelung in dem Zeitpunkt außer Kraft, in dem die Kreuzung nach Inkrafttreten dieses Gesetzes in erheblichem Umfang geändert wird.

§ 59 Hoheitliche Wahrnehmung der dienstlichen Obliegenheiten. Die mit dem Bau und der Unterhaltung sowie der Überwachung der Verkehrssicherheit der öffentlichen Straßen einschließlich der Bundesfernstraßen zusammenhängenden Pflichten obliegen den Organen und Bediensteten der damit befaßten Körperschaften und Behörden als Amtspflichten in Ausübung hoheitlicher Tätigkeit.

§ 60 Entschädigung in Geld. Soweit nach diesem Gesetz eine angemessene Entschädigung in Geld zu leisten ist, gelten die §§ 7 - 13 des Landesenteignungsgesetzes entsprechend.

§ 61 Straßenstatistik. Die Träger der Straßenbaulast sind verpflichtet, auf Verlangen der obersten Straßenbaubehörde zu statistischen Zwecken Angaben über ihre Straßen und Wege zu machen.

§ 62 Verwaltungsvorschriften. Die oberste Straßenbaubehörde erläßt die Verwaltungsvorschriften zur Durchführung dieses Gesetzes.

§ 63 Zusammenwirken der zuständigen Ministerien. (1) Verwaltungsvorschriften des Ministeriums Ländlicher Raum ergehen im Einvernehmen mit dem Innenministerium, soweit sie öffentliche Straßen berühren, die nicht Feld- oder Waldwege sind.

(2) Rechtsverordnungen und Verwaltungsvorschriften des Innenministeriums ergehen im Einvernehmen mit dem Ministerium Ländlicher Raum, soweit sie öffentliche Feld- oder Waldwege berühren.

§ 64 Inkrafttreten*. Soweit dieses Gesetz Ermächtigungen zum Erlaß von Rechts- und Verwaltungsvorschriften enthält, tritt es am Tage nach der Verkündung, im übrigen am 1. Juli 1964 in Kraft.

---

* *Amtliche Anmerkung:* Diese Vorschrift betrifft das Inkrafttreten des Gesetzes in der Fassung vom 20. März 1964 (GBl. S. 127).

Landesenteignungsgesetz (LEntG)

vom 6. April 1982 (GBl. S. 97), geändert durch Gesetz vom 18. Juli 1983
(GBl. S. 369)

INHALTSÜBERSICHT

ERSTER TEIL

Allgemeine Vorschriften

§ 1 Anwendungsbereich. Dieses Gesetz gilt für alle förmlichen Enteignungen, die sich auf Grundstücke beziehen, soweit nicht Bundesrecht anzuwenden ist.

§ 2 Enteignungszweck. Nach diesem Gesetz kann enteignet werden, um

1. Vorhaben zu verwirklichen, für die andere Gesetze die Enteignung ausdrücklich zulassen,

2. andere Vorhaben zu verwirklichen, die dem Wohle der Allgemeinheit dienen, insbesondere um

   a) Einrichtungen für die Jugendhilfe, Gesundheits- und Wohlfahrtspflege sowie Sport- und Freizeiteinrichtungen,

   b) Einrichtungen für Schulen, Hochschulen und andere Zwecke von Kultur, Wissenschaft und Forschung,

   c) Einrichtungen für die öffentliche Versorgung oder Entsorgung,

   d) Einrichtungen, die dem Umweltschutz dienen,

   e) Einrichtungen zur Aufrechterhaltung der öffentlichen Sicherheit und des Strafvollzugs,

   f) Einrichtungen des öffentlichen und nichtöffentlichen Verkehrs

   zu schaffen und zu verändern.

§ 3 Gegenstand der Enteignung. (1) Durch Enteignung können

1. das Eigentum an Grundstücken entzogen oder belastet werden,

2. andere Rechte an Grundstücken entzogen, geändert oder belastet werden,

3. persönliche Rechte entzogen werden, die zum Erwerb, Besitz oder zur Nutzung von Grundstücken berechtigen oder die den Verpflichteten in der Nutzung von Grundstücken beschränken,

4. soweit es in diesem Gesetz vorgesehen ist, Rechtsverhältnisse begründet werden, die persönliche Rechte im Sinne von Nummer 3 gewähren.

(2) Zur vorübergehenden Benutzung von Grundstücken können Rechtsverhältnisse begründet werden, die persönliche Rechte gewähren.

(3) Die für Grundstücke geltenden Vorschriften dieses Gesetzes sind auf Grundstücksteile entsprechend anzuwenden.

(4) Die für das Eigentum an Grundstücken geltenden Vorschriften dieses Gesetzes sind, soweit nichts anderes bestimmt ist, auf grundstücksgleiche Rechte entsprechend anzuwenden.

(5) Die für die Entziehung oder Belastung des Eigentums an Grundstücken geltenden Vorschriften dieses Gesetzes sind auf die Entziehung, Belastung, Änderung oder Begründung der in Absatz 1 Nr. 2 bis 4 bezeichneten Rechte entsprechend anzuwenden.

§ 4 Zulässigkeit der Enteignung. (1) Die Enteignung ist im einzelnen Fall nur zulässig, soweit sie zum Wohle der Allgemeinheit erforderlich ist und der Enteignungszweck auf andere zumutbare Weise nicht erreicht werden kann.

(2) Die Enteignung setzt voraus, daß der Antragsteller sich ernsthaft um den freihändigen Erwerb des Grundstücks zu angemessenen Bedingungen bemüht hat und glaubhaft macht, daß das Grundstück innerhalb angemessener Frist für den Enteignungszweck verwendet wird.

(3) Die Enteignung zu dem Zweck, durch Enteignung entzogene Rechte durch neue Rechte zu ersetzen, ist nur zulässig, soweit der Ersatz im Zweiten und Vierten Teil vorgesehen ist.

§ 5 Umfang der Enteignung. (1) [1]Die Enteignung darf nur in dem Umfang durchgeführt werden, in dem sie zur Verwirklichung des Enteignungszwecks erforderlich ist. [2]Reicht die Belastung eines Grundstücks mit einem Recht zur Verwirklichung des Enteignungszwecks aus, ist die Enteignung hierauf zu beschränken.

(2) [1]Soll ein Grundstück mit einem Erbbaurecht belastet werden, kann der Eigentümer anstelle der Belastung die Entziehung des Eigentums verlangen. [2]Soll ein Grundstück mit einem anderen Recht belastet werden, kann der Eigentümer die Entziehung des Eigentums verlangen, wenn die Belastung für ihn unbillig ist.

(3) Sollen Grundstücksteile oder einzelne von mehreren räumlich oder wirtschaftlich zusammenhängenden Grundstücken enteignet werden, kann der Eigentümer die Ausdehnung der Enteignung auf die ihm verbleibenden Grundstücksteile oder Grundstücke verlangen, soweit er diese nicht mehr in angemessenem Umfang baulich oder wirtschaftlich nutzen kann.

(4) Der Eigentümer kann verlangen, daß die Enteignung auf das Zubehör sowie die nur vorübergehend mit dem Grundstück verbundenen oder in ein Gebäude eingefügten Sachen erstreckt wird, soweit er diese Gegenstände infolge der Enteignung nicht mehr wirtschaftlich nutzen oder in anderer Weise angemessen verwerten kann.

(5) Ein Verlangen nach den Absätzen 2 bis 4 ist schriftlich oder zur Niederschrift bei der Enteignungsbehörde bis zum Schluß der mündlichen Verhandlung oder, wenn die mündliche Verhandlung auf Grund eines

Verzichts der Beteiligten entfällt, spätestens mit der Verzichtserklärung geltend zu machen.

§ 6 Vorarbeiten auf Grundstücken. (1) [1]Die Beauftragten der Enteignungsbehörde und des Trägers des Vorhabens sind befugt, Grundstücke zu betreten, zu vermessen und auf ihnen andere Vorarbeiten vorzunehmen, die notwendig sind, um die Eignung der Grundstücke für Vorhaben, für die enteignet werden kann, beurteilen zu können. [2]Lassen Eigentümer und Besitzer von Grundstücken Vorarbeiten von Beauftragten des Trägers des Vorhabens nicht zu, so entscheidet auf dessen Antrag die Enteignungsbehörde. [3]Die Entscheidung kann befristet, bedingt oder mit Auflagen versehen und von der Leistung einer Sicherheit in Höhe der zu erwartenden Entschädigung nach Absatz 3 abhängig gemacht werden. [4]Eigentümer und Besitzer sind verpflichtet, die in Satz 1 und 2 vorgesehenen Maßnahmen zu dulden. [5]Wohnungen dürfen nur mit Einwilligung des Wohnungsinhabers betreten werden.

(2) [1]Von der Absicht, Vorarbeiten nach Absatz 1 durchzuführen, sind Eigentümer und Besitzer rechtzeitig vor dem Betreten der Grundstücke zu benachrichtigen. [2]Die Benachrichtigung kann durch öffentliche Bekanntmachung erfolgen, soweit die Vorarbeiten auf eine Vielzahl von Grundstücken erstreckt werden müssen oder Eigentümer und Besitzer nicht oder nur unter unverhältnismäßigen Schwierigkeiten ermittelt werden können. [3]Die Bekanntmachung wird von der Gemeinde, in deren Gebiet die Grundstücke liegen, auf Kosten des Trägers des Vorhabens durchgeführt.

(3) [1]Entsteht durch eine Maßnahme nach Absatz 1 dem Eigentümer oder Besitzer ein unmittelbarer Vermögensnachteil, ist dafür von dem Träger des Vorhabens eine angemessene Entschädigung zu leisten. [2]Kommt eine Einigung über die Entschädigung nicht zustande, setzt die Enteignungsbehörde die Entschädigung fest. [3]Die Beteiligten sind vorher zu hören.

ZWEITER TEIL

Entschädigung und Härteausgleich

§ 7 Entschädigungsgrundsätze. (1) Für die Enteignung ist Entschädigung zu leisten.

(2) Die Entschädigung wird gewährt

1. für den durch die Enteignung eintretenden Rechtsverlust,
2. für andere durch die Enteignung eintretende Vermögensnachteile.

(3) [1]Vermögensvorteile, die dem Entschädigungsberechtigten infolge der Enteignung entstehen, sind bei der Festsetzung der Entschädigung zu berücksichtigen. [2]Hat bei der Entstehung eines Vermögensnachteils ein Verschulden des Entschädigungsberechtigten mitgewirkt, ist § 254 des Bürgerlichen Gesetzbuches entsprechend anzuwenden.

(4) [1]Für die Bemessung der Entschädigung ist der Zustand des Grundstücks in dem Zeitpunkt maßgebend, in dem die Enteignungsbehörde über den Enteignungsantrag entscheidet. [2]In den Fällen der vorzeitigen Besitzeinweisung oder der vorzeitigen Besitzüberlassung ist der Zustand in dem Zeitpunkt maßgebend, in dem diese wirksam wird.

§ 8 Entschädigungsberechtigter und Entschädigungsverpflichteter. (1) Die Entschädigung kann verlangen, wer in seinem Recht durch die Enteignung beeinträchtigt wird und dadurch einen Vermögensnachteil erleidet.

(2) Zur Leistung der Entschädigung ist der Enteignungsbegünstigte verpflichtet.

§ 9 Entschädigung für den Rechtsverlust. (1) [1]Die Entschädigung für den durch die Enteignung eintretenden Rechtsverlust bemißt sich nach dem Verkehrswert des Grundstücks oder des sonstigen Gegenstands der Enteignung. [2]Der Verkehrswert wird durch den Preis bestimmt, der im gewöhnlichen Geschäftsverkehr nach den rechtlichen Gegebenheiten und tatsächlichen Eigenschaften, der sonstigen Beschaffenheit und der Lage des Enteignungsgegenstands ohne Rücksicht auf ungewöhnliche oder persönliche Verhältnisse zu erzielen wäre.

(2) Maßgebend ist der Verkehrswert in dem Zeitpunkt, in dem die Enteignungsbehörde über die Entschädigung entscheidet.

(3) Bei der Festsetzung der Entschädigung bleiben unberücksichtigt:

1. Wertsteigerungen eines Grundstücks, die in der Aussicht auf eine Änderung der zulässigen Nutzung eingetreten sind, wenn die Änderung nicht in absehbarer Zeit zu erwarten ist,

2. Wertänderungen, die infolge der bevorstehenden Enteignung eingetreten sind,

3. Werterhöhungen, die nach dem Zeitpunkt eingetreten sind, in dem der Eigentümer zur Vermeidung der Enteignung ein Kauf- oder Tauschangebot des Antragstellers zu angemessenen Bedingungen hätte annehmen können, es sei denn, daß der Eigentümer Kapital oder Arbeit für sie aufgewendet hat,

4. wertsteigernde Veränderungen, die unter Verstoß gegen die Verfügungs- und Veränderungssperre vorgenommen worden sind,

5. rechtsgeschäftliche Vereinbarungen, soweit sie von üblichen Vereinbarungen auffällig abweichen und Tatsachen die Annahme rechtfertigen, daß sie getroffen worden sind, um eine höhere Entschädigungsleistung zu erlangen.

(4) [1]Für bauliche Anlagen, deren entschädigungslose Beseitigung auf Grund öffentlich-rechtlicher Vorschriften gefordert werden kann, ist eine Entschädigung nur zu gewähren, soweit es aus Gründen der Billigkeit geboten ist. [2]Kann die Beseitigung entschädigungslos erst nach Ablauf einer Frist gefordert werden, ist die Entschädigung nach dem Verhältnis der restlichen Frist zu der gesamten Frist zu bemessen.

(5) Wird der Wert des Eigentums an dem Grundstück durch Rechte Dritter gemindert, die an dem Grundstück aufrechterhalten, an einem anderen Grundstück neu begründet oder gesondert entschädigt werden, ist dies bei der Festsetzung der Entschädigung für den Rechtsverlust zu berücksichtigen.

§ 10 Entschädigung für andere Vermögensnachteile. (1) [1]Wegen anderer durch die Enteignung eintretender Vermögensnachteile ist eine Entschädigung nur zu gewähren, soweit diese Vermögensnachteile nicht schon bei der Bemessung der Entschädigung für den Rechtsverlust berücksichtigt sind. [2]Die Entschädigung ist unter gerechter Abwägung der Interessen der Allgemeinheit und der Beteiligten festzusetzen, insbesondere für

1. den vorübergehenden oder dauernden Verlust, den der bisherige Eigentümer in seiner Berufs oder Erwerbstätigkeit oder in der Erfüllung der ihm wesensgemäß obliegenden Aufgaben erleidet, jedoch nur bis zu dem Betrag des Aufwandes, der erforderlich ist, um ein anderes Grundstück in der gleichen Weise wie das zu enteignende Grundstück zu nutzen,

2. die Wertminderung, die durch die Enteignung eines Grundstücksteils oder einzelner von mehreren räumlich oder wirtschaftlich zusammenhängenden Grundstücken bei den dem Eigentümer verbleibenden Grundstücksteilen oder Grundstücken oder durch die Enteignung des Rechts an einem Grundstück bei einem anderen Grundstück entsteht, soweit die Wertminderung nicht schon bei der Festsetzung der Entschädigung nach Nummer 1 berücksichtigt ist,

3. die notwendigen Aufwendungen für einen durch die Enteignung erforderlich werdenden Umzug.

(2) Im Falle des Absatzes 1 Nr. 2 ist § 9 Abs. 3 Nr. 3 sinngemäß anzuwenden.

§ 11 Behandlung der Rechte der Nebenberechtigten. (1) Rechte an dem zu enteignenden Grundstück sowie persönliche Rechte, die zum Besitz oder zur Nutzung des Grundstücks berechtigen oder den Verpflichteten in der Nutzung des Grundstücks beschränken, können aufrechterhalten werden, soweit dies mit dem Enteignungszweck zu vereinbaren ist.

(2) [1]Als Ersatz für ein Recht an einem Grundstück, das nicht aufrechterhalten wird, kann mit Zustimmung des Rechtsinhabers das Ersatzland oder ein anderes Grundstück des Enteignungsbegünstigten mit einem entsprechenden Recht belastet werden. [2]Als Ersatz für ein persönliches Recht, das nicht aufrechterhalten wird, kann mit Zustimmung des Rechtsinhabers ein Rechtsverhältnis begründet werden, das ein Recht gleicher Art in Bezug auf das Ersatzland oder auf ein anderes Grundstück des Enteignungsbegünstigten gewährt. [3]Als Ersatz für dingliche oder persönliche Rechte eines öffentlichen Verkehrsunternehmens, eines Trägers der öffentlichen Ver-

sorgung mit Elektrizität, Gas, Wärme oder Wasser oder eines Trägers der öffentlichen Verwertung oder Beseitigung von Abwässern, die auf diese Rechte zur Erfüllung ihrer wesensgemäßen Aufgaben angewiesen sind, sind auf ihren Antrag Rechte gleicher Art am Ersatzland oder an einem anderen Grundstück des Enteignungsbegünstigten zu begründen. [4]Anträge nach Satz 3 müssen vor Beginn der mündlichen Verhandlung schriftlich oder zur Niederschrift der Enteignungsbehörde oder, wenn die mündliche Verhandlung auf Grund eines Verzichts der Beteiligten entfällt, spätestens mit der Verzichtserklärung gestellt werden.

(3) Soweit Rechte nicht aufrechterhalten oder nicht durch neue Rechte ersetzt werden, sind bei der Enteignung eines Grundstücks gesondert zu entschädigen

1. Erbbauberechtigte, Altenteilsberechtigte sowie Inhaber von Dienstbarkeiten und Erwerbsrechten an dem Grundstück,

2. Inhaber von persönlichen Rechten, die zum Besitz oder zur Nutzung des Grundstücks berechtigen, wenn der Berechtigte im Besitz des Grundstücks ist,

3. Inhaber von persönlichen Rechten, die zum Erwerb des Grundstücks berechtigen oder den Verpflichteten in der Nutzung des Grundstücks beschränken.

(4) [1]Berechtigte, deren Rechte nicht aufrechterhalten, nicht durch neue Rechte ersetzt und nicht gesondert entschädigt werden, haben bei der Enteignung eines Grundstücks Anspruch auf Ersatz des Wertes ihres Rechts aus der Geldentschädigung für das Eigentum an dem Grundstück, soweit sich ihr Recht auf dieses erstreckt. [2]Dies gilt entsprechend für die Geldentschädigungen, die für den durch die Enteignung eintretenden Rechtsverlust in anderen Fällen oder nach § 10 Satz 2 Nr. 2 festgesetzt werden.

§ 12 Schuldübergang. (1) [1]Haftet bei einer Hypothek, die aufrechterhalten oder durch ein neues Recht an einem anderen Grundstück ersetzt wird, der von der Enteignung Betroffene zugleich persönlich, übernimmt der Enteignungsbegünstigte die Schuld in Höhe der Hypothek. [2]§§ 415 und 416 des Bürgerlichen Gesetzbuches sind entsprechend anzuwenden; als Veräußerer im Sinne von § 416 ist der von der Enteignung Betroffene anzusehen.

(2) Das gleiche gilt, wenn bei einer Grundschuld oder Rentenschuld, die aufrechterhalten oder durch ein neues Recht an einem anderen Grundstück ersetzt wird, der von der Enteignung Betroffene zugleich persönlich haftet, sofern er spätestens bis zum Schluß der mündlichen Verhandlung oder, wenn die mündliche Verhandlung auf Grund eines Verzichts der Beteiligten entfällt, spätestens mit der Verzichtserklärung die gegen ihn bestehende Forderung unter Angabe ihres Betrages und Grundes angemeldet und auf Verlangen der Enteignungsbehörde oder eines Beteiligten glaubhaft gemacht hat.

§ 13 Entschädigung in Geld. (1) [1]Die Entschädigung ist in einem einmaligen Betrag zu leisten, soweit dieses Gesetz nichts anderes bestimmt. [2]Auf Antrag des Entschädigungsberechtigten kann die Entschädigung in wiederkehrenden Leistungen festgesetzt werden, wenn dies den übrigen Beteiligten zuzumuten ist.

(2) Einmalige Entschädigungsbeträge sind mit zwei vom Hundert über dem jeweiligen Diskontsatz der Deutschen Bundesbank jährlich von dem Zeitpunkt an zu verzinsen, in dem die Nutzungsmöglichkeit dem von der Enteignung Betroffenen entzogen oder er in ihr beschränkt wird.

(3) Für die Belastung eines Grundstücks mit einem Erbbaurecht ist die Entschädigung in einem Erbbauzins zu leisten.

§ 14 Entschädigung in Land. (1) [1]Die Entschädigung ist auf Antrag des Eigentümers in geeignetem Ersatzland festzusetzen, soweit dieser zur Sicherung seiner Berufs- oder Erwerbstätigkeit oder zur Erfüllung seiner ihm wesensgemäß obliegenden Aufgaben auf Ersatzland angewiesen ist und der Enteignungsbegünstigte

1. über als Ersatzland geeignete Grundstücke verfügt, auf die er nicht mit seiner Berufs- oder Erwerbstätigkeit oder zur Erfüllung der ihm wesensgemäß obliegenden Aufgaben angewiesen ist, oder

2. geeignetes Ersatzland nach pflichtgemäßem Ermessen der Enteignungsbehörde freihändig zu angemessenen Bedingungen und binnen einer angemessenen Frist beschaffen kann.

[2]Ein Grundstück ist nicht als Ersatzland geeignet, wenn es selbst oder sein Ertrag unmittelbar einem in § 2 genannten Zweck oder in sonstiger Weise der Allgemeinheit in besonderem Maße dient oder zu dienen bestimmt ist. Ein land- oder forstwirtschaftliches Grundstück ist außerdem nicht als Ersatzland geeignet, wenn seine Übertragung auf den Entschädigungsberechtigten zu einer Änderung der bisherigen Nutzungsart oder zu einer nachteiligen Veränderung der Agrarstruktur führen würde.

(2) [1]Unter den Voraussetzungen des Absatzes 1 ist die Entschädigung auf Antrag des Eigentümers auch dann in geeignetem Ersatzland festzusetzen, wenn ein Grundstück enteignet werden soll, das mit einem eigengenutzten Eigenheim oder einer eigengenutzten Kleinsiedlung bebaut ist. [2]Dies gilt nicht, wenn nach öffentlich-rechtlichen Vorschriften der Abbruch des Gebäudes jederzeit entschädigungslos gefordert werden kann.

(3) Die Entschädigung kann auf Antrag in Ersatzland festgesetzt werden, soweit diese Art der Entschädigung unter gerechter Abwägung der Interessen der Allgemeinheit und der Beteiligten angemessen ist und der Enteignungsbegünstigte über nach Absatz 1 geeignete Grundstücke verfügt oder sich solche freihändig zu angemessenen Bedingungen beschaffen kann.

(4) [1]Für die Bewertung des Ersatzlandes ist § 9 entsprechend anzuwenden. [2]Hierbei ist die Werterhöhung zu berücksichtigen, die das übrige

Grundvermögen des Betroffenen durch den Erwerb des Ersatzlandes über dessen Wert nach Satz 1 hinaus erfährt. [3]Hat das Ersatzland einen geringeren Wert als das zu enteignende Grundstück, ist eine dem Wertunterschied entsprechende zusätzliche Geldentschädigung festzusetzen. [4]Hat das Ersatzland einen höheren Wert als das zu enteignende Grundstück, ist festzusetzen, daß der Entschädigungsberechtigte an den Enteignungsbegünstigten eine dem Wertunterschied entsprechende Ausgleichszahlung zu leisten hat. [5]Die Ausgleichszahlung wird mit dem nach § 32 Abs. 3 Satz 1 in der Ausführungsanordnung festgesetzten Tag fällig.

(5) [1]Wird die Entschädigung in Land festgesetzt, sollen dingliche oder persönliche Rechte, soweit sie nicht an dem zu enteignenden Grundstück aufrechterhalten werden, auf Antrag des Rechtsinhabers nach Maßgabe des § 11 Abs. 2 ersetzt werden. [2]Soweit dies nicht möglich oder nicht ausreichend ist, sind die Inhaber der Rechte gesondert in Geld zu entschädigen; dies gilt für die in § 11 Abs. 4 bezeichneten Berechtigten nur, soweit ihre Rechte nicht durch eine dem Eigentümer nach Absatz 4 zu gewährende zusätzliche Geldentschädigung gedeckt werden.

(6) [1]Sind Miteigentum, grundstücksgleiche Rechte oder Rechte nach dem Wohnungseigentumsgesetz ebenso zur Sicherung der Berufs- oder Erwerbstätigkeit des Berechtigten oder zur Erfüllung der ihm wesensgemäß obliegenden Aufgaben geeignet, können dem Eigentümer diese Rechte anstelle des Ersatzlandes angeboten werden. [2]Der Eigentümer ist in Geld abzufinden, wenn er die ihm nach Satz 1 angebotene Entschädigung ablehnt. [3]§ 15 bleibt unberührt.

(7) Anträge nach den Absätzen 1 bis 3 und 5 sind schriftlich oder zur Niederschrift der Enteignungsbehörde zu stellen, und zwar in den Fällen der Absätze 1 bis 3 vor Beginn und im Falle des Absatzes 5 bis zum Schluß der mündlichen Verhandlung oder, wenn diese auf Grund eines Verzichts der Beteiligten entfällt, spätestens mit der Verzichtserklärung.

§ 15 Entschädigung durch Gewährung anderer Rechte. (1) [1]Soweit es unter Abwägung der Belange der Beteiligten der Billigkeit entspricht, kann die Entschädigung auf Antrag des Eigentümers ganz oder teilweise in Miteigentum, grundstücksgleichen Rechten, Rechten nach dem Wohnungseigentumsgesetz oder sonstigen Rechten an dem durch die Enteignung zu erwerbenden oder an einem anderen Grundstück des Enteignungbegünstigten oder in Immobilienfondsanteilen im Sinne von § 25 Abs. 5 des Städtebauförderungsgesetzes festgesetzt werden. [2]Bei Wertunterschieden zwischen den Rechten nach Satz 1 und dem Enteignungsgegenstand ist § 14 Abs. 4 entsprechend anzuwenden.

(2) Der Antrag nach Absatz 1 ist bis zum Schluß der mündlichen Verhandlung oder, wenn die mündliche Verhandlung auf Grund eines Verzichts der Beteiligten entfällt, spätestens mit der Verzichtserklärung schriftlich oder zur Niederschrift der Enteignungsbehörde zu stellen.

§ 16 Härteausgleich. (1) [1]Entstehen einem Mieter, Pächter oder sonstigen Nutzungsberechtigten, dessen Rechtsverhältnis durch eine Enteignung auf Grund dieses Gesetzes oder durch Kündigung oder Vereinbarung im Hinblick auf die bevorstehende Enteignung beendet wird, wirtschaftliche Nachteile, die für ihn eine besondere Härte bedeuten und für die eine Entschädigung nach diesem Gesetz nicht zu leisten ist und die auch nicht durch sonstige Maßnahmen ausgeglichen werden, kann die Enteignungsbehörde auf Antrag einen Ausgleich in Geld festsetzen, soweit dies der Billigkeit entspricht (Härteausgleich). [2]Zur Leistung des Härteausgleichs ist der Enteignungsbegünstigte verpflichtet. [3]Der Härteausgleich kann auch in der Gewährung eines zinsgünstigen Darlehens oder eines Zinszuschusses für ein Darlehen bestehen.

(2) Ein Härteausgleich wird nicht gewährt, soweit der Antragsteller es unterlassen hat, die Nachteile durch zumutbare Maßnahmen abzuwenden.

(3) Der Antrag auf Härteausgleich ist innerhalb eines Jahres nach Beendigung des Rechtsverhältnisses bei der Enteignungsbehörde zu stellen.

DRITTER TEIL

Verfahren

1. Abschnitt

Enteignungsverfahren

§ 17 Enteignungsbehörde. (1) Das Enteignungsverfahren wird vom Regierungspräsidium (Enteignungsbehörde) durchgeführt.

(2) [1]Örtlich zuständig ist die Enteignungsbehörde, in deren Bezirk der Enteignungsgegenstand liegt. [2]Sind mehrere Enteignungsbehörden für ein Vorhaben zuständig und ist es zweckmäßig, das Verfahren einheitlich durchzuführen, so bestimmt die gemeinsame fachlich zuständige Aufsichtsbehörde die zuständige Enteignungsbehörde.

(3) [1]Entscheidungen auf Grund mündlicher Verhandlung trifft ein bei der Enteignungsbehörde gebildeter Ausschuß. [2]Dem Ausschuß gehören ein Bediensteter der Enteignungsbehörde als Vorsitzender sowie zwei ehrenamtliche Beisitzer als weitere Mitglieder an.

(4) [1]Das Regierungspräsidium bestellt die erforderliche Anzahl ehrenamtlicher Beisitzer auf die Dauer von vier Jahren. [2]Die Beisitzer sollen die für ihr Amt erforderliche Eignung und Erfahrung besitzen. [3]Sie erhalten Entschädigung nach dem Gesetz über die Entschädigung der ehrenamtlichen Richter.

§ 18 Enteignungsantrag. (1) Der Antrag auf Durchführung eines Enteignungsverfahrens ist schriftlich bei der Enteignungsbehörde zu stellen.

(2) [1]Der Antragsteller hat die zur Beurteilung des Vorhabens und des Enteignungsantrags erforderlichen Unterlagen einzureichen. [2]Er hat insbesondere den Enteignungsgegenstand genau zu bezeichnen und soll die Namen und Anschriften der Beteiligten angeben.

§ 19 Beteiligte. (1) [1]In dem Enteignungsverfahren sind Beteiligte

1. der Antragsteller,
2. der Enteignungsbegünstigte,
3. der Eigentümer und diejenigen, für die ein Recht an dem Grundstück oder an einem das Grundstück belastenden Recht im Grundbuch eingetragen oder durch Eintragung gesichert ist oder für die ein Wasserrecht oder eine wasserrechtliche Befugnis im Wasserbuch eingetragen ist,
4. der Inhaber
   a) eines nicht im Grundbuch eingetragenen Rechts an dem Grundstück oder an einem das Grundstück belastenden Recht,
   b) eines Anspruchs mit dem Recht auf Befriedigung aus dem Grundstück,
   c) eines Rechts, das zum Erwerb, Besitz oder zur Nutzung des Grundstücks berechtigt oder die Nutzung des Grundstücks beschränkt,

   auf Grund der Anmeldung seines Rechts bei der Enteignungsbehörde.

[2]Die Enteignungsbehörde soll die Gemeinde auf ihren Antrag als Beteiligte hinzuziehen.

(2) [1]Die Anmeldung nach Absatz 1 Satz 1 Nr. 4 kann bis zum Schluß der mündlichen Verhandlung oder, wenn diese auf Grund eines Verzichts der Beteiligten entfällt, spätestens mit der Verzichtserklärung erfolgen. [2]Bestehen Zweifel an dem angemeldeten Recht, so hat die Enteignungsbehörde dem Anmeldenden unverzüglich eine Frist zur Glaubhaftmachung seines Rechts zu setzen. [3]Nach fruchtlosem Ablauf der Frist ist der Anmeldende bis zur Glaubhaftmachung seines Rechts an dem Enteignungsverfahren nicht mehr zu beteiligen.

(3) [1]Der im Grundbuch eingetragene Gläubiger einer Hypothek, Grundschuld oder Rentenschuld, für die ein Brief erteilt ist, und jeder seiner Rechtsnachfolger hat auf Verlangen der Enteignungsbehörde eine Erklärung darüber abzugeben, ob ein anderer die Hypothek, Grundschuld oder Rentenschuld oder ein Recht daran erworben hat. [2]Die Person des Erwerbers ist dabei zu bezeichnen.

§ 20 Entschädigung statt Wiedereinsetzung. Liegen die Voraussetzungen für die Gewährung der Wiedereinsetzung in den vorigen Stand oder für die Verlängerung einer von der Enteignungsbehörde gesetzten Frist vor, kann die Enteignungsbehörde anstelle einer Entscheidung, die den durch das bisherige Verfahren herbeigeführten neuen Rechtszustand ändern würde, eine Entschädigung festsetzen.

§ 21 Erforschung des Sachverhalts. (1) Zur Ermittlung des Sachverhalts kann die Enteignungsbehörde anordnen, daß

1. Beteiligte persönlich erscheinen,

2. Urkunden und sonstige Unterlagen vorgelegt werden, auf die sich ein Beteiligter berufen hat,

3. Hypotheken-, Grundschuld- und Rentenschuldgläubiger die in ihrem Besitz befindlichen Hypotheken-, Grundschuld- und Rentenschuldbriefe vorlegen.

(2) [1]Im Enteignungsverfahren sind Zeugen zur Aussage und Sachverständige zur Erstattung von Gutachten verpflichtet. [2]Im übrigen ist § 65 des Landesverwaltungsverfahrensgesetzes anzuwenden.

(3) Die Enteignungsbehörde kann die Durchführung des Enteignungsverfahrens davon abhängig machen, daß

1. die Mittel für die Verwirklichung des Vorhabens nachgewiesen werden,

2. Sicherheit bis zur Höhe der zu erwartenden Enteignungsentschädigung geleistet wird,

3. ein für das Vorhaben erforderlicher Planfeststellungsbeschluß oder eine sonst hierfür erforderliche behördliche Entscheidung beigebracht werden.

§ 22 Vorbereitung der mündlichen Verhandlung. (1) [1]Die Enteignungsbehörde soll schon vor der mündlichen Verhandlung alle Anordnungen treffen, die erforderlich sind, um das Verfahren möglichst in einem Verhandlungstermin zu erledigen. [2]Sie soll den Beteiligten sowie den Behörden und Stellen, die Träger öffentlicher Belange sind und deren Aufgabenbereich durch das Vorhaben berührt wird, Gelegenheit zur Äußerung geben.

(2) [1]Die Gemeinde, in deren Gebiet sich der Enteignungsgegenstand befindet, hat das Enteignungsverfahren mindestens zwei Wochen vor dem ersten Termin zur mündlichen Verhandlung auf Kosten des Trägers des Vorhabens öffentlich bekanntzumachen; dies gilt nicht im Fall des § 23 Abs. 2 Nr. 3. [2]Die Bekanntmachung soll enthalten

1. die Angabe des ersten Termins zur mündlichen Verhandlung,

2. die Bezeichnung des Antragstellers und des Enteignungsgegenstandes,

3. den wesentlichen Inhalt des Enteignungsantrags mit dem Hinweis, daß der Antrag mit den ihm beigefügten Unterlagen bei der Enteignungsbehörde oder einer von ihr bestimmten Stelle eingesehen werden kann,

4. die Aufforderung, etwaige Einwendungen gegen den Enteignungsantrag möglichst vor der mündlichen Verhandlung bei der Enteignungsbehörde schriftlich einzureichen oder zur Niederschrift zu
   erklären,

5. den Hinweis, daß auch bei Nichterscheinen über den Enteignungsantrag und andere im Verfahren zu erledigende Anträge entschieden werden kann,

6. einen Hinweis auf die Verfügungs- und Veränderungssperre und
   ein etwaiges Planfeststellungsverfahren.

[3]Soweit andere Gesetze eine gesonderte Entscheidung über die Zulässigkeit der Enteignung vorschreiben, darf die Bekanntmachung erst erfolgen,
wenn diese Entscheidung getroffen ist.

(3) [1]Zur mündlichen Verhandlung werden die der Enteignungsbehörde
bekannten Beteiligten geladen. [2]Die Ladung ist zuzustellen. [3]Die Ladungsfrist beträgt zwei Wochen.

(4) [1]Die Ladung muß den in Absatz 2 Satz 2 bezeichneten Inhalt haben.
[2]Die Ladung von Personen, deren Beteiligung auf einem Antrag auf Entschädigung in Land beruht, muß außerdem auch die Bezeichnung des
Eigentümers, dessen Entschädigung in Land beantragt ist, und des Grundstücks, für das die Entschädigung in Land gewährt werden soll, enthalten.

(5) Ist im Grundbuch die Anordnung der Zwangsversteigerung oder
Zwangsverwaltung eingetragen, gibt die Enteignungsbehörde dem Vollstreckungsgericht von der Einleitung des Enteignungsverfahrens Kenntnis.

§ 23 Mündliche Verhandlung. (1) [1]Die Enteignungsbehörde entscheidet auf
Grund mündlicher Verhandlung mit den Beteiligten. [2]Für die mündliche
Verhandlung sind §§ 68 und 71 des Landesverwaltungsverfahrensgesetzes
entsprechend anzuwenden.

(2) Die Enteignungsbehörde kann ohne mündliche Verhandlung entscheiden, wenn

1. alle Beteiligten auf sie verzichtet haben,

2. die Enteignungsbehörde den Beteiligten mitgeteilt hat, daß sie beabsichtige, ohne mündliche Verhandlung zu entscheiden, und kein
   Beteiligter innerhalb einer hierfür gesetzten Frist Einwendungen
   dagegen erhoben hat, oder

3. die Enteignungsbehörde den Enteignungsantrag als aussichtslos
   abweisen will.

§ 24 Planfeststellung. (1) Erstreckt sich das Vorhaben auf mehrere Grundstücke, kann die Enteignungsbehörde bis zur Bekanntmachung des Enteignungsverfahrens ein Planfeststellungsverfahren einleiten, wenn sie es für
sachdienlich hält und eine Planfeststellung nicht in anderen Gesetzen
vorgesehen ist.

(2) Auf die Planfeststellung sind die Vorschriften des Landesverwaltungsverfahrensgesetzes mit folgenden Abweichungen anzuwenden:

1. In der Bekanntmachung nach § 73 Abs. 5 des Landesverwaltungsverfahrensgesetzes ist auch auf die Verfügungs- und Veränderungssperre hinzuweisen.

2. Der Planfeststellungsbeschluß ist dem Träger des Vorhabens und denjenigen, über deren Einwendungen entschieden worden ist, zuzustellen.

§ 25 Bindungswirkung des Planfeststellungsverfahrens. [1]Ist in einem Planfeststellungsverfahren eine für die Beteiligten verbindliche Entscheidung über die Zulässigkeit und die Art der Verwirklichung des Vorhabens getroffen worden, ist diese Entscheidung, wenn sie unanfechtbar oder sofort vollziehbar ist, dem Enteignungsverfahren zugrunde zu legen und für die Enteignungsbehörde bindend. [2]Gegen Maßnahmen nach diesem Gesetz können keine Einwendungen erhoben werden, über die im Planfeststellungsverfahren der Sache nach entschieden worden ist oder die durch die Planfeststellung ausgeschlossen sind.

§ 26 Verfügungs- und Veränderungssperre. (1) [1]Von der Bekanntmachung des Enteignungsverfahrens oder vom Beginn der Auslegung des Plans im Planfeststellungsverfahren nach § 24 an dürfen nur mit schriftlicher Genehmigung der Enteignungsbehörde

1. Verfügungen über ein Grundstück und über Rechte an einem Grundstück getroffen oder Vereinbarungen abgeschlossen werden, durch die einem anderen ein Recht zur Nutzung oder Bebauung eines Grundstücks oder Grundstücksteils eingeräumt wird,

2. erhebliche Veränderungen der Erdoberfläche oder wesentlich wertsteigernde sonstige Veränderungen des Grundstücks vorgenommen werden,

3. nicht genehmigungspflichtige, aber wertsteigernde bauliche Anlagen errichtet oder wertsteigernde Änderungen solcher Anlagen vorgenommen werden,

4. genehmigungspflichtige bauliche Anlagen errichtet oder geändert werden.

[2]Die Genehmigung darf nur versagt werden, wenn Grund zu der Annahme besteht, daß das Vorhaben die Enteignung unmöglich machen oder wesentlich erschweren oder den Enteignungszweck gefährden würde.

(2) [1]Sind Vorhaben im Sinne von Absatz 1 Satz 1 zu erwarten, kann die Enteignungsbehörde die Genehmigungspflicht bereits anordnen, sobald der Enteignungsantrag gestellt ist. [2]Die Anordnung ist von der Gemeinde, in deren Gebiet sich der Enteignungsgegenstand befindet, auf Kosten des Trägers des Vorhabens öffentlich bekanntzumachen.

(3) Veränderungen, die vor der Sperre in öffentlich-rechtlich zulässiger

Weise begonnen worden sind, Unterhaltungsarbeiten und die Fortführung einer bisher ausgeübten Nutzung werden von der Sperre nicht berührt.

(4) [1]Die Enteignungsbehörde ersucht das Grundbuchamt, die Sperre im Grundbuch einzutragen. [2]Das Grundbuchamt benachrichtigt die Enteignungsbehörde von allen Eintragungen, die nach der Sperre vorgenommen werden.

(5) [1]Wird der Enteignungsantrag abgewiesen oder der Enteignungsbeschluß aufgehoben, hat der Antragsteller dem Betroffenen für alle auf Grund der Sperre entstandenen Vermögensnachteile angemessene Entschädigung zu leisten; das gleiche gilt, wenn die Sperre länger als vier Jahre dauert, für die danach auf Grund der Sperre entstandenen Vermögensnachteile. [2]Die Entschädigung wird durch die Enteignungsbehörde festgesetzt.

§ 27 Einigung. (1) Die Enteignungsbehörde hat auf eine Einigung zwischen den Beteiligten hinzuwirken.

(2) [1]Einigen sich die Beteiligten im Enteignungsverfahren in vollem Umfang oder nur über den Übergang oder die Belastung des Eigentums (Teileinigung), hat die Enteignungsbehörde über die Einigung eine Niederschrift aufzunehmen. [2]Die Niederschrift muß den Erfordernissen des § 29 Abs. 1 entsprechen; sie bedarf der Unterschrift der Beteiligten. [3]Der notariellen Beurkundung bedarf sie nur, soweit Bundesrecht dies vorschreibt. [4]Die Einigung steht einem nicht mehr anfechtbaren Enteignungsbeschluß gleich. [5]Erstreckt sich die Einigung nur auf den Übergang oder die Belastung des Eigentums, hat die Enteignungsbehörde anzuordnen, daß dem Berechtigten eine Vorauszahlung in Höhe der zu erwartenden Entschädigung zu leisten ist, soweit sich aus der Einigung nichts anderes ergibt.

(3) [1]Einigen sich die Beteiligten außerhalb des Enteignungsverfahrens über den Übergang oder die Belastung des Eigentums, wird auf Antrag eines Beteiligten das Enteignungsverfahren zur Festsetzung der Entschädigung durchgeführt. [2]Für das Verfahren gelten die Vorschriften dieses Abschnitts entsprechend; von der Bekanntmachung des Enteignungsverfahrens kann abgesehen werden.

§ 28 Entscheidung der Enteignungsbehörde. (1) Soweit eine Einigung nicht zustandekommt, entscheidet die Enteignungsbehörde durch Beschluß über den Enteignungsantrag, die übrigen Anträge und die erhobenen Einwendungen.

(2) [1]Auf Antrag kann die Enteignungsbehörde vorab über den Übergang oder die Belastung des Eigentums oder über sonstige durch die Enteignung zu bewirkende Rechtsänderungen entscheiden. [2]In diesem Fall hat die Enteignungsbehörde anzuordnen, daß dem Berechtigten eine Vorauszahlung in Höhe der zu erwartenden Entschädigung zu leisten ist.

(3) Gibt die Enteignungsbehörde dem Enteignungsantrag statt, entscheidet sie zugleich

1. darüber, welche Rechte der Nebenberechtigten aufrechterhalten bleiben,

2. darüber, mit welchen Rechten der Enteignungsgegenstand, das Ersatzland oder ein anderes Grundstück belastet werden,

3. darüber, welche Rechtsverhältnisse begründet werden, die persönliche Rechte im Sinne von § 3 Abs. 1 Nr. 3 gewähren,

4. im Falle der Entschädigung in Land über den Eigentumsübergang.

(4) Die Entscheidung der Enteignungsbehörde ist zu begründen, mit einer Belehrung über Zulässigkeit, Form und Frist des Antrags auf gerichtliche Entscheidung zu versehen und zuzustellen.

§ 29 Enteignungsbeschluß. (1) Gibt die Enteignungsbehörde dem Enteignungsantrag statt, muß der Beschluß (Enteignungsbeschluß) bezeichnen

1. die von der Enteignung Betroffenen, den Antragsteller und den Enteignungsbegünstigten,

2. die sonstigen Beteiligten,

3. den Enteignungszweck und die Frist, innerhalb deren der Enteignungsgegenstand zu dem vorgesehenen Zweck zu verwenden ist,

4. den Gegenstand der Enteignung, und zwar

   a) wenn das Eigentum an einem Grundstück Gegenstand der Enteignung ist, das Grundstück nach seiner grundbuchmäßigen Bezeichnung, seiner Größe und den übrigen Angaben des Liegenschaftskatasters; bei einem Grundstücksteil ist zu seiner Bezeichnung auf die für die Abschreibung eines Grundstücksteils nach der Grundbuchordnung erforderlichen Unterlagen Bezug zu nehmen,

   b) wenn ein anderes Recht an einem Grundstück Gegenstand einer selbständigen Enteignung ist, dieses Recht nach seinem Inhalt und seiner grundbuchmäßigen Bezeichnung,

   c) wenn ein persönliches Recht, das zum Erwerb, Besitz oder zur Nutzung eines Grundstücks berechtigt oder den Verpflichteten in der Nutzung eines Grundstücks beschränkt, Gegenstand einer selbständigen Enteignung ist, dieses Recht nach seinem Inhalt und dem Grund seines Bestehens,

   d) die in § 5 Abs. 4 bezeichneten Gegenstände, wenn die Enteignung auf sie ausgedehnt wird,

5. bei der Belastung eines Grundstücks mit einem Recht die Art, den Inhalt sowie den Rang des Rechts, den Berechtigten und das Grundstück,

6. bei der Begründung eines Rechtes im Sinne von Nummer 4 Buchst. c den Inhalt des Rechtsverhältnisses und die daran Beteiligten,

7. die Eigentums- und sonstigen Rechtsverhältnisse vor und nach der Enteignung,

8. die Art und die Höhe der Entschädigung und die Höhe der Ausgleichszahlung nach § 14 Abs. 4 Satz 4 und § 15 Abs. 1 Satz 2 mit der Angabe, von wem und an wen sie zu leisten ist; Geldentschädigungen, aus denen andere von der Enteignung Betroffene nach § 11 Abs. 4 zu entschädigen sind, müssen von den sonstigen Geldentschädigungen getrennt ausgewiesen werden,

9. bei der Entschädigung in Land das Ersatzgrundstück in der in Nummer 4 Buchst. a bezeichneten Weise.

(2) [1]Kann ein Grundstücksteil nicht entsprechend Absatz 1 Nr. 4 Buchst. a bezeichnet werden, kann die Bezeichnung auf Grund fester Merkmale in der Natur oder durch Bezugnahme auf einen Lageplan erfolgen. [2]Wenn das Ergebnis der Vermessung vorliegt, ist der Enteignungsbeschluß durch einen Nachtragsbeschluß zu ergänzen.

(3) Ist im Grundbuch die Anordnung der Zwangsversteigerung oder der Zwangsverwaltung eingetragen, gibt die Enteignungsbehörde dem Vollstreckungsgericht von dem Enteignungsbeschluß Kenntnis.

§ 30 Verwendungsfrist. (1) Die nach § 29 Abs. 1 Nr. 3 bestimmte Frist, innerhalb deren der Enteignungsgegenstand zu dem vorgesehenen Zweck zu verwenden ist, beginnt mit dem Eintritt der Rechtsänderung.

(2) Die Enteignungsbehörde kann die Verwendungsfrist vor ihrem Ablauf auf Antrag verlängern, wenn

1. der Enteignungsbegünstigte nachweist, daß er den Enteignungsgegenstand ohne Verschulden innerhalb der gesetzten Frist nicht zu dem vorgesehenen Zweck verwenden kann, oder

2. vor Ablauf der Frist eine Gesamtrechtsnachfolge stattfindet und der Rechtsnachfolger nachweist, daß er den Enteignungsgegenstand innerhalb der gesetzten Frist nicht zu dem vorgesehenen Zweck verwenden kann.

(3) [1]Der Enteignete ist vor der Entscheidung über die Verlängerung der Verwendungsfrist zu hören. [2]Die Entscheidung ist den Beteiligten des vorangegangenen Enteignungsverfahrens zuzustellen.

§ 31 Verfahren bei der Entschädigung durch Gewährung anderer Rechte. (1) Soll die Entschädigung des Eigentümers eines zu enteignenden Grundstücks nach § 15 festgesetzt werden und ist die Bestellung, Übertragung oder Bewertung eines der dort bezeichneten Rechte im Zeitpunkt des Erlasses des Enteignungsbeschlusses noch nicht möglich, kann die Enteignungsbehörde, wenn es der Eigentümer unter Bezeichnung eines Rechts beantragt, im Enteignungsbeschluß neben der Festsetzung der Entschädigung in Geld dem Enteignungsbegünstigten aufgeben, binnen einer bestimmten Frist dem von der Enteignung Betroffenen ein Recht der bezeichneten Art zu angemessenen Bedingungen anzubieten.

(2) [1]Bietet der Enteignungsbegünstigte innerhalb der bestimmten Frist

ein Recht der bezeichneten Art nicht an oder einigt er sich mit dem von der Enteignung Betroffenen nicht, wird ihm ein solches Recht auf Antrag zugunsten des von der Enteignung Betroffenen durch Enteignung entzogen. [2]Die Enteignungsbehörde setzt den Inhalt des Rechts fest, soweit dessen Inhalt durch Vereinbarung bestimmt werden kann. [3]Die Vorschriften dieses Gesetzes über das Verfahren und die Entschädigung sind entsprechend anzuwenden.

(3) Der Antrag nach Absatz 2 kann nur innerhalb von sechs Monaten nach Ablauf der nach Absatz 1 bestimmten Frist gestellt werden.

§ 32 Ausführungsanordnung. (1) Die Enteignungsbehörde ordnet auf Antrag eines Beteiligten die Ausführung

1. des nicht mehr anfechtbaren Enteignungsbeschlusses an, wenn der Entschädigungsverpflichtete die Geldentschädigung, im Fall des § 29 Abs. 2 die im Enteignungsbeschluß in Verbindung mit dem Nachtragsbeschluß festgesetzte Geldentschädigung, gezahlt oder zulässigerweise unter Verzicht auf das Recht der Rücknahme hinterlegt hat,

2. der Teileinigung oder der nicht mehr anfechtbaren Vorabentscheidung über den Übergang oder die Belastung des Eigentums oder über sonstige durch die Enteignung zu bewirkende Rechtsänderungen an, wenn der Entschädigungsverpflichtete die festgesetzte Vorauszahlung gezahlt oder zulässigerweise unter Verzicht auf das Recht der Rücknahme hinterlegt hat.

(2) [1]Die Ausführungsanordnung ist allen Beteiligten zuzustellen, deren Rechtsstellung durch den Enteignungsbeschluß betroffen wird. [2]§ 29 Abs. 3 ist entsprechend anzuwenden.

(3) [1]Mit dem in der Ausführungsanordnung festzusetzenden Tag wird der bisherige Rechtszustand durch den im Enteignungsbeschluß geregelten neuen Rechtszustand ersetzt. [2]Gleichzeitig entstehen die nach § 29 Abs. 1 Nr. 6 begründeten Rechtsverhältnisse; sie gelten von diesem Zeitpunkt an als zwischen den an dem Rechtsverhältnis Beteiligten vereinbart. [3]Die Ausführungsanordnung schließt die Einweisung in den Besitz des enteigneten Grundstücks und des Ersatzlandes zu dem festgesetzten Tag ein. [4]Der bisherige Besitzer kann verpflichtet werden, das enteignete Grundstück notfalls zu räumen.

(4) Die Enteignungsbehörde übersendet dem Grundbuchamt eine von ihr beglaubigte Abschrift des Enteignungsbeschlusses und der Ausführungsanordnung und ersucht es, das Grundbuch entsprechend den eingetragenen Rechtsänderungen zu berichtigen.

§ 33 Hinterlegung. (1) [1]Geldentschädigungen sind unter Verzicht auf das Recht der Rücknahme zu hinterlegen, soweit mehrere Personen als Entschädigungsberechtigte in Betracht kommen und dem Zahlungsverpflichteten eine Einigung über die Auszahlung nicht nachgewiesen ist. [2]Die

Hinterlegung erfolgt bei dem Amtsgericht, in dessen Bezirk der Enteignungsgegenstand liegt; § 2 des Gesetzes über die Zwangsversteigerung und die Zwangsverwaltung ist entsprechend anzuwenden.

(2) Andere Rechtsvorschriften, nach denen eine Hinterlegung geboten oder statthaft ist, bleiben unberührt.

§ 34 Verteilungsverfahren. (1) Nach dem Eintritt des neuen Rechtszustands kann jeder Beteiligte sein Recht an der hinterlegten Summe gegen einen Mitbeteiligten, der dieses Recht bestreitet, vor den ordentlichen Gerichten geltend machen oder die Einleitung eines gerichtlichen Verteilungsverfahrens beantragen.

(2) [1]Für das Verteilungsverfahren ist das Amtsgericht zuständig, in dessen Bezirk der Enteignungsgegenstand liegt; § 2 des Gesetzes über die Zwangsversteigerung und die Zwangsverwaltung ist entsprechend anzuwenden. [2]Die Geschäfte des Amtsgerichts im Verteilungsverfahren werden auf den Rechtspfleger übertragen.

(3) Auf das Verteilungsverfahren sind die Vorschriften über die Verteilung des Erlöses im Fall der Zwangsversteigerung mit folgenden Abweichungen entsprechend anzuwenden:

1. Das Verteilungsverfahren ist durch Beschluß zu eröffnen.

2. Die Zustellung des Eröffnungsbeschlusses an den Antragsteller gilt als Beschlagnahme im Sinne des § 13 des Gesetzes über die Zwangsversteigerung und die Zwangsverwaltung; ist das Grundstück schon in einem Zwangsversteigerungs- oder Zwangsverwaltungsverfahren beschlagnahmt, hat es hierbei sein Bewenden.

3. Das Verteilungsgericht hat bei Eröffnung des Verfahrens von Amts wegen das Grundbuchamt um die in § 19 Abs. 2 des Gesetzes über die Zwangsversteigerung und die Zwangsverwaltung bezeichneten Mitteilungen zu ersuchen; in die beglaubigte Abschrift des Grundbuchblatts sind die zur Zeit der Zustellung des Enteignungsbeschlusses an den Enteigneten vorhandenen Eintragungen und die später eingetragenen Veränderungen und Löschungen aufzunehmen.

4. Bei dem Verfahren sind die in § 11 Abs. 4 bezeichneten Entschädigungsberechtigten nach Maßgabe des § 10 des Gesetzes über die Zwangsversteigerung und die Zwangsverwaltung zu berücksichtigen, wegen der Ansprüche auf wiederkehrende Leistungen jedoch nur für die Zeit bis zur Hinterlegung.

§ 35 Aufhebung des Enteignungsbeschlusses. (1) [1]Ist die Ausführungsanordnung noch nicht ergangen und hat der Begünstigte die ihm durch den Enteignungsbeschluß auferlegten Zahlungen nicht innerhalb von zwei Monaten nach dem Zeitpunkt geleistet, in dem der Beschluß unanfechtbar geworden ist, kann die Aufhebung des Enteignungsbeschlusses beantragt werden. [2]Der Antrag ist dem Begünstigten bekanntzugeben. [3]Dem Antrag ist stattzugeben, wenn der Begünstigte die Zahlungen nicht innerhalb eines Monats nach Bekanntgabe des Antrags leistet.

(2) Antragsberechtigt ist jeder Beteiligte, dem eine nichtgezahlte Entschädigung zusteht oder der nach § 11 Abs. 4 aus ihr zu befriedigen ist.

(3) Der Aufhebungsbeschluß ist allen Beteiligten zuzustellen und dem Grundbuchamt abschriftlich mitzuteilen.

(4) [1]Der Begünstigte hat für alle durch den Enteignungsbeschluß entstandenen besonderen Nachteile angemessene Entschädigung zu leisten. [2]Die Enteignungsbehörde setzt die Entschädigung auf Antrag des Betroffenen fest.

§ 36 Vollstreckbare Titel. (1) [1]Die Zwangsvollstreckung nach den Vorschriften der Zivilprozeßordnung über die Vollstreckung von Urteilen in bürgerlichen Rechtsstreitigkeiten findet statt

1. aus der Niederschrift über eine Einigung im Sinne von § 27 Abs. 2 wegen der in ihr bezeichneten Leistungen,

2. aus einem nicht mehr anfechtbaren Enteignungsbeschluß wegen der zu zahlenden Geldentschädigung oder einer Ausgleichszahlung,

3. aus einem Beschluß nach § 6 Abs. 3, § 16 Abs. 1, § 20, § 26 Abs. 5, § 35 Abs. 4 und § 38 Abs. 2 und 3 wegen der darin festgesetzten Leistungen.

[2]Die Zwangsvollstreckung wegen einer Ausgleichszahlung ist erst zulässig, wenn die Ausführungsanordnung wirksam und unanfechtbar geworden ist.

(2) [1]Die vollstreckbare Ausfertigung wird von dem Urkundsbeamten der Geschäftsstelle des Amtsgerichts erteilt, in dessen Bezirk die Enteignungsbehörde ihren Sitz hat und, wenn das Verfahren bei einem Gericht anhängig ist, von dem Urkundsbeamten der Geschäftsstelle des Gerichts. [2]In den Fällen der §§ 731, 767 bis 770, 785, 786 und 791 der Zivilprozeßordnung tritt das Amtsgericht, in dessen Bezirk die Enteignungsbehörde ihren Sitz hat, an die Stelle des Prozeßgerichts.

2. Abschnitt

Vorzeitige Besitzeinweisung

§ 37 Anordnung der vorzeitigen Besitzeinweisung. (1) [1]Die Enteignungsbehörde kann den Träger des Vorhabens, der einen Enteignungsantrag gestellt hat, auf seinen Antrag vorzeitig in den Besitz des Grundstücks einweisen, soweit die sofortige Ausführung des Vorhabens aus Gründen des Wohls der Allgemeinheit dringend geboten ist. [2]Ist für das Vorhaben ein Planfeststellungsbeschluß oder eine sonstige behördliche Entscheidung erforderlich, so ist die Besitzeinweisung nur zulässig, wenn der Planfeststellungsbeschluß oder die sonstige behördliche Entscheidung unanfechtbar oder sofort vollziehbar ist.

(2) [1]Die Besitzeinweisung ergeht auf Grund einer mündlichen Verhandlung. [2]Hierzu sind der Antragsteller, der Eigentümer und der unmittelbare Besitzer zu laden. [3]Die Ladungsfrist beträgt zwei Wochen. [4]In der Ladung ist darauf hinzuweisen, daß auch bei Nichterscheinen über den Antrag entschieden werden kann. [5]Die Entscheidung ist dem Antragsteller, dem Eigentümer und dem unmittelbaren Besitzer zuzustellen. [6]Im übrigen sind §§ 17, 18, 20, § 21 Abs. 1 und 3, § 22 Abs. 2 Satz 3, §§ 23, 25, § 27 Abs. 1 und § 28 Abs. 4 entsprechend anzuwenden.

(3) [1]Die Besitzeinweisung wird in dem von der Enteignungsbehörde bezeichneten Zeitpunkt wirksam. [2]Auf Antrag des unmittelbaren Besitzers ist dieser Zeitpunkt auf mindestens zwei Wochen nach Zustellung des Besitzeinweisungsbeschlusses an ihn festzusetzen, wenn das nach Abwägung der beiderseitigen Interessen gerechtfertigt ist. [3]Der unmittelbare Besitzer ist über das Antragsrecht zu belehren.

(4) Die Enteignungsbehörde kann den Besitzeinweisungsbeschluß befristen, mit Bedingungen und Auflagen versehen und von der Leistung einer Sicherheit in Höhe der zu erwartenden Enteignungsentschädigung abhängig machen.

(5) [1]Die Enteignungsbehörde hat auf Antrag des Antragstellers, des Eigentümers oder des unmittelbaren Besitzers den Zustand des Grundstücks vor der Besitzeinweisung in einer Niederschrift festzustellen, soweit er für die Besitzeinweisungs- oder Enteignungsentschädigung von Bedeutung ist. [2]Auf das Antragsrecht ist in der Ladung hinzuweisen. [3]Den in Satz 1 bezeichneten Personen ist eine Abschrift der Niederschrift zu übersenden.

§ 38 Wirkung der vorzeitigen Besitzeinweisung. (1) [1]Durch die Besitzeinweisung wird dem bisherigen Besitzer der Besitz entzogen und der Eingewiesene Besitzer. [2]Der Eingewiesene darf auf dem Grundstück das in dem Enteignungsantrag bezeichnete Vorhaben ausführen und die dafür erforderlichen Maßnahmen treffen. [3]Der Eigentümer und der Besitzer können verpflichtet werden, die in Satz 2 genannten Maßnahmen zu dulden und das Grundstück notfalls zu räumen.

(2) [1]Der Eingewiesene hat für die durch die vorzeitige Besitzeinweisung entstehenden Vermögensnachteile angemessene Entschädigung zu leisten, soweit die Nachteile nicht durch die Verzinsung der Geldentschädigung nach § 13 Abs. 2 ausgeglichen werden. [2]Die Entschädigung wird durch die Enteignungsbehörde festgesetzt. [3]Die Entschädigung ist in dem Zeitpunkt fällig, in dem die Besitzeinweisung wirksam wird.

(3) [1]Wird der Enteignungsantrag abgewiesen oder der Enteignungsbeschluß aufgehoben, so ist der Besitzeinweisungsbeschluß aufzuheben und

der vorherige Besitzer wieder in den Besitz einzuweisen. [2]Der Eingewiesene hat für alle durch die vorzeitige Besitzeinweisung entstandenen besonderen Nachteile angemessene Entschädigung zu leisten. [3]Die Entschädigung wird durch die Enteignungsbehörde festgesetzt.

3. Abschnitt

Kosten und Aufwendungen

§ 39 Gebühren und Auslagen. (1) Für Amtshandlungen der Enteignungsbehörde werden Gebühren und Auslagen nach dem Landesgebührengesetz erhoben.

(2) Zur Zahlung der Gebühren und Auslagen ist verpflichtet

1. der Entschädigungsverpflichtete, wenn dem Enteignungsantrag,

2. der von der Rückenteignung Betroffene, wenn einem Antrag auf Rückenteignung,

3. der Enteignungsbegünstigte, wenn einem Antrag auf Aufhebung des Enteignungsbeschlusses nach § 35

stattgegeben wird, andernfalls der Antragsteller.

(3) Im Verfahren nach § 16 werden Gebühren und Auslagen nicht erhoben.

§ 40 Aufwendungen der Beteiligten. (1) Aufwendungen der Beteiligten, die zur zweckentsprechenden Rechtsverfolgung oder Rechtsverteidigung notwendig sind, sind von demjenigen zu erstatten, der zur Zahlung der Gebühren für Amtshandlungen der Enteignungsbehörde verpflichtet ist.

(2) [1]Die Enteignungsbehörde setzt auf Antrag den Betrag der zu erstattenden Aufwendungen fest. [2]Aus einem unanfechtbaren Kostenfestsetzungsbeschluß findet die Zwangsvollstreckung nach den Vorschriften der Zivilprozeßordnung über die Vollstreckung von Kostenfestsetzungsbeschlüssen statt. [3]§ 36 Abs. 2 ist entsprechend anzuwenden.

4. Abschnitt

Antrag auf gerichtliche Entscheidung

§ 41. [1]Entscheidungen über Entschädigungen, über Ausgleichszahlungen mit Ausnahme des Härteausgleichs nach § 16 und über die Erstattung von Aufwendungen der Beteiligten können nur durch Antrag auf gerichtliche Entscheidung angefochten werden. [2]Über den Antrag entscheidet das Landgericht, Kammer für Baulandsachen. [3]Die Vorschriften des Neunten Teils des Bundesbaugesetzes* über das Verfahren vor den Kammern (Senaten) für Baulandsachen sind entsprechend anzuwenden.

---

* *Jetzt: Dritter Teil des Dritten Kapitels des Baugesetzbuches.*

VIERTER TEIL

Rückenteignung

§ 42 Anspruch auf Rückenteignung. (1) Der enteignete frühere Eigentümer kann verlangen, daß das enteignete Grundstück zu seinen Gunsten wieder enteignet wird (Rückenteignung), wenn der Enteignungsbegünstigte oder sein Rechtsnachfolger das Grundstück nicht innerhalb der festgesetzten Frist zu dem Enteignungszweck verwendet oder wenn er den Enteignungszweck vor Ablauf der Frist aufgegeben hat.

(2) Die Rückenteignung kann nicht verlangt werden, wenn

1. der Enteignete das Grundstück selbst im Wege der Enteignung erworben hatte,

2. ein Verfahren zur Enteignung des Grundstücks zu Gunsten eines anderen eingeleitet worden ist und der enteignete frühere Eigentümer nicht glaubhaft macht, daß er das Grundstück binnen angemessener Frist zu dem vorgesehenen Zweck verwenden wird,

3. mit der zweckentsprechenden Verwendung begonnen worden ist oder

4. seit dem Eintritt der Unanfechtbarkeit des Enteignungsbeschlusses 30 Jahre verstrichen sind.

(3) [1]Der Antrag auf Rückenteignung ist spätestens zwei Jahre nach Ablauf der Verwendungsfrist bei der Enteignungsbehörde einzureichen. [2]§ 203 Abs. 2 und § 205 des Bürgerlichen Gesetzbuchs sind entsprechend anzuwenden.

(4) Die Enteignungsbehörde kann die Rückenteignung ablehnen, wenn das Grundstück erheblich verändert oder wenn ganz oder überwiegend Entschädigung in Land gewährt worden ist.

(5) [1]Der frühere Inhaber eines Rechts, das durch Enteignung nach den Vorschriften dieses Gesetzes aufgehoben worden ist, kann unter den Voraussetzungen des Absatzes 1 verlangen, daß ein gleiches Recht an dem früher belasteten Grundstück zu seinen Gunsten durch Enteignung wieder begründet wird. [2]Die Vorschriften über die Rückenteignung gelten entsprechend.

(6) Auf das Rückenteignungsverfahren sind die Vorschriften des Dritten Teils entsprechend anzuwenden.

§ 43 Entschädigung für Rückenteignung. [1]Wird dem Antrag auf Rückenteignung stattgegeben, hat der Antragsteller dem von der Rückenteignung Betroffenen Entschädigung für den Rechtsverlust, nicht jedoch für die anderen Vermögensnachteile zu leisten. [2]Die dem Eigentümer zu gewährende Entschädigung darf den bei der ersten Enteignung zugrunde gelegten Verkehrswert des Grundstücks nicht übersteigen, jedoch sind Aufwendungen zu berücksichtigen, die zu einer Werterhöhung des Grundstücks geführt haben. [3]Ist dem Betroffenen bei der ersten Enteignung eine Entschädigung für andere Vermögensnachteile gewährt worden, hat er diese Entschädigung nach den Vorschriften des Bürgerlichen Gesetzbuches über die Herausgabe einer ungerechtfertigten Bereicherung insoweit zurückzugewähren, als die Nachteile infolge der Rückenteignung entfallen. [4]Im übrigen sind §§ 7 bis 13 entsprechend anzuwenden.

FÜNFTER TEIL
Übergangs- und Schlußvorschriften

§ 44 Angemessene Entschädigung. Soweit nach § 6 Abs. 3, § 26 Abs. 5, § 35 Abs. 4 und § 38 Abs. 2 und 3 angemessene Entschädigung zu leisten ist, sind §§ 7 bis 13 entsprechend anzuwenden.

§ 45 Ordnungswidrigkeiten. (1) Ordnungswidrig handelt, wer Pfähle, Pflöcke oder sonstige Markierungszeichen, die Vorarbeiten nach § 6 dienen, entfernt, verändert, unkenntlich macht oder unrichtig setzt.

(2) Die Ordnungswidrigkeit kann mit einer Geldbuße geahndet werden.

(3) Verwaltungsbehörde im Sinne von § 36 Abs. 1 Nr. 1 des Gesetzes über Ordnungswidrigkeiten ist das Regierungspräsidium.

§ 46 Anhängige Verfahren; ehrenamtliche Beisitzer. (1) [1]Die bei Inkrafttreten dieses Gesetzes anhängigen Enteignungsverfahren sind nach den bisher geltenden Vorschriften weiterzuführen. [2]Hat die Enteignungsbehörde die Entschädigung noch nicht festgesetzt, so sind die Vorschriften dieses Gesetzes über die Entschädigung und den Härteausgleich anzuwenden.

(2) Die Amtszeit der erstmals nach diesem Gesetz bestellten ehrenamtlichen Beisitzer endet am 31. Mai 1986.

§ 47 Aufhebung von Rechtsvorschriften. (1) Es werden aufgehoben

1. das bad. Enteignungsgesetz in der Fassung vom 24. Dezember 1908 (GVBl. S. 703), zuletzt geändert durch bad. Gesetz vom 13. August 1934 (GVBl. S. 239),

2. das württ. Gesetz betreffend die Zwangsenteignung von Grundstücken und von Rechten an Grundstücken vom 20. Dezember 1888 (RegBl. S. 446), zuletzt geändert durch württ. Gesetz vom 23. September 1939 (RegBl. S. 124),

3. das preuß. Gesetz über die Enteignung von Grundeigentum vom 11. Juni 1874 (GS. S. 221),

4. das preuß. Gesetz über ein vereinfachtes Enteignungsverfahren vom 26. Juli 1922 (GS. S. 211).

(2) Es werden ferner aufgehoben alle landesrechtlichen Vorschriften über förmliche Enteignungen, die sich auf Grundstücke beziehen, soweit

sie diesem Gesetz entsprechen oder widersprechen und nicht die Zulässigkeit der Enteignung regeln.

(3) Soweit in anderen Rechtsvorschriften auf die nach Absatz 1 und 2 außer Kraft tretenden Vorschriften verwiesen wird, treten an ihre Stelle die entsprechenden Vorschriften dieses Gesetzes.

§ 48 Änderung von Gesetzen. *(Hier nicht abgedruckt)*

§ 49 Inkrafttreten. Dieses Gesetz tritt am 1. August 1982 in Kraft.

Landesmediengesetz
Baden-Württemberg
(LMedienG)

vom 16. Dezember 1985 (GBl. S. 539), geändert durch Gesetz vom
14. Dezember 1987 (GBl. S. 728)

INHALTSÜBERSICHT

1. Abschnitt
Anwendungsbereich und Begriffsbestimmungen

§ 1 Anwendungsbereich. (1) Dieses Gesetz gilt für den Rundfunk (Hörfunk und Fernsehen) und die rundfunkähnliche Kommunikation.

(2) Eine Veranstaltung und Verbreitung von Darbietungen aller Art in Wort, in Ton und in Bild unter Benutzung elektromagnetischer Schwingungen ohne Verbindungsleitung oder längs oder mittels eines Leiters ist

1. Rundfunk, wenn sie in planvoller und zeitlich geordneter Abfolge zum gleichzeitigen Empfang durch die Allgemeinheit bestimmt ist.

2. rundfunkähnliche Kommunikation, wenn sie weder Rundfunk noch Individualkommunikation darstellt.

(3) Zur rundfunkähnlichen Kommunikation gehört insbesondere die Veranstaltung und Verbreitung von Sendungen mit Texten, stehenden Bildern, Bewegtbildern, Musik- und Sprechdarbietungen, die

1. von einem elektronischen Speicher selbsttätig an jeden Beliebigen übermittelt werden, der sie mit nachrichtentechnischen Mitteln angewählt hat, unabhängig davon, ob die Übermittlung alsbald oder zu einem geeigneten späteren Zeitpunkt vorgenommen wird (Sendungen auf Abruf), oder,

2. in raschem Wechsel so verbreitet werden, daß jedermann jederzeit oder zu einem beliebigen Zeitpunkt innerhalb eines bestimmten Zeitrahmens jede einzelne Information auswählen und sofort oder mit einer Wartezeit sichtbar oder hörbar machen kann (Sendungen auf Zugriff).

(4) Rundfunk oder rundfunkähnliche Kommunikation im Sinne dieses Gesetzes ist nicht die Veranstaltung und Verbreitung von Darbietungen, die sich auf ein Gebäude oder einen zusammengehörigen Gebäudekomplex beschränkt und in einem funktionellen Zusammenhang mit den dort zu erfüllenden Aufgaben steht.

(5) Für die Veranstaltung bundesweit verbreiteter Programme privater Veranstalter gilt dieses Gesetz, soweit nicht durch Staatsverträge und Gesetze abweichende Regelungen getroffen sind.

§ 2 Begriffsbestimmungen. Im Sinne dieses Gesetzes ist

1. Rundfunkprogramm eine planvolle und zeitlich geordnete Folge von Rundfunksendungen eines Veranstalters;

2. rundfunkähnlicher Kommunikationsdienst eine Gesamtheit von Sendungen eines Veranstalters, die zum Abruf oder Zugriff angeboten werden; er ist

   a) Textdienst, wenn Textsendungen angeboten werden; Textsendungen bestehen aus Textseiten mit Schriftzeichen, stehenden Bildern oder anderen Informationen, die typischerweise auf dem Bildschirm sichtbar gemacht werden; dazu gehören nicht Bewegtbildsendungen;

   b) Ton- und Bewegtbilddienst, wenn Ton- oder Bewegtbildsendungen angeboten werden;

3. Sendung

   a) ein einzelner, in sich geschlossener, zeitlich begrenzter Teil eines Rundfunkprogramms;

   b) die einzelne Textseite oder die unmittelbar miteinander verknüpften Textseiten eines Veranstalters, die zum Abruf oder Zugriff angeboten werden (Textsendung), oder

   c) die einzelne, in sich geschlossene Ton- und Bewegtbilddarbietung, die zum gesonderten Abruf oder Zugriff angeboten wird (Ton- und Bewegtbildsendung);

4. Vollprogramm ein Rundfunkprogramm, das in wesentlichen Programmteilen der Information, der Bildung und der Unterhaltung dient;

5. Spartenprogramm ein Rundfunkprogramm, das einen im wesentlichen gleichartigen Inhalt hat oder mehrere solcher gleichartiger Inhalte verbindet;

6. Veranstalter, wer ein Rundfunkprogramm, einen rundfunkähnlichen Kommunikationsdienst oder einzelne Sendungen unter eigener inhaltlicher Verantwortung verbreitet;

7. Landesrundfunkanstalt eine öffentlich-rechtliche Rundfunkanstalt, die nach Landesrecht mit der Veranstaltung und Verbreitung von Rundfunkprogrammen für das Landesgebiet oder einen Teil davon betraut ist.

2. Abschnitt

Sicherung von Übertragungskapazitäten für Rundfunk und rundfunkähnliche Kommunikation

§ 3 Kapazitätsziele. (1) Für das Gebiet des Landes sollen die Voraussetzungen dafür geschaffen werden, daß drahtlos und kabelgebunden vielfältige Rundfunkprogramme und rundfunkähnliche Kommunikationsdienste frei empfangen und durch selbständige Veranstalter frei verbreitet werden können.

(2) Die Landesregierung wirkt darauf hin, daß zu diesem Zweck

1. zusätzliche drahtlose Frequenzen für Rundfunk und rundfunkähnliche Kommunikation verfügbar gemacht werden,

2. die im Lande vorhandenen Breitbandkabelnetze mit angemessener Reservekapazität ausgebaut und für Rundfunk sowie rundfunkähnliche Kommunikation verfügbar gemacht werden,

3. die übrigen Gebiete des Landes eine entsprechende Breitband-Übertragungskapazität erhalten, sofern nicht durch technische Umstellung des allgemeinen Fernmeldenetzes eine mindestens gleiche Kapazität geschaffen wird.

§ 4 Planmäßiger Ausbau der Übertragungskapazität. (1) [1]Zur Verwirklichung der Kapazitätsziele (§ 3) wirkt die Landesregierung darauf hin, daß die Deutsche Bundespost in Abstimmung mit der Landesregierung die Übertragungskapazität für Rundfunk und rundfunkähnliche Kommunikation im Lande planmäßig ausbaut. [2]Die Ziele der Raumordnung und Landesplanung sind dabei zu beachten.

(2) Die Landesregierung trägt dafür Sorge, daß Gemeinden, für deren Gebiet ein Kabelnetz vorgesehen wird, zuvor Gelegenheit zur Stellungnahme erhalten.

§ 5 Nutzungsplan. (1) [1]Nach den Regeln der §§ 6 bis 8 stellt die Landesanstalt durch Rechtsverordnung einen Nutzungsplan für die drahtlosen Frequenzen und für die Kabelnetze auf. [2]Die Landesrundfunkanstalten teilen hierzu der Landesanstalt ihre Nutzungsinteressen mit und legen die Gründe dar, warum die beabsichtigte Nutzung nicht im Rahmen ihrer bisherigen Übertragungskapazität verwirklicht werden kann. [3]Der Nutzungsplan soll mit der Deutschen Bundespost abgestimmt werden. [4]Den Landesrundfunkanstalten und den Verbänden privater Rundfunkveranstalter ist Gelegenheit zur Stellungnahme zu geben.

(2) [1]Der Nutzungsplan ist so zu gestalten, daß vielfältige Meinungen und Informationswünsche zur Geltung kommen können. [2]Die jeweils bestehende Nutzung und die hierfür erforderliche Übertragungskapazität sind zu berücksichtigen.

(3) In den Nutzungsplan werden nicht einbezogen Gemeinschaftsantennenanlagen mit weniger als 50 angeschlossenen Teilnehmern oder mit weniger als sechs Fernsehkanälen.

§ 6 Nutzungsziele. Die Übertragungskapazität für Rundfunk und rundfunkähnliche Kommunikation soll im Rahmen der fernmeldetechnischen und fernmelderechtlichen Möglichkeiten so genutzt werden, daß Rundfunkprogramme und rundfunkähnliche Kommunikationsdienste

1. erstmals verbreitet und

2. zur Verbesserung und Erweiterung der Empfangsmöglichkeiten unverändert und zeitgleich weiterverbreitet werden können.

§ 7 Ausweisung für eine bestimmte Nutzungsart. (1) Zu erstmaliger Verbreitung sind drahtlose Frequenzen und Kabelkanäle für öffentlich-rechtlichen oder privaten Rundfunk und für rundfunkähnliche Kommunikation so auszuweisen, daß

1. die Landesrundfunkanstalten ihre gesetzlichen Aufgaben erfüllen und konkurrierende private Rundfunkveranstalter zugelassen werden können sowie

2. der rundfunkähnlichen Kommunikation fortschreitend Raum gegeben werden kann.

(2) Zur Weiterverbreitung sollen Kabelkanäle in angemessenem Verhältnis für Rundfunkprogramme und rundfunkähnliche Kommunikationsdienste ausgewiesen werden, die

1. kraft Landesrechts drahtlos für das Gebiet des Kabelnetzes verbreitet werden,

2. zum unmittelbaren Empfang durch die Allgemeinheit bestimmt und im Gebiet des Kabelnetzes ortsüblich empfangbar sind oder

3. gemäß § 11 herangeführt werden.

§ 8 Kapazitätsreserve. Soweit es zur Erreichung bestimmter Nutzungsziele als unerläßlich erscheint, eine Übertragungskapazität für eine spätere Nutzung offen zu halten, können einzelne Kabelkanäle als Kapazitätsreserve ausgewiesen werden.

3. Abschnitt

Sicherung der Empfangsfreiheit

§ 9 Empfangsfreiheit. (1) Jedermann hat das Recht, im Rahmen der Gesetze und der fernmeldetechnischen Möglichkeiten in- und ausländische Sendungen zu empfangen.

(2) Sendungen dürfen so verbreitet werden, daß sie nur von Berechtigten empfangen werden können.

§ 10 Freier Empfang im Kabelnetz. (1) [1]Der Betreiber eines Kabelnetzes ist verpflichtet, unter angemessenen und für alle Veranstalter gleichen Bedingungen entsprechend dem Nutzungsplan

1. auf den zu erstmaliger Verbreitung ausgewiesenen Kanälen (§ 7 Abs. 1) die dafür vorgesehenen öffentlich-rechtlichen oder zugelassenen privaten Rundfunkprogramme oder rundfunkähnlichen Kommunikationsdienste zu verbreiten,

2. auf den Kanälen, die im Nutzungsplan für eine bestimmte Nutzungsart der Weiterverbreitung ausgewiesen sind (§ 7 Abs. 2),
mindestens

a) die Fernsehprogramme und

b) von den Hörfunkprogrammen und rundfunkähnlichen Kommunikationsdiensten diejenigen weiterzuverbreiten, die über Satel-
liten oder über erdgebundene Sender auf Fernseh- oder UKW-
Frequenzen verbreitet werden.

[2]Urheberrechtliche oder andere rechtliche Bindungen sowie die fernmelderechtlichen Befugnisse der Deutschen Bundespost bleiben unberührt.

(2) [1]Stehen nach dem Nutzungsplan nicht genügend Kanäle zur Verfügung, um gemäß Absatz 1 Nr. 2 alle entsprechenden Programme oder
rundfunkähnlichen Kommunikationsdienste weiterverbreiten zu können,
so sind diejenigen mit Vorrang weiterzuverbreiten, die mit größerer Feld-
stärke empfangbar sind, falls nicht eine Befragung unter den an das Kabelnetz Angeschlossenen eine Mehrheit für eine andere Rangfolge ergibt. [2]In
Zweifelsfällen entscheidet auf Antrag eines Beteiligten die Landesanstalt.
[3]Für die gemäß § 11 herangeführten Rundfunkprogramme und rundfunkähnlichen Kommunikationsdienste trifft die Landesanstalt die Entscheidung über die Rangfolge. [4]Sie soll die mehrheitlichen Wünsche der an das
Kabelnetz Angeschlossenen berücksichtigen .

(3) Sobald und soweit es technisch möglich und wirtschaftlich durchführbar ist, den an das Kabelnetz Angeschlossenen Rundfunkprogramme und
rundfunkähnliche Kommunikationsdienste nach individueller Auswahl
zugänglich zu machen, ist von dieser Möglichkeit Gebrauch zu machen.

**§ 11 Weiterverbreitung herangeführter Rundfunkprogramme und rundfunk-
ähnlicher Kommunikationsdienste auf Zugriff.** (1) Durch Richtfunk, Kabel
oder Fernmeldesatelliten herangeführte Rundfunkprogramme, Textdienste auf Zugriff sowie Ton- und Bewegtbilddienste auf Zugriff, die außerhalb
des Landes in rechtlich zulässiger Weise zum unmittelbaren Empfang
durch die Allgemeinheit verbreitet werden, dürfen nach Maßgabe der
nachfolgenden Bestimmungen in den Kabelnetzen weiterverbreitet werden:

1. [1]Rundfunkprogramme dürfen nicht mit § 30 Abs. 1 bis 3, § 48 Satz 1
und 2, §§ 49 , 50 Abs. 1 Satz 2, Abs. 4 Satz 2, Abs. 5 Satz 1 oder § 53
Abs. 1 Satz 1 unvereinbar sein. [2]Einzelne Meinungsrichtungen
dürfen nicht einen vorherrschenden oder sonst in hohem Maße
ungleichgewichtigen Einfluß auf den Rundfunk in seiner Gesamtheit im Land erlangen;

2. [1]Textdienste auf Zugriff sowie Ton- und Bewegtbilddienste auf Zugriff dürfen nicht mit § 48 Satz 1 und 2, §§ 49, 50 Abs. 1 Satz 2, Abs. 4
Satz 2, Abs. 5 Satz 1 oder § 53 Abs. 1 Satz 1, Textdienste auf Zugriff
außerdem nicht mit § 40 Abs. 2 sowie Ton- und Bewegtbilddienste

auf Zugriff nicht mit § 47 unvereinbar sein. [2]Ton- und Bewegtbild-dienste auf Zugriff dürfen ferner nicht dazu führen, daß einzelne Meinungsrichtungen auf die rundfunkähnliche Kommunikation im Land in ihrer Gesamtheit einen vorherrschenden oder sonst in hohem Maße ungleichgewichtigen Einfluß ausüben;

3. dem Betroffenen muß eine ausreichende Gegendarstellungsmög-lichkeit eingeräumt sein.

(2) Die Weiterverbreitung

1. von deutschsprachigen Rundfunkprogrammen sowie Ton- und Be-wegtbilddiensten auf Zugriff, die außerhalb des Landes verbreitet werden, um den Anforderungen des § 23 Abs. 1 Nr. 2 bis 4 oder Abs. 2 Nr. 1 bis 3, auch in Verbindung mit § 46 Abs. 2, und

2. von deutschsprachigen Textdiensten auf Zugriff, die außerhalb des Landes verbreitet werden, um den Anforderungen des § 23 Abs. 1 Nr. 2 bis 4 in Verbindung mit § 43 Abs. 1 oder § 44 Abs. 4 oder des § 39

auszuweichen, ist unzulässig.

(3) [1]Die Weiterverbreitung von Rundfunkprogrammen und von Ton- und Bewegtbilddiensten auf Zugriff bedarf der Zulassung durch die Lan-desanstalt; zur Zulassung ist die Zustimmung des Medienbeirats erforder-lich. [2] § 26 gilt entsprechend.

(4) [1]Die Zulassung wird widerrufen, wenn ein Rundfunkprogramm wie-derholt in schwerwiegender Weise gegen Absatz 1 Nr. 1 Satz 1 oder Nr. 3 verstößt oder dazu führt, daß einzelne Meinungsrichtungen einen vor-herrschenden oder sonst in hohem Maße ungleichgewichtigen Einfluß auf den Rundfunk im Land in seiner Gesamtheit erlangen. [2]Die Zulassung eines Ton- und Bewegtbilddienstes auf Zugriff wird widerrufen, wenn er wiederholt in schwerwiegender Weise gegen Absatz 1 Nr. 2 Satz 1 oder Nr. 3 verstößt oder dazu führt, daß einzelne Meinungsrichtungen auf die rundfunkähnliche Kommunikation im Land in ihrer Gesamtheit einen vorherrschenden oder sonst in hohem Maße ungleichgewichtigen Einfluß ausüben. [3]Für die Rücknahme der Zulassung gilt § 27 entsprechend. [4]Die Weiterverbreitung eines Textdienstes auf Zugriff wird untersagt, wenn er wiederholt in schwerwiegender Weise gegen Absatz 1 Nr. 2 Satz 1 oder Nr. 3 verstößt. [5]Der Widerruf und die Untersagung sind vorher schriftlich anzudrohen.

§ 12 Weiterverbreitung ortsüblich empfangbarer Rundfunkprogramme und rundfunkähnlicher Kommunikationsdienste auf Zugriff. (1) [1]Ortsüblich empfangbare Rundfunkprogramme und rundfunkähnliche Kommunikati-onsdienste auf Zugriff dürfen in Kabelnetzen weiterverbreitet werden. [2]Dies gilt nicht, wenn ein Rundfunkprogramm oder ein rundfunkähnli-cher Kommunikationsdienst auf Zugriff wiederholt in schwerwiegender Weise gegen § 48 Satz 1 oder 2, § 49, § 50 Abs. 1 Satz 2, Abs. 4 Satz 2, Abs. 5 Satz 1 oder § 53 Abs. 1 Satz 1 verstößt; in einem solchen Fall untersagt die Landesanstalt die Weiterverbreitung. ³Die Weiterverbreitung ist auch zu untersagen, wenn ein Rundfunkprogramm gegen § 30 Abs. 1 bis 3, ein Textdienst auf Zugriff gegen § 40 Abs. 2 oder ein Ton- und Bewegtbilddienst auf Zugriff gegen § 47 wiederholt in schwerwiegender Weise verstößt. ⁴Die Untersagung ist vorher schriftlich anzudrohen.

(2) Soweit in Kabelgebieten der Betrieb von Einzelantennenanlagen ausgeschlossen ist, wird die Weiterverbreitung nur untersagt, wenn ein Rundfunkprogramm oder ein rundfunkähnlicher Kommunikationsdienst auf Zugriff wiederholt in schwerwiegender Weise gegen § 48 Satz 1 oder 2 oder gegen § 49 Abs. 1 verstößt.

4. Abschnitt

Öffentlich-rechtlicher Rundfunk

§ 13 Fortgeltung der Rundfunkgesetze. (1) Für Rundfunkprogramme der Landesrundfunkanstalten bleibt es bei den durch Gesetze und Staatsverträge getroffenen Regelungen.

(2) ¹In Rundfunkprogrammen, Programmteilen oder einzelnen Sendungen der Landesrundfunkanstalten, die nicht für deren gesamten Sendebereich im Land veranstaltet und verbreitet werden, ist Werbung unzulässig. ²Dies gilt auch für Werbung zwischen Programmteilen oder Sendungen nach Satz 1.

(3) Rundfunkprogramme, die Abonnenten oder Einzelentgeltzahlern vorbehalten bleiben, dürfen durch die Landesrundfunkanstalten veranstaltet und verbreitet werden, wenn dies durch Gesetz oder Staatsvertrag besonders zugelassen wird.

(4) Private Rundfunkveranstalter können mit öffentlich-rechtlichen Rundfunkanstalten in der Weise zusammenarbeiten, daß

1. sie einzelne Ton- und Bewegtbildsendungen mit ihnen gemeinsam herstellen und

2. öffentlich-rechtliche Rundfunkanstalten ihnen Sendungen oder Prgorammteile zur Verfügung stellen oder von ihnen abnehmen.

5. Abschnitt

Privater Rundfunk

1. Unterabschnitt

Allgemeine Grundsätze für den privaten Rundfunk

§ 14 Grundsätze der Meinungsvielfalt. (1) Privater Rundfunk dient zusätzlich zum öffentlich-rechtlichen Rundfunk der freien Meinungsbildung.

(2) ¹Die Rundfunkprogramme sollen in ihrer Gesamtheit der Meinungsvielfalt und kulturellen Vielfalt Ausdruck geben. ²Dieses Ziel wird dadurch
gewährleistet, daß

1. staatliche Rundfunkprogramme und vorherrschender staatlicher
   Einfluß auf Rundfunkprogramme ausgeschlossen werden,

2. Personen, Vereinigungen und Einrichtungen, die religiöse, weltanschauliche, politische, wirtschaftliche oder andere gesellschaftliche
   Auffassungen und Interessen vertreten (gesellschaftliche Kräfte),
   die Möglichkeit erhalten, ihre Auffassungen und Interessen in eigenen Rundfunkprogrammen oder eigenverantwortlich gestalteten
   Programmbeiträgen zu vertreten, oder sonst in der Gesamtheit der
   Rundfunkprogramme angemessen zu Wort kommen,

3. einzelne gesellschaftliche Kräfte keinen vorherrschenden oder
   sonst in hohem Maße ungleichgewichtigen Einfluß auf den Rundfunk in seiner Gesamtheit erlangen dürfen,

4. die kulturellen Besonderheiten des Landes und seiner Teilräume,
   der Bundesrepublik Deutschland und anderer europäischer Länder
   eine angemessene Ausdrucksmöglichkeit erhalten.

(3) ¹Bei der Beurteilung der Meinungsvielfalt und kulturellen Vielfalt
sind neben den im Lande zugelassenen privaten Rundfunkprogrammen
auch die Rundfunkprogramme der Landesrundfunkanstalten, die ortsüblich empfangbaren sowie die herangeführten und gemäß § 11 zur Weiterverbreitung zugelassenen Rundfunkprogramme zu berücksichtigen. ²So-
weit rundfunkähnliche Kommunikationsdienste anstelle von Rundfunkprogrammen oder zusätzlich zu ihnen angeboten und abgenommen werden und so bestimmte Interessen oder Programmwünsche hinreichend zur
Geltung bringen, können sie ebenfalls mit berücksichtigt werden.

§ 15 Öffentliche Aufgabe. Der private Rundfunk erfüllt eine öffentliche
Aufgabe, wenn er in Angelegenheiten von öffentlichem Interesse Nach-
richten beschafft und verbreitet, Stellung nimmt, Kritik übt oder auf andere
Weise an der Meinungsbildung mitwirkt.

2. Unterabschnitt

Zulassung privater Veranstalter

§ 16 Zulassungserfordernis. (1) Private Veranstalter von Hörfunk- oder
Fernsehprogrammen bedürfen einer Zulassung.

(2) Die Zulassung wird erteilt, wenn die Voraussetzungen nach diesem
Gesetz erfüllt sind.

(3) Unberührt bleiben

1. fernmelderechtliche Erfordernisse,

2. das Erfordernis einer Einigung mit dem Betreiber eines Kabelnetzes oder einer Übertragungseinrichtung über deren Nutzung.

§ 17 Arten der Zulassung. (1) Die Zulassung wird ausgesprochen

1. für die drahtlose Verbreitung oder für die Verbreitung durch Kabel (Verbreitungsart),

2. landesweit oder für ein bestimmtes Teilgebiet, für ein Kabelnetz oder einen Teil eines Kabelnetzes (Verbreitungsgebiet),

3. für Hörfunk oder Fernsehen (Programmart),

4. für die Verbreitung eines Vollprogramms oder eines bestimmten Spartenprogramms (Programmkategorie),

5. für die volle oder eine bestimmte teilweise Nutzung einer drahtlosen Frequenz oder eines Kabelkanals (Sendezeit).

(2) [1]Im Fall einer Zulassung für ein Teilgebiet nach Absatz 1 Nr. 2 soll berücksichtigt werden, daß zusammenhängende Kultur- und Wirtschaftsräume versorgt werden können und eine wirtschaftlich leistungsfähige Rundfunkveranstaltung ermöglicht wird. [2]Die Landesanstalt berücksichtigt zu diesem Zweck die technische Möglichkeit der Zusammenschaltung von drahtlosen Frequenzen; dies gilt insbesondere bei Frequenzen mit geringer Reichweite.

§ 18 Vielfaltsicherung durch Aufteilung beschränkter Übertragungskapazität. (1) Stehen nach dem Nutzungsplan nicht genügend Frequenzen oder Kabelkanäle zur Verfügung, um alle Zulassungen antragsgemäß aussprechen zu können, so wirkt die Landesanstalt auf eine Einigung der Antragsteller, die die persönlichen und sachlichen Zulassungsvoraussetzungen gemäß §§ 23, 24 erfüllen, über eine Aufteilung der Sendezeiten oder eine Kooperation hin, die den Grundsätzen des § 14 Rechnung trägt.

(2) [1]Kommt eine solche Einigung oder Kooperation innerhalb einer angemessenen Frist nicht zustande, nimmt die Landesanstalt unter den Antragstellern eine Auswahl vor. [2]Bei der Auswahl hat der Antragsteller den Vorrang, der die größere Meinungsvielfalt in seinem Programm und die größeren Anteile an eigengestalteten Beiträgen über die Ereignisse des politischen, sozialen und kulturellen Lebens im Verbreitungsgebiet erwarten läßt.

(3) [1]Die Landesanstalt kann in Ausnahmefällen, insbesondere bei Programmen oder Programmteilen mit unterschiedlichen Schwerpunkten, die sich inhaltlich ergänzen, anstelle einer Auswahl die Sendezeit unter Antragstellern aufteilen, wenn auch bei einer Aufteilung der Sendezeit die Finanzierbarkeit der beabsichtigten Programme aus Werbung im Verbreitungsgebiet erwartet werden kann. [2]Absatz 2 Satz 2 gilt entsprechend. [3]Die Landesanstalt berücksichtigt bei der Aufteilung auch die Eigenart der beabsichtigten Programme und die dafür geeigneten Sendezeiten sowie die Wünsche der Antragsteller.

(4) [1]Die Auswahl unter den Antragstellern und die Aufteilung der Sendezeit bedarf der Zustimmung des Medienbeirates. [2]Zulassungen sind auf Antrag für erweiterte Sendezeiten auszusprechen, sobald und soweit der Grund für die Begrenzung weggefallen ist.

§ 19 Ausschluß vielfaltgefährdender mehrfacher Programmveranstaltung. (1) Ein privater Rundfunkveranstalter kann mit einem Vollprogramm oder Spartenprogramm im Hörfunk oder Fernsehen nicht für ein Verbreitungsgebiet zugelassen werden, in dem bereits ein von ihm veranstaltetes entsprechendes Programm

1. auf Grund landesrechtlicher Zulassung verbreitet,
2. herangeführt wird und gemäß § 11 zur Weiterverbreitung zugelassen oder
3. ortsüblich empfangbar ist.

(2) Als Rundfunkveranstalter in diesem Sinne wird auch angesehen, wer zwar nicht Inhaber der Zulassung ist, zum Inhaber der Zulassung aber im Verhältnis eines verbundenen Unternehmens entsprechend § 15 Aktiengesetz steht, auf seine Programmgestaltung in anderer Weise wesentlichen Einfluß ausüben kann oder unter einem entsprechenden Einfluß des Inhabers der Zulassung steht (mittelbarer Rundfunkveranstalter); der Einfluß gilt nicht als wesentlich, wenn er sich auf ein Zehntel des Stimmgewichts oder des Programms beschränkt.

(3) Von der Vorschrift des Absatzes 1 ist eine Ausnahme zu bewilligen, wenn nach Auffassung des Medienbeirats gemäß § 22 gewährleistet wird, daß der Veranstalter nicht einen vorherrschenden oder sonst in hohem Maße ungleichgewichtigen Einfluß auf die Bildung der öffentlichen Meinung durch Rundfunk im Verbreitungsgebiet erhält.

§ 20 Meinungsvielfalt durch mehrere konkurrierende Programme. (1) [1]Wer ein deutschsprachiges Vollprogramm oder ein meinungsbildendes deutschsprachiges Spartenprogramm, insbesondere ein Programm mit aktuellen Informationen veranstalten will, wird zugelassen, wenn in dem Verbreitungsgebiet mindestens drei weitere gleichartige private Rundfunkprogramme außer den Programmen der öffentlich-rechtlichen Rundfunkanstalten empfangbar sind. [2]Satz 1 findet keine Anwendung, wenn die Landesanstalt feststellt, daß eine Ausgewogenheit der Programme in ihrer Gesamtheit nicht gegeben ist.

(2) [1]Ergibt sich nachträglich, daß die Anforderungen nach Absatz 1 Satz 1 nicht mehr gegeben sind, oder stellt die Landesanstalt nachträglich fest, daß eine Ausgewogenheit der Programme in ihrer Gesamtheit nicht mehr vorliegt, werden die Zulassungen widerrufen, wenn nicht in angemessener Frist die Voraussetzungen für eine Zulassung nach § 22 geschaffen sind. [2]Die Feststellung, daß die Voraussetzungen für eine Zulassung nach § 22 vorliegen, bedarf der Zustimmung des Medienbeirates; sie gilt als Zulassung nach § 22.

§ 21 (aufgehoben)

§ 22 Sicherung der Meinungsvielfalt bei Veranstaltern ohne hinreichende Konkurrenz. (1) [1]Sind die Voraussetzungen für eine Zulassung nach § 20 Abs. 1 nicht gegeben, so wird die Zulassung erteilt, wenn sichergestellt ist, daß nicht in Widerspruch zu § 14 einzelne gesellschaftliche Kräfte vorherrschenden oder sonst in hohem Maße ungleichgewichtigen Einfluß auf die Bildung der öffentlichen Meinung durch Rundfunk im Verbreitungsgebiet erhalten. [2]Die Zulassung bedarf der Zustimmung des Medienbeirats.

(2) Die Voraussetzungen für die Zulassung nach Absatz 1 sind im Regelfall gegeben, wenn der Veranstalter

1. von Vertretern der im Verbreitungsgebiet wesentlichen Meinungsrichtungen getragen wird oder

2. sowohl nach seiner Organisation, insbesondere durch Bildung eines Programmbeirats aus Vertretern der im Verbreitungsgebiet wesentlichen Meinungsrichtungen, als auch nach seinem Programmschema und seinen Programmgrundsätzen rechtlich die Gewähr dafür bietet, daß seine Sendungen insgesamt ein ausgewogenes Meinungsbild vermitteln.

(3) [1]Ist Veranstalter ein Zeitungsverleger, der bei den im Verbreitungsgebiet des Rundfunkprogramms verkauften Tageszeitungen einen Marktanteil von mehr als 50 vom Hundert hat, kann die Zulassung nur unter den Voraussetzungen des Absatzes 2 Nr. 2 erteilt werden. [2]Dasselbe gilt, wenn Veranstalter eine Anbietergemeinschaft ist, an der ein Zeitungsverleger nach Satz 1 zu mehr als 50 vom Hundert der Kapital- und Stimmrechtsanteile beteiligt ist.

(4) [1]In regelmäßigen Abständen und aus besonderem Anlaß wird überprüft, ob den Anforderungen nach den Absätzen 1 bis 3 entsprochen ist. [2]Ist dies nicht der Fall und wird der Mangel nach Aufforderung durch die Landesanstalt nicht innerhalb von sechs Monaten behoben, so wird die Zulassung widerrufen.

§ 23 Persönliche Zulassungsvoraussetzungen. (1) [1]Die Zulassung setzt voraus, daß der Antragsteller

1. unbeschränkt geschäftsfähig ist,

2. die Fähigkeit, öffentliche Ämter zu bekleiden, nicht durch Richterspruch verloren hat,

3. das Grundrecht der freien Meinungsäußerung nicht nach Artikel 18 des Grundgesetzes verwirkt hat,

4. als Partei oder Vereinigung nicht verboten ist,

5. seinen Wohnsitz oder Sitz in der Bundesrepublik Deutschland hat und gerichtlich unbeschränkt verfolgt werden kann,

6. die Gewähr dafür bietet, daß er das Programm entsprechend der

Zulassung und unter Beachtung der gesetzlichen Vorschriften veranstalten und verbreiten wird.
[2]Die Voraussetzungen nach Nummer 1 bis 3 müssen bei juristischen Personen oder nichtrechtsfähigen Personenvereinigungen von den gesetzlichen oder satzungsmäßigen Vertretern erfüllt sein.

(2) Die Zulassung darf nicht erteilt werden an

1. Gebietskörperschaften, deren allgemeinem Weisungsrecht unterliegende juristische Personen des öffentlichen Rechts sowie Personen, die für sie kraft eines Amts- oder Dienstverhältnisses in leitender Stellung tätig sind,

2. Unternehmen oder Vereinigungen, an denen Gebietskörperschaften beteiligt sind, sowie Personen, die für diese Unternehmen oder Vereinigungen kraft eines Arbeits- oder Dienstverhältnisses in leitender Stellung tätig oder Mitglied eines ihrer Organe sind,

3. Mitglieder gesetzgebender Körperschaften sowie Mitglieder der Bundes- oder einer Landesregierung,

4. öffentlich-rechtliche Rundfunkanstalten sowie Personen, die in einem Arbeits- oder Dienstverhältnis zu einer öffentlich-rechtlichen Rundfunkanstalt stehen oder Mitglied eines ihrer Organe sind,

5. Unternehmen oder Vereinigungen, an denen öffentlich-rechtliche Rundfunkanstalten beteiligt sind oder auf deren Willensbildung sie auf andere rechtliche Weise wesentlich Einfluß nehmen können,

6. Personen oder Personenvereinigungen, die wegen mehrfacher Programmveranstaltung nach § 19 ausgeschlossen sind.

(3) [1]Der Antragsteller hat seine Eigentumsverhältnisse sowie alle Rechtsbeziehungen zu Gebietskörperschaften, Rundfunkveranstaltern und Unternehmen im Medienbereich offenzulegen, die für Absatz 2 von Bedeutung sein können. [2]Spätere Veränderungen sind jederzeit unverzüglich anzuzeigen.

§ 24 Sachliche Voraussetzungen für die Zulassung. (1) Für die Zulassung muß unter Vorlage eines Programmschemas, das auch über Art und Umfang der vorgesehenen Übernahme von Programmteilen öffentlich-rechtlicher Rundfunkanstalten oder privater Runfunkveranstalter und über Art und Umfang der vorgesehenen eigengestalteten Beiträge zum Geschehen in dem Verbreitungsgebiet Aufschluß gibt, und eines Finanzplans glaubhaft gemacht werden, daß

1. finanziell und organisatorisch die Voraussetzungen für eine regelmäßige Veranstaltung und Verbreitung eines Programms der beantragten Programmart, Programmkategorie und Sendezeit erfüllt sind,

2. das Programm, sofern es sich nicht nur um ein Spartenprogramm handelt, zu einem angemessenen Anteil

a) Sendungen enthalten wird, die sich auf das Verbreitungsgebiet beziehen, soweit dies nach der Art des Programms erwartet werden kann, und

b) im Geltungsbereich des Grundgesetzes oder in einem Mitgliedsstaat der Europäischen Gemeinschaft hergestellt wird; § 15 Abs. 2 des Gesetzes über Maßnahmen zur Förderung des deutschen Films in der Fassung vom 18. November 1986 (BGBl. I S. 2047) gilt entsprechend.

(2) Jede spätere auf Dauer angelegte Veränderung des Programmschemas ist der Landesanstalt unverzüglich anzuzeigen.

§ 25 Zulassungsverfahren. (1) [1]Steht in einem Verbreitungsgebiet eine Übertragungskapazität für die Zulassung privater Rundfunkveranstalter zur Verfügung, so macht die Landesanstalt dies bekannt und fordert dazu auf, Anträge auf Zulassung innerhalb einer von der Landesanstalt festzusetzenden angemessenen Frist einzureichen, die drei Monate nicht unterschreiten soll. [2]Sie weist hierbei auf die Möglichkeit der Zusammenschaltung von Frequenzen hin (§ 17 Abs. 2). [3]Über drahtlose Frequenzen unter 5 Watt Ausstrahlungsleistung kann die Landesanstalt ohne Ausschreibung entscheiden.

(2) [1]Die Landesanstalt kann einem Antragsteller eine Frist zur Ergänzung der Angaben über klärungsbedürftige Punkte und zur Vorlage von Unterlagen setzen. [2]Sie kann ergänzende Angaben und Unterlagen, die erst nach Ablauf dieser Frist vorgebracht werden, zurückweisen und ohne weitere Ermittlungen entscheiden, wenn

1. ihre Berücksichtigung die Einleitung oder sachgerechte Durchführung des Einigungsverfahrens nach § 18 Abs. 1 verzögern würde,

2. der Antragsteller die Verspätung nicht genügend entschuldigt und

3. der Antragsteller über die Folgen einer Fristversäumnis belehrt worden ist.

[3]Der Entschuldigungsgrund ist auf Verlangen der Landesanstalt glaubhaft zu machen. [4]Satz 2 gilt nicht, wenn es mit geringem Aufwand möglich ist, den Sachverhalt auch ohne Mitwirkung des Antragstellers zu ermitteln.

(3) Über Zulassungsanträge wird in der Regel zweimal im Jahr entschieden (Zulassungstermine).

§ 26 Zeitdauer und Nichtübertragbarkeit der Zulassung. (1) Die Zulassung wird für fünf Jahre ausgesprochen, auf Antrag auch für eine kürzere Zeitdauer, mindestens aber für ein Jahr.

(2) Die Zulassung ist nicht übertragbar.

§ 27 Rücknahme der Zulassung. [1]Die Zulassung wird zurückgenommen, wenn ihre gesetzlichen Voraussetzungen im Zeitpunkt der Entscheidung über die Zulassung nicht gegeben waren und auch nicht innerhalb einer von der Landesanstalt gesetzten Frist erfüllt werden. [2]Ein durch die Rücknahme entstehender Vermögensnachteil ist nicht gemäß § 48 Abs. 3 des Landesverwaltungsverfahrensgesetzes auszugleichen.

§ 28 Widerruf der Zulassung. (1) Die Zulassung ist zu widerrufen, wenn

1. nachträglich eine der Voraussetzungen nach § 23 Abs. 1 entfällt oder ein Versagungsgrund nach § 23 Abs. 2 eintritt,

2. der Veranstalter trotz einer Beanstandung durch die Landesanstalt nach § 32 Abs. 2 Satz 2 erneut in schwerwiegender Weise gegen rechtliche Bedingungen verstoßen hat, die ihm nach diesem Gesetz, den auf seiner Grundlage erlassenen Rechtsvorschriften oder Entscheidungen oder allgemeinen Rechtsvorschriften obliegen.

(2) Die Zulassung kann widerrufen werden,

1. wenn eine Voraussetzung für eine vorrangige Berücksichtigung des Veranstalters bei der Auswahl nach § 18 Abs. 2 oder bei der Aufteilung der Sendezeit nach § 18 Abs. 3 weggefallen ist und innerhalb von 6 Monaten nicht wieder erfüllt wird,

2. wenn ein Programm mehr als zwei Monate nicht verbreitet wird,

3. wenn gegen § 74 verstoßen wurde oder wenn die nach § 73 erforderlichen Maßnahmen nicht getroffen wurden.

(3) [1]Verbreitet ein Veranstalter infolge eines Unternehmenszusammenschlusses oder auf sonstige Weise entgegen § 19 mehrere Programme und wird keine Ausnahme nach § 19 Abs. 3 bewilligt, so werden die überzähligen Zulassungen widerrufen. [2]Bei deren Auswahl ist den Wünschen der Beteiligten Rechnung zu tragen.

(4) Wird die Zulassung nach dieser Vorschrift, nach § 20 Abs. 2 Satz 1 oder nach § 22 Abs. 4 Satz 2 widerrufen, so ist ein dadurch entstehender Vermögensnachteil nicht gemäß § 49 Abs. 5 des Landesverwaltungsverfahrensgesetzes zu entschädigen.

3. Unterabschnitt

Finanzierung des privaten Rundfunks

§ 29 Formen der Finanzierung. Private Rundfunkprogramme können finanziert werden

1. aus dem eigenen Finanzaufkommen des Veranstalters,

2. durch Abonnements oder Einzelentgelte,

3. durch Spenden und

4. durch Werbung.

§ 30 Werbebeschränkungen. (1) [1]Werbung

1. darf das übrige Programm inhaltlich nicht beeinflussen,

2. darf, wenn sie sich auch an Kinder oder Jugendliche richtet, nicht deren Unerfahrenheit ausnutzen,

3. muß deutlich als Werbung gekennzeichnet und vom übrigen Programm abgesetzt sein,

4. darf 20 v.H. der täglichen Sendezeit nicht überschreiten,

5. darf als Fernsehwerbung nur in Blöcken verbreitet werden.

[2]Fernsehsendungen von mehr als 60 Minuten Dauer dürfen zu einer im voraus angegebenen Zeit einmal Werbeeinschaltungen enthalten; dies gilt auch bei Unterteilungen der Sendungen. [3]Für Sportsendungen kann die Landesanstalt Ausnahmen von Satz 2 gestatten.

(2) Zur Werbung im Sinne dieser Vorschriften gehören insbesondere

1. Wirtschaftswerbung,

2. sonstige Sendungen, für die Dritte zur Förderung ihrer Interessen dem Veranstalter ein Entgelt oder andere Vorteile gewähren.

(3) [1]Sendungen, die ein Dritter (Sponsor) finanziell fördert und deren Inhalt nicht im unmittelbaren Zusammenhang mit den wirtschaftlichen Interessen des Sponsors oder eines anderen steht, sind neben der Werbung zulässig. [2]Sie dürfen nicht mißbräuchlich politischen oder weltanschaulichen Interessen dienen. [3]Andere Sendungen dürfen durch die Sponsorsendungen nicht unterbrochen werden; die Sponsorensendungen dürfen nicht durch Werbung unterbrochen werden. [4]Der Name des Sponsors ist am Anfang und am Ende der Sendung anzugeben. [5]Absatz 1 Nr. 1 und 3 gilt entsprechend.

(4) Sollen Programme, die durch Abonnements oder Einzelentgelte finanziert werden, ein zusätzliches Finanzaufkommen aus Werbung erhalten, so ist dies in den Abonnement- oder Einzelentgeltbedingungen ausdrücklich anzukündigen.

(5) Zur Sicherstellung einer einheitlichen Verwaltungspraxis erläßt die Landesanstalt gemeinsam mit den zuständigen Stellen anderer Bundesländer Richtlinien zur Durchführung der Absätze 1 bis 3.

4. Unterabschnitt

Rechtsaufsicht über privaten Rundfunk

§ 31 Rechtsaufsicht. Die Landesanstalt wacht darüber, daß die nach diesem Gesetz zugelassenen Veranstalter die rechtlichen Bindungen beachten, die ihnen nach diesem Gesetz, den auf seiner Grundlage erlassenen Rechtsvorschriften oder Entscheidungen oder nach allgemeinen Rechtsvorschriften obliegen.

§ 32 Aufsichtsmaßnahmen. (1) [1]Soweit es zur Wahrnehmung ihrer Aufgaben erforderlich ist, kann die Landesanstalt von den Veranstaltern Auskunft und die Vorlage von Aufzeichnungen und sonstigen Unterlagen verlangen. [2]Der zur Erteilung einer Auskunft Verpflichtete kann die Auskunft auf solche Fragen verweigern, deren Beantwortung ihn selbst oder einen der in § 383 Abs. 1 Nr. 1 bis 3 der Zivilprozeßordnung bezeichneten Angehörigen der Gefahr strafgerichtlicher Verfolgung oder eines Verfahrens nach dem Gesetz über Ordnungswidrigkeiten aussetzen würde.

(2) [1]Die Landesanstalt weist die Veranstalter schriftlich auf Maßnahmen oder Unterlassungen hin, die gegen die rechtlichen Bindungen verstoßen, die ihnen nach diesem Gesetz, den auf seiner Grundlage erlassenen Rechtsvorschriften oder Entscheidungen oder nach allgemeinen Rechtsvorschriften obliegen. [2]Handelt es sich um einen schwerwiegenden Verstoß, so beanstandet die Landesanstalt dies und weist zugleich auf die Folgen eines weiteren Verstoßes (§ 28 Abs. 1 Nr. 2) hin.

6. Abschnitt

Rundfunkähnliche Kommunikationsdienste

1. Unterabschnitt

Allgemeine Bestimmungen

§ 33 Anwendungsbereich. (1) Für rundfunkähnliche Kommunikationsdienste auf Abruf oder Zugriff (§ 1 Abs. 3) gelten die nachfolgenden Bestimmungen, soweit nicht durch Staatsvertrag eine Regelung getroffen ist.

(2) [1]Andere rundfunkähnliche Kommunikationsdienste können versuchsweise zugelassen werden, wenn gewährleistet erscheint, daß sie zur Meinungsvielfalt beitragen. [2]Die Versuchsdauer ist zunächst auf drei Jahre zu begrenzen; sie kann um höchstens zwei Jahre verlängert werden.

§ 34 Freiheit der rundfunkähnlichen Kommunikation. (1) [1]Rundfunkähnliche Kommunikationsdienste können frei veranstaltet werden, soweit nicht Bestimmungen dieses Gesetzes oder anderer Gesetze entgegenstehen. [2]Fernmelderechtliche Erfordernisse bleiben unberührt.

(2) Staatliche Organe oder Einrichtungen und einzelne gesellschaftliche Kräfte dürfen auf die rundfunkähnliche Kommunikation in ihrer Gesamtheit keinen vorherrschenden oder sonst in hohem Maße ungleichgewichtigen Einfluß ausüben.

§ 35 Verbindung von rundfunkähnlichen Kommunikationsdiensten. (1) [1]Unterschiedliche rundfunkähnliche Kommunikationsdienste können miteinander verbunden werden. [2]Insbesondere können Textsendungen sowie Ton- und Bewegtbildsendungen in beliebiger Verbindung zum Abruf oder Zugriff angeboten werden.

(2) Für einen solchen verbundenen rundfunkähnlichen Kommunikationsdienst gelten die weitestgehenden rechtlichen Anforderungen, die für eine der verbundenen Sendungen gelten.

§ 36 Öffentliche Aufgabe. Der Veranstalter eines rundfunkähnlichen Kommunikationsdienstes erfüllt eine öffentliche Aufgabe, wenn er in Angelegenheiten von öffentlichem Interesse Nachrichten beschafft und verbreitet, Stellung nimmt, Kritik übt oder auf andere Weise an der Meinungsbildung mitwirkt.

§ 37 Sendungen gegen Einzelentgelt. (1) Sendungen, für die ein Einzelentgelt erhoben wird, müssen so gestaltet sein, daß vor oder beim Abruf oder Zugriff die Entgeltlichkeit und die Höhe des Entgelts erkennbar sind.

(2) In der Inhaltsübersicht ist auf die Entgeltlichkeit hinzuweisen.

2. Unterabschnitt

Textdienste

§ 38 Arten von Textdiensten. (1) Von den Textdiensten auf Abruf werden

1. diejenigen als Bildschirmtext bezeichnet, die im Sinne des Staatsvertrages über Bildschirmtext (Bildschirmtext-Staatsvertrag) vom 18. März 1983 (GBl. S. 700) das öffentliche Fernmeldenetz benutzen,

2. diejenigen als Kabeltextabruf bezeichnet, die ein anderes Kabelnetz benutzen.

(2) Von den Textdiensten auf Zugriff werden

1. diejenigen als Videotext bezeichnet, die die Leerzeilen eines Fernsehsignals benutzen,

2. diejenigen als Kabeltext oder Vollkanaltext bezeichnet, die einen Kabel-Fernsehkanal oder eine drahtlose Fernsehfrequenz in voller Breite benutzen.

§ 39 Textdienste durch öffentlich-rechtliche Körperschaften und Anstalten. (1) Gebietskörperschaften und die deren allgemeinen Weisungen unterliegenden juristischen Personen dürfen Textdienste veranstalten, soweit sie damit

1. ihre Aufgaben erfüllen oder

2. im zulässigen Rahmen über ihre Tätigkeit informieren.

(2) Die öffentlich-rechtlichen Rundfunkanstalten dürfen Textdienste veranstalten, soweit sie

1. über ihre Fernseh- und Hörfunkprogramme informieren,

2. programmbegleitende und programmergänzende Informationen geben.

(3) Dies gilt auch für die von den Gebietskörperschaften oder Rundfunkanstalten abhängigen Unternehmen.

§ 40 Werbung. (1) Wirtschaftswerbung muß in der Inhaltsübersicht und in der Textsendung durch den Buchstaben „W" gekennzeichnet werden.

(2) Enthält eine Textsendung teilweise Wirtschaftswerbung, ist diese von den übrigen Informationen deutlich zu trennen.

§ 41 Untersagung. (1) [1]Die Landesanstalt trifft im Rahmen der Absätze 2 und 3 die Maßnahmen, die notwendig sind, um die Einhaltung der rechtlichen Bindungen sicherzustellen, die dem Veranstalter eines Textdienstes nach diesem Gesetz, den auf seiner Grundlage erlassenen Rechtsvorschriften oder Entscheidungen oder nach allgemeinen Rechtsvorschriften obliegen. [2]Wird durch eine Textsendung in Rechte Dritter eingegriffen und ist für den Dritten der Rechtsweg hiergegen eröffnet, sollen Maßnahmen der Landesanstalt nur getroffen werden, soweit dies aus Gründen des öffentlichen Interesses geboten ist.

(2) [1]Stellt die Landesanstalt einen Verstoß gegen die rechtlichen Bindungen im Sinne des Absatzes 1 Satz 1 fest, weist sie den Veranstalter eines Textdienstes durch schriftliche Mitteilung darauf hin. [2]Handelt es sich um einen schwerwiegenden Verstoß, beanstandet die Landesanstalt dies und weist zugleich auf die Folgen weiterer Verstöße hin.

(3) [1]Verstößt ein Veranstalter eines Textdienstes nach wiederholter Beanstandung erneut in schwerwiegender Weise gegen die rechtlichen Bindungen im Sinne des Absatzes 1 Satz 1, so hat die Landesanstalt ihm die weitere Veranstaltung zu untersagen, soweit der Zweck einer Untersagung nicht durch weniger beeinträchtigende Maßnahmen erreichbar ist. [2]Die Untersagung ist, soweit ihr Zweck dadurch erreicht werden kann, auf bestimmte Arten oder Teile von Textsendungen oder zeitlich zu beschränken.

(4) Soweit eine Untersagung ausgesprochen ist, sind Textsendungen des Veranstalters im Speicher zu sperren; § 55 Abs. 5 Satz 2 bleibt unberührt.

§ 42 Kabeltextabruf. [1]Für den Kabeltextabruf gelten die Artikel 2 Abs. 1, Artikel 10 und 11 des Bildschirmtext-Staatsvertrages entsprechend. [2]Im übrigen gelten die Bestimmungen dieses Gesetzes.

§ 43 Kabeltext, Vollkanaltext. (1) Veranstalter von Kabeltext oder Vollkanaltext kann nur sein, wer die Voraussetzungen entsprechend § 23 Abs. 1 Nr. 1 bis 4 erfüllt.

(2) [1]Die Absicht, Kabeltext oder Vollkanaltext zu veranstalten, ist der Landesanstalt drei Monate vor Sendebeginn anzuzeigen. [2]Die Landesanstalt kann die Veranstaltung untersagen, wenn deren gesetzliche Voraussetzungen nicht erfüllt sind; § 41 Abs. 3 gilt entsprechend.

(3) [1]Reicht die Übertragungskapazität nicht aus, um alle angebotenen Textdienste aufnehmen zu können, so legt die Landesanstalt durch Rechtsverordnung in entsprechender Anwendung der §§ 18 und 19 Abs. 2 Grundsätze für einen chancengleichen Zugang aller Veranstalter fest. [2]Die

Rechtsverordnung bedarf nicht der Zustimmung des Medienbeirats. [3]Im Falle von Meinungsverschiedenheiten bei der Anwendung der Grundsätze im Einzelfall entscheidet auf Antrag eines Beteiligten die Landesanstalt.

§ 44 Videotext. (1) Der Veranstalter eines Fernsehprogramms darf die Leerzeilen des Fernsehsignals für die Veranstaltung von Videotext in den Grenzen des § 39 Abs. 2 selbst nutzen.

(2) Will der Veranstalter eines Fernsehprogramms die Nutzung der Leerzeilen des Fernsehsignals anderen Veranstaltern überlassen, so ist chancengleicher Zugang in entsprechender Anwendung des § 43 Abs. 3 zu gewährleisten.

(3) Soweit die Landesrundfunkanstalten die Leerzeilen des Fernsehsignals ihrer Fernsehprogramme nicht nach Absatz 1 selbst nutzen, stellen sie die freie Kapazität nach den Regeln des Absatzes 2 anderen Veranstaltern zur Verfügung.

(4) § 43 Abs. 1 und 2 gilt entsprechend.

3. Unterabschnitt

Ton- und Bewegtbilddienste

§ 45 Ton- und Bewegtbilddienste auf Abruf. Für Ton- und Bewegtbilddienste auf Abruf gelten von den Vorschriften über Textdienste entsprechend die Regelungen über die Veranstaltung durch Gebietskörperschaften (§ 39 Abs. 1), die Untersagung wegen Gesetzesverstoßes (§ 41), die persönlichen Anforderungen an den Veranstalter, die Regelungen des Zugangs bei nicht ausreichender Übertragungskapazität sowie für die Anzeigepflicht (§ 43).

§ 46 Ton- und Bewegtbilddienste auf Zugriff. (1) [1]Der Veranstalter eines Ton- und Bewegtbilddienstes auf Zugriff bedarf der Zulassung. [2]Die Zulassung wird erteilt, wenn die persönlichen und sachlichen Voraussetzungen erfüllt sind.

(2) Von den Vorschriften über privaten Rundfunk gelten entsprechend die Bestimmungen über die Arten der Zulassung (§ 17 Nr. 1 bis 3 und 5), über die Vielfaltsicherung durch Aufteilung beschränkter Übertragungskapazität (§ 18), über die persönlichen Zulassungsvoraussetzungen (§ 23), über die sachlichen Voraussetzungen für die Zulassung (§ 24), das Zulassungsverfahren (§ 25), die Zeitdauer und Nichtübertragbarkeit der Zulassung (§ 26), die Rücknahme und den Widerruf der Zulassung (§§ 27, 28), die Rechtsaufsicht (§ 31) und die Aufsichtsmaßnahmen (§ 32).

§ 47 Werbung bei Ton- und Bewegtbilddiensten auf Abruf oder Zugriff. (1) Für Werbung in Ton- und Bewegtbilddiensten auf Abruf oder Zugriff gilt § 30 entsprechend mit der Maßgabe, daß die Werbung 20 v.H. der einzelnen Ton- und Bewegtbildsendung nicht überschreiten darf.

(2) [1]Enthält eine Ton- und Bewegtbildsendung auf Abruf oder Zugriff ausschließlich Werbung, so ist dies in der Inhaltsübersicht und in der Sendung selbst deutlich zu kennzeichnen. [2]Im übrigen gilt § 30 Abs. 1 Nr. 2 entsprechend.

7. Abschnitt

Programmgrundsätze

§ 48 Allgemeine Programmgrundsätze. [1]Alle Sendungen haben die Würde des Menschen und die Überzeugungen anderer, insbesondere im religiösen und weltanschaulichen Bereich, sowie Ehe und Familie zu achten. [2]Sie dürfen sich nicht gegen die Völkerverständigung und gegen die freiheitliche demokratische Grundordnung richten. [3]Außerdem dürfen sie sich nicht gegen die Herstellung der Einheit Deutschlands in Frieden und Freiheit wenden.

§ 49 Verbotene Sendungen, Schutz von Kindern und Jugendlichen. (1) Sendungen sind verboten, wenn sie

1. zum Rassenhaß aufstacheln oder grausame oder sonst unmenschliche Gewalttätigkeiten gegen Menschen in einer Art schildern, die eine Verherrlichung oder Verharmlosung solcher Gewalttätigkeiten ausdrückt oder die das Grausame oder Unmenschliche des Vorgangs in einer die Menschenwürde verletzenden Weise darstellt (§ 131 StGB);

2. den Krieg verherrlichen;

3. pornographisch sind (§ 184 StGB);

4. offensichtlich geeignet sind, Kinder oder Jugendliche sittlich schwer zu gefährden.

(2) [1]Sendungen, die geeignet sind, das körperliche, geistige oder seelische Wohl von Kindern und Jugendlichen zu beeinträchtigen, dürfen nicht verbreitet werden, es sei denn, der Veranstalter trifft aufgrund der Sendezeit oder auf andere Weise Vorsorge, daß Kinder oder Jugendliche der betroffenen Altersstufen die Sendungen üblicherweise nicht wahrnehmen; der Veranstalter darf dies bei Sendungen zwischen 23 und 6 Uhr annehmen. [2]Filme, die nach dem Gesetz zum Schutz der Jugend in der Öffentlichkeit für Jugendliche unter 16 Jahren nicht freigegeben sind, dürfen nur zwischen 22 und 6 Uhr und Filme, die für Jugendliche unter 18 Jahren nicht freigegeben sind, nur zwischen 23 und 6 Uhr verbreitet werden.

(3) Sendungen, die ganz oder im wesentlichen mit Schriften inhaltsgleich sind, die in die Liste nach § 1 des Gesetzes über die Verbreitung jugendgefährdender Schriften aufgenommen sind, sind nur in der Zeit zwischen 23 und 6 Uhr und nur dann zulässig, wenn die mögliche sittliche Gefährdung von Kindern oder Jugendlichen unter Berücksichtigung aller Umstände nicht als schwer angesehen werden kann.

(4) [1]Die Landesanstalt kann in Richtlinien oder für den Einzelfall Ausnahmen von den Zeitgrenzen nach Absatz 2 Satz 2 und Absatz 3 gestatten und von der Bewertung nach Absatz 2 Satz 2 und Absatz 3 abweichen. [2]Dies gilt im Falle des Absatzes 2 Satz 2 vor allem für Filme, deren Bewertung länger als 15 Jahre zurückliegt. [3]Der Erlaß von Richtlinien und Entscheidungen für den Einzelfall nach Satz 1 bedürfen der Zustimmung des Medienbeirates.

§ 50 Sorgfaltspflicht. (1) [1]Alle Nachrichten und Berichte sind vor ihrer Verbreitung mit der nach den Umständen gebotenen Sorgfalt auf Wahrheit und Herkunft zu prüfen. [2]Entstellungen durch Verkürzung oder Verzerrung der Sachverhalte sind zu unterlassen. [3]Noch nicht ausreichend verbürgte Nachrichten und Berichte dürfen nur veröffentlicht werden, wenn sie mit einem erkennbaren Vorbehalt versehen sind.

(2) Tatsachenbehauptungen, die sich als falsch erwiesen haben, sind unverzüglich und angemessen richtigzustellen.

(3) Die Personen oder Stellen, die durch eine Nachricht oder einen Bericht wesentlich betroffen werden, sollen vor der Verbreitung nach Möglichkeit gehört werden.

(4) [1]Sendungen, die in den Privatbereich einer Person ohne deren Einwilligung eingreifen, sind nur zulässig, soweit der Eingriff in den Privatbereich im Einzelfall durch das Informationsinteresse der Öffentlichkeit gefordert wird und in angemessenem Verhältnis zur Bedeutung der Sache für die Öffentlichkeit steht. [2]Die Intimsphäre ist auf jeden Fall zu achten.

(5) [1]Berichterstattung und Kommentar sind zu trennen. [2]Kommentare sind als solche zu kennzeichnen.

8. Abschnitt

Informationsrechte und Verfahrenspflichten der Veranstalter

§ 51 Informationsrechte. (1) Die Behörden sind verpflichtet, den Veranstaltern oder deren Vertretern die der Erfüllung ihrer öffentlichen Aufgaben dienenden Auskünfte zu erteilen.

(2) Auskünfte können verweigert werden, soweit

1. hierdurch die sachgemäße Durchführung eines schwebenden Verfahrens vereitelt, erschwert, verzögert oder gefährdet werden könnte,

2. Vorschriften über die Geheimhaltung entgegenstehen,

3. ein überwiegendes öffentliches oder schutzwürdiges privates Interesse verletzt würde oder

4. ihr Umfang das zumutbare Maß überschritte.

§ 52 Verantwortlicher Redakteur. (1) [1]Jeder Veranstalter muß mindestens einen für den Inhalt der Sendung verantwortlichen Redakteur bestellen. [2] Werden mehrere verantwortliche Redakteure bestellt, ist festzulegen, für welchen Teil des Programms oder für welche Sendungen jeder einzelne verantwortlich ist. [3]Satz 1 gilt nicht, wenn der Veranstalter eine natürliche Person ist und seinen Wohnsitz im Geltungsbereich des Grundgesetzes hat.

(2) [1]Als verantwortlicher Redakteur darf nicht bestellt werden, wer

1. seinen ständigen Aufenthalt außerhalb des Geltungsbereichs des Grundgesetzes hat,

2. infolge Richterspruchs die Fähigkeit, öffentliche Ämter zu bekleiden, Rechte aus öffentlichen Wahlen zu erlangen oder in öffentlichen Angelegenheiten zu wählen oder zu stimmen, nicht besitzt,

3. das 21. Lebensjahr nicht vollendet hat,

4. nicht oder nur beschränkt geschäftsfähig ist,

5. nicht unbeschränkt strafgerichtlich verfolgt werden kann.

[2]Von der Voraussetzung des Satzes 1 Nr. 1 kann die Landesanstalt in besonderen Fällen auf Antrag Befreiung erteilen.

(3) Die Verantwortung anderer Personen, insbesondere des Verfassers, Herstellers oder Gestalters eines Beitrags, bleibt unberührt.

§ 53 Auskunftspflicht. (1) [1]Jede Sendung muß den Namen oder die Firma des Veranstalters erkennen lassen. [2]Am Ende jeder Rundfunksendung und jeder Ton- und Bewegtbildsendung auf Abruf oder Zugriff ist der Name des verantwortlichen Redakteurs anzugeben. [3]Jeder Veranstalter von Textsendungen hat für die Dauer des Angebots der Sendung seinen Namen oder seine Firma und seine Anschrift sowie den Namen und die Anschrift des verantwortlichen Redakteurs zum jederzeitigen unentgeltlichen Abruf oder Zugriff anzubieten; § 54 gilt entsprechend.

(2) [1]Auf Verlangen sind von der Landesanstalt der Name oder die Firma und die Anschrift des Veranstalters mitzuteilen, wenn die Veranstaltung eine Zulassung durch die Landesanstalt voraussetzt. [2]Über den Namen und die Anschrift des verantwortlichen Redakteurs muß der Veranstalter auf Verlangen Auskunft erteilen.

§ 54 Aufzeichnungs- und Speicherungspflicht. (1) [1]Jede Rundfunksendung, Textsendung auf Zugriff sowie Ton- und Bewegtbildsendung auf Zugriff ist vom Veranstalter in Ton und Bild aufzuzeichnen und aufzubewahren. [2]Bei Sendungen, die unter Verwendung einer Aufzeichnung oder eines Films verbreitet worden sind, ist die Aufzeichnung oder der Film aufzubewahren. [3]Nach Ablauf von sechs Wochen seit dem Tag der Verbreitung der Rundfunksendung oder seit dem Tag, an dem die Textsendung oder die Ton- und Bewegtbildsendung letztmals zum Zugriff angeboten worden ist, kann die Aufzeichnung gelöscht und braucht der Film nicht mehr aufbewahrt zu werden, soweit zuvor keine Beanstandung mitgeteilt worden ist.

(2) [1]Textsendungen und Ton- und Bewegtbildsendungen auf Abruf dürfen nach Ablauf von sechs Wochen seit dem Tag, an dem die Sendung letztmals zum Abruf angeboten worden ist, vom Speicher gelöscht werden, soweit zuvor keine Beanstandung mitgeteilt worden ist. [2]Ist der Veranstalter der Sendung nicht zugleich der Träger des Speichers, hat dieser auf Kosten des Veranstalters die Sendung zu speichern. [3]Die Speicherung gemäß Satz 1 kann durch die Herstellung und Aufbewahrung einer Aufzeichnung ersetzt werden.

(3) [1]Ist die Sendung beanstandet worden, darf die Aufzeichnung oder die gespeicherte Sendung erst gelöscht werden, wenn die Beanstandung durch rechtskräftige gerichtliche Entscheidung, durch gerichtlichen Vergleich oder auf andere Weise erledigt ist. [2]Dies gilt entsprechend für die Aufbewahrung von Filmen nach Absatz 1 Satz 2.

(4) [1]Wer glaubhaft macht, durch eine Sendung in seinen Rechten betroffen zu sein, kann vom Veranstalter oder Träger des Speichers verlangen, daß ihm Einsicht in die aufgezeichnete oder gespeicherte Sendung oder in den Film ermöglicht wird. [2]Auf seine Kosten ist ihm eine Abschrift oder eine Kopie zur Verfügung zu stellen.

§ 55 Gegendarstellungspflicht. (1) [1]Ist in einer Sendung eine Tatsachenbehauptung aufgestellt worden, so kann die betroffene Person oder Stelle die unentgeltliche Verbreitung einer Gegendarstellung zu dieser Behauptung verlangen. [2]Die Gegendarstellung muß unverzüglich, spätestens innerhalb von sechs Wochen nach der beanstandeten Sendung, verlangt werden. [3]Sie bedarf der Schriftform, muß die beanstandete Sendung bezeichnen, sich auf tatsächliche Angaben beschränken, darf keinen strafbaren Inhalt haben und muß von der betroffenen Person oder Stelle unterzeichnet sein. [4]Bestehen begründete Zweifel an der Echtheit der Unterschrift, so kann deren Beglaubigung verlangt werden. [5]Die Gegendarstellung darf den Umfang des beanstandeten Teils der Sendung nicht wesentlich übersteigen.

(2) [1]Der Anspruch auf Gegendarstellung richtet sich gegen den Veranstalter der beanstandeten Sendung. [2]Die Kosten der Verbreitung der Gegendarstellung trägt der Veranstalter. [3]Bei Sendungen auf Abruf ist auch der Träger des Speichers verpflichtet, die Gegendarstellung an vergleichbarer Stelle aufzunehmen.

(3) Eine Pflicht zur Verbreitung einer Gegendarstellung besteht nicht, wenn und soweit die betroffene Person oder Stelle kein berechtigtes Interesse an der Verbreitung der Gegendarstellung hat, oder bei Wirtschaftswerbung.

(4) [1]Die Verbreitung der Gegendarstellung muß unverzüglich ohne Zusätze oder Weglassungen, für den gleichen Bereich und bei Rundfunk-

sendungen zu einer gleichwertigen Sendezeit wie die Verbreitung der beanstandeten Sendung erfolgen. [2] Eine Erwiderung auf die verbreitete Gegendarstellung darf nicht in unmittelbarem Zusammenhang mit dieser gesendet werden und muß sich auf tatsächliche Angaben beschränken.

(5) [1] Ist die Tatsachenbehauptung in einer Sendung enthalten, die auf Abruf oder Zugriff angeboten wird, so ist die Gegendarstellung für die Dauer des Angebots dieser Sendung in unmittelbarer Verknüpfung mit ihr zum Abruf oder Zugriff anzubieten und zu verbreiten; beim Angebot der Sendung ist gleichzeitig auf die Gegendarstellung hinzuweisen. [2] Wird die Sendung nicht mehr angeboten oder endet diese Sendung vor Ablauf von zwei Wochen nach Aufnahme der Gegendarstellung, muß die Gegendarstellung an vergleichbarer Stelle in das Informationsangebot aufgenommen und solange zum Abruf oder Zugriff angeboten werden, wie zuvor die Sendung angeboten worden ist, längstens jedoch zwei Wochen.

(6) [1] Für die Durchsetzung des Gegendarstellunganspruchs ist der ordentliche Rechtsweg gegeben. [2] Auf dieses Verfahren sind die Vorschriften der Zivilprozeßordnung über das Verfahren auf Erlaß einer einstweiligen Verfügung entsprechend anzuwenden. [3] Eine Gefährdung des Anspruchs braucht nicht glaubhaft gemacht zu werden. [4] Ein Hauptverfahren findet nicht statt.

(7) Die Absätze 1 bis 6 gelten nicht für wahrheitsgetreue Berichte über öffentliche Sitzungen der gesetzgebenden oder beschließenden Organe des Bundes, der Länder und der Gemeinden (Gemeindeverbände) sowie der Gerichte.

§ 56 Verlautbarungspflicht, besondere Sendezeiten. (1) [1] Der Veranstalter eines Rundfunkprogramms oder eines rundfunkähnlichen Kommunikationsdienstes auf Zugriff hat der Bundesregierung, der Landesregierung oder den für die Gefahrenabwehr zuständigen Behörden und Stellen in Katastrophenfällen oder bei anderen erheblichen Gefahren für die öffentliche Sicherheit unverzüglich die erforderliche Sendezeit zur Bekanntgabe amtlicher Verlautbarungen einzuräumen. [2] Für Inhalt und Gestaltung der Sendezeit ist derjenige verantwortlich, dem die Sendezeit zur Verfügung gestellt worden ist. [3] Der Veranstalter kann Ersatz seiner Aufwendungen verlangen.

(2) [1] Stellt der Veranstalter eines Rundfunkprogramms oder eines Ton- und Bewegtbilddienstes auf Zugriff politischen Parteien oder Vereinigungen Sendezeiten zur Vorbereitung von Wahlen zur Verfügung, gilt § 5 Abs. 1 bis 3 des Parteiengesetzes entsprechend. [2] Sendezeiten zur Vorbereitung der Wahlen gelten nicht als Werbung im Sinne des § 30 Abs. 2.

9. Abschnitt

Landesanstalt für Kommunikation

§ 57 Rechtsform und Organe. (1) [1] Für die Zulassung privater Rundfunkveranstalter und die Wahrnehmung weiterer Aufgaben nach diesem Gesetz wird die Landesanstalt für Kommunikation als rechtsfähige Anstalt des öffentlichen Rechts mit Sitz in Stuttgart errichtet. [2]Sie übt ihre Tätigkeit im Rahmen der Gesetze unter eigener Verantwortung aus.

(2) Organe der Landesanstalt sind

1. der Vorstand,

2. der Geschäftsführer.

(3) Die Landesanstalt hat einen Medienbeirat.

(4) Die Landesanstalt hat das Recht, Beamte zu haben.

§ 58 Vorstand. (1) [1]Der Vorstand der Landesanstalt besteht aus fünf Mitgliedern. [2]Der Vorsitzende oder sein Stellvertreter sollen die Befähigung zum Richteramt haben.

(2) [1]Die Mitglieder des Vorstands sind ehrenamtlich tätig. [2]Sie erhalten eine Entschädigung und eine Reisekostenvergütung in entsprechender Anwendung des § 7 Abs. 2, 3 und 5 des Gesetzes über den Staatsgerichtshof.

(3) Die Mitglieder des Vorstands sind an Aufträge und Weisungen nicht gebunden.

(4) [1]Die Amtszeit der Mitglieder des Vorstands beträgt sechs Jahre. [2]Sie beginnt mit dem Tag der Wahl durch den Landtag, frühestens jedoch mit dem Ablauf der Amtsperiode des bisherigen Vorstands. [3]Nach Ablauf der Amtszeit führt der Vorstand die Geschäfte bis zur Neuwahl des Vorstands weiter.

§ 59 Aufgaben des Vorstands. Der Vorstand nimmt die Aufgaben der Landesanstalt wahr, soweit nicht ausdrücklich eine andere Zuständigkeit bestimmt ist.

§ 60 Wahl und Abberufung der Mitglieder des Vorstands. (1) [1]Der Vorsitzende, der stellvertretende Vorsitzende, die weiteren Mitglieder des Vorstands und für jedes Mitglied ein Stellvertreter werden vom Landtag mit einer Mehrheit von zwei Dritteln seiner Mitglieder gewählt. [2]Kommt bis spätestens einen Monat nach Ablauf der Amtszeit des bisherigen Vorstands die nach Satz 1 erforderliche Mehrheit für die Wahl aller Mitglieder des Vorstands und ihrer Stellvertreter nicht zustande, werden diese auf Grund von Wahlvorschlägen der Fraktionen im Wege der Verhältniswahl nach dem Höchstzahlverfahren (d'Hondt) gewählt. [3]Wird nur ein Wahlvorschlag eingereicht, bedarf die Wahl durch den Landtag der Zustimmung der Mehrheit seiner Mitglieder. [4]Eine Wiederwahl der Mitglieder des Vorstands ist nicht zulässig.

(2) Die Gewählten werden vom Ministerpräsidenten bestellt und verpflichtet.

(3) Scheidet ein Mitglied oder ein stellvertretendes Mitglied des Vorstands vorzeitig aus, so ist innerhalb von drei Monaten ein Nachfolger für den Rest der Amtszeit zu wählen.

(4) Mitglieder oder stellvertretende Mitglieder des Vorstands können vom Landtag mit einer Mehrheit von zwei Dritteln seiner Mitglieder abberufen werden, wenn sie

1. ihre Pflichten gröblich verletzen oder sich als unwürdig erwiesen haben,

2. ihre Tätigkeit nicht mehr ordnungsgemäß ausüben können.

§ 61 Unvereinbarkeiten. (1) Mitglieder des Vorstands dürfen nicht gleichzeitig

1. dem Bundestag, einem Landtag, der Bundesregierung oder einer Landesregierung angehören, das Amt eines politischen Staatssekretärs ausüben, Mitglied des Europäischen Parlaments, der Kommission der Europäischen Gemeinschaften oder Beamter oder Bediensteter der Institutionen der Europäischen Gemeinschaften oder der ihnen angegliederten fachlichen Gremien sein oder bei einer Bundes-, Landes- oder Kommunalbehörde beschäftigt sein; dies gilt nicht für Richter sowie für Professoren, die hauptberuflich an einer Hochschule tätig sind;

2. dem Organ einer öffentlich-rechtlichen Rundfunkanstalt oder einer ihrer Werbegesellschaften angehören oder bei einer öffentlich-rechtlichen Rundfunkanstalt beschäftigt sein;

3. Veranstalter von Rundfunkprogrammen, Ton- und Bewegtbildsendungen auf Abruf oder Zugriff, Kabeltext- oder Videotextsendungen, deren gesetzliche Vertreter oder Arbeitnehmer sein, dem Aufsichtsrat eines Veranstalters angehören oder Anteile an einem Unternehmen besitzen, das derartige Sendungen veranstaltet;

4. Produzent von Sendungen, die für ein Rundfunkprogramm oder Ton- und Bewegtbildsendungen auf Abruf oder Zugriff bestimmt sind, oder dessen gesetzliche Vertreter oder Arbeitnehmer sein oder dem Aufsichtsrat eines Unternehmens angehören oder Anteile an einem Unternehmen besitzen, das derartige Sendungen produziert oder

5. dem Medienbeirat angehören.

(2) [1]Tritt ein Ausschlußgrund nach Absatz 1 bei einem Mitglied des Vorstands ein, scheidet er aus dem Vorstand aus. [2]Der Vorstand stellt das Vorliegen eines Ausschlußgrundes fest.

(3) §§ 20 und 21 des Landesverwaltungsverfahrensgesetzes bleiben unberührt.

§ 62 Arbeitsweise des Vorstands. (1) [1]Der Vorstand tritt mindestens viermal jährlich zu einer ordentlichen Sitzung zusammen. [2]Auf Verlangen jedes Mitglieds ist eine außerordentliche Sitzung einzuberufen. [3]Der Geschäftsführer nimmt mit beratender Stimme an den Sitzungen des Vorstands teil.

(2) Beschlüsse des Vorstands bedürfen der Zustimmung von drei Mitgliedern.

(3) Der Vorstand gibt sich eine Geschäftsordnung.

§ 63 Geschäftsführer. (1) [1]Der hauptamtliche Geschäftsführer, der die Befähigung zum Richteramt haben muß, wird auf Beschluß des Vorstands vom Vorsitzenden des Vorstands ernannt. [2]Er ist Beamter auf Zeit. [3]Die Amtszeit beträgt acht Jahre. [4]§ 61 Abs. 1 gilt entsprechend.

(2) Der Geschäftsführer vertritt die Landesanstalt gerichtlich und außergerichtlich, führt die laufenden Geschäfte der Landesanstalt, bereitet die Entscheidungen des Vorstands und die Beschlüsse des Medienbeirats vor und führt sie aus.

§ 64 Bedienstete der Landesanstalt. (1) Für den Geschäftsführer nimmt das Ministerium für Wissenschaft und Kunst die Aufgaben des Dienstvorgesetzten und der obersten Dienstbehörde wahr.

(2) [1]Über die Ernennung, Einstellung und Entlassung der Bediensteten der Landesanstalt entscheidet der Geschäftsführer, bei Beamten des höheren Dienstes und Angestellten in Vergütungsgruppen, die der Laufbahngruppe des höheren Dienstes entsprechen, jedoch im Einvernehmen mit dem Vorstand. [2]Der Geschäftsführer ist Vorgesetzter, Dienstvorgesetzer und oberste Dienstbehörde der Bediensteten der Landesanstalt.

(3) Leitende Bedienstete können zu Beamten auf Zeit ernannt werden; die Amtszeit beträgt acht Jahre.

§ 65 Medienbeirat. (1) Der Medienbeirat setzt sich zusammen aus

1. einem Vertreter der evangelischen Landeskirchen,

2. einem Vertreter der katholischen Kirche,

3. einem Vertreter der jüdischen Kultusgemeinden,

4. einem Vertreter der Freikirchen,

5. einem Vertreter des Deutschen Gewerkschaftsbundes, Landesbezirk Baden-Württemberg,

6. einem Vertreter der Deutschen Angestellten-Gewerkschaft, Landesverband Baden-Württemberg,

7. einem Vertreter des Christlichen Gewerkschaftsbundes Deutschland, Landeskartell Baden-Württemberg,

8. einem Vertreter des Beamtenbundes Baden-Württemberg,

9. einem Vertreter der kommunalen Landesverbände,

10. einem Vertreter der Arbeitsgemeinschaft der Industrie- und Handelskammern in Baden-Württemberg,

11. einem Vertreter des baden-württembergischen Handwerkstags,

12. einem Vertreter, der von dem Landesverband der baden-württem-

bergischen Industrie und der Landesvereinigung Baden-Württembergischer Arbeitgeberverbände benannt wird,

13. einem Vertreter, der von dem Landesverband der freien Berufe Baden-Württemberg und dem Bund der Selbständigen, Landesverband Baden-Württemberg, benannt wird,

14. einem Vertreter, der von dem Südwestdeutschen Zeitschriftenverlegerverband e.V. und dem Verband Südwestdeutscher Zeitungsverleger e.V. benannt wird,

15. einem Vertreter der Journalistenverbände,

16. einem Vertreter des Landesmusikrats Baden-Württemberg,

17. einem Vertreter des Landeselternbeirats,

18. einem Vertreter des Landesfamilienrats Baden-Württemberg,

19. einem Vertreter des Landesfrauenrats Baden-Württemberg,

20. einem Vertreter der Aktion Jugendschutz,

21. einem Vertreter der Sportverbände,

22. einem Vertreter der Jugendverbände,

23. einem Vertreter der Bauernverbände,

24. einem Vertreter des Deutschen Bundeswehrverbandes,

25. einem Vertreter des Bundes der Vertriebenen, Landesverband Baden-Württemberg,

26. einem Vertreter, der von den Schriftstellerorganisationen, dem Bühnenverein und der Bühnengenossenschaft benannt wird,

27. einem Vertreter der Nachrichtentechnischen Gesellschaft,

28. einem Vertreter der Aktionsgemeinschaft Natur- und Umweltschutz Baden-Württemberg.

(2) [1]Die Organisationen nach Absatz 1 benennen dem Vorstand innerhalb einer von diesem zu bestimmenden Frist ihre Vertreter. [2]Soweit mehrere Organisationen einen gemeinsamen Vertreter entsenden, benennen sie diesen dem Vorstand durch gemeinsame Erklärung. [3]Der Vorstand stellt die ordnungsgemäße Entsendung fest. [4]Soweit und solange die Organisationen einen Vertreter nicht entsenden, verringert sich die Zahl der Mitglieder des Medienbeirats entsprechend.

(3) [1]Die Amtszeit der Mitglieder des Medienbeirats dauert fünf Jahre und beginnt mit dem ersten Zusammentritt des Medienbeirats. [2]Nach Ablauf der Amtszeit führt der Medienbeirat die Geschäfte bis zum Zusammentritt des neuen Medienbeirats weiter.

(4) [1]Scheiden Mitglieder vorzeitig aus, ist von den entsendenden Organisationen für den Rest der Amtszeit ein Nachfolger für das ausgeschiedene Mitglied zu benennen. [2]Die entsendenden Organisationen können die von ihnen benannten Mitglieder bei deren Ausscheiden aus den entsprechenden Organisationen abberufen.

§ 66 Zustimmungserfordernis und Aufgaben des Medienbeirats. (1) Der Zustimmung des Medienbeirats bedürfen die Entscheidungen des Vorstands über

1. die Zulassung der Weiterverbreitung herangeführter Rundfunkprogramme sowie Ton- und Bewegtbilddienste auf Zugriff nach § 11 Abs. 3 Satz 1,

2. die Aufteilung beschränkter Übertragungskapazität und die Auswahl unter den Antragstellern gemäß § 18 Abs. 4,

3. die Feststellung gemäß § 20 Abs. 2 Satz 2,

4. die Zulassung privater Rundfunkveranstalter gemäß § 22,

5. den Erlaß von Richtlinien und Entscheidungen für den Einzelfall gemäß § 49 Abs. 4.

(2) [1]Stimmt der Medienbeirat einer Entscheidung des Vorstandes nach Absatz 1 Nr. 1 bis 5 nicht zu, hat er zugleich einen Vorschlag für die Entscheidung zu unterbreiten. [2]Die Zustimmung des Medienbeirates gilt als erteilt, wenn der Vorstand entsprechend dem Vorschlag des Medienbeirats entscheidet.

(3) [1]Der Medienbeirat hat dazu Stellung zu nehmen, ob die Voraussetzungen des § 19 Abs. 3 für die Bewilligung einer Ausnahme bei mehrfacher Programmveranstaltung gegeben sind. [2]Ferner hat der Medienbeirat die Aufgabe, den Vorstand zu unterrichten und Maßnahmen vorzuschlagen, wenn er zu der Auffassung kommt, daß im privaten Rundfunk oder bei rundfunkähnlicher Kommunikation Vorschriften dieses Gesetzes, insbesondere die Bestimmungen zur Sicherung der Meinungsvielfalt, nicht eingehalten sind.

(4) [1]Jeder hat das Recht, sich mit einer Beschwerde, die die Nichteinhaltung von Vorschriften dieses Gesetzes durch Veranstalter betrifft, an den Medienbeirat zu wenden. [2]Der Medienbeirat leitet die Beschwerde mit einem Vorschlag zur Sachbehandlung an den Vorstand weiter.

(5) [1]Der Medienbeirat soll Empfehlungen zur Medienpädagogik herausgeben, die sich an Veranstalter von Rundfunkprogrammen und rundfunkähnlichen Kommunikationsdiensten richten. [2]Er nimmt auf Antrag des Vorstands dazu Stellung, ob eine verbreitete Sendung geeignet ist, das körperliche, geistige oder seelische Wohl von Kindern und Jugendlichen zu beeinträchtigen (§ 49 Abs. 2), oder ob im Fall des § 49 Abs. 3 die mögliche sittliche Gefährdung von Kindern und Jugendlichen als schwer anzusehen ist.

(6) [1]Auf jeder Sitzung des Medienbeirats wird dieser vom Vorstand über alle wichtigen Vorkommnisse und geplanten wichtigen Entscheidungen unterrichtet. [2]Der Medienbeirat kann hierzu Stellung nehmen.

§ 67 Sitzungen des Medienbeirats. (1) [1]Der Medienbeirat tritt mindestens dreimal im Jahr zu einer ordentlichen Sitzung zusammen. [2]Auf Verlangen von zehn Mitgliedern oder des Vorstands ist eine außerordentliche Sitzung einzuberufen. [3]Zur konstituierenden Sitzung lädt der Vorsitzende des Vorstands ein.

(2) Die Mitglieder des Vorstands und der Geschäftsführer haben das Recht, mit beratender Stimme an den Sitzungen des Medienbeirats teilzunehmen.

§ 68 Rechtsstellung der Mitglieder des Medienbeirats. (1) [1]Die Mitglieder des Medienbeirats haben bei Wahrnehmung ihrer Aufgaben die Interessen der Allgemeinheit zu vertreten. [2]Sie sind in ihrer Amtsführung an Aufträge oder Weisungen nicht gebunden.

(2) [1]Mitglieder des Medienbeirats dürfen nicht gleichzeitig dem Bundestag, einem Landtag, der Bundesregierung, einer Landesregierung oder einer obersten Bundes- oder Landesbehörde angehören. [2]§ 61 Abs. 1 Nr. 2 bis 4, Abs. 2 und Abs. 3 gilt entsprechend mit der Maßgabe, daß der Medienbeirat das Vorliegen eines Ausschlußgrundes feststellt.

(3) [1]Die Mitglieder des Medienbeirates üben ihre Tätigkeit ehrenamtlich aus. [2]Sie erhalten Tage- und Übernachtungsgeld nach den Sätzen der Reisekostenstufe B des Landesreisekostengesetzes und Ersatz der notwendigen Fahrkosten. [3]Für jeden Sitzungstag wird eine Sitzungsvergütung von 50 DM gewährt. [4]Daneben kann eine Entschädigung für nachgewiesenen Verdienstausfall in sinngemäßer Anwendung des § 2 Abs. 2 des Gesetzes über die Entschädigung ehrenamtlicher Richter in der jeweils geltenden Fassung gewährt werden.

§ 69 Vorsitz, Verfahren. (1) [1]Der Medienbeirat wählt aus seiner Mitte einen Vorsitzenden und zwei Stellvertreter für die Dauer der Amtszeit des Medienbeirats. [2]§ 65 Abs. 3 Satz 2 gilt entsprechend. [3]Der Vorsitzende des Medienbeirats beruft die Sitzungen des Medienbeirats ein und leitet sie.

(2) [1]Der Medienbeirat ist beschlußfähig, wenn alle Mitglieder geladen worden sind und mehr als die Hälfte der Mitglieder anwesend sind. [2]Ist Beschlußfähigkeit nicht gegeben und wird deshalb eine Angelegenheit zurückgestellt, so wird über diese Angelegenheit im schriftlichen Verfahren Beschluß gefaßt.

(3) Der Medienbeirat faßt seine Beschlüsse mit der Mehrheit der abgegebenen Stimmen, soweit nicht ausdrücklich etwas anderes bestimmt ist; einem Beschluß müssen mindestens fünf Mitglieder zustimmen.

(4) [1]Der Medienbeirat kann Sachverständige mit beratender Stimme zu seinen Sitzungen heranziehen, soweit dies zur Erfüllung der Aufgaben nach § 66 Abs. 4 unerläßlich ist. [2]Die Sachverständigen erhalten Entschädigung, Ersatz von Aufwendungen und Ersatz der notwendigen Fahrtkosten in entsprechender Anwendung der § 3 Abs. 1 und 2, §§ 4, 8 bis 10 des Gesetzes über die Entschädigung von Zeugen und Sachverständigen.

(5) Der Medienbeirat gibt sich mit einer Mehrheit von zwei Dritteln seiner Mitglieder eine Geschäftsordnung.

§ 70 Wirtschaftsführung, Finanzierung. (1) Die Landesanstalt deckt ihren Finanzbedarf durch einen Anteil an der Rundfunkgebühr und aus Verwaltungsgebühren.

(2) [1]Die Wirtschaftsführung der Landesanstalt bestimmt sich nach dem vom Vorstand jährlich zu beschließenden Wirtschaftsplan. [2]Der Wirtschaftsplan bedarf der Genehmigung des Ministeriums für Wissenschaft und Kunst. [3]Die Genehmigung darf nur versagt werden, wenn die Grundsätze einer geordneten und sparsamen Wirtschaftsführung nicht gewahrt sind. [4]Die Landesanstalt stellt jährlich einen Geschäftsbericht auf, der dem Ministerium für Wissenschaft und Kunst vorzulegen ist. [5]Die Rechnungsprüfung gemäß § 109 Abs. 2 Satz 1 der Landeshaushaltsordnung für Baden-Württemberg erfolgt durch einen sachverständigen Prüfer (Abschlußprüfer).

(3) [1]Für Amtshandlungen nach diesem Gesetz erhebt die Landesanstalt Verwaltungsgebühren und Auslagen nach dem Landesgebührengesetz. [2]Die Landesanstalt setzt die Gebührensätze für die Amtshandlungen durch Rechtsverordnung fest. [3]Sie sind nach dem Verwaltungsaufwand und nach dem wirtschaftlichen oder sonstigen Interesse der Gebührenschuldner zu bemessen.

§ 71 Rechtsaufsicht über die Landesanstalt. [1]Die Landesanstalt untersteht der Rechtsaufsicht der Landesregierung. [2]§§ 120, 121 Abs. 1 und § 122 der Gemeindeordnung gelten entsprechend.

§ 72 Aufgaben der Landesanstalt. (1) Die Landesanstalt nimmt alle Aufgaben nach diesem Gesetz wahr, soweit nicht ausdrücklich die Zuständigkeit einer anderen Stelle bestimmt ist.

(2) Die Landesanstalt hat insbesondere die Aufgabe,

1. einen Nutzungsplan aufzustellen (§ 5),
2. über die Rangfolge der Weiterverbreitung von Sendungen in einem Kabelnetz zu entscheiden (§ 10 Abs. 2 Satz 2 und 3),
3. über die Weiterverbreitung herangeführter Rundfunkprogramme sowie Ton- und Bewegtbilddienste auf Zugriff in Kabelnetzen durch Zulassung zu entscheiden und beim Fehlen oder nachträglichen Wegfall der Voraussetzungen die Zulassung zurückzunehmen oder zu widerrufen (§ 11 Abs. 3 und Abs. 4 Sätze 1 bis 3 und 5) oder die Weiterverbreitung herangeführter Textdienste auf Zugriff bei wiederholtem schwerwiegenden Verstoß gegen § 11 Abs. 1 Nr. 2 Satz 1 oder Nr. 3 zu untersagen (§ 11 Abs. 4 Satz 4 und Satz 5),
4. über die Untersagung der Weiterverbreitung eines ortsüblich empfangbaren Rundfunkprogramms oder rundfunkähnlichen Kommunikationsdienstes auf Zugriff zu entscheiden (§ 12),
5. private Rundfunkveranstalter zuzulassen (§§ 16 ff.) und über die Rücknahme oder den Widerruf einer Zulassung zu entscheiden (§ 20 Abs. 2, § 22 Abs. 4 Satz 2, §§ 27 und 28),

6. bei beschränkter Übertragungskapazität eine Aufteilung der Sendezeit und eine Auswahl unter den Antragstellern vorzunehmen, soweit nicht eine Einigung oder eine Kooperation unter den Antragstellern zustande kommt, die den Grundsätzen des § 14 Rechnung trägt (§ 18),

7. eine Ausnahme bei mehrfacher Programmveranstaltung zu bewilligen (§ 19 Abs. 3),

8. bekanntzumachen, wenn in einem Verbreitungsgebiet eine Übertragungskapazität für die Zulassung privater Rundfunkveranstalter zur Verfügung steht, und zur Einreichung von Zulassungsanträgen aufzufordern (§ 25 Abs. 1),

9. die Rechtsaufsicht über die privaten Rundfunkveranstalter auszuüben (§§ 31, 32),

10. versuchsweise rundfunkähnliche Kommunikationsdienste zuzulassen (§ 33 Abs. 2),

11. die weitere Verbreitung von Textsendungen zu untersagen (§ 41),

12. bei Textdiensten auf Zugriff (Kabeltext, Vollkanaltext, Videotext) und Ton- und Bewegtbilddiensten auf Abruf

   a) die Veranstaltung zu untersagen, wenn die gesetzlichen Voraussetzungen nicht erfüllt sind (§ 43 Abs. 2 Satz 2, § 44 Abs. 4, § 45),

   b) durch Rechtsverordnung Grundsätze für einen chancengleichen Zugang aller Veranstalter festzulegen und im Fall von Meinungsverschiedenheiten bei der Anwendung der Grundsätze im Einzelfall zu entscheiden (§ 43 Abs.3, § 44 Abs. 2 und § 45),

13. bei Ton- und Bewegtbilddiensten auf Zugriff

   a) Veranstalter zuzulassen und über die Rücknahme oder den Widerruf einer Zulassung zu entscheiden (§ 46 Abs. 1 und 2),

   b) die Sendezeit bei beschränkter Übertragungskapazität aufzuteilen und eine Auswahl unter den Antragstellern vorzunehmen (§ 46 Abs. 2 in Verbindung mit § 18),

   c) bekanntzumachen, wenn in einem Verbreitungsgebiet eine Übertragungskapazität für die Zulassung von Veranstaltern von Ton- und Bewegtbilddiensten auf Zugriff zur Verfügung steht, und zur Einreichung von Zulassungsanträgen aufzufordern (§ 46 Abs. 2 in Verbindung mit § 25),

   d) die Rechtsaufsicht auszuüben (§ 46 Abs. 2 in Verbindung mit §§ 31, 32).

(3) [1]Die Bekanntmachungen der Landesanstalt erfolgen im Staatsanzeiger. [2]Die Rechtsverordnungen der Landesanstalt werden im Gesetzblatt verkündet.

10. Abschnitt

Datenschutz

§ 73 Technische und organisatorische Maßnahmen im Bereich des privaten Rundfunks. [1]Wer im Rahmen dieses Gesetzes zum Zwecke privaten Rundfunks technische Einrichtungen für andere bereitstellt oder privaten Rundfunk veranstaltet, hat die technischen und organisatorischen Maßnahmen zu treffen, die erforderlich sind, um die Ausführung der datenschutzrechtlichen Bestimmungen zu gewährleisten. [2]Insbesondere sind Kabelnetze und andere Kommunikationseinrichtungen nach dem Stand der Technik und Organisation so auszugestalten und zu betreiben, daß personenbezogene Daten nicht verfälscht, gestört und nicht über den in § 74 Abs. 2 bis 4 genannten Umfang hinaus oder durch eine andere als die dort genannte Stelle erhoben, gespeichert oder auf sonstige Weise verarbeitet werden können.

§ 74 Datenschutz im Bereich des privaten Rundfunks. (1) Die Abrechnung der Entgelte für Sendungen, die gegen Abonnements oder Einzelentgelte angeboten werden, nimmt die Stelle vor, die dem Teilnehmer unmittelbar den Empfang der Sendung ermöglicht, soweit die Entgelte nicht über die Veräußerung von Entschlüsselungseinrichtungen erhoben werden.

(2) Die in Absatz 1 genannte Stelle darf personenbezogene Daten der Teilnehmer nur erheben, speichern und auf sonstige Weise verarbeiten, soweit und solange dies zur Herstellung der Verbindung oder zur Abrechnung der Entgelte erforderlich ist.

(3) Der Veranstalter darf bei der Verbreitung von privaten Rundfunkprogrammen keine personenbezogenen Daten über Teilnehmer erheben, speichern oder auf sonstige Weise verarbeiten, es sei denn, daß dies nach der Art der verwendeten Verbreitungsform für die Herstellung der Verbindung und die Abrechnung technisch erforderlich ist.

(4) Aus den zur Abrechnung gespeicherten Daten darf nicht festgestellt werden können, welche einzelnen Sendungen oder Programme der Teilnehmer empfängt.

(5) Die Verarbeitung und sonstige Nutzung personenbezogener Daten der Teilnehmer zu anderen Zwecken ist nicht zulässig.

(6) [1]Personenbezogene Daten der Teilnehmer sind zu löschen, wenn ihre Kenntnis für die Abrechnung nicht mehr erforderlich ist. [2]Personenbezogene Daten, die zur Herstellung der Verbindung erhoben oder gespeichert wurden, sind nach Ende der jeweiligen Verbindung zu löschen.

§ 75 Datenschutz im Bereich der Text-und der Ton- und Bewegtbilddienste auf Zugriff. Für Textdienste auf Zugriff sowie für Ton- und Bewegtbilddienste auf Zugriff gelten die §§ 73 und 74 entsprechend.

§ 76 Datenschutz für Textdienste auf Abruf. (1) Wer zur Nutzung von Textdiensten auf Abruf technische Einrichtungen für andere bereitstellt (Betreiber), darf personenbezogene Daten über die Inanspruchnahme einzelner Textsendungen nur erheben und speichern, soweit und solange diese erforderlich sind, um

    1. den Abruf von Textsendungen zu vermitteln (Verbindungsdaten),

    2. die Abrechnung der für die Inanspruchnahme der technischen Einrichtungen und der Textsendungen seitens des Teilnehmers zu erbringenden Leistungen zu ermöglichen (Abrechnungsdaten).

(2) [1]Aus den nach Absatz 1 Nr. 2 gespeicherten Abrechnungsdaten dürfen Zeitpunkt, Dauer, Art, Inhalt und Häufigkeit bestimmter von den einzelnen Teilnehmern abgerufener Textsendungen nicht erkennbar sein. [2]Die Abrechnungsdaten dürfen nur erhoben, gespeichert und auf sonstige Weise verarbeitet werden, soweit dies zur Abrechnung erforderlich ist. [3]Eine Übermittlung der Abrechnungsdaten an Dritte ist unzulässig. [4]Die Abrechnungsdaten sind zu löschen, sobald ihre Kenntnis für die Abrechnung nicht mehr erforderlich ist. [5]Verbindungsdaten nach Absatz 1 Nr. 1 sind nach Ende der jeweiligen Verbindung zu löschen; ihre Übermittlung an Dritte und Veranstalter ist unzulässig.

(3) Für das Anbieten personenbezogener Daten als Inhalt von Textsendungen sind ohne Rücksicht darauf, ob die Daten in einer Datei verarbeitet werden, die für den Veranstalter für Übermittlungsvorgänge geltenden Vorschriften über den Datenschutz anzuwenden und vom Veranstalter zu beachten.

(4) [1]Der Veranstalter darf vom Teilnehmer personenbezogene Daten nur erheben und diese speichern, soweit dies für das Erbringen der Leistung, den Abschluß oder die Abwicklung eines Vertragsverhältnisses erforderlich ist. [2]Diese Daten dürfen nur im Rahmen der Zweckbestimmung des Vertrags oder der Leistung verarbeitet werden, es sei denn, der Betroffene willigt in eine darüber hinausgehende Verarbeitung ein. [3]Er ist in geeigneter Weise über die Bedeutung der Einwilligung aufzuklären. [4]Die Leistung, der Abschluß oder die Abwicklung eines Vertragsverhältnisses dürfen nicht davon abhängig gemacht werden, daß der Betroffene in die Verarbeitung seiner Daten außerhalb der in Satz 2 genannten Zweckbestimmung einwilligt. [5]Satz 4 gilt nicht für Zwecke der Kreditgeschäfte. [6]Wird die Einwilligung über die Textsendung abgegeben, so wird sie nur nach Bestätigung durch den Betroffenen wirksam.

(5) [1]Die Auskunfts-, Berichtigungs-, Löschungs- und Sperrungsansprüche der Teilnehmer nach Datenschutzrecht bleiben unberührt. [2]Die Auskunftsansprüche gelten entsprechend für die gemäß Absatz 3 gespeicherten Daten. [3]Die Ansprüche nach Satz 1 und 2 richten sich gegen den Veranstalter, soweit personenbezogene Daten den Inhalt von Textsendungen betreffen oder vom Veranstalter gespeichert werden, im übrigen gegen den Betreiber. [4]Der Teilnehmer hat ferner einen Anspruch auf Löschung der

Abrechnungs- oder Verbindungsdaten, soweit der Betreiber zur Löschung gemäß Absatz 2 Satz 4 und 5 verpflichtet ist.

§ 77 Technische und organisatorische Maßnahmen bei Textdiensten auf Abruf. Wer im Rahmen dieses Gesetzes Textdienste auf Abruf anbietet oder hierfür technische Einrichtungen für andere bereitstellt, hat die technischen und organisatorischen Maßnahmen zu treffen, die erforderlich sind, um die Ausführung der datenschutzrechtlichen Bestimmungen, insbesondere die im folgenden genannten Anforderungen, zu gewährleisten:

1. [1]Der Teilnehmer muß seine Verbindung mit dem Veranstalter jederzeit abbrechen können. [2]In diesem Fall sind alle bereits übermittelten Daten beim Veranstalter sofort zu löschen.

2. Die Veranstalter und die Betreiber müssen sicherstellen, daß die anfallenden Daten über den Ablauf der Kommunikation unmittelbar bei deren Beendigung gelöscht werden.

3. Die Veranstalter und die Betreiber müssen sicherstellen, daß der Teilnehmer nur durch eine eindeutige und bewußte Handlung Daten übermitteln kann.

4. Die zu Zwecken der Datensicherung vergebenen Codes müssen einem dem Stand der Technik entsprechenden Schutz vor unbefugter Verwendung bieten.

§ 78 Datenschutz für Ton-und Bewegtbilddienste auf Abruf. Für Ton- und Bewegtbilddienste auf Abruf gelten die §§ 76 und 77 entsprechend.

§ 79 Ergänzende Vorschriften. Soweit in diesem Gesetz nichts anderes bestimmt ist, sind die jeweils geltenden Vorschriften über den Schutz personenbezogener Daten anzuwenden.

§ 80 Datenschutzkontrolle. (1) [1]Die für die Einhaltung der Datenschutzvorschriften des Bildschirmtext-Staatsvertrages zuständige Verwaltungsbehörde überwacht die Einhaltung der Datenschutzbestimmungen im Anwendungsbereich dieses Gesetzes. [2]§ 3 des Gesetzes zu dem Staatsvertrag über Bildschirmtext gilt entsprechend. [3]Verstöße teilt die Verwaltungsbehörde der Landesanstalt für Kommunikation mit, damit diese die nach diesem Gesetz vorgesehenen Maßnahmen treffen kann.

(2) [1]Die Zuständigkeit des Landesbeauftragten für den Datenschutz nach § 16 des Gesetzes zum Schutz vor Mißbrauch personenbezogener Daten bei der Datenverarbeitung (Landesdatenschutzgesetz) vom 4. Dezember 1979 (GBl. S. 534) in der Fassung des Gesetzes vom 30. Juni 1982 (GBl. S. 265) bleibt unberührt. [2]Die nach Absatz 1 Satz 1 zuständige Behörde arbeitet mit dem Landesbeauftragten für den Datenschutz zusammen.

11. Abschnitt

Straf- und Bußgeldvorschriften, verwaltungsgerichtliche Zuständigkeit

§ 81 Strafrechtliche Verantwortung. (1) Ist durch eine Sendung eine rechtswidrige Tat, die den Tatbestand eines Strafgesetzes verwirklicht, begangen worden und hat der verantwortliche Redakteur oder, wenn ein verantwortlicher Redakteur nicht bestellt ist, der Veranstalter vorsätzlich oder fahrlässig seine Verpflichtung verletzt, Sendungen von strafbarem Inhalt freizuhalten, wird er mit einer Freiheitsstrafe bis zu einem Jahr oder mit Geldstrafe bestraft, soweit er nicht wegen dieser Tat schon als Täter oder Teilnehmer nach den allgemeinen Strafgesetzen strafbar ist.

(2) Mit Freiheitsstrafe bis zu einem Jahr oder mit Geldstrafe wird ferner bestraft, wer

1. als Antragsteller auf Zulassung eines Rundfunkprogramms oder eines Ton- und Bewegtbilddienstes auf Zugriff über seine Eigentumsverhältnisse oder Rechtsbeziehungen zu Gebietskörperschaften, Rundfunkveranstaltern oder Unternehmen im Medienbereich (§ 23 Abs. 3, auch in Verbindung mit § 46 Abs. 2) gegenüber der Landesanstalt wissentlich falsche Angaben macht;

2. als Veranstalter eine Person entgegen § 52 Abs. 2 zum verantwortlichen Redakteur bestellt.

§ 82 Ordnungswidrigkeiten. (1) Ordnungswidrig handelt, wer vorsätzlich oder fahrlässig

1. als Antragsteller entgegen § 23 Abs. 3, auch in Verbindung mit § 46 Abs. 2, seine Eigentumsverhältnisse oder Rechtsbeziehungen zu Gebietskörperschaften, Rundfunkveranstaltern oder Unternehmen im Medienbereich der Landesanstalt nicht, nicht richtig oder nicht vollständig offenlegt oder spätere Änderungen nicht, nicht richtig, nicht vollständig oder nicht rechtzeitig anzeigt;

2. als Veranstalter oder verantwortlicher Redakteur Werbung verbreitet, die

   a) entgegen § 30 Abs. 1 Nr. 2, auch in Verbindung mit § 47, die Unerfahrenheit von Kindern oder Jugendlichen ausnutzt;

   b) entgegen § 30 Abs. 1 Nr. 3, auch in Verbindung mit § 47 Abs. 1, nicht deutlich als solche gekennzeichnet ist;

   c) entgegen § 30 Abs. 1 Nr. 4 20 v.H. der täglichen Sendezeit oder entgegen § 47 Abs. 1 20 v. H. der einzelnen Ton- oder Bewegtbildsendung überschreitet oder

   d) entgegen § 30 Abs. 1 Satz 2, auch in Verbindung mit § 47 Abs. 1, eine Fernsehsendung unterbricht;

3. als Veranstalter entgegen § 37 Abs. 1 Sendungen auf Abruf oder Zugriff, für die ein Einzelentgelt erhoben wird, verbreitet, ohne daß vor oder beim Abruf oder Zugriff die Entgeltlichkeit oder die Höhe des Entgelts erkennbar ist, oder entgegen § 37 Abs. 2 in der Inhaltsübersicht nicht auf die Entgeltlichkeit hinweist;

4. als Veranstalter oder verantwortlicher Redakteur entgegen § 40 Abs. 1 in einer Textsendung auf Abruf oder Zugriff Wirtschaftswerbung verbreitet, die in der Inhaltsübersicht oder in der Textsendung nicht durch den Buchstaben „W" gekennzeichnet ist;

5. als Veranstalter oder verantwortlicher Redakteur entgegen § 49 Abs. 2 oder 3 Sendungen verbreitet;

6. als Veranstalter entgegen § 52 Abs. 1 keinen verantwortlichen Redakteur bestellt oder entgegen § 52 Abs. 1 Satz 2 bei Bestellung mehrerer verantwortlicher Redakteure die jeweilige Verantwortlichkeit nicht festlegt;

7. als Veranstalter oder verantwortlicher Redakteur entgegen § 53 Abs. 1 Satz 1 den Namen oder die Firma nicht erkennen läßt;

8. als Veranstalter eine Aufzeichnung, einen Film oder eine gespeicherte Sendung entgegen § 54 Abs. 1 oder 2 vor Ablauf des bezeichneten Zeitraums oder entgegen § 54 Abs. 3 vor einer rechtskräftigen gerichtlichen Entscheidung, einem gerichtlichen Vergleich oder einer sonstigen Erledigung der Beanstandung löscht oder nicht mehr aufbewahrt;

9. über den nach § 74 Abs. 2, Abs. 3 oder Abs. 5, auch in Verbindung mit § 75, oder über den nach § 76 Abs. 1, Abs. 2 Satz 2, Abs. 4 Satz 1 oder 2, auch in Verbindung mit § 78, zulässigen Rahmen hinaus personenbezogenene Daten erhebt, speichert, verarbeitet oder nutzt;

10. entgegen § 74 Abs. 4, auch in Verbindung mit § 75, oder entgegen § 76 Abs. 2 Satz 1, auch in Verbindung mit § 78, Abrechnungsdaten speichert;

11. entgegen § 76 Abs. 2 Satz 3 oder 5, auch in Verbindung mit § 78, personenbezogene Daten übermittelt;

12. entgegen § 74 Abs. 6, auch in Verbindung mit § 75, oder entgegen § 76 Abs. 2 Satz 4 oder 5, auch in Verbindung mit § 78, personenbezogene Daten nicht löscht;

13. als Veranstalter entgegen § 76 Abs. 3, auch in Verbindung mit § 78, personenbezogene Daten anbietet.

(2) Ordnungswidrig handelt auch, wer als Veranstalter fahrlässig eine Person entgegen § 52 Abs. 2 zum verantwortlichen Redakteur bestellt.

(3) Die Ordnungswidrigkeit kann mit einer Geldbuße bis zu 50 000 DM geahndet werden.

(4) Verwaltungsbehörde im Sinne von § 36 Abs. 1 Nr. 1 des Gesetzes über

Ordnungswidrigkeiten ist für die Ahndung von Ordnungswidrigkeiten nach Absatz 1 Nr. 10 bis 14 die für die Einhaltung der Datenschutzvorschriften des Bildschirmtext-Staatsvertrages zuständige Verwaltungsbehörde, im übrigen die Landesanstalt.

§ 83 Verjährung. (1) Bei Straftaten, die

1. durch die Verbreitung von Sendungen strafbaren Inhalts begangen werden oder

2. den Tatbestand des § 81 Abs. 1 oder Abs. 2 Nr. 2 verwirklichen,

tritt die Verfolgungsverjährung (§ 78 Abs. 1 des Strafgesetzbuches) entsprechend den Vorschriften des § 24 Abs. 1 des Landespressegesetzes vom 14. Januar 1964 (GBl. S. 11) ein.

(2) Die Verfolgung der in § 82 Abs. 1 Nr. 2 bis 5, 7 und 13 genannten Ordnungswidrigkeiten verjährt in drei Monaten, der in § 82 Abs. 1 Nr. 6 und Abs. 2 genannten Ordnungswidrigkeiten in sechs Monaten.

(3) [1]Soweit der Tatbestand einer Straf- oder Bußgeldvorschrift durch eine Sendung verwirklicht wird, beginnt die Verjährung mit der Verbreitung der Sendung. [2]Bei Sendungen auf Abruf oder Zugriff beginnt die Verjährung an dem Tag, an dem die Sendung erstmals zum Abruf oder Zugriff angeboten worden ist.

§ 84 Örtliche Zuständigkeit in Verwaltungsrechtsstreitigkeiten. Streitigkeiten nach diesem Gesetz werden, soweit der Verwaltungsrechtsweg gegeben ist, dem Verwaltungsgericht Stuttgart zugewiesen.

12. Abschnitt
Übergangs- und Schlußbestimmungen

§ 85 Erste Wahl der Mitglieder des Vorstands. (1) Die erste Wahl der Mitglieder des Vorstands ist innerhalb von drei Monaten nach Inkrafttreten des Gesetzes durchzuführen.

(2) Kommt innerhalb der Frist nach Absatz 1 die nach § 60 Abs. 1 Satz 1 erforderliche Mehrheit für die Wahl aller Mitglieder des Vorstands und ihrer Stellvertreter nicht zustande, gilt § 60 Abs. 1 Satz 2 und 3 entsprechend.

§ 86 Fortführung der Kooperationsversuche mit lokalem Rundfunk. Die zeitlich und örtlich begrenzten Versuche mit lokalem Rundfunk, die zwischen den Landesrundfunkanstalten und dem Verband Südwestdeutscher Zeitungsverleger auf der Grundlage des Rahmenvertrages vom 22. April 1983 vereinbart worden sind, können bis zum Ablauf des ersten Versuchszeitraums von zwei Jahren (§ 3 Abs. 2 Satz 1 des Rahmenvertrages) fortgeführt werden.

§ 87 Vorläufige Weiterverbreitung von Rundfunkprogrammen. (1) [1]Rundfunkprogramme, deren Weiterverbreitung nach dem Gesetz zur versuchsweisen Einspeisung von Satellitenprogrammen in Kabelnetze im Land Baden-Württemberg vom 1. April 1985 (GBl. S. 50) zugelassen worden ist, bedürfen zur Weiterverbreitung in Kabelnetzen einer Zulassung durch die Landesanstalt nach § 11. [2]Bis zu einer Entscheidung der Landesanstalt dürfen sie vorläufig weiterverbreitet werden, längestens jedoch bis zum 31. Dezember 1986.

(2) [1]Die Weiterverbreitung anderer herangeführter Rundfunkprogramme kann, solange die konstituierende Sitzung des Vorstands der Landesanstalt nicht stattgefunden hat, vom Ministerium für Wissenschaft und Kunst vorläufig zugelassen werden. [2]Die Zulassung gilt bis zu einer Entscheidung der Landesanstalt, längstens jedoch bis zum 31. Dezember 1986.

(3) [1]Für die vorläufige Weiterverbreitung von Rundfunkprogrammen nach Absatz 1 und 2 findet abweichend von § 11 das Gesetz zur versuchsweisen Einspeisung von Satellitenprogrammen in Kabelnetze im Land Baden-Württemberg entsprechende Anwendung. [2]Die Zuständigkeit für Entscheidungen nach § 2 Satz 2 und 3 des Gesetzes zur versuchsweisen Einspeisung von Satellitenprogrammen geht am Tage der konstituierenden Sitzung des Vorstands der Landesanstalt auf die Landesanstalt über.

§ 88 Inkrafttreten. (1) Dieses Gesetz tritt am Tage nach seiner Verkündung* in Kraft.

(2) Spätestens vier Jahre nach Inkrafttreten des Gesetzes legt die Landesregierung auf Grund eines Berichts der Landesanstalt dem Landtag einen Bericht über die Erfahrungen mit der Anwendung des Gesetzes und insbesondere darüber vor, ob

1. außenplurale Vielfalt im Sinne des § 14 entstanden ist oder in absehbarer Zeit zu erwarten ist,

2. der Medienbeirat rechtlich oder tatsächlich entbehrlich ist,

3. neue technische Entwicklungen zusätzliche oder andere Regelungen vor allem im Bereich der rundfunkähnlichen Kommunikationsdienste erforderlich machen,

4. es zur ausgeglichenen Versorgung der Bevölkerung mit Rundfunkprogrammen erforderlich ist, den Landesrundfunkanstalten die Veranstaltung regionaler und lokaler Programme zu gestatten,

5. es zur Erfüllung der gesetzlichen Aufgaben der Landesrundfunkanstalten erforderlich ist, ihnen die Veranstaltung von Rundfunkprogrammen gegen Abonnement oder Einzelentgelt und von Ton- und Bewegtbildsendungen auf Abruf oder Zugriff zu gestatten,

6. den Erfordernissen des Datenschutzes ausreichend Rechnung getragen ist,

und nimmt zur Notwendigkeit von Gesetzesänderungen Stellung.

Verkündet am 31. Dezember 1985

Stichwortverzeichnis

Fette Zahl = Gesetzesnummer; magere Zahl = § oder Artikel

1

3

5

Fette Zahl = Gesetzesnummer; magere Zahl = § oder Artikel

Fälle und Lösungen

nach höchstrichterlichen Entscheidungen

Kartoniert

1 BGB Allgemeiner Teil
Von Prof. Dr. Peter Marburger,
Trier. 6., neubearbeitete Auflage.
1987. X, 172 Seiten. DM 24,-.
ISBN 3-8114-2587-0

2 BGB Schuldrecht 1
Vertragsschuld-
verhältnisse
Von Prof. Dr. Johannes Köndgen,
Hamburg. 4., völlig neubearbei-
tete Auflage.
ISBN 3-8114-7389-1
In Vorbereitung.

3 BGB Schuldrecht 2
Außervertragliches
Schuldrecht
Von Prof. Dr. Karsten Schmidt,
Hamburg. 4., völlig neubearbei-
tete Auflage.
ISBN 3-8114-7489-8
In Vorbereitung.

4 BGB Sachenrecht
Von Prof. Dr. Karl-Heinz Gursky,
Osnabrück. 6., neubearbeitete
Auflage. 1986. X, 178 Seiten.
DM 24,-.
ISBN 3-8114-4186-8

5 BGB Familienrecht
Von Prof. Dr. Dieter Henrich,
Regensburg. 3., völlig neubearbei-
tete Auflage. 1990. IX, 101 Seiten.
DM 22,-.
ISBN 3-8114-6589-9

6 BGB Erbrecht
Von Prof. Dr. Andreas Heldrich,
München. 3., neubearbeitete und
erweiterte Auflage. 1989.
XII, 131 Seiten. DM 24,-.
ISBN 3-8114-1989-7

7/1 Handelsrecht
Von Prof. Dr. Karl-Heinz Fezer,
Konstanz. In Vorbereitung.
ISBN 3-8114-0187-4

7/2 Gesellschaftsrecht
Von Prof. Dr. Karl-Heinz Fezer,
Konstanz. In Vorbereitung.
ISBN 3-8114-1686-3

7/3 Wettbewerbs- und
Kartellrecht
Von Prof. Dr. Günther Hönn,
Saarbrücken. 1988. IX, 126 Seiten.
DM 24,-. ISBN 3-8114-1188-8

8 Zivilprozeßrecht
Von Prof. Dr. Walter Gerhardt,
Bonn. 4., neubearbeitete Auflage.
1987. XII, 134 Seiten. DM 22,-.
ISBN 3-8114-5587-7

9 Zwangsvoll-
streckungs-, Konkurs-
und Vergleichsrecht
Begründet von Prof. Dr. Dr. h.c.
Fritz Baur, Tübingen. Fortgeführt
von Prof. Dr. Rolf Stürner,
Konstanz. 6., neubearbeitete und
erweiterte Auflage. 1989.
XV, 191 Seiten. DM 26,-.
ISBN 3-8114-1389-9

10 Strafrecht
Mit Anleitungen zur Fallbearbei-
tung und zur Subsumtion für
Studenten und Referendare. Von
Prof. Dr. Karl-Heinz Gössel,
Erlangen. 5., völlig neubearbeitete
Auflage des von Prof. Dr.
Reinhart Maurach † begründeten
Werkes. 1988. XII, 250 Seiten.
DM 28,-. ISBN 3-8114-0888-7

11 Strafprozeßrecht
Von Prof. Dr. Friedrich-Christian
Schroeder, Regensburg. 2., völlig
neubearbeitete Auflage. 1983.
X, 113 Seiten. DM 18,80.
ISBN 3-8114-0581-0

12 Verfassungsrecht
und Verfassungs-
gerichtsbarkeit
Von Prof. Dr. Heinrich Scholler,
München, und Prof. Dr. Dieter
Birk, Münster. 6., neubearbeitete
und erweiterte Auflage. 1988.
XIV, 168 Seiten. DM 24,-.
ISBN 3-8114-5388-2

13 Besonderes
Verwaltungsrecht und
Verwaltungsprozeßrecht
Mit einer Anleitung zur Fall-
bearbeitung für Studenten und
Referendare. Von Prof. Dr. Hein-
rich Scholler, München, und Dr.
Siegfried Broß, Karlsruhe.
ISBN 3-8114-7589-4
In Vorbereitung.

14 Allgemeines
Steuerrecht
Von Prof. Dr. Dieter Birk,
Münster. 1988. 212 Seiten.
DM 28,-. ISBN 3-8114-2688-5

15 Allgemeines
Verwaltungsrecht
Mit einer Anleitung zum Aufbau
verwaltungsrechtlicher Übungs-
arbeiten und verwaltungsrecht-
licher Entscheidungen sowie
einem Formularanhang. Von
Prof. Dr. Norbert Achterberg †,
Münster. 6., neubearbeitete Auf-
lage. 1986. XIV, 190 Seiten.
DM 24,-.
ISBN 3-8114-4786-6

16 Arbeitsrecht
Von Prof. Dr. Reinhard Richardi,
Regensburg. 5., völlig neubear-
beitete Auflage. 1987.
XIII, 190 Seiten. DM 24,-.
ISBN 3-8114-2487-4

C. F. Müller Juristischer Verlag

Im Weiher 10 · Postfach 10 26 40 · 6900 Heidelberg 1

Schwerpunkte

Systematische Darstellung der wichtigsten Rechtsgebiete anhand von Fällen.

Begründet von Prof. Dr. Harry Westermann †, Münster.

Kartoniert

Der Weg in die Rechtswissenschaft, der Weg ins Examen und in die juristische Praxis führt über die „Schwerpunkte" eines jeden Rechtsgebietes; die Autoren dieser Reihe stellen die wichtigsten Begriffe und die schwierigsten Probleme in einer Weise dar, daß der Anfänger sie mühelos aufnehmen kann. Aber auch dem fortgeschrittenen Studenten oder dem Referendar werden die „Schwerpunkte" zur Vertiefung von Nutzen sein, wenn er die Kernfragen und die systematischen Zusammenhänge eines Rechtsgebiets schnell und wirksam rekapitulieren möchte. Knapp, klar und einprägsam – das ist die didaktische Zielsetzung der Bände, die das Verständnis für die einschlägigen Rechtsprobleme ebenso nachhaltig fördern, wie sie die Scheu vor dem Klausurschreiben beseitigen.

1 BGB Allgemeiner Teil
Von Prof. Dr. Harry Westermann †, Münster. 5., neubearbeitete Auflage. 1983. XVIII, 171 Seiten. DM 22,–. ISBN 3-8114-2083-6

2 BGB Schuldrecht Allgemeiner Teil
Von Prof. Dr. Harm Peter Westermann, Berlin. 4., völlig neubearbeitete Auflage. In Vorbereitung. ISBN 3-8114-7089-2

3 BGB Schuldrecht Besonderer Teil
Von Prof. Dr. Volker Emmerich, Bayreuth. 5., völlig neubearbeitete und erweiterte Auflage. 1989. XXIV, 349 Seiten. DM 32,–.
ISBN 3-8114-2789-X

4 BGB Sachenrecht
Von Prof. Dr. Harry Westermann †, Münster. 8., neubearbeitete Auflage. In Vorbereitung. ISBN 3-8114-7289-5

5 BGB Familienrecht
Von Prof. Dr. Wilfried Schlüter, Münster. 4., neubearbeitete Auflage. 1989. XX, 230 Seiten. DM 26,–. ISBN 3-8114-0689-2

6 BGB Erbrecht
In Vorbereitung. ISBN 3-8114-7189-9

7 Strafrecht Allgemeiner Teil
Die Straftat und ihr Aufbau. Von Prof. Dr. Johannes Wessels, Münster. 19., neubearbeitete Auflage. 1989. XXIV, 302 Seiten. DM 28,–.
ISBN 3-8114-5089-1

8 Strafrecht Besonderer Teil 1
Straftaten gegen Persönlichkeits- und Gemeinschaftswerte.
Von Prof. Dr. Johannes Wessels, Münster. 13., neubearbeitete Auflage. 1989. XXII, 250 Seiten. DM 28,–. ISBN 3-8114-4989-3

9 Strafrecht Besonderer Teil 2
Straftaten gegen Vermögenswerte. Von Prof. Dr. Johannes Wessels, Münster. 12., neubearbeitete Auflage. 1989. XX, 202 Seiten. DM 28,–.
ISBN 3-8114-5889-2

10 Arbeitsrecht
Von Prof. Dr. Manfred Lieb, Köln. 4., neubearbeitete Auflage. 1989. XII, 284 Seiten. DM 29,80. ISBN 3-8114-6689-5

11 Handelsrecht
Von Prof. Dr. Ulrich Hübner, Köln. 2., überarbeitete Auflage. 1985. XX, 154 Seiten. DM 22,–. ISBN 3-8114-8285-8

12 Strafverfahrensrecht
In Vorbereitung. ISBN 3-8114-9185-7

13 Staatsrecht I
Staatszielbestimmungen, Staatsorgane Staatsfunktionen. Von Prof. Dr. Christoph Degenhart, Münster. 5., neubearbeitete und erweiterte Auflage. 1989. XVI, 258 Seiten. DM 28,–. ISBN 3-8114-5289-4

14 Staatsrecht II – Grundrechte
Von Prof. Dr. Bodo Pieroth, Marburg, und Prof. Dr. Bernhard Schlink, Bonn. 5., überarbeitete Auflage. 1989. XVII, 322 Seiten. DM 29,80.
ISBN 3-8114-6389-6

15 Besonderes Verwaltungsrecht
Kommunalrecht, Polizei- und Ordnungsrecht. Von Prof. Dr. Peter J. Tettinger, Bochum. 1986. XVIII, 160 Seiten. DM 22,–.
ISBN 3-8114-8585-7

16 Staatsrecht III – Staatsrecht, Völkerrecht, Europarecht
Von Prof. Dr. Michael Schweitzer, Passau. 1986. XX, 228 Seiten. DM 24,–.
ISBN 3-8114-1786-X

C. F. Müller Juristischer Verlag

Im Weiher 10 · Postfach 10 26 40 · 6900 Heidelberg 1